Sprache und Geheimnis

Lingua Historica Germanica

Studien und Quellen zur Geschichte der deutschen Sprache und Literatur

Band 4

Herausgegeben von
Stephan Müller, Jörg Riecke, Claudia Wich-Reif und Arne Ziegler

GGSG Gesellschaft für germanistische Sprachgeschichte e.V.

Christian Braun (Hg.)

Sprache und Geheimnis

Sondersprachenforschung im Spannungsfeld zwischen Arkanem und Profanem

Akademie Verlag

Bibliografische Information der Deutschen Nationalbibliothek
Die Deutsche Nationalbibliothek verzeichnet diese Publikation in der Deutschen Nationalbibliografie; detaillierte bibliografische Daten sind im Internet über http://dnb.d-nb.de abrufbar.

Ein Wissenschaftsverlag der Oldenbourg Gruppe

www.akademie-verlag.de

Einbandgestaltung: hauser lacour
Druck & Bindung: Beltz Bad Langensalza GmbH, Bad Langensalza

Dieses Papier ist alterungsbeständig nach DIN/ISO 9706.

ISBN 978-3-05-005962-4
eISBN 978-3-05-006012-5

Vorwort

Vom 18. bis 20. November 2010 fand am Institut für Germanistik der Karl-Franzens Universität in Graz die internationale Tagung *Unbegreifliches greifbar machen. Sondersprachenforschung im Spannungsfeld zwischen Arkanem und Profanem* statt. Bei dieser Tagung handelte es sich um einen ersten Versuch, das Phänomen des Arkanen in seinen verschiedenen Ausprägungen linguistisch zu erfassen. Anlass war die Beobachtung, dass das Thema als Ganzes bisher gar nicht im Fokus der wissenschaftlichen Aufmerksamkeit steht, sondern einzelne seiner Facetten ausschließlich singulär und in verstreut auftretenden Studien behandelt werden. Eine bündelnde Zusammenführung spezifischer aktueller Arbeiten und Forschungsergebnisse wird deshalb vor dem Hintergrund der Konturierung einer *Linguistik des Arkanen* als ausgesprochen wünschenswert erachtet, wobei dezidiert auch neue Impulse für die Sondersprachenforschung erwartet werden.

Als Herausgeber gilt mein erster Dank dem Akademie Verlag und hier zuvorderst Herrn Prof. Dr. Heiko Hartmann, Dr. Katja Leuchtenberger und Kerstin Protz für die stets konstruktive Zusammenarbeit, insbesondere aber auch für die Bereitschaft, sich überhaupt auf das Thema einzulassen und den Band in das Verlagsprogramm aufzunehmen. Gleiches gilt selbstverständlich auch für alle beitragenden Kolleginnen und Kollegen, denen an dieser Stelle ebenfalls ganz herzlich gedankt sein soll. Erst ihre kompetente Mitwirkung ermöglichte die Entstehung der vorliegenden Publikation. Weiters danke ich Prof. Dr. Arne Ziegler für immer gern gegebenen und kompetenten Rat sowie die Bereitstellung diverser logistischer Ressourcen. Ein ganz besonderer Dank sei Herrn Georg Oberdorfer ausgesprochen, dessen Hilfe mir bei der redaktionellen Betreuung der eingegangenen Beiträge unverzichtbar war und dessen sorgsames Arbeiten maßgeblich zu einem professionellen Erscheinungsbild des Bandes beigetragen hat.

Graz, im Winter 2011 / 2012

Christian Braun

Inhalt

CHRISTIAN BRAUN

Das Arkane als Gegenstand linguistischer Betrachtung

1. Einleitung

Erste Anregungen, sich mit dem *Arkanen* sprachwissenschaftlich auseinanderzusetzen, ergaben sich durch meine Arbeit zur Sprache der Freimaurerei, die ich aus gruppensprachlicher Perspektive unter Berücksichtigung lexikalischer und textlinguistischer Faktoren untersuchte (Braun 2004). Belässt man es einmal dabei, unter dem Dach einer übergeordneten Gesamt(einzel)sprache von einer (wissenschaftlich kaum greifbaren) Gemeinsprache als Konstrukt[1] diverse Gruppensprachen abzugrenzen und innerhalb dieser die beiden Prototypen der Fach- und Sondersprachen gegenüberzustellen, so kann man die Sprache der Freimaurerei klar den Sondersprachen zuweisen. Wesentliche Charakteristika einer Sondersprache im engeren Sinne sieht man seit Längerem in einer spezifischen sozialen Gebundenheit sowie einer verhüllenden Funktion:

> Geht man in einem ersten Ansatz […] von einer Auffassung von Sondersprache aus, die einen begrenzten Personenkreis, einen besonderen Wortschatz, den Zweck der esoterischen mündlichen Kommunikation und ein besonderes Ausdrucksbedürfnis beinhaltet […], so ist im Einzelfall nach (a) den Sprachteilhabern, (b) der Motivation zur sprachlichen Abgrenzung, (c) den sprachlichen Aufbauprinzipien, (d) dem sprachlichen Inventar, (e) der kommunikativen Reichweite und Sprechsituation und (f) den Einflüssen auf die Gemeinsprache zu fragen. (Möhn 1980: 384)

---

[1] Der Terminus ist längst aus der wissenschaftlichen Diskussion verschwunden und man gebraucht ihn, wenn überhaupt, nur dazu, um Gruppensprachen von ihm abzugrenzen. Der Weg führt gewissermaßen von einer polarisierenden Gegenüberstellung der beiden Termini hin zur Neutralisation des Gemeinsprachenbegriffs; vgl. Hoffmann (1998).

Fachsprachen weisen sich hingegen durch das Streben nach größtmöglicher Klarheit in der Kommunikation aus, angestrebt wird eine „schnelle, möglichst ökonomische und eindeutige Informationsübertragung innerhalb eines Faches, fachübergreifend und nach außen“ (Hahn 1980: 390).

Diese knappe Gegenüberstellung von Fach- und Sondersprachen unter dem Dach der Gruppensprachen mag vor dem Hintergrund der komplexen Situation innerhalb der Varietätenlinguistik nicht ausreichend erscheinen. Allerdings ist hier nicht der Ort, einen Überblick über die durchaus disparate Forschungssituation zu geben, die diversen terminologischen Überlappungen und Synonyme sowie die autorenabhängigen Hierarchisierungsvorschläge zu erörtern. Hierfür sei auf die Ausführungen bei Efing (2009) verwiesen.

Bei der Sprache der Freimaurerei treten Abgrenzungstendenzen nach außen gegen Nichtgruppenmitglieder (genannt *Profane*) deutlich hervor, zuvorderst erreicht durch Primärbedeutungsverschiebungen und gruppenspezifischen Gebrauch diverser Lexeme und Phrasen, aber auch schlichtweg durch die nur den Mitgliedern bekannten Themenbereiche, die intern zur Behandlung gelangen. Dies ist wesentliches Merkmal einer Sondersprache und kann bei einer in der Regel als Geheimbund verstandenen Gruppierung, wenngleich man sie heutzutage treffender als diskrete Gesellschaft tituliert, auch nicht weiter überraschen. Allerdings werden bei genauerer Betrachtung zusätzliche Charakteristika augenscheinlich, so dass es vielleicht eine Überlegung wert ist, innerhalb der Sondersprachen eine weitere Spezifizierung einzuführen und generell eine Untergruppe zu postulieren, die man aus Ermangelung eines besseren Begriffs *Geheimbundsprachen* nennen mag.

Was ist nun aber das dezidiert Geheime am Geheimbund? Als Erstes wird man aus Sicht der Gesellschaft wahrscheinlich an die geheime Mitgliedschaft denken, das Geheimnis also an der nicht bekannten Identität jener Personen festmachen, die den Bund konstituieren. Zum Zweiten wird man jene Handlungen und Ereignisse als geheim ansehen, die innerhalb der Bruderschaft stattfinden und über die man augenscheinlich so gar nichts weiß.[2] Als konsequent zu Ende gedachte Variation über dieses Thema könnte man die Geheimbünde als Träger geheimer (und altehrwürdiger) Erkenntnisse einschätzen, was gerade auch im 17. und 18. Jahrhundert ein Beitrittsmotiv zahlreicher Intellektueller gewesen zu sein scheint. Oder aber man erachtet die Ziele der Bünde als geheim, wobei dann oftmals auch die Vermutung einer wie auch immer gearteten Verschwörung mit im Raume steht.

Interessanterweise wird das *Geheimnis*, das *Arkanum*, innerhalb der freimaurerischen Schriften von den Mitgliedern ebenfalls intensiv thematisiert, wobei das Verständnis des Begriffs in den letzten dreihundert Jahren einem kontinuierlichen Wandel unterzogen war, aber auch synchron mehrere Facetten aufweist. So kann der Lehrinhalt der einzelnen Grade ebenso geheim sein wie das Ritual im Allgemeinen nach außen, die

---

[2] Es sei darauf verwiesen, dass man sich über einschlägige seriöse Literatur jederzeit profunde Einblicke verschaffen kann.

Belange der höheren Gradstufen für die niederen Ränge nach innen, die Identität der führenden Ordensmitglieder (Motiv der *geheimen Oberen* im 18. Jahrhundert) ebenso wie das individuell bei der Initiation in den jeweiligen Grad Erlebte. Nicht vergessen werden darf, dass ein Geheimnis immer auch interessant macht, weshalb die Thematisierung desselben als Instrument zur Statusaufwertung dienlich sein kann.

Geheimschriften finden sich ebenfalls im freimaurerischen Umfeld. Obwohl hier auf den ersten Blick der natürliche Anknüpfungspunkt einer linguistischen Auseinandersetzung zu liegen scheint, sind sie an dieser Stelle eher der Vollständigkeit halber angeführt. Veränderungen der Ausdrucksseite am sprachlichen Zeichen spielen im Grunde keine Rolle mehr im Bundgeschehen und es ist fraglich, ob die freimaurerischen Alphabete auch in ihrer Blütezeit etwas anderes waren als eine Spielerei.[3] Als Facetten des Geheimen lassen sich also für die Freimaurerei folgende Punkte benennen:

1. Geheime Identität der Mitglieder
2. Geheime Praktiken
3. Geheime Ziele und Absichten
4. Geheime Ordensführer
5. Geheime, innerhalb der Bruderschaft tradierte Erkenntnisse
   a) weltlicher Natur
   b) esoterischen Charakters
6. Geheime Rituale
7. Geheimnis als individuell bei der Initiation Erlebtes
8. Geheimschriften
9. Geheimnis als Instrument der Eigenaufwertung.

Wenn man einmal von den wie gesagt eher wenig bedeutsamen Geheimschriften absieht, spielt eine „geheime Sprache" fast nirgendwo eine Rolle, so dass die Zuordnung *Geheimbund – Geheimsprache* nicht vorgenommen werden kann und der Terminus der *Geheimbundsprache* aus Gründen der Präzision zu bevorzugen ist. Wo liegen aber die Anknüpfungspunkte aus Sicht der Sprachwissenschaft? Folgende Aspekte werden als von Belang erachtet:

1. Eine generelle Analyse der Sprache einer Gruppe, die sich nach außen hin abgrenzt.
2. Eine genauere Betrachtung der den Tempelarbeiten zugrundeliegenden Rituale[4] als Gegenstand der ritualsprachlichen Forschung.

---

[3] Für die freimaurerischen Geheimschriften vgl. Engel (1972), aus historischer Perspektive mag vielleicht noch das codierte Ordenspatent des Freiherrn von Hund von Belang sein; vgl. Engel (1988).

[4] Eine Unterscheidung zwischen einerseits Tempelarbeiten und andererseits Ritualen erscheint sinnvoll; vgl. Braun (2004: 162ff.). Deutlich wird diese Unterscheidung auch, wenn man sich die Beziehung zwischen einer konkreten Theateraufführung und der in Buchform vorliegenden Grundlage vor Augen führt.

3. Die Untersuchung der Art und Weise, in der die spezifischen Lehrinhalte, insbesondere jene esoterischen Charakters, vermittelt werden, sowie jener Textpassagen, in deren weiterem Kontext ein evoziertes Initiationserlebnis vermutet werden kann.

Eine gründliche Beschäftigung mit dem Phänomen der Freimaurerei führt in der Regel auch zu weiteren, untereinander in der einen oder anderen Form interagierenden Gruppierungen wie beispielsweise den Illuminaten, den Gold- und Rosenkreuzern des 18. Jahrhunderts, den Rosenkreuzerbewegungen des 17. Jahrhunderts und es soll hier postuliert werden, dass man deren (bund)spezifische Texte mit Gewinn ähnlichen Betrachtungen unterziehen kann.

Wie soll man nun aber das Spezifische, das Geheimbundsprachen innerhalb der Sondersprachen zu einer Teilgruppe verbindet und das sich in den gerade genannten Punkten manifestiert, benennen? Der Begriff des Geheimen erscheint zu unscharf, zu vage und auch zu überlastet. Hingegen wird der Terminus des *Arkanen* zur Beschreibung des maurerischen Geheimnisses auch in den freimaurerischen Schriften immer wieder zur Anwendung gebracht.

Nun ist dieser Begriff jedem, der sich mit Gruppensprachen auseinandersetzt, seit der Arbeit von Gerhard Eis über die Sprache der Alchemie vertraut (Eis 1951). Interessanterweise ist die Sprache der Alchemie auch einer jener Einflüsse, der die Sprache der Freimaurerei geprägt hat. Während die Sprache der Freimaurerei eher sukzessive den Weg vom Operativen der Werkmaurerei hin zum Spekulativen der Freimaurerei genommen hat, sind in der Sprache der Alchemie beide Tendenzen, die des Operativen und des Spekulativen von Anfang an miteinander verbunden. Es entbehrt nicht einer gewissen Ironie, dass die Alchemie in ihrer Entwicklung hin zur Chemie sogar eher vom Spekulativen weg hin zum Operativen, sprich: Naturwissenschaftlichen, gegangen ist, wie beispielsweise die Studie von Barke (1991) deutlich aufzeigt.

Eis schlägt vor, dem besonderen Charakter der Sprache der Alchemie, dem „alchemistischen Geheimstil“, Rechnung zu tragen, indem man sie als *Arkansprache* ausweist (Eis 1951: 419). Leider wird dem Begriff keine präzise Definition beigeordnet, aber das teilweise recht metaphorische Klassifizierungsinventar, das Eis zur Beschreibung der Sprache gebraucht, weist die Richtung. Neben fachsprachlichen Merkmalen[5] finden sich „stolze Feierlichkeit und feurige Erregtheit“ (417), „kühne Bilder“ (418), „virtuose Phantastik der Umschreibung“ (419), aber eben auch gänzlich Unverständliches. Zum einen zeichnet dafür die Verwendung einer Terminologie verantwortlich, die nur im eingeweihten Kreise verständlich ist. „Aber nicht nur die Terminologie wird aufgelöst und durchbrochen; man stellte auch technologische Arbeiten oder chemische Unterweisungen als Ganzes mit den Mitteln einer bald epischen, bald dramatischen Symbolisierung dar“ (Eis 1951: 420). Ohne Zweifel ist die mangelnde semantische Transparenz

[5] Eis ordnet die Alchemie „am ehesten“ der *ars fabrilis* zu, einer der *septem artes mechanicae* (Eis 1951: 417, Anmerkung 2).

alchemistischer Texte von den Autoren intendiert, die Abschottung nach außen hin gewollt und somit ein Merkmal, das auch Sondersprachen ausweist.

Es bleibt die Frage nach der Motivation. Eis sieht sie zum einen in einer von unserer heutigen Zeit völlig abweichenden Auffassung von den Aufgaben der Wissenschaften begründet (424ff.), des weiteren im Selbstschutz der Autoren vor Anklagen wegen Ketzerei (425), auch im Festhalten an alten Gewohnheiten (430), zum Wesentlichen aber im Schutze der Allgemeinheit vor dem Missbrauch der gewonnenen Erkenntnisse durch Dritte. Die Aktualität des letzten Punktes ist evident. Eis schließt seine Studie mit den Worten: „Je bedenkenloser die abendländische Forschung das Recht zu reden in Anspruch nahm, desto schrankenloser ging die Macht zu handeln auf andere Instanzen über“ (Eis 1951: 435). Gleichwohl kann bezweifelt werden, dass das hohe ethische Verantwortungsbewusstsein, das Eis dem Alchemisten an sich zuspricht, der maßgebliche Grund für die Verdunklung der alchemistischen Rede ist und so viele unterschiedliche Autoren verschiedenster Herkunft über einen mehrere Jahrhunderte umfassenden Zeitraum beeinflusste. Man darf auch nicht vergessen, dass es in den Texten ja nicht immer um Schießpulver oder Ähnliches ging und der Stein der Weisen, dessen Entdeckung angeblich so verheerende Folgen für die Gesellschaften haben könnte, bisher auch nicht gefunden worden ist.

Einen Vorschlag, der Arkansprache definitorisch näher zu kommen, unterbreitet Reiter (1987: 326):

> Die Arkansprache enthält einerseits das Element des Geheimen, des Geheimnisvollen. Dies ist aber kein ausreichendes Spezifikum, da es auch bei Zaubersprüchen, magischen Beschwörungsformeln, in der Kabbala und selbst in Fachsprachen auftritt. Vielmehr ist auffällig, dass neben besonderen Symbolen, Zeichen, Chiffren usw. gerade die gewöhnliche Sprache in ungewöhnlicher Weise verwendet und gestaltet wird, um etwas sonst nicht Ausdrückbares hervorzubringen. Insofern ist die Arkansprache mehr als eine Geheimsprache, in der wesentlich Bekanntes verdeckt genannt wird (wie z. B. bei den Freimaurern). Arkansprachliche Anteile treten vielmehr dort auf, wo religiöse Vorstellungen philosophisch werden bzw. umgekehrt.
> Allgemein kann nun für die Arkansprache angenommen werden, was z. B. C. G. Jung für die alchemistische Sprache bemerkt: „Die gewaltige Rolle, welche die Gegensätze und ihre Vereinigungen spielen, macht es verständlich, warum die alchemistische Sprache so sehr das Paradox liebt. Die Alchemie versucht, um die Vereinigung zu erzielen, die Gegensätze nicht nur zusammen zu schauen, sondern auch zusammen auszusprechen.“
> Dies zeigt sich in der Vorstellung der Identität von Subjekt und Objekt, oder grammatisch gesprochen: in der relativen Identität von Subjekt und Prädikat. [...] Ob in der Arkansprache dabei tatsächlich ein neuer Inhalt entsteht oder nur simuliert wird, wird wohl immer wieder im Einzelfall zu prüfen sein.

Obwohl Reiter in seiner Einschätzung der Sprache der Freimaurerei (als Geheimsprache in seinem Sinne) fehlgeht, diese nach seiner Definition m. E. den Arkansprachen zuzuordnen wäre, weist er in seinem Zugang doch auf ein ganz entscheidendes Phänomen hin: die Intention, über Sprache etwas auszudrücken, was eigentlich nicht ausdrückbar ist. Damit dies gelingen kann, muss das Instrument *Sprache* bestimmten Veränderungen unterzogen werden beziehungsweise in einer spezifischen Art und Weise Verwendung finden. Aufgabe der Linguistik ist es, diese Verwendungsweisen einer genaueren Betrachtung zu unterziehen.

2. Zwischenfazit

Am Anfang steht die Beobachtung, dass sich Geheimbundsprachen innerhalb der Gruppe der Sondersprachen durch spezifische, ihnen eigene Merkmale zu einer Subgruppe zusammenfassen lassen und dass es lohnen kann, ihnen von Seiten der Sprachwissenschaft besondere Aufmerksamkeit zuteil werden zu lassen. Untersuchungsgegenstand sind also die Sprachen von Gruppen, deren Teilhaber in der einen oder anderen Weise gesellschaftliche Abgrenzung wünschen oder Diskretion suchen. Von anderen Sondersprachen grenzen sie sich dadurch ab, dass ihnen als zusätzliches Merkmal eine bundimmanente ethisch-moralische Lehre, esoterische Erkenntnisse, eventuell tradiert in bestimmten (Ritual-)Texten oder Programmschriften eignet.

In einem zweiten Schritt wird festgestellt, dass sich die vorliegenden Texte oft auf ein wie auch immer geartetes Geheimnis beziehen, ein Arkanum, dass auch mit der bundimmanenten Lehre in Verbindung stehen oder auf ein Initiationserlebnis verweisen kann.

Im Anschluss werden vor dem Hintergrund eines so verstandenen Arkanums Parallelen zur Sprache der Alchemie deutlich, deren Sonderstatus zwischen Fach- und Sondersprachen bereits mehrfach in der Forschung thematisiert ist.

Unter anderem scheinen diese Übereinstimmungen auf ähnlichen Verfasserintentionen zu beruhen. Die gruppenspezifische Abgrenzung nach außen ist die eine Funktion, gleichwohl ist die Wirkabsicht der „dunklen Rede" auch nach innen gerichtet. Es gilt, „etwas sonst nicht Ausdrückbares hervorzubringen" (s. o.), wenn man so will: Unbegreifliches greifbar machen. Insofern wird an die Sprache die Anforderung gestellt, Strategien zu entwickeln, um beim Rezipienten außersprachliche Bezugsobjekte zu konzeptualisieren, die eventuell nicht nur außersprachlich sind, sondern gleichsam außerweltlich: Transzendenzphänomene, ein Mysterium, nicht im Diesseits verhaftete Entitäten, Phänomene eben, denen mit standardsprachlichen Ausdrucksweisen nicht beizukommen ist. Als Instrumente hierfür scheinen vor allem Metaphern, Uneigentlichkeitsphänomene, sprachliche Verfremdungen etc. zum Einsatz zu kommen; vielleicht, weil sprachliche Verdunklung in diesem Bereich die größte Klarheit bietet und Klarheit der Rede zu einer Profanisierung des Gegenstandes führt, die nicht zum Gelingen des Vorhabens beiträgt?

Vor diesem Hintergrund ist es nur ein folgerichtiger Schritt, den Untersuchungsgegenstand auch auf andere Bereiche auszudehnen, bei denen man das Vorhandensein eines so verstandenen Arkanums vermuten könnte, beispielsweise auf die Sprache in den Texten der Mystik oder der Artes magicae[6]. Das Phänomen der Sakralsprachen ist ebenfalls mit einzubeziehen, wenngleich deren religiöser Charakter eine gewisse Sonderbehandlung nach sich ziehen mag.

Nachdem die Überlegungen so weit vorgedrungen sind, bedarf es dringend einer ordnenden Strukturierung des nunmehr sehr breit aufgestellten Forschungsgegenstandes. Erforderlich ist im Grunde für jeden einzelnen Fall eine Klärung des Wechselspiels von *sacrum*, *arcanum* und *secretum* vor dem Antipoden des Profanen.

Efing schlägt vor, die Sondersprachen den Gruppensprachen unterzuordnen und sie selbst wiederum in Geheimsprachen, Kontra- bzw. Protestsprachen und formale bzw. spielerische Sondersprachen zu untergliedern (vgl. Efing 2009: 21). Den Geheimsprachen ordnet er die Rotwelschdialekte, den Kontrasprachen die Jugendsprachen zu: „Der Hauptunterschied zwischen Kontrasprache und Geheimsprache liegt in dem bei Kontrasprachen zeitlich begrenzten Bedürfnis der sozialen Abgrenzung gegenüber der bei Geheimsprachen dauerhaften Notwendigkeit der Verwendung der Geheimsprache aufgrund der Lebensweise der Sprechergruppen" (Efing 2009: 22). Diesem Vorschlag wird sich hier angeschlossen, wobei anzumerken ist, dass sich die Sondersprachenforschung somit wieder nur auf die zwei „üblichen Verdächtigen", d. h. die Jugendsprachen und die Rotwelschdialekte, begrenzt, einmal abgesehen von den spielerischen Formen, die aber offenbar kaum wissenschaftliches Interesse erregen. Es kann also nicht verwundern, dass die Sondersprachenforschung im Vergleich zur Fachsprachenforschung allein von der Publikationslage fast schon marginalisiert erscheint.[7]

Um terminologisch für Transparenz zu sorgen, wird vorgeschlagen, den vier Begriffen der *Arkansprache*, der *Geheimbundsprache*, der *Geheimsprache* und der *Sakralsprache* fürs Erste Gleichrangigkeit einzuräumen, womit wir inklusive der *Kontrasprachen* und der *Spielsprachen* sechs Arten sondersprachlicher Subtypen postulieren. „Verdunkelnde" Effekte, also Ausschluss von Nichtgruppenmitgliedern von der Kommunikation (gänzlich oder zu einem gewissen Grade), können in allen Bereichen festgestellt werden. Diese Verdunklung kann sowohl durch Modifikationen der Ausdrucks- als auch der Inhaltsseite der sprachlichen Zeichen erreicht werden und die zielführenden Mittel müssen in jedem Einzelfall geprüft werden. Als distinktives Merkmal kann die Funktionalität der mangelnden Transparenz der Kommunikation für Außenstehende herangezogen werden. Ist sie primär intendiert, um sich als Gruppe nach außen abzugrenzen, um den Inhalt der Rede zu verbergen (und wenn dies der Fall ist, aus welchem Grund und zu welchem Zwecke?), oder ist sie gewissermaßen ein sekundäres Nebenprodukt in der Auseinandersetzung mit spezifischen gruppenimmanenten Lehrinhalten, transzendenten Gegenständen oder gar „numinosen Intelligenzen" (im Sinne Birkhans).

---

[6] Zu den Artes magicae vgl. das gleichnamige Kapitel bei Haage / Wegner (2007) sowie die Ausführungen bei Schmitt (1974).

[7] So gibt es beispielsweise für die Fachsprachen einen eigenen Doppelband aus der Reihe der Handbücher zur Sprach- und Kommunikationswissenschaft (14), wohingegen die Sondersprachen selbst in den der Soziolinguistik gewidmeten Bänden der gleichen Reihe (3) kaum Erwähnung finden.

Der Begriff der *Geheimsprache* soll hierbei jenen Sondersprachen vorbehalten werden, deren Sprecher anwesende Außenstehende intentional von der Kommunikation ausschließen wollen. Bei der *Geheimbundsprache* kann diese Facette ebenfalls zu einem gewissen Grad realisiert sein, im Wesentlichen findet die Kommunikation jedoch gleich ganz unter Ausschluss profaner Sprecher / Hörer statt. Rotwelschdialekte oder das Jenische wären somit als Geheimsprachen einzuordnen, die Sprache der Alchemie zeichnet sich sowohl durch geheim-, arkansprachliche wie auch durch fachsprachliche, die Sprache der römischen Liturgie durch sakralsprachliche und arkansprachliche, die Sprache der Freimaurerei schließlich durch geheimbundsprachliche und arkansprachliche (im übrigen auch durch Relikte fachsprachlicher) Merkmale aus. Sehr deutlich wird hierbei, dass die genannten Beispiele, wie es nun mal in der Natur von Soziolekten generell liegt, sich nie zur Gänze nur einer einzigen der postulierten Subtypen zuordnen lassen, sondern in unterschiedlicher Gewichtung Merkmale mehrerer derselben aufweisen.

Den Bereich der Sondersprachenforschung so weit auszudehnen, wie es obige Ausführungen implizieren, wird vielleicht ungewöhnlich erscheinen, birgt aber die Chance einer intensiveren und vor allem breiter aufgestellten Auseinandersetzung. Wesentliches Anliegen ist nicht die Unterbreitung eines fertigen Konzepts, sondern die Eröffnung einer lebhaften Auseinandersetzung. Insbesondere wird eine Diskussion über die Rolle der Sakralsprachen zu erwarten sein, aber wo, wenn nicht unter die Sondersprachen, wären sie im Varietätengefüge besser zu verorten?

3. Zum vorliegenden Band

Es soll an dieser Stelle dafür plädiert werden, Arbeiten und Forschungsergebnisse der Sondersprachenforschung mit „arkanlinguistischem" Bezug durch eine Explizitmachung desselben zusammenzuführen und eine Diskussion mit dem Ziel anzuregen, dezidiert eine Linguistik des Arkanen zu konturieren.

Hierzu soll der Gegenstandsbereich vorerst bewusst weit gefasst werden. Im Interesse stehen all jene Gruppensprachen, deren Teilhaber einerseits gesellschaftliche Abgrenzung wünschen oder Diskretion suchen und / oder sich andererseits mit einem Mysterium in der einen oder anderen Form konfrontiert sehen. Angestrebt wird fürs Erste eine offene, möglichst vielseitige linguistische Auseinandersetzung. Unterschiedliche sprachwissenschaftliche Perspektiven und Herangehensweisen (semiotisch, sprachhistorisch, lexikographisch, pragmatisch, kommunikativ usw.) sind ausdrücklich erwünscht.

Die Diskussion soll insgesamt dazu beitragen, die Relevanz sondersprachlicher Forschung zu unterstreichen sowie ein Themenspektrum für die Linguistik zu erschließen, das – von verstreuten Einzeluntersuchungen abgesehen – bisher nicht unter dem Aspekt der Zusammengehörigkeit im Fokus der Aufmerksamkeit stand. Auch sollen Diskurszusammenhänge beleuchtet werden, die bisher unberücksichtigt blieben.

Einen ersten Schritt der Auseinandersetzung mit dem Thema stellt die Veranstaltung der Tagung *Unbegreifliches greifbar machen. Sondersprachenforschung im Spannungsfeld zwischen Arkanem und Profanem* dar, die vom 18. bis 20. November 2010 an der Karl-Franzens-Universität Graz stattfand. Fast alle Beiträge in dem hier vorliegenden Band basieren auf Vorträgen, die im Rahmen der Tagung gehalten wurden. Hinzugekommen sind die Arbeiten von Dana Dogaru und Christian Efing, die aus terminlichen Gründen nicht teilnehmen konnten. Einige wenige Beiträge benachbarter Disziplinen wurden aufgrund der Überlegung in den Band aufgenommen, dass ein interdisziplinärer Dialog dem Thema zum Vorteil gereicht:

Georg Weidacher entwickelt auf Basis eines Konstitutionsmodells der Kommunikation eine pragmatisch orientierte Typologie der Geheimkommunikation.

Den Tod im freimaurerischen Ritual betrachtet *Dieter A. Binder* und setzt sich somit mit einem der wesentlichen Lehrinhalte des maurerischen Gedankengebäudes auseinander.

Thomas Richert beschreibt Goethe als Geheimen Rat, Illuminaten und Freimaurer. Er liefert aufschlussreiche Erkenntnisse über Goethes Verhältnis zur Freimaurerei, welches man grob in drei unterschiedlich ausgeprägte Phasen untergliedern kann.

Klaus Weiß fokussiert die semantischen Facetten eines der zentralen Symbole der Freimaurerei, des *Großen Baumeisters aller Welten*, und interpretiert diese als Indiz für eine dem Bunde inhärente Toleranz in religiösen Belangen.

Lessings programmatische Freimaurerschrift *Ernst und Falk* analysiert *Dana Dogaru* unter textlinguistischen Kriterien.

Alexander Lasch beschreibt am Beispiel des Ordens der Assassinen und des Wissens über den Orden, wie es an der Wende zur Neuzeit in Europa verhandelt wird, Prozesse der diskursiven Arkanisierung als kommunikative Zuweisungen von Exklusivität, die zudem ganz wesentlich von den unterschiedlichen Positionen verschiedener Diskursakteure gesteuert werden. Er plädiert für eine soziolinguistische ‚Arkanlinguistik‘, die solche kommunikativen Prozesse der Arkanisierung genauer untersucht.

Christian Efing geht der Frage nach, in welcher Art und Weise und zu welchem Zwecke Sprecher des Jenischen sich des Internets bedienen und welche Auswirkungen auf das sprachliche Erscheinungsbild die Nutzung dieses Mediums nach sich zieht.

Der Darstellung von Geheimbünden in der modernen Literatur widmet sich der Beitrag von *Christian Braun*. Es wird der Frage auf den Grund gegangen, in welcher Weise Geheimbünde in fiktionalen Texten konzeptionalisiert werden und durch welche Merkmale sie sich auszeichnen.

Helmut Birkhan konzentriert sich auf jene spezielle Art von Sondersprachen, die im Umgang mit numinosen Intelligenzen – Geistern und Dämonen gewissermaßen – zum

Einsatz kommt und stellt das Henochische vor, so wie es von John Dee erfahren und tradiert wurde.

Jörg Riecke versteht die althochdeutschen Zaubersprüche als Teil der frühmittelalterlichen medizinischen Fachkultur, sieht sie aber durch ihre Einbettung in rituelle Handlungen und ihre Nähe zur göttlichen Macht dennoch in die Nähe des Arkanen gerückt.

Mit der katholischen deutschen Sakralsprache setzt sich *Albrecht Greule* auseinander und thematisiert nach einer terminologischen Klärung der Begrifflichkeiten hier insbesondere das Dilemma einerseits der Profanisierung der Sakralsprache durch „Übersetzung" in die Volkssprache und andererseits einer angestrebten sprachlichen Verständlichkeit der Glaubensinhalte.

Die Abhandlung von *Sebastian Seyferth* beschreibt sakralstilistische Phänomene innerhalb der Ottheinrich-Bibel (Cgm 8010). Dem Übersetzer ging es weder darum, den Text zu arkanisieren bzw. zu profanisieren, noch eindeutig ausgangssprachlich bzw. zielsprachlich ins Deutsche zu übertragen. Vielmehr war ihm an einer Ästhetisierung bedeutender biblischer Passagen gelegen.

Andrea Fruhwirth arbeitet über den arkanen Charakter von Sakralsprachen und richtet nach einer Diskussion der Termini auch besonderes Augenmerk auf Umgehungsstrategien der sprachlich Ausgeschlossenen.

Peter Klotz setzt sich mit verschiedenen Facetten behördlicher Sprache auseinander und untersucht die spezifischen Funktionen ihres Einsatzes in literarischen Texten, wobei er auch auf die Wirkung, die durch eine Abweichung von üblichen fachsprachlichen Verwendungsweisen erzielt wird, fokussiert.

Mit dem „Arkanen" in der Kommunikation zwischen Menschen mit Essstörungen auf einer Internetplattform befasst sich *Sandra Reimann*.

Angelika Jacobs untersucht Sören Kierkegaards Strategie der „indirekten Mitteilung" als Versuch, das Geheimnis des Religiösen dem begrifflichen Denken zu entziehen, indem es ironisch inszeniert wird, so dass der Leser abseits von habituellen öffentlichen und rituellen Kommunikationsformen in die Auseinandersetzung mit den verborgenen existenziellen Stimmungen des eigenen Inneren hineingetrieben wird. Stimmungen erscheinen dabei als existenzielles Movens des Denkens, das an eine paradoxe Semiologie des Heiligen angeschlossen ist. Als nicht dechiffrierbarer Code des religiösen Geheimnisses leisten sie sprachskeptischen Positionen Vorschub.

Bettina Rabelhofer lotet in E.T.A. Hoffmanns Kunstmärchen „Der Goldene Topf" die Gefährlichkeit des Zeichens zwischen Sexualität und Sprache aus und setzt sie in Bezug zu kabbalistischen Weltschöpfungs- und Zerstörungsmythen sowie alchemistischen Verfahren.

Im Kontext einer Theorie von der Literatur als Spiel befragt *Christine Stridde* eine Reihe mittelalterlicher epischer und lyrischer Texte im Hinblick auf den Status ihrer Unverständlichkeit im Zusammenhang mit textgenerativen und poetologischen Strategien.

Literaturverzeichnis

Ammon, Ulrich / Dittmar, Norbert / Mattheier, Klaus (Hrsg.) (2004–2006.), Soziolinguistik. Ein internationales Handbuch zur Wissenschaft von Sprache und Gesellschaft. 3 Bde. 2., vollst. neu bearb. und erw. Aufl. (Handbücher zur Sprach- und Kommunikationswissenschaft 3), Berlin, New York.

Barke, Jörg (1991), Die Sprache der Chymie. Am Beispiel von vier Drucken aus der Zeit zwischen 1574–1761, (Reihe Germanistische Linguistik 111), Tübingen.

Binder, Dieter A. (1998), Die Freimaurer. Ursprung, Rituale und Ziele einer diskreten Gesellschaft, (Herder-Spektrum 4631), Freiburg im Breisgau, Basel, Wien.

Birkhan, Helmut (2010), Magie im Mittelalter, (Beck'sche Reihe 1901), München.

Birkhan, Helmut (1992), Die alchemistische Lehrdichtung des Gratheus filius philosophi in Cod. Vind. 2372. Zugleich ein Beitrag zur okkulten Wissenschaft im Spätmittelalter, 2 Bde., (Sitzungsberichte der Österreichischen Akademie der Wissenschaften. Philosophisch-historische Klasse 591), Wien.

Braun, Christian (2004), Zur Sprache der Freimaurerei. Eine textsortenspezifische und lexikalisch-semantische Untersuchung, (Berliner Sprachwissenschaftliche Studien 5), Berlin.

Efing, Christian (2009), „Die Stellung der Sondersprachen im Varietätengefüge des Deutschen – mit besonderem Fokus auf die Rotwelsch-Dialekte des Deutschen“, in: Christian Efing / Corinna Leschber (Hrsg.), Geheimsprachen in Mittel- und Südosteuropa, Frankfurt am Main [u. a.], 9–40.

Eis, Gerhard (1951), „Von der Rede und dem Schweigen der Alchemisten“, in: Deutsche Vierteljahresschrift für Literaturwissenschaft und Geistesgeschichte. Bd. 25, 415–435.

Engel, Alfred (1988), „Das Pariser Patent des Freiherrn von Hund“, in: Quatuor Coronati Jahrbuch Nr. 25, 129–158.

Engel, Alfred (1972), Die freimaurerischen Geheimschriften. Geschichte und Entschlüsselung, (Quellenkundliche Arbeiten der Freimaurerischen Forschungsgesellschaft e.V. und der Forschungsloge der Vereinigten Großlogen von Deutschland Quatuor Coronati Bayreuth 5), o.O.

Haage, Bernhard Dietrich / Wegner, Wolfgang (2007), Deutsche Fachliteratur der Artes in Mittelalter und Früher Neuzeit. Unter Mitarbeit von Gundolf Keil und Helga Haage-Naber, (Grundlagen der Germanistik 43), Berlin.

Hahn, Walther von (1980), „Fachsprachen“, in: Hans Peter Althaus / Helmut Henne / Herbert E. Wiegand, Lexikon der Germanistischen Linguistik. Gesamtausgabe. 2., vollst. neu bearb. und erw. Aufl. Tübingen, 390–395.

Hoffmann, Lothar (1998), „Fachsprachen und Gemeinsprache“, in: Lothar Hoffmann / Hartwig Kalverkämper / Herbert E. Wiegand (Hrsg.), Fachsprachen. Ein internationales Handbuch zur Fachsprachenforschung und Terminologiewissenschaft, (Handbücher zur Sprach- und Kommunikationswissenschaft 14.1.), Berlin, New York, 157–168.

Hoffmann, Lothar / Kalverkämpfer, Hartwig / Herbert Ernst Wiegand (Hrsg.) (1998), Fachsprachen. Ein internationales Handbuch zur Fachsprachenforschung und Terminologiewissenschaft, 2 Bde., (Handbücher zur Sprach- und Kommunikationswissenschaft 14), Berlin, New York.

Löffler, Heinrich (2005), Germanistische Soziolinguistik. 3., überarb. Aufl., (Grundlagen der Germanistik 28), Berlin.

Möhn, Dieter (1980), „Sondersprachen“, in Hans Peter Althaus / Helmut Henne / Herbert Ernst Wiegand, Lexikon der Germanistischen Linguistik. Gesamtausgabe. 2., vollst. neu bearb. und erw. Aufl.. Tübingen, 384–390.

Möhn, Dieter (1998), „Fachsprachen und Gruppensprachen“, in: Lothar Hoffmann / Hartwig Kalverkämper / Herbert E. Wiegand (Hrsg.), Fachsprachen. Ein internationales Handbuch zur Fachsprachenforschung und Terminologiewissenschaft, (Handbücher zur Sprach- und Kommunikationswissenschaft 14.1.), Berlin, New York, 168–181.

Möhn, Dieter (1990), „Das gruppenbezogene Wörterbuch“, in: Franz J. Hausmann / Oskar Reichmann / Herbert E. Wiegand / Ladislav Zgusta (Hrsg.), Wörterbücher. Ein internationales Handbuch zur Lexikographie. (Handbücher zur Sprach- und Kommunikationswissenschaft 5.2.), Berlin, New York, 1523–1531.

Radtke, Edgar (1990), „Wörterbücher von Geheimsprachen“, in: Franz J. Hausmann / Oskar Reichmann / Herbert E. Wiegand / Ladislav Zgusta (Hrsg.), Wörterbücher. Ein internationales Handbuch zur Lexikographie. (Handbücher zur Sprach- und Kommunikationswissenschaft 5.2.), Berlin, New York, 1532–1538.

Reiter, Raimond (1987), „Die ‚Dunkelheit‘ der Sprache der Alchemisten“, in: Muttersprache XCVII, 323–326.

Schmitt, Wolfgang (1974), „Zur Literatur der Geheimwissenschaften im späten Mittelalter“, in: Gundolf Keil / Peter Assion (Hrsg.), Fachprosaforschung. Acht Vorträge zur mittelalterlichen Artesliteratur, Berlin, 167–182.

GEORG WEIDACHER

Aspekte einer Typologie der Geheimkommunikation

1. Zur Themenstellung: Geheimkommunikation und das Arkane

Unter „Arkandisziplin" versteht das „Lexikon für Theologie und Kirche" (Höfer / Rahner 1957: 864) „[…] die altchristliche Sitte, über gewisse kult. Handlungen, wie Taufe u. Eucharistie, vor Ungetauften Schweigen zu bewahren od. nur in dunklen Andeutungen zu sprechen." Das Arkane ist somit als etwas Geheimes oder als ein Geheimnis zu verstehen, das einerseits der Geheimhaltung unterliegt und andererseits geheimnisvoll wirkt. Diese Doppeldeutigkeit kann auch aus der von Biedermann (1968: 41) formulierten Definition von *Arcanum* abgeleitet werden: „ARCANUM, lat. das Eingeschlossene, d. h. Geheime, Inhalt der Mysterienkulte, alles für Uneingeweihte Unzugängliche". Der Begriff bezieht sich demnach auf etwas – zum Beispiel auf eine in vielen Fällen stark ritualisierte Kommunikationssituation –, das geheim gehalten wird, weil es vor Nicht-Gruppenmitgliedern verborgen bleiben soll. Durch diese Geheimhaltung, die arkane Kommunikation auf die Verständigung zwischen Mitgliedern bzw. Initiierten im Binnenraum des Arkanums beschränkt und ihr somit eine „esoterische Dimension" (Klausnitzer 2004: 106) verleiht, erhält das Arkane jedoch zusätzlich sowohl für die Eingeweihten wie auch, falls der Geheimhaltungsversuch bemerkt wird, insbesondere für die anderen eine Aura des Geheimnisvollen. Das Arkane wird zu einem Geheimnis im quasi emphatischen Sinn.

Dieser letztere Aspekt des Arkanen oder des Geheimen spielt für den vorliegenden Beitrag höchstens eine untergeordnete Rolle. Im Fokus steht vielmehr die Geheimhaltung an sich, wobei das, was in den jeweiligen Beispielen geheim gehalten werden soll, äußerst profan sein kann, wenn auch manches durch den oben beschriebenen Mechanismus eine gewisse Aura des Geheimnisvollen erhalten mag.

Eine weitere Anmerkung zur Thematik der folgenden Ausführungen ist noch vonnöten: Geheimhaltung betrifft nicht ausschließlich mündliche Kommunikation, sondern auch schriftbasierten Informationsaustausch; dies vielleicht sogar häufiger, da sich aufgrund der „zerdehnten Sprechsituation" (Ehlich 2007b: 493) schriftlich-textuellen Kommunizierens die Gefahr einer Entdeckung dessen, das verborgen bleiben soll, tendenziell stark erhöht und somit Gegenmaßnahmen in verstärktem Ausmaß erforderlich sind. Aus diesem Grund werden wir uns mit medial unterschiedlichen Formen von Geheimkommunikation beschäftigen und nicht ausschließlich mit Geheimsprachen im engeren Sinn. Im Zentrum steht dabei ein Vorschlag zu einer Typologisierung von Geheimkommunikation, der auf einem kognitionslinguistisch fundierten Kommunikationsmodell basiert.

2. Grundannahmen für eine Typologie der Geheimkommunikation

Als Ausgangspunkt für eine Typologie der Geheimkommunikation können folgende Annahmen über Geheimsprachen / Geheimschriften dienen:

1. Geheimsprachen / Geheimschriften lassen sich weder über ihre Grammatik inklusive Phonologie bzw. Othographie noch über ihre Lexik als solche bestimmen.

Generell wird hier postuliert, dass keinerlei Merkmale der sprachlichen Oberfläche oder der Sprachstruktur eine Geheimsprache als Geheimsprache definieren, auch wenn diese Merkmale zum Zwecke der Geheimhaltung herangezogen werden können. Dies geschieht häufig, aber nicht notwendigerweise dadurch, dass die Reichweite der Konventionalisierung der grammatischen oder lexikalischen Zeichen eingeschränkt wird, sodass die mit ihrer Hilfe formulierten Äußerungen nur mehr für eine Gruppe von in die konventionalisierte Bedeutung der Zeichen Eingeweihten verständlich sind.

2. Geheimsprachen / Geheimschriften lassen sich als solche auch nicht über ihre Bindung an eine soziale Gruppe bestimmen, obwohl sie grundsätzlich eine kommunitäre Funktion (vgl. Ehlich 2007a: 161f.) haben.

Gerade Geheimsprachen / Geheimschriften ist das prinzipielle Paradox von Sprache inhärent: „das Paradox nämlich, daß die Vergesellschaftungsfunktion des Mediums [Sprache] immer zugleich auch die Grenze mit aufrichtet, die einzelne menschliche Gruppen voneinander sondert" (Ehlich 2007a: 161). Diese paradoxe Wirkung der kommunitären Funktion gilt für jedwede Sprache bzw. für jedwedes Medium der Kommunikation, für Geheimsprachen ist sie jedoch der wesentliche Zweck ihrer Existenz. Schließlich wird mittels ihrer Verwendung angestrebt, die potenziellen Partizipanten an bestimmten Kommunikationsprozessen in eine esoterische „in-group“ und eine exoterische „out-group“ zu scheiden und letztere von der Kommunikation auszuschließen. Der paradoxe Nebeneffekt der Vergesellschaftungsfunktion von Sprache ist also bei Geheimsprachen das intendierte Hauptziel ihrer Verwendung. Dennoch ist die Bindung an eine abgegrenzte Gruppe und damit die kommunitäre Funktion selbst nicht das entscheidende Definiens von Geheimsprachen / Geheimschriften, zumal diese auch von anderen Sprachen / Schriften mit den beschriebenen Effekten erfüllt wird. Entscheidend für die Definition ist nur die Intentionalität der Abgrenzung.

3. Manche Geheimsprachen / Geheimschriften erfüllen auch eine gnoseologische Funktion (vgl. Ehlich 2007a: 158f.). Auch in solchen Fällen handelt es sich jedoch nicht um ihre primäre Funktion als Geheimsprachen.

Sprache „[…] ist Medium der Speicherung von Wissen; sie ist Medium der Abstraktion von einzelnen Wissenspartikeln und ihrer Integration in größere Einheiten, und sie ist Medium des Transfers von Wissen“ (Ehlich 2007a: 158). Diese gnoseologische Funktion erfüllen auch Geheimsprachen, wobei der Aspekt der Wissenskonstitution, also die epistemische Funktion im engeren Sinn, nur bei solchen relevant ist, die zum Beispiel in esoterischen Gesellschaften zur Formulierung von Aussagen über die Welt und damit zum Aufbau einer nicht zuletzt sprachlich-textuell konstituierten Wirklichkeitsvorstellung dienen. Demgegenüber steht der Aspekt des Wissenstransfers im Fokus der Funktionalisierung von Geheimsprachen / Geheimschriften. Schließlich sollen kommunikativ transferierte Informationen, soll Wissen geheim gehalten werden, das im Zuge von Kommunikation prozessiert wird. Wiederum ist die gnoseologische Funktion, selbst wenn man sie auf den Aspekt des Wissenstransfers einschränken würde, aber nicht grundlegend für eine Definition von Geheimsprachen, da diese Funktion, wie auch die kommunitäre, dem Medium Sprache[1] generell anhaftet. Daraus folgt:

4. Geheimsprachen / Geheimschriften lassen sich als solche nur pragmatisch aufgrund ihres Verwendungszwecks bestimmen.

Dieser Verwendungszweck, über den sich Geheimsprachen / Geheimschriften definieren lassen, besteht schlicht in der Geheimhaltung. Die beschriebenen Effekte der kommunitären und der gnoseologischen Funktion gehen damit zwar einher, sie verbleiben aber sekundär. Die Definition einer Geheimsprache / Geheimschrift als Geheimsprache / Geheimschrift beruht demnach auf dem intentionalen Einsatz einer Sprache / Schrift oder eines anderen semiotischen Mediums zum Zwecke der Geheimhaltung von zu kommunizierenden Informationen. Zu beachten ist dabei, dass Geheimhal-

1 Der Begriff *Medium* – auch im Kompositum „Kommunikationsmedium“ – wird in dieser Arbeit in dem Sinn verwendet, dass er sowohl Sprache oder Schrift insgesamt denotiert als auch jede einzelne Sprache oder Schrift für sich.

tung zwar der Hauptzweck von Geheimsprachen / Geheimschriften ist, nicht jedoch der der jeweiligen mittels geheimsprachlicher Mittel formulierten Äußerungen, denn:

5. Geheimsprachen / Geheimschriften als solche dienen der Unterstützung einer teleologischen Funktion (vgl. Ehlich 2007a: 159ff.). Erfüllt wird diese zumeist jedoch durch die Klartextäußerung bzw. durch die mittels des semiotischen Geheimhaltungsverfahrens geschützte Botschaft.

Primär wird das Medium Sprache genutzt, um kommunikative Handlungen zu vollziehen. Ehlich (2007a: 159f.) spricht hier von der „Dimension der Illokution", in der „sich die Zweckhaftigkeit des sprachlichen Handelns unmittelbar [realisiert]". Anders ausgedrückt intendiert jeder Kommunizierende, mit seiner sprachlichen Handlung, seiner Äußerung, ein mehr oder weniger empraktisch motiviertes Handlungsziel, ein „telos" anzuvisieren und beim Adressaten etwas seiner Intention Entsprechendes zu bewirken, sei es, dass dieser aufgrund der kommunizierten Informationen entsprechendes Wissen konstituiert, sei es, dass er reagiert, indem er selbst eine sprachliche oder auch nichtsprachliche Handlung setzt. Dieses Handlungsziel, das über die teleologische Funktion von Sprache erreicht werden soll, ist dem der Geheimhaltung grundsätzlich vorgelagert. Das heißt, der Kommunizierende intendiert zunächst den Vollzug einer Handlung, sieht sich aber mit dem Problem konfrontiert, dass der Erfolg der kommunikativen Handlung beeinträchtigt werden oder dass es zu unerwünschten Folgen kommen könnte, wenn die Äußerung, mit der die Handlung vollzogen wird, von nicht-adressierten Mithörern entdeckt, gehört / gesehen und verstanden wird. Damit sieht er sich gezwungen, wenn ihm Mittel der Geheimhaltung zur Verfügung stehen, diese einzusetzen, was auch eine sprachliche Handlung darstellt, jedoch keine mit teleologischer Funktion im eigentlichen Sinn. Vielmehr wird diese Handlung der primären illokutiven Handlung quasi übergestülpt, um den Erfolg der primären sprachlichen Handlung zu unterstützen oder überhaupt erst zu gewährleisten.

6. Dieser Verwendungszweck der Geheimhaltung ist kein perlokutionärer Akt, da sie nicht auf den Adressaten, sondern auf einen potenziellen Mithörer hin ausgerichtet ist.

Dass die Funktion von Geheimsprachen / Geheimschriften nicht im Vollzug eines perlokutionären Akts liegen kann, folgt schon aus dem gerade Festgestellten. Dazu kommt, dass der intendierte perlokutionäre Effekt immer auf einen oder mehrere Adressaten abzielt, die Geheimhaltung sich jedoch nicht an den Adressaten, sondern gegen etwaige Mithörer richtet. Die Geheimhaltung kann daher kein perlokutionärer Akt sein, wie im Übrigen auch kein illokutionärer. Vielmehr ist die Handlung des Geheimhaltens auf einer parallelen Ebene anzusiedeln bzw. greift sie in den lokutionären Akt ein und manifestiert sich in einer Veränderung der Äußerungsformulierung.

7. Aus den genannten Gründen lassen sich Geheimsprachen / Geheimschriften zwar pragmatisch fassen, nicht aber sprechakttheoretisch.

Da es also keinen Sprechakt der Geheimhaltung gibt und geben kann, sondern jedwedem davon betroffenen Sprechakt die Geheimhaltung übergestülpt bzw. er gleichsam in sie eingehüllt wird, sind Akte von Geheimkommunikation nicht in der Terminologie der Sprechakttheorie zu erfassen. Sehr wohl sind sie aber als Handlungen oder komplexe Handlungsfolgen zu klassifizieren, zumal allgemein für die Definition von *Handlung* gilt: „Handlung = Tun + Absicht" (Harras 2004: 12). Aus der Bestimmung von Geheimhaltung als Handlung in diesem Sinn ergibt sich:

8. Geheimhaltungshandlungen, die eine Geheimkommunikation konstituieren, sind stets intentional.

Dies impliziert, dass sich sowohl Sender als auch Adressat – nicht unbedingt die exoterischen, d. h. nicht in die Konventionen der verwendeten Sprache eingeweihten Mithörer – darüber bewusst und darin einig sind, dass Geheimhaltung intendiert ist. Damit gelten solche Fälle von Kommunikationsprozessen nicht im engeren Sinn als Geheimkommunikation, bei denen zwar Mitglieder einer „out-group" vom Verstehen einer Botschaft ausgeschlossen werden, dies jedoch nicht vom Sender beabsichtigt ist, sondern sich nur als Nebeneffekt aufgrund einer Unkenntnis der verwendeten Sprache / Schrift ergibt. Ein Beispiel hierfür ist die Sprache der Schlümpfe (siehe Abb. 1).

Offensichtlich versteht die mit dem Schlumpf sprechende Figur dessen Antworten nicht. Dennoch handelt es sich bei der Schlumpf-Sprache um keine Geheimsprache, da die Intention der Geheimhaltung nicht gegeben ist. Im Gegenteil: Der Schlumpf verhält sich im Rahmen seiner Möglichkeiten äußerst kooperativ. Ein Scheitern der Kommunikation bzw. ein Verhindern von Verständnis beim Gegenüber wird vom Schlumpf nicht beabsichtigt. Die Schlumpf-Sprache ist daher für den Gesprächspartner – und wohl auch für andere Nicht-Schlümpfe – eine unverständliche Sprache, jedoch keine Geheimsprache.

9. Die Verwendung von Geheimsprachen / Geheimschriften kann als Sprachspiel betrachtet werden bzw. dienen Geheimsprachen / Geheimschriften als Medium komplexer Sprachspiele.

Sprechakttheoretische Beschreibungsansätze und Begrifflichkeiten haben sich als inadäquat für eine pragmatisch orientierte und pragmatisch fundierte Bestimmung von Geheimsprachen / Geheimschriften erwiesen. Ihre Verwendung in geheimkommunikativen Interaktionen lässt sich jedoch mittels Wittgensteins (vgl. 1984: 250) Sprachspiel-Begriff fassen. Die dem Begriff innewohnende Vagheit, die der von Wittgenstein unter ihm subsummierten „Mannigfaltigkeit der Sprachspiele" (Wittgenstein 1984: 251) geschuldet ist, erweist sich hier durchaus als Vorteil: Wenn „Befehlen", „Berichten eines Hergangs", „eine Hypothese aufstellen und überprüfen", aber auch „Theater spielen", „Reigen singen", „Rätsel raten" usw. (vgl. Wittgenstein 1984: 250) zu den Sprachspielen zählen, dann fällt analog auch „geheim kommunizieren" oder „eine Geheimsprache / Geheimschrift verwenden" in diese Kategorie.

Der Begriff *Sprachspiel* ist aber nicht gänzlich offen. Seine Extension wird zunächst dadurch beschränkt, dass er nur auf Handlungen im Medium Sprache – inklusive seiner verschriftlichten Ausprägung – bezogen werden kann.

Abb. 1: Auszug aus Peyo (2005)

Weiters müssen Sprachspiele Regeln folgen und „in eine umfassende Lebensform einer Sprachgemeinschaft eingebettet" (Harras 2004: 100) sein, wobei die beiden Kriterien insofern in Zusammenhang stehen, als die Sprachgemeinschaft als umfassende Lebensform unter Nutzung der kommunitären Funktion von Sprache und des über koordinierte und koordinierende Kommunikationsprozesse gemeinsam aufgebauten Wissens über konventionalisierte Regeln des jeweiligen, für bestimmte Lebensformen im Sinne sozio-kommunikativer Praxen, inklusive ihrer situativen Parameter, adaptierten[2] (Geheim-)Sprachgebrauchs erst konstituiert wird. Das heißt, dass geheimsprachliches Kommunizieren einerseits konstitutiv ist für Geheimsprachgemeinschaften, andererseits die Intention der Geheimhaltung als entscheidender Parameter der Lebensform zu betrachten ist, in die das Sprachspiel „geheim kommunizieren" eingebettet ist. Die anderen zentralen und für alle Situationen von Geheimkommunikation gültigen Parameter sind ein Geheimhaltung intendierender und eine für diesen Zweck als adäquat angenommene Sprache / Schrift verwendender Sender, ein den Geheimhaltungsversuch erkennender und in den Gebrauch der Geheimsprache / -schrift eingeweihter Empfänger sowie ein mittels Geheimhaltung vom Verstehen der Kommunikation auszuschließender Mithörer. Diese Parameter sind die Basis jedweden Sprachspiels des geheimen Kommunizierens. Nicht dazu gehört jedoch – und dies folgt aus dem soeben Festgestellten – ein bestimmter Typ von Sprache oder Schrift, der über konkrete formale oder soziale Kriterien definiert werden kann, denn:

10. Keine Sprache ist eine Geheimsprache, aber jede Sprache kann als eine Geheimsprache gebraucht werden.

Dieses Postulat resultiert aus einer konsequent pragmatischen Definition von Geheimsprachen / -schriften. Nur die intendierte Verwendung zum Zweck der Geheimhaltung ist definitorisch relevant, nicht jedoch, ob ihr Gebrauch auf bestimmte, sozial definierte Gemeinschaften beschränkt ist – dies gilt, wenn man *sozial* in einem weiteren Sinn versteht, im Grunde für alle Sprachen / Schriften – oder ob sie bestimmte phonologische, lexikalische oder morphosyntaktische Merkmale aufweisen. Daraus folgt das doppelte Postulat:

11. Geheimsprachen sind nicht notwendigerweise Sondersprachen.
    Und:
    Nicht alle Sondersprachen sind Geheimsprachen.

Löffler (vgl. 2010: 123) rechnet Geheimsprachen ohne nähere Erklärung und quasi nebenbei den Sondersprachen zu, sodass man auch nicht feststellen kann, ob er sie als Untergruppe der Sondersprachen betrachtet oder ob alle Sondersprachen zugleich Geheimsprachen sind. Jedenfalls definiert er Sondersprachen, den Begriff eingrenzend und die meisten Fach-, Berufs- und Standessprachen ausschließend, folgendermaßen:

> Eine engere Auffassung zählt nur jene Varietäten als Sondersprachen, deren Sprecher deutlich erkennbare dauernde Sondergemeinschaften darstellen, die nicht berufsbedingt sind, die darüber hinaus noch in einer gewissen gesellschaftlichen Opposition zu den Normalbürgern stehen oder deutliche Außenseitergruppierungen darstellen. (Löffler 2010: 123)

---

2 Zum Begriff der „adaptability", der hier im Hintergrund steht, vgl. Verschueren (1999: 61): „Adaptability, then, is the property of language which enables human beings to make negotiable linguistic choices from a variable range of possibilities in such a way as to approach points of satisfaction for communicative needs."

Zu diesen Außenseitergruppierungen zählt er (2010: 123f.) vor allem Stadt- und Landstreicher, Fahrende, Roma und Gauner. Nun werden diese Gruppierungen ihre Sprachen, wie zum Beispiel das Rotwelsche, sofern es noch in Gebrauch ist, wohl auch in entsprechenden Kommunikationssituationen als Geheimsprachen nutzen. Allerdings liegt darin nicht ihr primärer Zweck, der auch aus Löfflers Definition und ihrer Bezeichnung ablesbar ist: Sondersprachen dienen dazu, eine soziale Sondergemeinschaft auch sprachlich abzusondern. Sondersprachen sind demnach durch ihre kommunitäre Funktion definiert, indem sie nach innen gruppenkonstituierend und nach außen durch sprachliche Differenz abgrenzend wirken.

Dies drückt sich auch in Hallidays Begriff der „anti-language" aus: „It is the language of an anti-society" (Halliday 2009: 575). Durch die Verwendung einer solchen Anti-Sprache „resozialisieren" (vgl. Halliday 2009: 575) sich die Mitglieder einer Außenseitergruppe in dem Sinn, dass sie sich von der sie umgebenden Gesellschaft sprachlich abheben und zugleich selbst eine gegen die dominierende (Sprach-)Gemeinschaft gerichtete soziale Gruppe konstituieren, wobei diese Absonderung durchaus intendiert ist, aber nicht primär mit dem Bestreben, gruppeninterne kommunikative Prozesse geheim zu halten. „Die Sprache dient als Oppositionsmittel zu anderen Gruppen und wird gleichzeitig zu einer identitätsbildenden Instanz" (Zuschnegg 2007: 6).

Unter Gebrauch von Sondersprachen getätigte Äußerungen sind oft für Nicht-Eingeweihte unverständlich, aber es handelt sich dabei um „inhärent unverständliche Äußerungen" (Januschek 2002: 14), die nicht erst in einem sekundären Kodierungsprozess unverständlich gemacht wurden, um eine Botschaft geheim zu halten.

Wie schon oben anhand des Beispiels der Schlumpf-Sprache festgestellt wurde, ist aber Unverständlichkeit kein konstitutives Merkmal von Geheimsprachen. Da sie zunächst nur ein nicht-intendierter Nebeneffekt von sondersprachlicher Kommunikation ist, kann man daher das Postulat bestätigen, dass nicht alle Sondersprachen Geheimsprachen sind, bzw. lässt sich feststellen, dass nur zu Geheimhaltungszwecken genutzte Sondersprachen zu Geheimsprachen werden.

Wie sieht es nun mit dem anderen Postulat aus? Sondersprachen sind wegen ihrer Unverständlichkeit für solche, die die jeweilige Sondersprache weder sprechen noch verstehen, auf den ersten Blick die besten Kandidaten für eine Verwendung im Zuge von Geheimkommunikation. Allerdings verfügen natürlich alle Sprachen / Schriften, die von einer Gruppe beherrscht werden, von einer anderen hingegen nicht – und diese Eigenheit kann keiner Sprache abgesprochen werden –, über das Merkmal der Unverständlichkeit außerhalb der auf ihnen basierenden Sprachgemeinschaften. Somit können prinzipiell alle Sprachen / Schriften als Geheimsprachen benützt werden, sofern die situativen Parameter ein solches Sprachspiel begünstigen. Dafür bieten sich naturgemäß insbesondere „kleine Sprachen" an, die möglichst auch noch keiner der verbreiteteren Sprachfamilien angehören und im Idealfall typologisch von den ansonsten verwendeten Sprachen gravierend abweichen, wie dies zum Beispiel beim Navajo der Fall war, das von amerikanischer Seite unter Zuhilfenahme von „native speakers" zur Geheimhaltung im II. Weltkrieg gegen Japan eingesetzt wurde (vgl. Singh 1999: 193ff., Kahn 1973: 289f.). Navajo wurde auf diesem Wege, wenn auch nur in dieser Situation, zu einer Geheimsprache. Dass es sich daher auch um eine Sondersprache handelte, kann deshalb aber keinesfalls behauptet werden.

12. Es gibt zwar künstliche Sprachen, die zur Geheimhaltung geschaffen wurden. Um Geheimsprachen im eigentlichen Sinn handelt es sich aber nur dann, wenn sie als solche intendiert sind und im Sinne einer Geheimhaltung funktionieren.

Dass natürliche Sprachen, seien es nun Sondersprachen oder Sprachen wie das Navajo, als Geheimsprachen gebraucht werden können, wurde bereits dargelegt, und es wurde auch festgestellt, dass sie nicht primär zwecks Geheimhaltung geschaffen wurden bzw. entstanden sind. Eine Sprache hingegen, die primär der Geheimhaltung diente, ist die „Kellnersprache", die früher von Wiener Kellnern verwendet wurde, wenn sie im Beisein von Gästen über diese und speziell über auf diese abzielende Betrügereien sprachen (vgl. Girtler 2010: 227ff.). Die Eigenheit dieser Sprache besteht darin, dass Wortsilben verschoben werden und zusätzlich ein *o* an den Wortbeginn gestellt wird. So wird aus „blöder Trottel" „otteltro oderblö". Offensichtlich handelt es sich in diesem Fall um eine künstliche Sprache, die zur Geheimhaltung kreiert wurde. Es lassen sich jedoch aus diesem Beispiel keine allgemeinen Schlüsse auf einen Zusammenhang zwischen Geheimsprachen und künstlichen Sprachen ziehen. Wie wir schon gesehen haben, können auch natürliche Sprachen als Geheimsprachen dienen, und umgekehrt sind nicht alle künstlichen Sprachen notwendigerweiser Geheimsprachen. Die Welthilfssprache Esperanto zum Beispiel wurde mit einer gerade diametral entgegengesetzten Intention geschaffen.

Zusammenfassend kann festgestellt werden, dass sich das Sprachspiel „geheim kommunizieren" nicht über formale Kriterien der verwendeten Sprache / Schrift bestimmen lässt. Vielmehr kann nur das pragmatische Merkmal der Geheimhaltungsintention zu einer diesbezüglichen Kategorisierung von Kommunikationsprozessen und darin involvierter Kommunikationsmedien herangezogen werden. Obwohl es dies auch für eine Subklassifizierung, respektive Typologisierung von Geheimkommunikation zu berücksichtigen gilt, spielen für eine solche auch andere Aspekte geheimkommunikativen Handelns eine zentrale Rolle, da aus ihnen die notwendigen Kriterien abgeleitet werden können.

3. Kriterien für eine Typologie der Geheimkommunikation

Die Kriterien für eine Typologie der Geheimkommunikation können in drei Gruppen eingeteilt werden:

1. Was wird geheim gehalten?
   a) Der Kommunikationsprozess
   b) Das Signal
   c) Die Bedeutung der Zeichen
   d) Die Referenz der Zeichen
2. Wodurch wird Geheimhaltung erreicht?
   a) Besonderer Gebrauch einer Sprache (Beispiel[3]: Navajo)
   b) Sondersprache (Beispiel: Rotwelsch)
   c) Codierung (Beispiel: „The Dancing Men“ und „The Gold Bug“)
   d) Doppeldeutigkeit (Beispiel: „Ostküste“)
3. Welches Kommunikationsmedium wird verwendet?
   a) Gesprochene Sprache
   b) Schrift
   c) Bild
   d) Gestik, Mimik, Körperhaltung.

Grundlegend für die folgende Typologisierung ist die unter 1. gestellte Frage. Je nachdem, welche der vier genannten Antworten für ein spezifisches geheimkommunikatives Sprachspiel Gültigkeit hat, wird dieses einem von vier Grundtypen zugeordnet. Die anderen Kriterien werden hingegen erst nach dieser Grobklassifizierung zur weiteren Differenzierung herangezogen. Letztere wird in dieser Arbeit – auch aus Platzgründen – jedoch nur ansatzweise erfolgen, zumal die Fragen nach den verwendeten Mitteln und dem Kommunikationsmedium eher auf Formales abzielen und für eine pragmatisch orientierte Typologie zwar keineswegs irrelevant, aber dennoch von sekundärer Bedeutung sind.

Die Folie für die Typologisierung bildet ein an Strohner (2001: 21) angelehntes Kommunikationsmodell (siehe Abb. 2), das kognitive wie auch pragmatische Aspekte inkludiert und eine Ausformung eines Konstitutionsmodells von Kommunikation (vgl. Brinker / Sager 1989: 126ff.) mit dem wesentlichen Merkmal eines aktiv an der Bedeutungskonstitution der Botschaft mitwirkenden Rezipienten darstellt.

Wenn geheim kommuniziert werden soll, muss potenziellen Mithörern der sensorische oder hermeneutische Zugang zu einzelnen Komponenten eines Kommunikationsprozesses, wie er in diesem Modell dargestellt ist, tendenziell verwehrt, zumindest aber erschwert werden.

---

[3] Die hier genannten Beispiele werden im Zuge der Arbeit jeweils kurz diskutiert.

Insbesondere betroffen sind davon die Komponenten *Signal*, *Bedeutung* und *Referenz*, sofern nicht überhaupt versucht wird, die Kommunikation insgesamt zu verbergen.

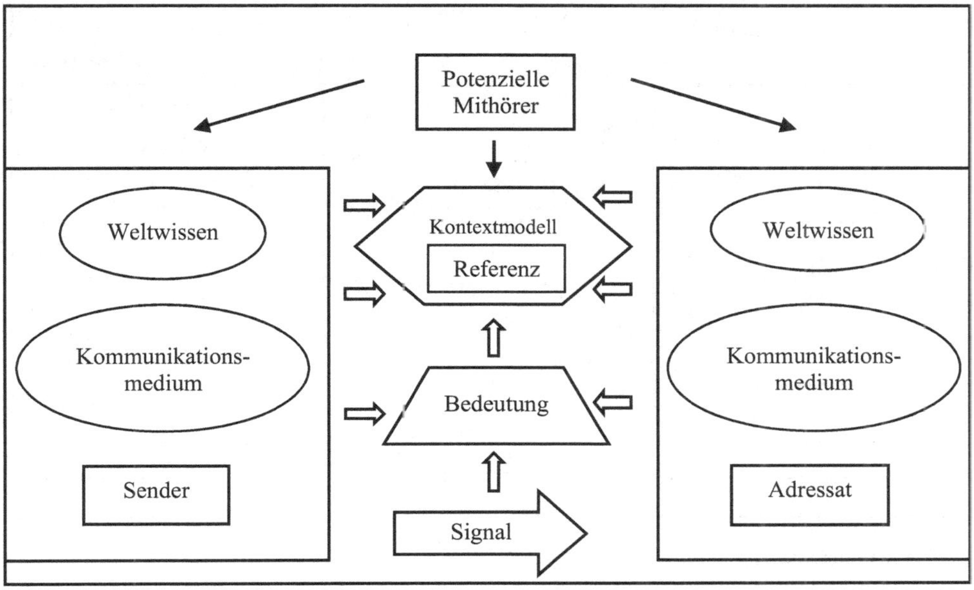

Abb. 2: Kommunikationsmodell

Davon ausgehend, welche dieser Komponenten im Fokus des jeweiligen Sprachspiels des geheimen Kommunizierens steht, können wir die vier Grundtypen von Geheimkommunikation ableiten.

4. Die vier Grundtypen von Geheimkommunikation[4]

4.1 Typ A: Das Verbergen des Kommunikationsprozesses

Bei Typ A ist es das Ziel der Kommunizierenden, zu verhindern, dass potenzielle Mithörer / -leser überhaupt realisieren, dass kommuniziert wird. Schematisch lässt sich dies durch das Einfügen eines schwarzen Balkens zwischen die Komponente „potenzielle Mithörer" und den gesamten Rest des Kommunikationsprozesses darstellen (Abb. 3).

[4] Eine Anregung zu dieser Form der Typologisierung erfuhr ich im Zuge der Lektüre eines Aufsatzes von Bernd Spillner (1980), in dem kommunikativ komplexe Gesprächssituationen in den Komödien Molières analysiert werden.

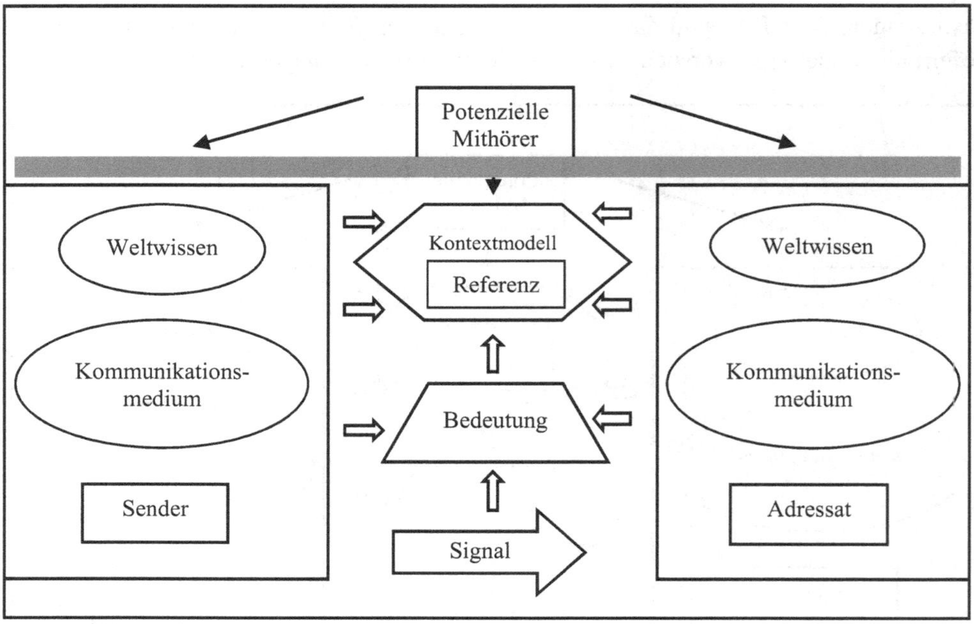

Abb. 3: Geheimkommunikation Typ A

Darunter fallen zum Beispiel politische Verhandlungen, die an einem geheimen Ort abgehalten werden, sodass politische Gegner, Journalisten oder etwaige andere potenzielle Mithörer im Fall des Gelingens der Geheimhaltung nichts davon mitbekommen. Die in den Verhandlungen ausgetauschten Botschaften sind dadurch vor einem sensorischen Zugriff exoterischer Personen perfekt geschützt, und ein hermeneutischer Versuch wird daher naturgemäß erst gar nicht unternommen.

Ein solcher Geheimhaltungseffekt kann auch durch Steganographie, also das Verbergen einer Botschaft, im weiteren Sinn[5], erzielt werden. Zum Beispiel wollte, wie Herodot berichtet, Histaiaeus seinen Verbündeten Aristagoras von Milet zu einer Revolte gegen den persischen König ermutigen. Die diesbezügliche Botschaft ließ er auf den zuvor rasierten Kopf eines Sklaven schreiben, den er aber erst nach Nachwachsen der Haare zu Aristagoras schickte. Unter den Haaren blieben die Botschaft und damit der Kommunikationsprozess insgesamt verborgen, wodurch Geheimhaltung erreicht wurde (vgl. Singh 1999: 5).

Entscheidend ist nicht nur, aber insbesondere für diese Form der Geheimhaltung, dass „die Inszeniertheit der Inszenierungen des Sprechers“ (Wiedenmann 2002: 34) nicht auffällt. Das heißt, dass das jeweilige Sprachspiel der Geheimkommunikation so in ein Alltagsgeschehen eingebettet ist, dass kein Verdacht aufkommt, es läge ein Kommunikationsversuch vor, schon gar nicht einer, geheim zu kommunizieren. An-

[5] Zur Steganographie im engeren Sinn vgl. Typ B.1.

dernfalls wird der Argwohn der auszuschließenden Mithörer nur noch mehr geweckt, weshalb Sender von Geheimbotschaften zur Vorsicht diese häufig noch zusätzlich auf die eine oder andere Weise verschlüsseln.

4.2 Typ B.1.: Das Verbergen des Signals der Geheimbotschaft innerhalb einer anderen Botschaft

Unter Steganographie im engeren Sinn versteht man das Verstecken einer Botschaft in einer anderen, „harmlosen“ Botschaft (vgl. Blake 2010: 78). Dabei wird die Nachricht zum Beispiel so in einen Text eingebettet, dass das sie tragende Signal – Signal im Sinne der materiellen Ausdrucksseite eines Zeichens – nicht als solches erkannt wird, weil es unterhalb der Wahrnehmungsschwelle bleibt.

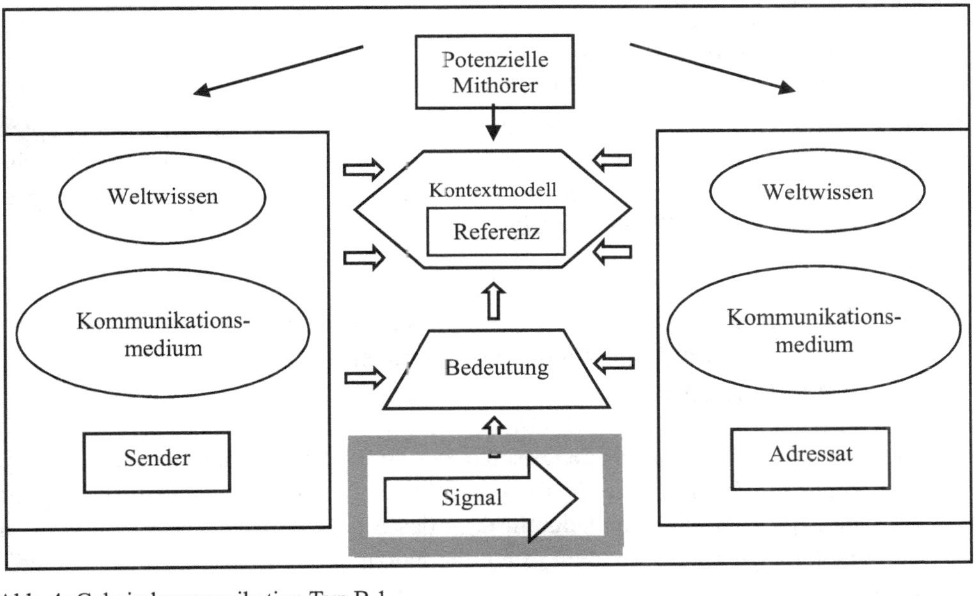

Abb. 4: Geheimkommunikation Typ B.1.

Typisch für Steganographie im engeren Sinn sind Fälle, bei denen das Signal durchaus sensorisch wahrnehmbar ist, es aber nicht in seiner Funktion als Zeichenträger erkannt wird, weil es scheinbar ein Teil der offenen, nicht geheim gehaltenen Botschaft ist. Ein berühmtes Beispiel dafür stellen die sogenannten „microdots“ dar, stark verkleinerte Fotos von Briefen bzw. Nachrichtentexten, die im II. Weltkrieg von den Deutschen anstelle normaler, ein Satzende kennzeichnender Punkte in einen Text eingefügt wurden, sodass sie mit freiem Auge nicht von den Satzzeichen zu unterscheiden waren. (Vgl. Kahn 1973: 287ff.) Die „microdots“ waren also an sich sichtbar, jedoch aufgrund ihrer nahtlosen Einbettung in harmlose Texte nicht als Träger von Geheimbotschaften erkennbar. Eine andere Variante, geheime Botschaften in Texten zu verstecken, besteht darin, für den Text Wörter so zu wählen, dass ein Akrostichon entsteht, sich also zum Beispiel aus den Anfangsbuchstaben jedes fünften Wortes eine Botschaft ergibt. Es können aber auch die für die versteckte Botschaft relevanten Buchstaben durch eine typographische Hervorhebung, die natürlich nicht allzu auffällig sein sollte, gekennzeichnet werden, wie es zum Beispiel in einem der Texte („Pergament 1“) im Zusammenhang mit dem Geheimnis von Rennes-le-chateau der Fall ist.[6]

In Lewis Carrolls Widmungsgedicht am Beginn seines Romans „Through the Looking-Glass“ wird die geheime Botschaft – nämlich, wem dieses Gedicht und damit der Roman gewidmet ist, – mit Hilfe der Doppeldeutigkeit eines Wortes versteckt:

And, though the shadow of a sigh
May tremble through the story,
For ‚happy summer days‘ gone by,
And vanish'd summer glory –
It shall not touch, with breath of bale,
The pleasance of our fairy-tale. (Carroll 1970: 174)

„Pleasance“ hat hier nicht nur seine eigentliche lexikalische Bedeutung, sondern spielt auch auf Alice Pleasance (!) Liddell an, das Vorbild für die Romanfigur Alice und die Person, an die sich die Widmung richtet. Das Signal für die geheim gehaltene Anspielung verbirgt sich auf diese Weise im Gedichttext.

4.3 Typ B.2.: Das Verbergen des Signals der Geheimbotschaft durch Nutzung eines nicht als solches erkennbaren Kommunikationsmediums

Wie das Modell in Abb. 5 mittels der zusätzlichen fetten Umrandung der Komponente „Kommunikationsmedium“ veranschaulicht, erfolgt der Versuch der Geheimhaltung bei Fällen dieses Typs nicht so sehr dadurch, dass das Signal der geheimen Botschaft in einer anderen verborgen wird, sondern durch die Nutzung eines Kommunikationsmediums, das als solches für Uneingeweihte nicht oder nur schwer erkennbar ist. Auch auf diese Weise wird das Signal verborgen, indem Mithörer/-leser es zwar sensorisch erfassen – darin liegt der Unterschied zu Typ A –, aber nicht als Signal erkennen.

[6] Eine Abbildung dieses Pergaments findet sich neben weiteren Informationen zu Rennes-le-chateau online unter: http://rennes.digital-culture.de/news/latest/artefakte.html.

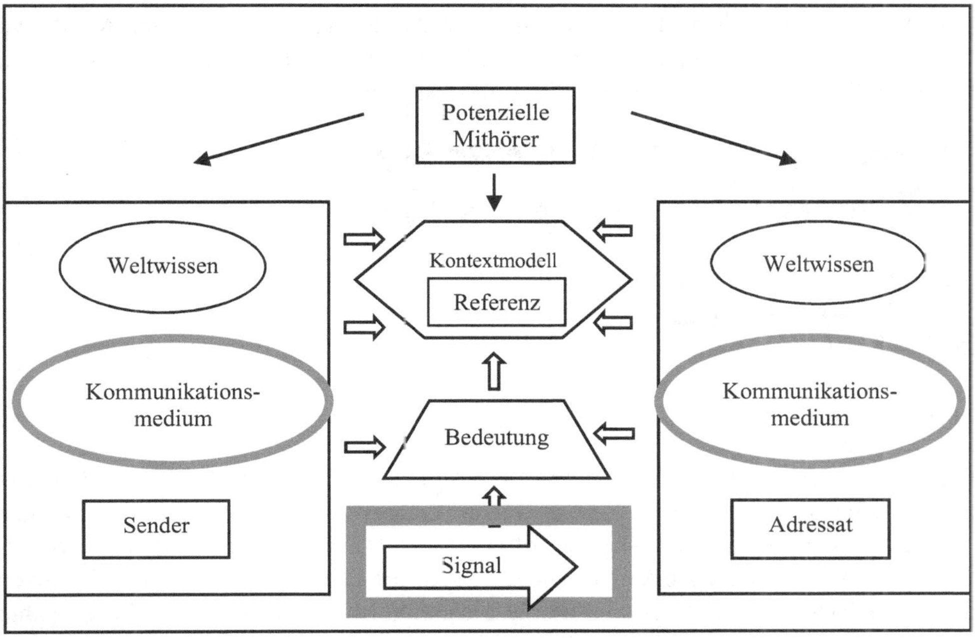

Abb. 5: Geheimkommunikation Typ B.2.

Zwei Beispiele für diesen Typ von Geheimkommunikation finden sich in den Werken von Sir Arthur Conan Doyle: In der Erzählung „The Five Orange Pips" erhält Elias Openshaw per Post einen Briefumschlag, der nur fünf Orangenkerne enthält. Der Anblick dieser scheinbar harmlosen Kerne versetzt den Empfänger in Panik, wie sein Neffe berichtet:

> „One day – it was in March 1883 – a letter with a foreign stamp lay upon the table in front of the colonel's plate. […]
> Opening it hurriedly, out there jumped five little dried orange pips, which pattered down upon his plate. I began to laugh at this, but the laugh was struck from my lips at the sight of his face. His lip had fallen, his eyes were protruding, his skin the colour of putty, and he glared at the envelope which he still held in his trembling hand, ‚K. K. K.!' he shrieked, and then, ‚My God, my God, my sins have overtaken me!'"
> (Conan Doyle 1986b: 293)

Openshaw weigert sich aber, seinem Neffen diese Reaktion zu erklären, woraufhin dieser Sherlock Holmes um Rat bittet. Dieser kann in der Folge die verborgene Botschaft dieser Kerne, nämlich eine Todesdrohung, ermitteln.

Die Orangenkerne werden also in diesem Kommunikationsprozess als Medium für die Übermittlung einer Geheimbotschaft verwendet, sind für den nicht eingeweihten Neffen und zunächst für alle anderen potenziellen Mithörer / -leser aber nicht als solches erkennbar.

Ähnlich verhält es sich in der Erzählung „The Adventure of the Dancing Men“, wo folgende, auf einer Fensterbank vorgefundene, scheinbar sinnlose Kinderkritzelei (Abb. 6) eine ähnliche Reaktion auslöst wie die fünf Orangenkerne.

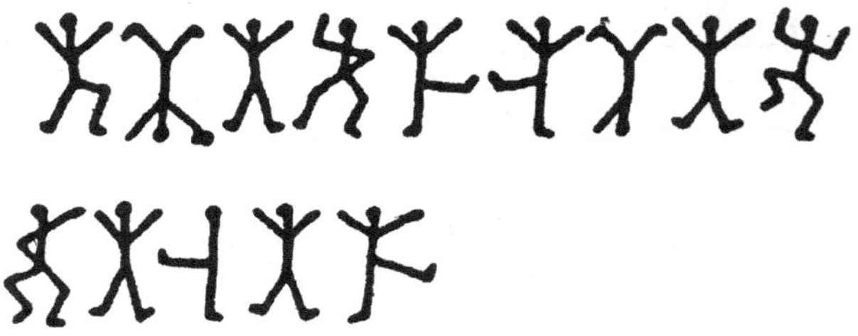

Abb. 6: Aus Conan Doyle (1986a: 710 u. 711)

Sherlock Holmes erkennt richtig: „The object of those who invented the system has apparently been to conceal that these characters convey a message, and to give the idea that they are the mere random sketches of children.“ Im Gegensatz zu den Orangenkernen ist hier also zumindest erkennbar, dass es sich um etwas intentional von Menschen Gestaltetes handelt. Allerdings sind die gezeichneten Männchen für Nicht-Eingeweihte nur schwer als Kommunikationsmedium erfassbar, sodass sie auch nicht als eine Geheimbotschaft tragende Signale verstanden werden.

4.4 Typ C.1.: Das Verbergen der Bedeutung der verwendeten Zeichen bei Nutzung eines bekannten Kommunikationsmediums

Bei Fällen dieses Typs sind die Signale, ist also die Ausdrucksseite der Zeichen für Mithörer / -leser wahrnehmbar, und die Signale werden auch in ihrer Verwendung als Mittel in einem Sprachspiel der Geheimkommunikation erkannt. Die Bedeutungsseite soll jedoch für auszuschließende Mithörer / -leser unzugänglich bleiben.

In der Sprache der Politik werden zum Beispiel Wörter wie „Steueranpassung“ oder „Pensionsreform“ verwendet, um zu verschleiern, dass Steuern erhöht bzw. Pensionen gesenkt werden sollen. Mit dieser zum Teil euphemistischen, zum Teil vagen Ausdrucksweise wird also intendiert, Mithörer von Parlamentsdebatten etc. über die wahre Bedeutung der Botschaft im Unklaren zu lassen. Wenn es sich auch bei einer solchen Kommunikationssituation um ein Sprachspiel handelt, das unter die Extension des Begriffs „Geheimkommunikation“ fällt, so kann man doch nicht mehr von einem prototypischen Fall sprechen, zumal diese Euphemismen auch in Äußerungen gebraucht werden, die sich direkt an das Wahlvolk richten. Dann müsste man die Verwendung solcher Ausdrücke eher als Täuschung bezeichnen, denn als Geheimkommunikation.

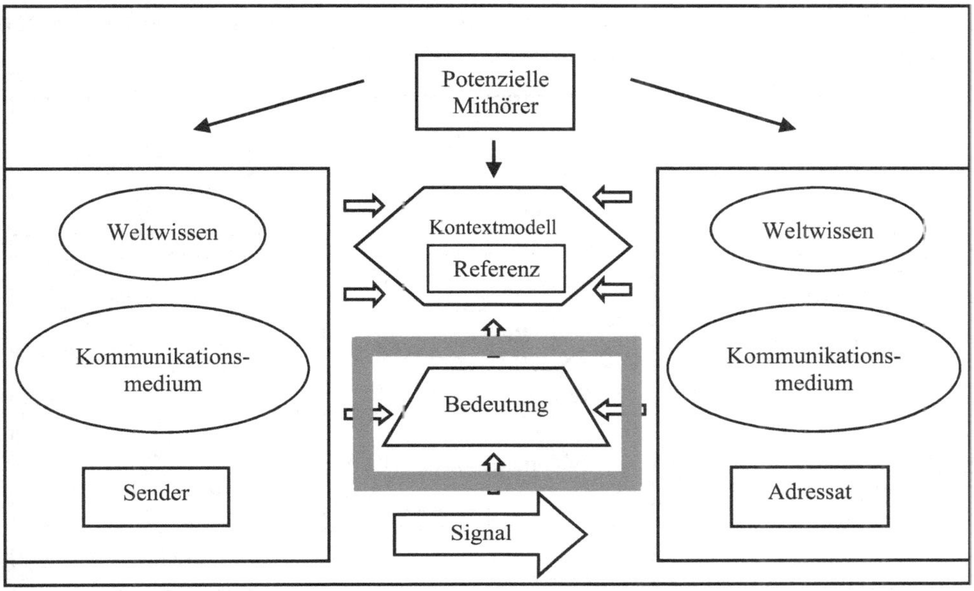

Abb. 7: Geheimkommunikation Typ C.1.

Unproblematischer sind deshalb für eine Kategorisierung als Geheimkommunikation Formulierungen in Arbeitszeugnissen und ähnlichen Texten, in denen ein Satz wie: „Er hat sich sehr bemüht." für einen neuen Arbeitgeber eine negative Wertung ausdrückt, während dem mitlesenden Arbeitnehmer, für den das Zeugnis ausgestellt wurde, bei fehlender Kenntnis der konventionalisierten implizierten Bedeutung dieser Formulierung dies verborgen bleibt. Es wird also geheim kommuniziert, obwohl der Kommunikationsprozess, das Signal und das Kommunikationsmedium offen zutage liegen. Die Bedeutung der Botschaft bleibt jedoch bei Erfolg des Sprachspiels verborgen.

4.5 Typ C.2.: Das Verbergen der Bedeutung der verwendeten Zeichen bei Nutzung eines unbekannten Kommunikationsmediums

Während bei Typ C.1. ein Kommunikationsmedium zur Anwendung kommt, das allen Kommunikationsteilnehmern, also auch den Mithörern / -lesern grundsätzlich bekannt ist und wo nur Änderungen des Zeichenausdrucks bzw. Zeichengebrauchs innerhalb des Mediums erfolgen, wird für Geheimkommunikation des Typs C.2. (Abb. 8) ein neues Kommunikationsmedium in Form einer Geheimschrift oder Geheimsprache geschaffen oder zumindest eines verwendet, das den Mithörern / -lesern unbekannt ist, wenn es auch – im Gegensatz zu Typ B.2. – allgemein als Medium eines Sprachspiels der Geheimkommunikation erkannt wird. Dieser Typ C.2. entspricht wahrscheinlich am besten den alltäglichen Vorstellungen von Geheimkommunikation, da hier eine Klartextbotschaft unter Benützung einer Geheimsprache / -schrift kodiert[7] wird.

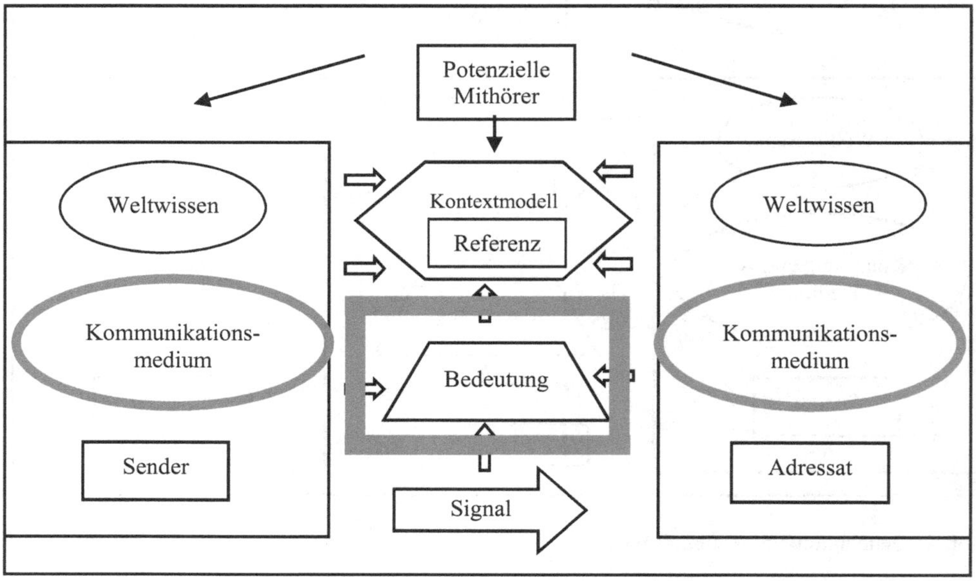

Abb. 8: Geheimkommunikation Typ C.2.

Ein Beispiel für Geheimkommunikation dieses Typs entwickelte Edgar Allan Poe in seiner Erzählung „The Gold-Bug". Der Kode besteht aus einer Substituierung der Buchstaben des englischen Alphabets durch Ziffern und Symbole, sodass die Botschaft sehr verwirrend wirkt und zunächst auch unverständlich bleibt. Allerdings stellt Legrand, der Held der Erzählung, nicht zu Unrecht fest: „And yet [...] the solution is by no means so difficult as you might be led to imagine from the first hasty inspection of the characters" (Poe 1983: 829). Diese Simplizität des vorliegenden Kodes ist der einszu-eins Zuordnung von Klartextbuchstaben und Geheimschriftzeichen geschuldet, weshalb schwieriger zu knackende Kodes zum Beispiel auf einer Vigenère-Verschlüsselung (vgl. Singh 1999: 115ff.), also einem komplexeren Substitutionssystem, beruhen.

---

7 Die an sich sinnvolle Differenzierung (vgl. Blake 2010: 74) von „cipher" – der Substituierung von Klartextbuchstaben durch Buchstaben oder andere Zeichen, die eine Geheimschrift bilden – und „code" – der Substituierung von Klartextwörtern durch andere Wörter oder Zeichenkombinationen – wird hier vernachlässigt, da sie für die vorliegende Typologie von geringer Relevanz ist. Wenn hier von „Kodierung" gesprochen wird, kann damit auch eine geheimkommunikative Transkription mittels eines „cipher"-Systems gemeint sein.

53‡‡†305))6*;4826)4‡.)4‡);806*;48†8¶60))85;;]8*;:‡*8†83(88)
5*†;46(;88*96*?;8)*‡(;485);5*†2:*‡(;4956*2(5*—4)8¶8*;4069
285);)6†8)4‡‡;1(‡9;48081;8:8‡1;48†85;4)485†528806*81(‡9;48
;(88;4(‡?34;48)4‡;161;:188;‡?;

5	represents	a
†	"	d
8	"	e
3	"	g
4	"	h
6	"	i
*	"	n
‡	"	o
(	"	r
;	"	t

Abb. 9: Aus Poe (1983: 829 u. 832)

Den zweiten Nachteil dieser Geheimschrift, nämlich die im Verhältnis zur Einfachheit des Kodes relativ schwierige Merkbarkeit seiner Zeichen, vermeidet die Verwendung von Geheimschriften, deren Zeichen und Substitutionsrelationen systematisiert sind, sodass man sich nur das System, nicht aber jedes einzelne Zeichen merken muss, wie es zum Beispiel bei einer von Schwarz-Winklhofer / Biedermann (1980: 216f.) beschriebenen und von Wolfram Fleischhauer in seinem Roman „Das Buch, in dem die Welt verschwand“ verwendeten Freimaurergeheimschrift der Fall ist (Abb. 10).

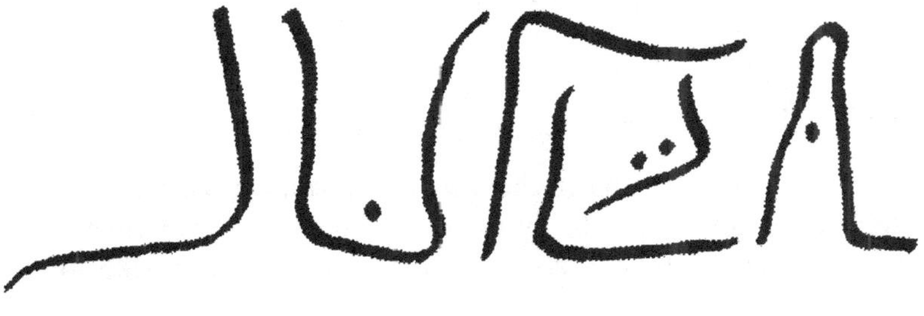

Abb. 10: Aus Fleischhauer (2004: 364)

Diese Kodierung lässt sich leicht auflösen, wenn man das System betrachtet, das die Substitutionsregeln und die Form der Zeichen vorgibt. Wie man sieht, entspricht die Form der einzelnen Zeichen den Winkeln, in die die Klartextbuchstaben im Schema eingetragen werden.

Ob dann zur weiteren Spezifizierung ein oder zwei Punkte dazukommen, hängt dann davon ab, in welchem „Durchgang" die Buchstaben ins Schema einzutragen sind. So erhält das *a* keinen Punkt, während das erst im dritten Durchgang einzutragende *u* deren zwei bekommt. Die Auflösung der geheimen Botschaft – in unserem Beispiel (Abb. 10) „amicus" – fällt dann nicht schwer.

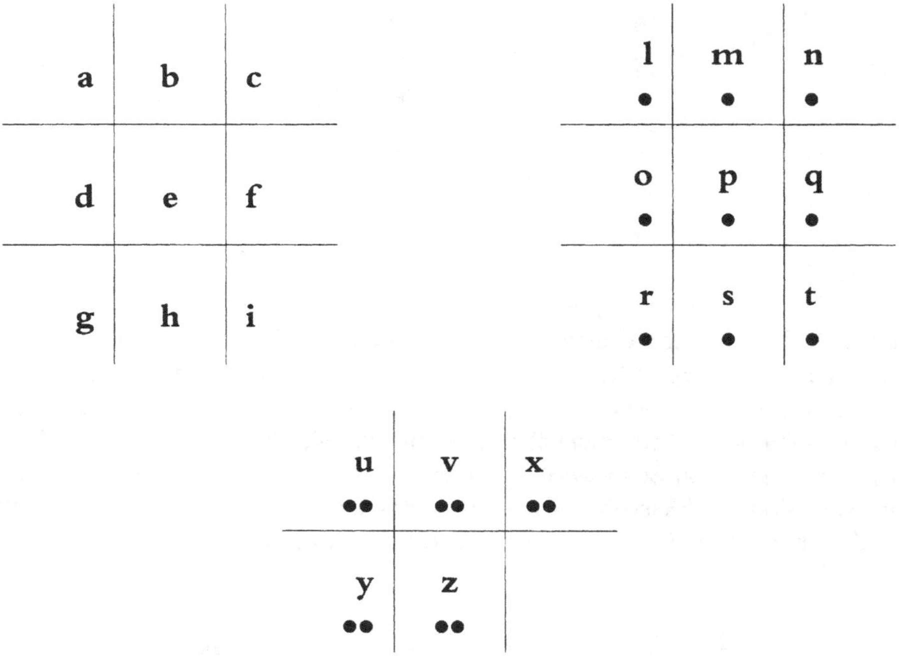

Abb. 11: Aus Fleischhauer (2004: 365)

Zum Typ C.2. gehören aber nicht nur Geheimschriften, sondern zum Beispiel auch die schon erwähnte Wiener Kellnersprache, wobei diese jedoch nicht auf einer Substitution von Buchstaben oder Lauten beruht, sondern ihre kodierten Ausdrücke mittels eines silbischen Umtauschverfahrens erzeugt. Das Ergebnis ist jedoch das gleiche: Die Bedeutung der Zeichenausdrücke wird vor potenziellen Mithörern geheim gehalten.

4.6 Typ D.1.: Das Verbergen der Referenz der verwendeten Zeichen bei Nutzung eines unbekannten Kommunikationsmediums

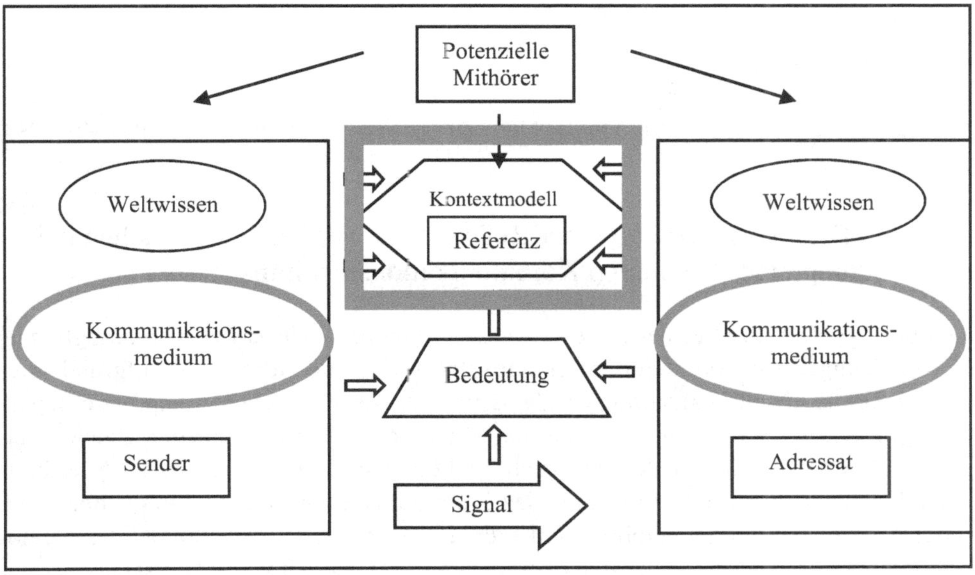

Abb. 12: Geheimkommunikation Typ D.1.

In manchen Fällen von Geheimkommunikation geht es weniger um das Verbergen der Bedeutung eines Zeichens als um das seiner Referenz. So ist aufgrund der Ikonizität der sogenannten Mordbrennerzeichen – ein zu Zeiten seiner Verwendung Nicht-Eingeweihten unbekanntes Kommunikationsmedium – in Abb. 13 die Bedeutung des Pfeils als Richtungshinweis, die der vertikalen Striche als Zahl „4" und die der Mondsichel als „Mond" nachvollziehbar. Dass die Kombination von Pfeil und Strichen aber auf das vierte Haus in Pfeilrichtung als Ort eines Überfalls referiert und die Mondsichel auf den Zeitpunkt der Tat, nämlich das letzte Mondviertel im laufenden Zyklus, ist nicht mehr so einfach zu erschließen.[8]

[8] Die Zeichen in der zweiten Zeile stehen für die an dem Vorhaben Beteiligten.

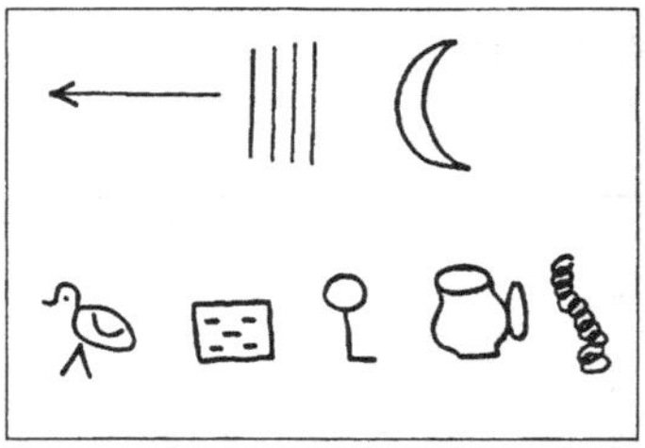

Abb. 13: Mordbrennerzeichen aus dem 17. Jh. (Girtler 2010: 242)

4.7 Typ D.2.: Das Verbergen der Referenz der verwendeten Zeichen bei Nutzung eines bekannten Kommunikationsmediums

Auch bei Typ D.2. geht es darum, es etwaigen Mithörern / -lesern zu verunmöglichen, ein vollständiges Kontextmodell zu entwickeln, wie es die Adressaten aufgrund ihrer Kenntnis der Konventionalisierungen, die dem jeweiligen Sprachspiel zugrunde liegen, vermögen. Die Ursache liegt wiederum darin, dass die Referenz einzelner Zeichen unklar bleibt, wiewohl ihre Bedeutung auch Nicht-Eingeweihten bekannt ist. Allerdings ist im Unterschied zu Typ D.1. hier das Kommunikationsmedium nicht unbekannt, sondern der Sender der Geheimbotschaft setzt auf fehlendes Weltwissen bei den Mithörern / -lesern, das für die genaue Entschlüsselung der Botschaft vonnöten ist.

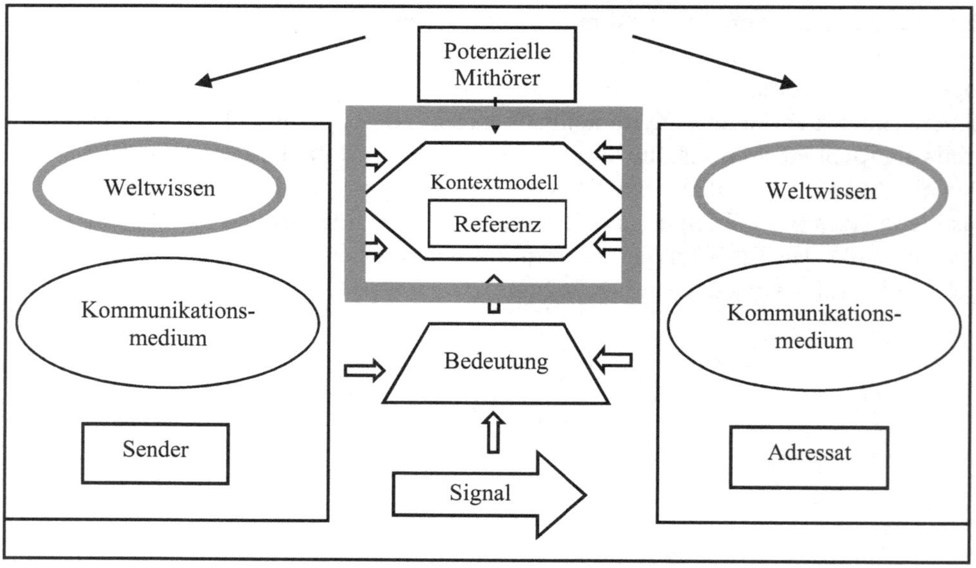

Abb. 14: Geheimkommunikation Typ D.2.

Ein Beispiel hierfür ist die Verwendung der Zahl *88* in der neonazistischen Szene. Die Bedeutung der Ziffer *8* ist allgemein bekannt. Dass hier damit aber auf den 8. Buchstaben des Alphabets, also das *h*, referiert wird, ist ein Wissen, das sich erst verbreiten musste. Solange es in der Gesellschaft nicht vorhanden war, konnte *88* als Kodierung für „Heil Hitler" geheimkommunikativ verwendet werden bzw. war seine wahre Referenz zumindest nicht einklagbar.

Vielleicht noch besser entspricht diesem Typ von Geheimkommunikation die Verwendung des Ausdrucks „Ostküste" in der sogenannten Waldheim-Diskussion in Österreich, im Zuge derer die Verteidiger des damaligen österreichischen Bundespräsidenten Kurt Waldheim, dem Kriegsverbrechen oder zumindest Mitläufertum während des Nationalsozialismus vorgeworfen worden waren, auf die amerikanischen Waldheim-Kritiker mit dem Begriff „Ostküste" referierten. Darunter wäre zwar zunächst nur ein geographischer Begriff zu verstehen, aber in kodierter Form wurde so auf eine unterstellte jüdische Verschwörung bzw. deren Proponenten referiert. Auf diese Weise wussten Eingeweihte genau, wovon die Rede war, während dies vor anderen, wenn auch wenig effektiv, zu verschleiern versucht wurde.

5. Identitätsvortäuschung

Keine Form von Geheimkommunikation im oben definierten Sinn liegt vor, wenn zum Beispiel der muttersprachlich versierte Autor eines Erpresserbriefs versucht, durch die Wahl der Formulierungen eine andere Identität vorzutäuschen, indem er absichtlich Fehler einbaut, die die Autorschaft eines Nicht-Muttersprachlers oder eines Schreibers mit geringer Bildung indizieren sollen:

> Ich kennen ihre Geheimnis. Wen Sie nicht wollen, das alle Läute in Zeitung werden lesen von ihre Affäre sie mussen erfullen mein Forderung. Sie mussen legen 6000 Euro an Bushaltestelle Kayserstrase an Dienstag 21 Uhr. Wenn Sie nicht das tun, alle werden erfaren von, Sie sind Ehebrecher! Kein Polizei!
> (im Zuge eines Experiments erstellter fingierter Brief; zitiert nach Seifert 2010: 14)

Dabei geht es aber nicht darum, Teile des Kommunikationsprozesses geheim zu halten, sondern um die gezielte Veränderung des Eindrucks, den der Rezipient vom Sender gewinnt. Obwohl es sich hier also nicht um Geheimkommunikation handelt, wird dieses Sprachspiel dennoch angeführt, um den Begriff „Geheimkommunikation" weiter zu konturieren. Dieser bezeichnet nur Sprachspiele, bei denen es um die Geheimhaltung der Kommunikation insgesamt (Typ A) bzw. einer ihrer Komponenten (Signal: Typ B, Bedeutung: Typ C, Referenz: Typ D) geht.

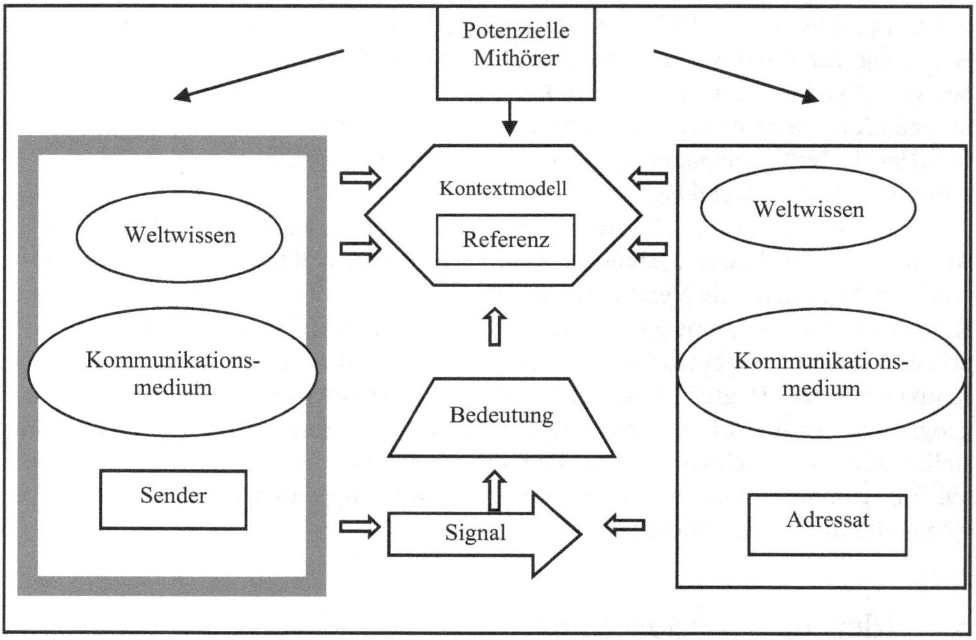

Abb. 15: Identitätsvortäuschung

Identitätsvortäuschung zielt hingegen nicht auf Geheimhaltung ab, sondern auf Täuschung. Sie wirkt sich zwar auch auf den Kommunikationsprozess aus, da angestrebt wird, das der Kommunikation zugeordnete Kontextmodell zu verändern, zu dessen Konstitution auch das von den Kommunikationspartnern entwickelte Sendermodell beiträgt. Diese versuchte Veränderung beruht jedoch nicht auf dem Verbergen kommunikativer Handlungen. Dazu kommt noch, dass sich Identitätsvortäuschung im genannten Sinn an den Adressaten richtet, nicht aber gegen Mithörer / -leser. Auch dies (ist) ein Unterschied zur Geheimkommunikation.

6. Zusammenfassung

In dieser Arbeit wurde ein Ansatz zur Typologisierung verschiedener Arten von Geheimkommunikation vorgestellt. Die dabei entwickelte Typologie beruht auf pragmatischen Prinzipien, während formale Merkmale, die ansonsten zumeist die Grundlage für eine Definition von Geheimsprachen und damit geheimsprachlicher Kommunikation bilden, in den Hintergrund treten. Allgemein wird nur die Funktion der Geheimhaltung als Definiens für das Sprachspiel „geheim kommunizieren" herangezogen. Die Subklassifizierung erfolgt sodann in Hinblick auf die Komponente des Kommunikationsprozesses, die jeweils im Fokus der Geheimhaltung steht. Es ist klar, dass für eine feinere Subklassifizierung noch auf weitere, in Kap. 2 stichwortartig aufgelistete Merkmale von Geheimkommunikation, die hauptsächlich das jeweils verwendete Medium betreffen, zurückgegriffen werden muss. Dies würde aber über die hier dargestellte grundlegende Typologisierung hinausgehen.

Literaturverzeichnis

Biedermann, Hans (1968), Handlexikon der magischen Künste – von der Spätantike bis zum 19. Jahrhundert, Graz.

Blake, Barry J. (2010), Secret Language, Oxford.

Brinker, Klaus / Sager, Sven E. (1989), Linguistische Gesprächsanalyse. Eine Einführung, (Grundlagen der Germanistik 30), Berlin.

Carroll, Lewis (1970), The Annotated Alice. Alice's Adventures in Wonderland and Through the Looking-Glass, Harmondsworth.

Conan Doyle, Sir Arthur (1986a), „The Adventure of the Dancing Men", in: Sir Arthur Conan Doyle (Hrsg.), Sherlock Holmes: The Complete Novels and Stories, Vol. 1, New York et al., 704–726.

Conan Doyle, Sir Arthur (1986b), „The Five Orange Pips", in: Sir Arthur Conan Doyle (Hrsg.), Sherlock Holmes: The Complete Novels and Stories, Vol. 1, New York et al., 289–306.

Ehlich, Konrad (2007a), „Medium Sprache", in: Konrad Ehlich (Hrsg.), Sprache und sprachliches Handeln. Bd. 1: Pragmatik und Sprachtheorie, Berlin, New York, 151–165.

Ehlich, Konrad (2007b), „Text und sprachliches Handeln. Die Entstehung von Texten aus dem Bedürfnis nach Überlieferung", in: Konrad Ehlich, Sprache und sprachliches Handeln. Bd. 3: Diskurs – Narration – Text – Schrift, Berlin, New York, 483–507.

Fleischhauer, Wolfram (2004), Das Buch, in dem die Welt verschwand, München.

Girtler, Roland (2010), Rotwelsch. Die alte Sprache der Gauner, Dirnen und Vagabunden, 2., erw. Aufl., Wien, Köln, Weimar.

Halliday, Michael A. K. (2009), „Anti-Languages", erstveröffentlicht in: American Anthropologist 78, 3 (1976), 570–584, online unter: http://onlinelibrary.wiley.com/doi/10.1525/aa.1976.78.3.02a00050/pdf [letzter Zugriff 12.12.2011].

Harras, Gisela (2004), Handlungssprache und Sprechhandlung. Eine Einführung in die theoretischen Grundlagen, 2., durchges. u. erw. Aufl., Berlin, New York.

Höfer, Josef / Rahner, Karl (Hrsg.) (1957), Lexikon für Theologie und Kirche. Erster Band A – Baronius, 2., völlig neu bearb. Aufl., Freiburg.

Januschek, Franz (2002), „Code – Der Zusammenhang zwischen Sprache und Erfahrung, verdeutlicht an den Methoden der Geheimkommunikation", in: Sprache & Sprachen 29/30, 3–32.

Kahn, David (1973), The Codebreakers, London.

Klausnitzer, Ralf (2004), „Der Reiz des Verborgenen. Anthropologie und Rhetorik in den Arkangesellschaften des 18. Jahrhunderts", in: Peter D. Krause (Hrsg.), Rhetorik und Anthropologie, (Rhetorik, Ein internationales Jahrbuch 23), Tübingen, 101–125.

Löffler, Heinrich (2010), Germanistische Soziolinguistik, 4., neu bearb. Aufl., (Grundlagen der Germanistik 28), Berlin.

Peyo (2005), „Johann Pfiffikus – Die Schlümpfe und die Zauberflöte", in: Die Schlümpfe, (Klassiker der Comic-Literatur – ausgewählt vom F.A.Z.-Feuilleton 14), Frankfurt am Main, 15–74.

Poe, Edgar Allan (1983), „The Gold-Bug", in: Tam Mossman (Hrsg.), The Unabridged Edgar Allan Poe, Philadelphia, 806–836.

Schwarz-Winklhofer, Inge / Biedermann, Hans (1980), Das Buch der Zeichen und Symbole, Graz.

Seifert, Jan (2010), „Verstellungs- und Imitationsstrategien in Erpresserschreiben: Empirische Studien zu einem Desiderat der forensisch-linguistischen Textanalyse“, in: Zeitschrift für Angewandte Linguistik 52, 3–27.

Singh, Simon (1999), The Code Book. The Evolution of Secrecy from Mary Queen of Scots to Quantum Cryptography, New York et al.

Spillner, Bernd (1980), „Pragmatische Analyse kommunikativ komplexer Gesprächssituationen in den Komödien Molières“, in: Ernest W. B. Hess-Lüttich (Hrsg.), Literatur und Konversation. Sprachsoziologie und Pragmatik in der Literaturwissenschaft, Wiesbaden, 279–308.

Strohner, Hans (2001), Kommunikation. Kognitive Grundlagen und praktische Anwendungen, Wiesbaden.

Wiedenmann, Nora (2002), „Sehr indirekte Sprechakte – Zu einer Linguistik geheimer Kommunikation auf empirischer Datenbasis“, in: Sprache & Sprachen 29/30, 33–51.

Wittgenstein, Ludwig (1984), „Philosophische Untersuchungen“, in: Ludwig Wittgenstein (Hrsg.), Werkausgabe. Bd. 1: Tractatus logico-philosophicus. Tagebücher 1914–1916. Philosophische Untersuchungen, (Suhrkamp Taschenbuch, Wissenschaft 501), Frankfurt am Main, 225–580.

Zuschnegg, Theresa (2007), Einführung in das Forschungsgebiet der Fach- und Sondersprachen. Untersuchung zur Sprache der Staatssicherheit. Studienarbeit, o. O.

CHRISTIAN BRAUN

Geheime Gesellschaften als strukturierendes Merkmal in der Textsorte *Roman*

1. Einleitung

Das gewählte Thema weckt berechtigterweise Zweifel; zum einen im Hinblick auf seine wissenschaftliche Adäquatheit generell, zum anderen hinsichtlich seiner disziplinären Verortung. Es stellt sich die Frage, inwieweit der Geheimbundroman – mit der Verwendung des Terminus im weitesten Sinne – überhaupt Gegenstandsbereich einer *linguistischen* Untersuchung sein kann. Als Forschungsobjekt ist er im Rahmen der Literaturwissenschaften sicher besser aufgehoben. Das Analyseinventar scheint bei einem literaturwissenschaftlichen Ansatz umfangreicher und erprobter und wird wohl einen weitaus vielschichtigeren Blick ermöglichen. Wählt man eine primär linguistische Perspektive, so sind auch hier Entscheidungen zwischen einzelnen Zugängen zu treffen und zu begründen. Durch die Fokussierung auf strukturierende Merkmale innerhalb einer spezifischen Textsorte bieten sich beispielsweise strukturalistische Herangehensweisen an, aber auch Formen der denotativen Textanalyse (vgl. Ziegler / Altmann 2002) oder Ansätze zur thematischen Entfaltung (vgl. Brinker 2005) können zum Einsatz gelangen.

Für die Konturierung einer möglichen Linguistik des Arkanen wird dem Thema zweifelsohne Bedeutung zuerkannt, auch weil es sich um die komplementäre Ergänzung zu dem innerhalb der Gruppen- bzw. Sondersprachenforschung betrachteten Untersuchungsgegenstand der Sprache historischer und real existierender Geheimbünde und -organisationen handelt (vgl. dazu Braun 2004; Wolf 1985). Von primärem Interesse für den Verfasser ist hierbei der prinzipielle Umgang mit der Thematik des geheimen

Bundes bzw. die Art der Aufarbeitung desselben innerhalb fiktionaler Texte.[1] Dies gründet in der subjektiven, schwer zu verifizierenden Beobachtung, dass fiktionale Texte das Bild des Geheimbundes in der heutigen Gesellschaft mehr zu beeinflussen scheinen als Schriften *pro* und *contra* – wenn man so will: Propaganda und Antipropaganda – real existierender bzw. historischer Institutionen oder populärwissenschaftliche Publikationen.

So kann auch konstatiert werden, dass das übergeordnete Erkenntnisinteresse der vorliegenden Analyse auf der Konzeptionalisierung des Geheimbundbegriffs liegt und damit am ehesten eine diskurslinguistische Perspektive eingenommen wird. Gleichwohl – und das soll gerne zugestanden werden – handelt es sich bei diesem Beitrag zuvorderst um einen Versuch.[2]

2. Methodik

Aufgabenstellung ist somit die Ermittlung der Art und Weise, in der Geheimbünde in fiktionalen Texten konzipiert werden. Als Grundlage des methodischen Zugriffs wird der Ansatz der textthematischen Entfaltung von Klaus Brinker gewählt (vgl. Brinker 2005: 55ff.).

Eines der großen Anliegen der Textlinguistik, das von Anfang an im Fokus des Interesses stand, ist der Nachweis von Kohärenz.[3] Die Kohärenz ist ein Phänomen, durch das aus einer Aneinanderreihung von Sätzen ein sinnvolles größeres Ganzes gebildet wird – eben der Text. Mehrere spezifische Subphänomene greifen hierbei ineinander, beispielsweise Wiederaufnahmephänomene, pronominale Verflechtungen, Rekurrenzen sowie Referenzidentitäten. Letztlich ergeben sich semantisch-grammatische Verflechtungen, durch die der Text als Einheit zusammengehalten wird. Brinker definiert *Thema*

> als Kern des Textinhalts, wobei der Terminus „Textinhalt" den auf einen oder mehrere Gegenstände (d. h. Personen, Sachverhalte, Ereignisse, Handlungen, Vorstellungen usw.) bezogenen Gedankengang eines Textes bezeichnet. [...] Das Textthema (als Inhaltskern) ist entweder in einem bestimmten Textsegment (etwa in der Überschrift oder einem bestimmten Satz) realisiert, oder wir müssen es aus dem Textinhalt abstrahieren, und zwar durch das Verfahren der zusammenfassenden (verkürzenden) Paraphrase. Das Textthema stellt dann die größtmögliche Kurzfassung des Textinhalts dar. (Brinker 2005: 56)

Im Folgenden soll nun im Hinblick auf die zu untersuchenden Texte, die Betrachtung des Textthemas nicht dazu herangezogen werden, Kohärenz nachzuweisen. Es wird

---

1 Zur Erörterung des Fiktionalitätsbegriffs vgl. Weidacher 2007, insbesondere Kapitel 2.4.

2 Es besteht auch die Möglichkeit, die in der Analyse vorgestellten Punkte als Hilfsmittel im Rahmen einer Schreibwerkstatt zum Geheimbundroman zu verwerten (dieser Aspekt ergab sich bei einer der die Tagung begleitenden Diskussionen durch den Hinweis von Christian Neuhuber).

3 Zum Kohärenzbegriff vgl. Brinker 2005: 27ff.; Adamzik 2004: 50ff., insb. 57f.; Rickheit / Schade 2000.

vielmehr von der Prämisse ausgegangen, dass es sich bei den vorliegenden Romanen um Texte handelt, die Kohärenz wird somit vorausgesetzt. In einem ersten Schritt wird das Geheimbundphänomen unter dem Gesichtspunkt seiner Entfaltung, seiner semantischen Konturierung und seiner funktionalen Einsetzung betrachtet, um so über die Darstellung des Phänomens im Rahmen der jeweiligen Quelle zu Aufschlüssen über mögliche Konzeptualisierungen zu gelangen.

Von den vier Grundformen der thematischen Entfaltung (deskriptiv, narrativ, explikativ und argumentativ) greift im aktuellen Fall die narrative Themenentfaltung, die Brinker unter Orientierung an den Vorarbeiten von Labov und Waletzky formuliert (vgl. Brinker 2005: 65ff.).

Im Anschluss wird aus einer klassisch strukturellen Perspektive heraus eine Bündelung der diversen Merkmale vorgenommen, ein Procedere, das seit Langem beispielsweise in der Phonologie oder für die Theorie der semantischen Merkmale zur Anwendung kommt. Nachdem sich durch Sammlung der Merkmale ein gewisses Inventar herauskristallisiert hat, wird, gewissermaßen nach einem Schritt zurück, noch ein Blick auf die Auswahl bzw. die Kombination der Merkmale innerhalb der jeweiligen Texte geworfen. Methodisch ist dieses Vorgehen sicherlich nicht sonderlich spektakulär, auch kommt der gesunde Hausverstand regelmäßig zur Anwendung. Allerdings ist es vor dem Hintergrund der Aufgabenstellung in hohem Maße hilfreich.

Es scheint nämlich, um dem Ergebnis an dieser Stelle vorzugreifen, eine gewisse Diskrepanz zwischen realiter existenten Phänomenen und denselben, so wie sie sich in fiktionalen Texten darstellen, zu existieren. Auch ist zu beobachten, wenngleich eine exakte Nachweisführung wie gesagt kaum möglich ist, dass eine ebensolche Diskrepanz zwischen den realiter existierenden Phänomenen und den Alltagsvorstellungen, den Konnotationen und Assoziationen vieler Menschen vorzuliegen scheint.

Bisher konnte man davon ausgehen, dass hierfür Phänomene der Propaganda und Antipropaganda verantwortlich zeichnen. Also beispielsweise Schriften aus dem Kreise der jeweiligen Gesellschaft, mögen es Freimaurer, Rosenkreuzer, Illuminaten sein, die im Grunde vielleicht auch eher darstellen, was die jeweilige Gesellschaft zu sein anstrebt, und nicht das, was sie im Alltag konkret ist. Hier genügt ja ein Blick einerseits auf die favorisierten ethisch-moralischen Werte und andererseits auf die zutage tretenden Eitelkeiten, internen Streitereien usw. Zudem ist natürlich die Antipropaganda von Institutionen zu berücksichtigen, die sich aus einer gewissen Konkurrenzsituation oder anderen Gründen mit den jeweiligen Bünden auseinandergesetzt haben, seien es die Kirchen, der absolutistische Adel, der Nationalsozialismus oder der Kommunismus (vgl. Bieberstein 1986).

Mittlerweile ist aber davon auszugehen, dass ein weiterer *global player* konzeptkonstituierend hinzugekommen ist: die Belletristik. Zugespitzt formuliert, scheinen alle bisherigen Publikationen in den diversen Medien hinsichtlich ihrer Massenwirksamkeit im Vergleich zu Bestsellern von Autoren wie beispielsweise Dan Brown zurückzutreten. Betrachtet man die Verkaufszahlen der Bücher oder die Besucherzahlen der zugehörigen Kinofilme, die DVD- und Hörbuchverkäufe, dann liegen mit diesen Werken schlichtweg hochgradig potente Meinungsmacher vor. Allein das Buch *The da Vinci Code / Sakrileg* verkaufte sich bisher 57 Millionen Mal und wurde in 44 Sprachen übersetzt (online unter: http://de.wikipedia.org/wiki/Liste_erfolgreicher_B%C3%BCcher _nach _verkauften_Exemplaren [Stand 29.07.2001]). Wenn man sich, wieder in einem kurzen Vorgriff auf die Ergebnisse, allein den Roman *Angels and Demons*, zu deutsch *Illuminati*, ansieht: Hier wird im Hinblick auf die Illuminaten sowohl das Jahrhundert, als auch das geographische Zentrum, als auch die soziokulturellen Faktoren, als auch die Intention des Bundes in einer Art wiedergegeben, die man durchaus als historisch nicht angemessen bezeichnen könnte. Gleichwohl kann man davon ausgehen, dass durch die hohe Verbreitung des Werks die Vorstellungen vom Illuminatenbund einer Vielzahl der Rezipienten beeinflusst wurden und werden.

3. Das Korpus

Aus literaturwissenschaftlicher Sicht hat sich mit der Geheimbundthematik in maßgeblicher Weise Rosemarie Haas (1975) bzw. Nicolai-Haas (1979) auseinandergesetzt. Sie untersucht die Anfänge des deutschen Geheimbundromans und wirft einen genauen Blick auf die Turmgesellschaft in *Wilhelm Meisters Lehrjahren*.

Wie aus den Titeln ersichtlich wird, liegt der Fokus hier auf historischen Texten. Den Beginn des Geheimbundromans sieht sie in Jean Terrassons *Sethos*, erschienen 1731 in Paris, weil hier das erste Mal der Geheimbund die Struktur des Werks bestimme. Dieses Merkmal erachtet sie als konstitutiv für die Gattung (vgl. Nicolai-Haas 1979: 267).

Gleichzeitig ist hier auch „die wirkungsgeschichtlich außerordentlich fruchtbare Verbindung des Fürstenspiegelgenres mit dem Geheimbundmotiv" zu beobachten (Nicolai-Haas 1979: 268). Als Vorläufer nennt sie Fénélons *Télémaque* von 1699 und Ramsays *Les voyages de Cyrus* von 1727, die sie aber nicht als Geheimbund-, sondern als Erziehungsromane versteht, bei denen nur gelegentlich geheime Verbindungen oder Mysterienkulte aufscheinen. Für Deutschland erkennt sie in Schillers *Geisterseher*, erschienen in der *Thalia* von 1787–89, den ersten Geheimbundroman, da eben erst hier „das Geheimbundmotiv zum erstenmal in einem deutschen Roman Strukturträger ist" (Nicolai-Haas 1979: 270). Die zeitliche Diskrepanz erklärt sie so,

> daß erst die Skepsis und Ernüchterung der 80er Jahre, verbunden mit vorrevolutionären Spekulationen über geheime Drahtzieher, die Geheimnislust, die man in den vorhergehenden Jahrzehnten in der Realität der Geheimbünde zu befriedigen hoffte, in den fiktionalen Bereich abdrängt und kompensatorisch den Geheimbundroman hervorbringt. (Nicolai-Haas 1979: 270)

Im Anschluss an Schiller kommt es zu einer wahren Flut an Publikationen. Zu gleicher Zeit existieren bereits mehrere von Nicolai-Haas als „Freimaurererzählungen" klassifizierten Texte, wie beispielsweise Knigges *Roman meines Lebens* (1781–83) oder *Die Geschichte Peter Clausens* (1783–85), Starcks *Über den Zweck des Freymaurerordens*

(1781), Stillings *Theobald oder die Schwärmer* (1784–85) oder Bahrdts *Ausführung des Plans und Zwecks Jesu* (1784–93).

Als weitere Geheimbundromane folgen Wielands *Peregrinus Proteus*, erschienen 1789–91 im *Teutschen Merkur*, Meyerns *Dya-Na-Sore* (1787–91), Feßlers *Marc Aurel* (1789–92), ebenso Jean Pauls *Titan* und Arnims *Kronenwächter* sowie manch andere. Die höchste literarische Ebene erreicht der Geheimbundroman aber laut Haas mit Goethes *Wilhelm Meisters Lehrjahren* (1795/96) (vgl. Nicolai-Haas 1979: 283).

Genauer analysiert Haas aus dieser Materialfülle den *Sethos* von Terrasson, Schillers *Geisterseher*, Wielands *Peregrinus Proteus* und Goethes *Wilhelm Meisters Lehrjahre*. Sie weist für die jeweilige Perspektiven (Aufklärung, Vorrevolutionszeit, Weimarer Klassik) den unterschiedlichen Umgang mit dem Thema nach. Prinzipiell wird die Beziehung betrachtet, die zwischen Protagonisten und Geheimbund vorliegt, wobei letzterer in positiver oder negativer Weise auf ersteren einwirkt, entweder zum Zwecke der Herbeiführung politisch-gesellschaftlicher Veränderungen oder mit dem Ziel einer auf das Subjekt fokussierten Entwicklung.

Diese Beobachtungen könnten m. E. noch intensiviert werden, indem man textsorten- oder gattungsübergreifende Bezüge herstellt. Ohne den Terminus überzustrapazieren, gibt es ja mindestens seit dem Beginn der zweiten Hälfte des 18. Jahrhunderts einen hochkomplexen Diskurs, in dem Themen wie politische Partizipation, gesellschaftliche Entwicklungen, pädagogische Konzepte zur Erziehung des Individuums, Geheimbünde, übernatürliche Phänomene usw. in den unterschiedlichsten Kombinationen verwoben sind.

Die soeben getätigten Ausführungen dienen dem Zwecke, gleichsam einen Hintergrund bereitzustellen, vor dem man die Werke der modernen Belletristik lesen kann. Keineswegs ist der Geheimbundroman eine Erscheinung allein der heutigen Zeit. Wenn im Folgenden auf neuere Texte fokussiert wird, dann unter dem genannten Gesichtspunkt der Breitenwirksamkeit und zeitgenössischen Konzeptionalisierungen. Die Rezeptionszahlen von Dan Brown sind zurzeit offensichtlich höher als die von Goethe oder Schiller.

Bei der überbordenden Materialfülle, die durch den *Boom* des zeitgenössischen Geheimbundromans gespeist wird, kann eine Korpuszusammenstellung wie die vorliegende nur als kleiner erster Schritt einer ganz bescheidenen Annäherung verstanden werden. Hierbei tritt sogleich ein Problem auf, das in der Beurteilung von Terrassons *Sethos* und Fénélons *Télémaque* durch Haas gründet. Das so unmittelbar einleuchtende Definiens, „ein Geheimbund bestimmt die Struktur des Romans“, ist bei näherer Betrachtung nicht so handhabbar, wie es scheint. Ab welchem Grad der Beeinflussung wird die Entscheidung getroffen? Wie wird die Strukturierung durch das Geheimbundthema nachgewiesen? Welche Kriterien werden angelegt? Kann man ein Merkmal, das ich erst in der Analyse herauskristallisiert, bereits als Auswahlkriterium bei der Zusammenstellung des Korpus heranziehen?[4]

Insofern wird die Auswahl zuvorderst nach prätheoretischen Kriterien, d. h. aufgrund des implizit vorhandenen Textwissens vorgenommen. In keiner Weise relevant sind Kriterien hinsichtlich künstlerischer Qualität oder literarischer Bedeutsamkeit. Das Korpus konstituiert sich demnach aus folgenden Texten:

Brown, Dan (2003), *Illuminati*, Deutsche Erstveröffentlichung, (Bastei-Lübbe-Taschenbuch 14866), Bergisch Gladbach [2000, *Angels & Demons*].

Brown, Dan (2005), *Sakrileg. Illustrierte Ausgabe.* Bergisch Gladbach [2004, *The Da Vinci Code – Special Illustrated Edition*].

Brown, Dan (2009), *Das verlorene Symbol*, Bergisch Gladbach [2009, *The Lost Symbol*].

Dibdin, Michael (2004), *Im Zeichen der Medusa.* Deutsche Erstauflage, (Goldmann 45643), München [2003, *Medusa*].

Giacometti, Eric / Ravenne, Jacques (2007), *Das Schattenritual.* Deutsche Erstausgabe, (rororo 24335), Reinbek bei Hamburg [2005, *Le rituel de l'ombre*].

Giacometti, Eric / Ravenne, Jacques (2007), *Die Casanova-Verschwörung.* Deutsche Erstausgabe, (rororo 24589), Reinbek bei Hamburg [2006, *Conjuration Casanova*].

Giacometti, Eric / Ravenne, Jacques (2009), *Die Bruderschaft des Blutes.* Deutsche Erstausgabe, (rororo 24899), Reinbek bei Hamburg [2007, *Le Frère de Sang*].

Diese Auswahl ist selbstverständlich problematisch. Nicht weil sie übereinzelsprachlich ist. In dieser Hinsicht sollen die Übersetzungen einfach als von Autor und Verlag autorisiert betrachtet werden. Problematisch ist vielmehr, dass das Korpus im Hinblick auf die empirische Aussagekraft der Analyse nicht umfangreich genug ist, für eine themeninitiierende Kurzstudie jedoch fast als zu umfassend erachtet werden kann. Selbst kurze Zusammenfassungen der Inhalte, gewiss eine nützliche Voraussetzung zum Verständnis der Analyse, würden den platzökonomischen Rahmen sprengen.

[4] Genauere Ausführungen zu diesem Problem beispielsweise bei Schlüter (2001: 145ff.).

4. Analyse der rekurrierenden und konstituierenden Merkmale[5]

4.1 Allgemeine Zusammenfassung

Das Genre des Geheimbundromans[5] wird gelegentlich despektierlich betrachtet; zum einen wegen der angeblichen oder in der Tat vorhandenen mangelnden literarischen Qualität der Autoren, Stichwort *Trivialliteratur*, zum anderen aber auch wegen der schematischen, reißbrettartigen Struktur der Texte, denen man unterstellt, immer nach dem gleichen Muster schablonenhaft konstruiert zu werden. Während der Punkt der literarischen Qualität wie erwähnt ohne Belang für den vorliegenden Versuch sein soll, scheint das Thema des identischen, nur immerfort kopierten schematischen Entwurfes von gewissem Interesse zu sein, läge hier doch ein sehr evidentes konstituierendes Merkmal vor.

Einige rekurrierende Elemente werden tatsächlich bereits bei einem oberflächlichen Blick augenscheinlich, manch andere erst bei genauerem Hinsehen. In der Regel findet man als allgemeine Zutaten Verweise auf oder Zitate von Personen wie Casanova, Cagliostro, St. Germain, Aleister Crowley, als Themen werden Alchemie, Kabbala, Symbole, Geheimzeichen, Geheimschriften oder Codes aufgegriffen, genannte Institutionen sind die Freimaurer, die Assassinen, die Rosenkreuzer, die Illuminaten, KGB, CIA, die Katholische Kirche, die Essener und selbstverständlich der Templerorden, bei dem man das subjektive Gefühl hat, er komme außer in Kochrezepten mittlerweile in jedem Text vor.[7]

Die Handlung dreht sich zumeist um die Erlangung eines bedeutsamen Gegenstandes oder Schatzes, eines alten Artefaktes, verborgenen Wissens, einer Antimateriebombe, dem Stein der Weisen, den Gebeinen Maria Magdalenas, einer Wunderdroge usw. und gestaltet sich demnach prinzipiell als Schnitzeljagd mit portionsweise gereichten Enthüllungen. Es gibt mindestens immer einen Showdown und eine große Enthüllungsszene, oft deckungsgleich, wenn der moralisch verwerfliche Gegenspieler dem Protagonisten die Hintergründe enthüllt, während er oft gleichzeitig versucht, ihm Schaden zuzufügen oder ihn gar zu töten. Manchmal gibt es aber auch zwei oder mehrere kleinere Showdowns und zwei Enthüllungssequenzen, wo in der zweiten Situation der ersten Enthüllung noch ein überraschender Dreh verpasst wird, der die Wahrheit in anderem Licht erscheinen lässt. Es werden immer ein oder mehrere Morde begangen. Diese Morde werden grundsätzlich rituell durchgeführt oder in einer speziellen Art und Weise

5 In diesem Kapitel werden die Ergebnisse der Analyse zusammengefasst vorgestellt, für genauere Hinweise zu den Einzelstudien sei auf den Anhang verwiesen.

6 „Genre" in nichtfachsprachlicher Verwendung.

7 Hier täte sich eventuell noch eine Marktlücke auf: Kochrezepte der Templerritter nach alten Rollen aus Qumran.

inszeniert, die wohl auf Schockwirkung oder Schaffung einer spezifisch nicht profanen Aura zielt. Der Mörder ist meist ein mysteriöser Killer, der von einem Hauch von E-nigma umgeben ist, ein arabischer Assassine, ein Albino von Opus Dei, ein Freimaurer im Rachegrad usw. Die Morde, aber auch die relevanten Showdowns und Enthüllungssequenzen spielen immer an besonderen oder bedeutsamen Orten: dem Louvre, in einem Gewölbe unter der Freiheitsstatue, im Vatikan, dem Eiffelturm usw. Plastisch zugespitzt: Es kommt grundsätzlich nie vor, dass beispielsweise der Mörder ein primitiver Verbrecher ist, Freddy Kasulzke heißt und an einer Duisburger Frittenbude jemandem eine Kugel in den Kopf schießt, weil er sich was dazuverdienen will. Als merkwürdiger Umstand bleibt auch festzuhalten, dass, sollte die Institution der Kirche ins Geschehen involviert sein, es sich hierbei immer um die katholische, nie die protestantische Kirche zu handeln scheint.[8]

4.2 Wesentliche Merkmale

Für eine genauere Analyse wird die Merkmalssuche auf wesentliche Elemente der Handlungskonstitution sowie auf die Relationen und Strukturen, die zwischen ihnen dominieren, fokussiert. Im Einzelnen handelt es sich um:

1. Themeneinführung:
   Das Thema wird meistens schon zu Beginn, wenn man so möchte, vor dem „eigentlichen“ Text, eingeführt; sei es im Titel selbst, durch ein Vorwort oder ein vorangestelltes Zitat.
2. Geheimbundtypologie (vgl. Kapitel 4.3.)
3. Geheimbundkonstellation / Relation zwischen Geheimbund und Protagonist (vgl. Kap. 4.4.)
4. Protagonistentypen:
   In den untersuchten Texten ist der Protagonist entweder ein gelehrter Privatermittler oder ein Polizist, i. d. R. der leitende Ermittler. Als leitender Ermittler wird seine Involvierung unmittelbar durch ein verübtes Verbrechen begründet, als Gelehrter wird er von außen in seiner Funktion als Experte hinzugezogen.
5. Personenkonstellation:
   Die Personenkonstellationen lassen sich auf wenige Grundmuster reduzieren. Gängige Relationen sind: Ein gebildeter, gleichwohl tatkräftiger Mann im besten Alter, entweder er ist Gelehrter und macht Sport oder er ist Kommissar o. Ä. und hat geistige Interessen; eine selbstbewusste, intelli-

8 Es wäre interessant, ob eine Verbreiterung der Materialgrundlage diese Beobachtung verifiziert oder falsifiziert.

gente und gut aussehende Frau als Helferin sowie ein älterer väterlicher Freund mit Wissensvorsprung, der beratend als Mentor fungiert, sich eventuell aber auch als der böse Drahtzieher herausstellt. Die Frau ist eigentlich nie alt und unattraktiv. Bei den *Bösen*[9] handelt es sich um einen größenwahnsinnigen Drahtzieher sowie einen oder mehrere Killer, wenn es sich um einen Geheimbund handelt; wenn der Schurke[10] Einzeltäter ist, dann ist er entweder Drahtzieher und Mörder in einer Person, oder bedient sich eines Killers. Eine oder mehrere untergeordnete Personen werden ambivalent aufgebaut und entpuppen sich je nachdem sozusagen als Wolf im Schafspelz oder als Schaf im Wolfspelz.

6. Themenentfaltung:
   Die Entwicklung der Handlung lässt sich auf zwei Muster zurückführen, die hier kurz und knapp als *Schnitzeljagd* und *Mörderjagd* bezeichnet werden sollen, sich manchmal aber auch gegenseitig bedingen. Entweder folgt der Protagonist einer Reihe von (verklausulierten) Hinweisen oder durchläuft das Procedere einer polizeilichen Ermittlung. Im Fokus der Handlung steht somit ein zu findender, wie auch immer gearteter „Schatz" bzw. ein zu enthüllendes Geheimnis, eine drohende (und zu verhindernde) Katastrophe oder eben eine (vordergründige) Mordaufklärung. Der Informationshintergrund wird in mehreren kleineren Teilenthüllungen offenbar, die Hauptinformation am Ende geliefert.

7. Elemente des Spannungsaufbaus:
   Oft werden der Protagonist und seine Helfer verfolgt, bedroht oder befinden sich in einem Wettlauf gegen die Zeit, wodurch der Handlung ein gewisses Spannungsmoment zuteil werden soll.

8. Schauplätze der Handlung:
   Die Handlung findet sehr häufig an und um historisch sowie kulturell bedeutsame Orte, Gebäude usw. statt.

Im Fokus des Interesses der vorliegenden kleinen Studie stehen die Punkte 2. Geheimbundtypologie und 3. Geheimbundkonstellation / Relation zwischen Geheimbund und Protagonist, die anderen Merkmale scheinen quasi nur als Miszellen am Rande auf.

---

[9] Trotz der gebotenen Skepsis im Hinblick auf die Schlichtheit der Zuordnung *die Guten* gegen *die Bösen* scheint es fürs erste ausreichend, mit diesen beiden Kategorien zu operieren.

[10] Auch dem Terminus des *Schurken* mangelt es an einer gewissen Mehrschichtigkeit, gleichwohl scheint auch seine Verwendung für vorliegende Belange zweckdienlich.

4.3 Zu einer Geheimbundtypologie in fiktionalen Texten

Es wird folgende, an den Kriterien der Faktizität und der Funktionalität orientierte Typologie vorgeschlagen. Hierbei muss angemerkt werden, dass sich die Merkmale auf verschiedenen Ebenen verorten lassen, ihnen eine kategorielle Systematik kaum zugrunde zu legen ist. Die Merkmale schließen sich nicht gegenseitig aus, sondern können textspezifisch in verschiedenen Bündeln zusammengefasst auftreten.

1. Der historische Geheimbund:
   Bei dem angeführten Geheimbund handelt es sich um einen faktisch korrekt beschriebenen, real existierenden bzw. real existiert habenden Geheimbund; so z. B. der *Grand Orient de France* bei Giacometti / Ravenne als eine real existierende Freimaurergroßloge oder der *Alte und Angenommene Schottische Ritus* bei Dan Brown als Freimaurersystem.

2. Der pseudohistorische Geheimbund:
   Der angeführte Geheimbund trägt den Namen eines real existierenden bzw. real existiert habenden Geheimbundes. Die Beschreibung des Geheimbundes ist faktisch aber nicht korrekt; so z. B. der Illuminatenbund bei Dan Brown.

3. Der fiktionale Geheimbund:
   Bei dem angeführten Geheimbund handelt es sich um ein frei erfundenes Konstrukt des Autors bzw. der Autoren; so z. B. bei Dibdins *Medusa* oder Giacomettis / Ravennes *Casanova-Logen*. Wichtig hier ist, dass der Autor den Geheimbund erfunden hat. Bei der *Prieuré de Sion*, so wie sie dargestellt wird, liegt ein Sonderfall vor, da sich Brown hier auf Vorarbeiten anderer Autoren stützt.

4. Der fiktive Geheimbund:
   Bei dem angeführten Geheimbund handelt es sich um einen vorgetäuschten Geheimbund. Das Täuschungsmanöver wird von einem der Protagonisten zur Beförderung eigener Interessen durchgeführt; so z. B. die vom Camerlengo inszenierten *Illuminaten* bei Dan Brown oder die von Oberst Comai erfundene Geheimorganisation *Medusa* bei Michael Dibdin.

5. Der böse Geheimbund:
   Diese, wie angeführt eher schlichte definitorische Zuordnung lässt sich gleichwohl nutzbringend heranziehen. Im Fokus steht die moralische Wertung, die der Autor bzw. die Autoren dem Wirken bzw. den Absichten des geschilderten Geheimbundes zuschreiben. So kann man die auf nationalsozialistischem Gedankengut gründende Thulegesellschaft bei Giacometti / Ravenne in diese Kategorie einordnen.

6. Der gute Geheimbund:
   Vgl. die soeben getätigten Anmerkungen bei 5; so ließen sich die *Prieuré de Sion* oder der *Alte und Angenommene Schottische Ritus*, so wie von Brown geschildert, hier verorten.

7. Der ambivalente Geheimbund:
   Wird ein Geheimbund etwas facettenreicher und komplexer dargestellt, werden gewissermaßen Licht und Schatten in ihm vereint geschildert, soll von einem ambivalenten Geheimbund die Rede sein; so z. B. die Freimaurerei als Ganzes in den Romanen von Giacometti / Ravenne.

8. Der ornative Geheimbund:
   Hier dient der Geheimbund im Grunde nur dazu, den Protagonisten durch seine Mitgliedschaft beim Publikum interessanter zu machen, hat ansonsten jedoch keine handlungstragende Funktion. Das ließe sich in etwa damit vergleichen, dass der *Chief Inspector* von adligem Geblüt ist usw., weshalb *ornativ* als angemessene Bezeichnung erscheint.

9. Der Geheimbund als „Wahrer des Schatzes“:
   Der Einfachheit halber wird der Begriff des Schatzes als Überbegriff für alle materiellen und spirituellen Kostbarkeiten verwendet, die sich im Besitz des Geheimbundes befinden; so wird die *Prieuré de Sion* bei Brown als Hüter des geheimen Wissens um die Nachkommenschaft Jesu Christi beschrieben.

10. Der Geheimbund im Geheimbund:
    Dieses Merkmal ist oft mit Merkmal 9. verbunden. Innerhalb eines Geheimbundes gibt es (als Elite der Elite) einen weiteren Geheimbund mit besonderem esoterischen Wissen; so z. B. die Inhaber des höchsten Grades des *Alten und Angenommenen Schottischen Ritus* bei Brown.

11. Der Geheimbund als „Jäger des Schatzes“:
    Hierbei handelt es sich um das komplementäre Gegenstück zu den vorangegangenen Merkmalen. Der Geheimbund versucht, sich in den Besitz eines wie auch immer gearteten Schatzes zu bringen; so z. B. die *Thule-Gesellschaft* bei Giacometti / Ravenne.

12. Der manipulierte Geheimbund:
    Hier instrumentalisiert ein verborgener Drahtzieher den Geheimbund ohne dessen Wissen für seine Zwecke, so geschieht es z. B. dem *Opus Dei* bei Brown.

13. Der Geheimbund als Aggressor:
    Der Geheimbund übt aktiv Gewalt aus, um seine Ziele zu erreichen und initiiert als Angreifer das Handlungsgeschehen; so z. B. die *Illuminaten* und das *Opus Dei* bei Dan Brown.

14. Der Geheimbund als Attackierter:
    Der Geheimbund sieht sich einem aggressiven Angriff ausgesetzt. Dies kann mit seiner Funktion als „Wahrer des Schatzes" einhergehen; so z. B. die *Prieuré de Sion* oder der *Alte Angenommene Schottische Ritus* bei Dan Brown.

4.4 Zu den Geheimbundkonstellationen bzw. den Relationen zwischen Geheimbund und Protagonisten

Die Relevanz dieses Punktes ergibt sich daraus, dass die Konstellationen zwischen Geheimbund und Handlungsträgern die Konzeptionalisierung des Bundes im Hinblick auf positive und negative Konnotationen maßgeblich mitbeeinflussen. Die sich erschließenden Konstellationen sollen in aller Kürze hier aufgelistet werden:

1. Der Protagonist als Mitglied des (guten) Geheimbundes
2. Der Protagonist als Protegé des (guten) Geheimbundes
3. Der Protagonist als Verteidiger des (guten) Geheimbundes
4. Der Protagonist als Gegner des (bösen) Geheimbundes
5. Der Schurke als Gründer / Oberhaupt des (bösen) Geheimbundes
6. Der Schurke als Manipulator des (bösen) Geheimbundes
7. Der Schurke als Inszenierender des Geheimbundes
8. Ein oder mehrere niederrangige Handlungsträger als Mitglied eines (guten oder bösen) Geheimbundes
9. Der Protagonist zwischen zwei antagonistischen Geheimbünden:
   Hier stehen sich zwei Geheimbünde einander bekämpfend gegenüber. Entweder jagen beide den „Schatz" oder einer ist der Jäger, der andere der Bewahrer. Der Protagonist ist Spielball zwischen den Fronten und / oder tendiert zum guten Geheimbund.

5. Fazit

Während im 18. Jahrhundert primär die Verbindung von Geheimbund- und Erziehungsroman maßgeblich ist, tritt der heutige Geheimbundroman, wenn man von seiner Persiflage absieht, in mindestens zwei Varianten auf. Einmal verbindet er sich mit dem Thriller und einmal mit dem Kriminalroman. Man kann diese Trennung so begründen, dass bei ersterem die Suche nach einer Art von Schatz oder die Verhinderung einer Katastrophe im Vordergrund steht und zweiterer die Aufklärung begangener Morde ins Zentrum rückt. Als Protagonisten treten einmal der gelehrte Privatermittler, einmal der leitende Polizeibeamte auf.

Folgende prototypischen Konstellationen werden postuliert:

– Prototyp 1:
Gelehrter Privatermittler + Schatzsuche / Katastrophenverhinderung primär + Morde nur Beiwerk.

– Prototyp 2:
Leitender Polizeibeamter + Mordaufklärung primär + Geheimbundthematik nur Beiwerk.

Die Möglichkeit von Übergängen oder Parallelverläufen ist gegeben, beispielsweise wenn beim ersten Prototyp der Protagonist Polizist ist.

Für eine vorläufige *Geheimbundtypologie* konnten nach faktischen und funktionalen Kriterien vierzehn verschiedene Merkmale ausgemacht werden, welche mit neun relationalen Konstellationen verbunden werden können. Eine Verbreiterung der Materialgrundlage wird sicher zu einer weiteren Subspezifizierung des Klassifikationsinventars führen.

Das Vorurteil eines ewig gleichen Kompositionsschemas ist somit zumindest für das Thema des Geheimbundes weitgehend zurückzuweisen. So muss man auch zugestehen, dass selbst der oft im Fokus medialer Aufmerksamkeit stehende Dan Brown das Geheimbundthema jedes Mal auf andere Weise aufbereitet, wenngleich hier in allen drei Texten der Prototyp 1 zugrunde gelegt ist.

In *Illuminati* tritt ein pseudohistorischer, fiktiver, böser und aggressiver Geheimbund auf, der Protagonist handelt als Gegner des Bundes – zumindest so lange, bis der fiktive Charakter enthüllt wird. In *Sakrileg* treffen zwei verschiedene Geheimbünde aufeinander, der eine ist als pseudohistorisch bzw. fiktional, gut, geheimes Wissen wahrend und attackiert zu beschreiben (*Prieuré de Sion*), der andere als historisch, böse, den Schatz jagend, aggressiv und selbst manipuliert (*Opus Dei*). Der Protagonist befindet sich zwischen den beiden Institutionen, agiert aber eindeutig zu Gunsten des attackierten Bundes. In *Das verlorene Symbol* schließlich wird ein historischer Geheimbund (Freimaurerei bzw. jene Freimaurerei des 33 Grades des *Alten und Angenommenen Schottischen Ritus*) als Wahrer verborgenen Wissens geschildert, der moralisch gut agiert, von einem Aggressor infiltriert und attackiert wird; der Protagonist nimmt sowohl die Rolle als Protegé als auch die des Verteidigers des attackierten Bundes ein. Eventuell ist hier noch der Versuch zu berücksichtigen, die CIA als weiteren, ambivalent agierenden *Player* einzubringen.

Betrachtet man die vorliegenden Resultate aus kritischer Distanz, ist der Verfasser durchaus bereit einzugestehen, dass das hier Vorgestellte dem Literaturwissenschaftler vielleicht zu banal, dem Linguisten zu wenig sprachwissenschaftlich und dem interessierten Laien zu verständlich ist, um wissenschaftlich zu beeindrucken. Gleichwohl tritt im Hinblick auf die Konzeptionalisierung des Geheimbundphänomens im zeitgenössischen Diskurs deutlich zutage, dass zwischen den real existierenden außersprachlichen Bezugsobjekten und ihren Quasi-Abbildern in fiktionalen Texten gravierende Diskrepanzen festzustellen sind.

Man kann, je nach Standpunkt im gesellschaftlich-politischen Koordinatensystem, hinsichtlich der diversen historischen und modernen Rosenkreuzerbewegungen, der Illuminaten oder der Freimaurer sehr wohl zu unterschiedlichen Auffassungen gelangen. Unabhängig von diesen kann man bei näherer Betrachtung der Phänomene aber folgende Feststellungen treffen:

Die real existierenden Bünde sind allesamt keine Wahrer von geheimen Erkenntnissen oder Schätzen oder Teilen davon. Sie sind keine Jäger des Schatzes. Sie sind, wenn auch hierarchisch geordnet, keine Geheimbünde im Geheimbund.[11] Sie sind auch keine sich untereinander im Krieg befindlichen Geheimbünde und dadurch Aggressoren und Attackierte.[12] Letztlich beschäftigen sie nach aktuellem Erkenntnisstand des Verfassers auch keinerlei Killerbrigaden unterschiedlicher Couleur. Die dergestalt durch fiktionale Texte konstruierten und distribuierten Konzepte und konnotativen Bedeutungen, der so evozierte Nimbus, entsprechen nicht der Wirklichkeit.

Literaturverzeichnis

Quellen

Brown, Dan (2003), Illuminati, Deutsche Erstveröffentlichung, (Bastei-Lübbe-Taschenbuch 14866), Bergisch Gladbach [2000, Angels & Demons].

Brown, Dan (2005), Sakrileg, Illustrierte Ausgabe, Bergisch Gladbach [2004, The Da Vinci Code – Special Illustrated Edition].

Brown, Dan (2009), Das verlorene Symbol, Bergisch Gladbach [2009, The Lost Symbol].

Dibdin, Michael (2004), Im Zeichen der Medusa, Deutsche Erstauflage, (Goldmann 45643), München [2003, Medusa].

Giacometti, Eric / Ravenne, Jacques (2007), Das Schattenritual, Deutsche Erstausgabe, (rororo 24335), Reinbek bei Hamburg [2005, Le rituel de l'ombre].

Giacometti, Eric / Ravenne, Jacques (2007), Die Casanova-Verschwörung, Deutsche Erstausgabe, (rororo 24589), Reinbek bei Hamburg [2006, Conjuration Casanova].

Giacometti, Eric / Ravenne, Jacques (2009), Die Bruderschaft des Blutes, Deutsche Erstausgabe, (rororo 24899), Reinbek bei Hamburg [2007, Le Frère de Sang].

---

11 Für die Illuminaten oder aber auch teilweise für das freimaurerische System der Strikten Observanz muss zugestanden werden, dass die intendierten (durchaus brisanten) Ziele des jeweiligen Bundes den Mitgliedern erst ab der Erlangung eines gewissen Grades offenbart wurden.

12 Diese Konstellation kann allenfalls für das Verhältnis zwischen Gold- und Rosenkreuzern und Illuminaten für das dritte Drittel des 18. Jahrhunderts unter Vorbehalt angenommen werden. Eine fiktionale Thematisierung findet sich bei: Fleischhauer, Wolfram (2004), *Das Buch, in dem die Welt verschwand*, Knaur.

Sekundärliteratur

Adamzik, Kirsten (2004), Textlinguistik. Eine einführende Darstellung, (Germanistische Arbeitshefte 40), Tübingen.

Agethen, Manfred (1984), Geheimbund und Utopie. Illuminaten, Freimaurer und deutsche Spätaufklärung, (Ancien Régime, Aufklärung und Revolution 11), München.

Antoni, Olga (1968), Der Wortschatz der deutschen Freimaurerlyrik des 18. Jahrhunderts in seiner geistesgeschichtlichen Bedeutung. Inaugural-Dissertation zur Erlangung des akademischen Grades eines Doktors der Philosophie der Philosophischen Fakultät der Universität des Saarlandes, München.

Balázs, Éva H. et al. (Hrsg.) (1979), Beförderer der Aufklärung in Mittel- und Osteuropa. Freimaurer, Gesellschaften, Clubs, (Studien zur Geschichte der Kulturbeziehungen in Mittel- und Osteuropa 5), Berlin.

Bieberstein, Johannes Rogalla von (1979), „Geheime Gesellschaften als Vorläufer politischer Parteien", in: Peter Christian Ludz (Hrsg.), Geheime Gesellschaften, (Wolfenbüttler Studien zur Aufklärung V/1), Heidelberg, 429-460.

Bieberstein, Johannes Rogalla von (1986), „Die These von der freimaurerischen Verschwörung", in: Helmut Reinalter (Hrsg.), Freimaurer und Geheimbünde im 18. Jahrhundert in Mitteleuropa, Frankfurt am Main, 85-111.

Binder, Dieter A. (1998), Die Freimaurer. Ursprung, Rituale und Ziele einer diskreten Gesellschaft, (Herder-Spektrum 4631), Freiburg im Breisgau, Basel, Wien.

Braun, Christian (2004), Zur Sprache der Freimaurerei. Eine textsortenspezifische und lexikalisch-semantische Untersuchung, (Berliner Sprachwissenschaftliche Studien 5), Berlin.

Braun, Christian (2011), „Schatten und Licht der Varietätenlinguistik. Gedanken zu einer Linguistik des Arkanen", in: Jörg Meier / Peter Ernst (Hrsg.), Kontinuitäten und Neuerungen in Textsorten- und Textallianztraditionen vom 13. bis zum 18. Jahrhundert, (Germanistische Arbeiten zur Sprachgeschichte 8), Berlin [im Druck].

Brinker, Klaus (2005), Linguistische Textanalyse. Eine Einführung in Grundbegriffe und Methoden, (Grundlagen der Germanistik 29), Berlin.

Dierickx, Michel S. J. (1968), Freimaurerei. Die große Unbekannte. Ein Versuch zu Einsicht und Würdigung, Frankfurt am Main, Hamburg.

Dülmen, Richard van (1975), Der Geheimbund der Illuminaten. Darstellung Analyse Dokumentation, Stuttgart, Bad Cannstatt.

Dülmen, Richard van (1996), Die Gesellschaft der Aufklärer. Zur bürgerlichen Emanzipation und aufklärerischen Kultur in Deutschland, (Fischer-Taschenbücher: Geschichte 13137), Frankfurt am Main.

Edighoffer, Roland (1995), Die Rosenkreuzer, (Beck'sche Reihe. C. H. Beck Wissen 2023), München.

Fehn, Ernst-Otto (1979a), „Zur Wiederentdeckung des Illuminatenordens. Ergänzende Bemerkungen zu Richard van Dülmens Buch", in: Peter Christian Ludz (Hrsg.), Geheime Gesellschaften, (Wolfenbüttler Studien zur Aufklärung V/1), Heidelberg, 231–264.

Fehn, Ernst-Otto (1979b), „Knigges ‚Manifest'. Geheimbundpläne im Zeichen der Französischen Revolution", in: Peter Christian Ludz (Hrsg.), Geheime Gesellschaften, (Wolfenbüttler Studien zur Aufklärung V/1), Heidelberg, 369–398.

Haas, Rosemarie (1975), Die Turmgesellschaft in „Wilhelm Meisters Lehrjahren". Zur Geschichte des Geheimbundromans und der Romantheorie im 18. Jahrhundert, (Regensburger Beiträge zur deutschen Sprach- und Literaturwissenschaft. Reihe B: Untersuchungen 7), Frankfurt am Main, Bern.

Hammermayer, Ludwig (1979), „Zur Geschichte der europäischen Freimaurerei und der Geheimgesellschaften im 18. Jahrhundert. Genese - Historiographie - Forschungsprobleme", in: Éva H. Balázs et al. (Hrsg.), Beförderer der Aufklärung in Mittel- und Osteuropa. Freimaurer, Gesellschaften, Clubs, (Studien zur Geschichte der Kulturbeziehungen in Mittel- und Osteuropa 5), Berlin, 9–68.

Hoffmann, Stefan-Ludwig (2000), Die Politik der Geselligkeit. Freimaurerlogen in der deutschen Bürgergesellschaft 1840–1918, (Kritische Studien zur Geschichtswissenschaft 141), Göttingen.

Im Hof, Ulrich (1982), Das gesellige Jahrhundert. Gesellschaft und Gesellschaften im Zeitalter der Aufklärung, München.

Knigge, Adolf Freiherr von (1992), Sämtliche Werke. Bde. 12 und 13: Freimaurer- und Illuminatenschriften, Herausgegeben von Paul Raabe et al., München.

Knoop, Douglas / Jones, Gwilym Peredur (1968), Die Genesis der Freimaurerei. Ein Bericht vom Ursprung und der Entwicklung der Freimaurerei in ihren operativen, angenommenen und spekulativen Phasen, (Veröffentlichung der Freimaurerischen Forschungsgesellschaft Quatuor Coronati), Bayreuth.

Lachmann, Heinrich (1974), Geschichte und Gebräuche der maurerischen Hochgrade und Hochgrad-Systeme. Manuscript für Engbünde, Nachdruck der Ausgabe 1866, Graz.

le Forestier, René (1987–1989), Die templerische und okkultistische Freimaurerei im 18. und 19. Jahrhundert. Herausgegeben von Antoine Faivre. Deutsche Ausgabe herausgegebenvon Alain Durocher, 4 Bde., (La franc-maçonnerie templière et occultiste aux 18e et 19e siècles), Leimen.

Lennhoff, Eugen / Posner, Oskar (1980), Internationales Freimaurerlexikon, Unveränderter Nachdruck der Ausgabe 1932, München, Wien.

Mellor, Alec (1967), Logen, Rituale, Hochgrade. Handbuch der Freimaurerei, Graz, Wien, Köln.

Michelsen, Peter (1979), „Die ‚wahren Taten' der Freimaurer. Lessings ‚Ernst und Falk'", in: Peter Christian Ludz (Hrsg.), Geheime Gesellschaften, (Wolfenbüttler Studien zur Aufklärung V/1), Heidelberg, 293–324.

Möller, Horst (1986), „Die Bruderschaft der Gold- und Rosenkreuzer. Struktur, Zielsetzung und Wirkung einer anti-aufklärerischen Geheimgesellschaft", in: Helmut Reinalter (Hrsg.), Freimaurer und Geheimbünde im 18. Jahrhundert in Mitteleuropa, (Suhrkamp-Taschenbuch Wissenschaft 403), Frankfurt am Main, 199–239.

Nicolai-Haas, Rosemarie (1979), „Die Anfänge des deutschen Geheimbundromans", in: Peter Christian Ludz (Hrsg.), Geheime Gesellschaften, (Wolfenbüttler Studien zur Aufklärung V/1), Heidelberg, 267–292.

Reinalter, Helmut (Hrsg.) (1986), Freimaurer und Geheimbünde im 18. Jahrhundert in Mitteleuropa, (Suhrkamp-Taschenbuch Wissenschaft 403), Frankfurt am Main.

Reinalter, Helmut (Hrsg.) (1989), Aufklärung und Geheimgesellschaften. Zur politischen Funktion und Sozialstruktur der Freimaurerlogen im 18. Jahrhundert, (Ancien Régime, Aufklärung und Revolution 16), München.

Reinalter, Helmut (1989), „Freimaurerei und Demokratie im 18. Jahrhundert", in: Helmut Reinalter (Hrsg.), Aufklärung und Geheimgesellschaften. Zur politischen Funktion und Sozialstruktur der Freimaurerlogen im 18. Jahrhundert, (Ancien Régime. Aufklärung und Revolution 16), München, 41–62.

Richert, Thomas (1986), „Grundzüge der Geschichte des weltweiten Alten und Angenommenen Schottischen Ritus", in: Der schottische Ritus in Geschichte und Gegenwart, Heft II, 7–28.

Rickheit, Gert / Schade, Ulrich (2000), „Kohärenz und Kohäsion", in: Klaus Brinker (Hrsg.), Text- und Gesprächslinguistik. Ein internationales Handbuch zeitgenössischer Forschung, (Handbücher zur Sprach- und Kommunikationswissenschaft 16.1), Berlin, New York, 275–283.

Schindler, Norbert (1986), „Der Geheimbund der Illuminaten. Aufklärung, Geheimnis und Politik", in: Freimaurer und Geheimbünde im 18. Jahrhundert in Mitteleuropa, (Suhrkamp-Taschenbuch Wissenschaft 403), Frankfurt am Main, 284–318.

Schings, Hans-Jürgen (1996), Die Brüder des Marquis Posa. Schiller und der Geheimbund der Illuminaten, Tübingen.

Schlüter, Sabine (2001), Textsorte vs. Gattung. Textsorten literarischer Kurzprosa in der Zeit der Romantik (1795–1835), (Berliner sprachwissenschaftliche Studien 1), Berlin.

Schüttler, Hermann (1988), „Geschichte, Organisation und Ideologie der Strikten Observanz", in: Quatuor Coronati, Jahrbuch 25, 159–175.

Weidacher, Georg (2007), Fiktionale Texte – Fiktive Welten. Fiktionalität aus textlinguistischer Sicht, (Europäische Studien zur Textlinguistik 3), Tübingen.

Werlen, Iwar (1984), Ritual und Sprache. Zum Verhältnis von Sprechen und Handeln in Ritualen, Tübingen.

Wilson, W. Daniel (1991), Geheimräte gegen Geheimbünde. Ein unbekanntes Kapitel der klassisch-romantischen Geschichte Weimars, Stuttgart.

Wolf, Siegmund A. (1985), Wörterbuch des Rotwelschen. Deutsche Gaunersprache, 2., durchges. Aufl., korrigierter Nachdr. d. Ausg. Mannheim, Bibliographisches Institut 1956, Hamburg.

Yates, Frances A. (1972), The Rosicrucian Enlightenment, London.

Ziegler, Arne / Altmann, Gabriel (2002), Denotative Textanalyse. Ein textlinguistisches Arbeitsbuch. Mit Diskette, (Edition Praesens Studienbücher 2), Wien.

Anhang

Giacometti, Eric / Ravenne, Jacques (2007), Das Schattenritual, Deutsche Erstausgabe, (rororo 24335), Reinbek bei Hamburg [2005, Le rituel de l'ombre]

1. Themeneinführung

   Hinweis im Titel: *Ritual*

   Vorwort heißt *Warnung* und beinhaltet die Lexeme *freimaurerisch*, *Tempelarbeiten*, *Loge*, *Großloge*, *Freimaurerei*

   Dem Text vorangestellt ist ein Auszug aus einem Freimaurerkatechismus (S. 7) sowie das Emblem der Thule-Gesellschaft (S. 8)

2. Geheimbundtypologie

   Historischer Geheimbund: Freimaurerei als guter Geheimbund wird attackiert

   Pseudohistorischer Geheimbund: Die als heute noch operierend geschilderte Thule-Gesellschaft als böser Geheimbund und Aggressor

   Ornativer Geheimbund: Kommissar ist Freimaurer

   Die Freimaurerei als Wahrer von Teilen des Schatzes und Jäger der anderen Teile

   Der Geheimbund im Geheimbund: Nur wenige Mitglieder der Freimaurerei wissen um den Schatz

   Die Thule-Gesellschaft als Jäger des Schatzes

3. Geheimbundkonstellation

   Der Protagonist als Mitglied des (guten) Geheimbundes

   Der Protagonist als Gegner des (bösen) Geheimbundes

Der Schurke als Oberhaupt des (bösen) Geheimbundes

Die antagonistischen Geheimbünde: Freimaurerei gegen Thule-Gesellschaft

Einer oder mehrere niederrangige Handlungsträger als Mitglieder beider Geheimbünde

4. Art und Weise der Einbindung des Protagonisten in die Handlung

   Kommissar, der zufällig vor Ort der Tat ist und zu Mordfall hinzugezogen wird

5. Protagonistentyp

   Antoine Marcas, Kommissar und Freimaurer

6. Personenkonstellation

   Protagonist: Antoine Marcas, Kommissar und Freimaurer

   Helfer:

   Jade Zewinski, Sicherheitschefin der französischen Botschaft in Rom

   Marc Jouhanneau, Großarchivar des Grand Orient

   Patrick de Chefdebien, Freimaurer und Inhaber eines großen Kosmetikkonzerns (spielt eigenes Spiel)

   Schurke:

   Sol, Francois Le Guermand, ehemaliger Obersturmbannführer der Division Charlemagne, jetziges Oberhaupt der Thule-Gesellschaft

   Helfer:

   Kroatische Killerin Joana

   Palästinensischer Auftragskiller Beschir

   Südafrikanischer Folterexperte „Der Gärtner"

7. Themenentfaltung

   Schnitzeljagd

8. Fokus der Handlung

   Schatz: Rezeptur und Zutaten der Wunderdroge

9. Drohende Gefahr / Druckmittel

   Wettlauf zum Ziel

10. Schauplätze der Handlung (in Auswahl)

    Bunker der Reichskanzlei, KZ Dachau, Institut für Archäologie in Jerusalem, Palazzo Farnese als Sitz der Französischen Botschaft in Rom, Sitz des Grand Orient in Paris, Geheime Stützpunkte der Thule-Gesellschaft, eine alte Kapelle der Tempelritter, Felsengrotte von Lascaux

Giacometti, Eric / Ravenne, Jacques (2007), Die Casanova-Verschwörung, Deutsche Erstausgabe, (rororo 24589), Reinbek bei Hamburg [2006, Conjuration Casanova]

1. Themeneinführung

   Hinweis im Titel: *Verschwörung*

Vorbemerkung beinhaltet die Lexeme *Freimaurerloge*, *Casanova-Loge*, *Casanova-Verschwörung*, *Freimaurerei* sowie den Hinweis, dass einer der beiden Autoren Freimaurer ist.

Dem Text vorangestellt ist ein Originalzitat Casanovas über das Geheimnis der Freimaurerei (2007: 7)

Der Text beginnt mit der Schilderung eines Massakers an einer obskuren Sekte durch den Sektenführer in einer Abtei auf Sizilien

2. Geheimbundtypologie

Historischer Geheimbund: Freimaurerei als (guter) Geheimbund, hier jedoch nur rein ornativ, weil Kommissar Mitglied

Fiktionaler Geheimbund: die Casanova-Loge als obskure Sekte und Wahrer geheimer sexualmagischer Praktiken

3. Geheimbundkonstellation

Der Protagonist als Mitglied des (guten) Geheimbundes

Der Protagonist als Gegner des (bösen) Geheimbundes

Der (böse) Protagonist als Gründer des (bösen) Geheimbundes

4. Art und Weise der Einbindung des Protagonisten in die Handlung

Kommissar wird als diskreter Ermittler im Todesfall der Geliebten des französischen Kulturministers hinzugezogen

5. Protagonistentyp

Antoine Marcas, Kommissar und Freimaurer

6. Personenkonstellation

Protagonist: Antoine Marcas, Kommissar und Freimaurer

Helfer:

Anaïs, einzige Überlebende des Massakers auf Sizilien

Isabelle Landrieu, anerkannte Sektenspezialistin und Freimaurerin

Schurke:

Dionysos, Oberhaupt der Casanova-Loge, Clou: Isabelle Landrieu

Helfer:

Henri Dupin, Pariser Modeschöpfer, als Dionysos aufgebaut, aber nur deren rechte Hand

Ödipus, wichtigster Killer von Dionysos

7. Themenentfaltung

Mörderjagd

8. Fokus der Handlung

Mordaufklärung, Casanova-Manuskript (Fälschung von Aleister Crowley)

9. Drohende Gefahr / Druckmittel

Mordversuche

10. Schauplätze der Handlung (in Auswahl)

    Abtei auf Sizilien, Paris, ehemaliges Franziskanerkloster auf Insel vor Venedig

Giacometti, Eric / Ravenne, Jacques (2009), Die Bruderschaft des Blutes, Deutsche Erstausgabe, (rororo 24899), Reinbek bei Hamburg [2007, Le Frère de Sang][13]

1. Themeneinführung

   Hinweis im Titel: *Bruderschaft* (bzw. *Frère*)

   Vorbemerkung beinhaltet die Lexeme *Bruderschaft* und *Freimaurerei* sowie den Hinweis, dass einer der beiden Autoren Freimaurer ist.

   Im Prolog wird bei Nacht und Nebel am Eiffelturm ein Erhängter aufgefunden

   Dem 1. Kapitel vorangestellt ist eine Information über die Goldvorkommen auf unserem Planeten

   Der Text beginnt mit der Schilderung eines Gesprächs über Freimaurerverschwörungen in einem Kaffeehaus, das der am Nebentisch sitzende Protagonist mit anhört

2. Geheimbundtypologie

   Historischer Geheimbund: Freimaurerei

   Guter Geheimbund

   Ornativ, weil Kommissar Mitglied

   Attackierter Geheimbund

   Fiktionaler Geheimbund: AURORA, geheimes Netzwerk von an Gold interessierten Wirtschaftlern, Händlern, Managern

3. Geheimbundkonstellation

   Der Protagonist als Mitglied des (guten) Geheimbundes

   Der ambivalente Geheimbund (AURORA): Clou hier: Das Oberhaupt ist der unsterbliche Alchemist Nicolas Flamel, der wahre Zweck des Netzwerks ist die Kontrolle seiner Mitglieder durch das Oberhaupt, um die schlimmsten Auswüchse der Goldgier zu verhindern

4. Art und Weise der Einbindung des Protagonisten in die Handlung

   Die ersten beiden Morde geschehen im Gebäude der Großloge in Paris zu Beginn einer Tempelarbeit, bei der Kommissar Marcas anwesend ist; bei den Toten handelt es sich um einen Suchenden und einen freimaurerischen Bruder des Kommissars. In diesem Zusammenhang wird der Degen des Marquis de Lafayette gestohlen

5. Protagonistentyp

   Antoine Marcas, Kommissar und Freimaurer

6. Personenkonstellation

   Protagonist: Antoine Marcas, Kommissar und Freimaurer

   Helfer:

[13] Hier erstmalige Titelabweichung: aus dem *Bruder* wird eine *Bruderschaft*.

Anne Hervieux, Konservatorin des Museums Carnavalet und ausgewiesene Expertin für den Marquis de Lafayette (Person kommt nur kurz vor)

Joan Archambeau, Anwältin und Nachfahrin einer der vier Familien; in Wirklichkeit Komplizin des wahnsinnigen Mörders

Ray Robinson, Polizist, Farbiger, Freimaurer

Schurke:

Der *Bruder des Blutes*: Wahnsinniger Mörder, angeblicher Inhaber eines freimaurerischen Rachegrades (impliziert den Feind im Inneren), jedoch realiter ein abgelehnter Suchender, Mitglied einer der vier Familien. Alexandre Hautefort

Helfer: Joan Archambeau (s. o.)

Neutrale:

Andrea Consurgens, eigentlich Nicolas Flamel, Oberhaupt von AURORA

Jack Winthrop, Sicherheitsexperte von AURORA

7. Themenentfaltung:

   Schnitzeljagd und Mördersuche; parallele Erzählstruktur mit historischer Ebene (wie Nicolas Flamel an das Buch Adams kommt, es entschlüsselt und das Wissen zur Herstellung von Gold erlangt)

8. Fokus der Handlung:

   Suche nach den Artefakten mit dem Geheimnis des Goldmachens (Buch Adams, Gegenstände, die Prima Materia usw.)

9. Drohende Gefahr / Druckmittel

   –.–

10. Schauplätze der Handlung (in Auswahl)

    Großloge des Grand Orient in Paris, Gewölbe unter der Freiheitsstatue in Amerika, Eiffelturm, Geheimer Ordenssitz von AURORA (Schweiz)

Brown, Dan (2003), Illuminati, Deutsche Erstveröffentlichung, (Bastei-Lübbe-Taschenbuch 14866), Bergisch Gladbach [2000, Angels & Demons]

1. Themeneinführung

   Hinweis nur im dt. (!) Titel: *Illuminati*

   Anmerkung des Verfassers vor dem Text, dass die „Bruderschaft der Illuminati“ existiert

   Im Prolog wird geschildert, wie das erste Mordopfer (der im CERN beschäftigte Physiker Leonardo Vetra) mit einem Brandeisen malträtiert wird (S. 15). Im 1. Kapitel wird kurz darauf das Brandzeichen als Ambigramm von *Illuminati* beschrieben (S. 21)

2. Geheimbundtypologie

   Pseudohistorischer Geheimbund: die Illuminaten

   Böser Geheimbund: Illuminaten als Aggressor

Attackierter ist die Katholische Kirche

Fiktiver Geheimbund: Existenz und Wirken nur vorgetäuscht

3. Geheimbundkonstellation

   Der Protagonist als Gegner des (bösen) Geheimbundes

   Der (böse) Protagonist als den Geheimbund Inszenierender

4. Art und Weise der Einbindung des Protagonisten in die Handlung

   Der Protagonist wird vom Generaldirektor des CERN, Maximilian Kohler, als Experte (für Symbolik) hinzugezogen

5. Protagonistentyp

   Prof. Robert Langdon, Symbologe an der Universität Harvard, gelehrter Privatermittler

6. Personenkonstellation

   Protagonist: Robert Langdon

   Helfer:

   Vittoria Vetra, Wissenschaftlerin am CERN, Adoptivtocher des ersten Mordopfers

   Maximilian Kohler, Generaldirektor des CERN (Vertreter der Wissenschaft)

   Camerlengo Carlo Ventresca, Sekretär des toten Papstes (Vertreter der Religion)

   => Beide werden als Verdächtige für *Janus* aufgebaut

   Oberst Olivetti, Kommandant der Schweizer Garde

   Kardinal Mortati, Leiter des Konklave

   => beide als potentielle sekundäre Schurken angelegt

   Schurke:

   Janus, Drahtzieher, scheinbares Oberhaupt der Illuminaten

   => Schurke durch die Wahl der Mittel, nicht des Ziels

   Helfer:

   Der Assassine, arabischer Auftragsmörder

7. Themenentfaltung

   Schnitzeljagd

8. Fokus der Handlung

   Suche nach der Antimateriebombe, dem Pfad der Erleuchtung, den Altären der Wissenschaft und dem geheimen Versammlungsort der Illuminaten (Engelsburg) sowie nach den entführten Preferetі

9. Drohende Gefahr / Druckmittel

   Vernichtung der Vatikanstadt durch Antimateriebombe, sukzessive Exekution der entführten Kardinäle

10. Schauplätze der Handlung

    CERN, Genf, überwiegend Rom (bedeutende Orte) und Vatikanstadt

Brown, Dan (2005), Sakrileg. Illustrierte Ausgabe, Bergisch Gladbach [2004, The Da Vinci Code – Special Illustrated Edition]

1. Themeneinführung

   Im Titel: dt. *Sakrileg*, engl. *Code*

   In den vorangestellten Fakten und Tatsachen wird die Existenz der Prieuré de Sion als bis heute existierende Geheimgesellschaft behauptet, das Opus Dei kurz vorgestellt und alle im Roman erwähnten Dokumente und Werke der Kunst und Architektur als wirklichkeitsgetreu und wahrheitsgetreu wiedergegeben geschildert

   Im Prolog wird die Ermordung des Direktors des Louvre, Jacques Saunière, durch einen Albino-Killer geschildert, der dem Museumsdirektor ein Geheimnis abringen will, welches ihm und seiner Bruderschaft eigentlich nicht gehören dürfte (S. 11)

2. Geheimbundtypologie

   Historische diskrete Gesellschaft: Opus Dei

   Offenbar böser Geheimbund

   Opus Dei als Jäger des Schatzes und Aggressor

   Zusatzkomponente: der instrumentalisierte Geheimbund

   Fiktionaler Geheimbund: Prieuré de Sion, anfänglich ambivalent, jedoch primär gut

   Prieuré de Sion als Wahrer eines der bedeutendsten Geheimnisse der Menschheit

   Attackierter Geheimbund

3. Geheimbundkonstellation

   Der Protagonist als Protegé und Verteidiger des (guten) Geheimbundes

   Der Protagonist als Gegner des (bösen) Geheimbundes

   Variante: der Schurke als Manipulator des (bösen) Geheimbundes, der diesen instrumentalisiert, aber kein Mitglied ist

   Die antagonistischen Geheimbünde: Prieuré de Sion gegen Opus Dei

   Einer oder mehrere niederrangige Handlungsträger als Mitglied eines (guten oder bösen) Geheimbundes

4. Art und Weise der Einbindung des Protagonisten in die Handlung

   Wird scheinbar als Experte von der französischen Polizei hinzugezogen, gilt dieser jedoch als der Mörder[14]

5. Protagonistentyp

   Prof. Robert Langdon, Symbologe an der Universität Harvard, gelehrter Privatermittler

6. Personenkonstellation

   Protagonist: Robert Langdon

---

[14] Weil der ermittelnde Capitaine Bezu Fache Mitglied bei Opus Dei ist, glaubt er dem Prälaten von Opus Dei, Bischof Aringarosa, der ihm unter scheinbarer Verletzung des Beichtgeheimnisses mitgeteilt hat, Langdon hätte ihm den Mord gebeichtet.

Helfer:

Sophie Neveu, Kryptologin bei der Pariser Polizei, (scheinbare) Enkelin des ersten Mordopfers, in Wahrheit aber Nachkommin Jesu

Sir Leigh Teabing: ausgewiesener Experte in Sachen Heiliger Gral; aber Clou: er ist der *Lehrer*

Leutnant Collet (indirekt): „gute Seele“ von Capitaine Fache

Ambivalente Person:

Capitaine Bezu Fache, Mitglied bei Opus Dei (bleibt aber dem Gesetz treu, nachdem er bemerkt, dass er manipuliert wird)

Schurke:

Der Lehrer, scheinbarer Helfer von Opus Dei, in Wahrheit jedoch Manipulator desselben

Helfer:

Bischof Manuel Aringarosa: Prälat von Opus Dei (Clou: der manipulierende Aringarosa wird selber manipuliert)

Silas: fanatischer Albino-Killer im Dienste von Opus Dei

Rémy Legaludec, Butler von Sir Teabing, kurz als *der Lehrer* aufgebaut

7. Themenentfaltung

   Schnitzeljagd

8. Fokus der Handlung

   Der Heilige Gral i.S.v.: die Gebeine Maria Magdalenas sowie die leibliche Nachkommenschaft Jesu Christi

9. Drohende Gefahr / Druckmittel

   Wettlauf um den Schatz zwischen Protagonist und böser Seite bei gleichzeitiger Bedrohung ersterer durch letztere

   Verfolgung der Guten durch die französische Polizei

10. Schauplätze der Handlung (in Auswahl)

   Paris (Louvre), London (Temple Church, Westminster Abbey), Rosslyn Chapel, Schottland

Brown, Dan (2009), Das verlorene Symbol, Bergisch Gladbach [2009, The Lost Symbol]

1. Themeneinführung

   Im Titel Verweis auf den Gegenstand der Jagd: *Das verlorene Symbol*

   Vor Textbeginn (*Fact*) wird die Existenz eines von der CIA verborgen gehaltenen Dokuments bestätigt sowie alle geschilderten Organisationen, Kunstwerke etc. als faktisch real geschildert

   Im Prolog wird die Aufnahme einer ein doppeltes Spiel betreibender Person in den geheimsten Grad der Freimaurerbruderschaft durch ein Ritual beschrieben (später wird klar, dass es sich um den 33. Grad des AASR handelt)

2. Geheimbundtypologie

Historischer Geheimbund: *Alter Angenommener Schottischer Ritus* der Freimaurerei

Guter Geheimbund

Geheimbund als Wahrer des Schatzes

Geheimbund als Attackierter

3. Geheimbundkonstellation

Der Protagonist als Protegé und Verteidiger des (guten) Geheimbundes

Der Schurke als Aggressor des (guten) Geheimbundes

Die CIA als dritter Mitspieler in ominöser Rolle

4. Art und Weise der Einbindung des Protagonisten in die Handlung

Einbindung des Protagonisten durch ein Täuschungsmanöver des Schurken

5. Protagonistentyp

Prof. Robert Langdon, Symbologe an der Universität Harvard, gelehrter Privatermittler

6. Personenkonstellation

Protagonist: Robert Langdon

Helfer:

Katherine Solomon, Schwester des Entführten, Noetikwissenschaftlerin

Warren Bellamy, Architekt, Freimaurer im 33. Grad

Ambivalente Personen:

Inoue Sato, Direktorin des CIA

Schurke:

Mal'akh, wahnsinniger Einzeltäter; Clou: er ist der tot geglaubte Sohn von Peter Solomon, Zachary

7. Themenentfaltung

Schnitzeljagd

8. Fokus der Handlung

Jagd auf geheimes und verborgenes Wissen

9. Drohende Gefahr / Druckmittel

Die Guten werden von der CIA verfolgt

Der Böse hat Peter Solomon entführt

Der Böse bedroht und erpresst die Guten sowie die CIA

10. Schauplätze der Handlung (in Auswahl)

Washington (Kapitol, Bibliothek des Kongresses, Washington National Cathedral, Tempel der Shriners, Washington Monument)

Dibdin, Michael (2004), Im Zeichen der Medusa, Deutsche Erstauflage, (Goldmann 45643), München [2003, Medusa]

1. Themeneinführung

Titel: erst im Handlungsverlauf wird klar, dass *Medusa* der Name einer Geheimorganisation ist; zudem: Spiel mit dem Leser (man erfährt gegen Ende des Textes, dass das erste Mordopfer auch seine Geliebte als Medusa bezeichnet hat)

Vor Textbeginn: Auszug des Hohelieds (verweist auch eher auf letztere Interpretation)

Erstes Kapitel: ein italienischer Antiquar reflektiert anlässlich eines Zeitungsartikels (Leiche in Bergstollen gefunden) über seine zurückliegende Zeit bei Medusa, seine diesbezügliche Tätowierung, seine Zelle, Geheimdienste, das Militär; es wird klar, dass er etwas mit der Ermordung zu tun hat

2. Geheimbundtypologie

Pseudohistorischer Geheimbund: Medusa

Fiktiver Geheimbund: Existenz nur inszeniert

Politischer Geheimbund (gut und böse also Ansichtssache): Verschwörung von Rechts im Falle eines kommunistischen Italiens in der Ära des Kalten Krieges (vor dem Hintergrund von CIA, Gladio und P2 (S. 225))

Der manipulierte Geheimbund

Der Geheimbund als Wahrer eines schrecklichen Geheimnisses (Mord)

3. Geheimbundkonstellation

Der Protagonist als Gegner des (bösen) Geheimbundes

Der Schurke als Erbe und Hüter des (bösen) Geheimbundes; Clou: er schützt ihn, indem er seine verbliebenen Mitglieder ermordet

Sein (vorgeschichtlicher) ehemaliger Vorgesetzter als den Geheimbund Inszenierender und Manipulierender

=> Clou: Ein Offizier des Militärs gaukelt die Existenz von Medusa vor, nimmt vier junge Offiziere auf, die eine Zelle bilden (Tätowierung), inszeniert den Verrat eines von ihnen (als Informant des linken Journalisten Luca Brandelli) und lässt ihn von den anderen dreien beseitigen. Echtes Motiv: der Ermordete war der Liebhaber seiner Frau

4. Art und Weise der Einbindung des Protagonisten in die Handlung

Ermittler im Mordfall der aufgefundenen Leiche des seit langem verschollenen Offiziers der italienischen Gebirgsjäger Leonardo Ferrero

5. Protagonistentyp

Vicequestore Aurelio Zen, Innenministerium

6. Personenkonstellation

Protagonist: Vicequestore Aurelio Zen, alleinig ermittelnder Beamter

Helfer:

Gilberto Nieddu, halbseidener Geschäftsmann und langjähriger Freund Zens

Neutrale:

Gabriele Passarini, Antiquar, ehemaliges Mitglied von Medusa

Nestor Soldani, Geschäftsmann, ehemaliges Mitglied von Medusa, zweites Mordopfer

Claudia Comai: Anlass der ganzen Misere

Schurke:

Alberto Guerrazzi, Oberst und Divisionskommandeur des militärischen Geheimdienst, Anführer der Veroneser Zelle von Medusa, Mörder und Getäuschter (von seinem damaligen Vorgesetzten Oberst Gaetano Comai) zugleich

Helfer:

Cazzola, Killer im Dienste von Guerrazzi

7. Themenentfaltung

   Mörderjagd

8. Fokus der Handlung:

   Mordaufklärung, Verhinderung weiterer Morde

9. Drohende Gefahr / Druckmittel

   Weitere Morde

10. Schauplätze der Handlung (in Auswahl)

    Stillgelegter Militärtunnel in den Dolomiten, Südtirol, Rom, Landgut der Passarinis nördlich von Cremona

Dana Janetta Dogaru

Vom Gesagten zum Gemeinten
Überlegungen zu Lessings „Ernst und Falk"

1. Einleitung

Schon in seinen frühen Werken beschäftigte den Aufklärer Gotthold Ephraim Lessing die zweiseitige Problematik des Bewahrens versus des Enthüllens eines Geheimnisses, anders gesagt, die Findung einer Lösung für die Unterscheidung zwischen dem scheinbaren Geheimnis und dem geheimen Wissen. Im Gedicht *Das Geheimnis* (1751) (Lessing 1987) spöttelt er über den Bauernjungen Hans, der sein belangloses Geheimnis vom Vogelnest dem Beichtvater erst nach längerem Drängen enthüllt. Das satirische Gedicht versprachlicht in der Moral vom „drolligt / Volk, […] Das schon seit manchen Jahren / Die Neugier auf der Folter hält" seine Missbilligung für den Geheimkultus, den die Freimaurer praktizierten. Lessing mahnt, sich nicht wie eine „leichtgläubge Schar" durch scheinbares Verschweigen einer Sache in die Irre führen zu lassen, es stecke tatsächlich etwas Wissenswertes dahinter. Seine überdeutlich scharfe Mahnung an die Freimaurer, die am Ende des Gedichts mit dem „drolligt / Volk" gleichgesetzt werden, verstärkt Lessing durch die abschließende, nicht zu missverstehende bissige Schlussfolgerung: „War das der Mühe wert, / Daß ihr es mir gesagt, und ichs von euch begehrt?" In der Neuausgabe seiner Gedichte von 1771 lässt Lessing das Gedicht weg, sei es aus persönlicher Rücksichtnahme oder aufgrund geänderter Einsichten.

Das hiermit aufgezeigte literarische Verfahren des Gedankensprungs vom Gesagten zum Gemeinten unter Verwendung der Formen der indirekten Aussage durchzieht mehr oder minder offenbar Lessings gesamtes Werk; das Suggerierte, meint der Aufklärer Lessing, vermöge, den Leser dahin zu leiten, das aufgeworfene Problem selbst zu lösen.

Obgleich Lessing die Praxis der Freimaurer, sich vom Schweigen zu umgeben und eine verheimlichende Haltung anzunehmen, verhöhnt, beschäftigte ihn das ideologische und organisatorische Wesen der Freimaurerei profund. Er stand bereits zu jener Zeit, in der er *Das Geheimnis* schrieb, nachweislich in regem Verkehr mit mehreren Freimaurern. In Hamburg setzte er sich als Kritiker mit deren Schriften auseinander, verfasste sogar eine Abhandlung über die Freimaurerei, die jedoch nicht veröffentlicht wurde. Gegen den Rat seines Freundes Johann Joachim Bode, der ihm die Aufnahme in eine Freimaurerloge 1767 abschlug, weil dieser die Freimaurerei, die sich in jener Zeit ideologisch und organisatorisch neu zu positionieren suchte, für seine kritische Denkweise als zu restriktiv schätzte, unternimmt Lessing Anstrengungen, Freimaurer zu werden, und tritt 1771 einer Hamburger Loge bei. Wenn man sich dort auch um ihn als berühmten Schriftsteller und Kritiker besonders bemühte, indem ihm die Zahlung des Aufnahmebeitrags erlassen wurde und er die Weihe in allen drei Graden zugleich erhielt, eine Vorgehensweise, die den freimaurerischen Ritualen widersprach und sonst nur fürstlichen Personen gewährt wurde, war Lessing von der Aufnahme, deren äußere Umstände den freimaurerischen Vorschriften in jeder Hinsicht widersprachen, sehr enttäuscht und stand im Weiteren der Logentätigkeit fern. Über die Hintergründe seiner tiefen Enttäuschung hat sich Lessing nie geäußert (vgl. Fick 2010: 376f., Lennhoff / Posner / Binder 2003: 506f., Kelsch 1997: 55; vgl. auch Barner / Grimm / Kiesel / Kramer 1977: 335).

2. Forschungsfrage

Nach der missglückten Aufnahme in die Loge distanzierte sich Lessing allerdings nicht auch vom Gedankengut der Freimaurer, im Gegenteil, ihn ließ der Gedanke der Freimaurerei nicht mehr los. Was er gedanklich und literarisch bereits im Gedicht *Das Geheimnis* verarbeitet hatte, das Ringen um das Wesen des freimaurerischen Geheimnisses, nimmt er ausführlich in *Ernst und Falk*, den fünf *Gesprächen für Freimäurer* zwischen dem Suchenden Ernst und dem Freimaurer Falk, auf. Die ersten drei Gespräche erschienen 1778 anonym, aber – so wird allgemein angenommen – mit Lessings Zustimmung (Kelsch 1997: 56), die zwei weiteren 1780 in Frankfurt am Main ohne Angabe des Autors, Verlegers und Ortes (Fick 2010: 378).

Den ersten drei Freimaurergesprächen hatte Lessing eine Widmung an Herzog Ferdinand von Braunschweig vorangestellt, ohne vorher dessen Zustimmung eingeholt zu haben, worauf der Herzog mit Befremdung reagierte und Lessing bat, auf weitere Veröffentlichungen zu verzichten. In dem Antwortschreiben erläuterte Lessing seine Beweggründe:

> Ich habe kein Vertrauen gemißbraucht: alles, was man mir vertrauet hat, liegt noch tief in mir verborgen. Ich habe nichts gethan, was mit freywillig von mir übernommenen Verpflichtungen auf irgend eine Art streite. Vielmehr ist, was ich gethan habe, eine Folge dieser Verpflichtungen [...] Ich habe keine geheimen Kenntnisse entheiligt:

> Ich habe bloß die Welt zu überzeugen gesucht, daß da noch wirklich große geheime Kenntnisse verborgen liegen, wo sie dergleichen zu suchen endlich müde ward. Werde ich verstanden, so bin ich gerechtfertigt. Werde ich nicht verstanden, so habe ich nicht geschrieben.
> (An Herzog Ferdinand, 26.10.1778)
> (zitiert nach Kelsch 1997: 56)

Lessing erklärte in dem Antwortschreiben an Herzog Ferdinand die Beweggründe seines Vorhabens und bestärkte damit seine Absicht, die er bereits in der Widmung an den Herzog bekundet hatte, die Wahrheit um das Geheimnis der Freimaurerei darzulegen, die er als unbedingte Notwendigkeit sah: „Auch ich war an der Quelle der Wahrheit und schöpfte. […] Das Volk lechzet schon lange und vergehet vor Durst“ (Lessing 1978: 248; künftig zitiert als EF). Lessing zielt allerdings nicht auf eine allgemeine Bloßlegung eines ihm bekannten Sachverhalts, sondern die Spezifizierung „für Freimäurer“ bestimmen die Freimaurer als Adressaten des Textes. Der von den inneren Richtungskämpfen unter den verschiedenen Freimaurersystemen enttäuschte Lessing (vgl. Fick 2010: 376f.) möchte die Freimaurer dazu anregen, über Sinn und Ziele der Freimaurerei nachzudenken – die Überschreibung der Texte mit dem Begriff „Gespräch“, der explizit zwischenmenschliche Interaktion meint, verweist augenscheinlich darauf. Folgende Ausführungen zielen darauf zu zeigen, inwieweit die sprachliche Struktur der Gespräche die Absicht Lessings stützt, sein Metier so darzustellen, dass er richtig verstanden wird, ohne dabei das ihm entgegengebrachte Vertrauen zu missbrauchen.

3. Analyse

Gleich zu Beginn des ersten Gesprächs erfolgen die kommunikative Rollenverteilung und die Zuordnung der beiden Gesprächspartner zueinander. Es ist ein „Gespräch“ zwischen „Freunden“, bei dem Ernst als der Wissensbegierige fragt und Falk als Wissender und Lehrender antwortet, indes sind die Antworten oft doppelsinnig oder, im Gegenteil, banal, sie machen den Fragenden oft stutzig und fordern weiteres Nachfragen. Lessing drückt zugleich seine Skepsis gegenüber der Sprache aus, die Denkinhalte unzureichend ausdrücken könne: „Wer denkt, wenn er genießt?“ (EF: 249).

Auslöser des Dialogs zwischen den beiden Freunden ist Ernsts Frage, ob Falk „Freimäurer“ sei. Auf die Entscheidungsfrage, die Falk einfach hätte bejahen oder verneinen können, antwortet Falk mit einer für Ernst wenig aufschlussreichen Antwort: „Die Frage ist eines, der keiner ist“ (EF: 249), und dieser bittet um eine eindeutige Antwort. Allerdings fällt die Antwort Falks, er glaube, es zu sein, nach Ernsts Einschätzung genauso unbegreiflich aus: „Die Antwort ist eines, der seiner Sache eben nicht gewiß ist“ (EF: 249). Schon dieser kurze Teil des Gesprächs lässt Lessings Vorgehen bei der Gesprächsführung erkennen. Es ist die Form der sokratisch-platonischen Dialoge, die im 18. Jahrhundert wieder aktuell waren (vgl. Barner / Grimm / Kiesel / Kramer 1998: 337). Von einem Begriff ausgehend, wird nach der Lösung des Problems gesucht. Frage und Antwort werden nicht als „autonome Größen", sondern als eine „Treppe, deren wechselnde Stufen, als Instrumente der Unterscheidung, immer genauer und tiefer in die Erkenntnis der Wahrheit führen" verstanden (Schröder 1972: 20).[1]

Auch die weiteren Angaben zu seinem Status als Freimaurer befriedigen Ernst nicht, der den Zwiespalt, zwar in eine Loge aufgenommen worden zu sein und dennoch Zweifel an der tatsächlichen Zugehörigkeit zur Freimaurerei zu haben,[2] nicht nachvollziehen kann und weiter nach dem Bestand der Freimaurerei fragt. Davon ausgehend, erarbeitet Lessing aufgrund der Fragen, die Ernst stellt, das freimaurerische Wesen im Spannungsfeld zwischen Geheimnis und Aufklärung: „Weil viele, welche aufnehmen, es selbst nicht wissen; die wenigen aber, die es wissen, es nicht sagen können" (EF: 250). Das Unvermögen, sich über die Freimaurerei zu äußern, wird auch satztechnisch hervorgehoben.

Falk erläutert scheinbar die Freimaurerei, wenn er sie als etwas darstellt, was „immer war", sie ist „nichts Willkürliches, nichts Entbehrliches, sondern etwas Notwendiges, das in dem Wesen des Menschen und der bürgerlichen Gesellschaft gegründet ist" (EF: 250). Er versteht die Freimaurerei somit als das dem Menschen angeborene Sittengesetz. Ernst kann die Antwort jedoch nicht verstehen, wenn auch Falk ihn darauf hinweist, dass deren Verständnis nicht an die Aufnahme in eine Freimaurerloge gekoppelt ist. Er fordert Ernst zum eigenen Denken auf, denn die Antwort sei so einfach, dass man keine „Anleitung" dafür brauche. Das Rätsel versucht Ernst zu lösen, indem er auf konstitutive Elemente der Freimaurerei verweist: „Hat sie nicht Worte und Zeichen und Gebräuche" (EF: 251); Falk bleibt jedoch dabei, in seine Antworten keine explizit maurerischen Wesenszüge einzubeziehen; dennoch sind seine weiteren Antworten für Ernst verschleiert. Die Freimaurerei sei nicht in Worte zu fassen, allein „durch Taten" geben sich die Freimaurer zu erkennen, wobei diese Taten nur zu „vermuten, erraten" seien; die Taten seien zu sehen, „soweit sie zu sehen sind" (EF: 251). Ernst versucht es erneut durch den Verweis auf handfeste Erkennungszeichen der Freimaurer, wird jedoch eines Besseren belehrt – und bleibt dabei genauso im Dunkeln. Die von Falk erwähnten Taten deutet Ernst als greifbare Taten wie die Lieder und Reden der Freimaurer (für Falk sind es jedoch nur „schale Reden und Lieder! Probewerk! Jüngerarbeit!" (EF: 252)), dann nennt er die für die Zeit der Aufklärung charakteristischen sozial-philanthropischen Taten wie die Einrichtung eines Waisenhauses in Stockholm, einer Schule für Mädchen in Dresden usw. Falk erklärt ihm, dass diese guten Taten nicht als typisch freimaure-

---

1 Bereits Johann Gottfried Herder erkannte, dass Lessings Schreibart darauf beruhte, den Leser in den Entstehungsprozess seiner Schriften einzubeziehen (vgl. Schröder 1972: 14). „Das Wort ist ihm nicht Ergebnis, sondern Ausgangspunkt einer denkenden Analyse, die den ‚Geist' nicht in den ‚Buchstaben' übersetzt, vielmehr aus dem ‚Buchstaben' den ‚Geist' entbindet, die nicht einen spontanen persönlichen Gedanken in ein geschriebenes Wort fixiert, sondern aus dem schriftlichen Wort immer das gesprochene herausdenkt" (Schröder 1972: 17).

2 Ernsts Unverständnis lässt sich als Indiz auf Lessings eigene Erfahrung bei der Aufnahme in eine Loge werten.

risch zu werten sind – es sind „ihre Taten ad extra", indessen „die wahren Taten der Freimäurer zielen dahin, um größtenteils alles, was man gemeiniglich gute Taten zu nennen pflegt, entbehrlich zu machen" (EF: 254). Falk bleibt damit seinem zu Beginn des ersten Gesprächs angedeuteten Vorgehen bei der Belehrung seines Freundes treu, dass eine einseitige Unterweisung nicht ausreiche, sondern sie müsse einen „Prozeß der Selbstbelehrung" (Barner / Grimm / Kiesel / Kramer 1998: 338) initiieren: „Nichts geht über das Lautdenken mit einem Freunde" (EF: 249). Unreflektierte Erfahrung und die daraus resultierende Nachahmung allein bedeuten eine Grenze, an der das sinnliche Wahrnehmungsvermögen nicht ausreicht, sondern ein tiefergehender Begriff notwendig wird, um das Eigentliche der Freimaurerei, das sie aus dem Allgemein-Gültigen Heraushebende, zu erfahren (vgl. Lüpke 1989: 135). Ernst allerdings weigert sich, weiter am „Lautdenken mit einem Freunde" zu partizipieren, bricht das Gespräch ab, ohne die rätselhafte Antwort Falks entschlüsselt zu haben, und widmet sich dem Betrachten der Ameisen.

Lessing nutzt die Elemente der Natur als friedensstiftende Mittel, um die Disharmonie zwischen Ernst und Falk, die durch die unbefriedigenden Antworten des letzteren entstanden war und zum Abbruch des ersten Gesprächs geführt hatte, zu beseitigen. Nach dem scheinbar belanglosen Austausch über den Schmetterling, dem er folgte, erinnert Falk das ungelöst gebliebene Rätsel. Der entschwindende Schmetterling, den Ernst vielsagend als „Locker" bezeichnet, wird zum Symbol für das Geheimnis der Freimaurerei. So wie Ernst resigniert, „den schönen Schmetterling" (EF: 255) fangen zu können, gibt er scheinbar auch die Hoffnung auf, das Wesen der Freimaurerei zu erfassen: „Einmal von der Freimäurerei mit dir gesprochen und nie wieder" (EF: 255). Ernst lastet es Falk an, „sie alle [die rechtgläubigen und die ketzerischen Freimaurer, also auch Falk] spielen mit Worten und lassen sich fragen und antworten, ohne zu antworten" (EF: 255).

Ein weiterer Vorgang der Natur, das Treiben der Ameisen, worauf nun Ernst verweist und womit Lessing signalisiert, dass dieser dem gemeinsamen Nachdenken wieder offen gegenübersteht, gibt Anlass, zum Thema zurückzukehren. Ernst beobachtet erstaunt die „Geschäftigkeit" auf der einen Seite und die „Ordnung" auf der anderen Seite, die in einem Ameisenhaufen herrschen. Hiermit rekurriert Lessing auf das biblische Gleichnis[3] vom Fleiß der Ameisen, das ihm durchaus in einem freimaurerischen Kontext begegnet sein konnte (vgl. Fick 2010: 398). Die Ameisen, die am Ende des ersten Gesprächs scheinbar lediglich als Amüsement für den irritierten Ernst erwähnt werden, markieren nun die Ziele der Freimaurer in Bezug auf die bürgerliche Gesellschaft (vgl. Lüpke 1989: 105). Durch die kluge Gesprächsführung regt Falk zum Nachdenken über die bürgerliche Gesellschaft an, scheinbar das Thema der Freimaurerei fallen lassend. Ernst versucht, von den Charakteristika ausgehend, die der Gesellschaft der Ameisen eigen sind, die Merkmale der bürgerlichen Gesellschaft zu begreifen. In

[3] Vgl. Spr 6,6: „Geh hin zur Ameise, du Fauler, sieh an ihr Tun und lerne von ihr!" und Spr 30,25: „die Ameisen – ein schwaches Volk, dennoch schaffen sie im Sommer ihre Speise."

dem Besonderen der Ameisengesellschaft sucht er, das Allgemein-Gültige zu sehen: „Ordnung muß also doch auch ohne Regierung bestehen können“ (EF: 256), fasst Falk Ernsts Gedankenansatz zusammen. Ernst macht jedoch einen Rückzieher, als Falk insistiert:

> FALK: Ob es wohl auch einmal mit den Menschen dahin kommen wird?
> ERNST: Wohl schwerlich! (EF: 256)

Das, was in der Gesellschaft der Ameisen Allgemeingültigkeitscharakter erlangt hat, bedeutet mit Bezug auf die Ordnung, die unter den Menschen besteht, eine Ausnahme, denn die Gesellschaft der Ameisen ist zwar eine naturgegebene, aber zugleich auch eine „wunderbare“ (EF: 256).

Den an dieser Stelle nicht weiter zu führenden Gedanken markiert Falk durch die Aufforderung zum gemeinsamen Spaziergang und mithin zum „Lautdenken mit einem Freunde“. Er übernimmt erneut die Rolle des Lehrenden, der seinen Schüler zum Nachdenken auffordert, diesmal jedoch scheinbar so, dass er die Fragen stellt und von Ernst eine Antwort erwartet. Er fragt Ernst nach seinem Verständnis von der bürgerlichen Gesellschaft und ihrem Verhältnis zum Wesen des Staates,[4] pflichtet dessen Antwort bei, um sich dann selbst ausführlich zu äußern:

> FALK: Die Staaten vereinigen die Menschen, damit durch diese und in dieser Vereinigung jeder einzelne Mensch seinen Teil von Glückseligkeit desto besser und sichrer genießen könne. – Das Totale der einzeln Glückseligkeiten aller Glieder ist die Glückseligkeit des Staats. Außer dieser gibt es gar keine. Jede andere Glückseligkeit des Staats, bei welcher auch noch so wenig einzelne Glieder leiden und leiden m ü s s e n, ist Bemäntelung der Tyrannei. Anders nichts! (EF: 256f.)

Es geht mit anderen Worten nicht darum, ob ein Staat – wobei Lessing nicht zwischen der bürgerlichen Gesellschaft (der Gesellschaftsordnung) und der Staatsverfassung (der politischen Verfassung) unterscheidet – gerecht ist oder nicht, womit auf den biblischen Topos des beispielhaften Ameisenstaats rekurriert wird, sondern um die Glückseligkeit des einzelnen Menschen. Der Staat ist nur ein Mittel zum Zweck, er hat für die Glückseligkeit der Menschen Sorge zu tragen (Barner / Grimm / Kiesel / Kramer 1998: 340).[5] Die wenn auch zurückhaltende Zustimmung Ernsts veranlasst Falk, ihm Eigenschaften eines Freimaurers zuschreiben zu wollen – Ernst wehrt sich zunächst. Falk führt den Gedankengang über die bürgerliche Gesellschaft und die Rolle des Staates explizit als Auffassung der Freimaurerei fort.[6] Zwar kann die ideale Ordnung, die im Ameisenstaat

---

[4] Es sei ergänzend auf die Einordnung von Ernsts und Falks staatstheoretischen Reflexionen in die zeitgenössische Diskussion über den „Gesellschaftsvertrag“, die von Monika Fick (2010: 392ff.) unternommen wird, verwiesen.

[5] Hiermit kehrt Lessing die zeitgenössischen Formeln der Staatstheorie, das Individuum habe sich unter das Gemeinwohl unterzuordnen, um (vgl. Fick 2010: 391).

[6] Koselleck (2006) verweist auf den politischen Gehalt der Gespräche. Vgl. hierzu auch Fick (2010: 387ff.) mit Angaben zu zustimmenden und kritischen Stellungnahmen zu Kosellecks Deutung, dass

besteht, nicht unmittelbar auf die menschliche Gesellschaft übertragen werden, sie aber als Ziel der Natur verstehen zu wollen, sei gleichfalls nicht richtig (Lüpke 1989: 106):

> FALK: [Das bürgerliche Leben des Menschen, alle Staatsverfassungen sind] [n]ichts als Mittel! Und Mittel menschlicher Erfindung; ob ich gleich nicht leugnen will, daß die Natur alles so eingerichtet, daß der Mensch sehr bald auf diese Erfindung [hat] geraten müssen. (EF: 257)

Im weiteren erläutert Falk, warum und inwieweit die Staatsverfassungen mangelhaft seien, wobei er stets bemüht ist, Ernst in seine Überlegungen einzubeziehen: Die Staatsverfassungen, seien es auch die besten, sind die Ursache für die Aufsplitterung aller Menschen in der Welt in mehrere Staaten, wobei jeder der Staaten eigene Interessen habe, die unweigerlich in Kollision kommen würden, sie sind die Ursache für die Trennung der Menschen durch verschiedene Religionen, und sie sind die Ursache für die Trennung innerhalb der genannten Teile in verschiedene Stände. Beide Gesprächspartner sind sich dieser Übel bewusst und stellen sie keinesfalls in Frage (ERNST: „Wenn ich dir doch widersprechen könnte!“) (EF: 262), so dass (an dieser Stelle) hinter der detaillierten Offenlegung der Mängel, die mit der Staatsverfassung einhergehen, keine Aufforderung zur „revolutionäre[n] Beseitigung der naturgegebenen Ungleichheiten“ vermutet werden sollte (vgl. Kelsch 1997: 58). Anders sieht es dann im dritten Gespräch aus. Allerdings sind es nicht die Staatsverfassungen allein, die die Glückseligkeit des Individuums verhindern, sondern – so Ernst – „eine Wahrheit, die jeder nach seiner eignen Lage beurteilet, kann leicht gemißbraucht werden“ (EF: 257) – er verweist auf den Egoismus des Menschen. Der Aufzählung der Übel in der Welt, womit Falk Ernst zur Erkenntnis führt, dass einerseits die „Staatsverfassungen“ und die „bürgerliche Gesellschaft“ nicht die Gewähr für die Sicherung der „Glückseligkeit“ des „einzelnen Menschen“ bedeuten, dass andererseits das Wesen des Staates unumstößlich sei (FALK: „Verkennst du mich so weit? – Wenn die bürgerliche Gesellschaft auch nur das Gute hätte, daß allein in ihr die menschliche Vernunft angebauet werden kann, ich würde sie auch bei weit größern Übeln noch segnen“) (EF: 262), folgt die nahezu rituelle Angabe der Eigenschaften, die jemand haben müsste, um im Staat für die Glückseligkeit der Menschen zu sorgen. Ernst beteiligt sich durch die jeweilige Wiederaufnahme der Äußerung: „Recht sehr zu wünschen“ (EF: 263f.), die Falk jeweils verwendet, um diese Korrekturinstanzen einzuführen, aktiv an dessen Wunschlösung. Die als wünschenswert gewerteten „Männer“ sind die Freimaurer. Mithin benennt Falk diesmal explizit die „Taten“ der Freimaurer, bricht aber zugleich das Gespräch mit Ernst ab und stachelt dadurch umso mehr seine Neugier an.

Dass Ernst Falk bis in sein Schlafzimmer folgt, verweist auf die vertrauliche Bindung zwischen den beiden Freunden und schafft damit die Voraussetzung dafür, dass das abgebrochene Thema unvermittelt weiter geführt werden kann. Falk setzt das Katz-und-Maus-Spiel zunächst fort und zeigt sich verwundert, dass er Ernst, „das Geheimnis“

„die bürgerliche Moral gerade mittels ihres apolitischen Charakters“ „politische Funktion“ ausübe. Das freimaurerische Geheimnis habe eben politische Funktion.

doch nicht verraten habe (EF: 265). Er hat es nun erreicht, dass er Ernst „denken machte“ (EF: 265), dass dieser sich gequält fühlt, wenn Falk die Beziehung der Freimaurer zum wünschenswerten, jedoch utopisch erscheinenden Bestand der Staatsverfassung und der bürgerlichen Gesellschaft nicht offensichtlich macht. Die von ihm im zweiten Gespräch als „wahre Taten“ der Freimaurer bezeichneten Taten identifiziert nun Falk explizit mit dem Bestreben der Freimaurer, „den unvermeidlichen Übeln des Staates“ (EF: 266) entgegenzuarbeiten, allerdings mit einer moralischen Zielsetzung, nicht in revolutionärer Hinsicht. Davon distanziert sich der Freimaurer Falk dezidiert (vgl. auch Kelsch 1997: 58):

> Die Linderung und Heilung dieser [der Übel, die aus einer angenommenen Staatsverfassung notwendig folgen] überläßt er [der Freimäurer] dem Bürger, der sich nach seiner Einsicht, nach seinem Mute, auf seine Gefahr damit befassen mag. Übel ganz anderer Art, ganz höherer Art sind der Gegenstand seiner Wirksamkeit. (EF: 266)

Seine freimaurerische Auffassung, die Falk unverschleiert äußert, stützt er auch lexikalisch, wenn auch für Uneingeweihte nicht erkennbar – das Verb *entgegenarbeiten* verweist auf die freimaurerische Arbeit, die in der freimaurerischen Ausdrucksweise die Versammlung der Freimaurer in den Logen zu freimaurerischen Zwecken bezeichnet (vgl. Lennhoff / Posner / Binder 2003: 85).

Ernst meint, dass er nun die Natur der Übel begriffen habe, gegen die die Freimaurer angehen, dennoch verlangt er von Falk: „Wie beweisest du mir auch nur von diesen Stücken, daß die Freimäurer wirklich ihr Absehen darauf haben?“ (EF: 268). Das, was Falk bezogen auf die Staatsverfassung und die bürgerliche Gesellschaft als „unvermeidlich“ betrachtete, nämlich dass die Trennungen unter den Menschen natürlich gewachsen seien, dass die Übel, die aus der Teilung der Menschen nach Staat, Religion und Stand resultieren, Realitäten seien, letztlich dass der Gegensatz von Moral und Politik unüberbrückbar sei, findet seine Erfüllung im Orden der Freimaurer. Falk erbringt somit den von Ernst gewünschten Beweis, wenn er das „Grundgesetz der Freimäurer“ nennt, „nach welchem sie immer vor den Augen der ganzen Welt gehandelt haben“ (EF: 269):

> FALK: Das ist, jeden würdigen Mann von gehöriger Anlage, ohne Unterschied des Vaterlandes, ohne Unterschied der Religion, ohne Unterschied seines bürgerlichen Standes in ihren Orden aufzunehmen.

Die Strategie der Verrätselung der gemeinten Inhalte, mit welcher Falk den Freund zum Selbstdenken anzuregen beabsichtigte, scheint gewirkt zu haben. Ernst antwortet „im Träume“ (EF: 269), ist so überwältigt von seiner Erkenntnis, dass er, der stets die Gespräche eröffnete, sich von Falk jäh verabschiedet. Er kehrt als Freimaurer zurück und gibt sich Falk als solcher nach freimaurerischer Art zu erkennen: „Gib mir deine Hand!“ (EF: 272).

Dieser Schritt allerdings enttäuscht ihn. Statt in das „Gelobte Land“ geleitet worden zu sein, empfindet er, dass ihn Falk in „dürre Wüsten“ geführt habe (EF: 272) – eine Vorhaltung, die auf Lessings freimaurerische Biographie hindeutet, zumal Ernst „schon bei den Gräbern unserer Vorfahren gearbeitet" hat (EF: 272).[7] Falk sucht, Ernst zu ermutigen, ihm seine Enttäuschung wegzunehmen – er deutet auf eine Verwandtschaft der Freimaurer mit den (historisch tatsächlichen) Tempelrittern hin, ohne jedoch explizit „den gehörigen Punkt" zu enträtseln, „in welchem die *** [Tempelherren, D.D.] die Freimäurer ihrer Zeit waren" (EF: 275), sondern mahnt Ernst, deren Geschichte zu lesen und zwar „mit Bedacht" (EF: 275), er werde allein die gewünschte Erkenntnis erlangen.[8] Er deutet Wunderlichkeiten, die den Freimaurern zugeschrieben werden – Alchemie, die Geisterbeschwörung, die Wiederherstellung des Tempelordens – als „Streben nach Würklichkeit", als Suche nach dem „wahre[n] Weg" (EF: 274) und warnt zugleich vor der Fixierung der Freimaurerei darauf, denn er vermutet dahinter nur ein Treiben nach materiellen und gesellschaftlichen Vorteilen. Den Tempelorden tatsächlich wiederherzustellen, betrachtet er als einen „seltsamen Anschlag" derer, die es wollen könnten, die Umstände dafür sind nicht mehr gegeben: „Wenigstens ist Europa längst darüber hinaus und bedarf darin weiter keines außerordentlichen Vorschubs" (EF: 276). Die, die sich als Tempelritter ausgeben, haben sich „nur in das – – – [rote Kreuz, D.D.] auf dem – – – – [weißen Mantel, D.D.] vergafft", ohne auch den inneren Antrieb ihrer Vorfahren zu haben, der diese einte. Sie hätten es nur auf die „einträgliche[n] – – – – [Komtureien, D.D.]" und die „fette[n] Pfründen" abgesehen.

Es sind aber nicht diese „Kindereien" (EF: 277), wie Ernst sie nennt, das, was ihn „unmutig" macht, sondern die vergebliche Suche nach dem „Grundgesetz des Ordens", nach jener „Gleichheit", die er sich nach Falks Andeutungen erhoffte, „in Gesellschaft von Menschen atmen zu können, die über alle bürgerliche Modifikationen hinweg zu denken verstehen, ohne sich an einer zum Nachteil eines dritten zu versündigen" (EF: 277). Das, was er mit dem Freimaurerwerden findet, ist eine Übertragung der Mängel der bürgerlichen Gesellschaft auf die Gesellschaft der freimaurerischen Loge: religiöse Ungleichheit („Christ wenigstens muß freilich der Freimäurer sein" (EF: 277)) und ständische Ungleichheit („Aber in der Tat sind doch alle nur von einem Stande" (EF: 278)).

Ernst findet somit alles andere als das, was ihm Falk angedeutet hat. Das gepriesene Sittengesetz, das die Freimaurerei verkörpere, scheint nicht der historischen Wirklichkeit zu entsprechen. Die Freimaurerei droht „als Medium für die Realisierung der Mitmenschlichkeit zu versagen" (Fick 2010: 397). Falk erklärt die misslichen Zustände in für ihn ungewohnt augenscheinlicher, unverschleierter Art, indem er eine klare Trennung zwischen dem eigentlichen Wesen des freimaurerischen Gedankens und dem „Schema", der „Hülle", der „Einkleidung" der Freimaurerei macht; er vergleicht das Verhältnis der Loge zur Freimaurerei mit dem Verhältnis der Kirche zum Glauben (EF:

---

[7] Diese Angabe (sowie die Erwähnung der *Flammen* – der Flammende Stern gilt als allgemein übliches Symbol der Freimaurerei; vgl. dazu Lennhoff / Posner / Binder 2003: 287) verweist auf den dritten Grad des freimaurerischen Ordnungssystems (vgl. Lennhoff / Posner / Binder 2003: 557f.); Lessing selbst hatte gleich bei seiner Aufnahme alle drei Grade durchlaufen.

[8] Zu möglichen Deutungen dieses Punktes ihrer Verwandtschaft vgl. Fick (2010: 396f.).

278f.). Lessing rekurriert erneut auf die zeitgenössischen Verhältnisse in den einzelnen Systemen der Freimaurerei, die sich durch alles andere als durch Gleichheit auszeichneten,[9] zugleich explizit Kritik übend: „Das Logenwesen, so wie ich höre, dass es itzt getrieben wird, will mir gar nicht zu Kopfe". Und weiter: „wenn das in die Länge gut geht! – Wie gern will ich falsch prophezeiet haben!" (EF: 278f.).

Von dem Gespräch über die institutionalisierte Form der Freimaurerei, die bei beiden nichts als Enttäuschung hervorruft, geht der erfahrene Freimaurer Falk – auch wenn er sich derzeit am Logenleben nicht beteiligt, versteht er sich doch als Freimaurer („In die Loge vor jetzt auf eine Zeit nicht können zugelassen werden und von der Freimäurerei ausgeschlossen sein, sind doch noch zwei verschiedene Dinge" (EF: 278)) – dazu über, dem enttäuschten Freund (und vermutlich sich selbst) mit freimaurerischen Metaphern und Angaben zur Entstehungsgeschichte der Freimaurerei Mut zuzusprechen:

> FALK: Sei ohne Sorge, der Freimäurer erwartet ruhig den Anfang der Sonne und läßt die Lichter brennen, so lange sie wollen und können – Die Lichter auslöschen und, wenn sie ausgelöscht sind, erst wahrnehmen, daß man die Stümpfe doch wieder anzünden oder gar wohl andre Lichter wiederaufstecken muß, das ist des Freimäurers Sache nicht. (EF: 280)[10]

Allerdings eröffnen sich die Metaphern nur dem Eingeweihten, so dass sich Falk nun bereit erklärt, ja sich verpflichtet fühlt („nun frage, was du willst! Ich muß dir antworten") (EF: 280). Diese Aussage ist zum einen Anlass für Ernst, auf die ihm nicht ganz klare Erläuterung Falks (im ersten Gespräch), die Freimaurerei sei schon immer gewesen, zurückzukommen, zum anderen ist sie gesprächstechnisch geschickt, denn sie gibt Falk Anlass, seine verschleierte Erläuterung fassbar zu machen, indem er die Entstehungsgeschichte darlegt (EF: 282ff.).

Es sei an dieser Stelle angemerkt, dass seine lexikalische Interpretation des Wortes *Maurerei* als *Masonei*, vom Engl. *masony* (nicht *masonry*), also von *mase* ‚Tisch' (nicht von *mason* ‚Maurer') abgeleitet, bekanntlich schlichtweg ein Irrtum ist.[11]

Mit der ausführlichen Beantwortung der Frage Ernsts nach dem Ursprung der Freimaurerei interpretiert Falk (mit wissenschaftlicher Akribie) nicht nur die einzelnen Quellen, sondern er gibt einen wesentlichen Aspekt des Geheimnisses der Freimaurerei (neben den Zeichen und Symbolen, die über die Gespräche verteilt mehr oder weniger verrätselt Erwähnung finden) preis. Seine Ursprungsherleitung der Freimaurerei ermög-

---

[9] 1778, als das Manuskript der ersten drei Freimaurergespräche vorlag, hatte das große Schisma der Freimaurerei in Deutschland seinen Höhepunkt erreicht (Kelsch 1997: 56). Hinzu kommt, dass die Hochgrade durchweg nur adligen Personen offenstanden, während den bürgerlichen Freimaurern lediglich die drei ersten Grade vorbehalten waren (Kelsch 1997: 54).

[10] Das Licht spielt in der Freimaurerei als Symbol eine „bedeutsame Rolle" (Lennhoff / Posner / Binder 2003: 513f.); gleichfalls haben Kerzen „symbolische Bedeutung" (Lennhoff / Posner / Binder 2003: 462).

[11] Schon 1766 hatte sich Lessing mit Justus Möser in Pyrmont, wo auch Ernst und Falk ihre Gespräche führen, über die Herleitung des Wortes *Freimaurerei* ausgetauscht; vgl. dazu Fick (2010: 376), Dziergwa (1992: 127).

licht ihm die „Unterscheidung zwischen ‚Wesen' und historischer Organisation", die „Vermittlung von Idee und historischer Wirklichkeit" (Fick 2010: 397), und sie führt Ernst zu jener Erkenntnis, nach der er so beharrlich gestrebt hat. Ernst erkennt das Licht des freimaurerischen Geheimnisses:

> FALK: [...] Wie ist dir?
> ERNST: Wie einem Geblendeten.
> [...]
> FALK: [...] Die Sonne geht unter, du mußt in die Stadt. Lebe wohl! –
> ERNST: Eine andre ging mir auf. Lebe wohl. (EF: 288)

4. Statt eines Fazits

Die vorausgehenden Ausführungen zur gedanklichen und sprachlichen Verschleierung der Inhalte erheben keinesfalls den Anspruch auf Vollständigkeit; dies kann im kleinen Rahmen einer derartigen Untersuchung gar nicht realisiert werden. Als gesichert festzuhalten ist jedoch: Ernst soll durch Selbstdenken das Rätsel lösen, Falk leistet dabei mehr oder weniger nachvollziehbare Hilfe. Ernst findet auch auf viele seiner Fragen zum Wesen und zum Geheimnis der Freimaurerei Antworten – am Ende des fünften Gesprächs geht in ihm die Sonne als Symbol des Lichtes auf –, manche Fragen bleiben aber auch ohne Antwort. Soll der Leser weiter darüber nachdenken?

An einigen Stellen erläutert Falk die Begriffe scheinbar mit nahezu lexikografischer Akribie:[12]

> FALK: Das Geheimnis der Freimäurerei, wie ich dir schon gesagt habe, ist das, was der Freimäurer n i c h t über seinen Lippen bringen k a n n, wenn es auch möglich wäre, daß er es w o l l t e. Aber Heimlichkeiten sind Dinge, die sich wohl sagen lassen und die man nur zu gewissen Zeiten, in gewissen Ländern teils aus Neid verhehlte, teils aus Furcht verbiß, teils aus Klugheit verschwieg. (EF: 275)

Jedoch beruht das Verständnis des Gemeinten nicht allein im Verständnis der Lexeme; die Entschleierung erfordert vielmehr profunde Kenntnis der Verquickungen zwischen Bedeutungs- und Gedankeninhalten der Aufklärung, staatsphilosophischen Spekulationen und historischen und religionsgeschichtlichen Fakten – und speziell Kenntnis des freimaurerischen Geheimnisses.

---

[12] Es ist auf das Gedicht *Das Geheimnis* zu verweisen, wo Lessing die Heimlichtuerei des Junger, i. e. der Freimaurer, bespöttelte.

Literaturverzeichnis

Quellen

Lessing, Gotthold Ephraim (1987), „Das Geheimnis“, in: Sämtliche Gedichte. Herausgegeben von Gunter E. Grimm, Stuttgart, 186–188.

Lessing, Gotthold Ephraim (1978), „Ernst und Falk. Gespräche für Freimäurer“, in: Lessings Werke in fünf Bänden. Bd. 2: Nathan de Weise, Theologische und philosophische Schriften. Ausgewählt von Karl Balser, (Bibliothek deutscher Klassiker), Berlin, Weimar, 248–288.

Sekundärliteratur

Barner, Wilfried / Grimm, Gunter / Kiesel, Helmuth / Kramer, Martin (1998), Lessing. Epoche, Werk, Wirkung, 6. Aufl., München.

Dziergwa, Roman (1992), Lessing und die Freimaurerei. Untersuchungen zur Rezeption von G. E. Lessings Spätwerk „Ernst und Falk. Gespräche für Freymäurer“ in den freimaurerischen und antifreimaurerischen Schriften des 19. und 20. Jahrhunderts (bis 1933), (Europäische Hochschulschriften 1: Deutsche Sprache und Literatur 1332), Frankfurt am Main, Berlin, Bern, New York, Paris, Wien.

Evangelische Kirche in Deutschland (Hrsg.) (1999), Die Bibel. Nach der Übersetzung Martin Luthers. Mit Apokryphen. Bibeltext in der revidierten Fassung von 1984, Stuttgart.

Fick, Monika (2010), Lessing-Handbuch. Leben – Werk – Wirkung, 3. Aufl., Stuttgart, München.

Kelsch, Wolfgang (1997), „Der Freimaurer Lessing – Idee und Wirklichkeit einer freimaurerischen Utopie“, in: Gerd Biegel (Hrsg.), Lessing in Braunschweig und Wolfenbüttel, (Forschungen und Berichte des Braunschweigischen Landesmuseums 4), Braunschweig, 52–61.

Koselleck, Reinhart (2006), Kritik und Krise. Eine Studie zur Pathogenese der bürgerlichen Welt, 10. Aufl., Frankfurt am Main.

Lennhoff, Eugen / Posner, Oskar / Binder, Dieter A. (2003), Internationales Freimaurerlexikon, München.

Lüpke, Johannes von (1989), Wege der Weisheit. Studien zu Lessings Theologiekritik, (Göttinger theologische Arbeiten 41), Göttingen.

Schröder, Jürgen (1972), Gotthold Ephraim Lessing. Sprache und Drama, München.

ALEXANDER LASCH

„Die A[ssassinen] sollen aus Ägypten stammen" – Geschichte(n) eines radikal-islamischen Ordens und ihre Diskursivierung an der Schwelle zur Moderne

1. Einleitung

Die Assassinen stammen nicht aus Ägypten, wie in der Einleitung des Lexikonartikels „Assassinen" in Pierer's Universal-Lexicon (1857: 830) gemutmaßt wird, sondern sind vom ausgehenden 11. bis ins 13. Jahrhundert der militärische Arm der Ismailiten Persiens und Syriens, der „Siebener-Schia", die ideologisch und religiös weit außerhalb der sunnitischen Mehrheit des Islams und selbst des schiitischen Islams stand und steht (vgl. Lewis 2001: 39ff.). Die besonderen Umstände der (kurzen) Geschichte dieses Ordens machen darauf aufbauende Darstellungen der Geschichte der Assassinen in unserem Kontext – dem Nachdenken über die Art und den Gegenstand einer Arkanlinguistik – aus drei Gründen besonders interessant.

(1) Die Assassinen versetzten zwischen 1090 und 1273 die islamische Welt und damit auch die „Franken", die zu dieser Zeit im Heiligen Land sind, in Angst und Schrecken, weil sie gezielt autokratische Machtinhaber ermorden und dabei den eigenen Tod in Kauf nahmen, überaus geschickt, erfolgreich und vor allem loyal gegenüber ihrem Gebieter, dem so genannten „Alten vom Berge", waren. Mit diesem (in der christlichen und islamischen Welt) als gottlos bewerteten Handeln geben sie in der christlichen Welt schon früh Anlass zu zahlreichen Spekulationen über ihre Beweggründe.

(2) Die Zahl der Berichte über die Assassinen, die ins Abendland kommen, steigt drastisch an, als der Orden berühmt und berüchtigt wird wegen des erfolgreichen Attentats auf den König von Jerusalem, Konrad von Montferrat (*1146) im Jahr 1192 (vgl. Maalouf 2008: 230; Lewis 2001: 160f.). Zwar hatten sich die Nachrichten über die vorangegangenen (erfolglosen) Anschläge auf Sultan Saladin, Salah ad-Din Yusuf bin Ayyub (1137/38–1193, Sultan 1171), die auch dem „Alten", Sinan ibn Salman ibn Mu-

hammad, Raschid al-Din (1133/35–1192, Führer der Assassinen in Persien 1164), zugeschrieben wurden, bereits wie ein Lauffeuer in der islamischen und damit auch der christlichen Welt verbreitet – doch die Ermordung Konrads hatte eine neue Qualität. Ungeheuerliches hörten die Christen nun vom „Alten“, doch sie wussten kaum Nennenswertes über ihn oder die Gruppe der Mörder.

(3) Die Assassinen gingen zweimal unter, einmal in der Geschichte und zugleich in den Geschichten. In der zweiten Hälfte des 13. Jahrhunderts verlieren sie zum einen ihre Machtzentren – Alamut in Persien wird durch mongolische Steppenvölker zerstört (1256), ihre syrischen Festungen nimmt bis 1273 der mamelukische Sultan Baibars ein (1223–1277, Sultan 1260). Zum anderen wurde das Wissen über sie verschüttet. Es verbrannte in der Bibliothek von Alamut oder wurde in der islamischen, d. h. der sunnitischen, Welt als sektiererisches nicht tradiert. Nur in wenigen ismailischen Quellen blieben Details über die Geschichte der Assassinen erhalten, hier existierten außerhalb des Fokus der morgenländischen und abendländischen Gelehrten Biographien der Führer der Assassinen, ideologische und theologische Schriften weiter.

Die Voraussetzungen für eine Legendenbildung sind ideal: Wegen ihrer schrecklichen und mit erschreckender Perfektion ausgeführten Taten waren die Assassinen weit über das Morgenland hinaus berühmt und berüchtigt. Die Geschichte und die Struktur des Ordens aber blieben im Dunkeln, über ihre Motivation und ihre Beweggründe wusste man im christlichen Abendland kaum etwas.

2. Theoretische Vorannahmen

2.1 Gegenstände einer Arkanlinguistik

Unter einem ‚Arkanum‘ versteht man mit dem Blick auf die Etymologie des Wortes etwas Verschlossenes, etwas Nicht-Erfassbares oder Exklusives.[1] Ausgehend von dieser einfachen etymologischen Bestimmung ist es möglich, (wenigstens) zwei Perspektiven anzunehmen, um eine Arkanlinguistik zu entwerfen und ihren Gegenstand zu bestimmen:

Zum einen schränkt eine enge Bestimmung den Gegenstand einer Arkanlinguistik auf Sprachen bzw. Sprachhandlungen ein, die eingeweihte Benutzer des Idioms oder nicht eingeweihte Beobachter als *arkan* bezeichnen. Gerhard Eis verwendete in seinen Studien den Begriff *Arkansprache* genau in diesem Sinne, ohne aber einen Terminus zu entwerfen, für ein Idiom, welches unter Alchemisten dann genutzt wurde, wenn „geheimzuhaltende Arbeitsmethoden beschrieben wurden“ (vgl. Eis 1965: 64). Diese (meist nur temporär) ‚geheimen‘ Fach-, Sonder- und Gruppensprachen dienen der ge-

---

[1] Vgl. lat. *arcanus*, ursprünglich ‚verschlossen‘, im übertragenen Sinne ‚verschwiegen‘, ‚geheim‘, ‚heimlich‘; das Substantiv *arcanum* meint das ‚Geheimnisvolle‘, ‚Geheimnis‘ (Georges, Karl Ernst: Lateinisch-Deutsches HandWörterbuch, Bd. 1: Sp. 540).

schützten, exklusiven Verständigung einer eingeweihten Gruppe in Gegenwart einer nicht eingeweihten Gruppe. Dabei ist das Idiom meist nicht sich selbst Zweck, sondern es dient der Geheimhaltung des kommunizierten Wissens. Für die Bewertung einer Sprache als *Arkansprache* ist dabei aber weniger relevant, ob das ‚Geheimnis' dieser Sprache irgendwann entdeckt wird, d. h., ob sie von nicht eingeweihten Beobachtern entschlüsselt und damit das in ihr kommunizierte Wissen offenbar wird, sondern der selbst behauptete oder von außen wahrgenommene Anspruch einer Gruppe, dieses Wissen als exklusives Wissen mittels eines Idioms verbergen zu wollen.

Zweitens öffnet eine weite Perspektive den Blick für diskursive Praktiken, die Exklusivität als Arkanum verhandeln. Ich werde mich darauf konzentrieren. Auf der Basis soziolinguistischer Annahmen und text- sowie diskurslinguistischer Methoden werde ich am Beispiel der Diskursivierung von Wissen über den Orden der Assassinen herausarbeiten, dass unter Arkana in einem (sozio-)linguistischen Sinn vor allem (stereotype) Zuweisungen von Exklusivität zu fassen sind, die kommunikativ verhandelt werden. Arkana können vor diesem Hintergrund alle komplexen Zeichen und nicht nur Sprache sein (Wissen, Sprache und [Sprach-]Handlungen, Räume, Zeiten, Riten, Gegenstände usw.), die als exklusiv bewertet werden und deren Exklusivität diskursiv verhandelt wird. Soziolinguistisch motiviert würde man dann, eng an das Interesse der Stereotypenforschung angelehnt (vgl. Quasthoff 1973, 179ff.),[2] Fragen zu stellen haben, wie: Welche Gruppe weist auf welche Art kommunikativ Exklusivität zu? Welche Funktion übernimmt die kommunikative Zuweisung zwischen verschiedenen Gruppen einer Gesellschaft (vgl. Schjerve-Rindler 2004)? Kann man Praxen, Symbolsysteme, Orte und Zeiten, die, wie in unserem Fall, für eine Gruppe als besonders relevant eingeschätzt werden, kommunikativ ‚arkanisieren' und welche sprachlichen Strategien werden dazu eingesetzt? Geht mit der ‚Arkanisierung' – also der kommunikativen Zuweisung von Exklusivität – eine Bewertung einher und welche Einstellungen werden daran sichtbar (vgl. Strasser / Brömme 2004; Lasagabaster 2004) usf.

2.2 Transfer und Diskursivierung von Wissen

Um diesen soziolinguistischen Fragen nachgehen zu können, werde ich mich (1) auf die Erkenntnisse der so genannten „Transferwissenschaften" stützen, die den Transfer von Wissen modellhaft als Prozesse der Initiierung, des Flusses und der Integration von Wissen verstehen (vgl. Antos / Wichter 2001, 2005; Busch / Stenschke 2004; Stenschke / Wichter 2009 u. a.). Dem Transfer geht die Exploration von Wissen (meist) voraus, beide Prozesse beeinflussen sich mitunter aber auch wechselseitig – der Anschaulichkeit halber werde ich mich hier auf die Exploration und die Integration von Wissen konzentrieren. Das Ergebnis des Zusammenwirkens von (explorierten) Wissensbeständen in der Expertenkommunikation, der Laienkommunikation und auf den Zwischen-

[2] Vgl. daneben bspw. Bourhis / Maass (2005); Löffler (2010: 42f.).

stufen des Transfers lässt sich mit dem Begriff des Diskurses fassen. Dieser Diskurs, der in unserem Fall Arkana als Exklusives kommunikativ verhandelt, lässt sich (2) mittels eines diskursanalytischen Modells beschreiben (vgl. etwa Warnke / Spitzmüller 2008). Im Vordergrund wird aber hier nicht der Diskurs als ‚kommunikatives Ergebnis' selbst stehen, sondern der Prozess der Diskursivierung: Ich frage nach den diskursprägenden (kommunikativen) Entstehens- und Gelingensbedingungen und Regeln des Diskurses, rücke die transtextuelle Ebene und die Ebene der Akteure eines Diskurses mit in den Blick. Auf diese Weise kann ich am Beispiel der Geschichten über den Orden der Assassinen die Art und Weise der Generierung von Wissen, das Zusammenwirken von Wissensbeständen und vor allem die Rolle von Diskursakteuren, die sowohl horizontal (also auf der Ebene der Expertenkommunikation im Prozess der Wissensexploration und des Transfers) als auch vertikal (in der Experten-Laien-Kommunikation im Transfer) Diskurspositionen vertreten und kommunikativ durchzusetzen suchen.

3. Wissensexploration: die Darstellung der Assassinen in abendländischen Quellen

Im Folgenden werde ich am Beispiel der Darstellungen des Ordens der Assassinen den im theoretischen Teil aufgeworfenen Fragen nachgehen, die ich noch einmal kurz zusammenfassen möchte: Wie und was wird über den Orden – soziolinguistisch als Gruppe gefasst – in abendländischen Quellen berichtet? Wird in den Darstellungen Exklusivität verhandelt und wie wird sie bewertet? Welches Wissen also wird auf welche Weise über den Orden transferiert? Welche Diskursakteure sind an diesem Wissenstransfer beteiligt und welche Diskursposition vertreten sie? Sind für den Erfolg einer Diskursposition auch sprachliche Strategien mitverantwortlich? Bei der Beantwortung dieser Fragen werde ich nicht auf generelle Fragen der Islamkritik in Europa eingehen, die in unterschiedlichen Zeiten mit unterschiedlicher Motivation und Schärfe vorgetragen wurde. Bekannt ist, dass selbst Aufklärer Ressentiments gegenüber dem Islam und seinem Stifter hatten und dies auch zum Ausdruck brachten. Dies gilt auch noch für das 19. Jahrhundert; das positive europäische Orientbild und -ideal ist in weiten Teilen ein areligiöses und daher in Fragen der Islamkritik nicht in Anschlag zu bringen. Im Einzelnen werde ich auf diesen Problemkomplex hier nicht eingehen können, möchte aber anmerken, dass dieser Hintergrund bei allem hier Gesagten mitzudenken ist.

Ausgehend von Berichten aus der Kreuzzugszeit werde ich mich in einem zweiten Schritt der *Weltchronik* Jansen Enikels und einer zwar sehr kurzen, dafür aber sehr einflussreichen Darstellung der Assassinen in Marco Polos Reisebeschreibungen zuwenden (Strauch 1980; Polo 1477). Mein Hauptaugenmerk werde ich auf zwei deutschsprachige Publikationen an der Schwelle zur Moderne richten:[3] Withof (1765) und Hammer-Purgstall (1818) verfolgen als Diskursakteure je ein klares Ziel in ihrer Betrachtungs- und Darstellungsweise des Bundes. Sie initiieren den Transfer von Wissen zwar nicht, suchen aber wohl den Fluss des Wissens zu steuern, zu kontrollieren und das zu integrierende Wissen zu empfehlen – an verschiedenen Lexikoneinträgen aus dem 18. und 19. Jahrhundert möchte ich in einem letzten Schritt zeigen, welche Diskursposition sich schließlich durchsetzte und die Frage zu beantworten suchen, welche Rolle die kommunikative ‚Arkanisierung' einer Gruppe dabei spielte.

3.1 Kreuzzugszeit

Beginnen möchte ich mit dem Bericht Gerards, einem Gesandten Friedrich Barbarossas (1122–1190, Kg. 1152, Ks. 1155), der wohl als einer der ersten zwischen dem zweiten und dritten Kreuzzug 1175 Nachrichten über ein „Geschlecht der Assassinen" in den Westen trägt. In Phönizien, so berichtet er,[4]

> wohn[e] ein gewisses Geschlecht der Sarazenen, die in ihrer eigenen Sprache ‚Heyssessini', im Romanischen aber ‚segnors de montana' genannt werden. Diese Menschenbrut lebt ohne Gesetz, verzerrt Schweinefleisch [...] und verkehrt unterschiedslos mit allen Weibern, die eigenen Mütter und Schwestern eingeschlossen. [...] Sie gehorchen einem Meister, der alle sarazenischen Fürsten nah und fern in größte Furcht versetzt, ebenso alle christlichen Landesherren. Denn er pflegt auf ungewöhnliche Art und Weise zu töten. Seine Methode ist die folgende: Dieser Herrscher besitzt in den Bergen zahlreiche prächtige Paläste, umgeben von sehr hohen Mauern, die man lediglich durch eine kleine, sehr gut bewachte Tür betreten kann.

Sie lehrten ihre Jungen in den verschiedensten Sprachen und verpflichteten sie zum unbedingten Gehorsam gegenüber dem ‚Meister', bis sie schließlich „vor den Herrscher gerufen werden, um jemanden zu töten. [...] Auf das Gelöbnis hin überreicht der Herrscher jedem von ihnen einen goldenen Dolch und sendet sie aus, den Fürsten zu töten, den er für jeden von ihnen ausersehen hat" (Lübeck 2001: 17) Wilhelm von Tyrus (1130–1186) fügt wenig später hinzu:

> Das Band der Ergebenheit und des Gehorsams, das dieses Volk mit seinem Anführer verbindet, ist so stark, daß es keine Aufgabe gibt [...], die nicht jeder von ihnen mit größtem Eifer übernehmen würde, sobald der Anführer es befohlen hat. Gibt es zum Beispiel einen Fürsten, der Haß oder Mißtrauen dieses Volkes auf sich gezogen hat, so überreicht der Anführer einem oder mehreren seiner Gefolgsleute einen Dolch. Wer immer den Befehl erhält, begibt sich sofort auf den Weg, um seine Mission auszuführen. Er bedenkt weder die Folgen der Tat noch die Möglichkeit des Entkommens. Begierig, seine Aufgabe zu erfüllen, setzt er so lange wie nötig alle seine Kräfte ein, bis das Schicksal ihm die Gelegenheit gibt, den Befehl seines Anführers zu

[3] Kurz referieren werde ich dabei Silvestre de Sacy (1818. Mémoire sur la Dynastie des Assassins. In: Mémoires de l'Institut Royal 4, 1ff. Zuerst vorgelegt 1809), auf den von Hammer aufbaut.

[4] Alle Beispiele werden, da zum einen der Fokus auf der Konzeptualisierung von Arkana liegt und zum anderen der Verständlichkeit halber, in Übersetzung gegeben.

> vollstrecken. Wir wie auch die Sarazenen nennen dieses Volk ‚Assassinen'; aber die Herkunft dieses Namens kennen wir nicht. (Tyrus 2001: 18)

Mit Arnold von Lübeck (†1211/1214) und dem von ihm verfassten Teil der *Chronica Slavorum* möchte ich diese erste Annäherung schließen.

> Ich werde jetzt Dinge über den Alten berichten, die absurd erscheinen, aber durch Aussagen zuverlässiger Zeugen verbrieft sind. Der Alte hat in seinem Land Menschen durch Hexerei derart verwirrt, daß sie weder beten noch an irgendeinen Gott außer ihn selbst glauben. Überdies verlockt er sie auf seltsame Weise mit Hoffnungen und Versprechungen ewiger Freuden, so daß sie lieber sterben als leben wollen. [...] Der höchsten Seligkeit, versichert er, werden jene teilhaftig, die Menschenblut vergießen und als Vergeltung für solche Taten selbst den Tod erleiden. Haben sich einige für einen solchen Tod entschieden [...], so überreicht er selbst ihnen Dolche, die sozusagen dieser Tat geweiht sind. Dann reicht er ihnen einen Gifttrank, der sie in Ekstase und Vergessen stürzt, versetzt sie durch Magie in phantastische Träume voller Freuden und Wonnen [...] und verspricht ihnen den ewigen Besitz all dessen als Belohnung für ihre Taten. (Lübeck 2001: 18f.)

In den abendländischen Chroniken wird am Ende des 12. Jahrhunderts folgendes Wissen über einen Bund der Assassinen exploriert: Es gibt eine Gemeinschaft um einen ‚Alten vom Berge'. Deren zum Gehorsam verpflichtete Mitglieder werden als Assassinen bezeichnet – die Herkunft des Namens bleibt allerdings unbekannt. Diese Gemeinschaft lebt außerhalb des Gesetzes (Schari'a) und der religiösen Gebote; ihre Mitglieder praktizierten den Inzest, berauschten sich und mordeten. Der Alte indoktriniere seine Gefolgschaft in Burgen, die von der Außenwelt nicht erreicht werden könnten. Er ‚verhexe' sie, versetze sie in Rausch und Ekstase. Einziger Zweck der Gemeinschaft ist die Tötung muslimischer und christlicher Fürsten. Dazu gebrauchen sie einen Dolch und erleiden dabei meist selbst den Tod – verheißen ist ihnen dafür die ewige Teilhabe an allen Freuden und Wonnen (des Paradieses).

Die Berichte dürften, wie eingangs skizziert, zum einen aus einem sehr grundsätzlichen Interesse an dem Bund nach den erfolglosen Anschlägen auf Saladin (1174/1175 und 1176) und der Ermordung Konrads 1192 in Tyrus motiviert sein, für den in verschiedenen Quellen Richard I. Löwenherz (1157–1199, König von England 1189), Saladin und Sinan selbst verantwortlich gemacht werden (vgl. Lewis 2001: 160f.). Zum anderen flossen in die Darstellungen wohl Gerüchte über die ‚Aufhebung des Gesetzes (Schari'a)' und ekstatische Ausschweifungen der ‚Reinen' in der Mitte der zweiten Hälfte des 12. Jahrhunderts im syrischen Machtbereich Sinans ein, die zwar von sunnitischen Historikern gern Sinan zugesprochen, von ihm selbst aber vielmehr militärisch unterbunden wurden (vgl. Lewis 2001: 152).

3.2 Spätmittelalter und Frühe Neuzeit

Es mag seine Ursache im bildmächtigen aber dabei unterspezifizierten explorierten Wissen über die Assassinen haben, dass neben die darstellenden Berichte früh legendarische Entwürfe über den ,Alten' traten. Wahrscheinlich die erste Aneignung dieser legendarischen Stoffe in einer geschichtlichen Darstellung ist der Bericht über Friedrich II. (1194–1250, 1198 Kg. von Sizilien, 1211/1212 dt. Kg., 1220 Ks.) in Jan Enikels *Weltchronik*: „Nû merket, keiser Fridrîch, | [...] er hiez stecher ziehen: | an swem er sich wolt rechen, | den hiez er waerlich stechen. | der ein fürst was genant, | dem hiez er tuon den tôt bekannt" (Jansen 1980: 28035; 28040ff.). Alle Wissenselemente, die wir oben als konstitutiv für das Bild der Assassinen in den abendländischen Chroniken herausgearbeitet hatten, kehren in dieser Darstellung bezogen auf Friedrich wieder: Friedrich ließe Kinder ,unter der Erde' im falschen Glauben, er sei Gott, erziehen. Sie sahen nie das Licht des Tages und würden erst zu Friedrich gerufen, wenn er einen Mordauftrag erteilte: Nichts wünschten sich die dann jungen Männer so sehr, als im Licht („in iuwerm himelrîche" [Jansen 1980: 28085]) zu bleiben, was ihnen der Kaiser im Gegenzug zu ihrem Versprechen, den Mord auszuführen, gewährte – in einer Handschrift (e) wird bereits ein paradiesähnlicher Garten des Kaisers beschrieben, der die Darstellungen der verschlossenen Assassinenfestungen, in deren Innern Wunderliches vorgeht, nun ins Bild setzt: Dieser Heterotopos, um mit Foucault (2005) zu sprechen,[5] der geheime, verschlossene Garten, über den ein ,Alter', von unwissenden jungen Männern als gottgleich verehrt, verfügt, wird im explorierten Wissen über die Assassinen zum zentralen Element werden und im Wesentlichen deren kommunikative Arkanisierung vorantreiben. Das *Buch der Wunder* Marco Polos erzählt in einer französischen Bilderhandschrift, welche um 1410 im Auftrag von Johann Ohnefurcht (1371–1419) entstand, nicht nur vom Garten des ,Alten', sondern sie zeigt ihn zugleich bildlich. Eine der Miniaturen stellt ein zentrales Motiv des Reiseberichts dar – den in den Bergen liegenden umgrenzten paradiesischen Garten des ,Alten vom Berg', der nur durch eine Tür begehbar ist und in dem junge Männer die Freuden des Paradieses genießen. Dazu zählen Vergnügungen jeder Art, über die der ,Alte' stehend gebietet. Es ist aber nicht die bildliche Darstellung in einer Bilderhandschrift, sondern der nicht sonderlich umfangreiche Bericht über die Assassinen (oder besser den ,Alten vom Berge') selbst (Polo 1477: 16rff.), der mit dem Fokus auf der Darstellung des Heterotopos ,Garten' eines der wirkmächtigsten Bilder in allen auf ihn folgenden Darstellungen über den Bund der Assassinen aufruft. Auch wenn das über die Assassinen explorierte Wissen im Detail erweitert wird – die Gemeinschaft sei eine muslimische, der Alte jedoch nutze die Religion gänzlich eigennützig und verbrecherisch aus, wozu er auch seinen Garten gebraucht –, so ist doch die Konzentration auf den Heterotopos bereits in der Überschrift des Kapitels augenscheinlich: „Von dem schônstē ūn wunderlichstē gartē der welt den [der] veglio vō perge gemacht hett | ūn sprach es wer das paradeyß" (Polo 1477: 16r). Sieht man von der marginalen Erwähnung in Enikels Chronik ab, so war den Außenstehenden bisher das Innere der Festen der Assassinen verborgen, nun öffnet der Bericht Marco Polos den Blick auf einen Garten, den der ,Alte' selbst das ,Paradies' nennt:

[5] Gemeint sind räumlich lokalisierbare Gegenräume, die „stets ein System der Öffnung und Abschließung besitzen, welches sie von der Umgebung isoliert" (Foucault 2005:18).

> Dar em hat er lassen machen den schoͤnstē garten des gleich en von keynem menschen nye meer gesehen wardt | vnd dar inn die edelstē frůcht die von keynem menschen nye gesehen wurden. Auch den schoͤnsten pallast von allem lust gezirtt mit golde vnd mit edelem gesteyn. In dem garten vmb den pallast seyn vil schoͤne prunnen. Etlich geben weyn | etlich wasser | auch seyn prunnen dy da milch geben. Dar innen waren die schoͤnsten frawen und Junckfrawen die man ye gesehen hat. (Polo 1477: 16r)

Der ‚Alte' lässt junge Männer trickreich – er verabreicht einen Schlaftrunk, um sie in den Garten hinein- und hinausbringen zu lassen – an den Freuden des Paradieses in seinem Garten teilhaben und verspricht ihnen als Lohn, dass sie in dieses Paradies eingehen werden:

> er sprach alle die da storben in seinem gepot vñ untertenikeyt das die alle engel in dē paradeyß wurdē | also er plēdet das volck vñ vil grosser her[ren] die sorg vñ forcht vor im hettē | vñ reychten im ein genantes gelt alle iar. (Polo 1477: 16v)

Dieser Heterotopos, in dem die Regeln des Alltags aufgehoben sind zugunsten eines von außen nicht sichtbaren paradiesischen Lebens, wird, wie im Folgenden zu zeigen sein wird, die Exploration von Wissen und den Transfer des Wissens über die Assassinen aus der Expertenkommunikation in die Laienkommunikation maßgeblich prägen: Das Wissen über den als Arkanum eingestuften und bewerteten Garten wird integrierbares Wissen über die Assassinen. Mit der Darstellung des Heterotopos des Paradiesgartens erhält das explorierte Wissen über den Alten und seine Assassinen so einen neuen Kern. Das Bildensemble wird wesentlich erweitert: Neben dem Garten sind es die unbezwingbaren Festen, der Absolutheitsanspruch des die Religion des Islam ausnutzenden (und daher gott- und gesetzlosen) betrügerischen Alten und der absolute Gehorsam der Assassinen mit ihren geweihten Dolchen, die Fürsten töten – und im Auftrag ihres Herrn räuberisch erpressen.

Paradoxerweise, und das klang bereits in der Einleitung und soeben an, wird mit dem Garten zum einen das Arkanum genannt, es wird gezeigt und damit seiner Exklusivität entledigt –weder in Wort und Schrift noch im Bild ist der Garten des Alten mehr arkan. Zum anderen aber wird das Gartenmotiv als beschriebener Heterotopos zum tragenden Element im Diskurs über die Assassinen und damit der kommunikativen Arkanisierung des Ordens.

3.3 Schwelle zur Moderne

1765 veröffentlicht Joh. Phil. Lorenz Withof seine Darstellung des *meuchelmoerderische*[*n*] *Reich*[*s*] *der Assassinen*. Die Monographie spiegelt den Wissensstand europäischer Historiker in der Mitte des 18. Jahrhunderts wider und ist ganz im Sinne der Aufklärung verfasst. Withof übt bereits in der Einleitung Kritik sowohl an religiösem Fanatismus wie der eurozentrischen Perspektive in geschichtlichen Darstellungen:

> Um dessentwillen ließe sie [die Vorsicht, A.L.] es auch geschehen, daß die Europ[ae]r mit ihrem Aberglauben [dem christlichen Glauben, A.L.] nach Asien reiseten. Sie tummelten sich da eine Zeitlang gewaltig herum. Die Mahometaner jagten sie endlich wieder nach Hause. Sie setzten sich abermals im Schooße des Aberglaubens ruhig hin, und fielen von neuem in Schlaf. (Withof 1765: 5)

Withof ist an einer historisch-wissenschaftlichen Arbeit nach modernem Verständnis über die Assassinen interessiert, wie er im Vorbericht ausführlich darlegt. Sein Anliegen als Diskursakteur ist es, eine moderne Darstellung des Ordens der Assassinen im Lichte der Aufklärung ohne religiöse und kulturelle Vorurteile vorzulegen. Seine Studie erweitert das Wissen über die Assassinen wesentlich und gibt auf zahlreiche Fragen Antworten. Der Führer der Assassinen werde als *Scheykh* bezeichnet, was nichts anderes als ‚Fürst‘ oder ‚Alter‘ im Sinne des ‚Ältesten‘ bedeute (Withof 1765: 30f.). Die Bezeichnung des Ordens, dessen Namen auch er nicht klären kann, als ‚Sekte‘ sei zumindest missverständlich, diese Charakterisierung diente den Chronisten der Kreuzzüge, verschleiere aber das Wesen des Bundes (Withof 1765: 10). Vielmehr seien die Assassinen der ismailischen Lehre verpflichtet, die zur Schia gehört. Withof deckt das „geheime Gesetz der Assassinen“ auf (Withof 1765: 49ff.) – eine Folge von Initiationsschwüren – und stellt die Struktur der Gemeinschaft ausführlich dar: Die Assassinen gliederten sich in Untertanen, eine Armee und die ‚Garde‘. Dies sind die ‚Weißen‘, die im Auftrag des ‚Alten‘ Anschläge verübten. Armee und Garde war dabei gemein,

> daß sie in vollkomner Einigkeit lebten; keine Ehrsucht kennten; die Beförderung ihres Glaubens für ihr gemeines Beste achteten; für ihr gemeines Beste dem Tode sehnlich entgegen giengen; sich eine besondre mahometanische Heiligkeit anmaßten; die Ermordung ihrer gemeinschaftlichen Feinde, voraus aber den anbefohlnen Selbstmord, für das sicherste Unterpfand des Himmels ansahen; und endlich einen blinden Gehorsam gegen ihr Oberhaupt für den achten Artikel ihres geheimen Gesetzes hielten. (Withof 1765: 64)

Auch die Motivation für die Anschläge arbeitet Withof heraus: Die Assassinen verteidigen ihre ismailische Lehre gegen die sunnitische Mehrheit des Islams und seine Repräsentanten, die die Ismailiten (auch militärisch) verfolgten – sie sind als ein radikaler islamischer Orden einzustufen, wie es ebensolche unter den Christen gab. Zusammenfassend vergleicht Withof folgerichtig die Assassinen mit dem Orden der Tempelritter. Beide hätten ihre Hoch- und Blütezeit etwa 180 Jahre während der Kreuzzüge von 1090 bis 1271 erlebt und „[b]eyde hatten von dem, was sie Religion nannten, in der That einerley Begriff, und hielten die Ermordung desjenigen, der auf eine andre Weise sich gegen Gott verhålt, får eine grosse Frömmigkeit.“ (Withof 1765: 181f.) Damit bekräftigt er im Schluss sein Urteil über die Assassinen, das er bereits als These an den Beginn seiner Publikation gesetzt hatte: „[D]ie Assassinen [müssen] ursprünglich für nicht viel mehr, als für eine Gattung mahometanischer Ordensritter gehalten werden“ (Withof 1765: 9).

Zwei wesentliche Aspekte kann Withof nicht klären. Er deckt zum einen die Bedeutung des Namens der Assassinen nicht auf und er entlarvt zum anderen nicht den Gartenmythos. Den Kern des explorierten Wissens geht Withof, der als erster in vielen

Aspekten einen unverstellten Blick auf die Assassinen wirft und zahlreiche Vorurteile und Stereotype bei Seite schiebt, nicht an. Er gibt die Schilderungen des Paradiesgartens Marco Polos wieder, erläutert den Aufbau der Anlagen und vermerkt in einer Anmerkung, dass wohl „nicht beståndig [Milch] in diesen Båchen geflossen habe, sondern nur nach Belieben des Sheykhs hineingelassen worden sey. Im Orient waren dergleichen Båche recht nach dem herrschenden Geschmacke.“ (Withof 1765: 39 mit Anm. 51). Mit diesem Kommentar, der den Mythos zu entzaubern sucht aber zugleich kaum glaubhaft voraussetzt, dass Withof von der Existenz solcher Apparaturen am Ende des 12. Jahrhunderts ausging, entkräftet der Aufklärer den Gartenmythos nicht, sondern schreibt ihn weiter in der Diskurstradition fort.

Aufklärerischen Geist atmet auch die Arbeit *Mémoire sur la Dynastie des Assassins* von Silvestre de Sacy, die er erstmals 1809 in Paris vorstellt und die 1818 veröffentlicht wurde. De Sacy wertet bisher im Westen unbekannte arabische Quellen der Kreuzzugszeit, die Napoleons Truppen in Nordafrika erbeuteten und nach Frankreich brachten, aus und kommt besonders in der Frage nach der Herkunft des Namens der Assassinen einen großen Schritt voran. Er leitet den Namen von arabisch *haschīsch*, bekannt in den Formen *haschīschī* und *haschschāsch* ab. Sektierer, so de Sacy, werden durchgehend als *haschīschī* bezeichnet, nicht als *haschschāsch*, ein jüngeres Wort, mit dem üblicherweise Haschischkonsumenten gemeint seien. De Sacy schließt daraus, dass für die ‚Assassinen‘ Haschischkonsum zwar nicht üblich war, sondern vermutet, dass Haschisch als Rauschmittel geheim eingesetzt wurde durch den ‚Alten‘ (vgl. Lewis 2001: 27ff.). Wie wir heute wissen, ist dieser Schluss de Sacys zu korrigieren:

> Der Ausdruck *haschīschī* war auf Syrien beschränkt und wahrscheinlich eine populäre Beschimpfung. Aller Wahrscheinlichkeit nach war es eher dieser Name, der die Geschichte [von einer drogenabhängigen Sekte im Paradiesgarten des Alten] entstehen ließ, als umgekehrt. Von diversen Erklärungsmodellen, die angeboten wurden, ist das nächstliegende, daß es sich um einen Ausdruck der Verachtung für die phantastischen Glaubensinhalte und das extravagante Benehmen der Sektierer handelte – einen höhnischen Kommentar zur ihrer Aufführung eher denn eine Beschreibung ihrer Praktiken. (Lewis 2001: 29)

Am Beginn des 19. Jahrhunderts allerdings liefert de Sacy den Schlüssel, der den Kern des explorierten Wissens, den Paradiesgarten, und die Praxis des ‚Alten‘, junge Männer zu berauschen, um sie in den Garten hinein- und wieder herausbringen zu lassen, bestätigt: Die Mitglieder des Ordens heißen nach dem Rauschmittel, dessen sich der ‚Alte‘ bediente. Damit stellt de Sacy – wenn auch vorsichtig – die Legende vom Paradiesgarten auf ein etymologisches Fundament.

Joseph von Hammer-Purgstall legt wenig später *Die Geschichte der Assassinen aus morgenländischen Quellen* (1818) vor, die „anderthalb Jahrhunderte lang die Hauptgrundlage für das populäre Bild von den Assassinen im Westen“ (Lewis 2001: 30) war. Der aufklärerische Impetus Withofs ist nur noch in Ansätzen zu erkennen, nämlich dann, wenn sich von Hammer-Purgstall gegen den Missbrauch der Religion durch die Politik wendet: „Religions-Fanatismus wird von der Geschichte vielfältig als Urheber blutiger Kriege [...] angeklagt; doch war die Religion niemals das Ziel, sondern meistens nur Werkzeug ehrgeiziger Politik und ungezähmter Herrschsucht" (Hammer-Purgstall 2008: 19). Als Diskursakteur ist es Hammer-Purgstall aber zentrales Anliegen, sich – vor dem Hintergrund der Erfahrung des Terrors in Folge der Französischen Revolution – gegen (aufklärerische Toleranz und) gewaltbereite und -tätige Gemeinschaften zu stellen, die die hergebrachte (monarchische) Ordnung gefährden:

> Der politische Wahnsinn der Aufklärer, welche die Völker mündig, dem Schirmbund der Fürsten und dem Gängelband positiver Religion entwachsen glaubten, hat sich wie unter der Regierung des Großmeisters Hassan II. in Asien so in Europa durch die Wirkungen der französischen Revolution auf das persönlichste kundgegeben, und wie damals die Lehre des Meuchelmords und aller staatsauflösenden Verbrechen von Alamut offen ausging, so die Lehre des Königsmordes aus dem französischen Nationalkonvent [...]. Die Mitglieder der Konvention [...] wären würdige Satelliten des *Alten vom Berge* gewesen. (Hammer-Purgstall 2008: 142)

Ganz in diesem Sinne stellt von Hammer-Purgstall die Geschichte der Assassinen als Exempel in Analogie zu Templern, Jesuiten, Illuminaten und Freimaurern dar, denn sie alle treffen in „dem letzten Zweck, *alle Könige und Priester überflüssig zu machen*, auf einem Punkt wirklich ganz überraschend zusammen" (Hammer-Purgstall 2008: 141).

Die *Geschichte der Assassinen* hat man sich im Detail als eine Synopse des explorierten Wissens über den Orden der Assassinen vorzustellen. Unser Hauptaugenmerk wird auf dem Umgang mit der Gartenlegende Marco Polos und der bei de Sacy vorgeschlagenen Lesart des Namens der Assassinen liegen. Im Gegensatz zu Withof und de Sacy pflegt von Hammer-Purgstall allerdings nicht, vorsichtig zu differenzieren und vor möglichen Fehlinterpretationen zu warnen, sondern geht sowohl in der Übersetzung als auch in der Spekulation weiter, ohne dies in der Darstellung zu kennzeichnen: Ihm ist an einer Dichotomie gelegen, in der der Orden der Assassinen möglichst alle negativen Bewertungen eindeutig auf sich vereint. Von Hammer-Purgstall bestätigt – im Nachgang der Lektüre und „umständlichen Auseinandersetzung" mit de Sacy – die unzweifelhafte Glaubwürdigkeit Marco Polos mit dem recht fragwürdigen Argument der Stabilität der Überlieferung der Geschichte, das uns aber einen wichtigen Hinweis auf die Gelingens- und Entstehensbedingungen des Diskurses gibt, an dem von Hammer-Purgstall als Akteur mitwirkt:

> Seitdem aber dieselbe Beschreibung sich ganz übereinstimmend auch in orientalischen Quellen vorgefunden [...], erhielt Marco Polos Erzählung neue Ansehen, und nachdem seine Wahrhaftigkeit, wie die Herodots, durch ungläubige Jahrhunderte lange bezweifelt worden, erscheint durch die einhellige Aussage orientalischer Geschichts- und Reisebeschreiber die Glaubwürdigkeit des Vaters der alten Geschichte und des Vaters der neuen Reisebeschreibung von Tag zu Tag in immer hellerem Licht. (Hammer-Purgstall 2008: 91)

In seiner Wiedergabe der Erzählung schafft er über seine Vorläufer hinausgehend, wie bei der Bestätigung der „Wahrhaftigkeit" des Marco Polo, Tatsachen: „Den Jüngling [...] lud der Großmeister / Großprior zu Tisch und zum Gespräch ein, berauschte ihn mit einem Opiat aus Hyoscyamus (*Haschisch*), und ließ ihn in den Garten tragen [...]."

(Hammer-Purgstall 2008: 91) Weiter mutmaßt er, dass wohl nicht nur der ‚Alte' sich des Betrugs mittels der Rauschmittel bediente, sondern über kurz oder lang der Drogenkonsum allen Mitgliedern des Ordens möglich gemacht wurde – die Folgen könne man noch heute in Konstantinopel oder Kairo sehen:

> Was bisher als Mittel zum Vergnügen gedient, wurde nun selbst Zweck, und die Begeisterung des Opiumrausches wurde Surrogat himmlischer Freuden [...] und erklärt die Wut, womit jene Jünglinge den Genuss dieser berauschenden Kräuterpastillen (Haschische) suchten, und worin sie durch dieselben versetzt, fähig wurden, alles zu unternehmen. Von dem Genuss derselben nannte man sie *Haschischin*, das heißt die *Kräutler*, woraus in dem Mund der Griechen und Kreuzfahrer der Name *Assassinen* entstanden, der als gleichbedeutend mit Meuchelmörder die Geschichte des Ordens in allen europäischen Sprachen verewigt. (Hammer-Purgstall 2008: 92)

Das explorierte Wissen über die Assassinen umfasst, inklusive der negativen Bewertungen von Hammer-Purgstalls, am Beginn des 19. Jahrhunderts folgende Elemente: Die Assassinen sind eine geordnete und strukturierte Gemeinschaft, in der sieben Grade unterschieden werden, die Attentäter werden als *fidāwī* (‚die Geweihten') bezeichnet. Die Gemeinschaft ist der ismailischen Lehre verpflichtet, die zur Schia gehört. Sie dient einem Sheykh, dem ‚Alten', in absolutem Gehorsam. Der ‚Alte' indoktriniert junge Männer in von hohen Mauern geschützten Palästen in den Bergen, die nur durch eine kleine Tür zur Außenwelt geöffnet sind. Die Paläste sind von einer paradiesischen Anlage umgeben, in denen die strengen Regeln des alltäglichen Lebens aufgehoben sind – der ‚Alte' gebietet über diesen Garten. Die Herkunft und Bedeutung des Namens der Assassinen werden etymologisch richtig hergeleitet, aber zu falschen Schlüssen herangezogen: Der ‚Alte' verführt die Männer in diesem Garten – damit wird die „Wahrhaftigkeit" der Legende postuliert – zum Drogenkonsum, der der Motor für ihre verbrecherischen Handlungen wird. Die gefürchteten Mörder gehören zur Garde (‚die Weißen'): Sie geloben dem ‚Alten' die Treue („geheimes Gesetz der Assassinen"), töten mit einem geweihten, goldenen Dolch und sind selbst bereit zu sterben. Die Gemeinschaft schaltet muslimische und christliche Fürsten aus, die ihre Existenz (und damit den Fortbestand ihrer falschen Lehre) bedrohen. Sie sind als ein radikaler islamischer Orden einzustufen und gefährdeten die Ordnung ebenso wie andere Geheimbünde nach ihnen.

4. Wissensintegration: das Bild der Assassinen in populären Lexika des 18. und 19. Jahrhunderts

An Beispielen für die Integration des Wissens über den Orden der Assassinen mangelt es nicht, allerdings wirkt die Publikation von Hammer-Purgstalls 1818 so stark nach, dass ich mich auf zwei Lexikonartikel aus dem langen 19. Jahrhundert beschränken möchte, welchen ich den Eintrag aus Zedlers „Universal-Lexicon" aus der Mitte des 18. Jahrhunderts voranstellen möchte. Zedlers Artikel steht exemplarisch für den Stand des integrierten Wissens über die Assassinen in der Mitte des 18. Jahrhunderts. Allerdings

– und hierfür ist das Modell der Transfers von Wissen notwendig – wurden nicht alle Wissenselemente aus der Experten- in die Laienkommunikation transferiert und das schließlich integrierte Wissen ist nur ein (dichotomisch geordneter) Ausschnitt explorierten Wissens, wie es bei Withof entwickelt ist: Die Assassinen – die nie bei ihrem Namen genannt werden, sondern als „Canaille", „Meuchelmörder" oder „schändliche Rotte" bezeichnet sind – seien ein Volk in Phönizien mit Burgen in der Gegend von Tyros (Kenntnis hat der Autor wohl nur von den syrischen Assassinen), in denen paradiesische Gärten hinter hohen Mauern lägen, die Organisation gliche einem „Mahometanische[n] Ritter-Orden", der von einem König geführt würde, der der „Alte des Gebirges" hieße. Hier würden junge Männer erzogen, die dem ‚Alten' zu absolutem Gehorsam verpflichtet seien und im Auftrag der Gemeinschaft mordeten und raubten (vgl. Zedler 1751: Sp. 1894ff.). Auffällig ist, dass dem Artikel die differenzierende aufklärerische Haltung abgeht, wie wir sie für die Monographie Withofs beschrieben, und damit eine pejorative Bewertung des Ordens möglich wird.

In der Mitte des 19. Jahrhunderts und nach der Publikation von Hammer-Purgstalls werden weitere Wissenselemente aus der Expertenkommunikation diskursiv transferiert und integriert. So ist bspw. im knappen Artikel „Ismaeliten" im „Brockhaus Bilder-Conversations-Lexikon" von 1838 der Ursprung der „Sekte" ins persische Alamut gelegt, der Gründer wird mit „Hassan ben Sabbach el Homairi" genannt; auch weiß der Artikel einige Informationen zur Geschichte und „Zerschlagung" der Assassinen zu berichten und über ihr ‚Wüthendes Verfolgungssystem' gegen die Feinde:

> Um in offenem Kampfe aufzutreten, fehlte es ihr [der Sekte] an Macht, daher nahm sie zum Morde, geheimem und öffentlichem, ihre Zuflucht. Es wurden nämlich Mörder förmlich erzogen und abgerichtet, welche, um das ihnen bezeichnete Opfer zu erreichen, keine sie selbst bedrohende Gefahr scheuten. Sie hießen Fedâis, d. h. sich Opfernde, standen unter dem Befehle des Beherrschers der Sekte im Schlosse Alamût, welcher der Alte vom Berge genannt wurde, und berauschten sich, um sich zu ihrem schrecklichen Geschäfte zu ermuthigen, mit einem aus Bilsenkraut bereiteten Getränk. Von dem Namen des Bilsenkrauts wurde die ganze Sekte Haschischi genannt, woraus die Abendländer Assassinen machten. (Brockhaus 1838: 465)

Der Name der Assassinen wird hier in direkte Verbindung zum Drogenkonsum und der daraus resultierenden Gleichmütigkeit gegenüber dem „schrecklichen Geschäfte" gesetzt. Wie wir oben bei von Hammer-Purgstall sahen, ist dies zwar ein falscher Schluss, aber die daraus begründete negative Bewertung des Ordens ist – wenn schon falsch – argumentativ zumindest abgesichert. Ähnlich stellt sich dies auch im Artikel „Assassīnen" in „Meyers Großem Konversations-Lexikon" von 1905 dar. Er ist hinsichtlich der Darstellung der Struktur des Ordens der Assassinen hinreichend differenzierend, beutet jedoch argumentativ die Gartenlegende, den Namen der Assassinen, den blinden Gehorsam der Assassinen und deren blutige Taten, um zu einer negativen Bewertung zu kommen, so aus, wie es für die Expertenkommunikation mit von Hammer-Purgstall kennzeichnend war. Durch die Kürze des Artikels tritt die besondere Schärfe der Bewertung deutlich heraus:

> Der Orden zerfiel in mehrere Grade; an der Spitze stand der Scheich ul Dschibâl, was die Abendländer mit Vetulus de montanis oder der Alte vom Berge übersetzten. Lehre und Organisation waren die der Ismaeliten; nur hatte Hassan, um die Unterwürfigkeit der Genossen unter die Obern zu blindem Gehorsam zu steigern, ein teuflisches Mittel ersonnen. Aus den Blättern der Haschischpflanze (des Hauses) wurde nämlich ein starker Trank bereitet, um damit die Jünglinge zu betäuben, die in diesem Zustand an einen Ort, wo alle Reize des Sinnengenusses ihrer warteten, gebracht, nach wenigen Tagen aber auf dieselbe Weise wieder von dort entfernt worden sein sollen. Sie glaubten dann bereits die Freuden des Paradieses genossen zu haben, und, von Sehnsucht nach ähnlichen Genüssen getrieben, gaben sie gern ihr irdisches Dasein dahin. So waren sie die willenlosen Werkzeuge ihrer Obern und verübten jede blutige Tat auf deren Befehl. Als »Hanfesser« nannte man den Fidawi auch Haschschâschi; daraus haben die Franken Assassin gemacht. (Meyer 1905: 888)

Allen drei Artikeln ist gemein, dass sie auf zentrale Elemente des explorierten Wissens zurückgreifen und diese argumentativ so miteinander verknüpfen, dass eine eindeutige Bewertung des Ordens der Assassinen möglich wird. Der (1) Herrschaftsraum der Assassinen, die in Festen leben, wird meist kurz beschrieben und (2) auf die Struktur der Gemeinschaft eingegangen. Dann wird der (3) unbedingte Gehorsam gegenüber dem ‚Alten' hervorgehoben, in dessen Namen (4) die Assassinen Morde und Anschläge begehen. Sie gehorchen ihm, weil er sie (5) in einem paradiesähnlichen Garten mit falschen Versprechungen verführt und berauscht. Dazu wird (6) Haschisch gebraucht, von dem sie auch ihren Namen haben.

5. Ergebnisse und Ausblick

Die Gartenlegende ist das stabile Kernelement im explorierten Wissen über die Assassinen an der Schwelle zur Moderne. Mittels der teils falschen aber damit dann im Diskurs eindeutigen Herleitung des Namens der Assassinen und der Stabilität der Überlieferung, die durch eine lange Reihe an Gewährsmännern abgesichert ist, wird die Legende im Transfer argumentativ beglaubigt: Die Assassinen sind eine Gemeinschaft von bezahlten Meuchelmördern, die sich in paradiesischen Gärten berauschen. Während man alle Arkana des Ordens, wie etwa die Hierarchie der Gemeinschaft oder die Initiationsschwüre, aufdeckt, wird auf der anderen Seite mittels des Aus- und Umbaus der Gartenlegende ein Heterotopos – dessen Merkmale Abgeschlossenheit und Exklusivität bei Zugangsbeschränkung sind – diskursiv geschaffen, der dazu dient, der Gruppe der Assassinen einen exklusiven Raum und damit ein Arkanum zuzuweisen. Irrelevant ist dabei, dass dieser Garten in der Realität nicht einmal existiert, bedeutsam aus unserer Perspektive ist, dass mittels der Ausbeutung der Gartenlegende (stereotype und wie in unserem Falle negative) Bewertungen einhergehen. Die Frage nach der Motivation für die Ordensgründung und die Tötung von muslimischen wie christlichen Fürsten, die Schlüsselpositionen im Kampf gegen die ismailische Sekte einnehmen, bleibt hingegen lange Zeit im Dunkeln – im integrierten Wissen spielt dieses Element beinahe keine Rolle.

Aus den Beobachtungen möchte ich ausgehend von den anfangs formulierten Fragen in Bezug auf den Gegenstand einer Arkanlinguistik hinsichtlich der kommunikativen Arkanisierung – d. h. der Zuweisung von Exklusivität – folgende Schlüsse ziehen und erläuterrn. (1) Das Arkanum ist zu beschreiben als kommunikativ ausgehandelte Exklusivität. Dabei ist es – wie im Beispiel der Geschichte(n) des Ordens der Assassinen deutlich wurde – irrelevant, ob das Arkanum in der Realität existiert oder diskursiv geschaffen wird. (2) Das Wissen über Gruppen und deren Arkana wird mittels besonderer Legitimierungsstrategien beglaubigt. Im vorgestellten Diskurs wurden etymologische Herleitungen und die Stabilität der Überlieferung als argumentative Stützen in Anschlag gebracht. Das explorierte Wissen ist in diesem konkreten Falle als eine Sammlung von „Tatsachen des Bewusstseins" (Betrand Russell) zu charakterisieren; beglaubigt von einer langen Reihe von Beobachtern zweiter und dritter Ordnung, deren Authentizität dadurch bestätigt wird. Das einzige, was jedoch bestätigt wird, ist das Interesse einer Gruppe an der kommunikativen Arkanisierung einer anderen Gruppe. (3) Das Arkanum selbst wird (im Falle der Assassinen) eindeutig negativ gewertet, da die Gemeinschaft zum einen (im 12. sowie im 19. Jahrhundert) in der Gesellschaft keinen Rückhalt hat und man zum anderen wegen der kausal mit dem Drogenkonsum in Verbindung gebrachten Morde der Gemeinschaft mittels stereotyper Zuweisungen unterstellt, im Verborgenen Tabus zu brechen und Eliten zu bilden, die sich dem Werte- und Normenkonsens der Gesellschaft entziehen. (4) Folge ist dann, dass die einmal stigmatisierte Gruppe Ziel wildester Spekulationen und Anschuldigungen wird. Deswegen werden (5) ‚Arkana' einer Gruppe, auch wenn sie längst ihrer Exklusivität entrissen worden sind, dann diskursiv gepflegt, oder neue Arkana etabliert (kommunikative Arkanisierung), wenn das Bedrohungspotenzial der Gruppe für die Gesellschaft aufrecht erhalten werden soll.

Wie wir gesehen haben, setzt sich der Diskursakteur von Hammer-Purgstall gegen Withof sowohl in der Expertenkommunikation als auch im Bereich der Laienkommunikation durch, wenn man die Elemente des integrierten Wissens näher betrachtet, die aus dem explorierten Wissen transferiert worden sind. Auf die Frage, warum dies so ist, kann man im Hinblick auf den hier diskutierten Problembereich verschiedene Antworten geben und neue Fragen stellen, ich möchte mich auf die Passgenauigkeit der sprachlichen Strategien und der Merkmale des Kernelements des explorierten Wissens, den Heterotopos des Gartens, konzentrieren. Der diskursiv geschaffene Heterotopos steht ikonisch für die Abgeschlossenheit und Exklusivität einer Gemeinschaft wie der Assassinen, die mittels der Prozessierung des Heterotopos in der Tradition zunehmend kommunikativ arkanisiert, damit in diesem konkreten Fall negativ bewertet und stigmatisiert werden. Sprachlich versprechen für die Durchsetzung der an einer solchen Bewertung interessierten Diskursposition die Strategien Erfolg, die eine der Basisdichotomien, die der Heterotopos als wesentliches Merkmal aufweist, wie die des Raumes (offen vs. verschlossen), aufgreifen. Weiter können argumentativ andere deiktische Dichotomien ausgenutzt werden, die sich zu dieser Basisdichotomie analog verhalten (bspw. Zeit, usuelle Codes [Sprache, Ritus, Kleidung] usw.). Schließlich können ergänzend auch Dichotomien mit evaluativem Charakter (etwa um die Komplexe *Wissen*, *Ordnung*, *Norm* und *Tabubruch* etc.), die nur noch im übertragenen Sinne als deiktisch verstanden werden können, dazu dienen, das explorierte Wissen in positiv wie negativ bewertete Elemente zu klassifizieren. Für den Wissenstransfer erweisen sich eben die Darstellungen als erfolgreich, die diesen Dichotomien folgen oder sie gezielt aufbauen (von Hammer-Purgstall). Beschreibungen, die auf diese klare Zeichnung und Wertung zugunsten eines neutralen Urteils verzichten (Withof), setzen sich nicht durch – ebenso wenig wie die Diskursposition der jeweiligen Akteure.

Wie an dem hier entwickelten Beispiel der Geschichte(n) des Ordens der Assassinen gezeigt, ist von einer ‚Arkanlinguistik' mit einem weiten Verständnis ‚linguistischer Arkana' zu erhoffen, dass die Bedingungen für eine intuitive Bestimmung eines Dinges, eines Raumes, einer Zeit, eines Wissens, einer Person, einer Handlung, eines Ritus usw. als ‚Arkanum' präziser beschrieben und methodisch genauer reflektiert werden können. Sonst stünde bei solchen Bestimmungen nämlich durchaus zu befürchten, dass man von Fall zu Fall den Ergebnissen oder den noch andauernden Prozessen kommunikativer Arkanisierungen aufsitzt, die Generationen vor uns mühsam als Pfade durch explorierte Wissensbestände getreten haben.

Literaturverzeichnis

Quellen

Brockhaus (Hrsg.) (1809), Brockhaus Conversations-Lexikon. Bd. 7, Artikel *Assassinen*, Amsterdam, 63f.

Brockhaus (Hrsg.) (1838), Brockhaus Bilder-Conversations-Lexikon. Bd. 2, Artikel *Ismaeliten*, Leipzig, 465.

Hammer-Purgstall, Joseph von (1818), Geschichte der Assassinen aus morgenländischen Quellen, Stuttgart, Tübingen. [Nachdruck Leipzig 2008].

[Jansen] = Jans(en) (der Enikel) (1980), Jansen Enikels Werke. Weltchronik – Fürstenbuch. Herausgegeben von Philipp Strauch. Nachdr. der Ausgabe 1900, (MGH, Deutsche Chroniken 3), München.

Lübeck, Arnold von (2001), „Chronica Slavorum. IV,16. Übers.", in: Bernard Lewis, Die Assassinen. Zur Tradition des religiösen Mordes im radikalen Islam, (Die andere Bibliothek 59), Frankfurt am Main, 18f.

Lübeck, Arnold von (2001), „Chronica Slavorum VII, 8. Übers.", in: Bernard Lewis, Die Assassinen. Zur Tradition des religiösen Mordes im radikalen Islam, (Die andere Bibliothek 59), Frankfurt am Main, 17.

Meyer, Joseph (Hrsg.) (1905), Meyers großes Konversations-Lexikon. Bd. 1, Artikel *Assassinen (Assassiden, Assaniten, Hassesinen)*, Leipzig, 888.

Pierer, Heinrich August (Hrsg.) (1857), Pierer's Universal-Lexikon. Bd. 1, Artikel *Assassinen (Assassiden)*, Altenburg, 830f.

Polo, Marco (1477), Hie hebt sich an das puch des edeln Ritters vnd landtfarers Marcho Polo, in dem er schreibt die grossen wunderlichen ding dieser welt, Nürnberg. [Bayerische Staatsbliblliothek München, 2 Inc.c.a. 652 c.]

Sacy, Silvestre de (1818), „Mémoire sur la Dynastie des Assassins", in: Mémoires de l'Institut Royal 4, 1ff.

Tyrus, Wilhelm von (2001), „Historia rerum in partibus transmarinis gestarum. XX,31. Übers." in: Bernard Lewis, Die Assassinen. Zur Tradition des religiösen Mordes im radikalen Islam, (Die andere Bibliothek 59), Frankfurt am Main, 18.

Withof, Johann Philipp Lorenz (1765), Das meuchelmoerderische Reich der Assassinen. Cleve.

Zedler, Johann Heinrich (Hrsg.) (1732), Großes und vollständiges Universal-Lexicon aller Wissenschaften und Künste. 64 Bde. und 4 Supplement-Bde. Bd. 2, Artikel *Assassinier*, (Archiv der europäischen Lexikographie, Abt. 1, Encyclopedien 32), Leipzig, Halle, Sp. 1894–1896.

Sekundärliteratur

Antos, Gerd / Wichter, Sigurd (Hrsg.) (2005), Wissenstransfer durch Sprache als gesellschaftliches Problem, (Transferwissenschaften 3), Frankfurt am Main, Wien.

Bourhis, Richard Y. / Maass, Anne (2005), „Linguistic Prejustice and Stereotypes / Linguistisches Vorurteil und Stereotyp", in: Ulrich Ammon / Norbert Dittmar / Klaus J. Mattheier / Peter Trudgill (Hrsg.), Soziolinguistik. Ein internationales Handbuch zur Wissenschaft von Sprache und Gesellschaft. 2., vollständig neu bearb. und erw. Auflage. Teilbd. 2, (HSK 3), Berlin, New York, 1587–1601.

Busch, Albert / Stenschke Oliver (Hrsg.) (2004), Wissenstransfer und gesellschaftliche Kommunikation. Festschrift für Sigurd Wichter zum 60. Geburtstag, Frankfurt am Main.

Eis, Gerhard (1965), Vor und nach Paracelsus. Untersuchungen über Hohenheims Traditionsverbundenheit und Nachrichten über seine Anhänger, (Medizin in Geschichte und Kultur 8), Stuttgart.

Foucault, Michel (2005), Die Heterotopien – Der utopische Körper. Zwei Radiovorträge, Frankfurt am Main.

Georges, Karl Ernst (1913), Ausführliches Lateinisch-Deutsches Handwörterbuch, 2 Bde., Bd. 1, Hannover, Leipzig.

Lasagabaster, David (2004), „Attitude / Einstellung", in: Ulrich Ammon / Norbert Dittmar / Klaus J. Mattheier / Peter Trudgill (Hrsg.), Soziolinguistik. Ein internationales Handbuch zur Wissenschaft von Sprache und Gesellschaft. 2., vollständig neu bearb. und erw. Auflage. Teilbd. 1, (HSK 3), Berlin, New York, 399–405.

Lewis, Bernard (2001), Die Assassinen. Zur Tradition des religiösen Mordes im radikalen Islam, (Die andere Bibliothek 59), Frankfurt am Main.

Löffler, Heinrich (2010), Germanistische Soziolinguistik. 4., neu bearb. Auflage, (Grundlagen der Germanistik 28), Berlin.

Maalouf, Amin (2008), Der Heilige Krieg der Barbaren. Die Kreuzzüge aus Sicht der Araber, 5. Auflage, München.

Quasthoff, Uta (1973), Soziales Vorurteil und Kommunikation. Eine sprachwissenschaftliche Analyse des Stereotyps. Ein interdisziplinärer Versuch im Bereich von Linguistik, Sozialwissenschaft und Psychologie, (Fischer-Athenäum-Taschenbücher 2025), Frankfurt am Main.

Schjerve-Rindler, Rosita (2004), „Minderheit / Minority", in: Ulrich Ammon / Norbert Dittmar / Klaus J. Mattheier / Peter Trudgill (Hrsg.), Soziolinguistik. Ein internationales Handbuch zur Wissenschaft von Sprache und Gesellschaft. 2., vollständig neu bearb. und erw. Auflage. Teilbd. 1, (HSK 3), Berlin, New York, 480–486.

Stenschke, Oliver / Wichter Sigurd (Hrsg.) (2009), Wissenstransfer und Diskurs. Frankfurt am Main.

Strasser, Hermann / Brömme Norbert (2004), „Prestige und Stigma / Prestige and Stigma“, in: Ulrich Ammon / Norbert Dittmar / Klaus J. Mattheier / Peter Trudgill (Hrsg.), Soziolinguistik. Ein internationales Handbuch zur Wissenschaft von Sprache und Gesellschaft. 2., vollständig neu bearb. und erw. Auflage. Teilbd. 1, (HSK 3), Berlin, New York, 412–417.

Warnke, Ingo / Jürgen Spitzmüller (2008), „Methoden und Methodologie der Diskurslinguistik Grundlagen und Verfahren einer Sprachwissenschaft jenseits textueller Grenzen“, in: Ingo Warnke / Jürgen Spitzmüller (Hrsg.), Methoden der Diskurslinguistik. Sprachwissenschaftliche Zugänge zur transtextuellen Ebene, (Linguistik – Impulse & Tendenzen 31) Berlin, New York, 3–56.

Wichter, Sigurd / Antos, Gerd (Hrsg.) (2001), Wissenstransfer zwischen Experten und Laien: Umriss einer Transferwissenschaft, Frankfurt am Main.

JÖRG RIECKE

Über althochdeutsche medizinische Zaubersprüche

1. Einleitung

Althochdeutsche Zaubersprüche scheinen auf den ersten Blick geradezu prototypische Vertreter „arkanlinguistischer Texte“ zu sein. Im alt- und mittelhochdeutschen Textsortenspektrum nehmen sie nicht zuletzt deshalb eine herausgehobene Sonderstellung ein. Zaubersprüche haben daher stets ein besonderes Interesse der altgermanistischen Forschung gefunden. Ihre Überlieferungsbedingungen (vgl. Stuart / Walla 1987), ihre Formen und Funktionen (vgl. Holzmann 2001) sowie ihre Bedeutung für eine „Theorie des magischen Sprechens“ (vgl. Schröder 2002, 2004, 2009; Schulz 2000) sind wiederholt untersucht worden. Heute sind Zaubersprüche zweifellos für die meisten Menschen Teil einer fremdartigen kulturellen Praxis. Dennoch tragen sie in ihren historischen Gebrauchskontexten nur selten arkane Züge. Vielmehr dienen sie konkreten, genau definierten medizinischen Zwecken, die – mit Vorsicht – ausgesprochen und ggf. niedergeschrieben werden. So können die althochdeutschen medizinischen Zaubersprüche als Teil der mittelalterlichen medizinischen Fachliteratur betrachtet werden (Riecke 2004; vgl. auch Haage / Wegner 2007). Geheim ist offensichtlich – will man nicht die gesamte althochdeutsche Überlieferung heute als „arkan“ bezeichnen – nicht die sprachliche Form an der Textoberfläche, sondern allenfalls die Vortrags- und die Wirkweise der Zaubersprüche. Da aber anzunehmen ist, dass gerade auch die Wirkweise eines Textes sprachlich vermittelt wird, scheint das Nachdenken über althochdeutsche medizinische Zaubersprüche in einem „arkanlinguistischen“ Kontext doch berechtigt zu sein. Ausgangspunkt eines solchen Nachdenkens ist eine möglichst genaue sprachwissenschaftliche Beschreibung. Sie sollte nach Möglichkeit stets eine philologische, eine strukturelle, eine pragmatische und eine sprachreflexive Komponente enthalten (Riecke 2009a).

2. Ansätze zu einer sprachlichen Beschreibung

2.1 Das Corpus

Die frühmittelalterlichen volkssprachigen Zaubersprüche medizinischen Inhalts sind mehrheitlich ediert in Elias von Steinmeyers „Kleineren althochdeutschen Sprachdenkmälern“ (Steinmeyer 1971).[1] Sie lassen sich in inhaltlicher Hinsicht in eine humanmedizinische und eine hippiatrische Gruppe unterteilen. Meist handelt es sich um sog. Wundsegen oder Blutsegen.[2] Allerdings ist die Zuweisung zu einer der beiden Gruppen von vornherein nicht immer eindeutig. Sie kann wie bei den Sprüchen „Pro Nessia“ und „Contra Uberbein“ von der Deutung eines einzelnen Lexems abhängig sein.

2.1.1 Humanmedizin

Auf menschliche Krankheiten zielen:

1. Sprüche gegen Blutfluss
1.1 „Longinus Blutsegen“
1.2 „Straßburger Blutsegen Genzan unde Iordan“
1.3 „Abdinghofer (Longinus-)Blutsegen Ad restringendum sanguinem“
1.4 „Bamberger Blutsegen“
1.5 „Pariser Blutsegen Ad fluxum sanguinis narium“
2. Sprüche gegen Wurmbefall
2.1 „Pariser Wurmsegen Contra uermem edentem“
2.2 „Pariser Wurmsegen Contra uermes pecus edentes“
3. Sprüche gegen Geschwüre
3.1 „Geschwürsegen Contra malum malannum“
4. Sprüche gegen Fallsucht (Epilepsie)
4.1 „Pariser Fallsuchtsegen Contra caducum morbum“
5. Sprüche gegen Schwellungen am Hals

[1] Der „Abdinghofer (Longinus-)Blutsegen“ wurde erstmals ediert von Carl Selmer (1952), „An unpublished old german blood charm“, in: Journal of English and Germanic Philology 51 (1952), 345–354.

[2] Eine Unterscheidung in „heidnische“ Zaubersprüche und christliche Segenssprüche ist aus den Texten nicht zu begründen. Die Funktionsbereiche der Beschwörung und der Besegnung beruhen auf ähnlichen Grundlagen; vgl. Riecke (2004: 94f.) mit weiterer Literatur.

5.1 „Münchner Halssegen“
6. Sprüche gegen Blindheit
6.1 „Münchner (St. Emmeramer) Augensegen“.

Damit wird ein beträchtlicher Ausschnitt der häufigsten mittelalterlichen Erkrankungen erfasst: blutende Wunden, Geschwüre, Augenkrankheiten und Epilepsie. Viele der kleineren, alltäglichen Leiden und Gebrechen wie Erkältungs- und Katarrherscheinungen, Nasenbluten und Erbrechen, Fieber und Magenleiden (vgl. Zimmermann 1973) sind auffälligerweise nicht Gegenstand der Zaubersprüche. Hier zeichnet sich eine – offene – Grenze zum Anwendungsbereich der pflanzlichen Kräutermedizin ab; zuständig für die schwereren Fälle sind die Zaubersprüche.

2.1.2 Veterinärmedizin

Hilfe bei der Heilung eines erkrankten oder verwundeten Pferdes versprechen:

1. „Merseburger Zauberspruch II“
2. „Trierer Pferdesegen incantatio contra equorum egretitudinem quam nos dicimus spurihalz“
3. „Vatikanischer (Heidelberger) Pferdesegen Ad pestem equi“
4. „Vatikanischer (Heidelberger) Pferdesegen Ad equum infusum“
5. „Züricher Pferdesegen Contra rehin“
6. „Pariser Pferdesegen Ad equum errehet“

Nicht mit letzter Sicherheit einer der beiden Gruppen zuzuordnen sind:

Der Spruch „Pro Nessia“ und der „Pariser Überbeinsegen“. Die vergleichsweise große Anzahl hippiatrischer Sprüche erklärt sich vor allem durch die Bedeutung der Pferde für die frühmittelalterliche Gesellschaft. Ihre Verschriftung wurde möglicherweise dadurch erleichtert, dass die Aufzeichnung und auch die Anwendung eines magischen Heilzaubers bei Pferden weniger Anstoß erregt haben könnte als eine humanmedizinische Verwendung.

2.2 Merkmale der Textsorte

Die ältere Forschung hat vor allem versucht, zwei formale Typen von Zaubersprüchen voneinander abzugrenzen: Einen ersten, stärker narrativ-legendenhaften Typ mit Rahmenhandlung, der auf der Analogiewirkung von Rahmen- und Heilhandlung beruhe und einen zweiten Typ ohne epische Einkleidung, der vor allem durch imperativische Formeln gekennzeichnet sei. Als Beispiel für den ersten Typ kann der im 12. Jahrhundert niedergeschriebene Bamberger Blutsegen dienen:

Crist unte Iudas spíliten mit spîeza. do wart der heiligo Xrist wnd in sine sîton. do nâmer den dvmen. unte uordūhta se uorna. So uerstant du bluod. sóse Iordanis áha uerstunt. do der heiligo Iohannes den heilanden Crist in íro tovfta.

In neuhochdeutscher Übersetzung:

Christus und Judas kämpften mit dem Spieße. Da ward der heilige Christus wund in seiner Seite. Da nahm er den Daumen und hielt sie vorne zu. So bleib du, Blut, stehen, so wie Jordans Flut stehen blieb, als der heilige Johannes den erlösenden Christus in ihr taufte.

Als Beispiel für den zweiten Typ soll hier der gut bekannte sog. Wurmsegen „Pro Nessia“ dienen:

Gang uz, Nesso, mit niun nessinchilinon, uz fonna marge in deo adra, vonna den adrun in daz fleisk, fonna demu fleiske in daz fel, fonna demo velle in diz tulli. Ter Pater noster!

In neuhochdeutscher Übersetzung:

Weiche fort, Wurm, mit (Deinen) neun Würmchen, aus dem Mark in die Sehnen, aus den Sehnen in das Fleisch, aus dem Fleisch in die Haut, aus der Haut auf diesen (Huf-)Strahl.

Diese Gliederung ist zur ersten Orientierung nützlich, doch sind die Übergänge zwischen beiden Typen fließend (vgl. Behr 2001: 338f.).[3] Im Vordergrund stehen daher hier eher sowohl inhaltliche als auch funktionale Gemeinsamkeiten und Unterschiede der Zaubersprüche. Viele medizinische Zaubersprüche enthalten eine direkte Handlungsanweisung. Oft wird sie durch einen analogischen Bezug auf eine Vorbildhandlung eingeleitet. Dabei ist es ohne Bedeutung, ob die Handlungsanweisung oder die Vorbildhandlung in der Volkssprache oder auf Latein wiedergegeben wird: „Im Wort ist die Zauberkraft erhalten, einerlei, ob es für den Sprechenden einen Bedeutungsinhalt hatte oder nicht. Nur der geheiligte Brauch war entscheidend“ (Feist 1919: 278). Das charakteristische Handlungsmuster dieses Typs ist die Tätigkeit des Heilens durch den Akt der Beschwörung. Manchmal wird die Beschwörungshandlung durch ein performatives Verb wie *bigalan*, *bimunian*, *biden*, *gibiuden*, *besueren* oder *runen* explizit gemacht. Wenn über die Handlungsanweisung hinaus ein solches „Verbum der Beschwörung“, etwa in *Ih bimuniun dih* „ich beschwöre dich“, *tu rune imo in daz ora* „raune es ihm in das Ohr“ oder *thu biguolen Uuodan* „da besprach ihn Wodan“ erscheint, dann vertritt das performative Verbum der Beschwörung im Zauberspruch den Platz des Heilmittels. Daneben treten jedoch in eher noch größerer Zahl implizite performative Akte auf, etwa *gang ûz*, *ni gituo*, *var in*. Zwei Beispiele („Der zweite Merseburger Zauberspruch“, „Pariser Pferdesegen Ad equum errehet“, Teil 1) machen deutlich, dass es darüber hinaus sogar ausreicht, über den Vorgang einer Beschwörung zu sprechen, ohne sie selbst explizit auszuführen (*thu biguolen Sinthgunt* – „da besprach ihn Sinthgunt“). Es genügt hier also, die Situation einer bereits früher, von anderen vollzogenen, Beschwörungshandlung erneut zu vergegenwärtigen. Dennoch kann auch dieser Typ zur

---

[3] Eine Zusammenstellung der in der Forschung bisher vorgeschlagenen Gliederungsmöglichkeiten gibt Ute Schwab (1995: 261ff.).

Heilung eingesetzt werden, also unmittelbar einen Zustandswechsel in der Welt herbeiführen. Die Klassifikation nach Sprechakten ist daher zwar geeignet, einige wesentliche Merkmale der Textsorte „Zauberspruch" offenzulegen, sie reicht aber offensichtlich allein noch nicht zur ihrer vollständigen Beschreibung aus.

Maßgeblich für die erfolgreiche Durchführung des Handlungsmusters „Heilung" ist entweder ein einzelnes Wort oder die sprachliche Form der Zaubersprüche insgesamt. Den Typ 1 des narrativ-legendenhaften Prosa-Zauberspruchs repräsentieren die Blutsegen. Auch einige der Pferdesegen gehören in diese Gruppe. Sie unterscheiden sich sprachlich auf den ersten Blick nicht oder nur wenig von anderen Kurzprosatexten. Ihre magische Wirkung erreichen sie vor allem durch die Funktion ihrer Textteile, etwa durch imperativische Anreden und die Nennung des Namens einer wirkungsmächtigen Instanz, meist durch Jesus Christus oder einen Heiligen. Oft wird mit Hilfe der Schilderung der Vorbildhandlung (Jesus stillt eine Wunde, Jesus bringt das Fließen des Jordans zum Stillstand) die Macht dieser Instanz demonstriert. Die Nennung des Namens genügt, um die mit der Person verbundene Kraft zu aktualisieren. Durch die analogische Beziehung zwischen Vorbildhandlung und Erkrankung wird die Kraft auf die zu behandelnde Stelle gelenkt. Die sprachliche Form des gesamten Spruchs, also sein Rhythmus und die Syntax etc., ist für den Heilerfolg nicht unmittelbar maßgeblich. Zum Verständnis der magischen Wirkung sei darauf hingewiesen, dass ihr keine perlokutionären Akte zu Grunde liegen, die beim Patienten bzw. Rezipienten bestimmte Wirkungen hervorrufen sollen. Dieser menschliche Rezipient steht im Zauberspruch außerhalb der Betrachtung. Am Rande sei erwähnt, dass es hier und im Folgenden nicht darum gehen soll, die Theorie des magischen Wortes und die Wirksamkeit der Zaubersprüche als „wahr" zu erweisen. Das Ziel ist allein, Einblicke in die Intentionen der Sprecher und Verfasser von Zaubersprüchen zu gewinnen. Den Sprechern und Verfassern geht es um die Heilwirkung eines Spruches. Sie beruht bei diesem Typ, wie in vielen vormodernen Kulturen, allein auf der magischen Kraft des Wortes.[4]

Anders beim zweiten Typ. Nicht zuletzt deshalb haben die poetisch durchgeformten Verstexte stets im Mittelpunkt des Interesses der Zauberspruch-Forschung gestanden. Hierher gehören etwa der Spruch „Pro Nessio", die „Merseburger Zaubersprüche", die „Vatikanischen Pferdesegen" und der „Züricher Pferdesegen". Sie entfalten ihre Wirkung nicht über ein magisches Wort allein, sondern sie steigern die Wirkung noch weiter mit Hilfe der sprachlichen Form insgesamt. So schaffen sie eine Atmosphäre, in der die Konzentration vollständig auf die zu behandelnde Krankheit gerichtet ist. In der maximalen Bündelung der Konzentration liegt ihre heilende Kraft. Charakteristisch für diese innere sprachliche Form ist zunächst ihre eigentümliche Syntax. Das syntaktische Muster dieser Zaubersprüche ist streng geregelt. Es überwiegen einfache Strukturen des Typs *sose benrenki, sose bluotrenki* oder *ben zi bena, bluot zi bluoda* („Merseburger Zauberspruch"). Der starre Gleichlauf des parataktischen Satzbaus wird durch Wörter

[4] Die Theorie des magischen Wortes beruht auf der gedachten Identität von *res* und *signum*. Vergleiche dazu etwa Foucault (1995); Schulz (2000).

aus dem Bereich der Krankheits- und Körperteilbezeichnungen angefüllt. Im Spruch „Pro Nessia" wird so „das beschworene tatsächliche Ereignis, die Wanderung des Wurmes aus dem Körper des kranken Tieres, sprachlich abgebildet. Es wird – zumindest bei den damaligen Rezipienten – evoziert durch eine lineare Zeichenverkettung, der eine homologe zeitliche Reihe im Objektbereich entspricht. Das magische Vertrauen in die Kraft der poetischen Reihe basiert auf der Ähnlichkeit, der evokativen Äquivalenz, die zwischen dem gesprochenen (und gespielten) Ereignis und dem Heilungsvorgang selbst bestehen soll" (Geier 1982: 365). Damit gilt für diese Vertreter der Textsorte „Zauberspruch", was Roman Jakobson bei der Untersuchung moderner Lyrik als „Überstrukturierung" bezeichnet hat (Jakobson 1971; vgl. auch Geier 1982: 376f.). So soll zum Ausdruck kommen, dass ein poetisches Sprachkunstwerk gegenüber Prosatexten über zusätzliche bzw. mehrdimensionale Strukturen der Zeichenverkettung verfügt. Im Unterschied zu sprachlichen Kunstwerken, die eine ästhetische, aber keine bestimmte Gebrauchsfunktion erfüllen müssen, gilt darüber hinaus für den Zauberspruch, dass mit Hilfe der Sprache eine konkrete Wirkung erzielt werden soll. Im Vordergrund steht dabei die Intention, die mit der Formulierung eines Zauberspruches verbunden ist. Das Moment der unmittelbaren magischen Wirkung, hier der Heilung einer Krankheit durch Sprache, die nur im Zauberspruch und verwandten Texten auftreten kann, unterscheidet Zaubersprüche von allen übrigen Textsorten. Und die sprachliche Struktur, die das Besondere des Zauberspruchs ausmacht, kann zur Abgrenzung von allen anderen Texten als „Maximalstruktur" bezeichnet werden. Ich ziehe diesen Begriff vor, da „Überstrukturierung" immer zugleich mitmeint, dass es eine mittlere stilistische Lage geben müsse, von der dann ggf. abgewichen wird. „Maximalstruktur" vermeidet diese Konnotation. In den althochdeutschen poetischen heilkundlichen Zaubersprüchen beruhen diese maximalen Strukturen der Zeichenverkettung nun unter anderem auf dem Stabreim (etwa *gang uz, Nesso, mit niun nessinchilinon*), auf morphologischen Parallelismen (etwa *sose benrenki, sose bluotrenki, sose lidirenki* oder *fonna demu fleiske in daz fel, fonna demo velle in diz tulli*), synonymischen Beziehungen (etwa *thes vvâmbíziges. thes vvûrmes. unte álles thes*), rhythmischen Gleichläufen (etwa *thu biguolen Sinthgunt, Sunna era suister, thu biguolen Friia, Uolla era suister, thu biguolen Uuodan, so he uuola conda*) und dem archaischen Wortschatz (wie etwa *Marh*, *biguolen, arngrihte, bi fiere*).

Die Entfaltung der magischen Kraft durch das Mittel der rhythmischen Gleichläufe beschreibt Ute Schwab überzeugend am Beispiel des „Straßburger Blutsegens".

> Tumbo saz in berke mit tumbemo kinde enarme. tumb hiez ter berch, tumb hiez daz kind: ter heilego Tumbo uersegene tivsa uunda. Ad strigendum sanguinem.

In neuhochdeutscher Übersetzung: „Tumbo (Stumm) saß auf dem Berge mit tumbem (stummem) Kind im Arme, tumb (stumm) war das Kind: Der heilige Tumbo (Stumm) versiegele diese Wunde. Ad strigendum sanguinem."

> Es kommt also auf das Wort *tumbo* bei dieser unsinnigen Unhandlung allein an, auf die monotone Wiederholung, die beim Aufsagen auch tonal herausgehoben worden sein mochte. Bei der wie auch immer zu erfolgenden Verlautung spielt natürlich auch der Rhythmus eine Rolle: zweimal zwei paarweise gleichgebaute Vierheber enthalten *tumbo* an der ersten betonten Stelle; die bei dem ersten Paar klingenden, beim zweiten stumpfen Kadenzen ersetzen in ihrer Übereinstimmung Reim oder Assonanz. Die Energie konzentriert sich auf das Wort *tumbo* selbst. (Schwab 1995: 265f.)

Unter den genannten Merkmalen sind es vor allem die synonymischen Beziehungen, die auch im narrativen Prosa-Zauberspruch für ein hohes Maß an Komplexität sorgen. Synonymische Beziehungen kennzeichnen hier die Verknüpfung von Vorbildhandlung und analogem Heilzauber, so etwa die (wohl volksetymologische) Beziehung zwischen *demo fliezzentemo vvazzera* und *regenplinten* im „Münchner Augensegen" oder *bi demo holze* und *uberbein* im „Pariser Überbeinsegen".

Im „Zweiten Merseburger Zauberspruch" treffen viele dieser Merkmale auf engstem Raum zusammen. Ein Syntagma wie *sose benrenki, sose bluotrenki, sose lidirenki* ist morphologisch parallel gebaut, zeigt rhythmischen Gleichlauf und archaischen Wortschatz. Dies machte früher seine besondere Wirksamkeit, heute seinen hohen ästhetischen Rang und seinen Bekanntheitsgrad aus. Diese Maximalstrukturierung führt zu einem Mehr an kontextueller Struktur und zugleich auch zu einem Weniger an Variation und narrativer Ausführlichkeit. So ist etwa für Attribute oder komplexere Nominalgruppen in den poetisch durchgeformten Zaubersprüchen – wie auch in den meisten narrativen Zaubersprüchen – in der Regel kein Platz. Allenfalls Besitz- oder Zugehörigkeitsverhältnisse, wie *demo Balderes uolon* bzw. *demo Balderes uolon sin uuoz* („Zweiter Merseburger Zauberspruch") oder *themo sancte Stephanes hrosse* aus dem „Trierer Pferdesegen" werden durch Nominalgruppen geklärt (vgl. Riecke 2000: 30ff.). Durch ihre sprachliche Form stehen die poetischen Zaubersprüche am oberen Rand der Skala dessen, was an Komplexität in der Sprache möglich ist. Ihre „Maximalstruktur" wird im Rahmen expliziter oder impliziter performativer Sprechakte zum charakteristischen Merkmal der Textsorte „Poetischer Zauberspruch".

Gemeinsam ist beiden Typen dagegen ihre Funktion. Für alle Zaubersprüche ist charakteristisch, dass sich die zentrale Handlungsanweisung nie an den kranken Menschen selbst richtet. Angesprochen wird der Krankheitsverursacher bzw. die Wunde oder – seltener – der Heiler. Zu unterscheiden sind imperativische Formen (*gang uz*; *var in*; *heil sis tu wnte*; *ganc ze demo fliezzentemo vvazzera*) und Anweisungen des Typs „*werde buoz*" oder „*ih gebiude dir*" – es handelt sich dabei kaum um eine Selbstidentifizierung eines Beschwörers mit der Gottheit unter Verwendung der „ich-Form". Die Anrede erfolgt vielmehr „per deum" bzw. im Namen der Trinität oder der Heiligen (vgl. Schulz 2000: 34). Eine vermeintliche Ausnahme, die Anweisung des „Regensburger Augensegens" *Ganc ze demo fliezzentemo vvazzera*, gehört zur Exposition des Spruchs, nicht zum Zauberspruch selbst. Auch Aufforderungen wie: *so stant du .N. illivs bluot* (Pariser Blutsegen) oder *daz du des fleiskes niewer mer ezzest unde des bluotes niewet mer trinkest des mannes .N. ł des wibes* (Pariser Wurmsegen), eröffnen zwar eine Leerstelle für den Namen des Kranken, sprechen ihn aber selbst nicht direkt an.

Beim Zauberspruch fehlt also der sprachliche Bezug auf den Patienten als Rezipienten, das Augenmerk ist ganz auf den Sprecher gerichtet (vgl. Behr 2001: 346). Dieser Sprecher richtet seinen Sinn nicht auf den kranken Menschen, sondern letztlich auch dann, wenn ein Krankheitsverursacher, die Wunde oder ein Heiler angesprochen werden, stets an eine höhere Macht. Die Texthandlung ist in allen Zaubersprüchen daher keine im üblichen Sinne zwischenmenschliche, sprachlich-kommunikative, sondern sie ist unmittelbar auf die Heilung gerichtet. Sie vollzieht sich in unterschiedlichen, aber jeweils festen sprachlichen Formen. Einen individuellen Sprecher, der die Texte entsprechend seinen Zwecken individuell formuliert, gibt es ebenfalls nicht. Da die höhere Macht nicht als Rezipient im kommunikativ-pragmatischen Sinne gedeutet werden kann, entzieht sich die Textsorte „Zauberspruch" damit auch einer rezipientenorientierten Analyse. Es gibt keine von der sprecherbezogenen Texthandlung abweichende Textfunktion. Damit ist aber zugleich ein festes Textmuster gefunden, das für die heilkundlichen Zaubersprüche typisch ist. In einem zweiten Schritt ist nun zu prüfen, welchen Anteil angesichts der „magischen Kraft des Wortes" der Wortschatz bei der Beschreibung dieser Textsorte spielt.

2.3 Der medizinische Wortschatz

Der Wortschatz der hippiatrischen und der humanmedizinischen Sprüche ist nahezu identisch, jedoch stechen einige wenige Krankheits- und Körperteilbezeichnungen heraus, die nur in einem hippiatrischen oder allgemein tiermedizinischen Kontext verwendet werden konnten. Der historische tiermedizinische Wortschatz des Deutschen bedarf noch einer genaueren Untersuchung. Es handelt sich hier aller Voraussicht nach um veterinärmedizinischen Spezialwortschatz, denn es ist nicht erkennbar, dass die Bezeichnungen allgemein verbreitet und der Mehrzahl der Sprecher des Althochdeutschen bekannt waren. Man darf vermuten, dass die verwendeten Lexeme (*entphangan, thaz antphangana*; *ouervággenes*; *marisere*; *môrth, des mordes*; *gerays, errehet*; *spurihalza*; *vvāmbizig*; *wurm*) der ältesten Schicht des volkssprachigen hippiatrischen Wortschatzes angehören (vgl. Riecke 2004: I, 111f.).[5]

Der sonstige medizinische Wortschatz ist in allen Zaubersprüchen, wenngleich in unterschiedlicher Dichte, vorhanden. In medizinischer Hinsicht können fünf Kategorien unterschieden werden:

---

[5] Die Lexeme werden hier in den überlieferten Schreibungen aufgeführt. Sofern im Verlauf der Darstellung auf sie Bezug genommen wird, erscheinen sie dann im Infinitiv bzw. Nominativ Singular.

1. Die Bezeichnung der Krankheit
2. Der Verursacher der Krankheit
3. Der betroffene Körperteil bzw. die Körperteile, die am Heilungsprozess beteiligt sind
4. Therapeutische Anweisungen, die zur Heilung führen sollen
5. Das Heilmittel, hier die Beschwörung, die zur Heilung führen soll.

Welche Rolle spielt also der medizinische Wortschatz in den althochdeutschen heilkundlichen Zaubersprüchen? Ein medizinischer Zauberspruch kann ohne die Bezeichnung der Krankheit auskommen, gegen die der Spruch angewendet werden soll. Die Kraft des Wortes bzw. des mit Namen Aufgerufenen ist nicht an die Darstellungsfunktion der Sprache gebunden. Beispiele für diesen Typ bieten die meisten Blutsegen. Die Mehrzahl der Zaubersprüche enthält jedoch eine Krankheitsbezeichnung oder zumindest eine Umschreibung der Art der Erkrankung oder Verletzung. Das kann in eher allgemeiner Form unter Verzicht auf eine exakte Krankheitsbezeichnung geschehen (*so stant du .N. illivs bluot – Crist wart hien erden wnt*). Seltener nennen sie den betroffenen Körperteil oder lokalisieren den Krankheitsverursacher und machen ihn namhaft (*wurm, du in demo fleiske ligest daz du des fleiskes niewet mer ezzest unde des bluotes niewet mer trinkest*). In einigen Zaubersprüchen wird ein exakter Terminus zur genauen Bezeichnung der Krankheit oder Verletzung verwendet, der so ebenfalls in Rezepten und Arzneibüchern auftreten kann. Ein solches Verfahren begegnet hier überwiegend in den hippiatrischen Sprüchen. Wir finden Texte mit einer (*môrth*), zwei (*entphangan, spurihalz*), drei (*benrenki, bluotrenki, lidirenki*) oder vier Krankheitsbezeichnungen (*ouvervaggenes, gerays, wambiz; wurm*). In den zweifelsfrei humanmedizinischen Zaubersprüchen ist dagegen nur eine Krankheitsbezeichnung überliefert, nämlich *regenplint* ‚völlig blind'. Über die Lokalisierung des Schmerzverursachers hinaus kommt es einzig bei den humanmedizinischen Zaubern häufiger zur Benennung des betroffenen Körperteils, so der Augen, der Kehle oder der verwundeten Körperseite.

Eine Ausnahme bildet der allerdings wohl hippiatrische Spruch *Pro Nessia*, bei dem die Nennung von fünf Körperteilen zum inneren Ablauf des Zaubers selbst gehört. Falls auch die Handlungsanweisung in der Volkssprache überliefert ist, dann tritt zur minimalen lexikalischen Füllung ein althochdeutsches Verb hinzu.

Auf der Ebene des Wortschatzes sind nur die performativen Verben ein Kennzeichen von Zaubersprüchen. Nur dadurch unterscheiden sie sich vom Wortschatz etwa der älteren medizinischen Rezepte.[6]

---

[6] Der althochdeutsche Wortschatz des Zaubers und der Weissagung ist aufgeführt bei Heinrich Wesche (1940), Der althochdeutsche Wortschatz im Gebiete des Zaubers und der Weissagung, Halle/S. Die Sammlung bedarf allerdings der Ergänzung sowie der Neukommentierung nach religionsgeschichtlichen Gesichtspunkten. Eine neuere Zusammenstellung der in den althochdeutschen Glossen überlieferten Lexeme findet sich bei Jörg Riecke (2009b: 1149ff.).

Text	Krankheit	Verursacher	Körperteil	Anweisung	Heilmittel
PRO NESSIA		nesso nessinchilinon	marg adra fleisk fel tulli	gang ûz	
MERSEB. ZAUBER-SPRUCH II	birenkit benrenki bluotrenki lidirenki		vuoz bluot ben lid	sose gelimida sin	biguolen
LONGINUS BLUTSEGEN			(sanguis)		(adiuro)
TRIERER PFERDESEGEN	entphangan spurihalza			geuuertho gibuozian	
BONNER GESCHWÜR-SEGEN	tolc tôthoupet	swam		ni gituo	bimuniun
STRAßBURGER BLUTSEGEN	wunta		situn plot	uerstande uersegene	
MÜNCHENER AUGENSEGEN	regenplint			ganc zu	
ZÜRICHER PFERDESEGEN	marisere ?		munt marh	var in dinee ciprige	
ABDINGH. BLUTSEGEN	bluod		cesewen sidin bluod		biden ich dir
MÜNCHENER HALSSEGEN	kela virswilit		Kela	sprich	

Tabelle 1: medizinische Kategorien (repräsentative Auswahl)

Das wesentliche Merkmal der althochdeutschen medizinischen Zaubersprüche ist also nicht der medizinische Wortschatz, sondern – zumindest im Falle der poetisch geformten Sprüche – ihre sprachliche Maximalstruktur, gepaart mit der Möglichkeit des Gebrauchs spezieller performativer Verben. Dadurch grenzen sie sich deutlich von anderen medizinischen Textsorten ab. In der alltäglichen frühmittelalterlichen Lebenspraxis aber – wie in vielen Handschriften auch – stehen Zauberspruch und Rezept im gleichen Funktionszusammenhang. Als Beispiel für ein medizinisches Rezept soll das Basler Rezept I dienen:

murra, ſeuina, uuiroh daz rota, peffur, uuiroh daz uuizza, ueeramote, antar, ſuebal, fenuhal, pipoz, uuegabreita, uuegarih, heimuurz, zua flaſgun uuines, deo uurzi ana zi ribanne, eogiuuelihha ſuntringun. enti danne geoze ziſamane enti laze drio naht gigeſen enti danne trincen, ſtauf einan in morgan, danne in iz fahe, andran in naht, danne he en petti gange. feorzuc nahto uuarte he e tages getanes, daz he ni protes ni lides ni neouuihtes, des e tages gitan ſi, ni des uuazares nenpize, des man des tages geſohe, ni in demo niduuahe ni in demo nipado, ni cullantres niinpiize ni des eies, des in demo tage gilegit ſi. ni eino niſi, ni in tag ni in naht, eino niſlaffe, ni neouuiht niuuirce, nipuz de giſehe, de imo daz tranc gebe enti ſimplum piuuartan habe. eriſt do man es eina flaſgun, unzin dera giuuere; ipu iz noh danne fahe, danne diu nah gitruncan ſi, danne gigare man de antra flaſgun folla.

In einer neuhochdeutschen Übersetzung:

Myrrhe, Sadebaum, der rote Weihrauch, Pfeffer, der weiße Weihrauch, Wermut, Andorn, Schwefel, Fenchel, Beifuß, Großer Wegerich, (Spitz-)Wegerich, Schutt-Bingelkraut, zwei Flaschen Wein. Die Pflanzen zerreiben, jede gesondert, und dann gieße man zusammen und lasse drei Tage gären und dann trinken. Einen Becher am Morgen, wenn es ihn [den Kranken] befällt, den zweiten am Abend, wenn er zu Bett geht. Vierzig Tage hüte er sich vor früh am Tage Zubereitetem, so dass er weder Brot noch Obstwein, nichts was am frühen Tag zubereitet ist, nichts vom Wasser zu sich nehme, dass man an diesem Tag holt, sich darin nicht wasche und nicht darin bade, nicht Koriander zu sich nehme und nicht das Ei, das an diesem Tag gelegt wird. Nicht alleine bleibe er, nicht bei Tag und nicht bei Nacht, schlafe nicht allein und tue nichts, es sei denn, es gibt derjenige acht, der ihm den Trank gibt und ständig behütet hat. Zunächst bereite man davon eine Flasche vor, bis dass es für ihn reicht. Falls es dann noch immer befällt, wenn diese nahezu ausgetrunken ist, dann mache man die zweite Flasche voll.

Trägt man den hier verwendeten medizinischen Wortschatz in eine Tabelle gleicher Struktur ein, so ergibt sich das folgende Bild:

Text	Krankheit	Verursacher	Körperteil	Anweisung	Heilmittel
BASLER REZEPT I				ana zi ribanne geoze zisamane laze drio naht gigesen danne trincen danne gigare man	uuiroh suebal uuin

Tabelle 2: medizinischer Wortschatz des Basler Rezepts I

Man sieht hier sofort im Vergleich zu den Zaubersprüchen die ganz andere Füllung der Spalten. Während das Heilmittel des Zauberspruchs auf lexikalischer Ebene durch den Einsatz eines Verbums der Beschwörung oder eine imperativische Anweisung aufgerufen wird, sind es im Rezept pflanzliche, organische und mineralische Substanzen, die für die Heilwirkung sorgen sollen. Die Heilkraft des Rezeptes beruht erwartungsgemäß nicht auf der Macht des Wortes, sondern auf der Kraft der angegebenen außersprachlichen Substanzen und ihrer richtigen Verwendung.

Vorübergehend scheint es – vielleicht um möglichst Nutzen aus beiden Modellen zu ziehen – zu einer Annäherung und Kontamination beider Textsorten gekommen zu sein. Ein Beispiel für die inhaltliche Nähe von Texten beider Textsorten auch in der volkssprachigen Überlieferung gibt der Anfang des 13. Jahrhunderts, wohl nach einer Vorlage des 10. oder 11. Jahrhunderts überlieferte „Münchner Halssegen". Abweichend vom Abdruck bei Steinmeyer werden die ursprünglichen Schreibungen *famule* und *eam* beibehalten. In der Handschrift wurden die Femina erst nachträglich in *famuli* und *eum* geändert. Sie weisen auf die Herkunft des Spruches aus einem Frauenkloster, dies erklärt vermutlich auch den deutschsprachigen „Rezepteingang":

> Suemo du kela. virsuillit. Segeno. Domine. Ihesu Christe per orationem famuli tui sancti Blasii. Festina in adiutorium famule dei .N. et mox in eam fac misericordiam tuam ad gloriam et laudem nominis tiu domine. Dar nach. sprich. dristunt. Pater noster qui es in celis. s. n. t.

Auf dem klassischen Rezepteingang *Suemo du kela virsuillit* („Wem auch immer die Kehle stark anschwillt"), wie er für die mittelhochdeutschen Arzneibücher typisch wird, folgt ein lateinischer Blasiussegen mit Handlungsanweisung: *Dar nach. sprich. dristunt. Pater noster qui es in celis. s. n. t.* So hätte die Entwicklung in eine Verschmelzung von Rezept und (narrativem) Zauberspruch einmünden können, denn mit der Formulierung der Funktionsbestimmung *Suemo du kela virsuillit* tritt ein wesentliches Merkmal der Textsorte „Rezept" in unmittelbaren Kontakt zum Zauberspruch. In diese Richtung deuten auch die lateinischsprachigen Inhaltsanzeigen des Typs *Ad strigendum sanguinem* („Straßburger Blutsegen"), *Ad restrigend sanguine* („Abdinghofer Blutsegen") oder *Contra rehin* („Züricher Pferdesegen"). Dass der „Münchner Halssegen" vermutlich in einem Frauenkloster aufgezeichnet und erst später umgeschrieben wurde, unterstreicht wohl den einstigen Einfluss der vorrangig weiblichen Volksmedizin und damit unter den Texten zugleich auch seine Außenseiterstellung. Diese Verschmelzung zeigt in gewisser Weise auch ein Teil eines Segens aus Admont aus dem späten 12. oder frühen 13. Jahrhundert:

> Sicut cervus thebeus viperam naribus producit, sic ego te nessia. tropho, crampho. herdo. nagado. accadens morbus in nomine patris et filii et spiritus sancti et in nomine omnium sanctorum educo etc.

Hier findet sich zumindest eine Reihe von Krankheitsbezeichnungen als Übersetzung von lat. *nessia*, die einer linguistischen Untersuchung bedürfen: *tropho* ‚Schlagfluss, Erkrankung der Gelenke', *crampho* ‚Gelenkentzündung, Krampf', *herdo* (mit unklarer Bedeutung) und *nagado* ‚eine Art Bauchschmerz'. Von besonderem Interesse ist das Wort *nagado*, da es sich nicht wie in den anderen Fällen um ein Simplex handelt sondern um eine Wortbildung mit einem Suffix *-ado*, das in mittel- und frühneuhochdeutscher Zeit zur Bildung von Krankheitsbezeichnungen produktiv wird (vgl. Riecke 2004: I, 419ff.).

Mit der Wiederentdeckung der antiken Medizin des Galen und der hippokratischen Schriften hat die Geschichte jedoch einen anderen Verlauf genommen. Zwar begegnen einzelne Zauberformeln weiterhin auch in medizinischen Handschriften wie etwa im Arzneibuch „Bartholomäus“ (vgl. Eis 1982: 56f.) oder in verschiedenen Ortolf-Bearbeitungen (Follan 1968) und Ergänzungen zum „Thesaurus pauperum“ (Telle 1989). Die zeitgleiche Übernahme der frühmittelalterlichen Rezeptliteratur verhinderte jedoch im mitteleuropäischen Raum eine einseitige Dominanz der „Zaubermedizin“. „Gleichwohl erlitt die Zauberspruch-Überlieferung dadurch keine entscheidende Einbuße oder soziale Degradierung“ (Assion 1992: 181). Bis in die frühe Neuzeit hinein scheint die Tradition noch ungebrochen fortzuleben. Auf lange Sicht scheidet der Zauberspruch in Europa jedoch aus der Klasse der medizinischen Textsorten aus. In einer Welt, in der Sprache in erster Linie als Kommunikationsmedium betrachtet wird, kann er seine volle Wirkung nicht mehr länger entfalten.

Da die Textsorte „Zauberspruch“ Bestandteil der medizinischen Textsorten des Althochdeutschen ist, muss auch der medizinische Wortschatz, der in den althochdeutschen Zaubersprüchen erscheint, zum frühmittelalterlichen Fachwortschatz der Heilkunde gerechnet werden. Erst der weitere Gebrauch in anderen, nicht magischen medizinischen Textsorten entscheidet dann darüber, ob der Wortschatz der Zaubersprüche langfristig ausgesondert oder in den deutschen Wortschatz der Heilkunde integriert wird.

3. Schlussbemerkungen

Auch eine umfassende Untersuchung althochdeutscher medizinischer Zaubersprüche, die hier nur mit einigen Aspekten angedeutet werden konnte, besitzt eine philologische, eine strukturelle, eine pragmatische und eine sprachreflexive Komponente. Die philologische Aufgabe besteht in der diplomatischen Edition der Texte, ihrer Übersetzung und Kommentierung sowie einer minutiösen Beschreibung der Überlieferungszusammenhänge; die strukturelle Aufgabe zielt auf die Untersuchung der sprachlichen Formen, ihrer Formelhaftigkeit und der syntaktischen Struktur; die pragmatische Aufgabe benennt die textsortenspezifische Textfunktion und die Rolle der performativen Verben; die sprachreflexive Aufgabe schließlich umreißt – ausgehend von der Textfunktion – die Frage, welche Bedeutung der Sprache in einer Kulturgemeinschaft zugeschrieben wird, wenn sie im Zauberspruch zur Heilung von Krankheiten führen soll.[7] Von besonderer Aussagekraft sind sicher die ermittelten performativen Verben als Teil des medizinischen Fachvokabulars einer – von heute aus betrachtet – anderen kulturellen Praxis.

Auch Aspekte der Sprach- und Kulturkontaktgeschichte gehören in den Umkreis der sprachgermanistischen Aufgaben, denn es ist in diesem Zusammenhang zu fragen, welche Typen von Zaubersprüchen überhaupt entwickelt wurden und welche dieser Typen gerade nicht im Spektrum der althochdeutschen Überlieferung auftreten. Zu denken ist

[7] Auf überzeugende Weise stellt Jana Tereick (2009) die „Macht des Wortes“ in einen Zusammenhang auch mit aktuellen Fragestellungen.

dabei insbesondere an den Typ der Kombination von Ausdrücken der „normalen" Sprache mit nicht referentiellen „voces magicae" wie etwa *abracadabra* (vgl. Versnel 1996). Am ehesten sind es noch Ausdrücke bzw. Namen wie *Nesso* oder *Tumbo*, die in diese Richtung weisen.

Es sollte deutlich geworden sein, dass die medizinischen Zaubersprüche Teil der frühmittelalterlichen medizinischen Fachkultur sind, ihr Wortschatz ist Teil des mittelalterlichen medizinischen Fachwortschatzes. Als medizinische Textsorte gehören sie in dieser Hinsicht nicht zur arkanen Literatur. Es ist aber zu beachten, dass wir es bei Zaubersprüchen mit genuin mündlichen Sprechhandlungen zu tun haben, die erst nachträglich aufgezeichnet wurden. Die Mündlichkeit steht auch in diesem Spezialfall der Überlieferungsgeschichte für eine „Sprache der Nähe", aber mit der Besonderheit, dass sie nicht auf die Kommunikation mit einem anderen Individuum abzielt, sondern auf die Nähe zur göttlichen Macht. Diese Nähe zur göttlichen Macht führt die Zaubersprüche dann aber letztlich doch in die Sphäre des „Arkanen". In ihrer kommunikativen Praxis – das zeigen Untersuchungen zu modernen Formen der Sprachmagie in anderen Kulturen[8] – sind Zaubersprüche eingebettet in rituelle Handlungen und setzen die mündliche Ermächtigung eines Heilers zur Anwendung der Zaubersprüche durch seinen (medizinischen) Lehrer voraus. Es hat daher einiges für sich, dass es sich auch bei den Zaubersprüchen in europäischer Tradition um „eine vom Lehrer an den Schüler weitergegebene Initiation" handelt. Ihrer schriftlich überlieferten Form fehlt diese Komponente, sie können ohne diese Initiation von Nicht-Eingeweihten nicht angewendet werden und sind in diesem Sinne für uns esoterisch, arkan.

Literaturverzeichnis

Assion, Peter (1992), „Literatur zwischen Glaube und Aberglaube. Das mittelalterliche Fachschrifttum zwischen Magie und Mantik", in: Dietz-Rüdiger Moser (Hrsg.), Glaube im Abseits. Beiträge zur Erforschung des Aberglaubens, Darmstadt, 169–196.

Bechert, Heinz / Gombrich, Richard (Hrsg.) (2002), Der Buddhismus. Geschichte und Gegenwart, 2. Aufl., (Beck'sche Reihe 1338), München.

Behr, Hans-Joachim (2001), „Von Wodan bis Henne. Überlegungen zur Klassifikation und Pragmatik einiger althochdeutscher und altsächsischer Zauber- und Segensprüche", in: Armin Burkhardt / Dieter Cherubim (Hrsg.), Sprache im Leben der Zeit. Beiträge zur Theorie, Analyse und Kritik der deutschen Sprache in Vergangenheit und Gegenwart. Helmut Henne zum 65. Geburtstag, Tübingen, 335–349.

Eis, Gerhard (1982), „Nachweise zur altdeutschen Rezeptliteratur", in: Gerhard Eis (Hrsg.), Medizinische Fachprosa des späten Mittelalters und der frühen Neuzeit, (Amsterdamer Publikationen zur Sprache und Literatur 48), Amsterdam, 52–62.

8 Für einen ersten Eindruck vergleiche Bechert / Gombrich (2002: 87f.); hier am Beispiel des buddhistischen Tantrismus (*tantra* als „System ritueller Praxis"; *mantrayāna* als „das Fahrzeug der magisch wirksamen Sprüche").

Feist, Sigmund (1919), „Runen und Zauberwesen im germanischen Altertum“, in: Arkiv för nordisk Filologi 35, 243–287.

Follan, James (1968), „Manuscripts of Ortolf von Bayerlants ‚Arzneibuch‘“, in: Gundolf Keil / Rainer Rudolf / Wolfram Schmitt / Hans J. Vermeer (Hrsg.), Fachliteratur des Mittelalters. Festschrift für Gerhard Eis, Stuttgart, 31–52.

Foucault, Michel (1995), Die Ordnung der Dinge. Eine Archäologie der Humanwissenschaften, 13. Aufl., (Suhrkamp-Taschenbuch Wissenschaft 96), Frankfurt am Main.

Geier, Manfred (1982), „Die magische Kraft der Poesie. Zur Geschichte, Struktur und Funktion des Zauberspruches“, in: Deutsche Vierteljahresschrift für Literaturwissenschaft und Geistesgeschichte 56, 359–385.

Haage, Bernhard Dietrich / Wegner, Wolfgang (2007), Deutsche Fachliteratur der Artes in Mittelalter und Früher Neuzeit. Unter Mitarbeit von Gundolf Keil und Helga Haage-Naber, (Grundlagen der Germanistik 43), Berlin.

Holzmann, Verena (2001), *„Ich beswer dich wurm und wyrmin ...“.* Formen und Typen altdeutscher Zaubersprüche und Segen, (Wiener Arbeiten zur germanischen Altertumskunde und Philologie 36), Bern et al.

Jakobson, Roman (1971), „Linguistik und Poetik“, in: Jens Ihwe (Hrsg.), Literaturwissenschaft und Linguistik. Ergebnisse und Perspektiven, (Ars Poetica 8), Frankfurt am Main, 142–178.

Riecke, Jörg (2000), „Beobachtungen zur Syntax und Semantik der Nominalgruppe in mittelalterlichen medizinischen Texten“, in: Yvon Desportes (Hrsg.), Zur Geschichte der Nominalgruppe im älteren Deutsch. Festschrift für Paul Valentin. Akten des Pariser Kolloquiums März 1999, (Germanistische Bibliothek 5), Heidelberg, 27–39.

Riecke, Jörg (2004), Die Frühgeschichte der mittelalterlichen medizinischen Fachsprache im Deutschen, 2 Bde., Berlin, New York.

Riecke, Jörg (2009a), „Sprachgeschichte trifft Medizingeschichte. Über die Aufgaben der Sprachgeschichtsschreibung“, in: Ekkehard Felder (Hrsg.), Sprache. Mit Beiträgen von Jochen A. Bär, (Heidelberger Jahrbücher 53), 107–129.

Riecke, Jörg (2009b), „Zum Wortschatz von Zauber und Weissagung“, in: Rolf Bergmann / Stefanie Stricker (Hrsg.), Die althochdeutsche und altsächsische Glossographie. Ein Handbuch, Bd. 2, Berlin, New York, 1149–1160.

Schröder, Ingeborg (2002), „Sprachstruktur und Weltenordnung. Prinzipien des magischen Sprechens", in: Ingmar Ten Venne (Hrsg.), „Was liegt dort hinterm Horizont?“. Zu Forschungsaspekten in der (nieder)deutschen Philologie. Festschrift zum 60. Geburtstag von Prof. Dr. phil. habil. Dr. h. c. Irmtraud Rösler, (Rostocker Beiträge zur Sprachwissenschaft 12), 171–186.

Schröder, Ingeborg (2004), „Motiviertheit und Referentialität. Die Struktur magischer Zeichen“, in: Maik Lehmberg (Hrsg.), Sprache, Sprechen, Sprichwörter. Festschrift für Dieter Stellmacher zum 65. Geburtstag, (Zeitschrift für Dialektologie und Linguistik, Beihefte 126), Stuttgart, 187–201.

Schröder, Ingeborg (2009), „Sprache und Magie – ein linguistischer Erklärungsversuch“, in: Jörg Dierken / Andreas Stuhlmann (Hrsg.), Geisteswissenschaften in der Offensive. Hamburger Standortbestimmungen, Hamburg, 225–240.

Schulz, Monika (2000), Magie oder: Die Wiederherstellung der Ordnung, (Beiträge zur Europäischen Ethnologie und Folklore, Reihe A, Texte und Untersuchungen 5), Frankfurt am Main et al.

Schwab, Ute (1995), „Sizilianische Schnitzel. Marcellus in Fulda und einiges zur Anwendung volkssprachiger magischer Rezepte“, in: Annegret Fiebig / Hans-Jochen Schiewer (Hrsg.), Deutsche Literatur und Sprache von 1050 bis 1200. Festschrift für Ursula Hennig zum 65. Geburtstag, Berlin, 261–296.

Steinmeyer, Elias von (Hrsg.) (1971), Die kleineren althochdeutschen Sprachdenkmäler, 3. Druck, (Deutsche Neudrucke: Reihe Texte des Mittelalters), Dublin, Zürich.

Stuart, Heather / Walla, Fred (1987), „Die Überlieferung der mittelalterlichen Segen“, in: ZfdA 116, 53–79.

Telle, Joachim (1989), „Petrus Hispanus“, in: Kurt Ruh / Gundolf Keil / Werner Schröder / Burkard Wachinger / Franz Josef Worstbrock (Hrsg.), Verfasserlexikon. Die deutsche Literatur des Mittelalters, Bd. 7, 2., völlig neu bearb. Aufl., Berlin, New York, 169–209.

Tereick, Jana (2009), „Sprachkritik und Sprachmagie. Eine Kategorisierung von Formen der Sprachkritik vor dem Hintergrund des Streits zwischen Sprachkritikern und Sprachwissenschaftlern“, in: Ekkehard Felder (Hrsg.), Sprache. Mit Beiträgen von Jochen A. Bär, (Heidelberger Jahrbücher 53), 363–403.

Versnel, Hendrik Simon (1996), „Die Poetik der Zaubersprüche“, in: Tilo Schabert (Hrsg.), Die Macht des Wortes, (Eranos, N. F., Bd. 4), 233–297.

Zimmermann, Gerd (1973), Ordensleben und Lebensstandard. Die Cura Corporis in den Ordensvorschriften des abendländischen Hochmittelalters, (Beiträge zur Geschichte des alten Mönchtums und des Benediktinertums 32), Münster, 188–192.

HELMUT BIRKHAN

Trug Tim eine so helle Hose nie mit Gurt?

Zur Arkansprache besonders im Spätmittelalter und der frühen Neuzeit

Geheimsprachen und Sondersprachen unterscheiden sich durch deren Arbitrarität. Die Geheimsprache will nicht von Außenstehenden verstanden werden, bei der Sondersprache ist der Ausschluß dieser kein explizites Anliegen, sondern eine natürliche Folge. Im Grunde ist jede Terminologie, ob der Jurisprudenz, der Computerwissenschaft oder des Fußballs, sondersprachlich und für den Externen als „Fachchinesisch“ unverständlich, ebenso wie natürliche Sprachen für alle jene, die sie nicht gelernt haben. Solch eine natürliche Sprache kann den Status einer Sondersprache und Geheimsprache annehmen, wenn etwa Eltern im Beisein der Kinder deren Weihnachtsüberraschungen in einer Fremdsprache besprechen, welche die Kinder nicht verstehen. In diesem Fall kann eine so geläufige Fremdsprache wie Englisch zu einer Geheimsprache werden. Hier aber rede ich von Sondersprachen, die bestimmte Menschen gegenüber Geistern und Dämonen gebrauchen, und die für den nichtinitiierten Außenstehenden Geheimsprachen sind.

Dazu gehört nicht der Geheimschrift-Typus[1] der einfachen Wortveränderung mittels Ersetzung einzelner Buchstaben durch andere wie im Trierer Zauberspruch „Gegen einen Teufel“ des 11. Jhdt. (Trierer Stadtbibliothek Hs. 564/806: 65v; vgl. Wipf 1992: 92f., 294f.), der mit den Worten beginnt:

> nx vukl lkh. bidbn. dfnrkhchbn. crkst thfmbnnflkh chfs, chēkst [...] [für] nu vuill ich bidan den rihchan crist the mannelihches chenist [ist]
>
> „nun will ich den mächtigen Christus bitten, der menschliche Rettung [ist]“.

[1] Zu mittelalterlichen Geheimschriften und ihrer Typologie grundlegend vgl. Bischoff (1954).

Es ist schwer zu sagen, wem die Verschlüsselung mittels Ersetzung der Vokale durch den im Alphabet folgenden Buchstaben galt. Doch wohl gerade nicht dem Teufel, der den Zauberspruch ja verstehen sollte!

Die Hauptfunktion von Geheimsprachen ist, einen Kommunikationsrahmen mit den genannten Wesen zu bilden, eine Nebenfunktion kann die Erhöhung des Prestiges dessen, der der Geheimsprache mächtig ist, sein. Die Notwendigkeit, mit Geistern und Dämonen, die ich in Zukunft *numina* oder (numinose) „Intelligenzen" nenne, eine andere Sprache als die des profanen Alltags zu sprechen, wird in vielen Kulturen als solche erkannt, was z. B. Hermann Güntert in dem bekannten Buch „Von der Sprache der Götter und Geister" (1921) vor allem gestützt auf homerische und eddische Beispiele veranschaulichte. In den *Alvíssmál* werden 13 Gegenstände jeweils in fünf Sprachen benannt. Þórr fragt den Zwerg Alvís etwa nach dem Wort für Windstille (*logn*) bei verschiedenen *numina* des Mythos und erfährt (Str. 22):

Stille (*logn*) bei den Menschen,
Anlegestelle (*lægi*) bei den Göttern,
bei den Wanen *Windriegel* (*vinslot*),
Tagaufenthalt (*dags vero*) bei den Zwergen,
bei den Thursen *Überwärme* (*ofhlý*),
bei den Alben *Tagesberuhiger* (*dagsefa*).

Bemerkenswert ist hier, dass letztlich die numinosen Geschlechter doch auch altnordisch reden und eben nur bestimmte Metaphern verwenden. Das wirkt bei der Benennung des Meeres ausgesprochen kurios. Auf Þórs Frage, wie das *Meer* (*marr*) heiße, kommt die Antwort (Str. 24):

See (*sær*) bei den Menschen,
Endlose Fläche (*sílægia*) bei den Göttern,
bei den Wanen *Wogen* (*vág*),
Tiefmeer (*diupan mar*) bei den Zwergen,
bei den Thursen *Heim der Aale* (*álheim*),
Flut (?) (*Lagastaf*) beim Albenvolk.[2]

Es stört den Verfasser nicht, dass die Menschen, wenn sie *vágr* ‚Woge' sagen, sich offenbar eines Fremdwortes aus der Wanensprache bedienen und es das Wort *marr* (ohne Bestimmungswort), nach dem gefragt wurde, gar nicht geben dürfte.

Auch John R. R. Tolkien hat bekanntlich die verschiedenen Welten ganz verschiedene Sprachen gebrauchen lassen: so sprachen die Elfen einst das an das Finnische erinnernde *Quenia* und sprechen das an das Mittelkymrische gemahnende *Sindarin*, die Hobbits sprechen *Westron*, das Tolkien mit Englisch wiedergibt. Die Zwergensprache, das *Khuzdul*, erinnert manche an Hebräisch. Die berittenen Recken, die den germanischen Helden nahestehen, zeigen in ihren Namen, dass ihre Sprache *Rohirrisch* ein archaisches *Westron* und daher mehr oder minder deutlich altenglisch ist. Auch Walter

---

[2] Die Übersetzung Heuslers ist z. T. ungenau, verändert die Reihenfolge der Geschlechter und bringt beim *Meer* die Benennung bei Thursen und Riesen durcheinander.

Moers läßt in seiner zamonischen Fantasy-Welt die einzelnen Völker oder Rassen ganz verschiedene Sprachen gebrauchen.

Die *numina*, mit denen die mittelalterliche und neuzeitliche Magie umgeht, bedienen sich im Allgemeinen nicht des älteren Deutschen, wenn auch ihr Name gelegentlich ein deutsches Tabuwort ist – wie etwa *Gottseibeiuns* oder der Name des Teufels *Auerhahn* in der Fausttradition. In einem Fall wie *Auerhahn* war der Dämon ursprünglich wohl auch in Tiergestalt gedacht. Die wirklichen Namen der *numina*, wie sie der erfahrene Magier verwendet, entspringen gewöhnlich einer der drei heiligen Sprachen, Latein, Griechisch und Hebräisch, wobei die Neigung, diese Sprachen zu gebrauchen, umgekehrt proportional zu ihrem Bekanntheitsgrad ist, oder aber einer fiktiven Sprache dieser Intelligenzen.

Beim Umgang mit numinosen Mächten ist zwischen Zitation und Wunsch zu unterscheiden. Die Zitation muß den richtigen Namen verwenden, da sich sonst der Angerufene nicht betroffen fühlt. Der Wunsch, der dann als Bitte oder Befehl geäußert wird, kann sich grundsätzlich durchaus der Alltagssprache bedienen, weil man deren Kenntnis den zitierten *numina* allemal zutrauen darf. Zu Beschwörungszwecken genügt es nicht, die Sterndämonen *Jupiter* und *Mars* mit diesen ihren lateinischen Namen zu beschwören, sondern man ruft ersteren im Ms. Sloane 3854 (fol. 129va) mit den Namen *satriquel, raphael, pahamcoahel, asassaiel* und Mars als *samahel, satihel, yturahihel, amaliel* an. Ein Vergleich mit der Parallelüberlieferung in einem anderen Ms des British Museum (BM) zeigt, dass die Tradition relativ einheitlich ist, wenn man von Geringfügigkeiten absieht, wie der, dass einem *pahamcoahel* in Sloane 3854 in Royal 17-A-XLII (fol. 67r) ein *pahamcocyhel* und einem *amaliel* ein *amabyhel* gegenübersteht. Die Dämonen scheinen es in diesem Fall nicht so genau genommen zu haben. Andererseits läßt sich denken, dass man Misserfolge bei der Beschwörung durch von vorneherein falsche Namensform oder falsche Aussprache erklärte. Soweit die Intelligenzen böswillig sind und nur unter Zwang, *Constraint*, handeln, können sie Befehle bewußt mißverstehen oder zum Schaden des Magiers wörtlich nehmen. Hierin ähneln sie Till Eulenspiegel.

Wie die *Clavicula Salomonis* zeigt, beschwor man die Dämonen durch Namennennung, etwa um sich unsichtbar zu machen, als *Metatron, Melekh, Beroth, Noth, Venibbeth, Mach* und fügte dann den Befehl angeblich ursprünglich auf Hebräisch an. Das Hebräische konnte von einem Rabbi Abognazar ins Lateinische übersetzt werden und dieses ins Altfranzösische, wie die Hs. Lansdowne 1203 des BM zeigt, die dann Samuel Liddell MacGregor Mathers 1888 in neuenglischer Übersetzung für den magischen Gebrauch herausgab (MacGregor Mathers 2000: xii, 52). Wobei vorausgesetzt ist, dass die erfolgreich mit ihren Namen herbeizitierten Intelligenzen dann ohne weiteres das Neuenglische verstanden. An anderer Stelle werden die Dämonen „in whatsoever part of the Universe ye may be, by the virtue of all these Holy Names“ beschworen: *Adonai, Yah, Hoa, El, Eloha, Elohinu, Elohim, Eheieh, Maron, Kaphu, Esch, Innon, Aven, Agla, Hazor, Emeth, Yaii, Araritha, Yova, Ha-Kabir, Messiach, Ionah, Mal-Ka, Erel, Kuzu,*

Matzpatz, El Shaddai. Auch der des Hebräischen nicht Mächtige erkennt deutlich einige Wort- oder Wurzelanklänge wie *Adonai, El, Elohim* usw. Mathers, der sich, wie er selbst sagt, alle Mühe gab, die oft entstellten Namen „korrekt" wiederzugeben (vgl. MacGregor Mathers 2000: 28, m. Anm. 1), erkannte in einigen bereits Gottesnamen und erklärte die anderen als kabbalistische Zusammenfügung von Satzanfängen bzw. als Permutation anderer Namenselemente. Es ist erstaunlich, dass solcherart entstandene Namen die Dämonen zwingen konnten und dass man sich diese auch bei problematischer Überlieferung nicht allzu pingelig dachte.

Offenbar um nur ja von den numinosen Intelligenzen verstanden zu werden, verwenden Magier aber dann doch auch eine eigene Sprache, die an das Griechische, vor allem aber an das Hebräische anklingt. So findet sich in der Hs. Sloane 313 des BM (fol. 6v) ein Gebet, das solche Wort- und Namensbrocken enthält:

> Theos megala pater ymasi hebrol habobol.
> hetoylaloy heliot heti hebeoth letia hezey sadan salazeey
> sastial salatolly samel sadamiel saday hegion helliel
> lemegos moron megos nuheon (imheon ?) legmes muthon
> mychyhym heel heseli iecor granal semhel sa^{e}molzat
> semeltha samay geth gehel iasohogion salotha thurgno
> hepatir vsion hathamas othonas. (Birkhan 1992: I, 130f.)

Aus einem Satz wie „Gott nannte das Licht Tag, und die Finsternis nannte er Nacht" (Gen. 1, 5) folgt ja, dass Gott hebräisch spricht, und ebendies darf man auch für die Engel annehmen. Daher die allgegenwärtigen hebräischen oder hebraisierenden Wortbrocken im Umgang mit *numina.* Selbst die „innere Sprache", welche die „Seherin von Prevorst" Friederike Hauffe (1801–1829), in deren Erfahrungen jedoch numinose Intelligenzen keine Rolle spielen, im halbwachen Zustand sprach und schrieb, klang an das Hebräische an[3] und wurde auch von rechts nach links in einer Schrift geschrieben, die allerdings vom arabischen Schriftbild beeinflusst scheint:

[3] Justinus Kerner betont mehrfach den „orientalischen Charakter" dieser Sprache und erwähnt einzelne Übereinstimmungen mit dem Arabischen, bes. aber dem Hebräischen. Das sei deshalb so, weil „in jenen Sprachen der Kindheit des Menschengeschlechtes wohl auch die natürliche innere Sprache des Menschen liegt, ebenso wie die Rechnung mit Zahl und Buchstaben [...] von dort stammt" (Pissin 1914: 30f., 51, 167, 200ff.; dazu Abb. Tafel 5, 223ff.). Kerner zitiert dazu van Helmont: „Vor dem Fall des Menschen [...] hatte seine Seele eine angeborene Wissenschaft und eine prophetische Gabe von ausgezeichneter Kraft; diese Fähigkeiten besitzt die Seele aber noch [...]. Besonders wird der Mensch im Schlaf noch oft durch dieses übernatürliche Licht erleuchtet, weil da nicht wie im Wachen diese inneren Eingebungen von den Sinnesreizen zurückgehalten werden" (Pissin 1914: 32). Der 2007 in Stuttgart erschienene Neudruck der „Seherin" mit Vorwort von Joachim Bodamer bildet erstaunlicherweise die Schriftproben und Schemata, die sich bei Kerner finden, nicht ab! Die „innere Sprache" dort ab 135ff.

9. 1. Keine Stunde, 2. o Herr! 3. soll an mir 4. vorbeigehen, wo ich 5. dir nicht danke.

Abb. 1: Innere Sprache Friedericke Hauffes (Pissin 1914: Abb. Tafel 5)

Ein eigenes Problem bildet freilich die Frage, wie das Hebräische von der babylonischen Sprachenverwirrung ausgenommen sein konnte. Doch soll uns das hier nicht beschäftigen (vgl. Birkhan 2012).

Wie erwähnt, ist es im Grunde nicht nötig, den Text der an diese Intelligenzen gerichteten Bitten und Befehle in ihrer Sprache abzufassen, weil diese kraft ihrer numinosen Potenz auch alle anderen Sprachen verstehen, jedoch bestand offenbar der Glaube, dass die Anrede an diese Wesen in ihrer Vatersprache doch wirkkräftiger, weil ihnen angenehmer sei und sie geneigter mache, oder doch noch über eine zusätzliche magische Potenz verfüge, durch die sie leichter zu bezwingen wären. Von hier aus war es nur ein Schritt zur Erfindung einer nicht- oder vorhebräischen Sprache dieser *numina*, nämlich des *Henochischen*, das auch *Enochisch* genannt wird. Vielleicht weil man es fehlerhaft mit hebr. *enosch* ‚Mensch' verband.

Henoch war ein Sohn Jereds aus der Nachkommenschaft des Set. Er führte ein Leben mit Gott und wurde von diesem entrückt, um ihm den Tod zu ersparen (1 Mose 5, 18 21ff.; Hebr. 11, 5). Er war Vater des Methusalem, einer der Vorfahren Christi (Luk. 3, 37) und für seine Weissagungen bekannt (Jud. 14f.). Sein Leben, seinen Verkehr mit Engeln und Dämonen, seine Schauungen und Prophezeiungen enthält das apokryphe Henochbuch, das in kurzen griechischen Fragmenten, zur Gänze jedoch in einer altkoptischen (vgl Weidinger 1990: 302ff.) und einer altslawischen Fassung erhalten ist. Es schildert den Fall der Engel und deren Strafe, berichtet über mehrere Jenseitsreisen des Helden – weshalb der Text auch für die Geschichte der Visionenliteratur von Bedeutung ist, – in die vier Himmelsrichtungen, aber auch in den Erdmittelpunkt, schließt mehrere „Bilderreden" über das Jenseits an, gibt eine Vorschau auf das jüngste Gericht, sowie auf die Sintflut und endgültige Aufrichtung des messianischen Reiches.

Henoch wurde ohne zu sterben in das Paradies entrückt, „zwischen zwei Himmelsgegenden, zwischen Norden und Westen, da, wo die Engel die Schnüre nahmen", um für ihn den Ort für die Auserwählten und Gerechten zu messen (Weidinger 1990: 335). Da Henoch die gesamte Ausdehnung der Welt erfahren und mit den numinosen Intelligenzen Umgang gehabt hatte, vereinte er in spätantik-mittelalterlicher Sicht alles Wissen in sich, insbesondere beherrschte er auch die ursprachliche *lingua franca*, in der all diese Wesen untereinander verkehren konnten. Es ist verständlich, dass unter den Universalgelehrten der frühen Neuzeit das Henochische eine gewaltige Faszination ausübte. Ähnliches gilt ja auch für die vielen Geheimschriften, wie die von Heinrich Cornelius Agrippa von Nettesheim zusammengestellten Schriften des Honorius von Theben, die aus der Verbindung der Sterne entstehende *Scriptura caelestis*, die *Malachim* genannte

Schrift und jene, die *Transitus Fluvii* hieß, weil sie von den Kindern Israels bei der Durchquerung des Euphrat auf der Rückkehr aus Babylon „gefunden“ wurde.[4]

Eine der ältesten und markantesten dieser mittelalterlichen christlichen Geheimschriften ist wohl die *Scriptura ignota* (vgl. Bischoff 1954: 11) in *Litteris ignotis* der Hildegard von Bingen, die aber weder den Anspruch erhebt, die Ursprache *kat'exochèn* zu sein noch speziell zum Verkehr mit numinosen Intelligenzen diente, weshalb sie hier nicht weiter beachtet wird.[5] Aber das Wesen der Schrift, durch Abstraktion Inhalte und Bilder zu vermitteln, macht sie zu allen Zeiten faszinierend.

Es ist hier nicht möglich, aber auch nicht nötig, auf die Geschichte des Henochischen in aller Breite einzugehen. Nur soviel: Nachdem bereits 1530 ein Henochisch („Henochisch I“) in der kritischen Schrift *Voarchadumia*[6] *contra alchimiam* des Venezianers Giovanni Agostino Pantheo erwähnt worden war, lernte der Londoner Dr. John Dee (1527–1608) ein anderes Henochisch kennen. Dee war vor allem als Mathematiker eine international anerkannte Gelehrtenpersönlichkeit, dessen Pariser Vorlesungen über Euklid überlaufen gewesen waren, und der sich insbesondere mit Navigation und Erdvermessung beschäftigte. In der zweiten Lebenshälfte dehnte er sein Interesse wie Goethes Faust auf das aus, was „die Welt im Innersten zusammenhält“, also auch die Geisterwelt und natürlich die Alchemie, und stellte dazu den Juristen Edward Kelley (alias *Talbot*; 1555–1595) als Medium (*scryer*) gegen ein festes Jahresgehalt an. Durch diesen lernte er ab März 1582 ein anderes Henochisch kennen, das allerdings nur in kleinen Fragmenten erhalten ist. Donald C. Laycock, der das Henochische monographisch behandelte, gibt eine kurze Probe vom 5. April 1582:

> Amchama zeuoth luthimba ganeph iamda ox oho iephad mad noxa voscaph bamgephes noschol apeth iale lod ga NA zuma datques [...] (Laycock 2001: 14).

---

4 All diese Schriften samt Verschlüsselungssystemen und Erklärung der Entstehung von Monogrammen und Sigillen bei Nowotny (1967: III, 284ff.).

5 Die Echtheit der *litterae ignotae* darf nach der Untersuchung von Schrader / Führkötter (1956: 51ff.) für erwiesen gelten. Sie bestehen nur aus Nomina. Da Verba fehlen, kann man schwerlich von einer wirklichen Sprache, sondern eher von „Deckwörtern“ für wichtige Nomina sprechen. Rudimentär scheint an eine Art Deklination der *nomina ignota* gedacht gewesen zu sein: *loiffol* ‚*liut, populus*‘ hat einen Gen.pl. *loiffolum* ‚populorum‘ neben sich. *Hildegard* ordnet die 1011 Wörter in einem Glossar hierarchisch an, das mit Gott, den Engeln beginnt, sich dann den Menschen, ihren Beziehungen, Gewerben usw. zuwendet und zuletzt Pflanzen und Tiere folgen läßt. Die Silben und Wörter enden gerne auf -*z* wohl [ts], was Hildegard vermutlich besonders „exotisch“ schien. Oder ist -*z* doch [s] und die *z*-Endung durch die Nom.-Mask.-Endung im Altfranz. inspiriert? So heißt ‚Gott‘ *aigonz*, jedoch der ‚Engel‘ *aieganz*; *zuuenz* ‚heilig‘ könnte auch von slaw. *svęt*- angeregt sein. Der Teufel *diueliz* hat einen „ahd.“ Namen, wie ja auch die (heidnischen) *vates falschin* heißen. Bei der Benennung der ‚Frau‘ als *vanix* hat wohl *vana* Pate gestanden. Weitere Beispiele sind: *limzkil* ‚Kind‘, *vrizoil* ‚Jungfrau‘, *zunzial* ‚Jüngling‘, *zains* ‚Knabe‘, *peueriz* ‚Vater‘, *maiz* ‚Mutter‘; (vgl. Portmann / Odermatt 1986, Higley 2007).

6 Das Wort sollte eine hebräisch-chaldäische Mischbildung zur Bezeichnung der Goldmacherei sein. Das Werk des *Pantheus* ist jetzt im Internet zugänglich: http://gallica.bnf.fr/ark:/12148/bpt6k68226c (Stand: 10. 7. 2010).

Die Bedeutung dieses etwas hebraisierenden Zitates von „Henochisch II" scheint nicht bekannt. Dieses Henochisch erschien in solcher Schrift:

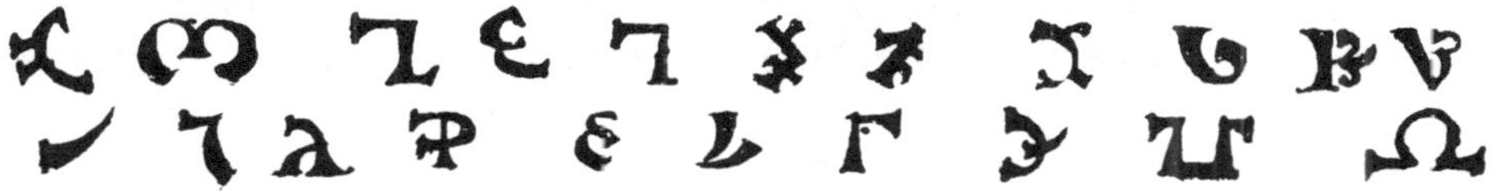

Abb. 2: Henochische Schrift Dees (Laycock 2001: 37)

Alles Folgende wissen wir aus Dees *Libri Mysteriorum*, die der „Protestant" Méric Casaubon (1599–1671),[7] der an der Kathedrale von Canterbury wirkte, als „A True and Faithful Relation of what Passed for Many Yeers between Dr John Dee (A Mathematician of Great Fame [...]) and Some Spirits: Tending (had it Succeeded) To a General Alteration of most States and Kingdomes in the World [...]" (London 1659), herausbrachte. Das Werk wurde – ein hochinteressantes kulturgeschichtliches Indiz – 2008 in Berkeley, CA, in anastatischem Nachdruck wieder aufgelegt[8] – das Henochische ist wieder im Kommen.[9] Dee zeichnete darin minutiös teils englisch, teils lateinisch die

[7] Der Sohn des Genfer Hugenotten Isaac Casaubon (1559–1614), der sich zuletzt in London niedergelassen hatte.

[8] Zitiert als: Casaubon (s. a.). Auszüge: http://esotericarchives.com/dee/tfr/tfr2.htm (Stand: 11. 7. 2010). Casaubon versah seine Ausgabe der Schriften des *Nobilis Mathematicus* mit einer informativen Einleitung, in der er dem Gelehrten gerecht zu werden sucht. Natürlich nimmt er als Reformierter einen Standpunkt ein, der von dem Dees völlig verschieden ist. Immerhin hält er alle Dämonen, auch jene, die als Engel erschienen, für Teufel, bezweifelt ihre Existenz und Erscheinung selbst allerdings nicht, sondern versucht die Existenz solcher Wesen, zu denen übrigens auch die Kobolde des Volksglaubens gehören, zu beweisen (pg. 42 meiner Zählung; die Originalseiten des *Preface* sind unpaginiert). Er verwendet beträchtlichen Scharfsinn auf die Frage, warum die Dämonen trotz ihres teuflischen Wesens z. T. so erbauliche Gespräche führen, indem sie ständig das Lob Gottes tönen, so dass Dee „mistook false lying Spirits for Angels of Light, the Divel of Hell [...] for the God of Heaven." Aber: „what things appeared, they did so appear by the power and operation of Spirits, actually present and working, and were not the effects of a depraved fancy and imagination by mere natural causes" (pg. 26). Kelley hält Casaubon für einen „great Conjurer", wenn auch der „weißen Magie", nicht der „schwarzen", weil er die Dämonen durch „Command", nicht durch „Compact" gezwungen habe (zu diesem Unterschied vgl. Birkhan 2010: 97ff.). Da Casaubon Kelley der Bildung nach für inferior ansah – „who scarce understood Latin not to speak of some things delivered in Greek in some places" (pg. 31), aber immerhin war Kelley vor seiner Karriere als Medium Jurist, wenn auch vielleicht ein Winkeladvokat, gewesen – so müssen die Erscheinungen seiner Meinung nach wohl echt sein, zumal Kelley sie selbst öfters den Teufeln zuschrieb. Cassaubon zweifelt auch nicht, dass das Henochische jene Sprache ist, in der ursprünglich auch „Book of Enoch" abgefasst war, dessen griechisches Fragment er kennt. Er hält es für „a very superstitious, foolish, fabulous writing; or to conclude all in one word, Cabalistical, such as the Divel might own very well, and in all propability was the author of it" (pg. 39) – was wohl auch für den Koran gilt (pg. 95) – und Henochisch nicht für die Sprache Adams, die wohl hebräisch war.

[9] In einer nicht mehr vorhandenen Internetadresse warnte ein Mitglied der Nürnberger Filiale des *Order of the Golden Dawn* mit dem Pseudonym *Soror Resh* nachdrücklich vor leichtsinnigem Umgang mit henochischer Magie: „Die Arbeit mit enochischen Kräften und Anrufungen ist nur für

Schauungen ab dem 28. Mai 1583 bis 7. September 1607 auf.[10] Einige der bei den Séancen verwendeten Requisiten (ein großes und zwei kleinere Wachssiegel, ein Obsidianspiegel aztekischer Herkunft, ein goldenes Amulett mit der Vision vom 20. Juni 1584 und eine Glaskugel) sind noch im BM erhalten. Ein „Ruf" in der Sprache, die bis heute Henochisch (im engeren Sinn: Henochisch III) heißt, hatte ihn allerdings schon am Karfreitag, 29. März 1583 getroffen.

Außer ihm und Kelley nahm als Mensch öfters der polnische Graf Albertus Lasky, Woiwode von Sieradz,[11] an den Beschwörungen teil, der als Anwärter auf die polnische oder zumindest moldavische Krone galt, weshalb die Séancen in der ersten Zeit auch in Krakau stattfanden. Im Gegensatz zu Dee (vgl. Casaubon s. a.: 30) konnte Lasky die numinosen Intelligenzen optisch und akustisch wahrnehmen. Aus dem Geisterreich erscheint häufig ein kindliches Mädchen von 7–9 Jahren namens *Madimi*, das sich nicht henochisch, sondern englisch oder lateinisch artikuliert. Es gilt als Verkörperung des Geistes des Merkur, jedoch leitet sich der Name von hebr. מאדים *ma'adim*, dem Dämon des Mars ab (vgl. Laycock 2001: 39). *Madimi* wirkt wie eine Art Projektion von Dees unausgesprochenen Wünschen und Hemmungen. Nachdem sie schon Freitag, 17. April 1587 in Třeboň (nahe von Budweis) nachmittags in „very filthy orders" erschienen war, trat sie am 18. wieder auf, diesmal „half naked; and sheweth her shame also", um in einem längeren sophistischen Gespräch Dee und Kelley von der Notwendigkeit zu überzeugen, ihre Frauen zu tauschen und in Promiskuität zu leben,[12] „which thing was strange to the women" (Casaubon s. a.: Actio Tertia *12.) Die eigentlichen „Lehrer" der beiden Geisterseher sind jedoch die Engel *Gabriel* (zeitweise auch *Uriel* und *Raphael*) und speziell für die henochische Sprache *Nalvage*, dessen Name *fuga ter-*

Fortgeschrittene geeignet und sollte keineswegs leichtfertig und aus Neugierde erfolgen. Ohne umfassende Anweisungen von einem erfahrenen Adepten sollte diese Art von Magie nicht praktiziert werden." Auf anderen Internetseiten wird gewarnt, weil man über dem Henochischen und dem Werk Dees verrückt werden könnte: http://www.paganforum.de/symbole-und-alte-schriftsysteme/10289-henochisch-die-schrift-engel.html (Stand: 16. 7. 2010).

[10] Die Dokumentation einzelner Zeitabschnitte ist allerdings aus äußeren Gründen verloren. Die Aufzeichnungen in den Schriften Dees und Kelleys kamen mit Dees Nachlaß an das BM, wo die Texte heute als Sloane-Ms. 3188 aufbewahrt werden.

[11] Casaubon (pg. 30) zitiert dazu nach Cambden: „Anno Domini 1583. E Polonia, Russiæ vicinâ hac æstate venit in Angliam ut Reginam inviseret, Albertus Alasco, Paladinus Siradiensis vir eruditus, corporis linementis barbâ promisissimâ, vestitu decoro & pervenusto; qui perbenignè ab ipsa nobilibusque magnoque honore & lautitiis, et ab Academia Oxoniensi eruditis oblectationibus, atque variis spectaculis exceptus, post 4. menses ære alieno oppressus, clam recessit."

[12] Casaubon (s. a.): Actio Tertia *8–11. Der Frauentausch ist Gegenstand eines Gebetes von Dee am 21. April (pg. *16f.). Die allgemeine Promiskuität wird Sonntag 3. Mai 1587 vertraglich festgelegt (pg. *20f.). Mittwoch, 6. Mai erscheint Madimi, als Dreiäugige entstellt. Offenbar in Bezug auf den Pakt sagt sie: „Pepigistis. Δ: Pepigimus. Darauf offenbar Madimi: Ratum est: Perumpite [sic!] sunt vobis omnia communia. Dei, non hominis estote: Promissa quae sunt, possidete: Vobis destinata, vera sunt: Æternus [sic!] sum" (pg. *21).

restrium ‚Verschmähung des Irdischen' (?) bedeutet und der ein Verwandter von Madimis Mutter ist.

Auf das abenteuerliche Leben Dees und Kelleys in Krakau, zeitweise auch in Leipzig, Třeboň, Preßburg und Prag, am Hof der jeweiligen Fürsten und Könige, ist hier nicht einzugehen. Die eheliche Promiskuität bewährt sich nicht. Dee trennt sich von Kelley und versucht, mit seinem Sohn *Arthur*[13] als neuem Medium zu arbeiten. Nach mancherlei Zwischenfällen kehrt er enttäuscht nach England zurück, wo er, da er im Geruch der Zauberei gestanden hatte, seine Bibliothek vom Volkszorn verwüstet vorfinden wird. Kelley wirkt über Prinz Rosenbergs Vermittlung in Prag am Hof Rudolfs II. als Alchemist und wird sogar geadelt. Bald jedoch veranlassen ihn die Mißerfolge bei der Transmutation zur Flucht, auf der er in Brüx (jetzt Most) 40-jährig zu Tode kommt. Sein Engel *Sudsamna* hatte ihm allerdings 87 Lebensjahre vorhergesagt (vgl. Casaubon s. a.: 224).

Das Korpus des Henochischen III, das ich in der lateinischen Kapitalschrift Dees zitiere, besteht nach meiner Zählung aus 1698 Lexikoneinträgen oder Lemmata, wobei die oft zahlreichen Nebenformen[14] nicht mitgezählt sind. Es hat also das Ausmaß einer sog. Kleinkorpussprache. Rechnet man aber die vielen Eigennamen von numinosen Intelligenzen, die etwa 40% ausmachen, weg, so bleiben etwas über 1000 Lexeme, die aus den üblichen Wortklassen (Nomina, Pronomina, Verba, Numeralia ...) bestehen, so dass sich das Korpus dem einer „Trümmersprache" nähert, und im Umfang – nicht der Struktur – den *litterae ignotae* der Hildegard entspricht. Jedenfalls ist das Korpus wohl zu klein, um etwa den Inhalt des Vojnych-Ms. bestreiten zu können.

Der Sprachtypus ist unsicher. Es scheint in einem Fall, als ob es so etwas wie Ableitung mittels Suffixen gäbe. So scheint *pr* ‚Feuer' zu bedeuten (≈ griech. πῦρ ‚Feuer'?). und davon *prg* ‚Flammen', *prge* ‚mit Feuer', *prgel* ‚aus, von Feuer', *prt* ‚Flamme' abgeleitet (Birkhan 2010: 86).

Zur Verbalflexion verweist Laycock (2001: 43) auf:

gohus	I say
gohe, goho	he says
gohia	we say
gohol	saying
gohon	they have spoken
gohulim	it is said,

woraus sich eine Wurzel **goh-* ‚sagen; sprechen' ergibt, aber die belegten Formen des Verbum substantivum nehmen sich sehr „heteroklytisch" aus:

---

13 Wie der Name *Dee* (< kymr. *du* ‚schwarz') sagt, war der Gelehrte walisischer Abkunft. Er rühmte sich sogar, von König Arthur abzustammen, und hat wohl deshalb seinem Sohn diesen erlauchten Namen gegeben. Eine Tochter hieß übrigens nach dem Geistermädchen *Madimi*.

14 Z. B. ‚to govern' heißt *taba, tabas, tabaori, tabaord*; ‚creation' heißt *qaa, qaan, qaon, qaas* usw. Die Verwendung schließt die Deutung als oblique Formen aus.

zir, zirdo	I am
geh	thou art
i	he/she/it is
chiis, chis, chiso	they are
as, zirop	was
zirom	were
christeos	let there be!
bolp	be thou!
ipam	is not
ipamis	cannot be

Pronomina:

ol	I
ils	thou
tox, tbl	of him
pi	she
tibl	her (Akk.)
tiobl	in her
tilb	of her
z, par	they

Der Kuriosität halber sei noch erwähnt, dass es vier verschiedene Möglichkeiten der Verneinung (durch vorgestellte Partikeln oder Präfixe) gibt. Völlig paradox ist das henochische Zahlwort, insbesondere der Aufbau und die Schreibung der Zahlwörter über *10*.[15]

Wenn es richtig ist, dass die Sprachen eine Entwicklung von reicher Flexion zu immer größerer morphologischer Einfachheit durchmachen und wenn man bei der Einschätzung des Henochischen, um kein Spielverderber zu sein, dies bedenken wollte, dann würde man ein sehr archaisches Gepräge erwarten. Andererseits: Als Sprache von den Menschen überlegenen Intelligenzen müßte sie doch wohl auch eine höhere Vollkommenheit als Menschensprachen aufweisen. Laycock wundert sich mehrfach, dass es als Engelsprache nicht wohlklingender ist,[16] sondern aus oft kaum artikulierbaren Konsonanten-Clustern besteht (wodurch es freilich unpunktiert geschriebenen semitischen Sprachen ähnlich ist und sich etwa vom Zungenreden (vgl. Dornseiff 1925: 54f.) unterscheidet) – und dass es in vielen Einzelheiten, wie etwa der Wortstellung, so sehr dem Englischen ähnelt (vgl. Laycock 2001: 41ff.). Ich würde das Henochische etwas überspitzt wie die *litterae ignotae* der Hildegard von Bingen „eine Sprache ohne Grammatik" nennen, was deshalb leicht möglich ist, weil die hapax legomena bei weitem über-

15 Laycock (2001: 44): „The test of any future spirit-revelation of the Enochian language will be the explination of this numerical system."

16 Im Gegensatz zur „inneren Sprache" Friederike Hauffes, die auch zumindest das Genus wie das Deutsche unterschied: *ni monarto* ‚der Hund', *ni blamochor* ‚der Bräutigam', *na clemos* ‚die Katze', *na blamiria* ‚die Braut'; zum Vokalismus vgl. z. B. *handacadi* ‚Arzt', *alentana* ‚Frauenzimmer', *schmado* ‚Mond', *biana fina* ‚vielfarbige Blume', *o mia chriss* ‚ich bin', *o mia da* ‚ich habe'; *clemor tona in diu aswino* „weil ich dich liebe, zanke ich mit dir"; Pissin (1914: 201f., 224).

wiegen. Zwar wird berichtet, dass Kelley die Sprache sprechen konnte – es zumindest vorgab (vgl. Laycock 2001: 34). Er hatte jedoch nur darauf zu achten, etwa für ‚daughter' konsequent *pasbs* und für ‚day' *basgim* zu gebrauchen – falls diese Wörter nicht ohnedies nur hapax legomena sind. Kam ein Wort öfter vor wie etwa ‚death', so entstehen regelmäßig Schwankungen wie *teloc, teloch, teloah* (viell. zu griech. τέλος?). Die obliquen Formen konnten dann jeweils von der Wurzel her improvisiert werden oder – wie gewöhnlich – überhaupt ungekennzeichnet bleiben. Voraussetzung war, dass sich keine Menschen mit der Sprache zu verständigen hatten, dass bei ihrer Lehre die Bedeutung stets mitgeliefert wurde und niemand außer angeblich Kelley die Sprache ursprünglich aktiv gebrauchte. Dee hat die henochischen Wörter selbst weder gehört noch gesehen, sondern nur über das Medium Kelley kennengelernt. Da es ja nur einen einzigen menschlichen Sprecher der Sprache gab, fehlt natürlich jegliches Korrektiv. Auch wenn später im *Order of the Golden Dawn* Aleister Crowley den Dämonenherrscher Amaimon beschwört, so kommt er mit dem henochischen Wortschatz Dees aus. Allerdings werden später die Konsonanten-Cluster nach dem Muster C-V-C-V... durch eingefügte Zwischenvokale aussprechbarer gemacht, wie man Crowleys „Beschwörung des Ersten und Zweiten Aethyr" von etwa 1920 auf Edison Wachszylinder entnehmen kann.[17] Es heißt also dann etwa:[18]

ILS	*DRILPA*	*MICALZO*		*TABAAN,*	*AMAIMON,*		*DS*	*BOGPA*
Ilâsa	*darilâpa*	*mikalazōdo*		*tabaanu,*	*Amaimon,*		*dasa*	*bojipa*
O thou	great,	powerful		governor,	Amaimon,		who	reigneth
LANSH	IAIDA.		EL	VORS	TOFGLO	GAH	DO	LONDOH
elanusâhè	Iaida.		El	voresa	tofajilo	gahè	do	elunodohe
exalted in the power of the highest.			El	above	all	spirits	in the kingdom	
RAAS		OL	VAVIN		OD	ZACAM		ILS...
Ra-asa		oel	vavini		ōd	zodacamè		ilâsâ ...
of the East		I	invoke		and	move		thee ...

So wie das Engl., abgesehen vom Saxon Genitive, keine Kasusendungen mehr hat, hat – zufällig – auch das Henochische keine. Im Gegensatz zum Engl. hat es aber auch kein Pluralzeichen. Henoch. *GAH* ‚spirit' steht hier für den Plural, in anderen Fällen für den Singular, je nachdem, wie es gebraucht wird. Es ist nicht schwer, nach diesem Prinzip Sätze zu bilden, z. B: *OL BOGPA BABALON BABALOND DO BABAGE* „I reign above the wicked harlot(s) in the South" usw.[19]

---

[17] Auf der CD *Okkulte Stimmen – Mediale Musik. Occult Voices – Paranormal Music. Recordings of unseen Intelligences 1905–2007*, herausgegeben von Andreas Fischer und Thomas Knoefel unter Mitarbeit von Melvyn Willin, Berlin; www.suppose.de

[18] In Kapitalschrift die klassische Version Kelleys und Dees, darunter in der vokalisierten Form Crowleys. Das Beispiel stammt aus Crowley (1995: 110f.).

[19] Kurios, dass *BABALON BABALOND* ‚verruchte Metze' an die „Hure Babylon" anklingt.

Ich richte meine Aufmerksamkeit noch auf die vormittägliche Schauung am Samstag, 14. April 1584.[20] Wieder erscheinen *Gabriel* und *Nalvage. E. K.* (Edward Kelley) berichtet über letzteren:

> He smit the round Table with his rod, and it whirled about with a great swiftnesse. Now that which before seemed to be a circular and plain form, appeareth to be a Globe and round Ball, corporal, when it turneth [...] He striketh the Table now, and though the body seem to turn, yet the Letter seem to stand still in their places [...] Now he plucketh out five Books [...] and setteth them down by him, the books be green, bright, and they be three corned, ▷ a clasp.[21]
>
> Nal.[22] ... Read backward [...] [to E. K.] Every thing with us teacheth. Read backward [...]. Read backward [...] the letters thou hadst yesterday.
>
> Δ. [i.e. Dee] After all read, he proceeded thus:
>
> P The fourth ascending, 97 ·
> A The sixth ascending, 112.
> I The eigth ascending, 207 ·
> P The ninth ascending, 307. PIAP.
> [...]
>
> E. K. Now he striketh again, and turneth: his Rod seemeth to be hollow like a Reed: APGOB. Call it BOGPA.
>
> E. K. Gabriel falleth down on his face, and lieth prostrate, and Nalvage holdeth up his Rod all the while [...].

So geht es nun lange fort. Immer erscheinen Buchstaben, die dann rückwärts gelesen werden müssen. Einmal verliest sich Dee und das Wort wäre nicht richtig umkehrbar. Doch Nalvage sagt: „Thou shalt not remember it.“ Nun liest Δ: „PEV. It is called VEP.“ Nalvage: „Make a point there.“ Δ: „A full point?“ Nal: „[...] No, no, a stroke. “ Der henochische Text soll also korrekt sein. Δ: „OLOHOL. Call it LOHOLO.“ Nalvage: „Long, the first syllable accented. [Welche ist die erste Silbe? Vermutlich doch LÓHOLO] [...]“ Und so geht es seitenlang weiter. Durch das „In Worten Kramen“ unterscheidet sich Dee von Goethes Faust. Gabriel scheint gegen unsichtbare Dämonen zu kämpfen. Er wirft „brightnesse upon E. K.: AZRUZ[23] Call it ZURZA. E. K.: Nalvage kneeleth down before the Table, and useth inclinations, and gestures of reverence, as Priests use to do at the Alter MZRAF → FARZM [...]“ Ab jetzt bekommen die Wörter Bedeutungsangaben, die zwischen der umgekehrten und der „richtigen“ Form stehen: „HALIP mo-

---

[20] Casaubon (s. a.: 82ff.). Der Text ist nicht immer ganz klar, erinnert aber stellenweise an das Manuskript eines Bühnenstücks. Dee scheint mitgeschrieben zu haben, was Kelley ihm als gesehen angab. Er macht dazu unter Δ seine eigenen Bemerkungen.

[21] Mir nicht ganz verständlich. Waren die Bücher dreieckig oder nur die Schnalle des Verschlusses mit drei Zacken oder Spitzen versehen?

[22] Der Druck hat Seite 83 irrtümlich *Sal.*

[23] Im Druck fehlerhaft *AZRNZ*; Casaubon (s. a.: 85).

reover PILAH. HANDAI the Ark of knowledge IADNAH ... BAC a Rod CAB."[24] Zieht man die nebeneinder geschriebenen Formen, also die diktierte und die „richtige" Form zusammen, so enstehen jedes Mal Palindrome. Man könnte auch sagen, dass das erste Wort die βουστροφηδόν-Lesung des zweiten und das zweite die des ersten ist.

Nach 68 solcher Zeilen ist in mühsamer Geburt, während der *Nalvage* öfters den Stoßseufzer „Adiuva me, mi Deus" ausstößt, ein Text entstanden, der vom letzten Wort nach vorne gelesen mit „OL SONF VORSG GOHO IAD BALT LANSH CALZ VONPHO SOBRA ZOZ ROR I TA NAZPSAD" beginnt. Die Wörter werden mit den Fingern vieler Hände bezeichnet.

> E. K.: And now Nalvage is on the top of the Globe [welcher zuvor durch Rotation der runden Tafel entstanden ist] and his seat remaineth in the former manner of fire. Now Nalvage holdeth up his right hand, and the same seemeth to be many hands. There is on one of his fingers an I. It vanishes away; and so on divers fingers are words as follow.
>
> [In Übersetzung beginnt der Text so:] I Reign over you saith the God of Justice in power exalted above the firmaments of wrath, in whose hands the son is as a Sword [bis hierher das obige Zitat], and the Moon as a thorough thrusting fire which measureth your garments in the midst of my vestures [...]

Damit endet durch verkehrtes Lesen der „Erste Ruf". Auch später werden die henochischen Wörter verkehrt diktiert, was E. K. zu der Bemerkung veranlaßt: „He seemeth to read as Hebrew is read" (Casaubon s. a.: 120).

Macht über numinose Intelligenzen gewinnt man, indem man sie richtig benennt. Dass das Henochische tatsächlich die Sprache der Schöpfung und Adams ist, wird mehrfach gesagt, am ausführlichsten in einer Belehrung durch Gabriel. Adam hatte mit dem Sündenfall das Henochische, durch welches er mit Gott reden konnte, vergessen, war verstummt und hatte endlich eine neue Sprache erfunden, das Hebräische. Es besteht ein substantieller Zusammenhang zwischen Sprache und Sachen: „Every Letter signifieth the member of the substance whereof it speaketh. Every Word signifieth the quiddity of the substance" (Casaubon s. a.: 92). Aber:

> The Letters are separated, and in confusion: and therefore, are by numbers gathered together [...] Where being known in number, they [the things] are easily distinguished; so that herein we teach places to be numbered: letters to be elected from the numbered, and proper words from the letters, signifying substantially the thing that is spoken of in the center of his Creator [...]

Aus Raumgründen, mehr aber noch weil mir dazu die Kompetenz fehlt, übergehe ich das Verhältnis der henochischen Sprachkonstruktion zu den Zahlen. Dass Dee mit der Zahlenmagie der Kabbala völlig vertraut war, ist in seiner Zeit bei ihm – dem Mathematiker! – selbstverständlich. In vielen Séancen geht es daher um Zahlen, die sich auf den Weltenbau, die den Intelligenzen zugewiesenen Herrschaftsräume, deren Genealogien

[24] Wenige Wörter später: *ABAC govern. Call it CABA.* Eventuell hängt *ABAC* mit *BAC* zusammen, auch ist an *baculum* ‚Stab' zu denken.

und Stammesgliederungen, aber auch auf Gematrisches beziehen.[25] Eben „was die Welt im Innersten zusammenhält.“ Zahlen- und Buchstabentabellen oft von gewaltiger Größe wie 49x49 spielen bei der Mitteilung eine enorme Rolle. Die Zahlenfaszination und eine gewisse Geometrisierung der Welt scheint den magisch-mystischen Systemen auch außerhalb der Kabbala und davon abhängigen Denkmustern in besonderem Maße eigen zu sein, wie auch das krause und komplizierte Zahlen- und Lebenskreissystem der Seherin von Prevost bezeugt (vgl. Pissin 1914: 204ff.).

Freilich bleibt auch beim Henochischen vieles unklar: Gelegentlich ergibt die Umkehr eines Dämonennamens wieder einen solchen. Aber ob *SIODA* als Regent von *Earth of Fire* identisch mit *ADOIS* ist, der die „cacodemons of Earth of Fire“ beherrscht, bleibt offen (vgl. Laycock 2001: 73, 168). *AIAOAI* ‚divine name of six letters ruling the fire‘, während die Umkehrung *IAOAIA* der ‚demonic name commanding cacodemons of Earth of Air‘ sein soll. Liegt eine Erweiterung des Gottesnamen Ἰάω zugrunde (vgl. Dornseiff 1925: 39)? Eine der Herleitungen der gnostischen göttlichen Gestalt des *Abrasax* oder *Abraxas* geht davon aus, dass das erste Namenselement ein Palindrom von hebr. *arba* ‚vier‘ sei und sich damit auf das Tetragrammaton beziehe (vgl. Rudolph 1980: 336). Die Namen erinnern manchmal an die vorwiegend vokalischen Namenreihen in ägyptischen Zauberpapyri: Ιαω Θυεν Ωηω Ωηω Ιεονωηι ηιαηα Ιηωυο (vgl. Dornseiff 1925: 48f.).[26]

In anderen Fällen entstehen Engelnamen als Anagramme, durch Ziruf. So steht neben einem henochischen Engel *ACPS* (mit „erweitererter Form“ *ACUPS*) ein *PSAC* „angel powerful in mechanical arts“, wobei beide von einem Engel *PPSAC* beherrscht werden (vgl. Laycock 2001: 72). Ähnlich verhält sich wohl *ADTA* zu *TAAD*. Doch kann der Name auch als *ADOTA*, also erweitert, erscheinen. *ADOP*, der Engelgefährte des *DOPA*, wird von einem *ADOPA* beherrscht. Zu vergleichen ist der Typus der „allmählich anwachsenden Engelnamen“, der auch sonst bezeugt ist (vgl. Dornseiff 1925: 65).

Naheliegend, wenn auch m. W. nicht im Henochischen belegt, ist das schon von Blau (1898: 147)[27] aufgezeigte Prinzip, magische „Worte“ zu Zauberzwecken umzukehren und durch Einschub eines Mittelkonsonanten ein Palindrom herzustellen: so wird z. B. aus *ablana analba*, und beide zusammen ergeben mit hebr. *Thaw* als Mittelkonsonanten: *ablanathanalba* (vgl. Dornseiff 1925: 58, Anm. 2). Diese Praxis war nicht nur den zauberkundigen Juden bekannt, sondern auch im *Abraxas*-Kult geläufig. Hier hieß der Name der Urmutter: *BAATETOPHOTH-ZOTHAXATHOZ*, wobei das letzte Lautgebilde ein Palindrom ist. Das Szepter der Welt heißt gar (Schultz 1910: 74f.):

---

25 Öfters ist auch von politischen Konstellationen und oft von alchemistischen Problemen die Rede, selten von Alltagsproblemen wie das von den Geistern als zu hoch kritisierte Haushaltsgeld von Joan Dee.

26 Wie wurden diese Namen wiedergegeben? Etwa monoton gesungen, ekstatisch mit hoher Stimme (?) gelallt? Mir sind keine Hinweise auf die performative Beschwörungspraxis untergekommen.

27 Auch Steinschneider (1871: 385) hatte schon die große Bedeutung der Namensmagie in der altjüdische Magie betont.

THORIOBRITITAMMAORAGGADRIOIRDAGGAROAMMATITIRBOIROTH.

Eine Inschrift in Kairo lautet: *ΣΙΑΙΕΡΤΑΙΑΔΟΠΝΤΣΙΕΘΕΙΣΤΟΝΠΟΔΑΙΑΤΡΕΙΑΙΣ* (Dornseiff 1925: 63). Auch im Mithraskult wurde der Gott mit Namen angerufen, die gematrisch den Stunden- und (Jahres-)zeiten entsprachen und Palindrome bildeten (Schultz 1910: 83, Dornseiff 1925: 61):

ACHAIPHOTHOTHOPHIACHA AIEEIA AIEEIA ACHAIPHOTHOTHOPHIACHA.

Wir dürfen damit rechnen, dass die Verwendung von Palindromen zu Zauberzwecken auch im Mittelalter noch bekannt war. Die oft bezeugte *Sator-Arepo*-Formel beweist es. Nach magischer Auffassung konnte man durch Namenumkehr, überhaupt durch Rückwärtssprechen, Schadzauber ausüben. Deshalb gibt es rechtsläufige Runeninschriften und deshalb beten angeblich heute die Satanisten das Vaterunser verkehrt, wobei mir nicht klar ist, ob die Wörter korrekt verkehrt gesprochen werden, was nicht ohne phonetische Kenntnisse möglich ist (also statt *Herrlichkeit* etwa *tiàkchilréh*),[28] oder ob man einfach die Reihenfolge der Wörter umkehrt, so dass das letzte Wort das erste wird (also: *Herrlichkeit die und Kraft die ist dein denn* [...]). Einer durch ein Palindrom be-

[28] Das phonetisch richtige Rückwärtssprechen ist eine Kunst, die in Deutschland Bernhard Wolff beherrscht, der seit 1988 als professioneller Rückwärtssprecher mit Tonbandkontrolle auftritt. Dazu und über ihn jetzt: Jungclaus (2000). Von Mozart wird berichtet, dass er juxhalber rückwärts gesprochen habe. Es wäre interessant, wie weit das musikalische Genie den Mangel an phonetischem Wissen wettmachen konnte. Eine modische magische Disziplin ist die Dekodierung richtig aufgenommener aber verkehrt abgespielter Texte, die Geisterstimmen liefern, aber auch Aufschlüsse über unbewusste und unterdrückte Vorgänge geben soll: http://www.efodon.de/ html/archiv /wissenschaft/geise/2007_reversespeech.html. Die Ursprungslegende von „Reverse Speech Technology“ besagt, dass ihrem Gründer David John Oates 1983 der Walkman in die Klosettmuschel gefallen sei und danach das Band nur noch im Rückwärtslauf abgehört werden konnte. Dabei entdeckte er die in den Texten verborgenen geheimen Botschaften und baute diese Erkenntnis zur (magischen) Wissenschaft aus. Dazu etwa das Interview: http://www.dailymotion.com/video/ x5r8ea_conference-avec-david-oates-1_tech (Stand: 13. 8. 2010). Seine „Schülerin“ Karina Kaiser hält nun Kurse im Erkennen von Reversal Speech, womit man sich jeden Lügendetektor sparen könne; z. B. Angela Merkel spricht über die Befreiung von Geiseln im Irak und die Lösegeldforderungen. „Die Regierung arbeitet auf Hochtouren mit all den Kapazitäten, die wir zur Verfügung haben.“ Rückwärts abgehört versteht Karina Kaiser: „der Krisenstab *sieht Geiz*“, weil die Regierung kein Geld aufwenden wolle. Auf einem Tonbandprotokoll eines der Mondpiloten will sie *remember the lie* hören, woraus sich ergibt, dass die Mondmission ein Fake war: http:// www.komerca.tv/review.php?sid=24190 (Stand: 16. 7. 2010). Die Kommentare der Queen zum Tod der Lady Diana sind angeblich: „She needs this. Soul was nicer. The fuss will serve us. Sell her. Feel it now“: http://www.youtube.com/watch?v=IN4Q LpODQ1Q&feature=related (Stand: 13. 8. 2010). Das Motto dieser neuen magischen Richtung: Erst wenn alle Menschen die Rückwärtssprache beherrschen, ist das das Ende der verlogenen Gesellschaft. Zum Thema der Tonbandstimmen aus parapsychologischer Sicht vgl.: http://www.esowatch.com/ge/index.php?title=Tonbandstimme#Aufnahmen_von_EVP-Stimmen (Stand: 13. 8. 2010).

zeichneten Sache kann durch Rückwärtssprechen kein Schaden zugefügt werden (vgl. Dornseiff 1925: 56 Anm. 2, 63, 66).[29]

Einem Sonderfall der Palindrome bin ich zuerst bei meiner Edition der alchemistischen Traktate des *Gratheus filius philosophi* begegnet, in denen alchemistische Gefäße genannt werden, die *Alla, Arra, Samimas, Sesses, Sopos* und *Sorros* heißen und alle bei der Herstellung des *Olium vivum* dienen, das Voraussetzung für die Präparation des Lapis ist (vgl. Birkhan 1992: I, 267ff.).[30] Der Versuch zu schaden, musste offenbar scheitern, wenn die gefährdeten Gefäße von Haus aus Palindromnamen trugen. Und wenn man annimmt, dass die Vatersprache numinoser Intelligenzen semitisch – und damit rechtsläufig geschrieben – ist,[31] dann konnten diese nicht aus und mussten die Palindrome nolentes volentes verstehen.

In einzelnen Fällen machte davon auch das offizielle kirchliche Christentum Gebrauch. So hat Hrabanus Maurus in einem seiner Kreuzgedichte (figura XXVIII) zu Gott gesagt: „ORO TE RAMUS ARAM ARA SUMAR ET ORO“ (etwa: „Ich Ramus [für *Hrabanus* ‚Rabe‘] bitte dich Altar, dass ich vom Altar genommen werde [bei der Erfüllung des Sakraments versterbe] und darum bitte ich“). Das griech. Palindrom ΝΙΨΟΝ ΑΝΟΜΗΜΑΤΑ ΜΗ ΜΟΝΑΝ ΟΨΙΝ „Wasche [meine] Sünden, nicht nur [mein] Antlitz“ findet sich sowohl auf dem Taufbecken der Hagia Sophia als auch in westeuropäischen Kirchen. Der Imperativ ist wohl entweder an Gott oder wahrscheinlicher an das Taufwasser, bzw. seinen Engel, gerichtet. Wer immer gewohnt ist, rechtsläufig zu lesen, kann die hier ausgesprochene Bitte nicht übersehen.

Wenn heute Palindrome eher spaß- und kuriositätshalber angewandt werden, wie im Titel dieses Vortrags, so darf dies über die magische Potenz solcher Gebilde vom Altertum bis in die frühe Neuzeit nicht hinwegtäuschen.

So halb im Scherz hat wohl schon mancher über einfache „Inversionswörter“ geschmunzelt und sich gefragt, ob hinter dem Zufall nicht doch ein geheimer Sinn stecken könnte: lat. *forma* und griech. μορφή und deutlicher: *pot* und *top(f)*, *nap(f)* und *pan*, *fisch* und *schif* (beide schwimmen), *zi(c)k* und *ki(t)z*, ndl. *kip* ‚Huhn‘ und *pick(en)*.[32] Sie ergeben zusammen ein „natürliches“ Palindrom (etwa *fischschif*), ganz wie die Wörter des Henochischen, wenn man sie zusammenzöge: „HANDAIIADNAH ‚the Ark of knowledge‘.

[29] Zur Magie des Gefäßes überhaupt vgl. Negelein (1931–1935: I, 310f.).

[30] In diesem Text findet sich sowohl die Vorstellung, dass die Gefäße auch am Himmel erscheinen, als auch die einer Himmelsschrift; dazu Dornseiff (1925: 15, Anm. 1, 89ff.).

[31] Wie auch die Seherin von Prevorst jedenfalls rechtsläufig und vielleicht auch von unten nach oben geschrieben haben dürfte.

[32] Ein ernstgemeinter Versuch einer Erklärung von Fällen wie *pot-top(f)* u. a. als Ergebnis früher Reduplikation stammt von Spitzlberger (1984); also etwa: **potpot* > **potop* (Vereinfachung) > *top*. Die „unseriösen“ Beispiele *fisch, kitz* und *kip* finden sich dort natürlich nicht.

Doch bevor ich dem Unernst verfalle, lasse ich den Engel Tetrix zu Wort kommen:[33]

„OECRIMI GI DE MADRIAX, SOLPETH DE BUSD DO MICALZ ASCHA, IP URAN MIR DO DONASDOGAMATATASTOS!"

„Sing You praises to Heaven, hearken to the Glory of the Mighty God, see not the Torment of Hell!"

Literaturverzeichnis

Birkhan, Helmut (1992), Die alchemistische Lehrdichtung des Gratheus filius philosophi in Cod. Vind. 2372. Zugleich ein Beitrag zur okkulten Wissenschaft im Spätmittelalter, 2 Bde., (Österreichische Akademie der Wissenschaft, Philosophisch-Historische Klasse 591), Wien.

Birkhan, Helmut (2010), Magie im Mittelalter, (Beck'sche Reihe 1901), München.

Birkhan, Helmut (2012), „Mittelalterliche und frühneuzeitliche Theorien zur Ausgliederung der Kelten und ihrer Sprachen auf den Britischen Inseln nebst einem Ausblick in die Neue Welt", in: Sprache und Identität im frühen Mittelalter, herausgegeben von Walter Pohl und Bernhard Zeller (Forschungen zur Geschichte des Mittelalters 20, ÖAW phil.-hist. Kl. Denkschr. 426), Wien, 145–159.

Bischoff, Bernhard (1954), „Übersicht über die nicht-diplomatischen Geheimschriften des Mittelalters", in: Mitteilungen des Instituts für Österreichische Geschichtsforschung 62, 1–27.

Blau, Leon (1898), „Das altjüdische Zauberwesen", in: Jahresber. d. Landes-Rabbinerschule in Budapest f. d. Schuljahr 1897–98, Budapest, 1–32.

Casaubon, Meric (s. a.), John Dee, A True and Faithful Relation of what Passed for Many Years Between Dr. John Dee and some Spirits, Neudruck: Berkeley CA 2008, Berkeley, London.

Crowley, Aleister (1995), The Goetia. The Lesser Key of Solomon the King. Transl. by Samuel Liddell MacGregor Mathers. Edited with an introduction by Aleister Crowley, San Francisco.

Dornseiff, Franz (1925), Das Alphabet in Mystik und Magie, 2. Auflage, (Stoicheia 7), Leipzig, Berlin

Higley Sarah L. (2007), Hildegard of Bingen's Unknown Language. An Edition, Translation and Discussion, New York.

Jungclaus, Andrea (2000), Rückwärtssprechen, Magisterarbeit d. Univ. Hamburg (non vidi).

Laycock, Donald C. (2001), The Complete Enochian Dictionary. A Dictionary of the Angelic Language as Revealed to Dr. John Dee und Edward Kelley, San Francisco, Newport.

MacGregor Mathers, Samuel Liddell (2000), The Key of Solomon the King (1888), Neuedition, San Francisco, Newburyport.

Negelein, Julius von (1931–1935), Weltgeschichte des Aberglaubens, Berlin, Leipzig.

Nowotny, Karl Anton (Hrsg.) (1967), „Nobilis viri Henrici Cornelii Agrippae ab Nettesheym De occulta Philosophia, siue de Magia Libri tres", in: Henricus Cornelius Agrippa ab Nettesheym, De occulta Philosophia, herausgegeben und erläutert von Karl Anton Nowotny, Graz, 1–374.

Pissin, Raimund (Hrsg.) (1914), Justinus Kerners Werke. Auswahl in sechs Teilen. Teil IV: Die Seherin von Prevorst I, Berlin, Leipzig, Wien, Stuttgart.

Portmann, Marie-Louise / Odermatt, Alois (Hrsg.) (1986), Wörterbuch der unbekannten Sprache. In der Reihenfolge der Manuskripte, sowie alphabetisch nach unbekannter Sprache, lateinischer Übersetzung, mittelhochdeutscher Übersetzung und moderner Übersetzung, Basel.

Rudolph, Kurt (1980), Die Gnosis. Wesen und Geschichte einer spätantiken Religion, 2., durchg. und erg. Aufl., Göttingen.

[33] Das Zwinkern fällt der Wissenschaft schwer. Hier ist es gelungen (Anm. des Hrsg.).

Schrader, Marianna / Führkötter, Adelgundis (1956), Die Echtheit des Schrifttums der heiligen Hildegard von Bingen. Quellenkritische Untersuchungen, (Beihefte zum Archiv für Kulturgeschichte 6), Köln, Graz.

Schultz, Wolfgang (1910), Dokumente der Gnosis, Jena.

Spitzlberger, Georg (1984), „Die Inversion als Wortbildungsfaktor in den eurasischen Sprachen", in: Otto Gschwantler (Hrsg.), Linguistica et philologica. Gedenkschrift f. Björn Collinder (1894–1983), (Philologica Germanica 6), Wien, 471–479.

Steinschneider, Moriz (1871), „Zum speculum astronomicum des Albertus Magnus, über die darin angeführten Schriftsteller und Schriften", in: Zeitschrift für Mathematik und Physik 16, 357–396.

Weidinger Erich (Hrsg.) (1990), Die Apokryphen. Verborgene Bücher der Bibel, Augsburg.

Wipf, Karl A. (Hrsg.) (1992), Althochdeutsche poetische Texte. Ausgewählt, übersetzt und kommentiert von Karl A. Wipf, (Reclam Universal-Bibliothek 8709), Stuttgart.

SANDRA REIMANN

„Experten“ unter sich – Besonderheiten des Sprachgebrauchs im Selbsthilfeforum hungrig-online.de

1. Einleitung

1.1 Krankheit als Arkanum

Im Mittelpunkt der folgenden Untersuchung steht die Internetplattform www.hungrig-online.de. Es handelt sich dabei um ein seit 1999 existierendes virtuelles Selbsthilfeangebot zum Thema Essstörungen. Diese Plattform aus einer Art arkanlinguistischer Sicht zu betrachten liegt nahe, wie die Auseinandersetzung mit den verfassten Texten sowie der medizinisch-psychologischen Forschung zeigt. Die Gründe dafür sind folgende: Zum einen gehört es zum Wesen der verschiedenen Krankheitsformen, besonders der Anorexia Nervosa (Magersucht), dass sich die Betroffenen mit dieser Krankheit von ihrem Umfeld, beispielsweise der Herkunftsfamilie, abgrenzen wollen. Außerdem empfinden sie vielfach Scham, über bestimmte Themen zu sprechen, z. B. über Körper und Sexualität (siehe Kap. 3.5). Dass bei hungrig-online.de Nicknames verwendet werden, die Kommunikation also anonym verläuft, kommt den Betroffenen deshalb entgegen. Geheimhaltung und Abgrenzung gegenüber der Umwelt / der Gesellschaft bis hin zu bewussten Täuschungspraktiken in Bezug auf das Essverhalten sind Bestandteile der Krankheit; in der Literatur wird von einer „Hungerideologie“ gesprochen (vgl. Gerlinghoff / Backmund 1994: 59). Vor allem bei der Magersucht stellt die Nahrungsverweigerung eine Problemlösungsstrategie und Möglichkeit der Identitätssicherung (zunächst) mehr oder weniger unbewusst dar. Vorrangig tritt die Krankheit bei jungen Frauen, das heißt in einer Lebensumbruchssituation auf.

Diese – auch räumliche – Abgrenzung nach außen, also gegenüber Nicht-Betroffenen, wird auf hungrig-online.de ebenfalls thematisiert, wie folgende Beispiele einer Userin zeigen:[1]

1. Das Schlimme ist, daß [...] ich mich ganz gut gefühlt habe *in der kleinen Magersuchtswelt*, die ich ja heute nicht mehr habe.
2. Vielleicht hätte ich ein Buch, das die MS „Entmythifiziert" (gibts das Wort überhaupt?: [rolleyes;[2] S.R.]:) sofort wieder ins Regal zurückgestellt weil es *mein damaliges selbsterschaffenes Weltbild* auf eine ganz gefährliche Weise ins Wanken gebracht hätte. [Hervorhebung S.R.]

Welche Möglichkeiten der Versprachlichung dieses Arkanums, dieser eigenen Welt, auf der Internetplattform auftreten, werde ich exemplarisch zeigen. Es sei vorweggenommen, dass das Arkane in folgenden sprachlichen Phänomenen sichtbar wird: im inhaltlich krankheitsbezogenen Sprachgebrauch, das bedeutet beispielsweise im (scheinbar) vertrauten Umgang mit entsprechender medizinischer Terminologie, in der Verwendung bestimmter Kurzwörter und Syntagmen, in Bedeutungsveränderungen, in der Metaphorik und Personifikation der Krankheit oder in versprachlichter und visualisierter Tabuisierung.

Zum anderen ist zu erwähnen, dass das Arkane nicht nur ein Kennzeichen im Umgang der Betroffenen mit der Essstörung ist. Vor allem die Magersucht gibt Ärzten und Psychotherapeuten noch immer Rätsel auf, was die Ursachen ihrer Entstehung betrifft. Das folgende Zitat der Ärzte Monika Gerlinghoff und Herbert Backmund, die sich seit Jahrzehnten mit Essstörungen beschäftigen, aus dem Jahre 1994 hat kaum an Aktualität eingebüßt:

> Obwohl die Magersucht seit mehr als hundert Jahren bekannt ist, sind die Ursachen noch immer nicht endgültig geklärt. (1994: 18) [...] Magersucht hat nicht nur eine Ursache. [...] Moderne Vorstellungen schließen biologische, soziokulturelle, familiendynamische und persönlichkeitsspezifische Faktoren ein. (1994: 67)

Das heißt demnach, auch die Krankheit selbst, der Gegenstand des sprachlichen Austauschs, kann als eine Art Arkanum bezeichnet werden; die Ursachen liegen teils immer noch im Dunkeln. Sowohl die genannten ungewöhnlichen, also krankheitsspezifischen Handlungen der Betroffenen als auch die noch zu lösenden Aufgaben in der Erforschung der Krankheit fasst der Psychiater Detlev Ploog (1985: 7) zusammen:

> Die Magersucht ist eine ernste und oft folgenschwere psychosomatische Erkrankung. Das Rätsel, das sie uns aufgibt, liegt einerseits in den vielfältigen, teils unaufgeklärten körperlichen und seelischen Bedingungen, die beim Entstehen der Krankheit zusammenwirken, andererseits aber in der großen Schwierigkeit, die Magersüchtigen zu verstehen und einen Zugang zu ihnen zu

[1] Die Texte des Korpus wurden unverändert übernommen, das heißt, dass auch Tipp- / Rechtschreibfehler nicht verbessert wurden. Eine Anonymisierung wurde durchgeführt.

[2] An dieser Stelle ist im Original ein entsprechendes Emoticon zu finden. Das gilt auch für die weiteren Versprachlichungen im Text.

finden. Attraktive und intelligente Mädchen – und selten auch Jungen – hungern sich durch die Entwicklungs- und Reifejahre ihres Lebens, haben panische Angst vor jeder Gewichtszunahme und denken dabei unentwegt an Nahrung und Essen. Schließlich leben sie allein in ihrer Hungerwelt und hüten sie wie ein Geheimnis, das sie niemandem preisgeben.[3]

1.2 Themenbezogene(r) Gruppenstil / -sprache

Die sprachliche Gestaltung der Beiträge auf hungrig-online.de zeigt einen ähnlichen Stil der Textproduzentinnen und -produzenten, „der über die Thematik, das Medium, die Form und Funktion der Kommunikation sowie die gegenseitige Beeinflussung der User/-innen und deren Alter mit geprägt wird", das heißt bis hin zum themenbezogenen Gruppenstil / zur Gruppensprache (Reimann 2011: 169). Diese Annahme geht auf Gemeinsamkeiten im Sprachgebrauch zurück, wie ich folgend zeigen werde. Zudem sind die User/-innen „größtenteils unter 30 Jahre alt, was vor allem an dem typischen Krankheitsbeginn, der Zeit der Pubertät, liegt (Herpertz-Dahlmann 2008); dass der Umgang mit dem Medium Internet altersbedingt für sie eine Selbstverständlichkeit ist, ist bei den Analysen ebenfalls zu berücksichtigen. Einflüsse jugendsprachlicher Tendenzen liegen deshalb nahe" (Reimann 2011: 169), was nur am Rande erwähnt sei.

Es ist demnach damit zu rechnen, dass „pragmatische Präsuppositionen" (vgl. Ernst 2002: 35) vorliegen, also gemeinsames Hintergrundwissen der Userinnen und User für eine funktionierende Kommunikation vorausgesetzt wird.

Die Möglichkeit der Abgrenzung über die Sprache – Kennzeichen des Arkanen – dürfte also innerhalb des Forums jedoch höchstens implizit verfolgt werden, denn es ist anzunehmen, dass (beinahe) ausschließlich von Essstörungen direkt oder indirekt (über Angehörige bzw. Freunde) Betroffene die Rezipienten des Selbsthilfeforums sein dürften und die Kommunikation untereinander vermutlich gelingen soll.

2. Kommunikationssituation und Beteiligte bei www.hungrig-online.de

Bei hungrig-online.de kommunizieren „Menschen miteinander, die selbst oder indirekt über Angehörige von Essstörungen betroffen sind, über die verschiedenen Erscheinungsformen der Krankheiten, Erfahrungen, Therapien und Ähnliches" (Reimann 2010: 225). Die Plattform wird von (ehemals) Betroffenen, die Abstand zu ihrer Essstörung haben, und Angehörigen mit entsprechendem Wissen moderiert. Sie überwachen die Plattform auch im Hinblick auf die Einhaltung der Nutzungshinweise und Regeln.

[3] Der Konflikt der Betroffenen, zwar Hilfe erfahren zu wollen, aber zugleich ihr Symptom, die von Ploog genannte „Hungerwelt", nicht aufgeben zu wollen, zeigt sich auch in der Metaphorik (vgl. Kap. 3.6.2).

Beispielsweise dürfen keine Zahlen zu Körpergewicht, Kalorien oder Kleidergröße verwendet werden. Damit soll Konkurrenzdenken unterbunden werden. Auch ein fachlich-medizinischer Dialog ist unerwünscht (siehe Kap. 3.1). Psychologen und Ärzte betreuen die Plattform am Rande mit.

Die Kommunikationssituation stellt sich, wie bereits angesprochen wurde, vorrangig als Patienten-Patienten-Kommunikation (Selbsthilfe) dar. Da sie computervermittelt ist, liegt keine Face-to-Face-Kommunikation vor, so dass beispielsweise keine paraverbalen und nonverbalen Merkmale (Gestik / Mimik) übermittelt werden können oder nur indirekt, z. B. über Emoticons, die auch intensiv eingesetzt werden.

Eine wichtige medial bedingte Funktion wurde in Kap. 1.1 bereits erwähnt: Die weitgehende Anonymität – man verwendet Nicknames – kann nach Döring (2003: 121) zu „kommunikativer Enthemmung" führen: Den Userinnen und Usern wird es dadurch erleichtert, unbefangener über heikle, für sie schwierige, persönliche Themen zu sprechen und mehr von sich preiszugeben, zumal sie ja freiwillig kommunizieren. Zudem wird so vermutlich auch eine Art Wir-Gefühl durch die Krankheit als gemeinsamen Bezugspunkt unterstützt.

Die Kommunikation erfolgt asynchron, das heißt: Eine Antwort kann, muss aber nicht unmittelbar folgen. Es ist bei hungrig-online.de auch nicht klar, wer bzw. wie viele Userinnen und User antworten werden.

Die Website hungrig-online.de bietet in 17 öffentlich zugänglichen Foren die Möglichkeit, Themen und Diskussionsanlässe zu Essstörungen zu platzieren und auf bereits vorhandene Beiträge zu antworten. Einige weitere spezielle Foren und geschlossene virtuelle Selbsthilfegruppen gibt es noch: So kann man sich beispielsweise auch an Therapeuten psychotherapeutischer Einrichtungen wenden.

Mein Korpus umfasst alle Beiträge von neun Userinnen von 1999 bis Ende Juli 2008,[4] es handelt sich dabei pro Person um teils mehrere tausend Postings.

3. „Arkanes in der Sprache"

3.1 Fachsprache der Medizin

Obwohl es sich bei hungrig-online.de um Selbsthilfe im Internet handelt, zeigt sich, dass durchaus medizinisch-psychosomatischer Fachwortschatz im engeren Sinne verwendet wird. Die teils sehr detaillierte Versprachlichung medizinisch-psychologischer Phänomene zeugt von einer vertieften Beschäftigung mit der Thematik, der eigenen Krankheit. Allerdings wird auf der Internetplattform unter der Rubrik „Regeln und Nutzungshinweise" unter anderem darauf hingewiesen, dass ausdrücklich kein medizinisch-fachlicher Dialog stattfinden soll:

[4] Die Zusammenstellung des Korpus für ein größeres Forschungsprojekt zum Sprachgebrauch auf hungrig-online.de war zu diesem Zeitpunkt abgeschlossen.

> Beiträge, die sich mit *körperlichen Symptomen* befassen und *medizinische Sachverhalte* betreffen, können ohne Vorankündigung durch die Moderatoren [das sind, wie gesagt, keine Fachleute; S.R.] entfernt werden. Wir möchten keinen Tauschplatz für Symptome und keine Laienmedizin; körperliche Beschwerden müssen vom Arzt untersucht werden. [Hervorhebungen im Original; S.R.][5]

3.1.1 Benennung verschiedener Arten von Essstörungen und anderer Krankheiten

Es findet sich die Benennung der verschiedenen Essstörungsarten. Sie werden zum größten Teil auch in einer „Enzyklopädie“ zu „Fachbegriffe[n] zu Essstörungen, Ernährung und Therapie“[6] auf hungrig-online.de erklärt:
Beispiele:

1. Leidest Du unter Magersucht, Bulimie oder Esssucht?
2. Hallo, ich bin [XY; S.R.],[7] bin schon [Z Jahre alt; S.R.], schaue aber wesentlich jünger aus […] habe Anorexie seit 9[8]
3. Im angelsächischen Raum verwenden sie inzwischen scheints auch eine Dia-gnose namens „Binge Eating Disorder“, die würde beschriben was du schilderst – FAs aber ohne Erbrechen...

Daneben kommen Bezeichnungen für Krankheiten, die in Verbindung mit Essstörungen stehen können, vor, wie *Psychose*, *Depression*, *Neurose*, *Narzissmus* und *Borderline:*

> […] Der Kumpel meines damaligen freundes hatte zB eine schizophrene Psychose, aber das raffte keiner – man kriegte immer nur mit, dass er „spinnertes Zeug redete“ […] Die Leute sind in solchen Ausnahmezuständen oft wirklich ganz woanders... also nicht nur bei Psychosen, überhaupt in extremen psychischen Zuständen, auch bei krassen Depressionen, oder wenn jemand vollkommen in seiner Sucht befangen ist […]

Während der jeweiligen Userin das Fachwort in den eben aufgeführten Beispielen selbst als bekannt erscheint und sie es lediglich bzw. ausschließlich zur Versprachlichung eines übergeordneten Themas heranzieht, steht es folgend im Mittelpunkt des Interesses: Das Fachwort ist im ersten Beispiel Gegenstand der angekündigten Handlung (*das internet* […] *durchforstet*). Im dann folgenden Fall wird noch deutlicher, dass die Userin die Bedeutung des verwendeten Fachterminus nicht kennt; sie gibt diese Unwissenheit als indirekte Frage an die Userinnen und User der Internetplattform weiter.

1. nachdem der link nicht da war, hab ich aber das internet nach Narzissmus allgemein und weiblichem im besonderen durchforstet, und das beschreibt mich leider sehr gut: […]

---

5 http://www.hungrig-online.de/cms/index.php/nutzungshinweise (zuletzt aufgerufen am 24.07. 2011).

6 http://www.hungrig-online.de/cms/index.php/fachbegriffe (zuletzt aufgerufen am 25.07.2011).

7 In eckigen Klammern stehen durch S.R. veränderte Daten, die aufgrund der Anonymisierung notwendig wurden.

2. Dazu fällt mir ein, dass ich einmal eine Vorlesung über „Genie und Wahnsinn“ gehört hab. […] Es waren erstaunlich viele... tja, und jetzt weiß ich nicht mehr... Neurosen gegenüber Psychosen? Keine Ahnung. Vielleicht weiß es ja hier zufällig jemand.

Dieser Umgang mit der Fachsprache gilt in ähnlicher Weise auch für die folgenden Beispiele. So bittet eine Userin um eine Erklärung für das Verb *dissoziieren*; bei einer anderen wird das Fachwort bzw. das entsprechende Substantiv, das übrigens in der Enzyklopädie auf hungrig-online.de aufgeführt und erklärt wird, als Zitat der Therapeutin, die fachsprachlich die Expertin im engeren Sinne ist, angegeben:

1. [XY; S.R.], Du hast von „dissoziieren“ während der Stunde gesprochen. Kannst Du beschreiben, was da währenddessen passiert?
2. Jetzt bin ich seit [3 S.R.] Wochen in der Tagesklinik. Ich bin in den Wochen vorher immer instabiler geworden, das Neben-mir-stehen hat dann solche Ausmaße angenommen, dass meine Therapeutin es „Dissoziationen“ genannt hat.

Bei den genannten Beispielen zeigt sich also ein Umgang mit dem Fachvokabular, der verdeutlicht, dass der Gebrauch nicht im Zusammenhang mit einem über eine Ausbildung / ein Studium erworbenen Wissen steht.

3.1.2 Austausch über medizinisch-fachliche Themen

Neben der Verwendung von Krankheitsbezeichnungen erfolgt eine teils ausführliche Kommunikation über Erfahrungen zu medizinisch-fachlichen Themen, das heißt, die Informationen sind wiederum ausschließlich subjektiv einzuordnen und nicht auf der Wissenschaftsebene – der Kommunikation zwischen Ärzten oder Psychologen – anzusiedeln. Im folgenden Beispiel befasst sich die Userin mit dem Gebrauch eines Antidepressivums. Sie beschreibt ihren Umgang mit den Tabletten und die Wirkungen des Medikaments. Das Kurzwort (Initialwort) *SSRIs* setzt die Userin allerdings – wohl unbewusst – als Vorwissen voraus, denn es erfolgt dazu keine Erklärung. Es handelt sich dabei um das Initialwort zu *Selective Serotonin Reuptake Inhibitor* (Serotonin-Wiederaufnahmehemmer), einem Antidepressivum:

> Hallo,
> ich habe auch schon einige *Erfahrungen mit Paroxetin* gemacht.
> In der Anfangsphase hatte ich ca. 1 Woche starke *Nebenwirkungen*. Danach hat es mir bezüglich Essstörung und bezüglich Depressionen erstmal richtig gut geholfen.
> Ich war lange Zeit bei 10 mg die Höchstdosis war bei 30 mg.
> […]
> Allerdings macht Paroxetin oftmals Probleme beim Absetzen.
> *Ich kann den Satz „SSRIs machen nicht abhängig“ nicht mehr hören* und halte ihn für ein Märchen der *Pharmafirmen*, das auch hier im Forum nicht selten zu lesen ist.

> Seit Monaten bin ich dabei, *Paroxetin abzusetzen*. Tatsache ist, daß sich der Körper soweit an das Medikament gewöhnt hat, dass bereits eine Reduktion um wenige mg schreckliche *Absetzerscheinungen* macht. (*Übelkeit, Schwindel, Kopfschmerzen, Grippegefühl, das Gefühl, als ob das Gehirn den Bewegungen des Kopfes nicht mehr nachkommt, Schwitzen und Frieren, Alpträume*) [Hervorhebungen S.R.].

Auch der immer wieder vorhandene Austausch über geeignete Therapieformen und die Vorzüge und Nachteile bestimmter Kliniken, beispielsweise auch Erfahrungen mit einer psychiatrischen im Gegensatz zu psychosomatischen Kliniken, bietet einen Einblick in das angeeignete fachliche Wissen der Userinnen und User.

3.1.3 Kurzwörter

Besonders auffallend ist die Verwendung von Kurzwörtern, auf die man immer wieder und in recht großer Vielfalt stößt. Wie Kessel / Loew / Thim-Mabrey (2007: 347f.) in einem Überblick über erste Arbeiten zu den Texten auf hungrig-online.de schreiben, „werden die als steif und unverständlich empfundenen tatsächlichen medizinischen Fachwörter durch abgekürzte Formen gewissermaßen popularisiert".

Außerdem betont „die Notwendigkeit, in die gängigen Abkürzungen des Forums eingeführt zu werden, um darin kommunizieren zu können, [...] ebenfalls einen gewissen Anstrich von Quasi-Fachsprachlichkeit" (Kessel / Loew / Thim-Mabrey 2007: 347). Es liegt bereits eine Regensburger Untersuchung zu Abkürzungen und deren Verwendung als Ausdruck der Einstellung der Schreibenden bei hungrig-online.de vor. Hierbei wurden „Züge einer fachsprachlichen Gattungssystematik", wie Kessel / Loew / Thim-Mabrey (2007: 347) zusammenfassen, bei den Krankheitsbezeichnungen im weiteren Sinne festgestellt. So ist, laut der an der Universität Regensburg entstandenen Hauptseminarsarbeit von Andrea Czech (2006: 21f.), in den Beiträgen etwa von *MSlern* (‚solche, die an Magersucht leiden') und *nicht-ESlern* (‚solche, die nicht an Essstörungen leiden') die Rede.

Abkürzungen als (Selbst-)Bezeichnungen der User/-innen bzw. bestimmter Gruppen sind beispielsweise im vorliegenden Korpus auch

1. die meisten (Ex-)UG-ler
2. Ahoi hoi, meine Lieblings-HO'lerinnen
3. Guten Tag, werte Mit-Ho'lerinnen!
4. Alte HO-ler.

Als weitere Abkürzungen finden sich u. a. *BPS* für Borderline-Persönlichkeitsstörung, *AD* für Antidepressivum und *ADs* für den Plural, *SVV* für selbstverletzendes Verhalten, *VT* für Verhaltenstherapie, *SHG* für Selbsthilfegruppe, *UG* für Untergewicht, *NG* für Normalgewicht, *FA* für Fressanfall, *ES* sowohl für Essstörung als auch für essgestört, *Thera* für Therapeut, Therapeutin und Therapie. Die Kurzwörter sind teils durch den engeren Kontext, teils durch weitere Beiträge dekodierbar. Sie stehen jedenfalls nicht im virtuellen Fachlexikon der Internetplattform. Eine Anthropomorphisierung durch abgekürzte Formen, wie die Abkürzungen *Mia* und *Ana* (als weibliche Personennamen) für *Bulimia nervosa* und *Anorexia nervosa* konnte ich in meinem Korpus jedoch nicht feststellen (vgl. auch Kessel / Loew / Thim-Mabrey 2007: 348). Möglicherweise werden solche als Verharmlosungen zu verstehenden Bezeichnungen auch aus den Texten getilgt oder, den Regeln entsprechend, gar nicht erst verwendet. Sie sind im Internet bei den so genannten „Pro-Ana-Gruppen", die Essstörungen als Lifestyle verherrlichen, anzutreffen.

Homonym und deshalb eine Verwechslungsgefahr bietend könnte die Abkürzung *MS* verstanden werden, wenn zugleich bzw. im Kotext von *Multipler Sklerose* die Rede ist, wie ein Beispiel zeigt, in dem beide Krankheiten innerhalb einer Familie thematisiert werden:

> Das ist in mir irgendwie so drin, da meine MS vermutlich tatsächlich aufgrund der familiären Lage (Papa hat *Multiple Sklerose*) mit Aufmerksamkeit und Perfectness zu tun hat [Hervorhebung S.R.].

Schwer entschlüsselbar ist aufgrund des geringen Vorkommens das Kurzwort *ADFD*, das ebenfalls nicht im virtuellen Fachlexikon aufgeführt wird. Es ist nur in zwei Beiträgen einer Userin zu finden und wird weder erklärt, noch kommen die Komponenten der Langform in den Postings vor: In den Beiträgen geht es um das Absetzen von Medikamenten, was auch Thema beim Antidrepressiva-Forum Deutschland (www.adfd.org) ist.

> Hallo an alle,
> [XY; S.R.], es ist wirklich seltsam, wie Du Dich gegen *ADFD* einsetzt.
> Aber einer von vielen Gründen, die FÜR *ADFD* sprechen, ist beispielsweise der ursprüngliche Grund für diesen Beitrag von [CD; S.R.], die deutliche Absetzerscheinungen hat und von ihrer Ärztin in keinster Weise ernstgenommen wurde. Wenn sie Glück hat, dann findet sie die entsprechende Seite und findet heraus, daß sie nicht komplett daneben und für immer ein Psychofall ist, sondern schlichtweg an gar nicht so seltenen Absetzerscheinungen leidet.
> [Z; S.R.]
>
> Hallo [BC; S.R.],
> […] Aber das lächerlichste finde ich wirklich, *ADFD* für „unseriös" zu bezeichnen [crazy; S.R.]
> Also an alle die sich für SSRIs interessieren und nicht daran glauben wollen, daß Ärzte alles wissen:
> *ADFD* ist absolut seriös und kann außerordentlich hilfreich sein.
> [Z; S.R.] [Hervorhebungen S.R.]

Das Wort *EmU Programm* – mit Verzicht auf Zusammenschreibung oder den notwendigen Bindestrich im Kompositum – schließlich kommt in allen mir zur Verfügung stehenden Beiträgen nur ein einziges Mal vor und wird auch nicht erklärt.

> Ich war [vor zwei Jahren; S.R.] auch in Bad Bramstedt. Es ist ein bisschen unterschiedlich zwischen den beiden ES-Stationen. Auf der, auf der ich war, war man mind. 1 Woche im *EmU Programm*, konnte aber freiwillig so lange drin bleiben, wie man wollte. [Hervorhebung S.R.]

Ein Mitarbeiter der Internetplattform informiert über die Langform des Bestimmungsworts im Kompositum. Über den Link ist ein Adressverzeichnis von Kliniken samt Bewertungen auf der Internetplattform zu finden: „EmU bedeutet Essen mit Unterstützung, unter http://www.hungrig-online.de/cms/index.php/adressverzeichnis?sobi2Task =sobi2Details&sobi2Id=52“.[8]

Im Kotext und nach der Rezeption einer Fülle an Beiträgen sowie mit krankheits- und therapiespezifischem Vorwissen sind auch abgekürzte Orte, die für Kliniken stehen, dekodierbar: „und bin dann letztes Jahr [Ende Februar; S.R.] für [XY; S.R.] Monate nach BB gegangen“. Diese Abkürzung von *Bad Bramstedt* war beispielsweise bei einer Userin in 49 von 2066 Postings nachweisbar.

3.1.4 Anglizismen

Im weiteren Sinne führe ich im Rahmen der Fachsprache noch den Bereich der Anglizismen an. Zwei Beispiele fielen dazu auf: *triggern* (*trigger off* ‚auslösen‘) und *Flashback* (‚Rückblende, Wiedererleben‘). In beiden Fällen wird die Bekanntheit des Worts unter den Userinnen und Usern der Plattform vorausgesetzt, denn die Verwendung wird nicht thematisiert. Besonders das Verb verdeutlicht ein Charakteristikum der Pathologie und zeigt auch, warum Verhaltensregeln im Forum notwendig sind. Die Userinnen und User können, wie bereits angesprochen, gegenseitig in Konkurrenz zueinander treten, wenn beispielsweise Zahlen (zu Gewicht, Kalorien usw.) genannt werden dürften; dies soll verhindert werden.

1. Antwort auf „Ihr Essproblem ist nicht Deins. […]“ Da hast du absolut recht! Und as habe ich mir ja auch gesagt. aber es nochmal von außen gesagt zu bekommen, tut gut. Danke!
   Ich weiß auch nicht genau, was *mich triggert.*
2. Hmm, [XY; S.R.], was war denn gestern los bei dir, das diese *Flashbacks* ausgelöst hat?
   Kannst du auf dich aufpassen, oder glaubst du, dass das mit den Tabletten in näherer Zeit nochmal vorkommt? [Hervorhebungen S.R.]

3.2 (Weitere) Sprachökonomische Maßnahmen

Im Rahmen meiner Untersuchungen fielen ferner sprachökonomische Maßnahmen, die nicht zur Kurzwortbildung zu zählen sind, auf. Sie sind durch das gemeinsame themenspezifische Vorwissen der User/-innen, in diesem Fall vor allem zu Essstörungen, und im Kotext erklärbar. Ein Beispiel ist die Akkusativ-Ergänzung in folgendem Teilsatz einer Userin: *und hab so seit letztem* [Sommer; S.R.] *mehr oder weniger starkes MS-*

[8] E-Mail von Wolfgang Gawlik, Mitarbeiter bei hungrig-online.de (11.11.2010).

Verhalten: Es ist davon auszugehen, dass sowohl die Abkürzung *MS* für *Magersucht* als auch das angesprochene, hinter der Krankheit stehende (*MS-*)*Verhalten* allen Rezipientinnen und Rezipienten des Forums bekannt und deshalb keine Probleme für die weitere Kommunikation zu erwarten sind.

Weitere Beispiele für Sprachökonomie und die Annahme eines gemeinsamen Vorwissens sind *alle harten MS-Kriterien*, *Zwang zum Schneiden*, *Zwängen ums Essen*, *reagiere auf meine Probleme mit magersüchtigem Verhalten*, *bestimmte ES-Verhaltensweisen*.

Ebenfalls ist innerhalb der Internetplattform klar, dass sich die Wortgruppe *Angst vor der Zahl* auf das Körpergewicht und die Anzeige auf der Waage bezieht. Im Rahmen einer Teiluntersuchung zu den Attribuierungen zum Lexem *Angst* (vgl. Reimann 2011) kommt dieses Syntagma so oder leicht variiert bei mehreren Userinnen vor: *Angst vor* (*der*)/[...] *Zahl(en)* (auch z. B. *Angst vor ein paar Zahlen*?).
Beispiele:

1. Ich hab die Waage erstmal ner Freundin gegeben, zur Aufbewahrung. Aber jetzt musste ich sie nach einer Woche zurückholen, weil ich für die Thera mein *Gewicht* wissen muss...
   Und plötzlich -nach der selbstverordneten Zwangspause von einer Woche, in der ich gemerkt habe, dass es wunderbar (!!!) ohne geht, viel besser als mit- kann ich sie in einem Karton in der Ecke stehen haben, ohne den Zwang, mich wiegen zu müssen...gleichzeitig *Angst vor der Zahl* zu haben- und so weiter... ihr kennt das ja!
2. Hallo [XY; S.R.], gib jetzt nicht auf! [...] Und jetzt geht es dir nicht mehr gut, nur weil da **X** *dämliche Kilo* mehr auf der *Waage* stehen, die es dir und deinem Körper besser gehen lassen, auch wenn du es jetzt noch nicht merkst? Das sind auch nur Zahlen!
   Aber ich kann dich verstehen. [...] Deine verzerrte Sichtweise deinen Körper betreffend kann sich nicht entzerren, wenn du weiter in dem niedrigen *Gewicht* verharrst. Die Angst wird nicht kleiner werden. [...] Und willst du dich ewig und drei Tage von dieser Angst dominieren und schließlich lähmen lassen. Von einer *Angst vor ein paar Zahlen*? [Hervorhebungen S.R.]

3.3 Feste Syntagmen

Ein Beispiel für eine immer wiederkehrende Wortgruppe ist „verbotene Lebensmittel“. Sie ist bei verschiedenen Userinnen, auch variiert, nachweisbar und typisch für Essstörungen (vgl. z. B. Gerlinghoff / Backmund 1994: 41ff.). Was darunter zu verstehen ist, ist den Betroffenen klar, denn mit dem Syntagma wird ein grundlegendes Merkmal von Essstörungen bezeichnet, nämlich das Verbot, bestimmte – zu Gewichtszunahme führende – Lebensmittel zu sich zu nehmen.

Beispiele sind:

1. Damit anzufangen, überhaupt das erste *verbotene Lebensmittel* in ein erlaubtes umzuwandeln, das war am schwierigsten.
2. Ich mag Milch nämlich auch voll gerne, hab mir leider lange *alle Milchprodukte verboten* und finde jetzt langsam wieder dahin zurück.
3. Klar ist es immerhin gut, dass ich so *„verbotene“ Sachen* probiere. Aber auf Dauer muss ich es schaffen, auch unter der Woche im Alltag in der Kantine (Vollverpflegung!) vor allem mittags volle Portionen zu essen.
4. Ich werde heute Abend vielleicht zum ersten mal seit bestimmt einem Jahr zu McDonalds oder so gehen. Einmal, um meine *„verbotene“ Liste* weiter zu kürzen und zum anderen, um mir zu zeigen, dass ich auch in der Woche, im Alltag essen kann was ich will.
5. Es wäre aber sicher gut zu wissen, was so an „guten“ Sachen in den *verbotenen Lebensmitteln* stecken kann, damit man nicht immer nur die Kalorien sieht!
6. Ich wusste nicht, wo ich wieder einen Zipfel von dem zu fassen kriegen könnte, dass ich schonmal im Ansatz hatte, die Motivation, den Kämpfergeist sich an *verbotene Lebensmittel* ranzuwagen (mensch, was ich vor [3; S.R.] Monaten schon mal alles wieder gegessen hatte! unvorstellbar jetzt grade)...
7. Hallo [FG; S.R.], [...] Ich bin so ziemlich auf dem gleichen Weg wie Du. Inzwischen gibts immer weniger *„Verbote“* und ich merk, daß ich dadurch freier werde, trotz Gewichtszunahme. [...] Allerdings muß ich zugeben, daß es manchmal noch Tage (meistens sind es nur Stunden) gibt, an denen ich mich ärgere, jemals *meine Verbote* über Bord geworfen zu haben. [Hervorhebungen S.R.]

In inhaltlichem Zusammenhang mit dem Syntagma „verbotene Lebensmittel“ steht die Wortgruppe „schwarze Liste“:

> Ich kenn das von mir. Als ich wieder angefangen habe, mir mehr zu erlauben und auch Dinge von der *„schwarzen Liste“*, da hatte ich Dauerhunger auf Schokolade, Chips, Eis und Co! Dabei war ich vor der ES kein sonderlicher Schoko-Fan! [Hervorhebungen S.R.]

Das folgende Beispiel enthält eine Erklärung dafür:

> *„Schwarze Liste“* wird (jedenfalls in Bad Bramstedt) die imaginäre Liste mit den in der ES verbotenen Lebensmitteln genannt. [wink; S.R.] Die gilt es nach und nach abzuarbeiten und zu reintegrieren. [Hervorhebungen S.R.]

Neben der in Kap. 3.2 erwähnten Wortgruppe *Angst vor der Zahl* finden sich weitere von mehreren Userinnen verwendete präpositionale Attribuierungen zum Substantiv *Angst*. Mit den Wortgruppen werden krankheitstypische Probleme benannt:

1. Angst vor [...] Beziehungen
2. vor den Ängsten und Gefühlen [...] Angst; vor Gefühlen [...] Angst
3. Angst vor dem zunehmen, Angst vorm Zunehmen,
4. Angst vor der Zukunft
5. Angst vor den Ängsten; Angst vor der Angst.

Eine userübergreifende Infinitivkonstruktion ist schließlich *die Angst, verletzt zu werden*:

1. diese Angst verletzt zu werden
2. Angst zurückgestoßen und verletzt zu werden;
3. eine generelle Angst, verletzt zu werden; die Angst, verletzt und ausgenutzt zu werden.

3.4 Krankheitsbezogene Umbewertungen

Dass von einer Essstörung Betroffene bestimmten Themen eine krankheitsspezifische Bedeutung zuweisen, zeigt sich an den folgenden Beispielen. Sie sind nur dekodierbar im Sinne der Userin, wenn man die Hintergründe der Krankheit kennt:

1. Hallo ihr zwei,
   lieben Dank für eure Antworten! [smile; S.R.]
   Es war echt ganz cool. Wir haben bis halb acht in der Eisdiele gesessen (und ich hab so ganz nebenbei einen kompletten Eisbecher mit Sahne gegessen!! [laugh; S.R.] und über dies und das gequatscht.
2. Ouha, ich war verabredet und wurde zum Eiskaffee eingeladen (mit Sahne! *schulterklopf*) [laugh; S.R.] und hab eine Packung „Lindor“ Pralinen geschenkt bekommen, meine lieblingsschokolade! [beide Beispiele stammen von derselben Userin; S.R.]

Interessant ist, dass die Userin bei beiden Verabredungen für Magersüchtige so genannte verbotene Lebensmittel erwähnt (siehe Kap. 3.3), jedoch positiv konnotiert. Im ersten Beispiel lobt sie sich dabei selbst, was sich auch sprachlich (und visuell über die Emoticons) gut nachweisen lässt, und zwar durch das Adjektivattribut *kompletten* (*Eisbecher*), das nachgestellte präpositionale Attribut *mit Sahne* sowie die folgende Interpunktion (zwei Ausrufezeichen). Zumindest auf das Attribut *komplett* und die Ausrufezeichen würde ein gesunder Mensch verzichten, die Handlung also weniger hervorheben. Es könnte sich hier also um ein Indiz für eine Einstellungsveränderung, das heißt eine nun positivere Haltung zum Essen handeln. Im zweiten Fall zeigt sich durch das positiv konnotierte Präfixoid *Lieblings-* zumindest sprachlich die magersuchtstypische Haltung zum Essen nicht.

3.5 Tabuwörter

Der Umgang mit Sexualität ist für Menschen mit einer Essstörung besonders schwierig, mit Angst besetzt, und vor allem magersüchtige Menschen zeigen – laut der entsprechenden Fachliteratur – eine strikte Abwehrhaltung diesem Thema gegenüber. Im Selbsthilfeforum finden sich zu dieser emotionalen Komponente markante Beispiele der Versprachlichung und Visualisierung, wie *Ich habe ein Problem mit körperlicher Nähe, mit Nähe allgemein und ganz besonders mit allem S*x**llen...*

Das letzte thematisierte *Problem* wird graphisch hervorgehoben, indem die Verfasserin beim Wort *Sexuellen* drei Buchstaben durch Leerstellen, gefüllt mit einem Asterisk, ersetzt und so vermutlich ihre Distanz, Scheu und Scham zum nicht aussprechbaren Inhalt ausdrückt. Es handelt sich somit um eine negative Gefühlsthematisierung, was im Gegensatz zum Verhalten nicht-betroffener Menschen stehen dürfte (vgl. Reimann 2010: 230ff.).

Eine andere Userin thematisiert ihr Problem mit der Benennung bestimmter Themen oder – in dem Fall – von Körperteilen, die mit Sexualität in Verbindung gebracht werden können:

> Ich wünsch mir Nähe und hab gleichzeitig Angst davor.
> Eine wirkliche Beziehung hatte ich noch nie (bin [Anfang 20; S.R.]... peinlich [traurig; S.R.]
> Ich krieg Panik, wenn es um „körperliche Nähe“ geht, kann auch Worte (z. B. bestimmte Körperteile und Regionen, z. B. Ob*rsch*nkel) nicht aussprechen oder schreiben, wenn sie auch nur annähern in diesem Zusammenhang verstanden werden könnten.

Das Wort Missbrauch wird ebenfalls auf diese Weise gekennzeichnet: *Ich versteh halt nicht so ganz, was bei mir die Gründe sind. M*s*bra*ch u.ä. sind bei mir kein Thema.* Auch Bezeichnungen der in Kap. 3.3 erwähnten „verbotenen Lebensmittel“ werden teilweise mit Asterisken versehen (die folgenden Beispiele stammen von derselben Userin):

1. [XY; S.R.], ich muss sagen, du bist schlecht informiert! Die Klitschkos essen keine Knoppers, die essen M*lchschn*tte
2. U, da hast du recht! Was wäre jetzt richtig Kno*p*ers oder Milchschnitte?
3. ([Z; S.R.] hier läuft gerade 'ne Kno*p*rs-Werbung [smirk; S.R.], da muss ich glatt an dich und Chuck im Kino denken!)

Bemerkenswert ist, dass das Wort *Knoppers* bei der ersten Nennung nicht verfremdet wurde.

Außerdem gehört eine Fülle von Wörtern dazu, die einer eher niedrigen Stilebene angehören und teilweise den Unmut der Benutzerin zum Ausdruck bringen (die folgenden Beispiele stammen von derselben Userin, allerdings einer anderen als der eben erwähnten):

1. Was soll ich mir den kommenden Sommer von der sch** Ms kaputtmachen lassen?!
2. Nimm dir nicht vor „ab jetzt nie wieder einen FA“, denn wenn du dann scheiterst, dann fühlst du dich als Versagerin und das Aufgeben ist dann so v*rd*mmt einfach...
3. Wenn ich ehrliche bin (und das werden mir wahrscheinlich ein paar andere auch bestätigen) ist man nicht satt und schon gar nicht voll! es ist schlichtweg eine Lüge, die einem diese sch** Krankheit einredet.

Die drastische Benennung einer zur Bulimie – Ess-Brech-Sucht – gehörenden Handlung ist die Regel; eine teilweise gegebene gewisse Rücknahme dieser Drastik ist wiederum über den Einsatz von Asterisken gegeben, was userinnenübergreifend nachweisbar ist.

1. Auf jedenfall finde ich es klasse, dass du nich K*** gehst.
2. Und ich finds echt toll, dass du nicht gek*** hast!
3. Man stelle sich vor, da hält man es aus sich jahrelang zu geißeln und Kalorien zu zählen oder exzessiv Sport zu treiben oder nach jeder klitzekleinen Mahlzeit zu k*t*en, zu hungern, fröhlich SVV zu betreiben, usw. was ist denn das für eine Wahnsinnsdisziplin?
4. Ich hab nur MS, hab immer zu viel Angst vorm k*** gehabt, zum Glück.

Die Buchstaben ersetzenden Asterisken sollen die jeweiligen Wörter verfremden und eine Distanz zum eigentlichen Inhalt herstellen. Dies dürfte auf unterschiedliche Emotionen zurückzuführen sein, die mit der eigentlichen Ausdrucksseite der Wörter hervorgerufen werden, vor allem Scham, Ekel und Angst.

3.6 Personifikation und Metaphorik

Dass die Heilung einer Essstörung ein schwieriger und langwieriger Prozess ist, lässt sich jeder medizinischen Literatur entnehmen. Die Versprachlichung der von den Betroffenen empfundenen Macht der Krankheit zeigt sich unter anderem an Personifikationen und Metaphorik.

3.6.1 Personifikation

Die Essstörung wird in den Beiträgen personifiziert: Sie spricht, bewegt sich fort und kann die Betroffene an die Hand nehmen. Somit wird ihr eine aktive und wohl umso bedrohlichere Rolle eingeräumt. Die folgenden Beispiele stammen von derselben Userin:

1. Wenn ich ehrliche bin (und das werden mir wahrscheinlich ein paar andere auch bestätigen) ist man nicht satt und schon gar nicht voll! es ist schlichtweg *eine Lüge, die einem diese sch** Krankheit einredet.* […]
2. Egal wie unlogisch, egal ob sie wirklich grade Zugang hat zu dem, was sie wirklich belastet oder ob es nur *die ES Stimme* ist, die da etwas schreit.
3. Es sollte auch extra nicht die Aufgabe sein, den FA damit zu ersetzen (*dann hätte die Stimme bloß gesagt* „Ich will aber fr*ssen und nicht schreiben!!“ und sie hätte gar nichts geschrieben).
4. Sie konnte der *ES Stimme* also immer sagen „Ja doch, gleich aber vorher schreibe ich noch kurz.“.
5. „Aber ich versuche das ab jetzt so zu sehen: Ich bin dann diszipliniert, *wenn ich mich nicht von der ms-Stimme verführen lasse!*
6. Andererseits will ich mich nicht weiter von der MS hinters Licht führen lassen. *Es ist unglaublich, auf welchen Schleichwegen sie weider zurück in mein Leben gefunden hat!*
7. Außerdem: Mal rein hypothetisch angenommen, du würdest jetzt so schnell zunehmen, *wie es dir die MS-Stimme vorgaukelt.*

Eine weitere Userin schreibt: „Der Mut, die *Hand des UG* loszulassen und ins kalte, dunkle Wasser zu springen [Hervorhebungen S.R.]“.

3.6.2 Metaphorik: Gesundwerden als Kampf

Die im Korpus vorzufindende Weg-Metapher[9] ist meines Erachtens nicht spezifisch für Essstörungen, sondern passt auch zur Bewältigung anderer Krankheiten.[10] Jedoch fällt eine Metapher auf, die mit dem Oberbegriff ‚Kampf‘ bezeichnet werden kann. Sie zeigt den magersuchtsspezifischen Konflikt, in dem sich die Betroffenen befinden: Einerseits wollen sie gesund werden, andererseits die scheinbar durch die Krankheit gegebenen Vorteile nicht aufgeben (z. B. Abgrenzung, Autonomie).

---

[9] Beispiele sind *Auf dem Weg aus der MS, der richtige Weg, mein Weg war lang, Andere Wege sind vielleicht länger und dramatischer, das sichere Feld der ES, unsichere Wege, diese Wege, geht es bergauf, abwärts mit mir ging, der Mut, die Hand des UG loszulassen und ins kalte, dunkle Wasser zu springen.* In Kap. 3.6.1 findet sich noch das Beispiel *auf welchen Schleichwegen sie weider zurück in mein Leben gefunden hat!*, in Kap. 3.3 *Ich bin so ziemlich auf dem gleichen Weg wie Du.*

[10] In der Metapherntheorie könnte man dafür das Konzept *Krankheit* (bzw. *Genesungsprozess*) als *Reise* (*Weg*) anführen. Folgende Anbindung an die entsprechende Literatur sei angeführt: Hermann Paul (1995: 96) hat beispielsweise auf die Metaphorik des Räumlichen und der Bewegung für unterschiedliche Übertragungsverhältnisse (z. B. Abstraktes, Seelisches) hingewiesen. Zu Metaphern als Konzepte und der Metapher *journey* vgl. u. a. Lakoff / Johnson 1980. Baldauf (1997) geht auch auf die Weg-Metapher (sowie die Kriegs-Metapher als Konstellationsmetapher) ein, ebenso Schiefer (2006), der sie bei Arztbriefen für Krankheitsprozesse nachweist.

Am Beispiel einer Userin sei gezeigt, dass sich die Versprachlichung dieses Kampfs in weitere Felder gruppieren lässt. Häufig liegen Verben vor, die Stationen und Ergebnisse des Kampfs bei der Krankheitsbewältigung zeigen:

(über)leben, *schaffen*, *besiegen*, *gewinnen*, *festhalten*, *aushalten*, *geißeln*, *fallen*, *drin-* bzw. *feststecken*, *rutschen* (*durch-*, *ab-*, *rein-*), *verlieren*, *sterben*.

Als Antonymie zu *Kampf* und *kämpfen* können die Lexeme *Flucht*, *flüchten* verstanden werden. In meinen Beispielen werden sie aber im Zusammenhang mit einem Klinikaufenthalt genannt und somit als Chance, gesund zu werden:

> Natürlich kann ein wiederholter Klinikaufenthalt eine Art *Flucht* sein und somit irgendwie unnütz, weil man insgeheim doch weiß, dass man sowieso spätestens in ein paar Jahren wieder vor irgendwas dorthin *flüchten* wird. [Hervorhebung S.R.]

Die Klinik wird als Ort des Schutzes verstanden: *Schutzraum*, *Schutzblase*, *geschützte Station*.

Außerdem ist von für einen Kampf erforderlichen Eigenschaften wie *Mut/mutig*, *wagen, sich trauen* die Rede:

1. Es kostet eine Menge Kraft und Mut [...]
2. Du musst es nur wagen [...]
3. Ich drücke dir einfach ganz ganz feste die Daumen, dass du dich dennoch traust und siehst, dass es gar nicht so schlimm ist.

Beim folgenden Posting ist ein großer Teil metaphorisch angelegt im Sinne eines Gangs, der als Kampf verstanden werden kann; die oben erwähnte Weg-Metapher ist also auch enthalten:

> [...] Denn wenn man noch so in dieser Welt *gefangen* ist, dann dringt da nichts durch. [... Absatz; S.R.] Ich habe für mich bemerkt, dass ich *ins kalte Wasser springen* musste. Ich wusste nicht, ob ich – wenn ich die ES loslassen würde – *etwas finden* würde, das sie ersetzt. Ob ich *auf etwas stoßen* würde, dass genauso „gut" ist wie sie, denn dieses „Ding" wird nicht irgendwann vor deiner Haustür stehen. Ich musste *losgehen, einem unbekannten Ziel entgegen* und habe *unterwegs* tausend Dinge gefunden, die die ES werden ersetzen können. [neue Zeile; S.R.] Ich habe *den Sprung gewagt* und ich muss sagen: Es *schwimmt* sich ohne ES, bzw. mit mehr Abstand immer *besser*. [Absatz; S.R.] Du musst es nur wagen. [Hervorhebungen S.R.]

Schließlich lässt sich die Thematisierung des (Be)Herrschens sowie von Macht, Kontrolle, Zwang und Druck als Teil einer Kampfkonstellation, symptomatisch für Essstörungen, nachweisen:

1. dass sie deine Gedanken *beherrscht* hat (oder noch beherrscht)
2. Dass das Gefühl, dich würde nur noch die MS ausmachen, so *übermächtig* ist
3. *Zwanghaft* Kalorien zu zählen ist wohl in wenigster Hinsicht gut
4. Da kam dann schon so der Gedanke, der letzten Chance, aber dieser „Druck" tat mir schon gut [im Rahmen eines Klinikaufenthalts; S.R.]

5. also wegen Stress, Belastung und sowas alles, eben was diese vergrabene *Sucht* kurz wieder verstärkt. Aber ich habe sie *unter Kontrolle*
6. dass ich die ES ziemlich gut *im Griff habe* [Hervorhebungen S.R.].

Gerade diese letzten Beispiele zeigen deutlich den Sucht-Charakter von Essstörungen und den inneren Konflikt der Betroffenen.

4. Schluss

Ziel des Beitrags war es, das „Arkane“ in den Texten ausgewählter Teilnehmerinnen des Selbsthilfeforums hungrig-online de exemplarisch aufzudecken. Gemeint sind dabei Besonderheiten im Sprachgebrauch, die mutmaßlich auf die Essstörung zurückgehen. Die Dekodierung ist somit „Eingeweihten“, also vor allem Betroffenen, Medizinern und Psychologen und teilweile Angehörigen, vorbehalten. Das heißt, wer über entsprechendes Vorwissen über Essstörungen und das mit ihnen einhergehende Verhalten / Handeln und Denken der Betroffenen nicht verfügt, kann die Kommunikation nicht angemessen entschlüsseln; eine aktive Beteiligung wäre ebenfalls Störungen ausgesetzt. Angesprochen wurde auch das „Arkane“ der thematisierten Krankheiten selbst, das vor allem auf die noch immer unklare Ursachenforschung zurückzuführen ist.

Literaturverzeichnis

Baldauf, Christa (1997), Metapher und Kognition. Grundlagen einer neuen Theorie der Alltagsmetapher, (Sprache in der Gesellschaft 24), Frankfurt am Main [u. a.].

Czech, Andrea (2006), KWs in HO. Die semantischen Aspekte der Verwendung von Kurzwörtern im Diskussionsforum Hungrig-Online. Unveröffentlichte Hauptseminarsarbeit an der Universität Regensburg, Deutsche Sprachwissenschaft.

Döring, Nicola (2003), „Computervermittelte Kommunikation als therapeutisches Medium“, in: Ralf Ott / Christiane Eichenberg (Hrsg.), Klinische Psychologie und Internet. Potenziale für klinische Praxis, Intervention, Psychotherapie und Forschung, (Internet und Psychologie 6), Göttingen, 117–127.

Ernst, Peter (2002), Pragmalinguistik. Grundlagen, Anwendungen, Probleme, Berlin, New York.

Gerlinghoff, Monika / Backmund, Herbert (1994), Magersucht. Anstöße zur Krankheitsbewältigung, (dtv 36511), München.

Kessel, Katja / Loew, Thomas / Thim-Mabrey, Christiane (2007), „Sprachwissenschaft und psychosomatische Medizin. Sprachverwendungen – Sprachwirkungen“, in: Sandra Reimann / Katja Kessel (Hrsg.), Wissenschaften im Kontakt. Kooperationsfelder der Deutschen Sprachwissenschaft. Für Albrecht Greule, Tübingen, 343–359.

Herpertz-Dahlmann, Beate (2008), „Anorexia nervosa im Kindes- und Jugendalter“, in: Stephan Herpertz / Martina Zwaan / Stephan Zipfel (Hrsg.), Handbuch Essstörungen und Adipositas. Mit 21 Tabellen, Heidelberg, 19–23.

Lakoff, George / Johnson, Mark (1980), Metaphors we live by, Chicago.

Paul, Hermann (1995), Prinzipien der Sprachgeschichte, 10., unveränderte Aufl., Studienausgabe, (Konzepte der Sprach- und Literaturwissenschaft 6), Tübingen.

Ploog, Detlev (1985), „Vorwort“, in: Gerlinghoff, Monika: Magersüchtig. Eine Therapeutin und Betroffene berichten, München, Zürich, 7.

Reimann, Sandra (2011), „*Ich hab solche Angst. Wovor eigentlich?* Attribuierungen beim Substantiv ‚Angst‘ im Selbsthilfeforum hungrig-online.de“, in: Mariola Wierzbicka / Zdzislaw Wawrzyniak (Hrsg.), Grammatik im Text und im Diskurs, (Danziger Beiträge zur Germanistik 34), Frankfurt am Main [u. a.], 163–186.

Reimann, Sandra (2010), „Sprache und Emotionen im Netz. Beispiele aus dem Selbsthilfeforum hungrig-online.de“, in: Studia Germanistica 6 / 2010, 225–244.

Schiefer, Matthias (2006), Die metaphorische Sprache in der Medizin. Metaphorische Konzeptualisierungen in der Medizin und ihre ethischen Implikationen untersucht anhand von Arztbriefanalysen, (Ethik in der Praxis 26), Wien, Zürich, Münster.

Christian Efing

„Schäft a latscho Seite“ – Geheimsprachliches im Internet

1. Fragestellung

Auf der einen Seite das Internet: Medium der Schriftlichkeit, Medium der Öffentlichkeit und freien Zugänglichkeit von Informationen, Inbegriff der Globalisierung und des ungehinderten Kommunikationsflusses, der technischen Aufhebung kommunikativer Grenzen und damit der grenzenlosen Verständigung (vgl. Thimm 2000: 19ff.); auf der anderen Seite der Varietätentypus der bislang fast ausschließlich medial mündlich realisierten „Geheimsprachen“, die von klar abgegrenzten Sprechergruppen gesprochen werden mit den Zielen der sprachlichen Abschottung und des Ausschlusses anderer von der Kommunikation und Verständigung, also mit dem Ziel der Schaffung von Sprachbarrieren und kommunikativen Grenzen. (Wie) Passt das zusammen? Gibt es das scheinbare Paradoxon geheimsprachlicher Vorkommen im Internet – sozusagen des Arkanen im Profanen? An anderer Stelle (vgl. Efing 2005: 302) wurde bereits vor einigen Jahren die Vermutung geäußert, dass das Internet ein interessanter, da die Geheimsprachen potentiell verändernder Faktor für die sprachliche Struktur und Verwendungsweise der Geheimsprachen sein könne, was empirisch überprüft werden müsse.

Im Folgenden soll diesem Desiderat, d. h. insbesondere der Frage nachgegangen werden, ob und ggf. wie und zu welchen Zwecken Sprecher deutscher Geheimsprachen das Internet nutzen und in welcher sprachlichen Form diese Varietäten im Internet in Erscheinung treten. Als „Geheimsprachen“ werden dabei diejenigen Varietäten des Deutschen in den Blick genommen, die man gemeinhin als Rotwelsch, Rotwelsch-

Dialekte und Jenisch bezeichnet,[1] wobei das Jenische in den Vordergrund gestellt wird. Da, bedingt durch den Wandel der Lebensverhältnisse der Sprecher, bei diesen Varietäten die Funktion als Geheimsprache weitgehend obsolet geworden und der Charakter als Gruppensprache, also die soziale Komponente, in den Vordergrund getreten ist, wird hier insbesondere der Frage nachgegangen, inwieweit sich die über viele Länder Europas verstreute(n) Gruppe(n) der Sprecher dieser Geheimsprachen via Internet zu finden und zu organisieren versuchen und welche Konsequenzen dies für die Geheimsprache(n) hat. Denn bereits seit einigen Jahren nehmen – auch außerhalb des Internets – in vielen Ländern, in denen es Jenisch-Sprecher gibt, die dokumentarischen und sprachpflegerischen Bemühungen um das Jenische in einem Maße zu, die das Reden von einer „Renaissance" des Jenischen (Roth 2001: 107) und von einem Wandel „[v]on der Geheimsprache zur Kultsprache" (online: www.dunkelsteinerwald.net/?p=53) gerechtfertigt erscheinen lassen, obwohl oder gerade weil die Sprecherzahlen des Jenischen eher eine rückläufige Tendenz aufweisen.

Die deutlichen Bemühungen der Geheimsprachensprecher, als einheitliche Gruppe wahrgenommen und respektiert zu werden, manifestieren sich unter anderem in der Gründung jenischer Vereine und Verbände[2] sowie in Anträgen an die jeweiligen Landesregierungen, die Jenischen als ethnische Minderheit anzuerkennen,[3] bislang hat allerdings nur die Schweiz dem Jenischen den Status einer geschützten und mit Projekten geförderten, territorial nicht gebundenen Minderheitensprache zugebilligt (vgl. Efing 2012).

2. Untersuchungsgegenstand und Korpus

Nähert man sich dem Vorkommen von Geheimsprachen im Internet, so sind prinzipiell zwei Perspektiven voneinander zu trennen: a) Geheimsprachen als Internet-*Thema* (auf das man auf Deutsch, in einem Dialekt oder einer anderen Varietät rekurriert); b) Geheimsprachliches Sprachmaterial im Internet, d. h. geheimsprachliche Wörter und Äußerungen, die – im Prinzip themenunabhängig – zu Kommunikationszwecken einge-

---

[1] Eine genaue, in anderen Kontexten sinnvolle Differenzierung zwischen dem alten Rotwelsch (I) und Rotwelsch-Dialekten (Rotwelsch II) sowie zwischen *Jenisch* als Sprachname von Rotwelsch-Dialekten und dem sog. *Jenisch der Jenischen* ist für die hier verfolgte Fragestellung aufgrund sprachtypologischer Ähnlichkeiten sowie der Vergleichbarkeit der sozialen Lebensverhältnisse der Sprecher weder sinnvoll noch nötig. Vgl. zu dieser Differenzierung etwa Siewert (2003: 14ff.); Efing (2005: 21ff.).

[2] Bspw. „Jenischer Bund in Deutschland und Europa e. V.", „Schäft qwant. Transnationaler Verein für jenische Zusammenarbeit und Kulturaustausch", „Jenischer Kulturverband Österreich", „Association Yenisch Suisse", „Jenisch Power".

[3] Im Jahr 2004 haben z. B. Jenische in Deutschland einen Antrag auf Anerkennung als ethnische Minderheit an das Bundesministerium des Inneren gestellt; dieser wurde jedoch abschlägig beschieden.

setzt werden. Beide Perspektiven sollen im Folgenden berücksichtigt werden, wobei sich eine deutliche Verschränkung zeigt: Sobald Geheimsprachen zum Thema werden, werden geheimsprachliche Ausdrücke verwendet – sei es von Wissenschaftlern, Journalisten oder Geheimsprachensprechern.

Da das Internet eine Vielzahl an Kommunikationsdiensten anbietet, muss sich eine systematische Untersuchung auf bestimmte Kommunikationsformen beschränken. In einem ersten Zugriff, dessen Ergebnisse unten dargestellt werden, wurde aber zunächst übergreifend in einschlägigen Chats, auf Homepages, in Foren, in Videos etc. nach Geheimsprachlichem gesucht. Dabei zeigte sich, dass es für eine Detailuntersuchung zur vorliegenden Fragestellung besonders lohnenswert und ergiebig war, die Textsorte „Internet-Gästebuch“[4] näher unter die Lupe zu nehmen – nicht zuletzt auch, weil Internet-Gästebücher sich gut für den Nachweis des oben angesprochenen Paradoxons eignen, gelten sie doch als typisches Beispiel für die Veröffentlichung und Mediatisierung von Privatem (vgl. Thimm 2000: 15), wozu man Geheimsprachliches hier in gewisser Weise zählen kann.

3. Geheimsprachen im Internet – ein Überblick

Das Internet bietet den Sprechern von Geheimsprachen unzählige Möglichkeiten, den Usern sich und ihre Geheimsprache zu präsentieren.

Es finden sich Homepages

1. von einzelnen Jenischen oder jenischen Familien,[5]
2. von jenischen Dörfern,[6]
3. von jenischen (Fußball-)Vereinen,[7]
4. von jenischen Organisationen und Verbänden.[8]

Darüber hinaus finden sich jenische Chats,[9] jenische Foren, jenische und rotwelsche Wörterbücher,[10] YouTube-Videos über die jenische Kultur und Lebensweise (z. T. auf

---

[4] Allgemein zu Internet-Gästebüchern – wie auch zur Diskussion des Textsorten-Status – vgl. etwa Diekmannshenke (1999: 52f.; 2000; 2006).

[5] www.thata.ch, http://home.balcab.ch/venanz.nobel/qwant/frswissenswert.htm, http://membres.multimania.fr/yeniche, www.ulrich-siewers.de/41011/85501.html, www.kuebler-clan.eu.

[6] www.luetzenhardt.de.

[7] www.fc-gruenweiss.de.

[8] http://jenische.info, www.jenisch.info, http://members.aon.at/jenisch.at, www.yenisch-suisse.ch, http://jenischpower.net.

[9] http://jenischer-chat.mainchat.de, http://faeberer.mainchat.de, http://reisender-chat-mainchat.mainchat.de.

[10] www.gummi-insel.de/10.html, www.dunkelsteinerwald.net/?s=jenisch, www.helmut-krass.de/jeni.htm, www.luetzenhardt.de/pdf/JenDeu.PDF, www.kirchenweb.at/gaunerzinken/gaunersprache.

Jenisch),[11] rotwelsche und jenische Musik[12] und jenische Theaterstücke,[13] Zeitungsartikel über das Rotwelsche, das Jenische, die Jenischen,[14] wissenschaftliche Publikationen zum / zu den Jenischen[15] u. v. m., sogar eine jenische online-Zeitung „Jenische Post. Aktuelles aus der ‚reisenden' Welt der Jenischen".[16]

Sprachlich sind diese Dokumente, was die Verwendung von Geheimsprache angeht, oft wenig ergiebig, wenn man von den Wörterbüchern und den wissenschaftlichen Publikationen sowie wenigen explizit als Sprachbeispiel gedachten Tondokumenten[17] absieht. Im Vordergrund stehen die – z. T. nostalgisierende – Darstellung der jenischen Lebensweise sowie die stolze Präsentation der eigenen Familie, Kultur und des jeweiligen Umfeldes, aber auch die historische Aufarbeitung der Geschichte der Jenischen, ihrer Kultur und ihrer Verfolgung.

Sprachlich beinhalten Videos und Lieder, auf die man auf der Suche nach Geheimsprachlichem stößt, oft neben einem geheimsprachlichen Wort als Titel für das Lied oder Video kein weiteres geheimsprachliches Material mehr – oder lediglich ein bis zwei Wörter, die wahlweise gesungen / gesprochen oder schriftlich eingeblendet werden. In den Kommentaren hingegen, die die Nutzer zu den Liedern und Videos hinterlassen können, finden sich schon eher einmal ein paar geheimsprachliche Wörter. Diese Kommentare sind – neben Foren – auch der Ort, an dem sich die Jenischen verbal mit anderen Gruppen von Fahrenden, bspw. Sinti und Roma, auseinandersetzen (müssen), so dass auch hier wieder stärker die Geschichte, Kultur und Identität als die Geheim- und Gruppensprache im Vordergrund stehen.[18] Man kann sogar sagen, dass die Jenischen die paradoxe Vorgehensweise verfolgen, sich via Internet einer größeren Öffentlichkeit bekannt zu machen, um gesellschaftlich wahrgenommen und eventuell sogar als

---

11 www.youtube.com/watch?v=ZXO_ktWw0Jo&feature=related, www.youtube.com/watch?v=4aBkHtGcrw4&feature=related, www.youtube.com/watch?v=5txCyIejsYA&feature=related.

12 www.corvuscorax.de/index.php?select=diskografie („Najo Ratte", „Baro Massik", „Filii Neidhardi" auf der CD „Viator" (1998)); Mano Trapp, „Damit's Mui was zu kaben hat" („Damit der Mund was zum Essen hat"), unter http://jenischpower.net; weiterhin www.myspace.com/406009492/music/songs/Jenesch-Leeift-763767, www.myvideo.de/watch/4297416/jenisch_the_street.

13 www.mediaculture-online.de/Theater-Zirkus-Tanz.444+M5992bc1eb8e.0.html.

14 www.kuebler-clan.eu/Jenische%20Sprache.htm, www.swissinfo.ch/ger/Home/Archiv/Jenisch:_Die_blumigste_Sprache_der_Schweiz_(I).html?cid=3986992, www.swissinfo.ch/ger/Home/Archiv/Jenisch:_Sprache_entsteht_auch_am_Lagerfeuer_(II).html?cid=3987120.

15 Efing (2004, 2005); D'Arcangelis (2004).

16 http://blog.jenische.info/#home.

17 Bspw. zum Speicherer Jenisch (Eifel): www.roscheiderhof.de/moselfraenkisch/index-neu.php5?xmlDatei=speicher.xml.

18 Das wohl deutlichste Beispiel dafür, wie die Jenischen das Internet als Gelegenheit nutzen, sich mit ihrer eigenen Sichtweise auf ihre Kultur und Identität darzustellen, ist eine monatelange Auseinandersetzung (insb. im Jahr 2010) um die Inhalte der wikipedia-Seite zu den Jenischen. Vgl. http://de.wikipedia.org/wiki/Jenische sowie die Versionsgeschichte: http://de.wikipedia.org/w/index.php?title=Jenische&action=history.

eigene Ethnie anerkannt zu werden, dass sie dabei aber gleichzeitig versuchen, ihre Gruppensprache – und damit einen wichtigen Teil ihrer Identität – weiterhin geheim zu halten. Dies zeigt eindrücklich der Gästebuch-Kommentar eines Vertreters des Jenischen Bundes in Deutschland und Europa e. V. auf der eigenen Homepage, der auf den Eintrag eines Gastes antwortet, es gebe

> schon eine Art Sprachlexikon bei uns nur ist dies nur unseren Mitgliedern und nachgewiesenen Angehörigend er jenischen Volks- und Opfergruppe zugänglich. [...] Deshalb haben wir ein Projekt mit dem Namen „Jenisch für Jenische“ bei welchem jenische Leute dran mitwirken unsere Sprache zu Papier zu bringen – aber eben wieder nur für Jenische zugänglich![19]

Auch in anderen Gästebüchern (s. u.) wird viel und heftig darüber diskutiert, ob die Geheimsprache öffentlich dokumentiert oder weiter geheim gehalten werden solle. Ein seltenes Gegenbeispiel ist die Einladung zu einem jenischen Gästebuch, die die Geheimsprache sogar speziell in den Vordergrund der Einladung zum Lesen und Eintragen stellt: „Interesse am Jenisch? kahsch gwand diebra? [‚Kannst Du gut sprechen?‘] Bitte melde dich in meinem Gästebuch“ (online: www.kuebler-clan.eu/Jenische%20 Sprache.htm).

Interessant dabei zu beobachten – und als Bestätigung des Trends zur Herausbildung des Jenischen als „Kultsprache“ (s. o.) zu werten – ist die Tatsache, dass auch Internetnutzer, die keine Geheimsprachensprecher sind, beginnen, in Foren und Gästebüchern einzelne Wörter der Geheimsprache zu verwenden, wobei sie sich selbst als Nicht-Jenische und Außenstehende kennzeichnen, und zwar in der Geheimsprache, nämlich z. B. als *ruch* oder *gatsch* ‚Bauer, Sesshafter‘.

Versucht man die Themen in den verschiedenen Kommunikationsdiensten zu klassifizieren, so ergibt sich das Bild, dass am häufigsten folgende Aspekte rund um Geheimsprachen bzw. die Sprecher von Geheimsprachen thematisiert werden:

1. (z. T. in die Mythologie reichende) Vermutungen zur Herkunft und Geschichte der Großgruppe der Jenischen; diese Darstellungen sind oft gekoppelt an den Versuch der Etablierung der Jenischen als eigenes Volk und eigenständige Ethnie bzw. der Legitimation dieser Sichtweise,[20] dabei kommt es u. a. zur Abgrenzung von oder Solidarisierung mit anderen Gruppen von Fahrenden (bspw. Sinti und Roma); eng hieran gekoppelt ist die Funktion der Kontaktaufnahme und Vernetzung,[21] ja der Verbrüderung mit anderen Geheimsprachensprechern zwecks Gründung oder Stärkung einer Lobby-

---

[19] http://jenische.info/ > „Jenische Ein- und Ausblicke. Das vormalige Gästebuch“, Eintrag vom 10.12.2008.

[20] Vgl. etwa den „Aufruf des Bundesrates des Jenischen Bundes in Deutschland e. V. zur Unterstützung im Kampf gegen die Diskriminierung“ vom 5.3.2007 (www.ulrich-siewers.de/media// DIR_42612/ 8c1cfaa5fa807e65ffff8e2bac14421f.pdf).

[21] Vgl. z. B. folgenden Eintrag vom „Jenischen Bund in Luxemburg“: „To all Yenish People... for the Heritage of our European Gypsy Travelling Culture, specialy in the BeNeLux Region; every Yenish, Lakert or Kamper; please contact the JBiL“ (online: www.myspace.com/lompekremer).

vertretung; d. h. es geht um die Etablierung, Aufrechterhaltung und Darstellung der eigenen Identität und des Stolzes darauf; die Jenisch-Sprecher nutzen hier den Computer und das Internet ganz im Sinne soziologischer Theorien, die das Internet als „Beziehungsmedium" und „kommunikativen Sozialraum" ansehen, der elektronische Gemeinschaften entstehen lässt, die als Substrat „längst verloren gegangener öffentlicher Orte der Kontaktaufnahme und Kommunikation gewertet werden" können. Der Computer ermöglicht, so Thimm im Anschluss an Lévy, „neue Formen der Kommunikation von Sozialität [...] und damit auch gesellschaftspolitische Veränderungen" (Thimm 2000: 10f.), und dieses Potential scheinen die Jenisch-Sprecher erkannt zu haben und für sich nutzen zu wollen;

2. Fakten zur Diskriminierung und Verfolgung der Jenischen im Dritten Reich sowie in der zweiten Hälfte des 20. Jahrhunderts (auch in Österreich und der Schweiz);
3. Dokumentationen der Geschichte einzelner (Unter-)Gruppen von Fahrenden mit einer Geheimsprache (z. B. von Jenisch sprechenden Händlern aus der Eifel);
4. Darstellung der heutigen Lebensverhältnisse und -weisen der Jenischen, z. T. mit allgemeinem Dokumentar-, z. T. mit Privatfilm- oder Tagebuch-Charakter;
5. Spiel und selbstironischer Umgang mit Klischees, die die Gesellschaft der Sesshaften bezüglich der Fahrenden hat[22];
6. Suche nach Vorfahren, Familienangehörigen, anderen Geheimsprachenorten und -sprechern, Jenisch-Sängern etc.;
7. Kritik am Interesse der Außenstehenden an der Geheimsprache, aber gleichzeitig Suche nach weiteren Informationen zur eigenen Geheimsprache (u. a. zwecks Weitergabe an die Kinder) sowie Diskussion der Art der Verwendung der Geheimsprache durch Sprecher / Schreiber anderer Regionen;
8. Distanzierung von den Ergebnissen wissenschaftlicher Beschäftigung mit der Geheimsprache (bspw. Distanzierung der Jenischen vom Rotwelsch, Distanzierung von wissenschaftlichen Wörterbüchern).

[22] Bspw. in folgendem Gästebucheintrag: „hallo...danke für die antwort.was heisst den arbeit??weisst doch die jenischen halten nix von schineklerei [‚Arbeit'] hahahaha.nein spass bei seite,wenn ich helfen kann,sehr gerne.liebe grüsse aus dem frankenland" (online: http://jenische.info/ homesite/cms/public/index.php?cmd=smarty&id=208_lde).

4. Geheimsprachliches im Internet – ein Überblick

Wie bereits erwähnt, fallen im Internet bei der Behandlung der genannten Themen immer mal wieder geheimsprachliche Wörter (z. B. als Titel eines Videos), aber diese bleiben zumeist vereinzelt – egal, ob es sich nun um Foren-, Gästebucheinträge o. Ä. handelt; längere, frei formulierte Äußerungen in einer Geheimsprache finden sich sehr selten,[23] was die Hoffnung auf neue linguistische Perspektiven auf die Geheimsprachen jenseits der Wortschatzanalyse (Fokus auf Satz- und Textebene, verstärkt pragmalinguistische Analysen, vgl. Efing 2005: 302) dämpft.

Die sprachliche Grundlage für den geheimsprachlichen Sonderwortschatz bildet dabei wahlweise die Standard- oder Umgangssprache oder auch einmal ein Dialekt des Deutschen. Generell ist dabei zu beobachten, dass die hier entstehende geheimsprachliche Schriftlichkeit fast immer eine rein mediale und keine konzeptionelle (vgl. Koch / Oesterreicher 1985) ist. Dies liegt zum einen sicherlich daran, dass Geheimsprachen historisch gesehen rein mündliche Sprachformen sind, und zum anderen wird dieser Aspekt dadurch befördert, dass Kommunikation in Internetdiensten und auch speziell Gästebüchern generell eine Tendenz zu konzeptioneller Mündlichkeit aufweist (vgl. Diekmannshenke 1999: 70).

Wenige Ausnahmen, d. h. längere zusammenhängende Texte mit einem hohen Aufkommen an geheimsprachlicher Lexik, finden sich beispielsweise dort, wo Kunsttexte, bspw. jenische Gedichte, wiedergegeben werden. So werden im Internet beispielsweise an verschiedenen Stellen bereits in Büchern und Zeitschriften abgedruckte Gedichte des jenischen Schriftstellers Engelbert Wittich aufgeführt,[24] oder per YouTube werden Geheimsprachensprecher beim Rezitieren eines Gedichtes gezeigt – wobei im Video-Abspann eine Wörterliste Geheimsprache / Deutsch gezeigt wird.[25] Einen ähnlich künstlichen Charakter dürften die wechselnden Zitate haben, die bei jedem Aufruf der Seite von „Jenisch Power“ (online: http://jenischpower.net) jeweils oben rechts auf der Seite erscheinen, und bei denen es sich z. T. um Gedichte oder Liedstrophen, aber z. T. offenbar auch um (nicht selten frivole) jenische Redewendungen oder Witze handelt.

---

23 Hierzu müssen schon folgende Kommentare gezählt werden: „latscho dives miro tschaias und tschawos latscho seite echt“; „Ja das schäft mal ne qwante Ansage, schukker das es dir gefällt.“; „[...] falls dies hier jemand liest, der soll mittels diesem GB melden, wäre cool [Smiley] in diesem sinne qwantä rati mengets tov“; „Ein Hallo an unsere Eigenen. Schäft ‚a latscho‚Seite. Ich bin vom Gruenweiss Ichenhausen. des schäft ‚a jenischer Fussballverein,werde in Euere Seite mal öfters reinschauen.“; „qwanter shein die seite schäft qwannt grus don vito“ (online: http://jenische.info/homesite/cms/public/index.php?cmd=smarty&id=208_lde).

24 Bspw. unter http://home.balcab.ch/venanz.nobel/qwant/frsliteratur.htm?literatur.htm;/venanz.nobel/qwant/venanznobel.html.

25 Vgl. bspw. für die Luxemburger Lakersprache: www.youtube.com/watch?v=JZT_SNcQwhc&feature=related.

Eine für die heutige Situation von Geheimsprachen typische[26], nämliche scherzhafte, dadurch aber extrem künstliche und nicht unbedingt immer auf authentische Primärsprecher (vgl. Siewert 2003: 104f.) zurückgehende Verwendung jenseits der ursprünglichen Verwendungszusammenhänge zeigt sich in Fällen, wo längere Filmausschnitte neu auf Jenisch synchronisiert[27] oder Filmtitel in die Geheimsprache übersetzt werden.[28]

In diese scherzhafte Funktion lässt sich auch die Verwendung von jenischen Nicknamen einreihen, die oft dem umfangreichen Tabuwortschatz der Geheimsprachen entspringen und die ursprünglich geheimsprachliche Funktion nutzen, so etwa: *Schukrergary* ‚schöner Penis' oder, zum gleichen Basismorphem, *langerGary*. Diese Namen sind insofern humorvoll, als der Verwender davon ausgehen kann, dass der Name von „normalen" Usern, die keine Geheimsprache verstehen, nicht verstanden und damit nicht als anzüglich empfunden wird, so dass er nicht als Teil einer gewählten Identität und Selbstinszenierung aufzufassen ist.[29] Die öffentliche, aber eben kodierte Verwendung von Tabuwörtern bereitet den Namensträgern den Spaß der „Eingeweihten", die nicht verstanden werden und sich daher, im Sinne einer klassischen Narrenfreiheit, mehr herausnehmen (können) als beim Schreiben in der Standardsprache.[30] Diesen Aspekt der Narrenfreiheit unterstreichen auch selbst gewählte Nicknamen wie *Dinelo* ‚Depp, Idiot, geistig Beschränkter'.

Die Nicknamen können aber in anderen Fällen gezielt in Hinblick auf das Verständnis durch andere Geheimsprachensprecher gewählt und daher aufschlussreich bezüglich der angestrebten bzw. selbst gewählten Identität sein, etwa wenn sich User *schmelo* ‚Zigeuner' oder, im Kommentar zu einem Rap-Lied, *Gheddo-Tschei* ‚Ghetto-Frau' nennen. Ein – selbstironisches – Spiel mit der Identität sowie einen souveränen Umgang mit der Geschichte der Geheimsprachensprecher und mit den Klischees, die Sesshafte über sie verbreitet haben und noch immer verbreiten, bezeugen Nicknamen wie *Tschuklo-Buter* ‚Hundeesser', die darauf anspielen, dass den Sprechern noch heute vorgeworfen wird, Hunde zu essen.

---

[26] Zur Verwendung von Geheimsprache in Theaterstücken, Märchen, Karnevalsreden etc. vgl. Siewert (1992: 13ff.; 1994: 15ff.; 1997: 40). Zu Scherzbildungen vgl. auch Efing (2005: 142f.).

[27] Vgl. online: www.youtube.com/watch?v=5txCyIejsYA.

[28] Vgl. etwa: „Der wo mit die Tschucklo schmooft (Der mit dem Wolf tanzt); Latscho dewes Luppni (Pretty Women) [...]" (online: www.wer-kennt-wen.de/gruppen/weltweit/jenische-power-pfalz-ny7cmbht). Vgl. auch den folgenden Gästebucheintrag: „[...] Hier ein alter Filmtitel auf jenisch; "mid nobbes gerch durch da grandige Fonk" Dees hoist " Barfuss durch die Hölle" [...]" (online: www.gb2003.de/guestbook.php?id=49315").

[29] Diese Nicknamen tauchen dabei in unverfänglichen Kontexten, nicht etwa auf pornographischen oder Kontaktsuche-Seiten auf.

[30] Ein ähnliches Beispiel ist aus dem Leinzeller Jenisch überliefert: Hier preist eine Händler einer Kundin Wolle als mit dem jenischen Wort *tscharmuselwolle* ‚Schamhaar' an. Den Gebrauch der Sondersprache gegenüber Unkundigen interpretiert Feuerabend auch als „intellektuelle(n) Abwertung der ‚sozialen Gegner'" (vgl. Feuerabend 1997: 163f.).

In den folgenden beiden Kapiteln soll der Frage nachgegangen werden, ob sich die Hypothese (vgl. Efing 2005: 302) verifizieren lässt, dass angesichts der durch das Internet ermöglichten Kommunikation von Sprechern unterschiedlichster Nationalitäten und Geheimsprachen-Varianten auf Rotwelsch-Basis zwecks Verständigung eine Reduktion der geheimsprachlichen Lexik auf einen Kernwortschatz und damit eine Vereinheitlichung der Geheimsprachen-Varianten zu verzeichnen ist, d. h. ob die Vermutung stimmt, dass in den unterschiedlichen Internetdiensten immer wieder dieselben, insgesamt nicht sehr zahlreichen geheimsprachlichen Lexeme verwendet werden.

Eine repräsentative Studie hierzu würde den Rahmen dieses Aufsatzes sprengen, jedoch wurden für eine erste Antwort auf die oben formulierte Fragestellung die geheimsprachlichen Lexeme aller bislang erwähnten Internetseiten dokumentiert und statistisch ausgewertet.[31]

Insgesamt sind in diesem Korpus 287 geheimsprachliche tokens zu verzeichnen, die 110 types zugeordnet werden können. Dabei werden lediglich 23 types (20,9%) mehrfach verwendet,[32] während die Mehrzahl von 87 types nur ein- oder zweimal belegt und damit sicherlich nicht zu einem wie auch immer gearteten „Kernwortschatz“ zu zählen sind.

Ein erster detaillierterer Blick soll den Wortarten gelten: Genau 50% der 110 types sind Substantive, 26,4% Verben und 18,2% Adjektive.[33] Im Vergleich zu anderen, Wörterbuch-basierten Studien[34] zeigt sich eine Verschiebung der Wortartenverteilung: Die generell für Rotwelsch-basierte Geheimsprachen konstatierte deutliche Dominanz von Substantiven (zwischen 65–74% der Wortschatzes) gilt für das Internet offenbar weniger, dafür sind geringfügig mehr Verben (in anderen Studien: 17–24%) und deutlich mehr Adjektive (in anderen Studien: 4,7–7,7%) zu verzeichnen. Errechnet man die Wortartenverteilung nun anhand der tokens, was in den bisher vorliegenden Wörterbuch-Auszählungen verständlicherweise nicht gemacht wurde / werden konnte, wird dieser Trend noch deutlich verstärkt. Von den 287 tokens im Internet fallen nur noch 41,8% auf Substantive, 21,3% auf Verben und 27,2% auf Adjektive. Der hohe Stellenwert der Substantive für die sondersprachliche Kommunikation muss also – zumindest für die heutige Zeit und das Internet – relativiert werden, wobei hier nur vermutet wer-

---

[31] Hierunter fallen alle schriftlich vorkommenden geheimsprachlichen Lexeme auf den genannten Homepages, aus Gästebüchern (ohne das von www.luetzenhardt.de, das gesondert in Kapitel 5 behandelt wird), Kommentaren (bspw. zu Videos) und Foren. Nicht berücksichtigt wurden mündliche Belege aus (Musik- und anderen) Videos sowie die Lexeme aus den im Internet abrufbaren wissenschaftlichen Publikationen, Wörterbüchern und Presseartikeln.

[32] Die am häufigsten verwendeten Lexeme (mit Anzahl der Nennung): *qwant* ‚gut‘ (31), *latscho* ‚schön‘ (22), *schäf(t)en* ‚sein, machen, tun‘ (16), *schei(n)* ‚Tag‘ (12), *schuker* ‚süß‘ (12), *gatsche* ‚Leute, Fremde‘ (10), *dibes* ‚Tag‘ (8), *dibere* ‚sprechen‘ (8), *nobis* ‚nein, nicht, kein‘ (7), *minsch* ‚Vagina‘ (6).

[33] Als weitere Wortarten finden sich insb. Negationspartikeln (*tschi, nobis*), Pronomen (*herlem, ma, miro*) sowie eine Präposition (*nebenkinfiig*).

[34] Vgl. für eine Synopse Efing (2005: 121).

den kann, was der genaue Grund ist: Eine plausible Hypothese wäre, dass Substantive, die Jütte (1978: 67) als „Geheimnisträger par excellence" bezeichnet, eine geringere Bedeutung haben, da im Internet auch die geheimsprachliche Funktion an Relevanz verliert und zugunsten anderer Funktionen in den Hintergrund tritt. Eine in anderen Studien zur Gästebuchkommunikation hervorgehobene typische Sprachhandlung ist das *Bewerten* (insb. durch *Loben*, vgl. Diekmannshenke 1999: 73), das auch für Geheimsprachen als durchaus typisch gelten kann (vgl. Efing 2004: 164; 2005: 197f.). Im vorliegenden Korpus werden dementsprechend Homepages, Videos und andere Internetauftritte, aber auch Personen geheimsprachlich positiv als *qwant, schuker, latscho, grandig* oder negativ als *schoflig, lenk, lenzig, dinalo* bewertet, bspw: „schäft ganz schugger was ihr da gmengt hechtet, doch, schäft scho a qwante soory" (online: www.gb2003.de/guestbook.php?start=10&id=49315")

Als eine weitere Sprechhandlung, die im Internet typischerweise in der Geheimsprache vollzogen wird und auf Adjektive zurückgreift, erweist sich das *Grüßen*[35]: So finden sich neun Belege für *qwanter schein* ‚guten Tag' bzw. *nen qwante (wünsch Ich)* ‚einen guten (wünsch ich) ' und acht Belege für *latscho diwes* ‚guten Tag'. Auch andere standardisierte Äußerungselemente eines Internet-Eintrags, wie die Verabschiedung, werden zum Teil geheimsprachlich realisiert: *latscho ratt* und *qwante ratte* ‚jeweils: gute Nacht', *mengets tov* ‚machts gut'. Diese geheimsprachlichen Gruß- und Abschiedsformeln tauchen auch in Äußerungen auf, die sonst keine weiteren geheimsprachlichen Lexeme enthalten. Dies spricht dafür, dass die Geheimsprachenverwendung im Internet zumindest zu einem Teil zu einer Reproduktion der immer wiederkehrenden gleichen festen Phrasen tendiert, wie es beispielsweise auch für das vierfach belegte *jenisch dibere* ‚Jenisch reden' gilt.

Als interessant erweist sich neben der wortarten- und der pragmatischen Perspektive auch ein Blick auf die Semantik der verwendeten geheimsprachlichen Lexeme. Die hier zu beobachtenden Phänomene bestätigen indes deutlich die Ergebnisse bisheriger Forschung: Geheimsprachlich kodiert werden der Tabuwortschatz (*minsch* ‚Vagina', *gary* ‚Penis', *(schund)bos* ‚Hintern', *buien* ‚ficken') und insbesondere Personenbezeichnungen (*moss, tschai, modl* ‚jeweils: Frau, Mädchen'; *tschabo, fisel, benk* ‚jeweils: Junge, Mann'; *mameri* ‚Mutter', *baberi, dada* ‚jeweils: Vater'), wobei mit letzteren gerade auch die ursprünglichen sozialen Gegner, die Sesshaften bzw. „Bauern", geheimsprachlich bezeichnet werden (*gatsche, ruche, ruchemoss, ruchebenk*). Weitere Substantive werden oft für eine z. T. nostalgische, z. T. selbstironische Darstellung der bzw. Anspielung auf die traditionelle(n) Lebenswelt der Fahrenden verwendet: die Fahrenden machten unterwegs, auf der Reise im *roddel* ‚Wagen', um *lobi* ‚Geld' zu verdienen, *funk* ‚Feuer' *und letzamerei/bascheben* ‚Musik' im *jahri/krachert* ‚Wald', wobei ihnen

[35] Das *Begrüßen* und *Verabschieden* ist ein Spezifikum von Internetgästebüchern gegenüber traditionellen Gästebüchern, die auf eine Anrede normalerweise verzichten, und kommt so häufig vor, dass das *Grüßen* als typische Sprechhandlung eines elektronischen Gästebucheintrags gelten kann (vgl. Diekmannshenke 1999: 71ff.).

nachgesagt wird, dass sie *schmallert* ‚Katzen' oder *stupfele* ‚Igel' äßen. Auch im Bereich der Verben finden sich neben den geheimsprachlich typischen, vagen passepartout-Verben (*schäf(t)en, hauren, beschen*) lebensweltlich typische bzw. selbstironisch verwendete Verben (*schallern* ‚singen', *schickern* ‚trinken', *guffen* ‚schlagen', *schniffen* ‚stehlen', *stranzieren* ‚hausieren, reisen', *mangen* ‚betteln, handeln').

Im Folgenden soll die Aussagekraft und Verallgemeinerbarkeit dieser Beobachtungen dadurch eingeschätzt werden, dass sie auf Ergebnisse bezogen werden, die anhand eines kleineren Korpus gewonnen wurden und dementsprechend im Rahmen dieses neuen Korpus repräsentativ sind.

5. Geheimsprachliches in Internet-Gästebüchern

Nach einer kurzen Korpusbeschreibung werden zunächst die geheimsprachenbezogenen Themen, die in den beiden Korpus-Gästebüchern diskutiert werden, herausgearbeitet, um dann anhand des geheimsprachlich ergiebigeren Gästebuchs von www.luetzenhardt.de eine linguistische Analyse der im Gästebuch verwendeten Geheimsprache vorzunehmen. Abschließend werden deren Ergebnisse auf die in Kapitel 4) präsentierten Überblicksergebnisse bezogen.

Die folgenden Analysen beziehen sich auf die Gästebücher der privat betriebenen Homepages www.luetzenhardt.de sowie www.kuebler-clan.eu.[36] Das Gästebuch, das ein Lützenhardter für sein Dorf, in dem zahlreiche Jenisch-Sprecher leben (vgl. Efing 2005), betreibt, ist seit dem 15.1.2002 online aktiv und verzeichnet bis Korpusschluss (9.3.2011) 213 ausgewertete Einträge; das eher familiär geprägte Gästebuch des „Kübler-Clans", das seit dem 20.5.2006 online erreichbar ist, versammelt bis Korpusschluss 131 Einträge. Beide Gästebücher stehen im Kontext einer Homepage, die das Jenische explizit und ausführlich thematisiert und somit sicherlich Besucher anzieht, die die Seiten per Suchmaschine auf der dezidierten Suche nach Informationen zu Geheimsprachen gefunden haben. Während die Lützenhardter Homepage auch ein jenisches Wörterbuch beinhaltet,[37] das das Jenische zum Gegenstand des Gästebuchs werden lässt, präsentiert der Betreiber der Kübler-Homepage, zusammengetragen aus Büchern und Presseartikeln, Informationen und links zur jenischen Sprache und lädt auf Jenisch zum Nutzen des Gästebuchs ein: „Interesse am Jenisch? kahsch gwand diebra?" (online: www.kuebler-clan.eu/Jenische%20 Sprache.htm). Thematisch steht beim Lützenhardter Gästebuch die Geheimsprache durchgängiger im Vordergrund der Einträge als beim Kübler-Gästebuch.

---

[36] Die Internet-Adresse hierzu lautet: www.gb2003.de/guestbook.php?id=49315".

[37] Vgl. online: www.luetzenhardt.de/pdf/JenDeu.PDF.

5.1 Die Themen der Gästebücher

In beiden Gästebüchern finden sich zahlreiche Bestätigungen der Untersuchungen von Diekmannshenke, dass Gästebücher oft von sog. „Internetflaneuren" (Diekmannshenke 1999, 2000) aufgesucht werden, die nur mal eben „reingesurft" sind und grüßen oder die entsprechende Homepage loben wollen. Dies geschieht vor dem Hintergrund des geheimsprachlichen Kontexts der beiden Korpus-Gästebücher nicht selten mit geheimsprachlichen Versatzstücken: „hay fiesel hay tschaie und wie gehts euch mir guad geile page !!"[38] Häufig aber werden auch explizit das Jenische als (Geheim-)Sprache sowie die Gruppe der Geheimsprachensprecher / Jenischen zum Thema, und zwar lassen sich folgende Diskussionsschwerpunkte kategorisieren:

1. Die Demonstration / Artikulation von Heimatverbundenheit und -stolz (Stolz, ein Lützenhardter oder ein Jenischer zu sein)

2. Die Suche nach der individuellen Identität

Die Gästebücher werden nicht selten von den Usern genutzt, um mehr über die eigene und die Vergangenheit der eigenen Familie herauszufinden, was sich z. T. in Suchanfragen nach Personen / Ahnen bzw. nach Informationen zum Familienstammbau äußert:

> hallo alle lieben jenische mit menschen!!!!!!!!!!!!!! ich bin verzweifelt auf der such nach meiner identität! ich bin 53 jahre weiblich und in münchen als tochter der familie XXX XXX geboren. ich bin in einer pflegefamilie auf gewachsen,und hatte eine schwere kindheit!!!!! immer als kind der zigeuner von den bauern beschimft. gibt es irgend wo personen die meine vorfahren kennen. ich wäre sehr dankbar mein vater war immer als hausiere unterwegs. bitte wenn jemand was über die familie XXX weis bitte dringend melden danke eure XXX

3. Die Suche nach der (kollektiven) Gruppenidentität der Jenischen

Diese Suche gleicht oft einer „Selbstfindung", der Beschwörung einer gemeinsamen jenischen Identität aller Jenisch-Sprecher Europas über regionale Grenzen hinweg. Hierfür dient das Internet als Mittel der Kontaktaufnahme und Vernetzung verschiedener Subgruppen der Jenischen. Ziel ist es, durch die Vernetzung und Organisierung einer möglichst gemeinsamen Interessenvertretung als eigenes Volk, offiziell, d. h. auch staatlicherseits, als eine eigene Ethnie anerkannt zu werden – nicht nur, wie bisher schon, in der Schweiz.

Diese Suche und Kontaktaufnahme kann einfach darin bestehen, dass auf andere Jenisch-Orte aufmerksam gemacht wird[39] oder sich ein User, häufig ein jenischer Verband oder Verein, anderen „Volksbrüdern" im Gästebuch bekannt macht und präsen-

---

[38] Soweit nicht anders gekennzeichnet, stammen die Auszüge aus dem Lützenhardter Gästebuch (www.luetzenhardt.de/11801/11802.html).

[39] „Latscho [d]iebes, die meisten Jenischen wohnen oder stammen meines Wissens nach aus Höchstädt an der Donau. Dort raggert jeder Gadscho bereits jenisch. Da schwechen die Halos Katschede und Lowina. Aber in die Gadschemme wern die Reisende rausgwitzert."

tiert,[40] in dem er grüßt und / oder zur Homepage gratuliert: „liebe volksbrüder! der jenische kulturverband österreich,gratuliert euch herzlich zu eurer hp."; „[...] meldet euch doch mal bei uns vom J/B/i/D e. V. ... Im Namen und für den Bundesverband und politisch-kulturelle Interessensvertretung der Jenischen in Deutschland e. V. grüßt recht herzlich XXX Vors. Bundesrat der Jenischen Deutschlands im J/B/i/D e. V." (online: www.gb2003.de/guestbook.php?start=10&id=49315") Bei solchen Gelegenheiten wird oft auch auf andere jenische Internetdienste (der Gästebuch-Besucher) aufmerksam gemacht und hierzu eingeladen, um so den Austausch und die Vernetzung zu erhöhen:

> Hallo Leute//Durch glückliche Fügung wurde der gute alte Jenische Chat von Josef gestern bei http://www.zigo.de aufgenommen [...]. Ich hoffe, die Jenischen wissen die Chance zu nutzen! Seid zahlreich und möglichst oft dort! [...] Gesucht werden noch Jenische, die bereit sind, als Admin im Chat oder als Moderatoren für das Forum, das eröffnet werden soll, mitzuarbeiten. [...] So, bis bald, im Forum oder Chat, lol! Herzlichst//Euer fäberer

> Wir hamn jetzt einen JENISCHEN CHAT und freuen uns auf Ihren Besuch, alle Lützenhardter und leserInnen dieser Seite sind herzlich eingeladen!

> Da dieses Jahr in der Schweiz doch einiges läuft über Jenische, habe ich jetzt einen speziellen Veranstaltungskalender gemacht. Interessenten klicken auf „Homepage"... Ich freue mich auf Ihre Besuche der Veranstaltungen...und auf Einträge in meinem Gästebuch! Herzlichst XXX

Neben der „Selbstbesinnung" und der Gruppenstärkung „nach innen" läuft die Identitätsbildung aber auch stark über die Abgrenzung von Nicht-Jenischen, von Sesshaften, die geheimsprachlich als *ruche* oder *gatsche* ‚jeweils: Bauern' tituliert werden, wobei diese Abgrenzung zum Teil durch den erhöhten Einsatz von Geheimsprache zum Ausschluss der Nicht-Eingeweihten von der Kommunikation verstärkt wird:

> nen qwante allerseits ... schäft ne sehr schukkere und auch interessante Seite herrles, wirklich. Qwant zu sehe das sich die jenische so langsam aber sicher wieder traue an die Öffentlichkleit zu gehe und den Ruche zu sage: Uns gab es immer! Uns gibt es! Uns wird es immer geben! Aber eines ist wichtig: Nur gemeinsam sind wir stark! Ne qwante Zeit und gottes Segen auf allen euren Wegen wünscht Baloue (GS/JBiD e. V.)

> HALLO ICH BIN AUCH EINE JENISCHE UND KOMME AUS KREMS NUR GEHT ES HALT NICHT IMMER SO SUPER MIT DE GADSCHEN. BUSSAL VERMISSE EUCH

> Es ist schön etwas mehr über eine Sprache zu erfahren die man als Kind erlernte aber aus Scham und Angst vor der Schmach verleugnete. Ungeachtet dessen Herkunft bzw. dessen zu gerhörigkeit, oder evtl. dem Missverständnis oder vorurteilen einiger „ gatsche „ zu unterliegen , einer nicht akzeptierten Minderheit abzustammen macht dieses Versteckspiel einiger „ Jenischen „ nicht unbedingt einfacher. Im Rückblick auf die Vergangenheit hat sich in unserem Land aus sozialpolitischer sicht gewaltiges verändert, jedoch die Denkweise vieler Menschen im Bezug auf die „ jenische Sprache „ nicht. Spricht man in der Öffentlichkeit seine altertümliche Sprache wird man sofort vom Hörer ungeachtet seiner Person als ‚Zigeuner' Assoziiert, schon komisch wie lange dieses vergangene Bewusstsein doch anhält. Aus meiner sicht ist dies allerdings traurig, welch ein stück Geschichte und Vergangenheit geht damit verloren.

[40] Nach Diekmannshenke (1999: 73) sind das *Kontakt pflegen* und das *sich präsentieren* die beiden wichtigsten Sprachhandlungen bei der Nutzung von Internet-Gästebüchern.

Der Soziologe Nils Zurawski (2000: 208) konstatierte bereits vor über zehn Jahren, dass „das Zusammengehen von Ethnizität mit modernen Informations- und Kommunikationstechnologien immer häufiger zu beobachten“ sei, obwohl es ein scheinbares Paradox sei, da Ethnizität, im Gegensatz zur Modernität der Kommunikationstechnologie, häufig als überholtes, unmodernes Konzept gelte. Er lehnt diese Sichtweise auf das Phänomen als Paradox aber ab, da sich Ethnizität „nicht als ausschließlich negativ, konflikthaft und vormodern dar[stelle]. Dass diese Verbindung [von Ethnizität und Internet] nicht zufällig ist, sondern eine folgerichtige Konsequenz der Nutzung des Internets durch ethnische (und andere) Gruppen, liegt an der Bedeutung, die Sprache und Repräsentation für ethnische Identität haben und den entsprechenden Möglichkeiten, die (speziell) das Internet diesbezüglich bietet.“

Es kann also nicht überraschen, dass die Jenischen, die sich oft selber als Ethnie sehen, dieses offenbar probate Mittel Internet nutzen, um den ihnen staatlicherseits verweigerten Status zumindest virtuell zu etablieren. Neben dem Aspekt des Sich-gegenseitig-Bekanntmachens durch Selbst-Präsentationen und Abgrenzungen werden im Gästebuch Themen der jenischen Lebenswelt diskutiert, d. h., die User machen sich gegenseitig auf jenische Feste und Veranstaltungen sowie (populär-)wissenschaftliche Publikationen zu Jenischen aufmerksam; schalten für ein Fest einen Suchruf nach einer Musikgruppe, die jenische Musik spielt; diskutieren die jenische Geschichte (Herkunft) und Kultur und teilen sich gegenseitig weitere Orte mit, in denen viele Jenische wohnen.

Neben den genannten, stark soziologischen Themen, die eher die Sprecher betreffen, finden sich weitere, die stärker auf das Jenische als Geheimsprache bezogen sind:

4. Suchanfragen nach Informationen zur jenischen Sprache

Angesichts der Tatsache, dass die Jenisch-Kenntnisse der Sprechern aufgrund der gewandelten soziohistorischen Lebensumstände zurückgehen – was kontraproduktiv zu den Tendenzen der Etablierung als eigene Ethnie ist, die stark über die gemeinsame Gruppensprache als wichtigem Identitätsbestandteil funktioniert –, werden die Gästebücher auch als Gelegenheit genutzt, mehr über die eigene Sprache (und Identität) in Erfahrung zu bringen:

> Hallo meine Familie kommt aus Crailsheim und ich konnt die Jenische Sprache bis ich sieben war und jetzt möchte ich sie wieder lehrnen aber wo [Antwort des Gästebuchbetreibers:] [...]Wir habe in Burgberg schon Jenischkurse angeboten, das Interesse war gering. Um Crailheim sind die Orte Schillingsfürt, Schopfloch, Matzenbach, Wildenstein, Lautenbach sowie Ober-Unterdeufstetten als Jenischsprechende bekannt. (online: www.gb2003.de/guestbook.php?id=49315“)

> Hallo,der vater meiner kinder isr jenisch, meine vorfahren sind roma.Ich selbst habe mich mit meiner herkunft wenig beschäftigt, möchte es aber meinen kindern weitergeben, damit sie später auch wissen wo sie her kommen und selber entscheiden können wie sie ihr leben leben. dazu gehört auch die sprache,ein wenig jenisch kann ich, das sind aber nur bruchteile. mich interessiert ob der unterschied zwischen roma und jenischer sprache groß ist, bzw. ob man sich mit je-

nisch auch mit roma verständigen kann und umgekehrt. Gibt es litaratur über die sprache oder was ist der beste weg sie zu erlernen? (meine kinder sind in bayern geboren). (online: www.gb2003.de/guestbook.php?id=49315“)

Selbst außenstehende *gatsche* bzw. *ruche* versuchen, die Gästebücher für diese Zwecke zu nutzen:

ich bin zwar n Gadscho, aber interessier mich für die jenische Sprache wollte deshalb fragen ob mir einer jenische redewendungen aller Art auf meine e-mail schicken kann. Danke schonmal im Vorraus

5. Die Diskussion um Sinn und Unsinn / die Gefahr von Jenisch-Wörterbüchern im Internet

Das Jenisch-Wörterbuch auf der Lützenhardt-Homepage, aber auch andere Geheimsprachen-Wörterbücher im Internet, sorgen für den Stoff für die wohl vehementeste Diskussion im Lützenhardter Gästebuch, die um die Frage kreist, ob das Jenische als Geheimsprache geschützt werden muss, was eine Internetpublikation von Wörterlisten und -büchern verbieten würde, oder ob diese angesichts des deutlichen Rückgangs der Jenisch-Kompetenz der Sprecher sinnvoll sind, um das Jenische davor zu bewahren, in Vergessenheit zu geraten oder gar auszusterben, womit ein Kulturgut und eine bestimmte Denk- und Sichtweise und vor allem auch ein großes Stück jenischer Identität untergingen. Wie der folgende Gästebuch-Eintrag zeigt, wird das Internet für die Erhaltung und Verbreitung des Jenischen innerhalb der ursprünglichen Sprechergruppe als Chance, andererseits aber auch als Gefahr gesehen, da auch Außenstehende so die Geheimsprache erlernen können: „wie bringt man die Sprache wieder unter das eigene Volk, und wie hält man die ‚ruche‘ in der hinsicht auf Abstand, dass nicht sie die jenigen sind, die daraus lernen“ (online: www.gb2003.de/guestbook.php?id=49315“).

Im Rahmen dieser Diskussion um Jenisch-Wörterbücher im Internet lassen sich vier Positionen ausmachen: a) begeisterte und b) sachlich-neutrale Befürworter sowie c) sachlich-neutral und d) vehement-emotional argumentierende Gegner dieser öffentlich zugänglichen Jenisch-Wörterbücher im Internet. Dass diese Diskussion von vielen Usern sehr emotional geführt wird, zeigen oft emphatische Großschreibungen und die geringe Berücksichtigung sprachsystematischer Normen. Interessant an der Auseinandersetzung ist die Tatsache, dass sich eigentlich alle Positionen auf dasselbe Argument beziehen; denn alle User vertreten ihre spezielle Position, weil die (Geheim-)Sprache auf das Engste mit der (jenischen) Identität verbunden ist (vgl. Zurawski 2000: 208). Und daher sind sich auch Vertreter aller Positionen im Grunde einig, dass das gemeinsame Ziel, die Identität und die Gruppe der Jenisch-Sprecher zu stärken, über eine Festigung der Sprach-Kenntnisse im Jenischen läuft. Es ist nur umstritten, ob hierzu Internet-Wörterbücher ein probates Mittel sind.

Die Befürworter der Wörterbücher spezifizieren das Identitätsargument durch ihre positiven Konnotationen, die sie mit dem Jenischen und der mit der jenischen Sprache verknüpften Vergangenheit haben, während die Gegner als weiteres Argument die Geschichte der Verfolgung und Diskriminierung der Jenischen in den Vordergrund stellen und das Jenische geheim halten wollen, damit es weiter als Schutz dienen kann gegen die sozialen Gegner, die *Bauern* bzw. *gatsche* und *ruche* – denn diese verwenden bereits selber unverkrampft jenische Wörter in den Gästebüchern, wie bspw. in folgendem Eintrag: „An gruaß vo am domlenger ruach!“[41]

Die Reaktion der Jenisch-Sprecher hierauf besteht z. T. in expliziten Mahnungen, nicht vor / mit Außenstehenden Jenisch zu sprechen:[42]

> nobis dibra fisel benk mit de gadschi//gruess aus leinzell.
>
> Blos, schäften doch betuche was unser jenisches rackere angeht und lernt den Ruche tschi unser höchstes Gut, unsere jenische Sprache.

Um einen Eindruck von der Diskussion und dem dort gepflegten unterschiedlichen Stil zu bekommen, seien zu jeder der vier Positionen typische Einträge angeführt:

1. *Begeisterte Befürworter*: „Des Wörderbuach isch grandich gwand“; „Was hab ich mich gefreut, als ich das jenische Wörterbuch entdeckt habe, wurden doch sofort Kindheitserinnerungen wach.“; „ich finde diese seite sehr schön und als ich die jenischen wörter gelesen habe musste ich einfach nur heulen. es erinnerte mich an meine kindheit wo ich die sommerferien bei meiner ahne verbringen durfte in lützenhardt. es erinnert mich auch so sehr an meine mami die dort aufgewachsen ist...und ich vermisse soooo sehr. dank für die paar minuten erinnerung“.
2. *Sachlich-neutrale Befürworter*: „Hallo ihr Lieben//was soll das Theater mit dem Wörterbuch? Im Internet gibt es jede Menge Infos und Wörterbücher über die jenische Sprache.//Über so manche Ausdrücke muss ich schmunzeln, da diese leicht zu verstehen sind.//Liebe Grüße“; „Was ist so schlimm daran, wenn ein jenisches Wörterbuch erscheint? Die Zeiten, in denen jenisch-sprechende diskriminiert wurden, ist vorbei. [...] Mir gefällt das jenische Wörterbuch...“.
3. *Sachlich-neutrale Gegner*: „ich finde es einfach nicht gut mit dem wörterbuch. [...] machs raus!!!“; „wenn d´ hofemer schau de Ruacha jenisch beibringet na dürfeter euch net wondere das es mit uns de bach na goht.“
4. *Vehement-emotionale Gegner*: „Hallo zusammen, DAS WÖRTERBUCH MUSS RAUSS!!! Wiso kann ein Buur unsere Sprache so in die Öffentlichkeit bringen? ich finde das eine Bodnlose Frechheit! Diese Sprache schützt uns, und solte daher geheim bleiben, das ist unser Recht. Also bitte nim das

---

41 Tumlingen („Domlengen“) ist ein Nachbarort von Lützenhardt, in dem Sesshafte und damit ehemalige soziale Gegner wohnen. Es gibt allerdings Hinweise darauf, dass die Tumlinger nicht erst durch das Internet, sondern bereits in den 1930ern / 40er Kenntnis von jenischen Lexemen, u. a. auch *ruech*, hatten und einige sogar in ihren Ortsdialekt übernommen haben (vgl. Efing 2005: 93ff.).

42 Beide Einträge unter: www.gb2003.de/guestbook.php?start=60&id=49315“.

Wörtebuch raus!!!"; „nen qwante, schäft des wirklich notwendig hier ein Wörterbuch einzustellen!? […] Ihr macht euch selber zu den handlangern deer Linguisten und denjenigen welche die Jenischen zu einer ‚Soziolinguistischen, sozialen Randgruppe' degradieren wollen und uns jedes Recht auf die Existenz als eigenständige Volksgruppe absprechen. […] Hoffentlich könnt ihr das mit euch und eurm gewissen verantworten denn IHR liefert unser Volk wieder einmal mehr an die Gadsche aus und sollte sich die geschichte wiederholen habt Ihr und Leute wie dieser Danzer oder die in Schillingsfürst, welche unsere Sprache an die Baure verkaufen um sich selbst in Scene zu setzen, die Opfer auf dem Gewissen ...."; „Ich find des scheiße dass es ein jenischwörterbuch gibt."; „was intressiert euch unsre sprache? denn ha ihr braucht das net können ihr seit bauern und bleibt bauern für uns ich bin echt total ärgerlich das ihr über sinti jenische und roma alles herausfinden wollt habt ihr komplexe oder was wir wollen das nicht ihr knechte ihr seit hebammen schleim mehr nicht verstanden und was ich sagen muss was ist das denn für ein jenisch hahahah lach mich kaputt das ist chenesisch oder hahahah also ihr seit nicht gerade intellegent meint ihr würklich wir sagen euch was das richtig heißt da habt ihr euch geschniden weil wir nie unsre sprache lernen wir haben ehre und stolz hahah ihr seit blöd einfach naja ich sage euch nur ein diese jenische sprache wo her habt ihr die denn her von jing jang jung chenesen stamm oder was hahahah"; „Hallo ihr! DAS WÖRTERBUCH MUSS RAUS! Sonsch verstehen uns ja alles das ist echt allerhand es zu veröffentlichen"

6. Die Diskussion um die Korrektheit / Authentizität der jenischen Wörter im Internet

Wie bereits der zuletzt zitierte Gästebucheintrag zeigt, werden die im Internet veröffentlichten Wörter von einigen Sprechern oft als falsch, falsch übersetzt und oder nicht authentisch abgetan. Hiermit soll sicherlich einerseits den Wissenschaftlern und anderen, die Geheimsprachliches (im Internet) veröffentlichen, die Motivation und Glaubwürdigkeit genommen werden. Andererseits können diese Äußerungen darauf zurückgeführt werden, dass viele Geheimsprachensprecher ein Konzept von ihrer Sprache als homogen und einheitlich im Kopf haben, so dass sie glauben, dass alle Jenisch-Sprecher dasselbe Jenisch sprechen; die Existenz regionaler und nationaler Varianten dürfte ihnen nicht bewusst sein. Bei einem Teil der Sprecher führt dies dazu, dass sie glauben, andere Sprecher, die ein anderes Jenisch sprechen, könnten besser und mehr Jenisch sprechen, während ein anderer Teil der Sprecher, wenn er mit ihm unbekannten Jenisch-Varianten konfrontiert wird, davon ausgeht, diese Varianten seien falsch.[43] In

[43] Diese Haltung ist nicht unähnlich derjenigen von Standardsprechern, die Sprachvarianz und Sprachwandelphänomene (zumindest im Bereich der Umgangs-, Jugendsprache etc.) als falsch (da normwidrig) und damit als Sprachverfall abtun.

jedem Fall löst die Wahrnehmung von Varianz gegenüber dem eigenen Sprachgebrauch bei Gästebuch-Besuchern Diskussions- bzw. Kommentierungsbedarf aus:

> des wörterbuch isch i doof fiesel gwand ... wenn au feil wörder net so richdich stemmet!

> Ausserdem ist der größte Teil eures Wörterbuches schlicht und einfach Phul [,Mist']! Stimmt hinten und vorne net!

> und dann noch so grotten falsche wörter drin..! -> BAUREJENISCH!<.

> hallo leute//ich bin mit der jenischen sprache gross geworden. und kann eurem wörterbuch in vielen sachen nicht zupflichten. es werden viele wörter anders gesprochen wie ihr sie schreibt,oder sind falsch übersetzt. gruss chaosmattes

7. Die Diskussion um die (Ortho-)Graphie jenischer Wörter

So, wie viele Sprecher von einem einheitlichen Jenisch und damit einem Konzept ausgehen, das dichotomische richtig / falsch-Beurteilungen von Wörtern und Bedeutungen zulässt, so glauben auch einige Sprecher, es gebe eine normierte (Ortho-)Graphie des Jenischen („Bitte wedet euch mal an den Hacho aus Darmstadt das man Loby mit Y Schreibt umd nicht Lobe – […]" (online: www.gb2003.de/guestbook.php?start=60&id=49315"); „Mir gefällt das jenische Wörterbuch, wobei ich mich erinner, dass einige Wörter doch anders geschrieben wurden."), während andere dies ablehnen („Aber es gibt wohl keine richtige schreibweise."). Eine vermittelnde Position nehmen die Gästebuch-Besucher ein, die die Schreibung von geheimsprachlichen Wörtern nach der Nähe zur Aussprache beurteilen, doch auch diese Vertreter verlieren z. T. aus dem Blick, dass es ebenfalls keine normierte, sondern immer nur eine (bisweilen extrem stark) dialektal beeinflusste Aussprache des Jenischen gibt, so dass auch das Kriterium, die Güte der Schreibung an der Nähe zur Lautung zu messen, ein relatives und regional abhängiges ist. Interessant – und wohl dem Internet geschuldet – aber ist ja überhaupt die Tatsache als solche, dass über die schriftliche Form des Jenischen gesprochen wird, das bislang fast ausschließlich eine gesprochene Sprache war.

8. Die Diskussion um regionale Differenzen („Dialekte") des Jenischen

Entgegen dem bisher Gesagten scheint ein kleiner Teil der Gästebuch-Benutzer das – aus sprachwissenschaftlicher Sicht einzig plausible – Konzept vom Jenischen als heterogener, regional unterschiedlich ausgeprägter Sprache zu haben und legt infolge dessen an jenische Wörter im Internet nicht das Kriterium der richtig / falsch-Dichotomie, sondern das der regionalen Bekanntheit und Verbreitung an. Die betreffenden Sprecher haben auch bzgl. der Graphie die Bewusstheit, dass das einzig sinnvolle Kriterium die Nähe der Schreibung zur Lautung ist, wie die folgenden Kommentare bezeugen:

> Mir is aufgefallen das die wörter sich von Region zu Region oft ein bissen unterscheiden. Wie zumbeispiel bei un[s] heißt Schwarz Kalo und bei euch im Wörterbuch Galo Wie Kachni und Gachni

Und die Wörter im Wörterbuch ich kenne zwar nicht alle aber die die ich kenne werden manchmal anders ausgesprochen als sie da stehen! Tschabo=Schabo(so wirds ausgeschprochen)

Salli bin ä jenischer aus offeburg mir rede ä bissel andersch wie ihrs im wörtebuch uffgschriebe henn. könne na au andere dialekte von unserer sproch ni mache? des wär kwant

5.2 Geheimsprachliches in den Gästebüchern

5.2.1 Geheimsprachliche Texte

Wie bereits in Kapitel 4 festgestellt, finden sich auch in den hier detaillierter untersuchten Gästebüchern kaum längere Texte mit einem erhöhten geheimsprachlichen Lexemanteil, so dass davon ausgegangen werden kann, dass die Verwendung geheimsprachlicher Wörter in den meisten Fällen der Präsentation / Demonstration der Gemeinschaftszugehörigkeit („Jenisch als Erkennungs- und Gruppenabzeichen“, vgl. Bausinger 1975: 119), nicht aber der Geheimhaltung dient. Einige der wenigen Einträge mit einem größeren Jenisch-Anteil seien aber aufgeführt, um einen Einblick in die Sprachverwendung zu ermöglichen und zu zeigen, dass auch hier der unverfängliche Inhalt darauf hindeutet, dass die Funktion der Geheimsprachlichkeit für die Verwender nachrangig geworden ist:[44]

Danke, an quant tschugger gerozelter bloen kneisert der de Bankert vum Lakertenduo mat der dofter Letzemarei dei mir kuffen an de Kaffen fir d'Hausmugga an op Kameidismescher

O dabl am verholchten Schai hat sich den jenish artikel a gwanda kumpel von ma aglurt i ham tschi ganz glesa aber isch gwand//mei gutschta mach gwand weida

Am verholchten schai is mir de Laschischmotori muli tschant, du gwanda gatsch

Abgesehen von wenigen solcher Beispiele finden sich auch in den Gästebüchern längere Wörterlisten mit jenischen Lexemen und als längere Texte mit einem hohen Geheimsprachen-Anteil – wie auch an anderen Stellen des Internet (s.o.) – jenische (Spott-) Gedichte – und zwar tendenziell immer wieder die gleichen,[45] die oft einen frivol-

---

[44] Die hier aufgeführten Beiträge sind zu finden unter: www.gb2003.de/guestbook.php?id=49315“.

[45] Bspw. – ohne Autornennung, aber bereits in ähnlicher Version überliefert vom jenischen Schriftsteller Engelbert Wittich, vgl. Efing (2005: 209):
„DER GARDSCH DER SCHEFFT E HEGEL
DIE MOSS DIE SCHEFFT E KLUNT
DER GARDSCH DER BICKT DE FENNERISCH
DIE MOSS DIE BICKT DE SCHUNT
RUMPERT, BUMPERTS HACHO-MODEL
SCHEER DIE MINSCH, VERKIEN DIE BAALE!
SOLL MEIN MINSCH NOHT BARFUß LAAFE,
MUSCHT DU GEHN DIE BAAL VERKAAFE.“ (online: www.luetzenhardt.de)

anzüglichen Hintergrund haben und mit Tabuwortschatz arbeiten.[46] In einem Fall hat ein User jedoch auch versucht, spontan selber ein jenisches Gedicht zu schreiben:

„Fergeblich sitz ich hir form
Schirm und such nach den alten,
cabe auch keine tschuk"los nicht
Stacho"s nur ne alte K"achne.
Denn da Tadta is heit wieder Gsch"wecht Tschabe here mie Prie
öfter wagingre im Waesch-Latscho
schäfts in klan Bangla Däsch.
Latscho radte sagen meine Müden
Glieder wenn ich nach LH.komme sing ich meine Lieder Gruß XXX"
(online: www.luetzenhardt.de)

5.2.2 Geheimsprachliche Syntagmen und Nicknamen

Eine einigermaßen systematische bzw. vorhersagbare Verwendung einzelner geheimsprachlicher Lexeme und kurzer, fester Wendungen findet sich ansonsten, wie bereits für das größere Korpus beobachtbar, bei den Grüßen und Verabschiedungen (10x *latscho diebes*, 3x *qwanter schein*, 2x *nen qwanten*, 1x *latscho ratte*) sowie bei der Wahl der Nicknamen (*Fäberer, Kellebangerer, Latscho, Fisl, tschaile, (kwanter oder latscho) Tschabo* usw.). Wie bereits oben beim anderen Korpus gesehen, zeugen auch hier die Nicknamen von Selbstironie und souveränem Umgang mit Klischees (vgl. Nickname *Tschukelmass* ‚Hundefleisch'), von dem Versuch, sich per Nicknamen eine spezielle Identität zu verleihen bzw. diese pointiert zu präsentieren (*(alter) hofemer* ‚Lützenhardter', *schukretschai* ‚süße Frau', *Schmorer_Tschai* ‚Trinker-Frau') sowie vom Spaß daran, sich mit Tabuwörtern zu betiteln (*Lochschnäddrâde*, wohl zu *schnedderen* ‚Geschlechtsverkehr haben')[47]. Aus pragmatischer Perspektive ist noch zu ergänzen, dass auch – wie generell für Geheimsprachen typisch (vgl. Efing 2005: 198f.) – Beleidigungen auf Jenisch ausgedrückt werden, bspw.: „Ich schund da in de Kibes du Niese!!!" „Ich scheiß Dir in den Kopf, Du Dummkopf!" oder „bui dr selbr" „fick Dich selber".

5.2.3 Geheimsprachliche Lexik

Auch die lexikalische Analyse der geheimsprachlichen Lexeme im Lützenhardter Gästebuch ergibt Ergebnisse, die deutlich vergleichbar mit denen des größeren Korpus sind, so dass sie als typisch für die Verwendung von Geheimsprache im Internet gelten kön-

[46] In diesem Punkt ist Diekmannshenke (1999: 65; 2000: 139) zuzustimmen, der den elektronischen Gästebuch-Einträgen eine Nähe zu Graffiti und Klosprüchen attestiert.

[47] Ein für Geheimsprachen nicht untypischer Wortwitz wird sich vermutlich auch hinter dem Nicknamen *meikel* ‚geheimsprachlich: Kopf' verstecken, der gleichzeitig auf die englische Aussprache von *Michael* zurückführbar sein könnte.

nen: Eine Auszählung des Gästebuchs ergibt 172 geheimsprachliche tokens, die 80 verschiedenen types zuzuordnen sind, von denen wiederum lediglich 13 (16,3%)[48] mehr als zweimal verwendet werden.

Eine Analyse der Wortarten ergibt, berechnet für alle types, eine Verteilung von 63,8% Substantiven, 20% Verben und 10% Adjektiven, was typisch für Rotwelsch-basierte Geheimsprachen ist, auch wenn der Substantivanteil relativ gering und der der Adjektive leicht erhöht ist. Ein Blick auf die Wortartenverteilung bei den tokens bestätigt aber die bereits oben aufgestellte These der Relativierung der Wichtigkeit von Substantiven zugunsten einer starken Rolle von Adjektiven: Während nur 57% der tokens Substantive und lediglich 12,2% Verben sind, sind Adjektive mit 27,5% vertreten. Auch für das Lützenhardter Gästebuch kann als Begründung angeführt werden, dass das – häufig mittels Adjektiven vorgenommene – *Bewerten* als prominente Sprechhandlung in der Internet-Verwendung von Geheimsprache wie generell in Gästebüchern hier ursächlich sein dürfte (s. o.). Denn neben sechs wertenden Adjektiven (positiv: *latscho, qwant, schuker, grandig, doof*; negativ: *dinelo* ‚verrückt‘) enthält das Lützenhardter Gästebuch nur zwei Adjektive mit eher beschreibender Funktion (*kalo* ‚schwarz‘, *geschwecht* ‚betrunken‘). Eine semantische Analyse des geheimsprachlichen Wortschatzes zeigt, dass die verwendeten Lexeme den für Geheimsprachen typischen Sachbereichen und Wortfeldern entstammen:

1. Wörter aus dem Tabuwortschatz (*keeploch* ‚Arschloch‘, *gare* ‚Penis‘, *minsch* ‚Vagina‘, *buien* ‚ficken‘, *buiminschle*, *schunden* ‚scheißen‘)
2. Personenbezeichnungen (für Frauen: *tschai*, *moss*, *model*, *klunt* ‚Hure‘; für Männer: *tschabo*, *freier*, *fiesel*; für Außenstehende / soziale Gegner: *gatsche*, *ruche*, *cliste* ‚Polizist‘; als Beleidigung: *niese*, *dinelo*, *hegel*)
3. Wörter der typischen / klischeehaften Lebenswelt, bspw. a) aus dem Vergnügungs-, insb. Gastwirtschaftsbereich (*gadschemme*, *cober* ‚jeweils: Gastwirtschaft‘, *gschwecht* ‚betrunken‘, *lowina* ‚Bier‘, *mole* ‚Wein‘, *katschede* ‚Schnaps‘) sowie aus dem Bereich der (angeblichen) Nahrungsmittel, die z. T. selbstironisch aufgegriffen werden (*tschuklo* ‚Hund‘, *stacho* ‚Igel‘, *kachne* ‚Huhn‘)[49]

Auffällig im Gegensatz zu dem unspezifischeren Korpus aus Kapitel 4 ist jedoch die deutlich größere semantische Differenzierung im Verbalbereich: Neben dem passepartout-Verb *schäff(t)en* finden sich spezifischere Verben wie *pennen* ‚schlafen‘, *tscha-*

[48] Die am häufigsten verwendeten Lexeme (mit Anzahl der Nennung): *latscho* (20), *qwant* (17), *diebes* (11), *gatsche* (9), *tschai* (6), *schäff(t)en* (5), *tschabo* (5), *tschuklo* (5), *ruche* (4), *schuker* (4), *dada* ‚Vater‘ (4), *gschwecht* ‚betrunken‘ (3), *schein* (3).

[49] Vgl. das obige Gedicht: „Fergeblich sitz ich hir form// Schirm und such nach den alten//cabe auch keine tschuk“los nicht//Stacho“s nur ne alte K“achne.“ „Vergeblich sitze ich hier vor dem Schirm und suche nach den Alten, esse auch keine Hunde nicht, Igel, nur ein altes Huhn“.

nen / naschen ‚gehen, kommen', *raggere* ‚reden', *schmoren / schwechen* ‚trinken', *caben* ‚essen', *kneisen* ‚sehen, bemerken' u. a. m.

Vergleicht man nun die Ergebnisse der beiden Teilkorpora bzgl. der am häufigsten verwendeten geheimsprachlichen Lexeme, ergibt sich folgende Liste der „Top 10":

	Geheimsprachliches Lexem	Verwendung gesamt (in absoluten Zahlen)	Verwendung Gästebuch-Korpus (Kapitel 5)	Verwendung unspezifisches Korpus (Kapitel 4)
1	*qwant* ‚gut'	48	17	31
2	*latscho* ‚schön, gut'	42	20	22
3	*schäff(t)en* 'sein, machen, tun'	21	5	16
4	*dibes* ‚Tag'	19	11	8
4	*gatsche* ‚Leute, Fremde'	19	9	10
6	*schuker* ‚süß'	16	4	12
7	*schei(n)* ‚Tag'	15	3	12
8	*tschai* ‚Frau'	10	6	4
9	*tschabo* ‚Kerl, Junge'	9	5	4
9	*minsch* ‚Vagina'	9	3	6
9	*ruche* ‚Bauern'	9	4	5
10	*dibere* ‚sprechen'	8	0	8

Abb. 1: Die zehn höchsten Lexemfrequenzen

Dieser Überblick bestätigt die herausragende Bedeutung von wertenden Adjektiven in der geheimsprachlichen Internet-Kommunikation: Kein Wort wird auch nur halb so oft verwendet wie die beiden weitgehend synonymen Adjektive *qwant* und *latscho*. Dies liegt begründet in der doppelten Funktion dieser Adjektive, die einerseits in den häufigen Bewertungen und andererseits in den häufig verwendeten Begrüßungsformeln vorkommen, weswegen die beiden Begriffe *dibes* und *schein* ‚jeweils: Tag' ebenfalls in dieser Liste auftauchen. Die Kombinationen sind dabei in zweierlei Hinsicht komplementär verteilt: a) kein Sprecher / Schreiber verwendet abwechselnd beide Varianten; b) *latscho diebes* oder *qwanter schein* sind als Gruß völlig gängig, während es für **latscho schein* oder **qwanter diebes* keinen einzigen Beleg gibt. Die Kombinationsbeschränkung geht dabei vermutlich auf die regionale Herkunft der Sprecher und eventuell auch die spendersprachliche Herkunft der Lexeme zurück: Während *latscho* und *diebes* beide dem Romanes entlehnt sind, lassen sich *qwant* und *schein* auf eine (lateinisch-)deutsche

Wurzel zurückführen.[50] Weitere Untersuchungen müssen überprüfen, ob auch andere Lexeme ausschließlich und systematisch in komplementärer Verteilung vorkommen, was erklären könnte, dass sich unter den nur zwölf Lexemen so viele weitgehende Synonyme befinden. Kandidaten aus dieser Liste für solch eine komplementäre Verteilung wären etwa *ruche* (mit dt. Wurzel) und *gatsche* (mit Romanes-Herkunft). Sollten sich dann tatsächlich weitere komplementär verteilte Synonyme in der geheimsprachlichen Verwendung im Internet finden, wäre dies ein Beleg für eine auch im Internet fortdauernde Kopräsenz verschiedener jenischer, regional bedingter Varianten und damit eine Falsifizierung der Hypothese von Efing (2005: 302), dass die geheimsprachliche Internetkommunikation eventuell die Reduktion der jenischen Varianten und die Herausbildung eines regional übergreifenden Kernwortschatzes befördern könnte.

Die tabellarische Zusammenstellung bestätigt aber auch die weiteren bisherigen Ergebnisse und Interpretationen: Die Relevanz der Bezeichnung der Außenstehenden spiegelt sich wider im Auftauchen der Lexeme *gatsche* und *ruche* ‚Bauern‘, und auch die für geheimsprachliche Kommunikation typischen Personenbezeichnungen (*tschai, tschabo*) sowie der Tabuwortschatz (*minsch*) tauchen in der Liste der häufigsten tokens auf, während der Verbalbereich nur mit zwei Lexemen, darunter ein passe-partout-Verb (*schäff(t)en*), vertreten ist.

6. Fazit

„Es ist eine Sache, dem Internet die Funktion eines Beziehungsmediums zuzuweisen, eine andere ist, zu analysieren und empirisch nachzuweisen, wie Personen oder Personengruppen das Netz faktisch für ihre Zwecke nutzen.“ (Thimm 2000: 11) Die hier vorgestellte Studie konnte in ihrem begrenzten Rahmen genau das empirisch nachweisen: dass und wie sich die Gruppe der Jenisch-Sprecher des Internets als Beziehungsmedium bedient, um untereinander Kontakt aufzunehmen, sich bekannt zu machen, sich zu vernetzen. Die Jenisch-Sprecher sind eine über weite Teile Europas versprengte Menge an Kleingruppen, die sich mangels fehlender staatlicher, ethnischer oder anderer Organisationsform und mangels fehlender einheitlicher Lobbyvertretung in Form eines gemeinsamen Dachverbandes mit einem gemeinsamen Presse- und Kommunikationsorgan ohne Internet niemals zu einer Großgruppe, zu einem „Volk“, zusammenfinden könnten. Die Nutzung der Möglichkeiten des Internet ist vor diesem Hintergrund für ihre Zwecke und Bedürfnisse die logische und sinnvolle Konsequenz, um die vormedial

[50] Die unterschiedliche spendersprachliche Herkunft allein wäre allerdings kein ausreichender Grund, da die Kombination von geheimsprachlichen Lexemen unterschiedlicher Herkunft sowohl in Wortbildungs- als auch syntaktischen Gefügen (bspw. *qwantä rati*) durchaus gängig ist; im Falle fester Wendungen, zu denen man die Grußformeln zählen kann, ist eine einheitliche Herkunft der Lexeme aber eher zu erwarten, da diese Wendungen z. T. – und im Fall von *latscho diebes* ganz sicherlich – als ganze Wendung aus der Spendersprache übernommen wurden.

nie existente gemeinsame (Kommunikations-)Kultur nun technisch zumindest virtuell herzustellen und auf diesem Wege eventuell die Anerkennung als eigenständige Ethnie mit eigener Minderheitensprache auch außerhalb der Schweiz durchzusetzen. Insbesondere Gästebücher haben sich für die Jenisch-Sprecher, wie gezeigt werden konnte, hierbei als sozialer Ort mit gruppen- bzw. „beziehungsstabilisierender sozialer Funktion" (Diekmannshenke 2000: 152) erwiesen, denn der oft scheinbar belanglose geheimsprachliche Internet-Klatsch (*Grüßen*, Homepage etc. *Loben*) übernimmt auch für die Jenisch-Sprecher – wie es Diekmannshenke für andere User-Gruppen nachweisen konnte – „eine wichtige Funktion im Rahmen sozialen Handelns und wirkt gruppen- und beziehungskonstituierend" (Diekmannshenke 2000: 153). D. h., dass der geheimsprachliche Charakter des Jenischen deutlich hinter den Charakter als Gruppensprache zurücktritt, was auch der scherzhafte und z. T. selbstironische Umgang mit der eigenen Kultur und Sprache anzeigt: Jenisch wird zu allererst in einer identitätsbezeugenden Funktion geschrieben, d. h. eben um sich als jenisch zu präsentieren, nicht zu Geheimhaltungszwecken.

Dies wirft ein neues Licht auf das nun gar nicht mehr so paradox erscheinende Eingangsparadoxon vom Geheimsprachlichen im öffentlichen Medium Internet: Die Rede müsste nämlich nach den Ergebnissen der empirischen Erhebungen eine sein von der identitätsstiftenden Gruppensprache im beziehungsstiftenden sozialen Kommunikationsraum Internet, und, so formuliert, wirkt die Kombination plausibel und nicht mehr paradox. Ein Rest des Paradoxons bleibt allerdings, da konstatiert werden muss, dass Jenisch vor allem zur Ingroup-Kommunikation genutzt wird, was nicht zuletzt die häufige geheimsprachliche Abgrenzung von den Außenstehenden (*ruche, gatsche*) zeigt. Dieses Phänomen der (privaten) Ingroup-Kommunikation ist allerdings auch unabhängig von der Verwendung von geheim- und gruppensprachlichen Ausdrücken generell für elektronische, öffentliche Gästebücher als Besonderheit festzustellen.

Ein größerer Widerspruch rund um das Jenische und seinen Charakter als Geheimsprache bleibt aber dennoch: Denn während die Jenisch-Sprecher und ihre Vereine und Verbände einerseits vehement – und in der Schweiz ja auch erfolgreich – für ihre öffentliche Sichtbarmachung kämpfen und die Anerkennung ihrer Gruppe und Sprache als Minderheit(ensprache) fordern, sind es gerade die Verbände, die das Jenische als Sprache weiterhin geheim halten wollen, wie ein Gästebucheintrag des Vorsitzenden des Bundesrats der Jenischen Deutschlands (im J/B/i/D e. V.) zeigt, der explizit und auf Jenisch vor dem Bekanntmachen und der Weitergabe des Jenischen an Außenstehende warnt: „Blos, schäften doch betuche was unser jenisches rackere angeht und lernt den Ruche tschi unser höchstes Gut, unsere jenische Sprache." – „Bloß seid doch vorsichtig, was unser jenisches Gerede angeht und lehrt die Bauern nicht unser höchstes Gut, unsere jenische Sprache" (online: www.gb2003.de /guestbook.php?start=60&id=49315"). In die gleiche widersprüchliche Richtung verweist das bereits erwähnte Projekt des Jenischen Bundes in Deutschland und Europa e. V. für ein jenisches Wörterbuch, das nur Jenischen zugänglich sein soll (s. o.).

Sprachlich fällt das Fazit der Studie ebenfalls zweischneidig aus: Es scheint angesichts der vielfältigen Internetpräsenz zu stimmen, dass sich Jenisch – nicht zuletzt durch das Internet – zu einer Art Kultsprache entwickelt hat, für die sich jenseits aller Rückbesinnung der Sprecher auf ihre Gruppensprache nun auch Außenstehende vermehrt und aktiv, d. h. durch Nachfragen und Bitten um Informationen, interessieren. Dies geht aber nicht einher mit einer gestiegenen oder steigenden Vitalität des Jenischen, wenn man diese neben der Verwendungsfrequenz auch an der (nämlich nur sehr geringen) Wortschatzvielfalt und der (stark eingeschränkten) Diversität der Sprechhandlungen festmachen will. Zudem hat das medial schriftliche Internet nicht dafür gesorgt, dass eine konzeptionelle Schriftlichkeit des Jenischen entsteht, das auch im Netz eine (konzeptionell) mündliche Sprache bleibt. Vielleicht verhindert gerade die im historischen Vergleich untypische und unpassende Kommunikationssituation – alleine vor dem Computer –, dass das Internet für eine wirkliche Revitalisierung des Jenischen sorgen könnte. In Sachen Identitätsfindung mag das Internet ein geeignetes Medium für die Jenisch-Sprecher sein; kommunikativ (bzgl. der Kommunikationssituation und -funktion) ist es vermutlich einfach zu weit entfernt von der ursprünglichen Lebenswelt der Sprecher, als dass es zu einer umfangreicheren Sprachverwendung kommen könnte. Stattdessen wird, abgesehen von vereinzelten Einmalverwendungen, im wie außerhalb des Internet ein reduzierter Wortschatz aus den immer selben Wörtern – jedoch aus verschiedenen Jenisch-Varianten – gepflegt,[51] was auch die Sprecher selber bemerken: „ich [will] mal was zu der jennischen sprache sagen bei uns ist sie wieder ein bischen im kommen aber nur bestimmte worte wie gwand oder ful aber nicht viel" (online: www.gb2003.de/guestbook.php?start=60&id=49315"). Dieses Ergebnis der Reduktion auf einen Grundbestand an jenischen Lexemen in der Internet-Kommunikation ist dabei sicherlich auch dadurch beeinflusst, dass es immer wieder dieselben Sprecher (vgl. Nicknamen) sind, die geheimsprachliche Einträge in Chats, Foren und Gästebüchern vornehmen. Dabei scheinen insbesondere Schweizer und österreichische Jenische besonders aktiv zu sein, was einen – in anderen Studien nachzuweisenden – hohen Anteil an Lexemen der dortigen regional-spezifischen Jenischvarianten bedingen könnte.

Die Analyse des Wortschatzes hat ergeben, dass die Relevanz geheimsprachlicher Substantive gegenüber bisherigen, Wörterbuch-basierten Studien eindeutig zu relativieren ist, während geheimsprachliche Adjektive (v. a. *qwant, latscho*) mit mehr als 25% aller Internet-tokens im Zusammenhang damit eine große Bedeutung erlangen, dass die wichtigsten Sprechhandlungen in der geheimsprachlichen Internet-Kommunikation das *Bewerten*, insbesondere *Loben* (von Homepages etc.), sowie das *Grüßen* sind. Daneben kann man als übergeordnete Sprechhandlungen die generell für elektronische Gästebücher typischen Handlungen *Kontakt pflegen* bzw. *aufnehmen* und *sich präsentieren* (vgl. Diekmannshenke 1999; 2000) feststellen. Die semantische Analyse des Wort-

[51] Diese Beobachtung kann vergleichbar auch für die immer wieder gleichen auftauchenden jenischen Gedichte und Lieder getroffen werden.

schatzes hat ergeben, dass die für Geheimsprachen typischen Wortfelder und Sachbereiche am stärksten vertreten sind (Personenbezeichnungen, Tabuwortschatz, Lebensumfeld).

Abschließend lässt sich resümieren, dass das Internet ein bedeutender Kommunikationsraum für Jenisch-Sprecher geworden ist, dass aber die jenische Sprache in Form der Verwendung geheim- bzw. gruppensprachlicher Lexeme einen weitaus geringeren Stellenwert und Umfang hat als die – umgangs- oder standardsprachliche – Bearbeitung von Themen rund um die jenische Identität, Sprache und Vergangenheit.

Literaturverzeichnis

Bausinger, Hermann (1975), Dialekt, Sprachbarrieren, Sondersprachen. Band 2 zur Fernsehserie Deutsch für Deutsche, (Deutsch für Deutsche 2), Frankfurt am Main.

D'Arcangelis, Andrew Rocco Merlino (2004), Die Verfolgung der sozio-linguistischen Gruppe der Jenischen (auch als die deutschen Landfahrer bekannt) im NS-Staat 1934–1944, Dissertation an der Hamburger Universität für Wirtschaft und Politik, online unter: http://www2.sub.uni-hamburg.de/opus/volltexte/2004/2247/pdf/Dissertation.pdf [Stand: 9.03.2011], Hamburg.

Diekmannshenke, Hajo (1999), „Elektronische Gästebücher. Wiederbelebung und Strukturwandel einer alten Textsorte", in: Zeitschrift für Angewandte Linguistik 31, 49–75.

Diekmannshenke, Hajo (2000), „Die Spur des Internetflaneurs. Elektronische Gästebücher als neue Kommunikationsform", in: Caja Thimm (Hrsg.), Soziales im Netz. Sprache, Beziehungen und Kommunikationskulturen im Internet, Opladen, Wiesbaden, 131–155.

Diekmannshenke, Hajo (2006), „‚Ich war auch hier!' Elektronische Gästebücher", in: Peter Schlobinski (Hrsg.), Von *hdl* bis *cul8r*. Sprache und Kommunikation in den Neuen Medien, (Thema Deutsch 7), Mannheim, Leipzig, Wien, Zürich, 249–265.

Efing, Christian (2004), Jenisch unter Schaustellern. Mit einem Glossar aus schriftlichen Quellen, (Sondersprachenforschung 10), online unter: http://www.ph-heidelberg.de/org/allgemein/ fileadmin/user_upload/wp/efing/Efing_SchaustellerJenisch.pdf, [Stand: 9.03.2011], Wiesbaden.

Efing, Christian (2005), Das Lützenhardter Jenisch. Studien zu einer deutschen Sondersprache. Mit einem Wörterbuch und Sprachproben auf CD-ROM, (Sondersprachenforschung 11), online unter: www.ph-heidelberg.de/fileadmin/user_upload/wp/efing/Efing_LuetzenhardterJenisch.pdf, [Stand: 9.03.2011], Wiesbaden.

Efing, Christian (2012), „Miniporträt Jenisch", in: Janet Duke (Hrsg.), EuroComGerm. Die sieben Siebe: Germanische Sprachen lesen lernen, Bd. 2, Aachen (im Druck).

Feuerabend, Ulrike (1997), Das Leinzeller Jenisch. Studien zur Überlieferungslage und zum Wortschatz, (Staatsarbeit), Münster.

Jütte, Robert (1978), Sprachsoziologische und lexikologische Untersuchungen zu einer Sondersprache. Die Sensenhändler im Hochsauerland und die Reste ihrer Geheimsprache, (Zeitschrift für Dialektologie und Linguistik, Beihefte 25),Wiesbaden.

Koch, Peter / Oesterreicher, Wulf (1985), „Sprache der Nähe – Sprache der Distanz. Mündlichkeit und Schriftlichkeit im Spannungsfeld von Sprachtheorie und Sprachgebrauch", in: Romanistisches Jahrbuch 36, 15–43.

Roth, Hansjörg (2001), Jenisches Wörterbuch. Aus dem Sprachschatz Jenischer in der Schweiz, Frauenfeld, Stuttgart, Wien.

Siewert, Klaus (Hrsg.) (1992), *Und wenn sie nicht machulle sind...*, (Textbuch Masematte 2), Münster, New York, München, Berlin.

Siewert, Klaus (Hrsg.) (1994), *Beinahe mulo gedellt...*, (Textbuch Masematte III), Münster, New York, München, Berlin.

Siewert, Klaus (1997), „Das Pfedelbacher Jenisch. Mit einem Glossar aus den schriftlichen Quellen", in: Zeitschrift für Dialektologie und Linguistik 64, 37–56.

Siewert, Klaus (2003), Grundlagen und Methoden der Sondersprachenforschung. Mit einem Wörterbuch der Masematte aus Sprecherbefragungen und den schriftlichen Quellen, (Sondersprachenforschung 8), Wiesbaden.

Thimm, Caja (2000), „Einführung: Soziales im Netz. (Neue) Kommunikationskulturen und gelebte Sozialität", in: Caja Thimm (Hrsg.), Soziales im Netz. Sprache, Beziehungen und Kommunikationskulturen im Internet, Opladen, Wiesbaden, 7–16.

Zurawski, Nils (2000), „Sprache, Repräsentation und Ethnizität im Cybersprace", in: Caja Thimm (Hrsg.), Soziales im Netz. Sprache, Beziehungen und Kommunikationskulturen im Internet, Opladen, Wiesbaden, 208–219.

Internetquellen [Stand: 10.3.2011]

http://blog.jenische.info/#home
http://de.wikipedia.org/wiki/Jenische
http://de.wikipedia.org/w/index.php?title=Jenische&action=history
http://faeberer.mainchat.de
http://home.balcab.ch/venanz.nobel/qwant/frswissenswert.htm
http://home.balcab.ch/venanz.nobel/qwant/frsliteratur.htm?literatur.htm;/venanz.nobel/qwant/venanznobel.html
http://jenische.info
http://jenische.info/homesite/cms/public/index.php?cmd=smarty&id=208_lde
http://jenischer-chat.mainchat.de
http://jenischpower.net
http://members.aon.at/jenisch.at
http://membres.multimania.fr/yeniche
http://reisender-chat-mainchat.mainchat.de
www.corvuscorax.de/index.php?select=diskografie
www.dunkelsteinerwald.net/?p=53
www.dunkelsteinerwald.net/?s=jenisch
www.fc-gruenweiss.de
www.gb2003.de/guestbook.php?id=49315"
www.gummi-insel.de/10.html
www.helmut-krass.de/jeni.htm
www.jenisch.info
www.kirchenweb.at/gaunerzinken/gaunersprache
www.kuebler-clan.eu
www.kuebler-clan.eu/Jenische%20Sprache.htm
www.luetzenhardt.de
www.luetzenhardt.de/pdf/JenDeu.PDF
www.luetzenhardt.de/11801/11802.html
www.mediaculture-online.de/Theater-Zirkus-Tanz.444+M5992bc1eb8e.0.html

www.myspace.com/406009492/music/songs/Jenesch-Leeift-763767
www.myspace.com/lompekremer
www.myvideo.de/watch/4297416/jenisch_the_street
www.roscheiderhof.de/moselfraenkisch/index-neu.php5?xmlDatei=speicher.xml
www.swissinfo.ch/ger/Home/Archiv/Jenisch:_Die_blumigste_Sprache_der_Schweiz_(I).html?cid=3986992
www.swissinfo.ch/ger/Home/Archiv/Jenisch:_Sprache_entsteht_auch_am_Lagerfeuer_(II).html?cid=3987120
www.thata.ch
www.ulrich-siewers.de/41011/85501.html
www.ulrich-siewers.de/media//DIR_42612/8c1cfaa5fa807e65ffff8e2bac14421f.pdf
www.yenisch-suisse.ch
www.youtube.com/watch?v=JZT_SNcQwhc&feature=related
www.youtube.com/watch?v=ZXO_ktWw0Jo&feature=related,
www.youtube.com/watch?v=5txCyIejsYA
www.youtube.com/watch?v=4aBkHtGcrw4&feature=related
www.youtube.com/watch?v=5txCyIejsYA&feature=related

ANDREA FRUHWIRTH

„Quäle mich, o Herr, mit Leckerbissen!" Zum arkanen Charakter von Sakralsprachen und den Umgehungsstrategien der Uneingeweihten

> So vorgeschritten Europa auch sonst sein mag: in religiösen Dingen hat es noch nicht die freisinnige Naivität der alten Brahmanen erreicht, zum Zeichen, dass in Indien vor vier Jahrtausenden mehr gedacht wurde und mehr Lust am Denken vererbt zu werden pflegte, als jetzt unter uns. Jene Brahmanen nämlich glaubten erstens, dass die Priester mächtiger seien als die Götter, und zweitens, dass die Bräuche es seien, worin die Macht der Priester begriffen liege.
>
> Friedrich Nietzsche, Morgenröte (1881)

1. Sakralsprachen als Arkansprachen

Wodurch definiert sich eine Sprache als *arkan*? Ist dafür allein das quantitative Moment ausschlaggebend, dass es sich um die Sprache einer Minderheit handelt, die von der Mehrheit nicht verstanden wird? Oder muss diese Minderheit auch eine „Randgruppe" darstellen, welche als „suspekt" oder gar „bedrohlich" gilt, welche vom gesellschaftlichen Mainstream ausgegrenzt wird bzw. sich durch sprachliche und andere Barrieren selbst ausgrenzt? Nach dieser Definition wäre eine Arkansprache die Sprache von sozial deklassierten Anderen, mit denen man sich als NormalbürgerIn nicht identifizieren möchte. Zudem wird die Unverständlichkeit einer solchen *Geheimsprache* als Ärgernis und Gefahrenpotenzial erlebt.

Übersehen wird dabei oft, dass es auch *Geheimsprachen* gibt, mit denen sich selbst diejenigen identifizieren, die sie nicht beherrschen. Denn in zahlreichen Kulturen und Religionen (Judentum, Christentum, Islam, Hinduismus, Buddhismus) existieren historische Sakralsprachen, die über lange Zeiträume ausschließlich einer sozialen Minderheit von theologisch Gebildeten zugänglich sind. Trotz (oder gerade wegen) ihrer Entrücktheit gelten die in dieser Sprache verfassten Texte als „Inbegriff" und „höchster Wert" der eigenen kulturellen Identität. Um dieses paradoxe Verhältnis der sprachlich ausgegrenzten Mehrheit zur jeweiligen Sakralelite und arkanen Sakralsprache zu beleuchten, möchte ich zunächst etwas weiter ausholen.

Mein Ansatz folgt den religionssoziologischen Grundannahmen von Émile Durkheim (1912), gemäß denen Religion ihrem Ursprung nach ein gesellschaftliches – nicht privates – Phänomen darstellt und jegliche Gesellschaft insofern über Religion verfügt, als sie in irgendeiner Form zwischen Sakralem und Profanem unterscheidet.

Jede Gesellschaft verfügt auch über Personen, die als in besonderer Weise befähigt gelten, mit dem Sakralen, dem Transzendenten (den Göttern, Geistern, Ahnen oder einer unpersönlichen höheren Macht) in Kontakt zu treten und dieses Heilige für die Allgemeinheit verfügbar zu machen. Die (geglaubte) Fähigkeit, gute Kräfte binden und böse Kräfte abwehren zu können, verleiht diesem Personenkreis (SchamanInnen, PriesterInnen) eine privilegierte Rolle innerhalb der Gemeinschaft. Es formiert sich folglich eine eigene soziale Klasse (Priesterkaste, geistlicher Stand), die ihre bevorzugte Position, ihren sakralen Nimbus durch deutliche – und idealerweise unüberwindliche – Separation von der profanen Mehrheit abzusichern sucht.

Diese Abgrenzung weist gemeinhin auch einen linguistischen Aspekt auf. Sprachformen, die für „Normalsterbliche" unverständlich oder „tabu" sind, schaffen eine unüberwindliche Barriere, die die Sphäre des Sakralen von der des Profanen trennt. Der Priester erscheint umso mehr als Repräsentant einer jenseitigen Wirklichkeit, als schon sein sprachlicher Ausdruck jenseits des für Uneingeweihte Verstehbaren liegt.

Gewiss kennt jede Religion Formen von sprachlichen Tabus, doch gilt dies insbesondere für die so genannten Buchreligionen, die gleichsam „unbeabsichtigt" zu ihren Sprachbarrieren zwischen Sacrum und Profanum gekommen sind. Indem ihre heiligen Schriften – aus Respekt vor deren Heiligkeit – in unveränderter (Sprach-)Form tradiert wurden, das profane Sprechen aber fortschreitendem Sprachwandel unterlag, wurden die Sprachen, in denen diese heiligen Schriften verfasst waren, zu „toten" Sprachen (Althebräisch, Altgriechisch, Latein, Klassisches Arabisch, Vedisch, Sanskrit, Pāli). Jede dieser „toten" Sprachen stellt demnach einen Soziolekt dar, der den geistlichen Stand der jeweiligen Kultur auszeichnete und weitgehend auch nur diesem vorbehalten blieb.

Ein solcher – eine historische Sprachstufe konservierender – Sakral-Soziolekt ist nicht nur nicht unmittelbar verständlich, er ist auch nicht ohne Unterweisung erlernbar. Die Instrumente der Unterweisung (Lehrwerke, Schulen oder rituelle Lehrer-Schüler-Beziehungen) liegen jedoch ebenfalls in Händen des geistlichen Standes, welcher somit über diese sprachdidaktische Barriere kontrollieren kann, wer als auserwählter Nachwuchs Zugang zu den eigenen Reihen erhält.

Freilich provoziert eine solche sprachliche Abschottung des religiösen Establishments auch immer wieder Gegenbewegungen innerhalb der vom heiligen Wort ausgeschlossen profanen Mehrheit. Exemplarisch dafür steht die Infragestellung des Lateinischen als Sprache der christlichen Liturgie, welche vom Protestantismus bereits im 16. Jahrhundert, vom Katholizismus erst im 20. Jahrhundert (Vaticanum II) vorgenommen wurde.

2. Sacrum versus Profanum

Émile Durkheim firmiert als Begründer der Religionssoziologie und mithin der wissenschaftlichen Beschäftigung mit den sozialen Funktionen von Religion. Gestützt auf Erkenntnisse und empirische Daten der Ethnographie und Kulturanthropologie des 19. und beginnenden 20. Jahrhunderts, betrachtete er die Religion von möglichst „primitiven" Gesellschaften als funktionales Urbild jeglicher Religion. Sein bevorzugtes Referenzmodell war der Totemismus der australischen UreinwohnerInnen; an dieser für ihn ursprünglichsten und somit am einfachsten strukturierten Form von Religiosität vermeinte er deutlicher jene Universalien ablesen zu können, die auch „höhere" Religionen in „höher entwickelten" Gesellschaften in sich tragen müssen. Die sozialen Mechanismen „primitiver" Religiosität werden nach Durkheims Auffassung im Laufe der menschlichen Fortschrittsgeschichte nie abgelegt, sondern nur in vielfältiger Weise „überformt".[1]

Im Zentrum jeder Religion steht das Sacrum, das Heilige, Transzendente, Numinose (letzteren Begriff prägte Rudolf Otto (1917)). Jede menschliche Gemeinschaft verfügt über eine Vorstellung davon, wobei die verschiedenen Konzepte des Heiligen unterschiedlichen Personalisierungsgrad aufweisen können, von unpersönlichen höheren Mächten zum personalen göttlichen „Ebenbild" des Menschen. Das universelle Merkmal der Transzendenz ist selbst dort gegeben, wo ausschließlich weltimmanente Kräfte (Naturgewalten, Tierwesen) verehrt werden, da diese jedenfalls die menschlichen Kapazitäten transzendieren und somit über-menschlich, über-mächtig und dem Menschen nicht nach Belieben verfügbar sind.

Charakteristisch für das Heilige ist überdies, dass es sich zum menschlichen Individuum und zur menschlichen Gemeinschaft in Beziehung setzt. Das Treiben der „schwachen Menschlein" ist ihm offenbar nicht gleichgültig, es reagiert darauf mit Nutzen oder Schaden, Belohnung oder Bestrafung. Das zwingt auch den Menschen (wiederum als Individuum wie auch als Gemeinschaft), in Beziehung zu den transzendenten Mächten zu treten, um Schaden und Bestrafung abzuwehren, Nutzen und Belohnung (*Segen, Gnade, Heil*) hingegen auf sich zu ziehen.

Dieses In-Beziehung-Treten vollzieht sich im religiösen Ritual, worin der Mensch bestrebt ist, das Heilige durch Ehrerbietung „gnädig" zu stimmen, um sich vermittels seiner Hilfe das mit allein menschlicher Kraft Nicht-Verfügbare verfügbar zu machen. Kennzeichnend dabei ist der soziale Charakter des Rituals: Sein Ablauf unterliegt nicht individuellen Gestaltungspräferenzen, sondern folgt überlieferten gesellschaftlichen Konventionen, findet zu festgesetzten Zeiten in stets gleich bleibender Form im öffentlichen Raum statt.

---

[1] Zur Religionssoziologie Durkheims vgl. Pickel (2011: 75ff.), Hamilton (2001: 109ff.), Knoblauch (1999: 58ff.), Helle (1997: 26ff.).

Zu differenzieren ist prinzipiell zwischen religiösen Vorstellungen und religiösen Ritualen, wobei diese Unterscheidung gleichsam der zwischen Physik und Technik, zwischen Theorie und Praxis entspricht. Jede Religion verfügt über beides: Vorstellungen über das Wesen des Transzendenten[2] und Mechanismen, mit diesem Transzendenten zum eigenen Nutzen zu kommunizieren.

Ebenfalls universell ist die Annahme, dass zum Gelingen dieser Kommunikation das Heilige als etwas Über-Menschliches und Außer-Alltägliches vor der Vermengung mit dem „Allzu-Menschlichen" und Banalem bewahrt werden muss. Ein Wesensmerkmal jeder Religion besteht demnach in der Separation von Sakralem und Profanem.[3] Heilige Räume, heilige Zeiten, heilige Gegenstände, heilige Worte werden dem nivellierenden Zugriff des Alltags entzogen, werden durch soziale Kontrolle, Strafandrohungen und Tabus vor „Verunreinigung" geschützt.

Aus der Sicht der Religionssoziologie freilich stellt sich die Frage, ob das in einer Kultur als heilig Betrachtete und vor Profanierung Bewahrte außerhalb der Vorstellungswelt der daran Glaubenden überhaupt existiert, nicht. Denn „[d]ie Gesellschaft ist das, was in der Religion verehrt wird" (Knoblauch 1999: 65). Die Gruppe feiert und stabilisiert sich durch „religiöse" Rituale selbst, bindet das Individuum an die – die Einzelnen transzendierende – Gemeinschaft und ihre ethischen Normen. In diesem Sinne des Auf-Gehobenseins des Individuums in seinem Sozialverband ist Religion tatsächlich stets auf etwas Transzendentes bezogen.

3. Sakralestablishment versus *profanum vulgus*

Da die Separation von Sacrum und Profanum für das soziale Phänomen der Religion charakteristisch ist, muss es auch zur Separation und sozialen Segregation jener Mitglieder der Gemeinschaft kommen, die in besonderem Maße als zur Kommunikation mit dem Heiligen befähigt und befugt gelten. Dadurch, dass die transzendenten Mächte „auf sie hören", schaffen sie gesellschaftlichen Nutzen: Sie wenden Schaden und Bestrafung ab und machen die mit profanen Mitteln nicht-verfügbaren numinosen Kräfte verfügbar.

Nachvollziehbarerweise verleiht dieses „heilbringende" Wirken den dafür Zuständigen eine privilegierte soziale Position, sodass sich in allen Gesellschaften eine elitäre

---

2 Vorstellungen über das Wesen des Transzendenten inkludieren neben im engeren Sinne religiösen (mythologischen) Vorstellungen auch die Felder der Kosmologie (Physik, Naturkunde) und der Ethik, insofern das Transzendente als Schöpfer der materiellen Wirklichkeit und als Stifter des moralisch Guten und des geordneten menschlichen Zusammenlebens angesehen wird.

3 Das lateinische Adjektiv *profanus 3* spiegelt exakt die Vorstellung der Trennung von Heiligem und – eben – Profanem wider: *pro fano* ‚außen vor dem *fanum*, dem für heilige Handlungen bestimmten Ort'. Komplementär dazu erweisen sich Ausdrücke für ‚heiliger Bezirk, Tempel' wie lat. *templum* und griech. *τέμενος* / *témenos* (zu griech. *τέμνειν* / *témnein* ‚schneiden') in ihrer Etymologie als ‚vom Profanen abgeschnittene Bereiche'.

Gruppe herausbildet, die ich im Folgenden als Sakralestablishment bezeichnen möchte.[4] Ebenso nachvollziehbar ist es, dass diese Gruppe ihre privilegierte Position abzusichern und auszubauen bestrebt ist und zu diesem Zwecke eine Monopolstellung im Umgang mit dem Sakralen beansprucht. Nach der strikten Trennung zwischen Sacrum und Profanum kommt es also in weiterer Folge zu einer ebenso strikten Trennung zwischen dem Sakralestablishment und dem profanen „Rest“ der Gemeinschaft, welcher allerdings zahlenmäßig die Mehrheit darstellt. Äußere Zeichen der sozialen Sonderstellung des Sakralestablishments können in räumlicher Separation (siehe Anmerkung 3) sowie in speziellen Bekleidungs- und Ernährungsvorschriften bestehen. Die „physische“ Abgrenzung geschieht entweder durch endogame oder durch zölibatäre Lebensweise.

Dass die strenge Segregation zwischen Priesterschaft und uneingeweihter Volksmenge (*profanum vulgus*) in vormodernen Gesellschaften als ein konstitutives Element des religiösen Lebens empfunden wurde, ist etwa an den Einleitungsversen jenes berühmten Gedichtes ablesbar, in dem Horaz sich selbst als Musenpriester (*Musarum sacerdos*) und sein Handwerk, die Dichtkunst, mithin als sakralen Dienst apostrophiert:

> Odi profanum vulgus et arceo;
> favete linguis: carmina non prius
> audita Musarum sacerdos
> virginibus puerisque canto. (Horatius Flaccus 1984: Carmina III, 1, 1–4)

> Ich verschmähe das uneingeweihte Volk und halte es fern.
> Hütet eure Zungen![5] Lieder, nie zuvor
> gehörte, als Musenpriester
> singe ich sie den Mädchen und Knaben.

4. Sakrale Meme – Tradierung von Sakralwissen

Religiöse Vorstellungen und religiöse Rituale werden nicht ständig neu erfunden, sondern von Generation zu Generation weitergegeben. Als Medium der Tradierung von Sakralwissen fungiert in erster Linie die Sprache (neben rituellen Gesten, Musik und Tanz). Vielfach entwickelt sich die Überzeugung, dass die Weitergabe der *sakralen Meme* als exakte Reproduktion – ohne Variation und ohne Informationsverlust – zu erfolgen habe. Denn zum einen kann das Ritual als magische Praktik seine Wirkmäch-

---

[4] Der Ausdruck *Sakralestablishment* soll nicht als Zeichen von Respektlosigkeit missdeutet werden. Ich war lediglich bemüht, einen möglichst universell einsetzbaren Ausdruck zu wählen, da bezogen auf unterschiedliche Religionen und Kulturen ja unterschiedliche Bezeichnungen für die Mitglieder des jeweiligen Sakralestablishments zu verwenden wären: SeherInnen, HeilerInnen, Medizinmänner und -frauen, SchamanInnen, PriesterInnen, TheologInnen, etc.

[5] „Favete linguis!“ bedeutet wörtlich: „Begünstigt [die Sakralhandlung] mit euren Zungen!“ Mit diesen Worten wurde das *profanum vulgus* von den römischen Priestern zu Beginn eines Opfers aufgefordert, lieber zu schweigen als durch ein „falsches“, „unheiliges“ Wort den magischen Charakter des Rituals zu stören.

tigkeit nur durch eine stete Wiederholung des Gleichen entfalten. Zum anderen erfordern heilige Texte, seien sie nun von transzendenten Mächten geoffenbart (*Wort Gottes*) oder von irdischen religiösen Autoritäten verkündet, eine unverfälschte Wiedergabe.

Im Laufe der Zeit kommt es zu einem Anwachsen des Sakralwissens sowohl im Bereich der religiösen Vorstellungen (Mythologeme) als auch im Bereich der Ritualvorschriften. Oftmals stellt sich auch ein Ungenügen an den ambiguen sakralen Primärtexten ein, welchem durch eine rege Produktion von ergänzenden und exegetischen Sekundärtexten abgeholfen werden soll. Wie sehr die Datenmenge auch ansteigt, sie muss an die nächste Generation des Sakralestablishments weitergegeben werden. Sobald dies nicht mehr „en passant" erfolgen kann, wird es zu einer Institutionalisierung des Informationstransfers kommen: zu Formen schulmäßiger Unterweisung, zu mehrjährigen Ausbildungsgängen.

Dies wiederum erfordert, dass sowohl die Lehrenden als auch die Lernenden dieser klerikalen Bildungssysteme innerhalb ihrer Sozietät von anderen Verpflichtungen (wie Landwirtschaft oder Kriegsdienst) freigestellt werden müssen. Ab einer bestimmten Entwicklungsstufe einer Gesellschaft und ihrer religiösen Meme wird demnach das Sakralmanagement zu einer „Vollzeitbeschäftigung", die keine profanen Nebentätigkeiten mehr zulässt. Somit ist ein weiterer Schritt der Separierung von Sacrum und Profanum, von Sakralestablishment und *profanum vulgus* vollzogen.

Zudem knüpft das Sakralestablishment seine eigene Reproduktion, d. h. seinen Fortbestand als soziale Klasse, an die schulmäßige Reproduktion des Sakralwissens. Denn wer die vorgesehene Ausbildung nicht durchläuft, wer den tradierten Lehrstoff an Glaubensinhalten und Ritualgeboten nicht in sich aufnimmt, kann kein vollwertiger Vertreter des Sakralestablishments werden. Gleichzeitig ist mit der Beschränkung der Zulassung zum sakralen Wissenserwerb auch eine Zugangskontrolle zum geistlichen Stand verbunden, dessen aktuelle Mitglieder über diese pädagogische Barriere regulieren können, wer zu den zukünftigen Mitgliedern zählen wird.

5. Sakrale Sprachkonserven und die Anfänge der Linguistik

Wo die Exaktheit der Weitergabe sakraler Inhalte an die nächste Generation als „heilstechnische" *conditio sine qua non* erachtet wurde, mussten sich didaktische Mechanismen herausbilden, die die Präzision der Reproduktion von Texten gewährleisteten. Die Suche nach Methoden, sprachlich Formuliertes besser memorierbar zu machen, führte zu den Anfängen theoretischer Sprachbetrachtung und ist somit als die *Geburtsstunde der Linguistik* zu erachten.

Die mündliche Textüberlieferung ging, wie die Erfahrung zeigte, in gebundener Sprache effizienter vonstatten als in Prosa. So entwickelten sich zunächst auf der Basis von Prosodie und Metrik die mnemotechnischen Verfahren der *oral poetry*, welche eine intensive Beschäftigung mit den Vokalquantitäten und Silbenstrukturen der verwendeten Sprache voraussetzten. Dort, wo man die Wirksamkeit der Ritualtexte an ihre stets unveränderte lautliche Wiedergabe gekoppelt sah, begann man sich der Erforschung der Sprachlaute und ihrer artikulatorischen Merkmale zu widmen. Neben der Phonetik konnte sich auch die Grammatik als nützlich für die exakte Textreproduktion erweisen, da Kenntnisse in Morphologie und Syntax eine metasprachliche Reflexion darüber erlaubten, weshalb ein bestimmtes Wort an einer bestimmten (syntaktische) Stelle in einer bestimmten (morphologischen) Form wiederzugeben war.

In zahlreichen Kulturen setzte sich schließlich die Überzeugung durch, dass die Schrift als getreues Speichermedium für Sakraltexte dem menschlichen Gedächtnis überlegen sei.[6] Freilich kann eine exakte Abbildung des phonetischen bzw. phonemisches Wortlauts und somit auch der morphologischen Kategorien nur von einem phonographischen Schriftsystem, nicht von einem ideographischen oder logographischen, geleistet werden.

Wo über lange Zeiträume hinweg – sei es in mündlicher oder in schriftlicher Form – eine unveränderte Weitergabe der heiligen Texte gelungen ist, führte dies im überlieferten Textcorpus zur Konservierung der historischen Sprachstufe seiner Abfassungszeit, während die profane Umgangssprache kontinuierlichem Sprachwandel unterworfen war und sich phonologisch und morphologisch immer weiter von diesem Zustand entfernte. Schließlich ist die Sprachform der Sakraltexte nur mehr für die Angehörigen des Sakralestablishments, in dessen Reihen sie tradiert wurde, verständlich, für die Bevölkerungsmehrheit ist sie zur „toten" Sprache geworden. Die Tatsache, dass die transzendenten Mächte offenbar nur in einem jenseits der Allgemeinverständlichkeit liegenden Idiom „mit sich reden lassen", entrückt jene, die diese Arkansprache beherrschen, noch weiter von den Niederungen der „Normalsterblichen". Somit hat sich durch diese Sprachbarriere die Kluft zwischen Sacrum und Profanum, zwischen Sakralestablishment und *profanum vulgus* neuerlich erweitert.

Bisweilen wird die Sprachbarriere noch zusätzlich verfestigt: zum einen durch ein Lernverbot, das die „tote" Sakralsprache wie jegliches Sakralwissen nur wenigen zugänglich macht, zum anderen durch ein Übersetzungsverbot, das den heiligen Texten keine andere als die überlieferte Sprachform gestattet. Dabei ist festzuhalten, dass die arkane Sakralsprache nur für das *profanum vulgus* eine tote Sprache ist, für die Mitglieder des Sakralestablishments ist sie die lebende Zweitsprache, in der sie untereinander kommunizieren, und vielfach die einzige Sprache, zu der sie einen geschulten, metasprachlichen Zugang haben, zumal wenn für die rezente „Volkssprache" weder Schriftgebrauch noch Grammatikreflexion existieren.

---

6 Eine allgemeine Charakterisierung der Merkmale von *heiligen Schriften* gibt Tworuschka (2000: 1ff.). Er bedauert, dass dem Vermittlungsaspekt und insbesondere den soziologischen Implikationen der Texttradierung bislang in der Forschungsliteratur nur wenig Aufmerksamkeit gewidmet worden ist (6f.).

Auch ist das angesprochene Lernverbot insofern zu relativieren, als viele „tote“ Sprachen – wie etwa die stark flektierenden indoeuropäischen Sakralsprachen Sanskrit, Altgriechisch und Latein – sich schon allein durch ihre morphologische Komplexität der leichten Erlernbarkeit entziehen. Dadurch sind sie gleichsam von sich aus gegen den Zugriff „Unbefugter“ (denen zum elaborierten Grammatikstudium schon die zeitlichen Ressourcen fehlen) immunisiert und müssen nicht noch zusätzlich durch Lernverbote geschützt werden.

6. Indien: Phonetik und Grammatik als sakrale Hilfsdisziplinen

Die präzise Weitergabe von Texten ohne jede Abweichung vom Original wurde im indischen Kulturkreis bereits im Altertum bis zur Perfektion entwickelt. Die Überlieferung konnte von Sprachwandelphänomenen – seien sie phonetisch-phonologischer oder morphosyntaktischer Natur – vollkommen freigehalten werden. Diese Leistung setzte zum einen die tiefe Überzeugung voraus, dass die vedischen Rituale nur durch eine exakte Reproduktion (phonetische Artikulation) der überkommenen sprachlichen Form ihre Wirksamkeit entfalten. Zum anderen brauchte es dazu eine soziale Klasse, die Brahmanenkaste, die sich ausschließlich dem Vedastudium widmen konnte, das auch stets im Auswendiglernen der heiligen Texte bestand.

Es ist zunächst von einer rein mündlichen Überlieferung auszugehen, beginnend mit den ältesten Schichten des Veda ab ca. 1200 v. Chr.; auch die Entwicklung von linguistischen Hilfswissenschaften, welche die unveränderte Tradierung gewährleisten sollten, muss bereits früh eingesetzt haben (sonst wäre uns die altindische Sprachstufe des Vedischen, die bereits in der ersten Hälfte des ersten vorchristlichen Jahrtausends als Umgangssprache obsolet und somit zur „toten“ Sprache wurde, gar nicht überliefert).

Das Sanskrit (*saṁskṛta* ‚zurechtgemacht, geregelt‘) als phonetisch und grammatisch normierte, durch schulmäßigen Unterricht weitergegebene Sprachform wurde in der Folge nicht nur zur Reproduktion, sondern auch zur Neuproduktion von Texten verwendet, und zwar sowohl von sakraler Literatur (Sekundärliteratur zur Erläuterung der Veden) als auch von nicht-sakraler Literatur in allen Bereichen der Dichtkunst (Epik, Lyrik, Drama, Roman) und der profanen Wissenschaften (Medizin, Recht, Politik, etc.).[7]

Wenn aber die Reproduktion und Neuproduktion sämtlicher „überlieferungswürdiger“ Texte über Jahrhunderte hinweg nur in einer konservierten historischen Sprach-

[7] Die Ausdrücke *nicht-sakral* und *profan* sind hier zu relativieren. Nach unseren (heutigen westlichen) Kriterien handelt es sich um profane Disziplinen; nach altindischer Auffassung gehörten diese als *smṛti* (‚Erinnertes, Überliefertes‘) ebenfalls der Sakraltradition an, waren aber der Offenbarungsliteratur (*śruti* ‚[direkt aus dem Mund der Gottheit] Gehörtes‘) untergeordnet; vgl. Scharfe (2002: 13ff.), Bechert (1979: 54f.), Mylius (1988: 29; 81).

form erfolgen, bleibt der Sprachwandel der profanen *parole*, die Entwicklung der (immer stärker divergierenden) Umgangssprachen undokumentiert. So erklärt sich eine wesentliche Problematik der indologischen Kulturgeschichtsschreibung, nämlich die umfassende Datierungsproblematik in den Bereichen Sprachgeschichte, Schriftgeschichte und Literaturgeschichte. Die ältesten Schriftzeugnisse zu indischen Idiomen liegen in den von Kaiser Aśoka (ca. 270–230 v. Chr.) in Auftrag gegebenen Steininschriften (Felsen- und Säulenedikten) vor. Ungewiss ist, ob es davor schon einen wie immer gearteten Schriftgebrauch gegeben hat oder ob die gesamte altindische Literatur nicht nur rein mündlich tradiert, sondern auch ohne schriftliche Unterstützung konzipiert worden ist.[8] Dies erscheint beinahe unmöglich angesichts des schon für das erste vorchristliche Jahrtausend anzusetzenden äußerst umfangreichen Textcorpus, bestehend aus den vier Veden, den die Veden erläuternden Brāhmaṇas, Āraṇyakas und Upaniṣads, den Sūtras der Hilfswissenschaften zu den Veden sowie der Epik mit den großen Nationalepen *Mahābhārata* und *Rāmāyaṇa*. Doch ist es dem Wortsinne nach eigentlich unzutreffend, von altindischer *Literatur*-Geschichte zu sprechen, zumal es sich wohl wesentlich um eine *Memoratur*-Geschichte handelt.[9]

Diese mündliche Überlieferung darf, wie schon angedeutet, nicht als unreflektiertes „Nachplappern“ missverstanden werden, da sie einer ständigen linguistischen Qualitätskontrolle unterlag. Wissenschaftlich betriebene Phonetik (*śikṣā* ‚Lehre‘, d. h. „*die* Disziplin schlechthin“) und Grammatik (*vyākaraṇa* ‚Trennung, Analyse‘) zählten zu den sakralen Hilfsdisziplinen (*vedāṅga* ‚Glieder des Veda‘) und dienten als normierende Korrektive, wenn umgangssprachliche Elemente in die Textreproduktion einzudringen drohten. Die Standardisierung der klassischen Sanskritphonetik und -grammatik war bereits um 500 v. Chr. abgeschlossen.[10] Der „heilige Eifer“ brahmanischer Gelehrsamkeit verlieh ihr die Züge einer überregulierten Kunstsprache, die in dieser Form beim *profanum vulgus* nie in lebendigem Gebrauch stand.[11]

---

[8] Die Mechanismen der oralen Textweitergabe (wie sie teilweise bis heute in den indischen Vedaschulen praktiziert werden) erläutert Scharfe (2002: 8ff.; 240ff.).

[9] Zur Periodisierung der indischen Sprachgeschichte vgl. Bechert (1979: 16ff.). Zur Schriftentwicklung in Indien vgl. Hinüber (1990), Bright (1994), Daswani (1994). Zur Datierung der indischen Literatur vgl. Bechert (1979: 20f.; 49ff.), Mylius (1988: 13ff.; 94f.; 130ff.). Die Datierungsungewissheit erstreckt sich oft über mehrere Jahrhunderte und liest sich beispielsweise folgendermaßen: „Die Entstehungszeit [des *Pañcatantra*] mag zwischen dem 3. und dem 6. Jahrhundert gelegen haben, wahrscheinlich in der ersten Hälfte dieser Zeitspanne.“; „Seine [des *Hitopadeśa*] Entstehungszeit kann mit dem 9. bis 14. Jahrhundert leider nur sehr ungenau angegeben werden“ (Mylius 1988: 184; 187).

[10] Zur Grammatiktradition und -literatur vgl. Scharfe (1977), Bechert (1979: 159ff.), Mylius (1988: 86; 283ff.); insbesondere zu den Anfängen von *vyākaraṇa* und *śikṣā* vgl. Scharfe (1977: 82ff.; 176f.). Einen guten Einblick in die Wissenschaftlichkeit, d. h. in die Systematik und artikulationsphysiologische Fundierung der indischen Phonetik und Phonologie gibt Allen (1965).

[11] Zur (unerschöpflichen) Diskussion, ob das Sanskrit außerhalb des gelehrten Gebrauchs jemals eine „lebende“ Sprache war, vgl. Renou (2005: 64ff.).

Anders allerdings als bei den Kunstsprachen des 19. und 20. Jahrhunderts (Volapük, Esperanto, Ido) diente die linguistische Normierung nicht der Komplexitätsreduktion, sondern führte vielmehr noch zu einer Komplexitätssteigerung der grammatischen Strukturen. Um der Symmetrie und Vollständigkeit des Systems willen wurden den (ohnehin so zahlreichen) ererbten morphologischen Parametern noch weitere hinzugefügt (vgl. Renou 2005: 64).

So drängt sich die Frage auf, ob die als Sakraldisziplinen definierten linguistischen Wissenschaften im Sinne einer strikten Separation von Sacrum und Profanum – mehr oder minder bewusst – dazu benutzt wurden, zwischen dem Sakralestablishment (Brahmanen) und den übrigen Ständen (*varṇas* ‚Farben') eine unüberwindliche Sprachbarriere zu errichten. Jedenfalls galt es als allgemein akzeptierte Tatsache, dass man zum erschöpfenden Studium der Sanskritgrammatik volle zwölf Jahre benötigt, wobei man während dieser Zeit natürlich nichts anderes zu tun haben sollte.

Der Verdacht, dass dergestalt alle Nicht-Brahmanen von der sprachlichen Erschließung des Heilswissens ausgeschlossen werden sollten, ist allerdings zu relativieren, wenn man folgende Grundannahme über das indische Sozialsystem in Rechnung stellt: Schon im *R̥gveda* findet sich die Lehre von den vier Ständen (*varṇas*), aus denen sich die indische Gesellschaft zusammensetzt: Brahmanen, Kṣatriyas (der weltliche Adel), Vaiśyas (Handwerker, Händler, Bauern) und Śūdras (die nichtindoeuropäische Substratbevölkerung).[12] Alle Stände mit Ausnahme der Śūdras gelten als zum Vedastudium – und somit auch zum Erlernen der Grammatik – berufen. Aus diesem Grund werden sie auch als *dvijas* (‚zweimal Geborene') bezeichnet, da sie nach der ersten, physischen, Geburt durch die Mutter eine zweite, spirituelle, Geburt durch die *Schülerweihe* zur Aufnahme des Vedastudiums (*upanayana* ‚Hinführung') erfahren.[13]

Von einem prinzipiellen Ausschluss dieser sozialen Klassen von jeglichem Wissenserwerb, zu dem Kenntnisse des Vedischen und des Sanskrit vonnöten sind, kann demnach nicht die Rede sein, zumal hier – zumindest in der Theorie – kein Lernverbot, sondern vielmehr ein Lerngebot vorliegt. In der Praxis allerdings werden die Kṣatriyas und Vaiśyas durch ihre anderweitigen „beruflichen" Verpflichtungen davon abgehalten, sich in der gebotenen Ausführlichkeit dem Grammatik- und Textstudium widmen zu können.

---

[12] Dass es sich dabei nicht um eine realistische, sondern um eine idealtypische Darstellung der indischen Gesellschaft handelt, erörtert Schneider (1989: 51ff.). Er spricht von einer „brahmanische[n] Fiktion" (53), denn „die Einteilung in die vier Stände […] entspricht nicht den tatsächlichen sozialen Verhältnissen und hat ihnen auch in ältester Zeit nie entsprochen" (51). Vgl. auch Bechert (1979: 174f.), Mylius (1988: 45).

[13] „It was the duty of every ‚twice born', i. e. member of the three upper social orders, to continue the *ārya* traditions" (Scharfe 2002: 6). Speziell zum *upanayana* vgl. Scharfe (2002: 87ff.; 262f.).

7. Der Sandhi – eine sakral motivierte Sprachbarriere

Um zumindest ansatzweise nachvollziehbar zu machen, mit welchen – nur durch zeitraubenden Übungsaufwand zu überwindenden – Schwierigkeiten die Lernwilligen konfrontiert waren und sind, möchte ich exemplarisch und stark verkürzt eines der normativen „Kunstprodukte" der brahmanischen Linguistik vorstellen: den (auch heute) bei allen SanskritschülerInnen gefürchteten Sandhi.[14]

Der Sandhi (*saṁdhi* ‚Zusammensetzung') relativiert das Wort als artikulatorische Einheit bzw. die Selbstverständlichkeit, dass in einem mündlich produzierten oder reproduzierten Text „ein Wort nach dem anderen" artikuliert wird. Wir wissen von jedem Wort (auch von jedem grammatischen Wort, d. h. jeder morphologischen Ausprägung eines Lexems), wie seine „eigentliche", seine „absolute" Form lautet. Wenn wir allerdings ein Wort im Kontext anderer Wörter aussprechen, kommt es an den Wortfugen zu Koartikulationsphänomenen, zu phonetischen Assimilationsprozessen zwischen dem Auslaut des einen und dem Anlaut des folgenden Wortes, oft auch zur Aufhebung der Wortgrenze. Diese allgegenwärtigen Produkte der Trägheit unseres Artikulationsapparates werden jedoch bei der auditiven Perzeption aus unserem Bewusstsein „ausgefiltert", sodass wir die Wörter mental in ihrer „absoluten" Form, d. h. als unverbunden und von Assimilationserscheinungen unbeeinträchtigt auffassen.

Vom brahmanischen Standpunkt aus allerdings konnte man von Anfang an über diese – ja bei jeder Äußerung stattfindenden – Koartikulationsprozesse nicht hinwegsehen. Denn über sie hinwegzusehen hätte bedeutet, sie dem Zufall zu überlassen; bei der rituellen Rezitation der heiligen Texte wollte man aber nichts dem Zufall überlassen. Also mussten zur Kontrolle über diese Phänomene Regeln, eben die Sandhi-Regeln, geschaffen werden,[15] die für alle Eventualitäten des Aufeinandertreffens von auslautenden und anlautenden Phonen die Artikulation eines bestimmten lautlichen „Verschmelzungsproduktes" vorschreiben.[16]

---

[14] Die Sandhi-Regeln wurden in der deutschsprachigen Indologie des 19. Jahrhunderts auch als *Wohllautsgesetze* oder *euphonische Lautveränderungen im Satz* bezeichnet.

[15] „[D]abei ging es freilich nicht ganz ohne Künsteleien und willkürliches Schematisieren ab: man führte das System strenger durch, als durch die lebende Sprache gefordert wurde" (Thumb 1958: 320).

[16] Tatsächlich ist das System noch etwas komplexer, da auch Positionen definiert werden, in denen der Artikulationsvorgang als unterbrochen gilt (das ist stets – doch nicht nur – am Ende einer Verszeile der Fall). Jeweils der Auslaut vor und der Anlaut nach einer solchen Pause (*avasāna*) sind vom Sandhi nicht betroffen. Prinzipiell lässt sich sagen: Jedes Wort, das nicht an einem Versende steht, kann im Auslaut eine regelhafte euphonische Veränderung erfahren. Analog dazu müsste es heißen: Jedes Wort, das nicht an einem Versanfang steht, kann im Anlaut eine regelhafte euphonische Veränderung erfahren. Doch ist der Sandhi vornehmlich eine Form von regressiver Assimilation, d. h. es gleicht sich der Auslaut des einen Wortes dem Anlaut des nachfolgenden Wortes an, nicht umgekehrt. Beispielsweise entsteht beim Aufeinandertreffen von [-k] und [d-] die Kombination [-gd-], nicht die Kombination [-kt-]. Freilich gibt es auch Klassen von Sandhi-Regeln, die Ver-

Das Problematische daran ist freilich, dass durch dieses Vorgehen die Wortgrenzen und die die grammatische Information enthaltenden Flexionsendungen unkenntlich gemacht werden. Dadurch wird das Verständnis einer stark flektierenden Sprache, welche überdies die freie Wortstellung im Satz erlaubt, ungemein erschwert. Man begegnet dem Text in einer „entstellten", aus langen, ungegliederten Lautfolgen bestehenden Form, aus der man durch Rückgängigmachung des Sandhi erst die Wortgrenzen und Flexive (den „absoluten" Auslaut) rekonstruieren muss. Durch das Erlernen des Regelwerkes ist das zwar möglich, wegen der systemimmanenten Uneindeutigkeiten erfordert dieser Vorgang jedoch viel Zeit und Übung sowie profunde Vokabel- und Grammatikkenntnisse.[17]

Überliefert, d. h. von den Brahmanenschülern auswendig gelernt, wurden die Texte schon früh in „beiderlei Gestalt", d. h. mit und ohne Anwendung der Sandhi-Regeln, die Termini dafür lauten *saṁhitāpāṭha* (‚verbundener Vortrag') bzw. *padapāṭha* (‚Wort-für-Wort-Vortrag'). Die metrisch gebundene *saṁhitā*-Fassung wird im Unterricht als erste gelernt und gilt als der eigentliche, geoffenbarte Sakraltext (*ārṣa* ‚von einem Seher empfangen'); der *padapāṭha* wird als Sekundärtext (*anārṣa* ‚icht von einem Seher empfangen') aufgefasst und fungiert nur als Hilfs- bzw. Kommentarversion (vgl. Scharfe 1977: 81f.; Mylius 1988: 47; 86).[18] Dass der *padapāṭha* als eigenes Werk (wenn auch nur als unterstützendes „Schulbuch") tradiert wurde, ist allerdings ein Privileg der Veden. Alle anderen altindischen Texte wurden nur mit Sandhi, also unter Vollzug der euphonischen Veränderungen konzipiert (wie an der den Sandhi einkalkulierenden Prosodie kenntlich ist) und überliefert; dergestalt wurden sie später auch schriftlich fixiert und dergestalt erscheinen sie in den heutigen Textausgaben. Darin liegt ja eben die philologische Herausforderung, die zeilenfüllenden Wortungetüme zu tranchieren

---

änderungen am Anlaut vorsehen, das gilt vor allem für das Aufeinandertreffen von Vokalen. Eine detaillierte Darstellung der Sandhi-Regeln (mitsamt Einschränkungen und Ausnahmen) geben Allen (1972), Thomi (1999), Abduvalieva (2003).

17 Uneindeutig ist vielfach die Zuordnung von Ausgangslauten und Assimilationsprodukten. Wenn etwa durch die Verschmelzung von vokalischem Auslaut und vokalischem Anlaut ein Langvokal entstanden ist, steht die Quantität der Ausgangslaute nicht von vornherein fest. Es muss also für jeden der beiden Ausgangslaute abgewogen werden, was dafür bzw. dagegen spricht, ihn als Kurz- oder Langvokal zu rekonstruieren. Dabei ist für den Auslaut des ersten Wortes zu bedenken, welche grammatischen Kategorien (z. B. Kasus, Numerus, Genus) je nach Kürze oder Länge des Vokals variieren können. Für den Anlaut des zweiten Wortes wiederum ist zu überlegen, welches Lexem überhaupt vorliegt, vgl. die Paare *aloka* ‚Weltuntergang' – *āloka* ‚Anblick'; *ali* ‚Biene' – *āli* ‚Freundin' und viele mehr.

18 Dass diese Tradition in Indien noch immer lebendig ist, beschreibt Scharfe (2002: 240ff.): Er besuchte „traditional Vedic schools [...] teaching Ṛgveda Saṁhitā-pāṭha and Pada-pāṭha" (240) und konnte beobachten: „Only after the student has absorbed the Saṁhitā-pāṭha, the Pada-pāṭha is taught" (241).

und die Wortgrenzen und Flexionsendungen wiederherzustellen.[19] Zur Veranschaulichung sei hier nur eine einzige Verszeile angeführt:[20]

Saṁhitāpāṭha:	śrutvaivaitadasaṁbhāvyaṁ tamavocamahaṁ ruṣā
Padapāṭha:	śrutvā eva etad asaṁbhāvyaṁ tam avocam ahaṁ ruṣā

8. In Sanskrit durchgefallen, was nun? Alternative Bildungswege für „Schulversager"

Diese Kapitelüberschrift ist freilich nur als ironische Anspielung auf eine uns vertraute Problemlage zu verstehen, doch erscheint der erwähnte literarische Topos nicht ganz unrealistisch, wonach man für das Erlernen der Sanskritgrammatik (von welcher die Sandhi-Regeln ja nur einen geringen Teil ausmachen) und vor allem für das Einüben von Geläufigkeit und Anwendungskompetenz mindestens zwölf Jahre brauche.

Wer diese Zeit nicht aufwenden konnte – und das war jeder außerhalb der Brahmanenkaste –, musste zwangsläufig ungebildet oder bestenfalls „halbgebildet" bleiben. Dazu kommt noch der Faktor der individuellen intellektuellen Kapazität, welche so manchem nicht erlaubte, in einem vertretbaren Zeitrahmen die notwendigen Lernfortschritte zu erzielen.

Doch war der Grammatikunterricht ja niemals Selbstzweck, sondern lieferte lediglich die Grundlage, sich mit den geistigen Erzeugnissen der eigenen Kultur auseinandersetzen zu können. Zum einen sollten sich, wie bereits ausgeführt, alle *dvijas* das Studium der Veden angelegen sein lassen, zum anderen bildete sich insbesondere für den Kṣatriya-Stand ein dreigliedriges Bildungsprogramm (*trivarga* ‚drei Abteilungen') heraus, bestehend aus *dharma* (‚Rechttun' als religiöse Pflicht), *artha* (‚Zweckmäßigkeit' als profane Tüchtigkeit)[21] und *kāma* (‚Liebeskunst'). Und zu allen drei Disziplinen lagen in Sanskrit verfasste Lehrwerke (*śāstra* ‚Vorschrift, Belehrung' bzw. *sūtra* ‚Leitfaden') vor, deren Erschließung die entsprechenden Sprachkenntnisse voraussetze.[22]

---

[19] Die konventionelle Verwendung der Devanāgarī-Silbenschrift (streng genommen handelt es sich nicht um eine Silbenschrift, da die Schriftzeichen Lautfolgen repräsentieren, die sich nicht immer mit den Silbengrenzen decken) stellt – zumindest für westliche Lernende – eine weitere, noch vor dem Sandhi liegende Stufe der Verschlüsselung dar, die das „Eindringen in den Text" erschwert, aber darauf möchte ich hier nicht näher eingehen.

[20] *Kathāsaritsāgara* XXVI, 29a: „Als ich freilich gehört hatte, dass dies unmöglich sei, sprach ich zu ihm voller Zorn."

[21] Die Inhalte von *artha* sind klassen- bzw. kastenspezifisch. Bei den Kṣatriyas ging es um die Vermittlung von Herrschertugenden in Politik, Diplomatie, Verwaltung und Kriegskunst, bei den Angehörigen des Vaiśya-Standes (Händlern, Handwerkern) standen eher Geschäftstüchtigkeit und Gewinnstreben im Vordergrund.

[22] Zur didaktischen Literatur in den Bereichen *dharma*, *artha* und *kāma* vgl. Bechert (1979: 169; 175ff.), Mylius (1988: 253ff.; 275ff.).

Die möglichst umfassende Aneignung dieses Kanons war in der Adelsgesellschaft mit hohem Sozialprestige verbunden.[23] Doch initiierte die Diskrepanz zwischen dem sakral fundierten Bildungsideal und seiner praktischen Unerreichbarkeit auch die Suche nach Ausweichstrategien für all jene, die den Ansprüchen auf konventionellem Wege nicht gerecht werden konnten. Ließe sich etwa auch über eine Hintertreppe Zugang zu den kulturell definierten Lebenszielen und Kṣatriya-Tugenden erlangen?

Im Folgenden möchte ich zwei Antworten auf diese Frage vorstellen, gleichsam zwei Werbetexte für innovative didaktische Konzepte, welche für die „Schulversager" des herkömmlichen Systems alternative Methoden der Wissensvermittlung in Aussicht stellen. Im ersten Fall wird das Versagen auf die mangelnde Intelligenz der zu Belehrenden zurückgeführt, im zweiten Fall werden eher Zeitmangel und Ablenkung durch Vergnüglicheres dafür verantwortlich gemacht.

8.1 Das *Pañcatantra*: applied science statt klassischer Bildung

Die Fabelsammlung *Pañcatantra* (‚Fünfbuch') ist jenes Werk der altindischen Literatur, welches außerhalb des indischen Kulturkreises die umfangreichste Wirkungsgeschichte entfaltet hat. Seine Entstehungszeit ist zwischen dem 3. und 6. Jahrhundert anzusetzen; als Autor wird im Rahmentext ein Brahmane namens Viṣṇuśarman genannt, wobei allerdings von einem Pseudonym bzw. einer fiktiven Verfasserangabe auszugehen ist (vgl. Mylius 1988: 184ff.).

In der Einleitungsepisode werden Zweck und Zielgruppe des Werkes definiert: Ein König hat drei überaus dumme Söhne. Da diese Söhne den kanonischen Bildungsgang von Grammatik- und *trivarga*-Studium nicht absolvieren können, sieht der König den Bestand seines Reiches gefährdet. Gefunden wird schließlich der weise Viṣṇuśarman, der ihnen ohne den Umweg über *vyākaraṇa*, *dharma* und *artha* beibringen kann, was sie als Fürsten zur Ausübung ihres Berufes benötigen: *nīti* (‚Führung'), d. h. politische Führungskunst, Weltklugheit und Menschenkenntnis. Erlangt wird diese Form der Lebensweisheit durch die von Viṣṇuśarman zu fünf Abteilungen zusammengefassten Tierfabeln, die den Königssöhnen als Anschauungsmaterial zum Umgang mit Freund und Feind sowie zur Warnung vor Besitzgier und Unbedachtsamkeit dienen sollen. Und der Erfolg lässt nicht auf sich warten: Schon in sechs Monaten (im Gegensatz zu den zwölf Jahren, die üblicherweise allein die Grammatik in Anspruch nimmt) erreichen die jungen Männer trotz ihrer Minderbegabung das Bildungsziel *nīti*, was das *Pañcatantra*

[23] Die Soziolinguistik von „toten" Sprachen zählt zu den stark vernachlässigten Bereichen der linguistischen Pragmatik wie auch der allgemeinen Kulturgeschichtsschreibung. Für das Sanskrit nahm es Sheldon Pollock (Columbia University) mit einer umfangreichen Monographie in Angriff, diese Lücke zu schließen. Er konstatiert – bezogen auf das Wertesystem der Kṣatriyas – eine enge Verbindung zwischen „grammatical and political correctness" und spricht vom „grammar envy" der diesbezüglich „Zu-kurz-Gekommenen"; vgl. Pollock (2006: 162ff.).

auch anderen Kṣatriya-Familien als effizientes Lehrwerk für ihren dynastischen Nachwuchs empfehlen soll.

Nachfolgend finden sich die Kernaussagen der didaktischen Werbebotschaft, die dem „schöngeistigen" klassischen Bildungsmodell ein rein anwendungsorientiertes entgegensetzt:[24]

> Dieser König hatte drei Söhne von der allergrößten Dummheit. [...] Da nun der König sah, dass diese Söhne keinen Sinn für die Wissenschaften hatten, rief er seine Ratgeber zusammen und sprach: „Es ist euch bekannt, dass meine Söhne der Wissenschaft abgeneigt und ohne Urteilskraft sind. [...] Deshalb müssen Mittel ersonnen werden, den Verstand meiner Söhne zu wecken." Darauf sagten einige seiner Ratgeber: „Majestät! Schon die Grammatik allein erfordert ein Studium von zwölf Jahren. Wenn sie einigermaßen beherrscht wird, müssen die Schriften über Recht, Ökonomie, über den Lebensgenuss und die Befreiung von ihm studiert werden. Dann erst findet die Erweckung des Geistes statt." Da sprach unter ihnen ein Minister namens Sumati: „Majestät! Die Dauer des Lebens währt nicht ewig. Die Erlernung der Grammatik-Regeln erfordert eine lange Zeit. Darum ist für die Erweckung des Geistes deiner Söhne ein abgekürztes Verfahren zu ersinnen. Nun gibt es, o König, einen Brahmanen namens Viṣṇuśarman, der berühmt ist als einer, der in vielen Wissenschaften Vollkommenheit erreicht hat. Dem übergib sie! Er wird sicher in kurzer Zeit ihren Geist erwecken."
>
> Der König aber, nachdem er diesen Rat gehört hatte, ließ Viṣṇuśarman rufen und sprach zu ihm: „Du Hochweiser! Sei mir gewogen und bewirke, dass meine Söhne in den nützlichen Wissenschaften in kurzer Zeit alle anderen übertreffen. Ich werde dich dafür hundertfach belohnen." Darauf sagte Viṣṇuśarman zu dem König: „Majestät! Höre mein wahrhaftiges Wort! Ich verkaufe Wissenschaft nicht, selbst nicht für hundertfachen Lohn. Wenn ich aber nicht bewirke, dass deine Söhne binnen sechs Monaten die Wissenschaft der Lebensweisheit erlernt haben, dann will ich meinen Namen nicht mehr führen. [...]" Der König war über diese Worte sehr erfreut, übergab Viṣṇuśarman voller Ehrfurcht seine Söhne und war über deren Zukunft ganz beruhigt. Viṣṇuśarman übernahm sie, ging mit ihnen nach Hause und schrieb für sie die nachfolgenden fünf Bücher und ließ die Söhne des Königs sie studieren. Die aber wurden, nachdem sie eifrig lernten, in sechs Monaten zur Zufriedenheit des Königs so, wie ihm vorhergesagt worden war.

8.2 Das *Kātantra*: Optimierung der Sprachdidaktik mit göttlicher Hilfe

Das *Kātantra* (‚geringes Buch') war als „Sanskrit-Kurzgrammatik" (d. h. kürzer als das Standardwerk des Pāṇini) jahrhundertelang weit verbreitet. Datierungsansätze bewegen sich zwischen dem 1. und dem 3. Jahrhundert, sein Verfasser Śarvavarman gilt – im Gegensatz zu den vielen fiktiven Autorengestalten der indischen Literatur – als historische Person.[25]

Die legendenhafte Entstehungsgeschichte des *Kātantra* wird im *Kathāsaritsāgara* (‚Ozean der Erzählungsströme') berichtet. Die Kompilation dieses Sammelwerkes durch Somadeva lässt sich genau datieren (ins letzte Drittel des 11. Jahrhunderts), wesentliche Teile davon sollen auf die verloren gegangene *Bṛhatkathā* (‚große Erzählung')

[24] *Pañcatantra*, Einleitung; zitiert nach Greither (1986: 9f.).

[25] Zur Datierung vgl. Pollock (2006: 169ff.), Mylius (1988: 287), Scharfe (1977: 162ff.).

des Guṇāḍhya zurückgehen. Guṇāḍhya fungiert auch als Ich-Erzähler, der im *Kathāsaritsāgara* die Ätiologie des *Kātantra* nachzeichnet:[26]

> [König Sātavāhana] stieg gelegentlich gemeinsam mit seinen Gemahlinnen zu einem Teich hinab, um darin zu spielen. Voller Ausgelassenheit besprengte er die Geliebten mit Wasser, das er mit seinen Händen schöpfte. [...] Eine Gemahlin [...] war vom Spiel ermüdet, konnte es nicht mehr ertragen, dass der König sie mit Wasser bespritzte, und rief: „O Herr, quäle mich nicht mit dem Wasser (*modakaiḥ*, aus: *mā udakaiḥ*)!" Der König aber verstand: „Quäle mich, o Herr, mit Leckerbissen (*modakaiḥ*)!" Und er ließ schnell viele Leckerbissen herbeischaffen. Da lachte die Königin und sprach: „O König, was sollen denn hier im Wasser die Leckerbissen? Ich habe dir gesagt, du sollst mich nicht mit dem Wasser quälen! Kennst du denn nicht die Regeln der wohllautenden Wortverbindungen, wonach das Wort *mā* und das Wort *udaka* zu *modaka* verschmelzen müssen? Du kennst wohl die Grammatik nicht? Wie kannst du nur ein solcher Dummkopf sein!" So sprach die in Grammatik und Wortlehre kundige Königin, und die anderen Frauen lachten. Den König aber überkam sogleich tiefe Scham. Augenblicklich brach er das Spiel im Wasser ab. Sein Stolz war gewichen, und Verachtung gegen sich selbst keimte in ihm auf. Ohne gesehen zu werden, kehrte er still und heimlich in seinen Palast zurück [...], warf sich auf sein Lager und war von Kummer, Schmerz und Fieberwahn überwältigt.

Da sich der depressive Zustand des Königs nicht besserte, machten sich die beiden konkurrierenden Gelehrten Guṇāḍhya und Śarvavarman erbötig, seinem Mangel an Sanskritkenntnissen Abhilfe zu schaffen.

> [D]a brach Sātavāhana sein Schweigen und sprach, zu mir [Guṇāḍhya] gewandt, ernsthaft und bedeutungsvoll: „In welchem Zeitraum kann ein Mann, der mit Mühe und Streben unterrichtet wird, zu Gelehrsamkeit gelangen? Das sage mir! Denn ohne Gelehrsamkeit leuchtet mein Ruhm nicht. Was nützen einem Dummkopf Macht und Würde? Er gleicht einem mit herrlichem Schmuck angeputzten Stück Holz." Darauf erwiderte ich: „O König, die Menschen erlernen seit eh und je innerhalb von zwölf Jahren die Grammatik, das Haupt aller Wissenschaften. Ich aber, o Herr, werde dich in sechs Jahren erschöpfend darin unterweisen." Kaum hatte ich mein Angebot unterbreitet, sprach plötzlich Śarvavarman in einem Anfall von Eifersucht: „Wie kann ein Mann, der die gewohnten Freuden und Genüsse liebt, für eine so lange Zeit die Leiden des Lernens erdulden? Darum werde ich dich, o Herr, innerhalb von sechs Monaten die Grammatik lehren."

Śarvavarman bereute freilich seine unrealistische Ankündigung sofort und suchte Zuflucht in einem Heiligtum des Gottes Kumāra (‚Jüngling'), i. e. des Kriegsgottes Skanda. Dort vermochte er durch strenge Askese die Gunst des Gottes zu gewinnen, der ihm sodann das Grammatik-Lehrbuch *Kātantra* offenbarte, vermittels dessen Śarvavarman sein Versprechen gegenüber dem König erfüllen konnte.

---

[26] *Kathāsaritsāgara*, 1. Buch, Welle 6–7; zitiert nach Somadeva (1991: 58ff.).

Der erfolgreiche, mit dem Geschenk Kumāras zurückgekehrte Śarvavarman vermittelte dem König alle Wissenschaften, die ihm sogleich zu Gebote standen, wenn er nur an sie dachte. Und sie erschienen König Sātavāhana klar und begreiflich. [...] Dort trug gerade ein Brahmane einen selbstverfassten Śloka-Vers in einer Volkssprache vor. Der König aber wiederholte und verkündete diesen Vers in richtiger Sanskrit-Sprache. Die Menschen, die dabeistanden und davon Zeugnis erhielten, waren erfreut und erstaunt zugleich. Darauf sprach der König voller Bescheidenheit zu Śarvavarman: „Erzähle uns, wie hast du die Gnade des Gottes gewonnen?" Śarvavarman befolgte die Aufforderung und erzählte dem König von der Gunst und Gnade des Gottes Kumāra:

„[...] Der erhabene Gott verkündete mir mit seinen den Lotusblüten gleichenden sechs Gesichtern den Lehrsatz, der mit den Worten beginnt: ‚Vollendet ist das Verzeichnis der Laute, Silben und Wörter.' Bei dieser Rede des erhabenen Herrn überfiel mich, o weh, der Leichtsinn, der so schnell die Menschen ergreift: Ich zitierte den nächsten Lehrsatz und äußerte mich selbst dazu. Da sprach der Gott zu mir: ‚Wenn du geschwiegen hättest, dann wäre durch dieses Lehrbuch die Grammatik des Pāṇini übertroffen und aufgehoben worden. Jetzt aber wird es durch deine Schuld wegen seiner wenigen und geringen Lehren und Abschnitte Kātantra heißen und auch nach Kalāpa, dem Pfauenschweif meines Reittieres, den Namen Kalāpaka tragen.' Nach diesen Worten verkündete mir der Gott in sichtbarer Gestalt eine neue und leichte Grammatik und sprach sodann: ‚Euer König war in seiner früheren Geburt ein himmlischer weiser Seher. [...] Wenn er dich sieht, wird er deinem Wunsche gemäß alle Wissenschaften leicht erfassen. Denn für edle und großherzige Wesen sind die höchsten Dinge ohne Mühen zu erlangen, da sie diese in früheren Geburten erlernt haben, und sie in ihrer Vollkommenheit durch die starken Eindrücke ihrer Werke in den früheren Geburten wieder zutage treten.' Der Gott sprach's und verschwand."

Am Beginn steht also ein König, der Schwierigkeiten mit der Anwendung der Sandhi-Regeln hat und sich diesbezüglich sogar von einer seiner Frauen schulmeistern lassen muss. Der beschämte König sucht nach einer Möglichkeit, seine Sanskritdefizite möglichst schnell abzubauen. Angesichts des traditionellerweise zwölfjährigen Ausbildungsganges stellt Guṇāḍhya nur eine Reduktion auf die Hälfte dieser Zeitspanne in Aussicht. Śarvavarman möchte dieses Angebot „toppen" und versteigt sich zu dem Versprechen, den König in sechs Monaten erschöpfend in der Grammatik zu unterweisen. Das Lehrwerk, das diesem Anspruch Genüge tut, muss er erst schaffen; er kann es aber nicht aus sich allein hervorbringen, sondern nur mit göttlicher Hilfe.

Erzählt wird hier eine ätiologische Legende, welche die besondere Luzidität und didaktische Effizienz des Grammatikbuches *Kātantra* herausstreichen soll. Der Verweis auf die göttliche Herkunft steigert die Autorität des Werkes, relativiert sie aber zugleich in zwei Punkten:

1. Da Śarvavarman die Unterweisung des Gottes unterbrochen und besserwisserisch „dazwischengeplappert" hat, wurde überirdische mit irdischer Weisheit vermischt, wurde die göttliche Offenbarung profaniert und dadurch „verdorben". Das Ergebnis ist ein Elaborat minderer Qualität (gemessen an dem, das der Gott ohne menschlichen Eingriff geschaffen hätte). Das *Kātantra* ist somit nicht nur von geringerem Umfang, sondern auch inhaltlich geringer zu werten als die Grammatik des Pāṇini. Durch diesen Kunst-

griff entgeht der Verfasser einem Autoritätskonflikt mit dem als „unübertrefflich" geltenden Standardwerk, wahrt aber gleichzeitig den Anspruch auf die göttliche Inspiriertheit seiner Arbeit.

2. Ein schnelles Erlernen der Sanskritgrammatik gelingt auch mit dem *Kātantra* nur, wenn der Lernende die Grammatikkenntnisse „in verschütteter Form" bereits aus einem früheren Leben mitbringt, sodass diese durch die Rezeption des *Kātantra* lediglich reaktiviert werden müssen. Solchermaßen muss der Autor den Wahrheitsbeweis nicht antreten, dass *jedermann* mit Hilfe seiner Grammatik in nur sechs Monaten vollkommene Sprachkompetenz erlangen kann. Wer das Lernziel nicht erreicht, hat eben das Pech, dass er zuvor noch in keiner seiner Inkarnationen ein Sprachgelehrter war.

Doch bevor man Śarvavarman nun als dreisten Schwindler verurteilt, sollte man bedenken, dass es nach hinduistischer Auffassung durchaus realistisch ist, dass der Geist eines Menschen auf die Erlebnisse und Erfahrungen früherer Geburten zurückgreifen kann, gilt doch: „Dehī nityam avadhyo 'yaṁ dehe sarvasya."[27]

Literaturverzeichnis

Abduvalieva, Rahima (2003), Sandhi-Phänomene im Sanskrit, (Europäische Hochschulschriften 21, Linguistik 255), Frankfurt am Main et al.

Allen, William Sidney (1965), Phonetics in Ancient India, 3. Aufl., (London Oriental Series 1), London, New York, Toronto.

Allen, William Sidney (1972), Sandhi. The theoretical, phonetic, and historical bases of word-junction in Sanskrit, 2. Aufl., (Janua linguarum, Series minor 17), Den Haag, Paris.

Bechert, Heinz / Simson, Georg von (1979), Einführung in die Indologie. Stand, Methoden, Aufgaben, Darmstadt.

Bright, William (1994), „Evolution of the Indian Writing System", in: Hartmut Günther / Otto Ludwig (Hrsg.), Schrift und Schriftlichkeit. Ein interdisziplinäres Handbuch internationaler Forschung, Teilbd. 1, (Handbücher zur Sprach- und Kommunikationswissenschaft 10, 1), Berlin, New York, 322–328.

Daswani, Chander J. (1994), „The Sphere of Indian Writing", in: Hartmut Günther / Otto Ludwig (Hrsg.), Schrift und Schriftlichkeit. Ein interdisziplinäres Handbuch internationaler Forschung, Teilbd. 1, (Handbücher zur Sprach- und Kommunikationswissenschaft 10, 1), Berlin, New York, 451–472.

Durkheim, Émile (1912), Les formes élémentaires de la vie religieuse: le système totémique en Australie, Paris.

Greither, Aloys (Hrsg.) (1986), Pancatantra. Die fünf Bücher indischer Lebensweisheit. Nach der Übersetzung von Theodor Benfey aus dem Jahre 1859. Mit 107 Zeichnungen von Josef Scharl, München.

[27] *Bhagavadgītā* II, 30a: „Dieser Körperbewohner [Geist bzw. Seele] im Körper eines jeden ist ewig unvernichtbar."

Hamilton, Malcolm (2001), The Sociology of Religion. Theoretical and comparative Perspectives, 2. Aufl., London, New York.

Helle, Horst Jürgen (1997), Religionssoziologie. Entwicklung der Vorstellungen vom Heiligen, München, Wien.

Hinüber, Oskar von (1990), Der Beginn der Schrift und frühe Schriftlichkeit in Indien, (Abhandlungen der geistes- und sozialwissenschaftlichen Klasse, Akademie der Wissenschaften und der Literatur Mainz 1989, 11), Wiesbaden, Stuttgart.

Horatius Flaccus, Quintus (1984), Quinti Horati Flacci Opera. Recognovit brevique adnotatione critica instruxit Edvardus C. Wickham. Editio altera curante H. W. Garrod, (Scriptorum Classicorum Bibliotheca Oxoniensis – Oxford Classical Texts), Oxford.

Knoblauch, Hubert (1999), Religionssoziologie, (Sammlung Göschen 2094), Berlin, New York.

Mylius, Klaus (1988), Geschichte der altindischen Literatur. Die 3000jährige Entwicklung der religiös-philosophischen, belletristischen und wissenschaftlichen Literatur Indiens von den Veden bis zur Etablierung des Islam, Bern, München, Wien.

Otto, Rudolf (1917), Das Heilige. Über das Irrationale in der Idee des Göttlichen und sein Verhältnis zum Rationalen, Breslau.

Pickel, Gert (2011), Religionssoziologie. Eine Einführung in zentrale Themenbereiche, Wiesbaden.

Pollock, Sheldon (2006), The Language of the Gods in the World of Men. Sanskrit, culture, and power in premodern India, (Philip E. Lilienthal Asian Studies), Berkeley et al.

Renou, Louis (2005), A History of Sanskrit Language, Delhi.

Scharfe, Hartmut (1977), Grammatical Literature, (A History of Indian Literature 5, 2), Wiesbaden.

Scharfe, Hartmut (2002), Education in Ancient India, (Handbook of Oriental Studies 2, India 16), Leiden, Boston, Köln.

Schneider, Ulrich (1989), Einführung in den Hinduismus, (Orientalistische Einführungen), Darmstadt.

Somadeva (1991), Der Ozean der Erzählungsströme. Kathāsaritsāgara. Aus dem Sanskrit nach den Bombayer Ausgaben von 1889 und 1930 übertragen und mit einem Nachwort versehen von Johannes Mehlig, Bd. 1, Leipzig, Weimar.

Thomi, Peter (1999), Sandhi. Die Lautregeln des klassischen Sanskrit, 2., überarbeitete und ergänzte Aufl., Wichtrach.

Thumb, Albert / Hauschild, Richard (1958), Handbuch des Sanskrit. Mit Texten und Glossar. Eine Einführung in das sprachwissenschaftliche Studium des Altindischen. Bd. 1: Grammatik. Teilbd. 1: Einleitung und Lautlehre, 3., stark umgearbeitete Aufl. von Richard Hauschild, (Indogermanische Bibliothek, 1. Reihe: Lehr- und Handbücher), Heidelberg.

Tworuschka, Udo (Hrsg.) (2000), Heilige Schriften. Eine Einführung, Darmstadt.

PETER KLOTZ

Zur Wirkung fachsprachlicher Zeichen

Aspekte bürokratischer Sprache in Alltag und Literatur[1]

1. Einleitung

Mein Thema ist das Aufscheinen, die pragmatische Funktion und somit eine spezifische Wirkung der Behördensprache bzw. einer ihr nahen Variante in literarischen Texten. Die Behördensprache dient der rechtlichen, politischen und sozialen Klarheit. Sie ist – man merkt es ihr sehr schnell an – mit der juristischen Fachsprache eng verwandt, und jede/r, der mit ihr als Normalbürger zu tun bekommt, weiß um ihre Formulierungsverenkungen, weiß um ihre schwere Verständlichkeit, weiß um ihre soziale Ausgrenzung. Sie gibt sich den Anschein des Ordentlichen und Geordneten, und so ist sie, wie es scheint, besonders geeignet für die gebotene Fairness in einer Demokratie. Die ihr eingeschriebene Fachlichkeit ist oft leicht, oft aber auch nicht leicht zu erkennen, zumal wenn es um die Regelung von Alltagsdingen geht. Sie klingt *halt einfach kompliziert*, um es mit einem alltäglichen Oxymoron zu sagen, aber fast jede/r spürt auch, dass sie ein Instrument der Machtausübung ist. Und so wundert es nicht, dass sie immer wieder ein Gegenstand der Sprachkritik wurde, und zwar sowohl stilistisch als auch sozio-pragmatisch. Um es ganz, ganz schlicht zu sagen: Keine/r mag Behördenschreiben, jede/r versucht, sie möglichst genau zu verstehen, und die Reaktionen *Angst, Wut, Unsicherheit* sind erwartbar nahe. So weit, so bekannt.

---

[1] Vorbemerkung: Mein Beitrag versteht sich als ein *Seitenblick* auf fachsprachliche und pragmatisch-stilistische Formenspiele. Er versteht sich als ein Versuch – in Abwandlung des Tagungsthemas, Geheimnisvolles neben dem Profan-Erklärlichen bestehen zu lassen. Er versteht sich als ein Hinweis, in stilistischer Textgestaltung selbst ein Zeichen zu sehen, das sich als relativ explizite Sprachhandlung erweist.

Wenn ich mich im Folgenden der Frage stellen möchte, was behördensprachliche Komponenten in literarischen Texten bewirken, so liegt ein wahrscheinliches Ergebnis fast schon auf der Hand: der literarische Diskurs fokussiert öffentliche Machtausübung; er will vermutlich zeigen, welche Verrätselungen in der Behördensprache stecken und wie Alltagsmenschen zu Opfern werden, wenn sie solcher Sprache unterworfen werden. An drei Textausschnitten, nämlich einem von Albert Drach sowie dem ersten Satz des „Proceß" von Franz Kafka und einem Textanfang von Alexander Kluge, möchte ich dies im Folgenden zeigen, freilich nicht ohne zuvor ein originales Amtsschreiben betrachtet zu haben. Anschließend an diese Textbegegnungen mit ihrer doch recht bedenklichen Pragmatik möchte ich in einem weiteren Schritt den umgekehrten Weg gehen und zeigen, wie die Anklänge an einen solchen Amtston schwer Begreifliches zu fassen versuchen und es wohl auch wirklich ergreifen.

2. Behördensprache – ein Beispiel

Zunächst ein hinterhältig höfliches Amtsschreiben[2], das nicht nur festlegt und bestimmt, sondern auf freundliche Weise ganz handfeste Drohungen enthält:

> Einrichtung eines Satteldaches mit Dachgeschoßausbau und Notkamin
>
> A.Nr. 1052/10 der Gemarkung Garching
>
> Sehr geehrter Herr Anton,
>
> bei einer Überprüfung/Ortsbesichtigung am 15.12. 1987 wurde festgestellt, daß die oben bezeichnete bauliche Anlage den Bestimmungen der Bayerischen Bauordnung (BayBO) widersprechend bzw. unter Mißachtung der im Baugenehmigungsbescheid und in den genehmigten Bauvorlagen festgesetzten Auflagen, Anordnungen und Prüfvermerke ausgeführt wurde. Wir bitten Sie deshalb dringend, die im Beiblatt zu diesem Schreiben angekreuzten oder dort zusätzlich ausgeführten Beanstandungen unverzüglich,
>
> spätestens am 20.9.1988
>
> zu beheben bzw. die notwendigen Bescheinigungen hier vorzulegen.
>
> Vorsorglich weisen wir darauf hin, daß insoweit etwa notwendig werdende weitere Aufforderungen gebührenpflichtig und unter Zwangsgeldandrohung gegen Sie ergehen müßten. Wir bitten Sie deshalb auch in Ihrem eigenen Interesse um rechtzeitige Erledigung.
>
> Mit freundlichen Grüßen

Der Verfasser dieses Briefes war – so lässt sich vermuten – vom Behördenchef gehalten, die so häufig geäußerte Kritik an der Behördensprache ernst zu nehmen, und so mag diese Mitteilungsmischung zustande gekommen sein. An diesem Text ist nichts geheim, er kommt in seiner Unverschämtheit ganz offen daher: Hinter dem Text steht

---

[2] Der Brief ist Besitz eines Freundes des Autors; der Name wurde geändert, das Schreiben selbst ist original.

ein Menschen- bzw. Bürgerbild, das nicht nur per Sanktion den Gehorsam eines vielleicht noch nicht genügend gut erzogenen Mitmenschen einfordert, sondern dieses Bild trägt von vorneherein auch Züge, die mit einem Schuldig-werden, mit Unbotmäßigkeit rechnen. Die Sprachlichkeit dieses Textes spiegelt das inhaltlich pragmatische Schwanken deutlich wieder. Es ist aber von juristisch-fachsprachlichen Elementen so sehr durchsetzt, dass das zunächst vielleicht gar nicht auffällt.

Vor den literarischen Lektüren sei ein kleiner *Exkurs* zur juristischen Fachsprache eingeschoben, weil er vielleicht eine klarere Annäherung an die folgenden Texte ermöglicht. Juristische Sprache gehört unter stilistischer und soziokultureller Perspektive zu den funktionalen „Kollektivstilen". Sie sind somit „indexikalischer Ausdruck der Zugehörigkeit zu einer bestimmten sozialen Gruppierung", und sie sind „ein mögliches Medium der aktiven Konstruktion sozialer bzw. kultureller Identität" (Linke 2009: 1140). Solche Identität braucht geradezu Fachlichkeit und Fach- bzw. Sondersprachlichkeit, was im Falle von Juristen, zumal wenn sie an Gesetzesformulierungen beteiligt sind, in die nicht endende Diskussion um die Verständlichkeit von Gesetzestexten führt. Unter demokratischer Perspektive wird höhere bzw. bessere Verständlichkeit gefordert, unter fachlicher Perspektive bekennt man sich zur Adäquatheit gegenüber der zu formulierenden Komplexität und Argumentationstiefe (vgl. Lerch 2008: 54ff; vgl. auch Nussbaumer 1995 und 2008: 301ff). Und genau deshalb stellt Lerch in einem Beitrag über „Möglichkeit und Grenzen der Verständlichkeit von Rechtstexten" (2008: 54ff) fest: „Anders als in der Alltagssprache entfaltet sich die Bedeutung von Normtexten nicht in einfachen Verstehensakten der Rezipienten, sondern in gesteuerten Auslegungsverfahren als Arbeit an und mit Sprache" (Lerch 2008: 70). Dies gilt natürlich für viele fachliche Bereiche, auch – so erstaunlich das klingen mag – für die Literaturwissenschaft. Lerch fügt an seine Feststellungen noch an: „Die entscheidende Frage ist daher, für wen Gesetze verständlich sein sollen. [...] Vorrangiger Adressat von Gesetzen sind und bleiben Juristen" (Lerch 2008: 75; vgl. auch Nussbaumer 1995).

Was ich also im Folgenden unternehmen möchte, ist, mich auf den angekündigten „Zwischenweg" begeben, der einerseits weg von Fachsprachlichkeit führt, nämlich hin zu literarischen Texten und der andererseits in die Suche führt, was fachsprachliche Komponenten oder auch nur solche Einsprengsel in literarischen Texten bewirken. Dahinter steht die These, dass Texte in steuernder Weise *Kontexte* aufrufen, die zwar nicht eigens textuell entfaltet werden, die aber sehr wohl im – hier – stilistischen Zeichensystem *Text* enthalten sind und eben diese Funktion haben: Kontextierung. Kontexte sind Verstehenshorizonte, sind Diskurswelten, die einen Kerntext, den materialen Text (Eco 1990: 64f.) gewissermaßen einbetten. Gleichzeitig entfalten Kontexte eine Macht, die den jeweils materialen Text wie eine Folge, wie eine Konsequenz erscheinen lassen (Portmann-Tselikas / Weidacher 2010). Um solche wechselweise Spannungsverhältnisse geht es mir im Folgenden.

3. Zur Behördensprache in der Literatur

Man versteht Albert Drach in seinem literarischen Engagement wohl richtig, wenn man seinen behördensprachlichen Erzählstil als subversive Handlungsform liest, die als Ausdruck deshalb gewählt wird, um die Ungerechtigkeit bestehender Verhältnisse genau durch diesen Sprachgestus sichtbar zu machen. Das unterstreicht schon der Titel des hier gewählten Beispiels: „UND. Protokoll, einen Richter betreffend" *(Drach 1922).* Die Erzählung beginnt so:

> *Von allen Bindewörtern war dem von daheim ohne Angaben von Gründen schon drei Tage ferngebliebenen Richter Alois Balduin Huntzinger das Wort „und" am widerwärtigsten. Dies ging zumindest aus verstreuten, in einer offenen Schreibtischschublade von seiner Wirtschafterin Antonia Muckenhuber aufgefundenen losen Zetteln hervor. Er gab auch für diese Meinungsäußerung nachfolgend eine besondere Begründung an, nämlich die, daß das verbindende „und" Nennungen, Behauptungen, Bezeichnungen in einen Zusammenhang brächte, der in Wahrheit gar nicht bestünde, ja oft dazu diente, die Unterschiede zwischen einander Entgegengesetztem im Vortäuschungswege aufzuweichen oder geradezu auszugleichen.*

Überbordende Satzstrukturen, oft durch Partizipialsatzkonstruktionen ermöglicht, Wortneuschöpfungen und Nominalisierungen machen quasi ein scheinbar exaktes Behördenprotokoll präsent, das in der Folge auf recht unordentliche Verhältnisse und Vorkommnisse verweist. Das titelgebende „Und" und seine so zutreffende Erläuterung bestätigen diese eigentlich gar nicht so paradoxe Verknüpfung von Stil und Inhalt. Was hier angestimmt wird, ist die scheinbare Verfachsprachlichung und damit irgendwie würdig klingende Darstellung von Profanem und Seltsamem.

Ein ähnlicher, aber letztlich sehr viel stärkerer narrativer Gestus lässt sich bei Franz Kafka finden. Wer Kafka liest, weiß eigentlich vorab – so insbesondere durch eine lange Auslegungspraxis stabilisiert – dass es bei Kafka um schwer durchschaubare, irgendwie immer geheim und bedrohlich bleibende Zusammenhänge geht. Aber er formuliert dies in einer Sprache, die den Eindruck von Aufdeckung, Objektivität und Verständnis erweckt. Die Strategie seiner Erzählungen ist die Nutzung einiger protokollhafter, auch berichtstypischer sprachlicher Komponenten.

Verrätselung setzt bei ihm oft schon am Anfang eines Textes ein, etwa wenn wir an den „Proceß", an „Die Verwandlung" oder an „Vor dem Gesetz" denken. So heißt es z. B. am Anfang von Kafkas „Proceß":

> *Jemand mußte Josef K. verleumdet haben, denn ohne dass er etwas Böses getan hätte, wurde er eines Morgens verhaftet. Die Köchin der Frau Grubach, seiner Zimmervermieterin, die ihm jeden Tag gegen acht Uhr früh das Frühstück brachte, kam diesmal nicht. Das war noch niemals geschehen.*

Der erste Satz des *Proceß* ist, noch bevor der eigentliche Erzähltext einsetzt, ein Erklärungsversuch von Zusammenhängen, die noch gar nicht dargestellt sind, der aber auf Rechts- und Gerichtsrelevantes, nämlich eine Verleumdung verweist. Und natürlich gibt es da, wo eine Erklärung versucht wird, etwas Unklares, gar Geheimnisvolles. – Für

Grammatiker ist der erste Satz recht erstaunlich. Eine Vermutung über die Vergangenheit wird über ein Modalverb formuliert, das eine gewisse Zwangsläufigkeit nahelegt; alternative Formulierungen wären: *konnte* bzw. *könnte Josef K. verleumdet* haben; *mußte* ist eindeutig berichtend und schließt andere Erklärungen weitgehend aus, die bei *konnte* oder *könnte* weit mehr zugelassen wären. Darüber hinaus ist der Konjunktiv II im Fortgang dieses ersten Satzes besonders erklärungsbedürftig: „denn ohne daß er etwas Böses getan hätte“: *hatte* wäre sprachlich nicht nur auch möglich, sondern würde viel besser in den Fluss des Berichtes passen. Mir scheint dieser Konjunktiv II auf ein elliptisches Konditionalgefüge zu verweisen, also etwa: *Wenn er etwas Böses getan hätte, wäre seine Verhaftung völlig erklärbar und normal.* Denkbar wäre aber auch ein elliptisches Kausalgefüge: *Weil er nichts Böses getan hat, muss er verleumdet worden sein.* Offensichtlich soll das originale *hätte* sowohl ein hypothetisches als auch ein explikatives Gefüge denkbar erscheinen lassen. Es wäre dies nun kein Kafka-Text, wenn nicht weitere Fragen im Verlauf der Geschichte aufträten, im Wesentlichen erzeugt durch die folgenden seltsamen und immer wieder Behördenmacht thematisierenden Ereignisse.

Was uns hier interessieren kann, ist die sprachliche Mechanik, nämlich wie funktionalstilistische Einsprengsel – hier einer behördennahen Sprache – aus einem Profanum ein Arkanum machen. Mit einer ganz ähnlichen Technik, nur weit expliziter, baut Alexander Kluge das Arkanum einer Biographie auf. In „Lebensläufe: Anwesenheitsliste für eine Beerdigung“ beginnt er mit „Anita G.: Die Flucht“; dort heißt es:

> Das Mädchen Anita G. sah, unter dem Treppenaufbau hockend, die Stiefel, als ihre Großeltern abgeholt wurden. Nach der Kapitulation kamen die Eltern aus Theresienstadt zurück, was keiner geglaubt hätte, und gründeten Fabriken in der Nähe von Leipzig. Das Mädchen besuchte die Schule, glaubte an eine ruhige Weiterentwicklung. Plötzlich bekam sie Angst und floh in die Westzonen. Natürlich beging sie Diebstähle auf ihrer langen Reise. Der Richter, der sich ernstlich Sorgen um sie machte, gab ihr vier Monate, von denen sie aber nur die Hälfte abzusitzen brauchte. Für die andere Hälfte bekam sie Bewährungsauflagen und eine Bewährungshelferin, die aber die Betreuung übertrieb, also floh das Mädchen weiter nach Wiesbaden. […] Sie wurde aufgegriffen und (da ein Fahndungsersuchen wegen Bruchs der Bewährungsauflagen vorlag) nach Hannover auf Transport gebracht, sie aber floh nach Mainz.
>
> Warum begeht sie auf ihren Reisen immer wieder Eigentumsdelikte? […] Weshalb ordnet dieser intelligente Mensch nicht seine Angelegenheiten befriedigend? Häufig wechselt sie die Zimmer, sie hat meistens gar keins, weil sie sich mit den Wirtinnen überwirft. Man kann nicht wie ein Zigeuner in der Gegend umherziehen. Warum verhält sie sich nicht dementsprechend?

Die im juristischen Stil gehaltenen Einsprengsel tauchen zwar zunächst relativ verdeckt auf, sind aber doch recht gut auszumachen. Wie in einer Gerichtsverhandlung klingt es, wenn da der Satz eingeschoben wird: *Der Richter, der sich ernstlich Sorgen um sie machte.* Dies wird durch eine Sprachgebung fortgesetzt, die aus Aktennotizen stammen könnte: *vier Monate*, *Bewährungsauflagen*, *Fahndungsersuchen* u. A. m. Auch hier wird, durch die Mischung von artifizieller Erzählung und juristischen Protokollelementen sowie einem seltsam bürgerlich kommentierenden Erzähler-Ich eine schwer fassbare, jedoch spannende Konstellation sprachlich erzeugt. Diese Spannung entsteht nicht zuletzt durch das Aufrufen recht eigentlich schrecklicher Kontexte.

Wiederum sind es relativ profane Vorgänge, die in ihrer textuellen Engführung und in ihrer eine Diskrepanz eröffnenden Darstellungsweise befremden, uns ein Rätsel aufgeben. Die juristischen Einsprengsel klären einfach nicht genug, falls wir uns überhaupt für *Anita G.* interessieren. Das aber, so erzwingt es der Text doch wohl, müssen wir, denn der Text verbindet durch seine Signale drei Weltausschnitte, die auf eine eigentümliche Weise zusammengehören: den Naziterror mit der gewaltsamen Abholung von Juden, das Klischée von den geschickt zu Geld kommenden Juden („Fabriken gründeten") und das Rätsel um das Schicksal der fort und fort flüchtenden jungen Frau.

Mit sprachlich stilistischen und textuellen Mitteln wird hier mittelbar eine Anklage gegen die junge bundesrepublikanische Wirklichkeit formuliert – eine Wirklichkeit, die ebenso profan wie seltsam ist. Nur merkten das die wenigsten Zeitgenossen, und deshalb brauchte es solche provokante Text- bzw. Stilmischungen.

Hier einhaltend zeigen die bisherigen Textbeispiele

1. zunächst den ordnungsstiftenden Charakter der Behördensprache einschließlich einiger menschlicher und sozialer Ungehörigkeiten.
2. Mehr oder minder deutlich Stilsignale aus einer anderen als der narrativen sprachlichen Domäne werden zum Motor von Geschichten.
3. Solche stilistisch-inhaltlichen Verschränkungen spiegeln die Kollokation von Macht, Banalität und Verrätselungen.

Mir scheint nun – und zwar ganz im Sinne des Titels dieser Tagung *Unbegreifliches begreiflich machen* – ein weiterer Schritt sinnvoll, und zwar einer auf Heinrich von Kleist zu.

Meine These lautet: Obwohl der gelernte Jurist Heinrich von Kleist, wie übrigens Albert Drach und Alexander Kluge auch, vielfach eine Sprache nutzt, die der Fachsprache des Rechts und der Behörden sehr nahe steht – freilich, ohne den narrativen Gestus aufzugeben, ist er es, der sich durch sie dem fast nicht Begreiflichen widmet und ihm gerade dadurch Ausdruck gibt; und das heißt letztlich, es greifbar, fassbar macht, so wie der Mythos dem Menschen geholfen hat, über etwas zu reden und nachzudenken, was ihm nicht verstehbar war oder noch immer nicht ist.

Wie auch immer; wenn ich die bisherigen Beobachtungen nun auf einen ganzen Text beziehe, dann geraten wir in eine eigentümliche Spannung zwischen Allgemeinverständlichkeit und Fachverständlichkeit. Juristisch-fachsprachliche Einsprengsel und ebensolche textuelle Darstellungsweisen machen Kommunikationsgrenzen zwischen sozialen Gruppen spürbar, und sie verweisen auf eine Komplexität und auf Kontexte, die nicht notwendiger Weise mit Allgemeinverständlichkeit rechnen dürfen.

Heinrich von Kleist hat eine Erzählung geschrieben – seine kürzeste, die sich auf Unbegreifliches konzentriert bzw. – wenn man so will – damit „spielt". Der erste Abschnitt des „Bettelweib von Locarno" bleibt zwar dem Erzählgestus treu, aber in einer

Weise, die doch mehr dem Bericht eines Tatbestandes entspricht. Das ist auch von der Binnendramaturgie der Erzählung her sinnvoll: die folgenden seltsamen Ereignisse sind so rätselhaft und geheimnisvoll, dass man beim Versuch, die Geschichte zu verstehen oder sie gar aufzuklären, immer wieder auf diese anfänglichen Fakten zurückverwiesen wird.

> Heinrich von Kleist: *Das Bettelweib von Locarno*
>
> *Am Fuße der Alpen, bei Locarno im oberen Italien, befand sich ein altes, einem Marchese gehöriges Schloß, das man* jetzt*, wenn man vom St. Gotthart kommt, in Schutt und Trümmern liegen sieht: ein Schloß mit hohen und weitläufigen Zimmern, in deren einem einst, auf Stroh, das man ihr unterschüttete, eine alte kranke Frau, die sich bettelnd vor der Tür eingefunden hatte, von der Hausfrau aus Mitleiden gebettet worden war.*

Diese Geschichte, in der nicht nur diese Bettlerin, sondern auch der Marchese stirbt, obwohl ihm juristisch keine Schuld an diesem Tod zuzurechnen wäre, wurde zwar zu einer Zeit geschrieben, in der man sich sehr für psychische Vorgänge interessierte und sie auch als grundlegende Erklärungsversuche heranzog (man denke etwa auch an Goethes „Wahlverwandtschaften“), aber eine solche Deutungsweise trägt hier nicht; Kleist hat, um dem gewissermaßen vorzubeugen, den Hund dieselbe Wahrnehmung machen lassen wie die Menschen, und man denke nur an seinen Marionettentheateraufsatz, um bestätigt zu finden, welchen hohen Stellenwert Kleist der Zeugenschaft eines Tiers beimisst.

Eine Erklärung also, die eine Selbstanklage des Marchese zum Kern nähme und damit das Anzünden des Schlosses begründete, eine solche Erklärung wäre vom Vorwurf der Trivialpsychologie nicht ganz freizusprechen. Freilich, eine solche Erklärung würde stützend Gründe anführen, also auf die Notlage und die überreizten Gemüter verweisen. Aber die Erwähnung des Hundes ist nicht nur nicht zu retouchieren, sondern sie verweist auf die Ernsthaftigkeit, mit der über die Vorfälle zu reden ist.

> *Am Abend des dritten Tages, da beide* <der Marchese und seine Frau> *um der Sache* <einer Erscheinung, die wie ein Spuk an die „Schuld“ des Marchese am Tod der Bettlerin zu erinnern scheint> *auf den Grund zu kommen* [...] *fand sich zufällig der Haushund* [...] *vor der Tür* [...] *legt sich der Hund, Kopf und Beine zusammengekauert, in der Mitte des Zimmers nieder und schläft ein.* [...] *und mit dem ersten Schritt: tapp! tapp! Erwacht der Hund, hebt sich* plötzlich, *die Ohren spitzend, vom Boden empor, und knurrend und bellend, grad als ob ein Mensch auf ihn eingeschritten käme, rückwärts gegen den Ofen weicht er aus.*

Dem Geheimnis ist durch eine nur sachliche Erklärung nicht hinreichend beizukommen. Sowohl die eigenhändige Brandstiftung des Marchese als auch insbesondere das, was wir Spuk zu nennen gezwungen sind, bleiben geheimnisvoll, bleiben unerklärlich.

Was Kleist tut, ist die Informationsverdichtung und die Inszenierung des Geheimnisvollen in einer höchst sachlichen Sprache. Das *Wie* der Darstellung wird selbst zur Mitteilung, und zwar dergestalt, dass auch eine höchst genaue Darstellung, die sich narrativ fast einer profanen Amtssprache – aber das dann doch nicht – bedient, das Geheimnisvolle weder aufzuklären noch aus der Welt zu schaffen vermag. Eine solche Sicht wird durch das Kleist-Handbuch literaturwissenschaftlich (Moser 2009: 129) bestätigt:

> Kleist verfährt mit diesem Motiv (des Gespenstes) recht unkonventionell, indem er auf die Darstellung verwickelter Handlungszusammenhänge sowie auf die üblichen, der Erzeugung einer unheimlichen Atmosphäre dienenden Schauerrequisiten verzichtet, um stattdessen das auf wenige Grundelemente reduzierte Geschehen sachlich-distanziert, in einer am juristischen Relationalstil geschulten Sprache zu vermitteln, die die Umstände der Handlung genau aufschlüsselt, ihre Motive jedoch im Dunkeln lässt.

Diese Mechanik, nämlich eine unmittelbar anrührende „Sache" möglichst einfach und fast alltäglich auszudrücken, hat auf eine suggestiv überzeugende Weise Peter Handke formuliert. Als er nämlich den Tod, eigentlich den Selbstmord seiner Mutter durch Schreiben, durch Aufschreiben bewältigen wollte, verbot er sich eine literarische Darstellungsweise, schlicht weil sie zur Verselbständigung des Dargestellten ins Poetische führte. Stattdessen verwandte er einen möglichst alltäglichen, ja trivialen Sprachgestus, und der schien ihm der Wirklichkeit seiner Mutter gerecht zu werden. Handke fasst in „Wunschloses Unglück" seine Sprach- und Formulierungsreflexion, um schließlich überhaupt schreiben zu können, folgendermaßen zusammen.

Aus: Peter Handke: Wunschloses Unglück (42f.):

> [...] *das schmerzlose Verschwinden einer Person in poetischen Sätzen verlangsamte das Schreiben* [...] *Dann merkte ich, dass ich mich auf der Suche nach Formulierungen schon von den Tatsachen entfernte. Nun ging ich von den bereits verfügbaren Formulierungen, dem gesamtgesellschaftlichen Sprachfundus aus* [...] *Ich vergleiche also den Formelvorrat für die Biographie eines Frauenlebens satzweise mit dem besonderen Leben meiner Mutter; aus den Übereinstimmungen und Widersprüchlichkeiten ergibt sich dann die eigentliche Schreibtätigkeit.*

Mir scheint – und das ist zugegebenermaßen ein Risiko, es so zu sagen – dass bei Kleist ein zwar anderes, aber doch ähnliches Sprach- und Darstellungsverhalten vorliegt. Sprache bleibt gegenüber so vielem, was uns bewegt, opak, so dass vermeintliche Exaktheit dies nicht ganz auflösen kann. Und genau dies gilt es zu verdeutlichen. Die Botschaft, die ich – neben Anderem – in Kleists Text lese, ist, das Geheimnisvolle, das Unerklärliche als solches bestehen zu lassen, schlicht anzuerkennen. Kleist formuliert so, wie er das tut, in einer Phase der Kritik an der Aufklärung.

Wenn überhaupt, dann wird das Unbegreifliche dadurch greifbar – um noch einmal auf den schönen Tagungstitel zu kommen – indem es als solches bestehen bleibt und nicht durch – vielleicht sogar peinliche – Erklärungsversuche gestört wird. Als Textlinguisten wissen wir dies eigentlich: Texte sind Makrozeichen, und somit tragen sie einerseits Denotate – wenn Komplexes denn überhaupt so metaphorisiert werden darf. Andererseits tragen sie alle semantischen und pragmatischen Unsicherheiten des sprachlichen Zeichens auch in sich, so wie es die verschiedenartige Nutzung von Sender und Empfänger, von Autor und Rezipient bedingt. Festzumachen ist dies allenfalls an den hier schattenhaft auftretenden Kontexten. Da ahnen wir adliges Herrschaftsgebaren und ebenso das nahende Ende einer solchen Vorherrschaft, das gerade in einem kapitalistisch werdenden Zeitalter erst recht nicht aufzuhalten ist. Und natürlich können wir die Geschichte als Metapher lesen, die dieses Ende ebenso sieht wie die Notwendigkeit, Aspekte der Aufklärung zu relativieren, eben durch Nicht-ganz-Aufklärbares. Auch diese Sicht hat Beachtung in der Literaturwissenschaft gefunden (Moser 2009: 130):

> Die Schuld am Tod des Bettelweibs ist demnach nicht in der Persönlichkeit des Marquese zu suchen, sondern in der feudalen Machtstruktur, die er repräsentiert, und der Untergang, den er erleidet, ist der einer ganzen gesellschaftlichen Klasse.

Zentral ist für mich deshalb der Blick auf das *Wie,* auf die Gestaltung des Makrozeichens. Kleists Syntax, und das ist bekannt, ist komplex, und sie ist somit wie ein Spiegel inhaltlicher Komplexität. Diese Syntax ist geeignet für Informationsverdichtungen und -beschleunigungen, aber auch für Retardierungen, und es vermischen sich protokollhafte Töne mit Elementen einer theatralen Szenographie; so z. B.:

> *Die Marquise, am anderen Morgen, da er herunterkam, fragte ihn, wie die Untersuchung abgelaufen; und da er sich, mit scheuen und ungewissen Blicken, umsah, und, nachdem er die Tür verriegelt, versicherte, daß es mit dem Spuk seine Richtigkeit habe: so erschrak sie, wie sie in ihrem Leben nicht getan, und bat ihn, bevor er die Sache verlauten ließe, sie noch einmal, in ihrer Gesellschaft, einer kaltblütigen Prüfung zu unterwerfen.*

Dabei ist Kleists Text völlig offen in der Angabe der Unerklärlichkeiten: Im dritten Textsegment, wo es darum geht, *wie* man das Unerklärliche sagt, heißt es denn auch sogleich: „Der Marchese erschrocken, er wusste selbst nicht recht warum". Und weiter wird über den Marchese ausgesagt: „wie erschüttert war er [...] und da er sich, mit scheuen und ungewissen Blicken, umsah [...]der Marchese, von Entsetzen überreizt". Seiner Frau ergeht es ähnlich; sie freilich schafft es, für sich zu handeln, nämlich zu fliehen, während es über den Marchese und den Vorfall heißt, dass seine weißen Gebeine am Spukort noch zu sehen seien; quasi als eine materiale Bestätigung des schwer Begreifbaren.

Ich meine, dass eine solche Textgestaltung keine triviale moralische Verstehensanweisung enthält (ein wenig ironisch gesagt: „Seid gut zu alten Leuten, denn sie könnten sich die Beine brechen und sterben"). Aufgerichtet wird hier vielleicht das Thema der – ich sage es wieder mit einem Oxymoron – „zufälligen Schuld", die wir alle möglicherweise immer mal begehen, die aber unaufgeklärt bleibt.

4. Fazit

Ich breche hier ab, um noch einmal auf meine Textbeispiele zu schauen, die alle einem Funktionalstil, dem behördlichen, dem juristischen nahestehen: ein Fachtext will keine Geheimnisse zulassen. So scheint Albert Drach nur eine sachliche Reflexion über den sprachlichen Konnektor „und" beginnen zu wollen, die freilich ganz im Sinne dieses „und" und der pragmatischen Kritik daran paradoxer Weise mit dem befremdlichen

Verschwinden gar eines Richters verbunden wird. Der Beginn des Kafka-Textes verweist fast unmerklich und doch suggestiv auf die uns oft rätselhaften Kontexte der Macht. Und Kluge provoziert damit, dass das vielleicht doch Erklärliche bis an jenen Punkt getrieben wird, wo die nächsten Erklärungen zu politischen und sozialen Peinlichkeiten führen. Kleists Text aber fasst bei aller sprachlichen Klarheit wohl am unabweislichsten das Unerklärliche.

Was ich also mit diesen Textbeispielen wollte, war schlicht eine stilistisch angereicherte Reflexion zum Tagungsthema, das zum Querdenken m. E. geradezu eingeladen hat. Ein Beitrag zur Sondersprachenforschung ist dies bestimmt nicht. Aber vielleicht ist die Spiegelung eines Fachjargons in nicht spezifischer Verwendungsweise ein bisschen nützlich dafür, was sich mit Fachsprache gewissermaßen alles „anstellen" lässt, zumal welche Kontextierungsmechanismen mit ihr ausgelöst werden können und wie sie so als Medium selbst zur Botschaft werden kann.

Literaturverzeichnis

Drach, Albert (1922), „Und. Protokoll, einen Richter betreffend", in: Albert Drach (Hrsg.), Ja.Und.Nein. Drei Fälle, München, Wien, 37–62.

Handke, Peter (1972), Wunschloses Unglück, Salzburg.

Kafka, Franz (1990), „Der Proceß", in: Malcolm Pasley (Hrsg.), Franz Kafka: Schriften, Tagebücher, Briefe. Kritische Ausgabe, Frankfurt am Main.

Kleist, Heinrich von (1993), „Das Bettelweib von Locarno", in: Helmut Sembdner (Hrsg.), Heinrich von Kleist: Sämtliche Werke und Brief. Bd. 2. 9., verm. und rev. Aufl., München, 196–198.

Lerch, Kent D. (2008), „Ultra posse nemo obligatur. Von der Verständlichkeit und ihren Grenzen", in: Karin M. Eichhoff-Cyrus / Gerd Antos (Hrsg.), Verständlichkeit als Bürgerrecht? Die Rechts- und Verwaltungssprache in der öffentlichen Diskussion, (Thema Deutsch 9), Mannheim, Leipzig, Wien, Zürich, 54–80.

Linke, Angelika (2009), „Stil und Kultur", in: Ulla Fix /Andreas Gardt / Joachim Knape (Hrsg.), Rhetorik und Stilistik. Ein internationales Handbuch historischer und systematischer Forschung, (HSK 31), Berlin, New York, 1131–1143.

Moser, Christian (2009), „Das Bettelweib von Locarno", in: Ingo Breuer (Hrsg.), Kleist-Handbuch. Leben, Werk, Wirkung, Stuttgart, 128–133.

Nussbaumer, Markus (2008), „Der Verständlichkeit eine Anwältin", in: Karin M. Eichhoff-Cyrus / Gerd Antos (Hrsg.), Verständlichkeit als Bürgerrecht? Die Rechts- und Verwaltungssprache in der öffentlichen Diskussion, (Thema Deutsch 9), Mannheim, Leipzig, Wien, Zürich, 301–323.

Nussbaumer, Markus (1995), „Über Sinn und Unsinn eines Begriffs ‚verständlicher Gesetzestext'", in LeGeS. Gesetzgebung heute 1995/1, 87–99.

Portmann-Tselikas, Paul R. / Weidacher, Georg (2010), „Nicht nur zur Begrifflichkeit. Kontexte, Kommunikation und Kompetenzen", in: Peter Klotz / Paul R. Portmann-Tselikas / Georg Weidacher (Hrsg.), Kontexte und Texte. Soziokulturelle Konstallationen literalen Handelns, (Europäische Studien zur Textlinguistik 8), Tübingen, 9–58.

ALBRECHT GREULE

Zwischen Arcanum, Sacrum und Profanum

Hypothesen zur deutschen *Sakralsprache* am Beispiel der katholischen Kirche

1. „Geheimnis des Glaubens“

Ich beginne mit folgender Hypothese: Jede sprachliche Äußerung, mit der Menschen über den Glauben, über religiöse Wahrheiten, über Gott reden, ist letztlich arkansprachlich, denn, wie die Katholiken in der Messfeier ja selbst bekennen, sprechen sie dabei von einem „Mysterium“, von einem Geheimnis des Glaubens.

Insofern trifft das von Christian Braun gewählte Motto dieser Tagung „Unbegreifliches (be)greifbar machen“ voll und ganz auch den Kern meiner Ausführungen.

Für die Glaubenden jeglicher Konfession und Glaubensrichtung ist der Referenzbereich „Religion“ bzw. „Gott“ allerdings weniger ein Arcanum als vielmehr ein Sacrum, etwas Heiliges. Es geht also letztlich um ein Arcanum sacrum, um ein heiliges Geheimnis.

Wie sollen wir aus sprachtheoretischer Sicht die Äußerungen, mit denen Menschen über das Arcanum Sacrum sprechen und schreiben, klassifizieren? Es stehen sich hierbei grob zwei Positionen gegenüber:

1. Eine Position nimmt die historische Einzelsprache, in unserem Fall die deutsche Sprache mit ihren Varietäten, ein. Aus der Jetzt-Perspektive handelt es sich bei historischen Einzelsprachen jeweils um ein lebendiges, sich rasch entwickelndes, mit anderen historischen Einzelsprachen in Kontakt stehendes, hochkomplexes Kommunikationsmittel. In Kreisen der Theologen nennt man dieses Gebilde gern undifferenziert „lingua vernacula“ (Volkssprache).

2. Mit der Bezeichnung „Volkssprache“, in der – gewollt oder nicht – die Assoziation „vulgär“ mitschwingt, wird schon angedeutet, dass der „Volkssprache“ im Referenzbereich Religion nur ganz wenige „heilige Sprachen“ gegenüberstehen. In jüdisch-christlicher Tradition sind es die drei Bibelsprachen, nämlich Hebräisch, Altgriechisch und Latein; man könnte das Altarmenische und Altkirchenslawische noch hinzuzählen. Das wesentliche Kennzeichen der heiligen Sprachen ist ihre Anciennität und die Tatsache, dass sie keine „Volkssprachen“ sind und keinem Wandel mehr unterworfen sind. Ihre „Heiligkeit“ beziehen sie aus der Tatsache, dass in ihnen – begleitet von göttlicher Inspiration der Verfasser –, die heiligen Schriften vor Zeiten verfasst wurden.

Auch wenn ich meinen eigenen bisherigen Sprachgebrauch diesbezüglich ändern muss, sollten wir künftig den Terminus *Sakralsprache* auf diese heiligen Sprachen einschränken. Die sprachtheoretische Hypothese, dass den heiligen Sprachen ja auch einmal gesprochene lebendige Kommunikation vorausgegangen sein müsste und sie Volkssprachen gewesen sein müssten, wird durch die Vermutung entkräftet, dass zur Sakral-Literarisierung „gelenkte“ Sprachformen, um nicht zu sagen „Kunstsprachen“, geschaffen wurden.

Terminologisch bewegen wir uns also, um auf die römisch-katholische Kirche zurückzukommen, zwischen den Polen der Sakralsprache Latein und der deutschen Volkssprache. Die deutsche Volkssprache sollten wir – im Sinne einer stimmigen Terminologie – als Antipode zur Sakralsprache besser mit dem Terminus *Profansprache* belegen.

2. Profanisierung durch Übersetzung

Meine erste Hypothese möchte ich durch eine zweite gewissermaßen verschärfen. Sie lautet: Es ist unmöglich, das Arcanum sacrum in einer Profansprache zum Ausdruck zu bringen, ohne dass das Sacrum – früher oder später – entsakralisiert wird, das Arcanum aber „arkan“, geheimnisvoll, bleibt. Um es noch einmal deutlich zu sagen: Unter „Profansprache“ bzw. „profansprachlich“ verstehe ich die Kommunikation, die vornehmlich „vor dem Heiligtum“ in lebendig gesprochenen und geschriebenen Volkssprachen, die einem beständigen Wandel unterworfen sind, stattfindet.

Ich denke, dass sich die hier in der zweiten Hypothese abzeichnende Aporie zunächst am besten an der Übersetzungsproblematik verdeutlichen lässt. Im Zusammenhang mit der Erklärung der „Johannesapokalypse“, die ja auch „geheime Offenbarung“ genannt wird, erklärte vor Kurzem der Theologe Franz Annen, dass für die Aktualisierung jedes Schrifttextes – in Predigt, Katechese, Bibelgespräch oder wo immer – gilt: „Aktualisierung ist Übersetzungsarbeit“ (Annen 2010: 26). Das heißt aber nichts anderes, als dass die aktualisierende Übersetzung der Heiligen Schriften in eine profane Volkssprache ein entscheidender Schritt der Profanisierung dieser Texte ist. Für den Soziologen Winfried Gebhardt ist die Profanisierung des Sakralen heute eine von mehreren Formen der „Diffusion des Heiligen, die das Heilige wieder zu einer geheimnisvollen und letztlich unbegreifbaren […] Macht werden“ (Gebhardt 2010: 26) lässt.

Ich stimme dieser Auffassung durchaus zu; glaube aber auch, dass es sich dabei nur um die „Spitze des Eisbergs“ handelt, weil die Profanisierung des Sakralen durch die Sprache ein geschichtliches, andauerndes Phänomen ist und bleibt. Die Profanisierung des Sakralen durch die Sprache findet bei Winfried Gebhardt interessanterweise (und leider) überhaupt keine Erwähnung.

Blicken wir nur knapp 50 Jahre zurück! Das 1965 beendete II.Vatikanische Konzil versuchte in seiner Liturgie-Konstitution das sprachliche Aggiornamento durch Öffnung der Liturgie für die Volkssprache zu erreichen. „[…] mit seinen Bestimmungen hat das Konzil einen Anfang gesetzt, der in weniger als vier Jahren dazu führte, daß prinzipiell alle Teile der Liturgie in den nichtlateinischen Sprachen vollzogen werden durften“, so der Münchner Liturgiewissenschaftler Winfried Haunerland (1992: 220). Welche Aktivitäten dies auch auf Seiten der Germanistik auslöste, werde ich gleich im nächsten Kapitel zeigen.

Doch scheint man das Experiment einer „Liturgiesprache, die dem unmittelbaren Verstehen aller [ergänze: Gläubigen, A.G.] offen ist“ (Haunerland 1992: 226), heute in Rom als gescheitert zu betrachten, weil man nämlich sah, wie eine moderne Übersetzung aller Texte des römischen Messbuchs aussieht und was sie wohl anrichten könnte. Als Beweis dafür werte ich die Verlautbarung des Apostolischen Stuhls zum „Gebrauch der Volkssprache bei der Herausgabe der Bücher der römischen Liturgie“, mit dem Titel „Liturgiam authenticam“ von 2001. Später mehr dazu.

3. Exkurs „Wie Beten zur Sprache kommt“

Ich schiebe eine kurze persönliche Bemerkung ein, damit man besser versteht, vor welchem praktischen Hintergrund ich argumentiere. 1988 wurde ich in die Internationale Studienkommission für die Messliturgie und das Messbuch des Deutschen Liturgischen Instituts Trier und zwar in die „Arbeitsgruppe 3: Deutsche Gebetstexte“ (=AG3) berufen. Ich war bis zur Auflösung der Studienkommission im Jahre 2000 ständiges aktives Mitglied. Meine Aufgabe war es, meine Kompetenz als germanistischer Sprachwissenschaftler bei der Revision, der Neu-Übersetzung und Schaffung neuer Gebetstexte im und für das gesamte Römische Messbuch einzubringen. In einem 2000 erschienen Aufsatz „Wie Beten zur Sprache kommt“ habe ich über meine Arbeit in der AG3 ausführlich Rechenschaft abgelegt (Greule 2000).

Leider wurde dem gewaltigen Textvolumen, das die Mitglieder der AG3 in vielen Jahren mit großem Eifer und im Ringen um eine moderne deutsche Liturgiesprache geschaffen haben, jegliche Approbation verweigert; die Anerkennung für das Geleistete bestand in einem Abendessen. Während der gesamten Arbeit am „Messbuch 2000" schwebte zudem die Drohung einer neuen aus Rom kommenden Übersetzer-Instruktion im Raum. Sie erschien dann 2001 in Gestalt der oben erwähnten Instructio „Liturgiam Authenticam". Mir wurde nach deren Lektüre sehr rasch klar, dass es sich dabei um die implizite Ablehnung der Arbeit der AG3 handelt und dass mit bestimmten Ausführungsbestimmungen der durch das Konzil eröffneten Übersetzungseuphorie ein Riegel vorgeschoben werden sollte.

Ich erspare es dem geneigten Leser, hier die Fülle der detailliert in der Instructio vorgetragenen sprachlichen Regelungen aufzuzählen. Im Kern geht es darum, Lexik, Syntax, Semantik und Stil der originalen, also lateinischen Texte der römischen Liturgie auch in der Volkssprache deutsch beizubehalten. Mich mutet dieses – in modernlateinischer Sprache abgefasste – Unterfangen an, wie die Aufforderung zur Herstellung einer Interlinearversion, womit wir auf die Anfänge der Übersetzung sakralsprachlicher Texte ins Deutsche im 8. Jahrhundert zurückgeworfen wären.

Zur Umsetzung der Instruktion hat der Vatikan 2005 dann eine neue, für mich profillose, um nicht zusagen „geheimnisvolle" Kommission mit dem Namen „ecclesia celebrans" ins Leben gerufen. Sprachwissenschaftler, die vermutlich störend wirken, sind nach meiner Kenntnis nicht darunter (vgl. www.dbk.de/ecclesia-celebrans/pressemeldungen-ecclesia-celebr).

4. Phasen der Bibelübersetzung

Ich möchte die Übersetzung der Bibel – um die es im Kern ja immer geht – aus einer oder aus allen drei „heiligen" Sprachen ins Deutsche, in vier Phasen einteilen. Daraus soll ersichtlich werden, dass die katholische Kirche des deutschen Sprachraums sich, was die Verwendung der Volkssprache in der Liturgie anbelangt, in einer schwierigen Lage befindet.

1. Schon in der Anfangsphase erkennt, thematisiert und bewertet der Mönch Otfrid von Weißburg, der Verfasser des „Evangelienbuches" in althochdeutscher Sprache (9. Jh.), die beiden konträren Positionen der Sakralsprache und der Profansprache, von denen ich oben gesprochen habe. In seinem Approbationsschreiben an den Mainzer Erzbischof lesen wir Formulierungen wie – einerseits – das „anstößige Gesinge der Laien" mit nichtsnutzigem Inhalt oder „die ungeschliffenen Worte einer bäurischen Sprache, die zu keiner Zeit durch schriftliche Fixierung...kultiviert wurde" (Otfrid von Weißenburg 2005: 11ff.). Andererseits lesen wir dort von der „Süße der Evangelien" und „den Leistungen ganz ausgezeichneter Männer unseres Glaubens", die in der lateinischen Sprache „die Worte und Wunder Christi dichterisch gestaltet" haben. – Bis Luther haben wir in deutscher Sprache keine Otfrid vergleichbare freie, dichterische Bibelübersetzung.

2. Nach Martin Luthers die deutsche Sprachgeschichte prägende Bibelübersetzung findet die deutsche Sprache Einzug in den Gottesdienst der evangelischen und reformatorischen Gemeinden. Das Luther-Deutsch wird sogar als vierte heilige Sprache hochstilisiert. – Damit wurde nach meinem sich verstärkenden Eindruck aber die deutsche Sprache für Rom zu der Sprache der Reformation schlechthin und zu einem Problem.
3. Es erstaunt vor diesem Hintergrund umso mehr, dass es nach dem II. Vatikanischen Konzil zu einer von der katholischen Kirche mitgetragenen „Einheitsübersetzung“ und fast überhasteten Übersetzung der liturgischen Texte in die deutsche Sprache kam.
4. Jedoch erkennt man auf Seiten der römisch-katholischen Kirche nach der Bearbeitung des Messbuchs 2000, dass – wie Winfried Gebhardt (2010: 27) es ausdrückt – „einige Entscheidungen des 2. Vatikanischen Konzils“ das Geheimnis des Glaubens entmystifizieren und für den Alltag transparent machen wollen – und reagiert 2001 mit der oben genannten Instruktion „Liturgiam authenticam“, die mir als Sprachwissenschaftler wie ein roll back vorkommt.

5. *Widersagen Sie dem Satan?* Oder: Die Entsakralisierung von Theolexemen

Drei Beispiele der Entsakralisierung bzw. Profanisierung sakraler Begriffe in der Alltagskommunikation und ihre Re-Arkanisierung möchte ich nun anführen:

Erstens: Mit dem Theologumenon *Gnade* hat sich vor kurzem die polnische Germanistin Elzbieta Kucharska-Dreiß ausführlich befasst. Ich zitiere aus ihrem Vortrag, der demnächst in den „Loccumer Protokollen“ erscheint.[1] Er trägt den Untertitel „*Gnade* im alltäglichen Sprachgebrauch“.

> Das Wort *Gnade*, das seine begriffliche Ausprägung im christlichen Kontext erhalten hat und heute für einen christlichen Theologen wie für ein gläubiges Gemeindemitglied zum religiösen Basiswortschatz gehört, ist weltlichen Ursprungs und hat im Laufe der Zeit neben der religiösen eben auch seine weltliche Bedeutung beibehalten bzw. erweitert.
>
> Die Beschäftigung mit den ausgewählten Wörterbüchern der deutschen Sprache hat ergeben, dass es in den Bedeutungserklärungen zum Stichwort *Gnade* von Werk zu Werk mitunter erhebliche Unterschiede gibt: je nach Ansatz der Bearbeiter, je nach Entstehungszeit des Wörterbuches, nach seinem Umfang und nicht zuletzt je nach vorherrschender Weltanschauung und politischen Umständen, denen notgedrungen Tribut gezollt werden musste. Dass in einem totalitären System (wie der Kommunismus eines war) die religiöse Lexik zu einem äußerst sensiblen Thema werden konnte, ist leicht nachvollziehbar.

[1] Loccumer Protokolle 27/09 (2010) 27–54. Herzlich danke ich Frau Dr. Elzbieta Kucharska-Dreiß für die Erlaubnis, sie hier vorab zu zitieren.

> Konzentriert man sich auf die Anwendungsbeispiele aus dem DUDEN 2003 („Deutsches Universalwörterbuch") und die Korpusbelege aus den zeitgenössischen Regionalzeitungen, kann man nicht von der Hand weisen, dass in der Varietät, die man mehr oder weniger intuitiv für die deutsche Alltagssprache hält, das Lexem *Gnade* (unter Berücksichtigung der dazugehörigen Komposita und Ableitungen) hauptsächlich in seiner weltlichen Bedeutung verzeichnet und gebraucht wird. Die im Wörterbuch als „religiös" markierten (Unter-)Bedeutungen der betreffenden Lemmata sowie die konkreten Gebrauchsweisen aus dem religiösen Bereich stehen (sowohl qualitativ als auch quantitativ) hinter den weltlichen deutlich zurück.
>
> Interpretationsbedürftig ist auf jeden Fall die Tatsache, dass der heutige Mensch zwar die Komponente *Gnade* schon noch relativ oft in den Mund nimmt, doch mit ihrer Hilfe erstaunlich häufig über Ungnade und Gnadenloses bzw. Gnadenlosigkeit reflektiert (vgl. *ohne Gnade*, *keine Gnade*, *gnadenlos* etc.). Ob dahinter nicht doch eine verdeckte Sehnsucht nach der „eigentlichen" Gnade steht?

Zweitens: Eine Fundgrube für die Profanisierung von Sakralsprachlichem sind die Namen der kirchlichen Feste. Ich will gleich gar nicht mit *Weihnachten*, *Ostern* und *Pfingsten* beginnen, deren deutsche Namen nicht nur den arkan-sakralen Sinn schon bei der germanischen Inkulturation nicht trafen, sondern auch heute völlig profan resemantisiert sind. Vielmehr lenke ich Ihren Blick auf *Fronleichnam*. Selbst wer sich guten Willens – über den Namen – dem Geheimnis des „Hochfestes des Leibes und Blutes Christi" (so der offizielle kirchliche Name) annähern möchte, bleibt an *Leichnam* hängen und weiß mit *Fron-* in diesem Zusammenhang nichts anzufangen. Ich brauche hier nicht zu erklären, dass mit der Entstehung des eucharistischen Festes im 13. Jh. auch sein Name mhd. *frônlîchnam* ‚Leib des Herrn' übernommen und lautlich weitergeführt wurde, aber die semantische Entwicklung nicht beachtet wurde. All dies führt zu einer totalen Profanisierung und erneuter Arkanisierung.

Drittens: In jeder Feier der Osternacht, des liturgische Höhepunkts des katholischen Kirchenjahres, und in jeder Tauffeier kommt als liturgischer Akt die Abrenuntiatio, die feierliche „Absage an den Teufel", vor. Ich frage mich dabei, was die Gläubigen mit ihrem vollmundigen Bekenntnis im Chor: „Wir widersagen dem Satan und all seiner Bosheit und all seinen Verlockungen" verbinden. Was bedeutet *widersagen*? Ich komme in einer kleinen Untersuchung zu der Frage zu dem Ergebnis, dass es sich um eine arkanisierte Leerformel handelt. Die man entweder aufgeben oder durch ein sinnvolles Wort sakralsprachlich resemantisieren sollte, vielleicht durch *abschwören* (Greule 2001).

6. Schlussfolgerung

Wenn ich zusammenfasse, scheint sich ein Circulus vitiosus zu ergeben: Das Arcanum sacrum wird vorzeiten versprachlicht in einer erstarrten Sakralsprache → diese wird von den Nichteingeweihten, den Laien, nicht verstanden → dieses Manko versucht man durch „Übersetzung" in die Volkssprache zu heilen, was aber eine Profanisierung darstellt → durch die Profanisierung kommt es zur Desemantisierung des Heiligen und zu seiner Re-Arkanisierung. Wir verstehen jetzt besser, warum sich Muslime einer kanonischen Übersetzung des Korans in eine „Volkssprache" widersetzen.

Wie entkommen wir diesem Circulus vitiosus? Zuerst müssen wir erkennen, dass die direkte Versprachlichung des „Arcanum sacrum" weder in einer „Volkssprache" noch in einer „Sakralsprache" gelingt. Vielmehr sollten wir uns bewusst sein, dass wir mit Sprache das Arcanum sacrum, wenn überhaupt, dann nur annäherungsweise durch Gleichnisse, Bilder und Metaphern „begreifbar" machen können. Daraus ergibt sich, dass sich das Sprechen über das Arcanum sacrum auf einer gehobenen Stilebene, um nicht sogar zu sagen auf einer poetischen Ebene – dem lebendigen Sprachwandel so lange wie möglich entzogen – bewegen müsste. Vergessen wir aber nicht: Auch dieser Versuch der Versprachlichung des Heiligen unterliegt dem Diktat des Sprachwandels aller lebendigen Kommunikation und erfordert die kritische Begleitung durch die sprachwissenschaftliche Beratung.

Um zum Schluss nur einen kleinen Eindruck von dem zu verschaffen, was ich meine, hier neun Zeilen aus Dantes Göttlicher Komödie (Paradies 33. Gesang; Dante 1922: 438). Dante sieht Gott in – mit irdischen Worten – nicht wiederzugebendem Wonneglanz:

Und tiefer, größer war mein Schaun fortan,
Daß solcher Blick die Sprache nicht bekunden,
Nicht die Erinnerung ihn fassen kann.

O höchstes Licht, das, was der Mensch ersinnt,
So weit zurücklässt, leih jetzt meiner Seele
Ein wenig nur von dem, was ihr verrinnt.

Mach jetzt, daß Kraft die Zunge mir beseele,
Damit ein Funke deiner Glorie nur
Der Nachwelt bleib in dem, was ich erzähle.

Literaturverzeichnis

Annen, Franz (2010), „Die Johannesapokalypse: Ein Buch für Weltuntergangspropheten oder Wort Gottes für unsere Zeit? Zur bleibenden Problematik und zur aktuellen Bedeutung der Offb.", in: zur debatte 5/2010, 26–27.

Dante (o.J.) [1922], Göttliche Komödie. In der Übersetzung von Karl Streckfuß. Neu herausgegeben, eingeleitet und erläutert von Paul Th. Hoffmann, Berlin.

Gebhardt, Winfried (2010), „Sakrale Profanität oder profane Sakralität? Zum Wandel des Heiligen in der modernen Gesellschaft", in: zur debatte 4/2010, 26–28.

Greule, Albrecht (2000), „Wie Beten zur Sprache kommt", In: Ulrich Willers (Hrsg.), BETEN: Sprache des Glaubens – Seele des Gottesdienstes, Tübingen, Basel, 137–146.

Greule, Albrecht (2001), „Was bedeutet *widersagen*? Die Versprachlichung der abrenuntiatio in der deutschen Sprache", in: Johannes Frühwald-König / Ferdinand. R. Prostmeier / Reinhold Zwick (Hrsg.), Steht nicht geschrieben?, Festschrift für Georg Schmuttermayr, Regensburg, 419–425.

Haunerland, Winfried (1992), „LINGUA VERNACULA: Zur Sprache der Liturgie nach dem II. Vatikanischen Konzil“, in: Liturgisches Jahrbuch 42, 219–248.

Otfrid von Weißenburg (2005), Evangelienbuch. Aus dem Althochdeutschen übertragen und mit einer Einführung, Anmerkungen und einer Auswahlbibliographie versehen von Heiko Hartmann, Band 1, Herne.

SEBASTIAN SEYFERTH

Sakralstilistische Diktionen in der Ottheinrich-Bibel (Cgm 8010)

1. Einleitung

Die Beschäftigung mit dem Thema resultiert nicht primär daraus, weitere Gegenargumente bezüglich der lange vertretenen These zu liefern, die vorreformatorischen Bibeln seien aus sich heraus kaum verständlich und für den laikalen Gebrauch nicht geeignet[1] – eine These, die so vertreten, kaum mehr haltbar ist. Vielmehr resultiert meine Beschäftigung mit dem Gegenstand daraus, die bislang erschienene kodikologische, historische bzw. kunsthistorische Sekundärliteratur aus sprachgeschichtlicher und stilistischer Perspektive zu erweitern bzw. zu ergänzen. Darüber hinaus handelt es sich bei der Ottheinrich-Bibel um einen faszinierenden, stilistisch durchgestalteten deutschsprachigen Text des späten Mittelalters.

Das Phänomen *Sakralsprache* respektive *Sakralstilistik* terminologisch eng und konzise zu fassen, scheint kein leichtes Unterfangen. Davon abzugrenzen sind zunächst die Begriffe *Bibelsprache* bzw. *Bibelstilistik*. Meines Erachtens sind letztere weiter zu fassen, nämlich auf Sprachen, in die die Bibel übersetzt ist bzw. auf allgemeine lexikalisch-syntaktische Erscheinungsformen biblischer Texte. Die ersten beiden Ausdrücke

---

[1] Nachvollziehbare Argumente für die relative Eigenständigkeit dieser Textart und gegen diese These liefert Elke Donalies in ihrer Untersuchung zur Augsburger Bibel (vgl.1992: 146). Speziell bei der Augsburger Bibelhandschrift geht man von bürgerlichen, aber auch klösterlichen Provenienzen aus.
Die obige These bedarf eines differenzierten Blickes. Für einige Übersetzungen, wie z. B. die gedruckte Mentelbibel, darf sicherlich der Umstand gelten, dass diese ein volkssprachlicher Subsidiärtext zur Vulgata gewesen sein mochten. Aber für andere nachfolgende Übersetzungen trifft dieser Umstand bei weitem nicht zu.

beziehe ich nicht auf historische Einzelsprachen, sondern auf besondere stilistische Erscheinungsformen in einer bzw. mehreren Sprachen, denen ein besonderer *sakraler Sprechduktus* innewohnt.[2] Sakrale Sondersprachformen sehen sich allgemeinhin nicht auf Sachverhaltsvermittlungen reduziert, sondern verstehen sich als Bindeglied zwischen Transzendentem und Diesseitigem. *Sakralsprache* als Phänomen wendet sich als *liturgische Sprache* an Gott. Durch besondere Formen der Ausdrucksseite des sprachlichen Zeichens wird eine ‚direkte' Rede zwischen Mensch und Gott imaginiert. Mehrdimensionale Sprachebenen sollen die Aussendung von Gottes Wort und deren Aufnahme erleichtern. Doch woran kann dieses festgemacht werden?

Hinter jeder Übersetzung steht bekanntlich eine Übersetzungshaltung. Denken wir an die mittelalterliche Hermeneutik (vgl. Brinkmann 1980), hatte der Status der heiligen Sprachen eine wichtige Funktion innerhalb der Übersetzbarkeit des Bibelwortes. Das betraf nicht allein die Stellung des Bibeltextes an sich, sondern gerade auch einzelne Wortfolgen und Lexeme. Bibelübersetzer hatten oftmals die Aufgabe, die Sprache durch Archaismen, Fremdwörter, onomatopoetische, rhythmische, stilistische Elemente bzw. Formelhaftes zu bereichern respektive zu erhalten, um die sakrale Dimension der Heiligen Schrift sprachlich zu manifestieren.[3]

Doch zunächst ist zu fragen, um was es sich für einen Text handelt. Die Ottheinrich-Bibel[4] stellt eine Bilderhandschrift dar, die um 1430 geschrieben, aber erst ca. 100 Jahre später vollendet wurde. Herzog Ludwig VII. von Bayern-Ingolstadt (reg. 1413–1447) gab die aus 307 großformatigen Pergamentblättern bestehende Handschrift in Auftrag. Den größeren Teil der Buchmalerei ließ der spätere Besitzer der Bibel, Pfalzgraf Ottheinrich, der in der ersten Hälfte des 16. Jahrhunderts regierte, bei dem Maler Matthias Gerung anfertigen. Der Pfalzgraf war ein weltgewandter wahrer Kunst- und Kulturmäzen; er förderte die Malerei und Wissenschaft bis hin zur damals wieder entdeckten Naturkunde.

Sprachlich greift der Ottheinrich-Text auf die Augsburger Bibelhandschrift (1350)[5] zurück und ist in mittelbairischer Schreibsprache verfasst. Schreibsprachen orientieren sich an Mundarten und entziehen sich relativ lange den medienbezogenen Normierungstendenzen. Der Schreibstil orientiert sich bei diesem Text besonders an der Mündlichkeit, was auf die Gebrauchsituation schließen lässt. Sprachstufenbezogen haben wir es mit dem Frühneuhochdeutschen zu tun, auch wenn das Mittelhochdeutsche mitunter durchschimmert. Die Ottheinrich-Bibel gilt als die früheste erhaltene illustrierte Hand-

2 Ob man diesen Duktus an einen bestimmten kirchlichen Raum oder Aufführungsort bindet, ist nicht unwichtig, aber speziell in unserem Fall nicht von Belang.

3 Die Sachlage, dass der Bewertung von Bibelstilistika innerhalb des Sprachwandelprozesses eine ganz eigene Dynamik innewohnt, soll hier nicht weiter verfolgt werden.

4 Vgl. dazu http://www.historisches-lexikon-bayerns.de/artikel/artikel_45764 (zuletzt aufgerufen am 7.12.2010).

5 Vgl. dazu Donalies (1992).

schrift des Neuen Testamentes in Deutsch. Qualitativ überragt das 146 Illustrationen umfassende Bildprogramm bei weitem das aus den Werkstätten eines Diebold Lauber.

Im Folgenden möchte ich ausgewählte Sakralstilistika innerhalb der Ottheinrich-Bibel herausarbeiten. Es geht also um die Aufdeckung unterschiedlicher sprachlicher Wirkungsmechanismen. Dass der Text durch eine zielsprachlich orientierte Übersetzungshaltung geprägt wurde, wodurch ein aus sich selbst heraus verständlicher Text entsteht, davon kann ausgegangen werden. Gleichwohl hält der Bearbeiter an der lateinischen Lexik und Syntax in vielen Fällen fest. Bei der Beschäftigung mit dem Text stößt man auf interessante Stilfiguren und Syntagmen, die eben gerade aus diesem übersetzungstechnischen Spagat resultieren. Diese gilt es nun zu präsentieren. Dabei erschien es sinnvoll, den Befund nach folgenden Kriterien zu ordnen:

1. Semantica
2. Syntactica
3. Phonetica / Graphematica
4. Phraseologica.

Unter Semantica verstehe ich nachfolgend bedeutungsrelevante Veränderungen auf der Lexemebene. Zudem werden etymologische Aspekte sowie Stilfiguren behandelt. Die Ebene der Syntactica untersucht Satzstilistika, aber auch expressive Positionen unterschiedlicher Satzglieder. Die Phonetica / Graphematica stellen besondere prosodische Klangfiguren heraus. Schließlich fasse ich unter Phraseologica Stilphänomene, die die Lexemebene überschreiten und auf der syntagmatischen Ebene angesiedelt sind.

Dargestellt sind die Sakralstilistika in einer Synopse, wobei die nachfolgenden Siglen folgenden Texten entsprechen:

V = Vulgata[6]
OB = Ottheinrich-Bibel[7]
M = Mentelbibel[8]
ST = Septembertestament Martin Luthers.[9]

Als Vergleichsfolie erschien es sinnvoll, sowohl die erste deutsche Druckbibel von Mentel (1466) als auch das Septembertestament Martin Luthers (1522) anzugeben.

---

6 Benutzt wurde die Nova Vulgata: http://www.vatican.va/archive/bible/nova_vulgata/documents/nova-vulgata_novum-testamentum_lt.html (zuletzt aufgerufen am 7.12.2010).

7 Verwendet wurde das folgende Digitalisat der Bayerischen Staatsbibliothek: http://daten.digitale-sammlungen.de/~db/ausgaben/uni_ausgabe.html?projekt=1228724548&recherche=ja&ordnung=sig (zuletzt aufgerufen am 7.12.2010).

8 Der Menteltext wird nicht innerhalb jeder Synopse angegeben. Zum Text vgl. Kurrelmeyer, William (Hrsg.) (1904–1915), Die erste [gedruckte] deutsche Bibel, 10 Bde., Tübingen.

9 Folgender Faksimile-Druck ist benutzt worden: Luther, Martin (1994), Das Newe Testament Deutzsch. Vuittemberg. 1522. Septembertestament, Neudruck der Orig.-Ausg., Stuttgart.

Aus rhetorischer Perspektive ist es interessant festzuhalten, dass im ganzen Text abschnittsgliedernde Binnenmarkierungen mittels Interpungierungen gesetzt sind, die das Lesen und Hören und damit die Verständlichkeit erleichtern.

2. Semantica

Lk 6,13

V Et cum dies factus esset, vocavit discipulos suos et elegit Duodecim ex ipsis, quos et *apostolos* nominavit.

OB Vnd *da* der t*a*g w*a*rden w*a*s · *da* rüefft er [iesus] sein Junger · vnd *aus* erwelt tzelf *aus* in: die er auch *apostolos* nennt.

M Vnd *do* der tag wart gemacht er rieff sein iungern: vnd derwelt xij von in die er ioch nant *botten*

ST vnnd *da* es tag ward / rieff er [Jhesus] seynen iungern / vnd erwelet yhr zwelffe / wilche er auch *Apostel* nennet /

OB verwendet mit dem Lexem *apostolos* ein Fremdwort, wohingegen ST das Lehnwort *Apostel* benutzt. Hierbei orientiert sich OB an dem Kirchenlatein der Vulgata. Interessant ist, dass, wenn von Jesus selbst ist Rede ist, das Fremdwort benutzt wird, wohingegen in anderen Passagen auf indigenes Wortgut zurückgegriffen wird, so in der folgenden Kapitelüberschrift: *Das ist der anvanck der dritten epistel sanct Johanns des* ***tzwelfpotens*** [...]. Zeitgenössische Nachschlagewerke bieten sowohl das Lehnwort[10] *apostel*, *appostal* als auch den bildhafteren Begriff *zwolffbode* an.[11]

Phänomenbezogen könnte man von einer sakralstilistischen Aufwertung durch Fremdwortbenutzung sprechen. Gleichzeitig weist dieser Umstand auf eine kontextspezifische Übersetzungstechnik hin.

Ferner wird das erste *da* temporal verwendet, wohingegen das anschließende *da* Zeigepartikelfunktion übernimmt und gleichzeitig das erste *da* verstärkt. Mit diesem zweiten deiktischen Erzählsignal *da* wird besondere Aufmerksamkeit erlangt.

Auf der prosodischen Ebene ist der parallele Gleichklang des Präfixes *aus* mit der Präposition *aus* hervorzuheben. Zudem unterstützt der dunkle Vokal *a* im Nebensatz *Vnd d**a** der t**a**g w**a**rden w**a**s* einen außergewöhnlichen Versklang.

Joh 11,16

V Dixit *ergo* Thomas, qui dicitur *Didymus*, ad condiscipulos: " Eamus et nos, ut moriamur cum eo!

OB *Da* sprach thomas der *da* haizzt *didimus* tzuo den andern mit Jungern Gen auch *wir* vnd sterben *wir* mit ym ·

M Dorumb thomas der ist gesait ein *zweifeler* der sprach zuo den entzamt iungern. Geen auch wir: vnd sterben mit im.

---

[10] Vocabularis rerum (1420) [zit. nach Diefenbach 1997].

[11] Vocabularis ex quo, 4, nr. 418 [zit. nach Diefenbach 1997].

ST *Da* sprach Thomas / der genennet ist / *Zwilling* / zu den iungern / last vns mit zihen / das *wyr* mit yhm sterben.

Ebenso wie im ersten Beispiel behält OB in Joh in 11,16 das Fremdwort bei. Hierbei handelt es sich um das Nomen *didimus*. Der Name *Thomas* kommt aus dem Aramäischen und bedeutet ‚gepaart' bzw. ‚Zwilling', gleichbedeutend mit *didimus* (vgl. Rienecker / Maier 1994: 1587). Stilistisch fällt zudem die parallele Konstruktion des Pronomens *wir* auf, was innerhalb des Syntagmas die Stellung der Jüngergemeinde hervorhebt und den Vers dergestalt rhythmisiert.

Offb 21,5–6

V Et dixit, qui sedebat super *throno*: *Ecce* nova facio omnia. Et *dicit*: Scribe: Haec verba fidelia sunt et vera.
Et dixit mihi: Facta sunt! Ego sum Alpha et Omega, principium et finis.

OB *Vnd sprach* der da sazz in dem *thron* · *Sich* ich mach new *alle ding* · *Vnd sprach* zuo mir · schreib · wann dise wort sind aller geläubleichist vnd warhafft ·
Vnd sprach zuo mir. Es ist geschehen · Jch pin alpha vnd o ein anfang vnd das end ·

ST vnnd der auf dem *stuel* sasz / *sprach* / *sihe* ich machs *alles* newe / vnd er *spricht* zu myr / schreybe / denn diese wort sind warhafftig vnd gewis.
Vnd er sprach zu myr / *Es ist geschehen* / *ich byn das A vnd O* / der anfang vnd das ende /

Auffällig in Offb 21,5–6 ist die hybride Sakralformel *alpha vnd o*. Eine Variation dieser Formel findet man in Cap. II des *prologus* über das *puch apokalipsis*:

vnd die selben [ketzer] strafft Johannes in seinem ewangelio da er spricht · Jn dem anfang was das wort · Vnd auch in diesem apokalipsi da er spricht *alpha et o* · das ist · Er ist der anfang vnd das end [Er = Christus].

Bei Luther hat sich diese formelhafte Wendung schon in die heute sprichwörtlich gewordene Kurzformel *A und O* gewandelt. Der Ottheinrichtext verwendet das aus dem Lateinischen entlehnte Lexem *thron*. Verglichen mit Luther (*stuel*) ist das Lexem *thron* stilistisch aufgeladen, bezeichnet es doch einen besonderen Stuhl, von dem aus ein König bzw. Gott regiert.[12]

Zudem erscheint im zweiten Satz eine expressive Ausrahmung des Objektes *alle ding*, entsprechend der lateinischen Vorlage. Auch wird die Phrase *Vnd sprach* dreifach ohne Pronomen im selben Tempus verwendet, dem erzählenden historisierenden Präteritum, obleich im Lateinischen die Präsensform *dicit* steht. Dadurch wird ein Gleichklang erzielt.

---

[12] Unter lat. *tronus* im Glossarium Latino-Germanicum sind *thron*, *kung-*, *kaiser-*, *gotlicher stul der wirdickait* verzeichnet (vgl. Diefenbach 1997: 599). Im mhd. Lexikon ist folgendes Semem unter dem Lemma *trôn* aufgeführt: „sitzen ûf gotes trône" (vgl. http://www.mhdwb-online.de/suche.php [zuletzt aufgerufen am 7.12.2010]).

Röm 8,15

V Non enim accepistis spiritum servitutis iterum in timorem, sed accepistis Spiritum adoptionis filiorum, in quo clamamus: „*Abba, Pater*!“

OB wann ir habt nicht enpfangen den geist des dienstes ander wayd in furcht: sunder ir habt enpfangen den geist der tzuo wünschung der sün · in dem wir schreyen *abba vater* ·

ST Denn yhr habt nicht eynen knechtlichen geyst empfangen / das yhr euch abermal furchten musset / sondern yhr habt eyn kindlichen geyst empfangen / durch wilchen wyr schreyen / *Abba / lieber vatter*

Im obigen Beispiel kommt erneut eine hybride Phrase zum Einsatz: *abba vater*.

Im Aramäischen kommt *abba* einer familiären Anrede gleich, wobei diese durch die ersten Christen übernommen wurde – ein Ausdruck inniger Verbundenheit (vgl. Rienecker / Maier 1994: 1639).

Offb 19,1

V Post haec audivi quasi vo cem magnam turbae multae in caelo dicentium: “ *Alleluia*! Salus et gloria et virtus Deo nostro,

OB Nach disem hört ich als ein grozzew stymm vil manger schar in dem himel die sprachen *alleluia* · lob vnd glori vnd tugent ist vnserm got:

ST Darnach horet ich eyne stym grosser scharen ym hymel / die sprachen / *Halleluia* / Heyll vnd preys vnd eehr vnd krafft sey Gott vnserm hern /

Die auch heute noch gebräuchliche Lobpreisungsformel *alleluia* geht auf das Hebräische zurück und bedeutet ‚preisen, verherrlichen, ausrufen‘ (vgl. Rienecker / Maier 1994: 629). Unterstützt wird dieser Ausruf durch die klangvoll assonierende Zwillingsformel *lob vnd glori*.

Mk 11,9–10

V Et qui praeibant et qui sequebantur, clamabant: „*Hosanna*! *Benedictus*, qui venit in nomine Domini!
Benedictum, quod venit regnum patris nostri David! *Hosanna* in excelsis!“.

OB Vnd die *da* vor giengen vnd die *da* nach volgten die schryren sprechent · *Osanna gesegent sey* der *da* kumt in dem namen dez herren:
gesegent sey daz reich vnsers vaters dauids: *osanna* in den höchsten ·

ST vnd die forne fur giengen vnd die hernach folgeten / schryen vnnd sprachen / *Hosianna* / *gebenedeyet sey* / der *da* kompt / ynn dem namen des herren /
gebenedeyet sey das reych vnsers vaters Dauid / das *do* kompt ynn dem namen des herrnn / *Hosianna* ynn der hohe.

Den Heilsruf *osanna* könnte man mit „Hilf doch!“ übertragen (vgl. Rienecker / Maier 1994: 739). Als hebräische bzw. griechische Sakralformel wird dieser Heilsruf nicht übersetzt und behält als ausgangssprachlicher Jubelruf auch innerhalb späterer Übersetzungen oftmals seine Form.

Mt 15,28

V Tunc respondens Iesus ait illi: „*O mulier, magna* est fides tua! Fiat tibi, sicut vis“. Et sanata est filia illius ex illa hora.

OB Da antwurt iesus vnd sprach tzuo ir · *O weib wie grozz* ist dein gelaub: dir geschech als du wild · Vnd ir tachter ist gesunt warden auf die selben stund ·
ST Da antwortt Jhesus / vnnd sprach tzu yhr / *o weyb* / deyn glawbe ist *gros* / dyr geschehe wie du wilt vnd yhr tochter ward gesund tzu der selbigen stunde.

Bei Mt 15,28 geht es um die Heilungsszene der Tochter der kanaanäischen Frau. Verstärkt wird der ausdrucksstarke Ausrufesatz *O weib wie grozz ist dein gelaub* durch das Frageadverb *wie*. Weniger expressiv überträgt die Mentelbibel mit dem Aussagesatz *O weip michel ist dein glaube.*

Mt 23,37
V *Ierusalem, Ierusalem*, quae occidis prophetas et lapidas eos, qui ad te missi sunt,
OB *Jerusalem ierusalem* du toettst die propheten: vnd verstainst sy die tzuo dir gesent sind:
ST *Jherusalem / Jherusalem* / die du todtist die propheten vnd steynigst die zu dyr gesand sind/

Interessant an Mt 23,37 ist die verwendete Apostrophe: *Jerusalem ierusalem*, eine vokativische Anrede, bei der Lebloses angeredet wird, als sei es Lebendiges. Verstärkt wird dieses durch eine direkte personale Anrede mit dem Pronomen *du*, entgegen der Vulgatavorlage, die ein Relativpronomen benutzt.

Mk 8,33
V Qui conversus et videns discipulos suos comminatus est *Petro* et dicit: „*Vade retro me*, *Satana*, quoniam non sapis, quae Dei sunt, sed quae sunt Hominum".
OB Da kert er sich umb · vnd da er gesach sein Junger: da ist er gedrot *petro* sprechent · *Ge hinter mich sathanas*: wann du nicht verstest die ding die gotz sind · sunder die der menschen sind ·
ST Er aber wand sich vmb / vnd sahe seyne iunger an / vnd bedrawet *Petron* / vnnd sprach / *gang hynder mich du Satan* / denn du meynest nicht das gottlich / sondern das menschlich ist.

Im obigen Vers liegt eine Apodioxis vor, eine Zurückweisung, die inhaltlich einer Beschwörungsformel gleichkommt.

Mk 15,33–34
V Et, facta hora sexta, tenebrae factae sunt per totam terram usque in *horam nonam*. Et hora nona exclamavit Iesus voce magna: „Heloi, Heloi, lema sabacthani?", quod est interpretatum: „Deus meus, Deus meus, ut quid dereliquisti me?".
OB Vnd *da* die sechst *weil ward da* sind vinsternüzz *war*den auf aller erden · pis in die *newuten stund* · Vnd vmb die weil der noua *da* schray iesus aus mit grosser stymm sprechent · *Hely hely* · *lamazabathani*: Das ist in der bedäwtung · *Mein got* · *mein got*: *was hast du mich verlazzen*:
ST Vnd *da* es vmb die sechste stund kam / wart eyn finsternis vber das gantze land / bis vmb die *neunde stund* / vnd vmb die neunde stund / rieff Jesus lautt / vnnd sprach / *Eli Eli lamma asabathani*? das ist verdolmatscht / *meyn Gott* / *meyn Gott warumb hastu mich verlassen*?

In Mk 15,33–34 kann man von einer Ekphonese sprechen, einem Gefühlsausbruch mit Worten. Dabei wird ein ursprachliches Zitat genannt (*Hely hely · lamazabathani*) und gleichzeitig explizit auch in die Zielsprache übertragen.

Mt 23,29

V *Vae vobis*, scribae et pharisaei hypocritae
OB *we euch ir* schreyber vnd farisey vnd *ir* geleichsnaer
M *We euch* schreiber phariseer vnd trugner
ST *Wehe euch* schrifftgelerten vnd phariseer / *yhr* heuchler

Semantischen Nachdruck erfährt dieser Wehruf dadurch, indem die Anredepronomina *euch* + *ir* bei OB zweifach gesetzt sind. Diese verdoppelte, intensivierte Anrede durch das zweite Pronomen *ir* fehlt bei M. Insgesamt erscheinen wiederholende Wehrufe auch im näheren Textumfeld (Mt 23,23+25).

Mt 23,33

V *Serpentes, genimina viperarum*, quomodo fugietis a iudicio gehennae?
OB *Jr shlangen vnd geshlaecht der vipper nattern*: wie wert *ir* fliechen vor dem vrtail der hell:
M *Schlangen geschlecht der vippern* in welcherweys empfliecht *ir* vor dem vrteil der angst?
ST *yhr schlangen / yhr ottern getzichte* / wie wolt *yhr* entrynnen der hellischen verdamnis.

In Mt 23,33 liegt eine Kommination vor, bei der die Schriftgelehrten verwünscht werden. Unterstützt wird diese emphatische Anrede durch die Erststellung des Pronomens *Jr* vor *shlangen*. Zudem alliterieren die beiden Nomina *shlangen vnd geshlaecht* und erzeugen so eine klangliche und semantische Einheit.

Mt 26,63

V Et princeps sacerdotum ait illi: „*Adiuro te per Deum vivum*, ut dicas nobis, si tu es *Christus Filius Dei*".
OB Vnd der fürst der priester sprach zuo ym *Jch beswer dich pey dem lebentigen got* · daz du vns sagst ob du pist *christus gotz sun* ·
ST Vnd der hohe priester antwort vnd sprach / *ich beschwere dich bey dem lebendigen gott* / das du vns sagist / ob du seyst *Christus der son gottis* /

Der obige Vers ist stilistisch durch ein Quäsitum, ein forschendes Fragen gekennzeichnet. Das performative Verb *beswer* verstärkt semantisierend die Beschwörungsformel. Interessant ist die Majuskelschreibung des Pronomens *Jch*. Durch die Großschreibung wird der Beginn der direkten Rede besonders kenntlich gemacht. Bei der Ausrahmung *christus gotz sun* benutzt der Redaktor den adnominalen Genitiv – entgegen der Vorlage. Hierbei umrahmen die beiden dunkelen Vokale *u* den Vokal *o* – als graphematische / phonologische Umschließung, wodurch Gott herausgehoben und zentral positioniert ist.

Mt 26,67–68

V alii autem palmas in faciem ei dederunt dicentes:
„*Prophetiza nobis, Christe*: Quis est, qui te percussit?".

OB *A*ber die *a*ndern g*a*ben ym p*a*ckensleg in sein *a*ntlitz vnd spr*a*chen ·
weissag vns criste: wer ist der dich gesl*a*gen h*a*t:

ST Ettlich aber schlugen yhn yns angesicht vnd sprachen /
weyssage vns Christe / wer ist der dich schlug?

Der lateinische Vokativ ist bei *Christe* in OB durchgehalten, was für die Transferierung der sakralen Diktion des Verses in die Zielsprache spricht. Ebenso rhetorisch durchkomponiert erscheint die Wahl des sich mehrfach wiederholenden, volltönernden Vokals ***a***[13]: *A**ber die **a**ndern g**a**ben ym p**a**ckensleg in sein **a**ntlitz vnd spr**a**chen*. Hierbei handelt es sich um ein bewusstes prosodisches Stilmittel.

Röm 2,21–22

V Qui ergo alium doces, teipsum non doces? Qui praedicas non furandum, furaris?
Qui dicis non moechandum, moecharis? Qui abominaris idola, templa spolias?

OB Vnd du der den andern lerst vnd dich selben nicht lernst · Du *der da* predigst nicht stelen:
vnd doch stilst · du *der da* sprichst man sol nicht vnkawschen: *vnd doch* vnkawsch tuost ·
du *der da* schrickest vor den aptgötern: *vnd doch* den rawp der kirchen tuost ·

ST nu leristu andere / vnd lerist dich selber nicht / Du predigest *man solle* nicht stelen / vnd du
stelist / Du sprichst *man solle* nicht eebrechen / vnd du brichst die ehe / Dyr grawelt fur den
abgottern / vnd raubist got was seyn ist /

Im verbalen Bereich fällt die bewusste stilistische Gestaltung der Gegensatzfiguren in Röm 2,21–22 auf. Phonosyntaktisch markiert wird dieser Gegensatz durch das antithetische Phrasenpaar *der da* [...] *vnd doch*. Die Antithese verstärkt sich durch die Modalpartikel *doch*.

Joh 11,2

V Maria autem erat, quae *unxit* Dominum *unguento* et *extersit pedes* eius capillis suis, cuius
frater Lazarus infirmabatur.

OB Es w*a*s *a*ber m*a*ria die den herren *salbet mit salben* · vnd trucknet sein füzz mit iren löcken:
der selben pruoder l*a*z*a*rus ward siech ·

M Wann maria waz die do *sielb* den herren mit der *salben* vnd trucket sein füsz mit iren *ha-
ren*: der bruoder lazarus siecht.

ST Maria aber war / die / den herrn *gesalbet* hatte mit *salben* vnd seyne fussz getrocket mit yh-
rem *har* / der selbigen bruder Lazarus lag kranck /

Eine *figura etymologica* in Kontaktstellung liegt im obigen Vers vor: *salbet mit salben*. Darüber hinaus bestimmen das Versklangbild die volltönernden Vokale *a*, *ü* und *ö*. Klanglich assonieren gleiche bzw. ähnliche Binnenvokale als lyrisches Stilmittel und verbinden gleichsam die Verselemente.

[13] Fritz Tschirch spricht von demselben stilistischen Phänomen – aber bei der Lutherbibel – im Zusammenhang mit Mt 26,26: *Da sie **a**ber **a**ssen / n**a**m Jhesus d**a**s brott / vnd d**a**nckt vnd br**a**chs vnd g**a**bs den iungern vnnd spr**a**ch* (vgl. Tschirch 1966: 62, Hervorhebung von S. S.).

3. Syntactica

Mt 6,9–13

V Sic ergo vos orabitis: *Pater noster*, qui es in caelis, sanctificetur *nomen tuum*, adveniat *regnum tuum*, fiat *voluntas tua*, sicut in caelo, et in terra.
Panem *nostrum* supersubstantialem da nobis hodie; et dimitte *nobis debita* nostra, sicut et nos dimittimus debitoribus *nostris*; et ne inducas nos in tentationem, sed libera nos a Malo.

OB Darumb süllt ir also piten *Uater vnser* · der du *pist* in den himeln · Geheiligt wird *dein nam* · Czuo chuom *dein reich* · *Dein will* geschech als in dem himel vnd in der erden ·
Vnser taeglich prot gib vns heut · Vnd vergib *vns vnser* schuld · Als wir vergeben *vnsern* schuldigern · Vnd daz du vns nicht *in*fueerst *in* versuochung · sunder erloez vns vor übel *amen* ·

ST darumb solt yhr also beten. *Vnser vater* yn dem himel. *Deyn name* sey heylig. *Deyn reych* kome. *Deyn wille* geschehe auff erden wie ynn dem hymel.
Vnser teglich brott gib vnns heutt / vnd vergib *vns vnsere* schulde / wie wyr *vnsern* schuldigern vergeben / vnnd fure vnns nitt ynn versuchung / sondern erlose vns von dem vbel / denn / deyn ist das reych / vnd die krafft / vnnd die herrlichkeyt in ewickeyt. *Amen.*

Die rhetorische Sprech- bzw. Lesepausengliederung wird in OB durch Punkte bzw. Doppelpunkte geregelt und nicht etwa durch Virgeln. Eine Inversion bzw. Anastrophe liegt in Mt 6,9 vor, welche sich durch ein nachgestelltes Possessivum und ein vorgezogenes Hilfsverb realisieren. Außerdem bereichert ein Trikolon die stilistische Qualität des berühmten Verses *dein nam* [...] *dein reich* · *Dein will*. Das Graphem *U* in *Uater* ist rubriziert und dadurch optisch hervorgehoben.

Eingefügt wurde in OB das Wunschbeiwort (adverbium optandi) bzw. das Zusicherungsbeiwort (adverbium affirmandi) *Amen*. Im Hebräischen bedeutet *Amen* ‚So sei es', gebraucht als Bestätigungs-, Bekräftigungs- oder Schlussformel. Interessant ist, dass *amen* in den Textzeugen des Augsburger Bibelzweiges nur einmalig beim *Vater unser* belegt ist (vgl. Donalies 1992: 199, Fußnote 290). Dagegen benutzt es der Redaktor von OB häufig als Schlussformel, ein bewusstes sakrales Stilmittel.

Mt 26,39–42

V Pater *mi*, si possibile est, transeat a me calix iste
[...]
Pater *mi*, si non potest hoc transire, nisi bibam illud, *fiat voluntas tua*

OB Vater *mein*: ob ez müglich ist la über gen disen kelch von mir
[...]
Vater *mein*: ob der kelch nicht mag über gen ich trink in denn · *geschech dein will*

M *Mein* vater: ob es ist múglich dir kelch vbergee von mir.
[...]
Mein vater: ob dir kelch nit múg vbergen neur daz ich in trink *dein wil werd getan.*

ST *meyn* vatter / ists muglich / so gehe dieser kilch von myr
[...]
meyn vatter ists nit muglich / das diser kylch von myr gehe / ich trincke yhn denn / *so geschehe deyn wille.*

Der obige Vers ist gekennzeichet durch eine expressive Späterstellung des Pronomens *mein*. Es kommt einer Anrufungsformel mit geheiligter Wortstellung gleich. Stilistisch liegt eine Inversion bzw. Anastrophe vor. Die frühneuhochdeutsche Normalstellung der Possessiva ist pränominal. Dagegen ist etwa in der Dichtung mitunter die Nachstellung üblich, so z. B. bei Hans Sachs. Im Lateinischen ist ebenso sowohl die prä- als auch die postnominale Stellung von *mi* möglich. Erstere ist die expressive, zweitere die unemphatische Position. Es mochte bei der Vielzahl der Vulgataüberlieferungen (ca. 8000 Handschriften) beide Stellungstypen gegeben haben. Schließlich fällt die verbale Ausdrucksstellung bei dem Syntagma *geschech dein will* auf – der nominalen Ausrahmung wegen.

Joh 1,1–3 + Joh 1,4–5

V In principio erat *Verbum*, et *Verbum* erat apud *Deum*, et *Deus* erat Verbum. Hoc erat in principio apud Deum. Omnia per ipsum facta sunt, et sine ipso factum est nihil, quod factum est
in ipso *vita* erat, et *vita* erat *lux* hominum, et *lux* in tenebris lucet

OB In dem anvang waz das *wort*: vnd das *wort* was pey *got* · vnd *got* was das *wort* · Das was in dem anvang pey got · Alle dinck sind durch in gemacht: vnd an in ist nichtz gemacht · Das gemacht ist:
das was ein *leben* in ym · vnd das *leben* was ein *liecht* der menschen · vnd das *liecht läuchtet* in der vinsternüzzen ·

ST IM anfang war daz *wort*. vnnd das *wort* war bey *Gott* / vnd *Gott* war das wort / dasselb war ym anfang bey Gott / Alle ding sind durch dasselb gemacht / vnnd on dasselb ist nichts gemacht was gemacht ist
Jn ihm war das *leben* / vnd das *leben* war eyn *liecht* der menschen / vnd das *liecht* scheynet ynn die finsternis

Die bekannte Anfangspassage des Johannesevangeliums enthält eine Anadiplose, die der Klangintensivierung dient. Zudem alliterieren die ersten beiden Lexeme im nachfolgenden Syntagma: *liecht läuchtet in der vinsternüzzen*.

Röm 11,36

V Quoniam *ex* ipso et *per* ipsum et *in* ipsum omnia. Ipsi *gloria* in saecula. *Amen*.

OB wann *aus ym* · vnd *durch in* · vnd *in ym* sind alle ding: ym sey *glori vnd er* in die werlt der werlt *amen* ·

ST Denn *von yhm vnnd durch yhn* / vnd *zu yhm* sind alle ding / yhm sei *preysz* ynn ewickeyt *Amen*.

Dem Lateinischen nachgebildet, fällt die trikolonartige, aus Präpositionen und Pronomina bestehende Wortwiederholung am Anfang auf: *aus ym · vnd durch in · vnd in ym*. Eine ausdrucksstarke Zwillingsformel bildet der Übersetzer des Weiteren aus dem lateinischen *gloria: glori vnd er*. Dies ist ein bewusstes Stilelement und nicht etwa – wie in der Augsburger Bibelhandschrift – eine Doppelübersetzung (vgl. Donalies 1992: 116ff.), wie z. B. *betrogen oder bespotet*, die einen wankelmütigen Übersetzer kennzeichnen.

Röm 12,21

V Noli vinci a *malo*, sed vince in bono *malum*.

OB *Du solt nicht* über wunden werden von dem *übeln*: sunder *du solt* über winden in dem guoten das *übel* ·

ST Lasz dich nicht das *bose* vberwinden / sondern vberwinde das *bose* mit gutem.

In Röm 12,21 ist eine Epanalepse (*übeln* [...] *übel*) gestaltet. Gleichzeitig verbirgt sich innerhalb dieser gebotshaften Epipher ein formelhafter, parallel konstruierter Gegensatz.

4. Phonetica / Graphematica

Joh 11,3

V Miserunt ergo sorores ad eum dicentes: „*Domine*, *ecce*, quem amas, *infirmatur*".

OB Darumb *se*nten *se*in *swe*ster tzuo iesu: vnd sprachen · *Herr*: *sich* den du *lieb* hast *der* ist *siech* ·

M Dorumb sein schwestern sannten zuo im sagent. *O herre*: sich den du liebhast der *siecht*.

ST da sandten seyne schwestern zu yhm vnd liessen yhm sagen / *Herre* / *sihe* / den du lieb hast / der *ligt kranck* /

Auf klangvolle Weise assonieren in Joh 11,3 die Vokale *e* und *i* miteinander. Übersetzungstechnisch interessant ist die Auflösung des lateinischen Partizips *dicentes* in das Vollverb *sprachen*. Mentel dagegen belässt es bei dem nicht zielsprachengerechten Partizip *sagent*.

Mt 6,17–18

V Tu autem cum ieiunas, unge caput tuum et faciem tuam lava, ne videaris hominibus ieiunans sed Patri tuo, qui est in abscondito

OB *Aber* so du *vastest*: so *salb* dein *haupt* vnd *wasch* dein *antlitz* · daz du nicht *gesechen werst* den *menschen vastent* · sunder deinem *vater* der *da* ist in der *verpargen*

ST Wenn du *aber fastist* / so *salbe* deyn hewbt / vnnd *wasche* deyn *angesicht* / auff das du nitt scheynist fur den leutten / mitt deynem fasten / sondern fur deynem vatter / welcher verporgen ist

Ein volltönerndes *a* sowie der Vokal *e* gehören zu den prosodischen Besonderheiten in Mt 6,17–18. Das Relativpronomen *der* wird phonosemantisch von der deiktischen Partikel *da* gestützt, so dass die Aussage nicht allein auf der Inhaltsseite, sondern auch auf der klanglichen Ausdrucksseite verstärkt wird.

Mk 6,29

V Quo audito, discipuli eius venerunt et tulerunt corpus eius et posuerunt illud in monumento.

OB D*a* d*a*s hörten sein Junger d*a* k*a*men sy vnd n*a*men s*e*inen l*e*ichn*a*m: vnd l*e*gten in in *ai*n gr*a*b ·

M *Do* es sein iungern gehorten sy k*a*men vnd n*a*men s*e*in l*ei*p vnd s*a*tzten in in ein gr*a*b.

ST vnnd *da* d*a*s seyne iunger horeten / k*a*men sie / vnd n*a*men s*ey*nen l*ey*b / vnnd legten yhn ynn *ey*n gr*a*b.

Der obige Vers handelt thematisch von der Grablegung des Johannes des Täufers. Die alternierenden Vokale *a* - *e* - *a* tragen zur klanglichen Besonderheit des gesamten Verses bei.

Röm 10,21

V Ad Israel *autem* dicit: „Tota die expandi *manus meas* ad populum *non credentem* et contradicentem“.

OB *Aber* tzuo israhel was spricht er: D*e*n g*a*ntzen t*a*g h*a*n ich *a*us gereckt *mein hent* · tzuo dem *vngelaübigen* volk: sunder die mir wider sprechent ·

ST Zu Jsrael *aber* spricht er / Den gantzen tag hab ich *meyne hende* auszgestreckt zu dem volck *das yhm nicht sagen lest* / vnd widderspricht myr.

Durch die Zirkelstellung von Temporalbestimmung und Objekt ist die Nominalphrase *mein hent* ausgerahmt und steht damit besonders im Aufmerksamkeitsinteresse. Überdies erhält der Satz *Den gantzen tag han ich aus gereckt mein hent* prosodische Formgebung, bedingt durch den phonetischen Vokalwechsel von *a* auf *e*. Dadurch wird neben der eigentlichen Wortbedeutung und Wortstellung ein Gleichklang zwischen der Temporalbestimmung und dem Hilfsverb sowie zwischen dem finiten Verb und dem Objekt hergestellt.

Röm 2,20

V […] eruditorem insipientium, magistrum infantium

OB […] vnd einen *vnderweyser* der *vnvernünftigen* · vnd einen maister der jungen kind ·

ST […] eyn zuchtiger der torichten / eynen lerer der eynfeltigen

Man möchte meinen, der Redaktor gestalte den Gleichklang des Anlauts in Röm 2,20 ganz bewusst. Durch die gleichartige Dopplung der Anfangsgrapheme intensiviert sich die Passage innerhalb der Anklage gegen die Juden.

Röm 14,17

V Non est enim regnum Dei esca et potus, sed *iustitia et pax et gaudium* in Spiritu Sancto;

OB Das reich gots ist nit speys oder tranck: sunder *gerechtikait* · *frid* · *vnd fräud* in dem heiligen geist ·

ST Denn das reych Gottis ist nicht essen vnd trincken / sondern / *gerechtickeyt vnd frid vnd freude* ynn dem heyligen geyst /

Innerhalb des Trikolons alliterieren *frid* · *vnd fräud*. Beide Nomina sind nicht nur dadurch eng verbunden, sondern ebenso durch die Konjunktion *und*.

Mk 6,47–48

V Et cum sero factum esset, erat navis in *medio mari*, et ipse solus in terra. Et videns eos laborantes in remigando, erat enim ventus contrarius eis

OB Vnd d*a* es sp*a*t waz: d*a* waz d*a*z schef *mitten des mers* · vnd *e*r *a*llein waz in der *e*rden · Vnd d*a* s*a*ch er sy *a*rb*ai*tten mit dem ruoder · *w*ann der *w*int *w*az in *w*ider *wa*ertig

ST vnd *am* *a*bent / *wa*r d*az* sch*iff* *mitten auff dem meer* vnd er *a*uff dem l*a*nd *a*lleyn / vnnd er s*a*he das s*ie* nodt l*i*tten ym rudern / denn der *wi*nd *wa*r yhn entgegen /

Besonders kunstvoll und sogar ausgefeilter gestaltet als im Septembertestament ist die Alliteration in Mk 6,47–48: ***wa**nn der **wi**nt **wa**z in **wi**der **wa**ertig.*

Für den gesamten Text gilt, dass die deiktische Partikel *da* unterschiedliche Funktionen erfüllen kann. Man kann z. B. in dieser Partikel ein biblisches Erzählsignal sehen,[14] das aufmerksam macht auf einen neuen Sachverhalt und den lokalen Aspekt heraushebt: *Vnd da s**a**ch er sy **a**rb**ai**tten*. Hingegen bei *Vnd d**a** es sp**a**t w**a**z* wird der temporale Aspekt herausgehoben.[15]

5. Phraseologica

Röm 3,5–6

V Secundum hominem dico. *Absit*! Alioquin quomodo iudicabit Deus mundum?
OB Nach dem menschen sprich ich. *Nain tzwar* Oder wye richtet dann got die werlt:
ST (Jch rede also auff menschen weyse) *Das sey ferne* / Wie kund denn got die welt richten?

Eine im Römerbrief häufig wiederkehrende Wendung wird aus dem Negationswort und Konjunktionaladverb gebildet: *Nain tzwar*. Diese Phrase drückt einen Ein- bzw. Widerspruch aus, der eine Äußerung vorausgeht, die zurückgewiesen wird. Interessant dabei ist, das lateinische Verb *Absit* stereotyp im gesamten Text mit *Nain tzwar* zu übertragen. Dergestalt wird ein Wiedererkennungseffekt an unterschiedlichen Passagen erzielt.

Röm 11,19–20

V Dices ergo: „Fracti sunt rami, ut ego inserar“. *Bene*; incredulitate fracti sunt, tu autem fide stas.
OB Dar umb sprichst du · Die esst sind zerprochen das ich ein geflossen vnd gepresst wird · *Nu wol* · Durch des vngelauben willen sind sy zerprochen · Aber *du ste fest* mit dem gelauben
ST So sprichstu / die zweyge sind zebrochen / das ich hyneyn gepfropfft wurde. *Jst wol gered* / Sie sind zebrochen vmb yhres vnglawbens willen / du *stehest* aber durch den glawben

Im letzten Beispiel trifft man auf die sehr frei übersetzte Bestätigungsformel *Nu wol*. *Nu* leitet im Mittelhochdeutschen Temporalsätze bzw. Kausalsätze ein. Das Adverb *nun* kombiniert mit der Abtönungspartikel *wol* drückt die Sprechereinstellung aus, die im obigen Fall Zustimmung, Erstaunen oder Verstärkung bekundet.

Ein letztes Beispiel soll kurz illustrieren, wie sich spätmittelalterliche Übersetzungsvarianten auch im Septembertestament[16] wieder finden und sich damit lexikalische

---

14 Erinnert sei hier an die wertvollen Publikationen von Birgit Stolt zu diesem Themenspektrum.

15 Die Partikeln *do / da* können überdies Relativpronomina unterstützen. Zum allgemeinen grammatischen Gebrauch von *do* bzw. *da* vgl. Moser (1909: 229).

16 Vgl. zu bibelsprachlichen Lexemkonstanten zwischen vorreformatorischen Übersetzungen und dem Septembertestament Seyferth (2001). Zu sprachlichen Varianzen innerhalb der Bibelübertragungen Martin Luthers von 1522 bis 1545 vgl. Seyferth (2003).

Translationskonstanten manifestieren. Das Kompositum in Mt 8,25–26 *klaingläubige*[17] gehört zu solchen Übersetzungskonstanten. Den lateinischen Fragesatz: *Quid timidi estis, modicae fidei ?* überträgt OB mit: *waz seit* ***ir*** *varchtig* ***ir klaingläubigen***. Luther übersetzt: ***yhr kleynglewbigen*** *warumb seytt* ***yhr*** *so furchtsam?*

6. Zusammenfassung

In allen vier dargestellten Bereichen finden sich sprachliche Ausdrucksformen, die nicht allein darauf abzielen, den Text zielsprachlich zu syntaktisieren und damit verstehbar zu gestalten, sondern ihn darüber hinaus zu ästhetisieren. Dies lässt vermuten, der Redaktor wollte die Vulgata sakralstilistisch verdeutschen, entgegen dem damals oft propagierten ausgangssprachlich orientierten Übersetzungsdogma. Weder eine Arkanisierung noch eine Profanisierung waren sein Ziel. Vielmehr ging es ihm um eine sakralstilistische Ästhetisierung bedeutender biblischer Passagen. Faszinierend zu dieser Zeit ist eine Übersetzungshaltung, die sich zwar eng an der Vulgata orientiert, aber zugleich versucht, lexikalische, syntaktische sowie prosodische Syntagmen zu finden, die der Ausdruckssteigerung dienen und somit einen aus sich heraus verständlichen zielsprachlichen Text schaffen.

Literaturverzeichnis

Brinkmann, Henning (1980), Mittelalterliche Hermeneutik, Tübingen.

Diefenbach, Lorenz (1997), Glossarium Latino-Germanicum Media et Infimae Aetatis, unveränd. reprograf. Nachdr. der Ausg. Frankfurt am Main 1857, Darmstadt.

Donalies, Elke (1992), Die Augsburger Bibelhandschrift und ihre Überlieferung. Untersuchung und Text der vier Evangelien, (Internationale Hochschulschriften), Münster, New York.

Moser, Virgel (1909), Historisch-grammatische Einführung in die frühneuhochdeutschen Schriftdialekte, Halle an der Saale.

Rienecker, Fritz / Maier, Gerhard (1994), Lexikon zur Bibel, 1., neu bearb. Aufl., Wuppertal, Zürich.

Seyferth, Sebastian (2001), „Bibelsprachliche Lexemkonstanten in Martin Luthers Septembertestament, verglichen mit frühereren spätmittelalterlichen Übersetzungen“, in: Walter Gross (Hrsg.), Bibelübersetzung heute. Geschichtliche Entwicklungen und aktuelle Anforderungen. Stuttgarter Symposion 2000. In memoriam Siegfried Meurer, (Arbeiten zur Geschichte und Wirkung der Bibel 2), Stuttgart, 49–71.

Seyferth, Sebastian (2003), Sprachliche Varianzen in Martin Luthers Bibelübertragungen von 1522–1545. Eine lexikalisch-syntaktische Untersuchung des Römerbriefes, (Arbeiten zur Geschichte und Wirkung der Bibel 4), Stuttgart.

Stolt, Birgit (1981), „Sakralsprache – zu Luthers Zeit und heute“, in: Akademie der Wissenschaften der DDR, Zentralinstitut für Sprachwissenschaft (Hrsg.), Linguistische Studien A, Bd. 77, Berlin, 113–133.

[17] Gemeint sind hierbei die Jünger.

Stolt, Birgit (2000), Martin Luthers Rhetorik des Herzens, Tübingen.
Tschirch, Fritz (1966), Spiegelungen. Untersuchungen vom Grenzrain zwischen Germanistik und Theologie, Berlin.

THOMAS RICHERT

Der Geheime Rat Goethe als Freimaurer und Illuminat

1. Goethe in der Weimarer Loge *Amalia* von 1780 bis 1782

Hofrat Johann Joachim Bode veranlasste Goethe in einem Gespräch am 17. Januar 1780 dazu, am 13. Februar sein Aufnahmegesuch an den Freiherrn Jacob Friedrich von Fritsch, Stuhlmeister der Weimarer Loge und Leitender Minister von Sachsen-Weimar-Eisenach, zu stellen:

> Ew. Exzellenz nehme mir die Freiheit mit einer Bitte zu behelligen. Schon lange hatte ich einige Veranlassung, zu wünschen, dass ich mit zur Gesellschaft der Freimaurer gehören möchte; dieses Verlangen ist auf unserer letzten Reise viel lebhafter geworden. Es hat mir nur an diesem Titel gefehlt, um mit Personen, die ich schätzen lernte, in nähere Verbindung zu treten, und dieses gesellige Gefühl ist es allein, was mich um die Aufnahme nachsuchen lässt [...]. (Wernekke 1906: 15)

Die Reise, auf die sich Goethe hier bezog, war ein vorangehender Besuch der Schweiz als Begleiter von Herzog Carl August. Es waren also eher Nützlichkeitserwägungen, die ihn zu diesem Antrag veranlasst hatten. Auch wollte er wohl damit beeindrucken, denn am 3. Juli setzte er als Postscriptum unter einen Brief an Johann Caspar Lavater in Zürich: „NB Ich bin freymaurer geworden! Was sagt Ihr dazu?“ (Goethe 1889: 255). Der reagierte am 15. Juli eher verwundert: „Du Freymäurer – Du beredest mich schier? Doch! Nein – Ich habe noch keinen Beruf dazu“ (Goethe 1901: 122).
Im März 1781 drängte Goethe,

> weitere Schritte zu tun, um mich dem Wesentlichen mehr zu nähern. Ich wünsche es sowohl um meiner selbst als um der Brüder willen, die manchmal in Verlegenheit kommen, mich als einen Fremden traktieren zu müssen. Sollte es möglich sein, mich gelegentlich bis zum Meistergrade hinaufzuführen, so würde ich´s dankbarlich anerkennen. Die Bemühungen, die ich mir bisher in

> nützlichen Ordenskenntnissen gegeben, haben mich vielleicht nicht ganz eines solchen Grades unwürdig gelassen. (Wernekke 1906: 17)

Die Beförderung in den zweiten Grad des Gesellen wurde am 23. Juni vorgenommen, wofür er sich schon am 22. im Voraus bei v. Fritsch bedankte. Dem Brief ist allerdings eine gewisse Enttäuschung anzumerken:

> Weit entfernt, etwas zu begehren, was mir noch zurzeit versagt wird, begnüge ich mich gern an dem morgigen Tag mit dem zweiten Grade, [...] Finden Sie es rätlich und tunlich, um meinetwillen bei den hohen Obern des Ordens eine Dispensation auszuwirken, so werde ich durch dieses bezeigte besondere Vertrauen der Gesellschaft und Ew. Exzellenz immer mehr schuldig werden. (Wernekke 1906: 18)

Goethe scheint von dem, was er sah, nicht sehr beeindruckt gewesen zu sein. Andererseits las er viel und kannte die erste Verschwörungstheorie, dass nämlich die Jesuiten die Freimaurerei unterwandern würden. In einem Brief an Lavater vom 22. Juni 1781 formulierte er nach kritischen Bemerkungen über Cagliostro:

> Ich habe Spuren, um nicht zu sagen Nachrichten, von einer großen Masse Lügen, die im Finstern schleicht, von der Du noch keine Ahndung zu haben scheinst. Glaube mir, unsere moralische und politische Welt ist mit unterirdischen Gängen, Kellern und Cloaken miniret, wie eine große Stadt zu seyn pflegt, an deren Zusammenhang, und ihrer Bewohnenden Verhältnisse wohl niemand denkt und sinnt; nur wird es dem, der davon einige Kundschaft hat, viel begreiflicher, wenn da einmal der Boden einstürzt, dort einmal Rauch aus einer Schlucht aufsteigt, und hier wunderbare Stimmen gehört werden. (Goethe 1890: 149)

Er verfasste in dieser Zeit mindestens ein Freimaurerlied, wie aus einem Brief an den Komponisten und Freimauer Philipp Christoph Kayser in Zürich vom 20. Juli 1781 hervorgeht. Der sollte die Vertonung übernehmen. „Da Sie den Geist meiner Maurerei kennen, so werden Sie begreifen, was für einen Zweck ich mit vorstehendem Liede habe, und mit mehreren, die nachkommen sollen“ (Goethe 1890: 173). Alle Anzeichen sprechen für eine intensive Beschäftigung mit der Freimaurerei, doch hat er irgendwelche Spuren solcher frühen Arbeiten für die Loge später nicht in die von ihm selbst besorgten Ausgaben seiner Werke aufgenommen.

Bald trat auch Herzog Carl August der *Amalia* bei. Am 5. Februar 1782 erfolgte seine Aufnahme im Beisein des Herzogs von Gotha. Am 2. März erhielt er den 2. und gleich darauf den 3. Grad, diesen nun zusammen mit Goethe. Der Zustand der Loge scheint sich nicht gebessert zu haben, berichtete Goethe doch Carl August über das Johannisfest 1782 recht spöttisch:

> Unsere Johannisloge war magrer als ein Hof zur Kurzeit. Und wenn Bode nicht noch durch einen Spaß bei Tisch die Vorsteher beleidigt hätte, so dass gar der alte Germer den Hammer niederlegen und Rothmaler eine lange Rede aus dem Stegreife hielte, so wären wir ohne das geringste Interesse geblieben. Mehr Böcke sind wohl überhaupt im Ritual und Formal an keinem Johannistage vorgegangen. Ein deputierter, unpraeparierter Meister vom Stuhl, zwei Vorsteher aus dem Stegreife pp. Und sobald von so etwas der Pedantismus getrennt ist, dann gute Nacht. (August 1915: 35f.)

Auf Drängen des Herzogs wurden er und Goethe durch Bode auch in die Hochgrade der Strikten Observanz aufgenommen. Goethe berichtete Kayser darüber am 14. Juni 1782: „Im Orden heiss ich Meister das heist nicht viel, durch die übrigen Säle und Kammern hat mich ein guter Geist extrajudizialiter geführt. Und ich weis das unglaubliche" (Goethe 1890: 342). Hiermit spielte er auf die innersten Ordenszwecke an, also auf die Templerlegende und das ökonomische Projekt der Gründung eines eigenen Ordensstaates. Solche Phantastereien waren nicht geeignet, die Fortexistenz der Strikten Observanz in Weimar zu sichern, zumal diese sich auf dem Konvent von Wilhelmsbad im Sommer 1782 selbst zu einer Reform entschlossen und die Strikte Observanz in den Orden der Wohltätigen Ritter der Heiligen Stadt umgewandelt hatte. Die Loge *Amalia* ruhte von da an bis 1808. Carl August und Goethe schlossen sich stattdessen einer neuen Ordensverbindung an.

2. Die Illuminaten in Weimar

Der Herzog wurde am 10. Februar 1783 von Bode als Illuminat aufgenommen, einen Tag später Goethe. Auch dieser Schritt konnte des Geheimrats Distanziertheit offensichtlich nicht schmälern. Am 15. März schrieb er an Kayser:

> Ihr Aufenthalt in Wilhelmsbad muß sehr interessant gewesen seyn. Die geheimen Wissenschaften haben mir nicht mehr noch weniger gegeben als ich hoffte. Ich suchte nichts für mich drinne, bin aber schon belehrt genug, da ich sehe, was andere für sich drinne suchten, fanden, suchen und hoffen. [...] so habe ich auch gefunden, dass in der kleinen Welt der Brüder alles zugeht wie in der großen, und in diesem Sinne hat es mir viel genutzt diese Region zu durchwandern. Wenn ich mich nicht irre, so sagte ich Ihnen das schon im Vorhofe, und habe bei der Bundeslade nunmehr auch nichts weiter zu sagen. [...] Ich habe alles gelesen, und bin in Erwartung, ob die wohltätigen Ritter das Rennen gewinnen. Vielen, merke ich, ja fast allen ist die weis und rote Maskerade lieber, (Goethe 1990: 65)

also die bisherige Strikte Observanz.

Trotz solch genereller Skepsis nahm er nach seiner Aufnahme bis zum März 1985 noch zweimal an den insgesamt fünf Illuminatenversammlungen in Weimar teil. Im Juli 1783 kam man nach Bodes Vorschlag überein, den Herzog zum Oberen der eine Woche vorher gegründeten Minervalkirche – so wurde eine Illuminatenloge genannt – und Goethe zum Censor zu bestimmen. Beide verhinderten nicht nur eine aktive Arbeit der Illuminaten, sondern auch die Berufung des Ordensgründers Adam Weishaupt als Professor an die Universität Jena. Goethe blieb aber auch 1784 ein ebenso informierter wie spöttischer Beobachter der freimaurerischen Zustände in Deutschland und Frankreich: „Einer Pariser Loge fällt es ein, einen neuen Congress zusammen zu berufen [...]. Bode ist auch eingeladen, es fehlt nur am feurigen Wagen zu dieses Propheten Reise" (August 1915: 43ff.).

Im August 1784 begann er ein christlich gefärbtes Epos, „Die Geheimnisse". Vielleicht liegen hier Anklänge an seine frühere Lektüre von Rosenkreuzerschriften. Doch er wurde mit dem angefangenen Werk nicht fertig und brach es mit der brieflichen Bemerkung vom 2. April 1785 ab: „Das Unternehmen ist zu ungeheuer für meine Lage" (Goethe 1902: 380). Der sich abzeichnenden Krise entzog er sich durch die Italienreise von September 1786 bis Juni 1788. Obwohl er in Rom mit dem Maler Tischbein zusammenwohnte, „scheint von Freimaurerei zwischen ihnen nie die Rede gewesen zu sein. Es kann als sicher gelten, dass Goethe keine Kontakte zur römischen Illuminatenloge unterhielt" (Zapperi 1999).

3. Das Jenaer Problem

Jena war als Universitätsstadt ein Unruheherd, der von den Landesherren immer argwöhnisch beobachtet wurde. Als dort eine Loge gegründet werden sollte, unterband es Goethe als zuständiger Minister sofort. Am 6. April 1789 schrieb er Carl August:

> Jena war, wie Sie wissen, mit einer Loge bedroht. [...] der Gedanke, ein Collegium über das Unwesen der geheimen Gesellschaften lesen zu lassen, ist trefflich. Ich habe den Direktoren der Lit. Zeitung auch einen Vorschlag getan, den sie angenommen haben, wodurch allen geheimen Verbindungen ein harter Stoß versetzt wird. Und so ist es gut, dass man öffentlich Feindschaft setze zwischen sich und den Narren und Schelmen. Die rechtlichen Leute gewinnen alle durch Publicität. (August 1915: 137ff.)

In Goethes Schaffen dieser Zeit spiegelt sich die Ablehnung der freimaurerischen Formen deutlich wider. Im Lustspiel „Der Groß-Kophta" von 1791 hatte er die Skandale um den Betrüger Cagliostro und die Pariser Halsbandaffäre in ein Stück verwoben. Es war allerdings weder besonders lustig noch erfolgreich. Dennoch entsprach es der Zeitstimmung, soweit es die negativen Ansichten über Geheimbünde wiedergab.

Die Weimarer Aufführung der Zauberflöte von 1794 regte ihn zu einer Fortsetzung an, die er 1795 begann, aber 1798 abbrach. Bezüge zur Freimaurerei sind dort so wenig zu erkennen wie im 1795 geschriebenen symbolgesättigten „Märchen". Auch die Turmgesellschaft im 9. Kapitel des 7. Buches von „Wilhelm Meisters Lehrjahre", 1787 begonnen und 1796 fertiggestellt, ist eher ein abschreckendes Beispiel einer Loge, ist sie doch durch Manipulation und ständige heimliche Überwachung gekennzeichnet, typisch besonders für die Praxis der Illuminaten und Rosenkreuzer.

4. Die Wiederbelebung der Loge *Amalia*

Die französische Besatzungspolitik verfolgte mit der Gründung neuer Logen, der Schutzbrieferteilung an schon bestehende sowie die Aufnahme Deutscher in französische Militärlogen die Absicht, die freimaurerischen Verbindungen französischen Interessen dienstbar zu machen. Das regte 1807 bei einigen Freimaurern in Jena den Gedanken an eine eigene Loge wieder an. Goethe verfasste deshalb am 31. Dezember 1807 ein Gutachten, in dem er erneut ein Verbot empfahl:

> Die Freimaurerei in Jena betreffend.
> Die Freimaurerei macht durchaus statum in statu. Wo sie einmal eingeführt ist, wird das Gouvernement sie zu beherrschen und unschädlich zu machen suchen. Sie einzuführen, wo sie nicht war, ist niemals rätlich. [...] Schon früher hat man Bedenken getragen, eine Loge in Jena zu statuieren. Die Jenaischen Brüder hielten sich an die Weimarischen, von welchen der erste Minister und Polizeidirektor Freiherr von Fritsch Meister vom Stuhl war. Hier war der Hammer in rechten Händen, und so müsste es auch in der Folge sein. [...] Ich will übrigens nicht leugnen, dass dieses maurerische Ordenswesen in großen Städten, auf große rohe Massen ganz günstig gewirkt haben und wirken mag. Auch an kleinen Orten, wie z. B. in Rudolstadt, dient eine solche Anstalt zu einer Form der Geselligkeit. Hier in Weimar brauchen wir sie eigentlich nicht, und für Jena halte ich sie [...] für gefährlich. (Wernekke 1906: 31ff.)

Carl August verbot am 22. März 1808 die Gründung in Jena, änderte dann jedoch seine Meinung zugunsten von Weimar. In einer neuen Stellungnahme vom 1. Mai schrieb Goethe nun:

> mehr als alles Untersagen ist wohl notwendig, dass man selbst etwas tue oder veranstalte, weil der Zudrang zu diesen Quasi-Mysterien im Momente wirklich sehr groß ist. Serenissimus haben neulich in einer Unterredung dasjenige summarisch angegeben, was im Nachstehenden, nur wenig Ausgeführten, aufgezeichnet ist. Das Rätlichste wäre, die hiesige Loge Anna Amalia zu den drei Rosen wieder zu beleben. (Wernekke 1906: 36f.)

Neun Brüder stellten daher am 7. Mai den Antrag, dem Carl August sofort zustimmte.

An der feierlichen Wiedereröffnung am 24. Oktober 1808 konnte Goethe, der wie Carl August erneut Mitglied wurde, nicht teilnehmen, da er dienstlich in Jena bleiben musste. Im Jahre 1809 besuchte er die Loge mehrmals, so z. B. bei der Einführung Wielands am 4. April 1809. 1810 kam er gar nicht, 1811 zweimal, und am 5. Oktober 1812 ließ er sich beurlauben:

> Ew. Wohlgeb. würden mir eine besondere Gefälligkeit erzeigen, wenn Sie mich auf irgend eine schickliche Weise als Abwesenden betrachten und meine Verpflichtungen gegen die Gesellschaft suspendieren möchten. Ungern würde ich diese ehrenvolle und interessante Verbindung ganz aufgeben, möchte aber doch, da es mir unmöglich fällt, den Logen regelmäßig beizuwohnen, nicht durch mein Ausbleiben ein böses Exempel geben. (Wernekke 1906: 43f.)

Am 18. Februar 1813 wurde im Wittumspalais in Anwesenheit Carl Augusts, des Hofes, der Brüder und der Damen die Trauerfeier der Loge für Wieland gehalten. In seiner Gedenkrede sagte Goethe viel über Wieland und ein wenig über die Freimaurerei:

> Ja, wenn dieser altgegründete und nach manchem Zeitwechsel oft wiederhergestellte Bund eines Zeugnisses bedurfte, so würde hier das vollkommenste bereit sein, indem ein talentierter Mann, verständig, vorsichtig, umsichtig, erfahren, wohldenkend und mäßig, bei uns seinesgleichen zu finden glaubte, sich bei uns in einer Gesellschaft fühlte, die er, der besten gewohnt, als Vollendung seiner menschlichen und geselligen Wünsche so gerne anerkannte. (Wernekke 1906: 142)

Letztmalig erschien Goethe in einer Logenarbeit im Dezember 1815 zur Aufnahme seines Sohnes August, zu der er das Gedicht „Symbolum“ verfasste. Von nun an trug dieser die Gedichte oder Reden, die sein Vater schrieb, in der Loge vor, so am 29. Dezember 1815 den „Dank des Sängers".

5. Goethes Verbindungen zur Loge nach 1815

Die Anlässe, zu denen Goethe Gedichte oder Texte für den Logengebrauch schrieb, sind zwischen 1815 und 1832 nur selten. 1816 verfasste er zum 12. November die „Trauerloge". Zur Gesellenbeförderung von August schickte er an Zelter ein – möglicherweise älteres – Gedicht, „Verschwiegenheit", zur Vertonung, das jener zusammen mit einem eigenen Kanon am 2. Dezember zurücksandte. Es traf gerade noch rechtzeitig zur Feier am 8. Dezember 1816 ein. Als der Altstuhlmeister C. J. R. Ridel 1821 starb, wollte die Loge die Reden der Trauerfeier gedruckt erscheinen lassen. Goethe erklärte sich zu einer Einleitung bereit, die aber nur wenig über die Freimaurerei aussagte.

Die nächsten Logengedichte stammen erst aus den Jahren 1825 und 1826 und haben auf die herzogliche Familie Bezug. Zum 50jährigen Regierungsjubiläum von Carl August übersandte Goethe der *Amalia* drei Liedtexte, als Einleitung „Einmal nur", für den Zwischengesang „Laßt fahren dahin" und als Schlussgesang „Nun auf und lasst". Die Vertonung hatte Hummel besorgt. Goethe nahm an der Logenfeier keinen weiteren Anteil, sondern überbrachte seine eigenen Glückwünsche schon morgens persönlich.

Im September 1826 verfasste er das Gedicht „Dem Herzog Karl Bernhard", das in der Loge zur Feier der Rückkehr des Herzogs von einer Amerikareise vorgetragen wurde. Zelter in Berlin komponierte danach noch eine Melodie dazu.

Selbst bei seinem eigenen 50jährigen Maurerjubiläum blieb er ganz distanziert. Nicht einmal die Logendelegation, die ihm die Urkunde der Ehrenmitgliedschaft überreichen wollte, empfing er wegen Unpässlichkeit. Er übersandte aber wiederum ein Gedicht, das zum Johannisfest 1830 von Kanzler v. Müller vorgetragen wurde. Wieder sollte Zelter die spätere musikalische Gestaltung übernehmen.

Dieser hatte ihm von seinem eigenen handwerklichen Maurerjubiläum berichtet, und Goethe antwortete ihm am 18. Juli 1830:

> Am Vorabend des Sankt-Johannisfestes ward ich vor 50 Jahren hier in den Orden aufgenommen. Die Herren haben mit der größten Artigkeit diese Epoche behandelt, und ich erwiderte am andern Tag freundlich ihre Gesinnung. Beides wirst Du aus den anliegenden Blättern ersehen. Kannst Du aus den Strophen was machen, so tu's ihr habt ja auch alle Augenblick `50 Jahre vorüber`, und das Menschliche passt überall hin. (Goethe 1918: 304)

Spätestens mit der Trauerfeier für ihn begann der Mythos vom eifrigen Freimaurer Goethe. Als deputierter Meister vom Stuhl hielt der Weimarer Kanzler v. Müller die Gedenkrede:

> Goethe war seinem innersten Wesen nach Freimaurer, denn unablässig strebte er nach allseitigem Licht, und es war ihm Bedürfnis, auch anderen das Licht mitzutheilen, was ihm in so reicher Fülle geworden. [...] Über funfzig Jahre huldigte Goethe dem Maurerbunde, vorzugsweise thätig, als die Loge Amalia dem einfachen uralten System sich anschloß. Ununterbrochen nahm er seitdem an jedem bedeutungsvollen Ereignis, an jedem grösseren Fest der Loge so lebhaften Antheil, dass die wichtigern Reden, Gesänge und Anordnungen meist seiner vorausgehenden Prüfung und Billigung sich erfreuen durften. (Amalia 1832: 15)

6. Epilog

Goethes Beziehungen zur Freimaurerei lassen sich grob in drei Phasen einteilen:

In der ersten Phase von 1780 bis 1785 beschäftigte er sich intensiv mit freimaurerischer Literatur und den verschiedenen Strömungen innerhalb der Logen. Zudem war er als Regierungsmitglied schon seit 1781 wachsam gegenüber allen Bestrebungen, die politisch gefährlich werden konnten. Daher bremste er auch ab 1783 die Tätigkeit der Illuminaten in Weimar und Jena. In seinem literarischen Schaffen hinterließ diese Zeit keine Spuren, obwohl er mindestens ein Lied für die Loge geschrieben hat, das er später augenscheinlich selbst unterdrückte. Mit der Reise nach Italien brach er alle Beziehungen zu geheimen Gesellschaften ab.

Die zweite Phase dauerte von 1788 bis 1808. Sie ist gekennzeichnet durch eine rein polizeilich Haltung des konservativer werdenden Ministers allen geheimen Verbindungen gegenüber. Verbote von 1789, 1797, 1803 und 1807 betrafen sowohl freimaurerische wie studentische Gruppen. In der gleichen Zeit versuchte er allerdings, mit der Gründung einer literarischen Freitagsgesellschaft einen Ersatz zu schaffen, was jedoch kein dauerhafter Erfolg wurde. Das wichtigste Werk dieser Periode ist in unserem Zusammenhang der „Groß-Kophta" von 1791 mit der öffentlichen Bloßstellung geheimer Gesellschaften.

Goethe wurde nur dadurch in der dritten Phase ab 1808 wieder als Freimaurer aktiv, weil Carl August in Weimar erneut eine Loge einrichten ließ. Er beteiligte sich daran aus Loyalität seinem Fürsten gegenüber, nicht aus Begeisterung für die Freimaurerei. 1815 schied er aus dem aktiven Logenleben aus. Erst von nun an sind acht Gedichte und literarische Beiträge überliefert, wenig für die folgenden 17 Jahre und im Rahmen seines Gesamtwerkes.

Betrachtet man die Themen der Reden und Gedichte, wird deutlich, dass es allein die gesellige Funktion und die allgemeine moralische Erziehung waren, was Goethe unter Freimaurerei verstand. Verglichen mit Herder und Fichte sind seine Beiträge zu einer eigenständigen freimaurerischen Geisteshaltung marginal. Der Mythos vom eifrigen und überzeugten Freimaurer Goethe hält den Fakten nicht stand.

Literaturverzeichnis

[Amalia] (1832), Die Trauerfeyer der Loge Amalia zu Weimar am neunten November 1832. Zum ruhmwürdigen Gedächtniss ihres in den ewigen Osten eingegangenen hochverehrten und geliebten Bruders Johann Wolfgang von Goethe, (Freymaurer Analecten 5), Weimar.

Funck, Heinrich (Hrsg.) (1901), Goethe und Lavater. Briefe und Tagebücher, (Schriften der Goethe-Gesellschaft 16), Weimar.

Goethe, Johann Wolfgang von (1889), Goethes Werke. Weimarer Ausgabe. Herausgegeben im Auftr. d. Großherzogin Sophie von Sachsen, Abt. 4, Bd. 4, Weimar.

Goethe, Johann Wolfgang von (1890), Goethes Werke. Weimarer Ausgabe. Herausgegeben im Auftr. d. Großherzogin Sophie von Sachsen, Abt. 4, Bd. 5, Weimar.

Goethe, Johann Wolfgang von (1902), Goethes Sämtliche Werke, Jubiläumsausgabe in 40.Bde. Herausgegeben von Eduard van der Hellen. Bd. 1: Gedichte, Stuttgart et al..

Goethe, Johann Wolfgang von (1990), Goethes Werke. Weimarer Ausgabe. Herausgegeben im Auftr. d. Großherzogin Sophie von Sachsen, Abt. 4, Bd. 51, Hamburg.

Hecker, Max (1918), Der Briefwechsel zwischen Goethe und Zelter. Im Auftrage des Goethe- und Schiller Archivs nach den Handschriften, Bd. 3, Leipzig.

Wahl, Hans (Hrsg.) (1915), Darstellungen und Briefe zur Geschichte des Weimarischen Fürstenhauses und Landes. Zur Hundertjahrfeier des Großherzogtums herausgegeben von Erich Marcks. Abt. 4: Briefwechsel des Herzogs-Großherzogs Carl August mit Goethe. Bd. 1: 1775–1806, Berlin.

Wernekke, Hugo (1906), Goethe und die Königliche Kunst, Leipzig.

Zapperi, Roberto (1999), Das Inkognito. Goethes ganz andere Existenz in Rom. Aus dem Italienischen von Ingeborg Walter, (Vorabdruck in Frankfurter Allgemeine Zeitung, 27.2.1999), München.

DIETER A. BINDER

Der Tod im Ritual

Interpretationen zu einem komplexen Thema freimaurerischer Initiation

1. Einleitung

Im Ritual wird der *sinnliche Körper* angesprochen, um die „assoziative Verbindung zwischen rituellem Ereignis und gezielt hervorgerufenen begleitenden Vorstellungen gleichsam im Körpergedächtnis zu verankern“ (Hasselmann 2009: 27f.). Das Ritual evoziert eine „engrammatische Einschreibung“, eine Gedächtnisspur im Körper und im Bewusstsein des Initianten, die nach der Initiation in der Teilnahme an den Ritualen erinnert wird und schließlich in den Habitus übergeht (ebda: 19).

Kristiane Hasselmann überträgt dieses Modell auf das Meisterritual, in dem – folgt man ihrer Darstellung – „die alte Identität des Gesellen“ stirbt und ihm „über seine Identifikation mit Gott der Status, die Rechte und Pflichten eines Maurermeisters übertragen“ werden (ebda: 185ff.). Um ihre These abzustützen, greift sie auf Rites de Passage zurück, die sie in freimaurerischen Quellen (Graham Manuskript von 1726) ebenso wie im Erzählkanon des Alten (1 Könige 17, 17–23 und 2 Könige 4, 34f.) und des Neuen Testaments (Apostelgeschichte 20, 9–12) zu finden weiß.

Selbst wenn man ihre Interpretation ausschließlich für das 18. Jahrhundert gelten lässt, muss entgegengehalten werden, dass ihre Darstellung weder auf das Bild des Todes in der Zeit des 18. Jahrhunderts eingeht, noch das Faktum berücksichtigt, dass selbst im engeren Untersuchungszeitraum ihrer Studie eine Vielzahl von Ritualen gleichzeitig zur Anwendung kam und es keine absolut verbindlichen Interpretationsansätze gab. Außerdem werden Zitate der Wiedergeburt, des Sterbens und des Todes in den vorangegangenen Initiationen in der Lichtgebung (Lehrling) und der Beförderung (Geselle) ignoriert. Der zum Meister Erhobene ist also seit seinem Schritt in die *Dunkle*

Kammer mit einem charakteristischen Motivgeflecht eines steten *Stirb und werde!* konfrontiert, das sich in der Erzählung von Hiram verdichtet.

2. Tod und Unsterblichkeit

> Die Bilder der Klage, der Trauer und der Verwesung, die uns umgeben, und die ganze Feyerlichkeit, die wir izt, von stillem Schmerze durchdringen, an dem Grabe unseres guten Urvaters vollbrachten, was ist alles dieses anders, als Erinnerung an den Tod, der uns alle erwartet, der unsere irdischen Theile auflöst, unseren ganzen Bau in ein Häufchen Staub verwandelt, welches der erste Windstoß in die Lüfte zerstreuen, und auf immer verschwinden machen kann?
>
> Schrecklich ist diese Veränderung dem Auge und dem Herzen, aber dem forschenden Verstande, ist sie es nicht. Dieser weiß, dass in der Schöpfung keine Zerstörung statt findet, und dass das alles, was uns Vernichtung erscheint, nichts ist, als Auflösung, Entwicklung, Verfeinerung. Der Tod des Einen ist Leben des Anderen. Aus dem Samenkorn, das in Verwesung übergeht, sprosst ein lebendiger Keim hervor, der bald in Schönheit und Fruchtbarkeit pranget. So ist die Zerstörung einer Gestalt und Form die Bildung neuer Gestalt und Formen. (Br. S – z 1786: 153f.)

Unter Hinweis auf August Horneffers (1916) „Symbolik der Mysterienbünde" halten Eugen Lennhoff und Oskar Posner in der ersten Auflage des internationalen Freimaurerlexikons diese Position ausdrücklich fest:

> Der Eintritt in den Mysterienbund wird als Eintritt in ein neues Leben, als eine nochmalige Geburt des Menschen gedeutet. Die Idee der Wiedergeburt ist eine der ältesten und allgemeinsten symbolischen Ideen des Menschengeschlechtes. Der Akt der Wiedergeburt zerfällt in zwei Stadien: das Sterben und das Wiederaufleben. Der Novize stirbt. Aus dem Tode geht unmittelbar das neue Leben hervor. Nun erfährt er die Rückkehr ins Leben. Die zahllosen Mythen, in denen von einer Truhe, Krippe, Körbchen usw. die Rede ist, in welcher das Götterkind, der neugeborene Heiland liegt, der dann unter Gefahren und Nachstellungen heranwächst, deuten sämtlich auf das Wiedergeburtsmysterium hin. Bei diesen Mythen ist gewöhnlich die Mutter eine menschliche Frau, der Vater ist unbekannt oder ist ein Gott, ein Tier oder dergleichen. Der Neugeborene ist daher ein Jungfrauensohn oder ist ein ‚Kind der Witwe'. Es besteht in allen Mysterienbünden die durch Erfahrung gewonnene Überzeugung, dass es mit der einen Weihehandlung bei der Aufnahme nicht getan ist. Das dort Erlebte und Erzielte muss befestigt, wiederholt, vertieft werden. Der Wiedergeburtsakt wird infolgedessen in mehrere Teile zerlegt und nach Durchmessung gewisser Altersabschnitte erneuert. Das ist der Sinn der Gradeinteilung. Bei der Aufnahme in einen höheren Grad finden jedesmal Weihehandlungen statt, die ebenfalls auf dem Gedanken der Wiedergeburt beruhen. Die Wiedergeburt kann ohne Wachstumsstufen nicht vollständig und nicht dauerhaft sein; sie bedarf der Bestätigung und Entwicklung. Sterben und Wiedererwachen beherrscht die ganze Natur. Das ist die Wanderung des Novizen durch Dunkel und Schrecken, seine Wanderung zu den Todesgottheiten über Totengebeine hinweg, bedrängt von Kälte, Müdigkeit und Verlassenheit bis hin zum Licht. Der Grundgedanke: die Peripetie vom Leben zum Tode und wiederum zum Leben bleibt immer dieselbe und durchzieht auch das Ritual der Freimaurerei. (Lennhoff / Posner / Binder 2006: 841)

Diese etwas apodiktische Aussage Lennhoff / Posners wird noch verstärkt, wenn man die Vorstellungen über die Unsterblichkeit als Konsequenz der Wiedergeburt annotiert.

Ausdrücklich halten sie den Glauben an die Unsterblichkeit in allem fest, wobei dieses Bild differenziert wird. Als primitive Form des Glaubens wird die Unsterblichkeit der Person angesprochen, während die Unsterblichkeit der Person im geistigen Sinne und die Unsterblichkeit der Seele als höherwertige Vorstellungen apostrophiert werden.

Das psychologische Motiv solcher Vorstellungen ist die Todesfurcht und der damit einhergehende Selbsterhaltungswille. Letztlich hat Elias Canetti die Vorstellung der Unsterblichkeit auf die Sehnsucht des Menschen, überleben zu wollen, zurückgeführt (1982: 249ff.). Trotz der Irrationalität der Vorstellung des Unsterblichen hält Immanuel Kant (1788) die Unsterblichkeit als Postulat der praktischen Vernunft fest, als Voraussetzung eines unendlichen Fortschrittes, ohne deren Annahme die Welt sinnlos wäre, während im freimaurerischen Diskurs bereits in den 1920er Jahren relativierend festgehalten wird: „Im Sinne der Als-ob-Philosophie hat der Mensch so zu handeln, als ob eine andere Welt wäre […], sich so zu verhalten, als ob er sich künftig vor einem Richter zu verantworten hätte" (Lennhoff / Posner / Binder 2006: 863).

Ausdrücklich differenzieren Lennhoff / Posner eine derartige Positionierung im Hinblick auf das freimaurerische Selbstverständnis einzelner Großlogensysteme, zumal die *Alten Pflichten* selbst diesbezüglich keine Position bezogen haben:

> Die Linie geht vom Glauben an die persönliche Fortexistenz bis zum kollektiven Glauben von der Fortdauer des Werkes. Einzelne Großlogen (vor allem die nordamerikanischen) verlangen den Glauben an die Unsterblichkeit als Grundbedingung der Aufnahme. […]. Der deutsche Großmeistertag 1870 betonte, dass die Freimaurerei ‚von ihren Mitgliedern den Glauben an die Unsterblichkeit voraussetzt'. Er konnte sich bei dieser Feststellung an die großen deutschen Freimaurer des 18. Jahrhunderts halten: Lessing vertritt die Ansicht, dass ein Gedanke, der so weit verbreitet ist, eine tief verwurzelte Ursache, und dass die Veredlung eine umfassende, über diese Welt hinausgehende Gültigkeit haben muss oder aber gar keine. So sagt auch Herder, dass der Mensch ‚zur Hoffnung der Unsterblichkeit gebildet' ist, und Goethe, dass ‚alle diejenigen auch für dieses Leben tot sind, die kein anderes hoffen'. Die deistische Bewegung, die die Freimaurerei in ihren Anfängen stark beeinflusste, glaubte ungeachtet ihres Rationalismus an die Unsterblichkeit. In der deutschen Maurerei wird Unsterblichkeit als der ‚Schlussstein sittlichen Handelns' (Caspari, „Die Bedeutung der Freimaurerei für das geistige Leben") aufgefasst, wobei aber betont wird, dass der Unsterblichkeit-Glaube erzieherisch nur als ‚ein Vollendungsglaube wirken kann' (Wolfstieg, „Die Philosophie der Freimaurerei") und daher im Sinne Schleiermachers eine Aufgabe ist. (Lennhoff / Posner / Binder 2006: 863)

Und schließlich relativieren Lennhoff / Posner das Bild von der Unsterblichkeit in seinem freimaurerischen Bezug endgültig, indem sie sich ausdrücklich gegen die These von Caspari (1910) wenden:

> Es wird auch auf die Hiram-Legende hingewiesen, die den Unsterblichkeit-Gedanken symbolisiert, und betont, dass der Unsterblichkeit-Glaube im Grunde die Voraussetzung des Meistergrades sei. Hierzu ist zu bemerken, dass der Unsterblichkeit-Gedanke im Meistergrad wohl symbolisch zum Ausdruck gebracht, doch keineswegs im Sinne der persönlichen Unsterblichkeit aufzufassen ist, sondern ohne jedes metaphysische Beiwerk, als Unsterblichkeit in der Form der unvergänglichen Leistung durch die Pflichterfüllung zu denken ist. Die Behauptung, dass ‚die Freimaurerei durch nichts so gekennzeichnet ist als durch den Glauben an die Unsterblichkeit' (Caspari), ist in dieser Form durchaus unrichtig, obzwar die Freimaurerei in vielen Ländern den

> Unsterblichkeit-Gedanken zum Dogma erhoben hat. Die Freimaurerei vertritt die Forderungen des Sittengesetzes und der Gewissensfreiheit. Sittliches Handeln ist auch ohne den Glauben an die Unsterblichkeit möglich, das beweist das Leben täglich zur Genüge. (Lennhoff / Posner / Binder 2006: 863)

In einer Rede zur Erhebung eines Wiener Maurers findet man 1784 eine bemerkenswerte Auseinandersetzung mit dem Prinzip der Unsterblichkeit:

> Was uns die Stimme unseres weisen Vaters von Osten zurief, was diese trauernden Wände des Tempels, dieses Gerippe um A...s Sarg, dieser Teppich mit all seinen Thränen verkündiget, ruft uns die niedergeknickte Pflanze, der Wurm, der unter unserem Tritte stirbt, ruft die ganze Natur durch unendliche Verwesungen, mit unendlichmal vervielfältigter Stimme jedem Augenblicke zu: – Gedenke des Todes! –
>
> [...] Ihm kann keine Krone der Unsterblichkeit entgegenschimmern, denn diese gebührt dem Verdienste, nicht dem Genusse. Ihm bleibt nur die Vernichtung, oder ewige Reue.
>
> [...] Meine Brüder! [...] Lassen sie uns den grossen Gedanken des Todes Aufforderung zur Arbeit, Ermunterung zur Freude seyn! Lassen sie uns nach dem ganzen Umfange unserer Kräfte leben, um recht viel zu leben, da wir nicht lange genug leben können! –
>
> [...] Doch wie wär es, wenn der Tod kein Übergang zu irgend einem anderen Zustand seyn sollte, wenn in dieser Spange der Zeit unser ganzes Daseyn, unsere ganze Bestimmung, unsere ganze Glückseligkeit eingeschlossen läge, und wir nichts als eine Lufterscheinung wären, die auf wenige Augenblicke da ist, und in dem unendlichen Kreislaufe der Dinge verdrängt wird, ohne wieder zurückzukommen? –
>
> O! dann, dann müsste uns nichts so wichtig seyn, als dieses seiner Hinfälligkeit wegen so verächtliche Leben durch die erhabenste Thätigkeit, durch den sublimsten Genuss zu veredlen. Dann müssten wir gerade darum, dass wir nur einmal sind, um so dringender nach jedem nur erreichbaren Grad menschlicher Größe streben, dann müssten wir alles anwenden, um wenigstens unvergeßlich zu bleiben, da wir nicht unsterblich seyn können [...]. (Br. Sch...g 1784: 148ff.)

Hier wird der Tod also zum Erziehungsauftrag ohne die Frage zu berühren, ob es sinnvoll ist, über ein Leben nach dem Tod zu philosophieren. Nach dem Kommando „Last post“ und dem Verklingen der Ehrensalve über dem Grab eines englischen Jagdfliegers 1917 kommt Cecil Lewis zu einem vergleichbaren Standpunkt:

> Nein, die althergebrachten Vorstellung eines zukünftigen Lebens hielt genauerer Prüfung nicht stand. [...] Ein Nachleben – auf eine bestimmte Weise vielleicht schon: in Gedanken und Taten. [...] Nach der Größe eurer Seele werdet ihr leben! Dem konnte ich zustimmen, denn Leben und Tod sind Erdichtungen des Geistes. Solange ich mich an Christus, Bach oder Borgia erinnern kann, leben sie fort. Ihr Einfluss zum Guten wie zum Bösen, würde dann erlöschen, wenn der letzte Mensch sie vergessen hätte. Je tiefer der Eindruck auf die Welt, desto länger die Unsterblichkeit. Und das gilt auch für weniger berühmte Menschen: Erinnert man sich ihrer, leben sie; vergisst man sie, werden sie sterben. [...] Was wollte man mehr? Welche Art der Unsterblichkeit wäre wünschenswerter, als im Geist lebender Menschen präsent zu sein? (Lewis 2008: 266)

Diese Haltung korrespondiert mit dem schlichten Satz auf dem Grabstein des Rabbi Benjamin, der im 18. Jahrhundert in der böhmischen Stadt Ellbogen (Loket) gewirkt hat: „Seine Seele sei in das Bündnis der Lebendigen aufgenommen.“[1]

3. Ritual der Meister

Im Ritual einer Prager Loge vom Ende des 18. Jahrhunderts passiert der Geselle auf seinen drei Reisen, die der Erhebung vorausgehen, jeweils drei Totenköpfe: Zunächst ruft ihm der 2. Aufseher beim Anblick des Totenkopfs im Altarbereich zu: „Unser ganzes Leben ist nur eine Reise zum Tode“, während der Meister vom Stuhl ihm beim Anhalten ermahnt: „Gedenke an den Tod!“ Beim Anblick des Totenkopfes im Norden ruft der 2. Aufseher „Nur der Thor waffnet sich wider die Schrecken des Todes durch Vergessenheit. Unvorgesehen kömmt er fürchterlicher.“ Während der zweiten Reise ermuntert der 2. Aufseher den Gesellen wiederum vor dem Totenkopf im Altarbereich: „Frühe Bekanntschaft mit dem Tode ist die beste Schule des Lebens.“, während der Meister vom Stuhl dies mit den Worten unterstreicht: „Gedenke an den Tod, er ist unausbleiblich.“ Hier aber kommentiert der 2. Aufseher den Totenkopf im Norden erneut tröstlich: „Der Gedanke an den Tod ist dem Lebenden Trost, dem Glücklichen ersprießliche Warnung.“ Auf der dritten Reise hört der zu Erhebende am Altar: „Die Reise zum Tode ist eine Reise zum Ziel unserer Vollkommenheit.“ Das Memento mori des Meisters vom Stuhl wird dringlicher: „Gedenke an den Tod! Vielleicht ist er schon nahe.“ Und schließlich hört er im Norden:

> Vor dem Tode mag der schadenfrohe Menschenfeind zittern; denn er ist ihm der Scherge, der ihn zum Richtplatz schleppt. Dem Freunde der leidenden Menschheit ist er ein Glücksbothe, der ihn einladet, die Früchte seines Edelmuths ewig zu genießen. (Rituel der Meister 1791: 13f.)

So vorbereitet drehen die beiden Aufseher den Gesellen nach Vollendung seiner dritten Reise „plötzlich […], dass er Sarg und Altar vor Augen hat.“ Der Meister führt ihn in die Hiramslegende ein und teilt ihm mit, dass der „Meister […] ermordet“ und „das Meisterwort […] verloren“ sei (ebda: 15). Er fordert vom Gesellen, gemeinsam mit den versammelten Brüdern das „verlorene Meisterwort […] zu suchen. Aber das Wiedergefundene trotz aller drohenden Gefahren heilig zu bewahren, fordert eine nicht gemeine Unerschrockenheit. Nicht umsonst haben wir sie so lange, und so ernstlich mit Todesgedanken beschäftiget“ (ebda: 16). Nunmehr, nachdem die Schritte über den Sarg gesetzt sind, vergewissert sich der Meister vom Stuhl der Bereitschaft des Gesellen zum Eintritt in den Meistergrad und unterstreicht die Bedeutung dieses Schrittes in einer letzten appellierenden Frage: „Versprechen sie uns allen ihren Brüdern eine Freund-

---

1 Der Grabstein ist im Burghof der Burg von Loket mit einigen christlichen Grabsteinen der Zeit aufgestellt und wird als Erinnerungsort sichtlich von Besuchern wahrgenommen, da er mit kleinen aufgelegten Steinen übersät ist.

schaft, die selbst dem Tode, und all seinen Schrecken zu trotzen im Stande ist“ (ebda:17). Auf das Ja des Gesellen hin schlägt der Meister vom Stuhl diesen durch dreimalige Berührung mit dem Hammer auf den Kopf zum Bruder Meister, wobei der dritte Schlag etwas weiter ausholend geführt wird. Der zu Erhebende wird niedergeworfen und mit einem blutigen Tuch bedeckt. Da nun die Deckung gewährleistet ist, der noch nicht vollständig Initiierte gilt ja als tot, deklarieren sich alle anwesenden Brüder als Meister, bilden die Kette und syllabieren flüsternd das alte und neue Meisterwort. Die Hammerführenden verwenden nunmehr auch die rituelle Schlagfolge des Meistergrades. Nun erst wendet sich die Aufmerksamkeit wieder der „Leiche“ zu, deren Zustand beim Hebungsversuch zunächst mit „J[aki] n! Die Haut löset sich vom Fleische“, dann mit „B[oa]s! Das Fleisch verlässt die Knochen.“ bezeichnet und durch den korrespondierenden Lehrlings- und Gesellengriff geprüft wird (ebda: 18f.). Schließlich nähert sich der Meister vom Stuhl dem Liegenden und erhebt ihn mit den fünf Punkten der Meisterschaft. Der Erhobene hört nunmehr die Hiramslegende, um sich und seine Rolle während der Initiation einordnen zu können und um das neue Meisterwort „M[ac]b[ena]c zu erfahren, das „im Hebräischen bedeutet: der Körper ist verwesen“ (ebda: 21). Am Schluss dieser dramatischen Erzählung spricht der Meister vom Stuhl den Erhobenen erstmals als „Bruder Meister“ an und verspricht ihm Hilfe bei der Deutung des eben Gehörten:

> Br. Meister! Wir werden es ihnen nicht an Winken fehlen lassen, die sie nach und nach in stand setzen werden, den Sinn dieser Allegorie selbst zu enträtseln; die unter anderen die Beschämung der Unheiligen, die den Tod fürchten, zum Zwecke hat. Feige Furcht des Todes macht uns oft zu Verräthern an den heiligen Pflichten. (Rituel der Meister 1791: 21f.)

In der nun folgenden Einkleidung erhält der junge Meister den gradspezifischen Schurz seiner Loge, eine goldene Kelle und einen Schlüssel, dessen Bedeutung ihm ausführlich zur Kenntnis gebracht wird:

> Nicht das Recht, unsere Geheimnisse zu ergründen – denn das Recht nach Wahrheit zu forschen, danken wir, so wie das Geschenke einer denkenden Seele, nur dem Schöpfer – also nicht das Recht, sondern eine vorzügliche Aufmunterung unsere Geheimnisse zu ergründen, empfangen sie mit diesem Schlüssel aus Elfenbein. Prüfen sie jede unserer Sagen, nach dem Rathe eines mäurerischen Dichters, bey dem Lichte der Wissenschaften. Borgen sie hiezu vorzüglich die Fackel der Geschichte, und die Lampe der Physik. (Rituel der Meister 1791: 24f.)

Nun folgt die Unterweisung in Zeichen, Griff und Wort. Während er das neue Meisterwort laut mitgeteilt erhält, wird ihm das „alte, wahre Meisterwort […] J[ahve]“ ins Ohr geflüstert (ebda: 25). Nachdem dem jungen Meister sein Platz in den Kolonnen zugeteilt worden ist, wird für die Armen gesammelt, das Protokoll verlesen und schließlich die Loge geschlossen.

Im Katechismus dieses Grades wird das Todesmotiv während der Reisen, im Hinblick auf die Niederwerfung, im Meisterwort, in der Hiramslegende selbst und schließlich in den Symbolen des Meistergrads diskutiert. Das neue Meisterwort wird dabei als Lebensmetapher interpretiert:

> Frage: Auf was beziehet sich das? Antwort: Auf die Wahrheit: dass die Verwesung des Körpers dem besseren Theile des Menschen ein neues Leben giebt. (Meisterkatechismus 1791: 33)

Bemerkenswert ist das durchgehende Akazienmotiv des Katechismus. Auf die Frage, warum ein Akazienzweig das Grab Hirams ziert, heißt es: „Der Weg des Leidens führet meistens sicherer zum Ziele“ (ebda: 34) Die Erklärung des Meisterzeichens ist als Bindeglied eingefügt:

> Es deutet hieroglypisch auf die Herausziehung der Eingeweide, die der bey den Egyptern gewöhnlichen Einbalsamierung vorausgieng. So wie man der Verwesung durch die Balsamirung trotzte; so muß vorzüglich des Meisters Freundschaft dem Tode selbst, und allen seinen Schrecken zu trotzen wissen. (ebda: 35)

Dieser Antwort folgt die Frage, was noch „an die Unzerstörbarkeit der mäurerischen Freundschaft“ erinnere.

> Antwort. Der Name, den ich als Meister führe: Kassia. [= Cassia = *Acacia*]. Den auch der Kassia bediente man sich bey Balsamirungen.(ebda.)

Der Tod wird im Ritual als „Schule des Lebens“, als „Trost“ und als „Warnung“, als „Glücksbothe, der [...] einladet, die Früchte seines Edelmuths zu genießen“, angesprochen. Als Gegenteil zum bewussten Sterben wird die „feige Furcht des Todes“, die uns zu „Verräthern an den heiligen Pflichten“ macht, dargestellt. Als Sinn des Sterbens wird das schon zitierte „Stirb und werde!“ verdeutlicht, denn „die Verwesung des Körpers“ gibt, wie es erklärend im Katechismus lautet, „dem besseren Theile des Menschen ein neues Leben“. Dieses neue Leben hat der Erhobene in der Freundschaft mit seinen Brüdern gefunden und so muss dieser auch dem Schrecken des Sterbens und des Todes trotzen. Die Anregungen, die der Initiierte aus seinem Erleben und aus den Erklärungen des Rituals und des Katechismus zieht, muss er aber als wahrer Meister „bey dem Lichte der Wissenschaften“ prüfen. Dazu stehen ihm „die Fackel der Geschichte“ und „die Lampe der Physik“, die Geistes- und die Naturwissenschaften zur Verfügung. Die zitierten „Früchte des Edelmuths“ kehren im Ritual unmittelbar nach dem Abschluss der Erhebung und Einkleidung im Auftakt zur Schlusssequenz des Rituals im herumgereichten „Sack der Witwe“ wieder. Dieser Wohltätigkeit im weitesten Sinne ist auch die Schlusssequenz der Zeichnung „Ueber die Thätigkeit und den Genuß des Lebens“ gewidmet.

In diesem Ritual, in der zitierten Zeichnung findet sich so wie in den „Alten Pflichten“ kein wie immer gearteter Hinweis auf eine transzendente Fragestellung, auf ein Leben nach dem Tode oder auf irgendeine Form der Unsterblichkeit. Selbst das „Stirb und werde!“-Zitat bezieht seine Stellung ausschließlich auf den Vorgang der Initiation, bei der das Absterben des Suchenden den Lehrling hervorbringt, im Absterben des Lehrlings der Geselle entsteht, und schließlich aus dem Tod des Gesellen der Meister hervorgeht. Bezeichnenderweise findet man im Schröderschen Ritual den Hinweis des Vorbereitenden, der den zu Erhebenden in der „Dunklen Kammer“ aufsucht und ihm erneut vor Augen hält, dass der „Lehrlingsgrad [...] ein Bild der Geburt des Menschen zu neuem sittlichen Leben" ist (Schröder 1975: 46). Es geht somit um die permanente Erneuerung des eigenen Zustands, die Altes, überflüssig Gewordenes absterben lässt, um Platz für etwas Neues und, getragen von der satten Heilsgewissheit der Aufklärung, etwas Besseres entstehen lässt. Dieser permanente Prozess des Infragestellens, des Sich-Erneuerns wird im Katechismus mit der Frage nach dem Alter des Meisters verdeutlicht: „Frage: Wie alt sind sie im Meistergrade? Ich bleibe immer minderjährig" (Meisterkatechismus 1791: 36). Vergleicht man das Schrödersche Ritual mit jenem der Prager Loge, so ist kein Unterschied in der Frage des symbolischen Todes, des Sinnes des Meistergrades zu konstatieren. Setzt man diese Bilder in Relation zu einem Ritual, das dramatisch den Weg von der humanitären Freimaurerei verlassen und im Gewand eines christlichen Ordens den Schritt zur Kollaboration mit dem Nationalsozialismus als *völkische Maurerei* gesetzt hat, so muss – und hier ist an die Enuntiation des zitierten deutschen Großmeistertags von 1870 zu erinnern – festgehalten werden, dass man durch den apodiktischen christlichen Überbau die Unsterblichkeit einbringt. Nordische Götterwelt und christliche Auferstehungslehre werden zu einem abstrusen Gemisch verbunden. Nach der Erhebung spricht der „Obermeister", also der Meister vom Stuhl, den Erhobenen an, wobei die Bilderwelt der Hiramslegende zu Gunsten einer „germanischen Göttersage" abgelöst worden ist, die man schließlich gleichsam tauft, wie Weiland Winfried die Germanen:

> Die Sage von dem nordischen Lichtgott habe ich Ihnen mitgeteilt bis zu dem Augenblick, in dem die Verwundung Baldurs auch Sie im symbolischen Tod niederwarf. Aber wie Sie das Schicksal des Gottes erleiden, so ist Ihnen auch zuteil geworden, was dem Gott beschieden war: Ihn hat die Finsternis nicht behalten, er erstand im jungen Frühling zu neuem Leben, und das Licht feierte in seiner Wiedergeburt den ewigen Sieg. Es liegt die ganze gemütstiefe Gläubigkeit unserer Vorfahren in dieser Sage, und die leuchtende Gestalt des Gottes ist geboren aus der innigen Naturverbundenheit aller nordischen Völker und zumal unserer germanischen Vorväter. Für uns erhebt sich hinter dieser Gestalt der Sage jedoch ein anderer, ein unvergleichlich Größerer. Christus, der auf dem Hügel von Golgotha sein Blut für uns verströmte, den die Macht des Grabes nicht zu halten vermochte und der als Sieger über Tod und Grab und Finsternis auferstand – Christus, dem als dem höchsten Meister zu folgen wir Christen berufen sind. (Nationaler Christlicher Orden 1933: 31f.)

Diese Passage, sie klingt mehr nach einem Andachtsabend der „Deutschen Christen" und weniger nach einer Logenarbeit, verknüpft in der Initiation den Meistergrad mit der Auferstehungslehre des Christentums, sie sakralisiert die Logenarbeit und formt aus der freimaurerischen Erziehungsarbeit, die in den davor angesprochenen Ritualen bewusst keinen Schritt ins Religiöse setzt, da dieser Bereich zweifellos dem Individuum im Sinne der *Alten Pflichten* zukommt, einen Offenbarungseid, der exklusiv *Christen* vorbehalten ist und Angehörige anderer Religionen im Widerspruch zu den „Alten Pflichten" ausgrenzt. Während der christliche Anspruch für diesen Part deutscher Freimaurerei seit der Wende vom 18. zum 19. Jahrhundert typisch war, ist im Wandel von der Hiramslegende zum Stoff germanischer Götterlieder eine bewusste Annäherung an den Nationalsozialismus zu sehen.

4. Tod und Meistergrad in der Freimaurerei

Reduziert man den symbolischen Anspruch des freimaurerischen Initiationsritus des Meistergrades, wie er in der humanitären Freimaurerei seit dem 18. Jahrhundert geübt wird, so gelangt man über das Bild des Todes und die Erhebung des Meisters zum Bild des *neuen Menschen*, der sich seiner Pflicht gegenüber der Allgemeinheit bewusst ist und im Sinne dieses Auftrages zu arbeiten hat. Gleichzeitig verweist Michel de Montaigne, in dem er sich auf Cicero beruft, darauf, dass das Philosophieren sterben lernen bedeutet (Montaigne 2005: 49). Martin Heideggers (1927) Begriff des „Seiens zum Tode“ nimmt dieses Bild ebenfalls auf.

> Das Ziel unserer Laufbahn ist der Tod: er steht uns vor Augen, ob wir wollen oder nicht; wenn er uns erschreckt, wie ist es möglich, ohne Schaudern einen Schritt vorwärts zu tun? Der Ausweg des gemeinen Haufens ist, nicht an ihn zu denken. Aber aus welch viehischen Stumpfsinn kann ihm eine so sture Verblendung kommen? (Montaigne 2005: 53)

Diesem Stumpfsinn hält Montaigne einen Erziehungsgrundsatz entgegen:

> Es ist ungewiss, wo der Tod unser wartet; erwarten wir ihn überall. Die Besinnung auf den Tod ist Besinnung auf die Freiheit. Wer sterben gelernt hat, hat das dienen verlernt. Sterben zu wissen, befreit uns vor aller Unterwerfung und Zwang. Das Leben hat kein Übel mehr für den, der begriffen hat, dass der Verlust des Lebens kein Übel ist. (Ebda: 58f.)

Montaigne fußt mit seinen Ansichten auf den Epikuräern und Stoikern, letztlich steht er im Widerspruch zu den Todesbildern seiner Zeit und deren im Christentum verankerten Vorstellungen, die den Tod, Sünde und Unsterblichkeit der Seele verknüpfen. In England kam es an der Wende vom 17. zum 18. Jahrhundert zu einer entscheidenden Neuinterpretation des Todes, wobei diesem Vorgang eine Vorreiterrolle innerhalb Westeuropas zukam. Der Zusammenhang „zwischen Tod und Sünde oder spirituellem Leiden“ wurde relativiert und ging schließlich unter (Ariès 1982: 784). In einer Analyse zentraleuropäischer Testamente des 18. und frühen 19. Jahrhunderts wird deutlich, „wie Religion“ zunehmend „an den Rand der in der bürgerlichen Öffentlichkeit zirkulierenden Wissensbestände gedrängt wurde, wie das Gottesbild der Gläubigen sich wandelte und die Moral an die Stelle der Sünde trat, wie Seelmessstiftungen in den Testamenten verfielen, weil Jenseits und Fegefeuer aus dem Bewusstsein der Gläubigen entschwanden“ (Schlögl 1995: 327; zit. n. Scheutz 2007: 107).

Der Tod entwickelte zunehmend eine ästhetische Dimension. Diese Entwicklung, die durch die Abkehr der Philosophie und Theologie von der Vorstellung der Hölle getragen wurde, ging zweifellos langsam den Weg von den intellektuellen Eliten zur Massengesellschaft. Ariès verweist auf jene Schmucksammlung in London, deren Belege von der elisabethanischen Zeit bis ins späte 19. Jahrhundert reichen und sich auf den Tod beziehen: Ein durchgehendes Motiv findet er in den kleinen bis kleinsten goldenen Särgen, in denen silberne Skelette oder, als pars pro toto, Locken der Verstorbenen liegen (Ariès 1982: 586). Diese Schmuckstücke – die Särge sind zum Tragen ausgerichtet – korrespondieren mit einer anderen seit dem 16. Jahrhundert in England auftretenden Mode, die durch Totenkopfringe und andere Ringe mit makabren Motiven, etwa ein weinendes Auge, gekennzeichnet ist (Ariès 1982: 422). Derartige Dinge bewegen sich durchaus im Bereich der geläufigen Symbole der Vanitas, erstaunen aber in ihrem nahezu spielerischen Umgang mit dem Tod.

Montaignes Position kann man als moderne Form der ars morendi, der Kunst des Sterbens, lesen, die auf „Gelassenheit und Zuversicht“ (vgl. Imhof 1991: 52ff) abzielt, aber keine transzendente Hoffnungsebene auf ein Leben danach anbietet. Gleichzeitig lässt er aber keinen Zweifel, dass es um den eigenen Tod geht. Die Vanitaszitate wiederum sprechen von einer breiter gestreuten Bereitschaft zur Visualisierung des Todes, wenngleich ihnen auch ein charakteristischer Anteil des Homo ludens innewohnt. Andererseits kann man aber darin auch eine individuelle Annäherung an den Tod lesen, um dessen Erklärung, Verstehen und Hinnahme man nicht mehr auf die Mittlerdienste der Theologen angewiesen ist. Der Tod, sei's der des anderen, sei's der eigene, wird alltäglich. Es tritt eine Banalisierung ein, die etwa in der Geschichte des Selbstmordes für das späte 18. Jahrhundert bereits thematisiert worden ist (Minois 1996: 290ff.).

5. Jörg Mauthe

> 8. Juli (Tagebucheintragung) Demnächst werde ich sterben. Ich begriff es schon in der ersten Minute der Visite. [...] Am Abend kommt dann der Dozent P. Er gibt mir die Hand im Gesellengriff, ein gutes Zeichen, weil es bedeutet, dass er mich nicht anlügen wird. Er hat's denn auch offenbar übernommen, derjenige im Stations-Team zu sein, welcher prüfen soll, ob ich die Wahrheit hören will. Klar will ich das. (Mauthe 1986: 5)

Mit diesen Worten beginnt das letzte Buch des österreichischen Literaten, Politikers und Freimaurers Jörg Mauthe, das seinem Wunsch gemäß erst nach seinem Tod und ohne Änderungen an seinem Manuskript publiziert worden ist.

> Der Bericht über meine Zeit bis zum unvermeidlichen Demnächst sollte, so wünsche ich mir, heiter, gelassen und ordentlich werden. (Ebda: 12)

Mauthe evoziert hier also ironisch das Bild des Stoikers, dessen Einsicht in das Unvermeidliche nicht durch Zwischenberichte über Schmerz, Dreck und Blut, die das Sterben an einem Lungenkarzinom mit Metastasen in Leber und Darm begleiten, unterbrochen werden sollte:

> 11. Juli (Tagebucheintragung). Ihr Urteil war das erwartete: vier Wochen ohne, sechs Monate mit milder, etwas mehr mit aggressiver Medikation [...] Mild also, oder, anders ausgedrückt: sechs Monate. Ich bin ganz zufrieden damit. Zeit genug, um das Meiste von dem in Ordnung zu bringen, was noch nicht abgeschlossen ist; mehr brauche ich nicht. [...] Das Demnächst wäre also, gut gerechnet, ein halbes Jahr, schlecht gerechnet, zwei Monate. Allein gelassen, steigert sich meine Euphorie ins Absurde. Ich entdecke, dass ich *mächtig* bin. *Ich bin mächtig.* Ich bin unangreifbar geworden. Ich *kann alles tun, was ich will. Ich bin Caesar* – oder sagen wir: Caesar acht Wochen vor den Ideen des März. (Ebda: 22)

Und etwas weiter:

> Jetzt aber, die Grenze vor Augen … Ja: *Mir passiert nichts mehr, ich passiere. Ich.* Ich könnte mir zum Beispiel einen Revolver kaufen und ihn dazu verwenden, die Welt ein bisschen zu verbessern. (Ebda: 23)

Letztlich sorgt er, der so typisch wienerische Österreicher, vor für das Begräbnis:

> 2. August (Tagebucheintragung) Ich trage nach, dass mir B[usek] bei seinem letzten Besuch zugesagt hat, eine Totenrede zu halten, die seine Rede anlässlich meines sechzigsten Geburtstags an Brillanz noch übertreffen werde. Damit wäre nach dem protestantischen Ritual auch das politische gesichert. Schade, dass ich die Rede, die zweifellos ein Meisterstück sein wird, nicht werde hören können. (Ebda: 75)

In einer literarischen Rede an seine Söhne bezieht er schließlich zum Tod selbst Position:

> ‚Glaubst Du an ein Weiterleben nach dem Tod?' ‚Nein. Oder genauer gesagt: ich glaube nicht, dass ich daran glaube.' Es ist auch kein Problem für mich. Das Leben weiß nichts vom Tode, müßig, darüber nachzudenken. Gewiss, da gibt es etwas in uns, das Vervollständigung erhofft, Nachholung des Versäumten (mein Dämon hat sich nicht blicken lassen, es sei denn in Gestalt von Dohlen oder schwarzen Eichhörnchen), etwas ist wohl auch in uns, das auf Erlösung wartet. Aber genügt dafür der Tod nicht auch? Er sollte genügen, denke ich. Aber natürlich, lachen tät ich schon, wenn da was wäre, nachher. Nun, ich werd's ja sehen oder auch nicht, demnächst. (Ebda: 87)

Nach längeren Passagen über politische Freunde und Widersacher, dazwischen gesetzten Tagebucheintragungen und Stimmungsbildern nimmt er von einem weiteren Lebenskreis Abschied in der Loge:

> Ich bin lange nicht dagewesen, kaum ein Dutzendmal in den letzten Jahren, aber in den letzten Wochen hab ich gut gebrauchen können, was sie mich gelehrt hat; und ich möchte ihr meinen Dank abstatten. Ich […] gebe das Zeichen und halten meine letzte Arbeit […], und bitte die Anwesenden, demnächst die Kette um meinen Sarg zu schließen (was der dritte Hauptteil der schönen Leich sein wird). (Ebda: 138)

Nach einer bitteren Abrechnung mit der Entwicklung der österreichischen Maurerei kommt Mauthe zum Schluss:

> Sieben Meister braucht's, um eine Loge zu errichten. Und mindestens sechs Gesichter unter den vielen, die sich mir heute zuwenden, erkenne ich auch in dieser Loge. Nein: sieben. Ehrwürdige Brüder Meister, ich habe Euch meine letzte Arbeit vorgelegt und begebe mich abermals auf die Reise. (Ebda: 140)

Seinem eigenen Anspruch gerecht werdend, bleibt der Autor gelassen den Verfallserscheinungen seines Körpers gegenüber, er sucht die laufenden Geschäfte zu einem sauberen Ende zu bringen und Abschied nehmend kreist er um Familie und Freunde, sorgt vor, dass diese auch im Begräbnis sichtbar werden.[2]

Mauthe spricht selbst von einer „schönen Leich“, einem „großen Begräbnis“, das scheinbar im Widerspruch zu der von der Aufklärung „getragenen Reform des Bestattungswesens steht, die gegen einen Übermaß der lange „gepflogenen, nach sozialen Hierarchien vorgenommen Bestattungshierarchie“, gerichtet war (Scheutz 2007: 125). Allerdings verweist die zu erwartende Rede des politischen Freundes auf einen Akt, der nicht dem *L'art pour l'art* verpflichtet ist, sondern im Begräbnis auch gesellschaftspolitische Stellungnahme sucht. Sein Buch berichtet vom bewussten Abschiednehmen von der Familie, von den politischen und journalistischen Weggefährten und von seiner Loge. Verschlüsselt erinnert Mauthe zunächst an das symbolisch-rituelle „Erlebnis des Todes“ (Lensch 1998: 31) im Ritual der Meistererhebung – „in den letzten Wochen hab ich gut gebrauchen können, was sie mich gelehrt hat“ –, ehe er seinen Brüdern in der Zeichnung seinen Zustand offenbart. Er vermittelt ihnen dabei das Bild, dass der „Meister […] getrost der Stunde des Todes entgegen“ sieht (ebda.), er macht deutlich, dass er den „ohne Furcht zu erwarten“ gelernt hat, um so das Zeugnis des Meisters abzulegen, da die Überwindung dieser Furcht ihm „die Kunst zu leben und zu sterben“ vermittelt hat (Lensch 1998: 32). Er schließt für sich diese Passage mit dem Hinweis „ich habe Euch meine letzte Arbeit vorgelegt und begebe mich abermals auf die Reise“ mit dem Wissen, dass das „Ziel der Wanderung […] der Tod“ ist (ebda.). Wissend um die Versuchung der Selbststilisierung reagiert Mauthe irritiert auf die zahlreichen Zusprüche und lässt nur einen gelten: „Der Bruder Wolfgang schafft mir Trost: ob ich wüsste, dass ich vor zehn Jahren bei einer Trauerarbeit […] die gleichen Worte und Meinungen gebraucht hätte wie gestern? Nein, daran kann ich mich nicht erinnern, aber es freut mich sehr, mich über die Jahre hinweg nicht dementiert zu haben“ (1986: 141). Der ironisch zitierten „schönen Leich“ wird als Kontrapunkt Epikurs Haltung gegenübergestellt, die „das Einüben des vollkommenen Lebens“ mit dem „Einüben des vollkommenen Sterbens“ setzt.“ (Epikur 2007: 45).

6. Stirb und werde!

Ein „vollendeter Bruder“ findet seinen Eingang in den „Ewigen Osten“ und die zum Begräbnis versammelten Brüder schließen um seinen Sarg ein letztes Mal die Bruderkette. Diese Bruderkette nimmt jenes Motiv wiederum auf, das im Ritual der Meistererhebung die Brüder am Grab Hirams, am symbolisch getöteten Gesellen zusammenführt. Dem frisch erhobenen Meister wird dabei verdeutlicht, dass er Leben und Tod allein bestehen muss, ihm aber dabei die Brüder umgeben. Eine Vielzahl von Varianten

[2] Mauthe sorgte überdies dafür, dass jene, die er entschieden ablehnte, den damaligen Bürgermeister von Wien und den damaligen Großmeister der Großloge von Österreich, durch offene Briefe nach seinem Tod an der Teilnahme am Begräbnis ausgeschlossen blieben.

(Lennhoff / Posner / Binder 2006: 114f.) dieses Abschiednehmens ist gebräuchlich, letztendlich begleiten die Brüder den Verstorbenen und bekräftigen im knappen Ritual, dem Auflagen der drei Rosen und in der Kette ihre brüderliche Verbundenheit. Lennhoff / Posner interpretieren die Rose allerdings als „Sinnbild der Sehnsucht des Menschen nach einem neuen höheren Leben", wobei sie festhalten, dass die drei Johannisrosen Licht, Liebe und Leben bedeuten (ebda: 715).[3] Der „Ewige Osten" wird als Tod (ebda: 632) gelesen, wenngleich in Analogie zur rituellen Raumordnung, zur strahlenden Sonne am Sitz des Meisters vom Stuhl, zum Ort, an dem der Suchende das „Licht" empfängt, der Hinweis zu finden ist, dass der Osten ein „Morgen, der keinen Abend kennt" sei (Lensch 1998: 13). Im Kommentar zum Ritual der A.F.u.A.M. Logen wird daher festgehalten, dass „im Meistergrad der Freimaurer [...] der Tod nicht als absolutes Ende gedacht" sei, „das Ritual lässt vielmehr die Hoffnung deutlich werden" auf ein „Nach-dem-Tod". „So wird der Tod gesehen nicht als Ende des Existenz, sondern als ein Etwas am Leben: Durchgang, Pforte, Transformation, man könnte es biologisch ausdrücken als letzte Mutation in eine höhere Existenz" (ebda.). Dies steht im Widerspruch zum Verständnis der Freimaurerei, die „sich nur auf das Diesseits bezieht" (ebda: 12). Im Prager Ritual des 18. Jahrhunderts wird wie in heute geläufigen Ritualen dem erhobenen Meister dringlich verdeutlicht, dass das Ringen um die Meisterschaft ein Leben lang anhält. Die Erhebung aus dem symbolischen Grab ist keine Erweckung oder Auferstehung. Nicht der tote Meister Hiram wird erhoben, sondern der neue Meister, der an seine Stelle tritt. Das Wollen, Streben und Wirken Hirams ist auf ihn übergegangen. Erst bei seinem Tod ist die Erhebung endgültig Realität geworden, die Kette umspannt den nun „vollendeten" und damit wahrhaften Meister. Ein Neuanfang, ein Sich-Hinterfragen, ein Ringen um Wahrhaftigkeit ist nicht mehr möglich. In Parenthese sei nochmals auf Epikur verwiesen:

> Denn es gibt nichts Schreckliches im Leben für den, der im vollen Sinne erfasst hat, dass nichts Schreckliches im Nicht-Leben liegt. [...] Das Schauererregendste aller Übel, der Tod, betrifft uns überhaupt nicht; wenn ‚wir' sind, ist der Tod nicht da; wenn der Tod da ist, sind ‚wir' nicht. Er betrifft also weder die Lebenden noch die Gestorbenen, da er für die einen nicht da ist, die anderen aber nicht mehr da sind. [...] Noch fürchtet [der Weise] das Nicht-Leben; denn weder ist ihm das Leben zuwider, noch vermutet er, das Nicht-Leben sei ein Übel. (Epikur 2007: 125f.)

---

[3] Weiters zur Rosensymbolik: Horneffer (1981: 45ff.); Dosch (1999: 241;. zu ergänzen durch das Stichwort *Begräbnis*: 48).

7. Tradition und Moderne in der Todesauffassung der Freimaurerer

Das Meisterritual und sein „Stirb und werde“ verweist uns definitiv nicht auf ein Leben nach dem Tod. Derartige Vorstellungen sind der Glaubensüberzeugung des Einzelnen überlassen, wiewohl gerade die Ansätze der sogenannten „christlichen Maurerei“ und die enge Interpretation des Symbols des Baumeisters aller Welten auf eine andere Deutung hinzuweisen scheinen.

Bereits in der frühen Diskussion der „Alten Pflichten“ kam es in England der 1720er Jahre zu einer massiven Ablehnung der deistischen Position, wie sie von James Anderson formuliert worden war. Man setze dieser in den „Alten Konstitutionen“ weit mehr als eine theistische Position entgegen: „Ich muss Euch ermahnen, Gott in seiner heiligen Kirche zu verehren. Ihr sollt Euch nicht auf Häresie, Schisma oder Irrlehren einlassen oder auf die Lehren ungläubiger Menschen“ (Naudon 1982: 43). Die *Antients* warfen den *Moderns*, die sich den Alten Pflichten der Andersonschen Lesart verpflichtet fühlten, vor, die wahre maurerische Tradition aufgegeben zu haben, da sie das Ritual dechristianisiert hätten. Unter dem Druck der *Antients* relativierten die *Moderns* die *Alten Pflichten* bereits 1738 und der in ihnen enthaltene fast pointilistische Deismus wurde auf eine „warme und aufrichtige religiöse Frömmigkeit“ zurückgeführt (Mellor 1967: 75). Die zweite Ausgabe der *Alten Pflichten* war somit „eine Art von Wiedergutmachung, eine Beschwichtigung des religiösen Gefühls“ (ebda: 76) In der Annäherung der beiden Großlogen gaben die *Antients* das christliche Konzept vor und die *Moderns* waren bereit, dieser Vorgabe zu folgen.

Im englischen Deismus standen „religiöse Toleranz und das Verhältnis von Kirche und Staat im Vordergrund“, doch ab der Mitte des 18. Jahrhunderts verebbte diese „deistische Sturmflut“ (Gestrich 1982: 392ff.) und Alec Mellor erkennt ein England, „das zur Religion zurückgefunden hatte“ (Mellor 1967: 76), während der englische Deismus in Frankreich zur „weltgeschichtlichen Macht“ anschwoll und verfestigt wurde (vgl. Binder 2004, 52f.). Auf dieser Basis vollzog sich schließlich der Wandel vom Deismus zum Atheismus, von der deistischen Religionskritik zum religionskritischen Materialismus. Diese allgemeine Entwicklung beeinflusste naturgemäß auch die Logen, die ja immer nur ein Spiegel jener Gesellschaft sein können, innerhalb der sie bestehen. Der Bruch zwischen der romanischen Freimaurerei und der englischen Freimaurerei in der Mitte des 19. Jahrhunderts ist somit eine logische Konsequenz divergierender Entwicklungsstränge.

Seit der Proklamation der *United Grand Lodge of England*, in der *Moderns* und *Antients* zusammengeführt wurden, erstarrte das System und wurde im angelsächsischen und nordamerikanischen Raum unter anderem durch die *Landmarken* noch verfestigt. So heißt es in der Fassung der *Landmarken* bei P.G.M. Joseph D. Evans an zweiter Stelle:

> Jeder, der sich um Zulassung zu den Vorrechten der Freimaurerei bewirbt, muss vor seiner Aufnahme den Glauben an einen ewigen und wahrhaften Gott, den Schöpfer und Lenker des Weltalls, und an die Unsterblichkeit der Seele bekunden. (Lennhoff / Posner / Binder 2006: 29)

Roscoe Pounds Fassung der *Landmarken* definiert ebenso den Glauben an Gott und den Glauben an die Fortdauer der Persönlichkeit (Lennhoff / Posner / Binder 2006: 30), während die *Basic Principles* den „Glauben an den Großen Baumeister aller Welten und an seinen geoffenbarten Willen" unterstreichen (ebda: 31). Zweifellos ist eine sprachliche Verflachung im chronologischen Ablauf der Verpflichtungsbestimmungen im Hinblick auf das göttliche Prinzip und die damit verknüpfte Vorstellung einer Unsterblichkeit der Seele gegeben; man kann diese Entwicklung aber weniger als eine Rückkehr zu den *Alten Pflichten* in der Andersonschen Fassung, als viel mehr als eine Reaktion auf den allgemein zu beobachtenden Säkularisierungsprozess der modernen Gesellschaft lesen. Jene Großlogensysteme, die sich der *United Grand Lodge of England* verbunden wissen, suchen tendenziell einen Mittelweg zwischen dem anhaltenden Säkularisierungsprozess und dem Festhalten der United Grand Lodge of England an ihrer Lesart des Bekenntnisses zu einem „Baumeister aller Welten", in dem sie, wie Hans Joachim Jung (1997) es formuliert hat, den „Baumeister aller Welten" als Symbol lesen, als ob es ihn gebe. Erst die Abkehr vom deistischen Weg und der partielle Rückbruch auf die christliche Religion im Übergang vom 18. zum 19. Jahrhundert hat außerhalb des Rituals die Dimension der Unsterblichkeit partiell in maurerische Systeme refundiert.

Am Ausgangspunkt der Überlegungen stellt die Frage nach dem Tod im Ritual. In der Initiation stirbt der alte Mensch und wird zum neuen Menschen, er erhält das Licht, wird befördert und schließlich zum Meister erhoben. Im zentralen Teil des Meisterrituals wird er mit dem Tod, jenem des Meisters Hiram und seinem eigenen konfrontiert. Gleichzeitig wird ihm in der Erhebung aus dem Grab sein Platz innerhalb der Freimaurerei neu zugewiesen. Angesichts des Todes hat er seinen Teil am Bau des Tempels der Humanität zu leisten, der über seinen Tod hinaus weitergeführt werden wird. Eine Initiation bezieht den ganzen Menschen ein, der Initiierte wird seine Erfahrungswelt daher nicht nur auf seine konkrete Mitgliedschaft erleben, sondern auch im Hinblick auf die Gestaltung seines Lebens insgesamt beeinflusst. Auf dieses übertragen, bedeutet das Todeserlebnis im Meisterritual eine Aufforderung, sich gelassen dem Unausweichlichen zu stellen (vgl. Kraffert 2002: 40). Dieser Haltung begegnet man in den zitierten Texten des 18. Jahrhunderts und in dem sehr persönlichen Zeugnis des 20. Jahrhunderts. Das Meisterritual enthält sich jeder Antwort über den Tod hinaus. Hier ist der Einzelne sich selbst, seinem Glauben, wie immer er aussehen mag, überlassen. Ausdrücklich muss Reinhold Dosch widersprochen werden, der meint, dass die „Freimaurerei [...] den Tod nicht als Ende des Lebens" ansieht, „sondern [...] ihn als eine Wandlung zu einem anderen Leben" interpretiert (Dosch 1999: 285). Jörg Mauthe hat eine Formel gefunden, in der er, der bewusste evangelische Christ, Rationalität und Mythos zu vereinigen wusste, ohne aber damit den Anspruch auf Allgemeingültigkeit zu erheben:

> Das Leben weiß nichts vom Tode, müßig, darüber nachzudenken. Gewiss, da gibt es etwas in uns, das Vervollständigung erhofft, Nachholung des Versäumten [...], etwas ist wohl auch in uns, das auf Erlösung wartet. Aber genügt dafür der Tod nicht auch? Er sollte genügen, denke ich. Aber natürlich, lachen tät ich schon, wenn da was wäre, nachher. Nun, ich werd's ja sehen oder auch nicht, demnächst. (Mauthe 1986: 87)

Und auf dem Grab an der Stadtmauer von Heraklion, in dem Nikos Kazantzakis ruht, stehen drei knappen Sätze:

„Δεν ελπίζω τίποτα. Δε φοβϋμαι τίποτα. Είμαι λέφτερος."
„Ich erhoffe nichts. Ich fürchte nichts. Ich bin frei."

Literaturverzeichnis

Ariès, Philippe (1982), Geschichte des Todes, München.

Binder, Dieter A. (2004), Die diskrete Gesellschaft. Geschichte und Symbolik der Freimaurer, (Edition zum rauhen Stein), Innsbruck.

Br. S – z (1786), „Tod ist Leben. Eine Rede", in: Journal für Freymaurer 3,2 (5786 = 1786), 153–158.

Br. Sch...g (1784), „Ueber die Thätigkeit und den Genuß des Lebens", in: Journal für Freymaurer 1,3 (5784 = 1784), 148–156.

Canetti, Elias (1982), Masse und Macht, Frankfurt am Main.

Caspari, Otto (1910), Die Bedeutung des Freimaurertums, Berlin.

Dosch, Reinhold (1999), Deutsches Freimaurerlexikon, Bonn.

Epikur (2007), Briefe, Sprüche, Werkfragmente. Griechisch / Deutsch. Übersetzt und herausgegeben von Hans-Wolfgang Krautz, Stuttgart.

Gestrich, Christof, (1982), „Deismus", in: Theologische Realenzyklopädie, Bd. 9, Berlin, New York, 392–406.

Hasselmann, Kristiane (2009), Die Rituale der Freimaurer. Zur Konstitution eines bürgerlichen Habitus im England des 18. Jahrhunderts, Bielefeld.

Heidegger, Martin (1927), Sein und Zeit, (Jahrbuch für Philosophie und phänomenologische Forschung 7), Halle.

Horneffer, August (1916), Symbolik der Mysterienbünde, München.

Horneffer, August (1981), Sinn und Wert unserer Symbole. Das Stiftungsfest, Johannistag, die maurerische Bekleidung, die Schutzpatrone der Freimaurerei, die Kette, die drei Rosen, 2. überarb. Auflage, Hamburg.

Imhof, Arthur Erwin (1991), Ars Moriendi. Die Kunst des Sterbens einst und heute, (Kulturstudien 22), Wien.

Jung, Hans Joachim (1997), Der Baumeister aller Welten – als ob es ihn gäbe: Ein freimaurerischer Zentralbegriff als heuristische Fiktion, Bonn.

Kant, Immanuel (1788), Critic der practischen Vernunft, (Nachdruck: Erlangen 1984), Riga.

Kraffert, Wolfram (2002), „Ritualistik, Initiation", in: Helmut Reinalter (Hrsg.), Handbuch der freimaurerischen Grundbegriffe. Innsbruck, Wien, München, 36–42.

Lennhoff, Eugen / Posner, Oskar / Binder, Dieter A. (2006), „Tod und Wiedergeburt", in: Eugen Lennhoff / Oskar Posner / Dieter A. Binder (Hrsg.), Internationales Freimaurerlexikon, München.

Lennhoff, Eugen / Posner, Oskar / Binder, Dieter A. (2006), „Unsterblickeit“, in: Eugen Lennhoff / Oskar Posner / Dieter A. Binder (Hrsg.), Internationales Freimaurerlexikon, München.

Lensch, Günther (Hrsg.) (1998), Die ethischen Werte im Ritual III der Großloge A.F.u.A.M. von Deutschland, Bonn.

Lewis, Cecil (2008), Schütze im Steigflug, Frankfurt am Main.

Mauthe, Jörg (1986), Demnächst oder Der Stein des Sisyphos, Wien.

„Meisterkatechismus“ (1791), in: Rituel der Meister zum Gebrauch der □ W. und E. zu 3 gekrönten Säulen im Orient von Prag, 32–36.

Mellor, Alec (1967), Logen, Rituale, Hochgrade. Handbuch der Freimaurerei, Graz, Wien, Köln.

Minois, Georges (1996), Geschichte des Selbstmords. Aus dem Französischen von Eva Moldenhauer, Düsseldorf, Zürich.

Montaigne, Michel de (2005), „Philosophieren heißt sterben lernen“, in: Michel de Montaigne (Hrsg.), Von der Freundschaft. Aus dem Französischen von Herbert Lüthy. Mit einem Nachwort von Uwe Schultz, München.

Nationaler Christlicher Orden Friedrich der Große (1933), Brauchtum für die Stufe der Ordensmeister im Nationalen Christlichen Orden Friedrich der Große und im Deutsch-christlichen Orden zur Freundschaft. Verbindlich für alle Ordensgruppen des Nationalen Christlichen Ordens Friedrich der Große und des Deutsch-Christlichen Ordens zur Freundschaft, Berlin.

Naudon, Paul (1982), Geschichte der Freimaurerei. Aus dem Französischen übersetzt und bearbeitet von Hans-Heinrich Solf. Frankfurt am Main, Berlin, Wien.

Rituel der Meister zum Gebrauch der □ W. und E. zu 3 gekrönten Säulen im Orient von Prag [5791 = 1791], Prag.

Scheutz, Martin (2007), „Ein unbequemer Gast? Tod, Begräbnis und Friedhof in der Neuzeit“, in: Wolfgang Hameter / Meta Niederkorn-Bruck / Martin Scheutz (Hrsg.), Freund Hein? Tod und Ritual, Innsbruck, 100–134.

Schlögl, Rudolf (1995), Glaube und Religion in der Säkularisierung. Die katholische Stadt – Köln, Aachen, Münster – 1740 bis 1840, München.

Schröder, Friedrich Ludwig (1975), „Ritual des Meistergrades“, in: Friedrich Ludwig Schröder (Hrsg.), Ritual des Gesellen- und Meistergrades. Friedrich Ludwig Schröders Ritual von 1801. Neu herausgegeben von der Loge „Absalom zu den drei Nesseln“ (Nr. 1), Hamburg, Bonn, 41–68.

CHRISTINE STRIDDE

Das hingewürfelte Wort

Ebenen der Unverständlichkeit in mittelalterlichen Sprach-Spielen

1. Unverständlichkeit: Was ist ein Text?

Spätestens seit der systemtheoretischen Behauptung der „Unwahrscheinlichkeit von Kommunikation" (Luhmann 1981) haben wir uns damit abgefunden, dass dem Gelingen kommunikativer Äußerungen berechtigte Zweifel entgegenzubringen sind, wir „bei aller Kommunikation mit einer mehr oder weniger großen Verlustquote rechnen, mit Unverständlichkeiten, mit Ausschußproduktion" (Luhmann 1984: 216f.). Mindestens mit drei Unwahrscheinlichkeiten sieht sich Kommunikation konfrontiert: der Erreichbarkeit von Adressaten über Räume und Zeiten hinweg, des Erfolgs im Sinne von „gelungene[r] Kopplung von Selektionen" und des Verstehens dessen, was ein anderer gemeint hat (Luhmann 1984: 217f.). Zum Glück haben wir es – in den meisten Fällen jedenfalls – mit unsichtbar gewordener Unwahrscheinlichkeit zu tun, die ihrerseits Kommunikation begünstigt, soziale Systeme hervorbringt und in Wahrscheinlichkeit transformiert wird (vgl. Luhmann 1984: 218ff.). Das kann auch bedeuten, dass im Umgang mit dem Unverständlichen ein

> mögliche[r] ‚Anstoß' [liegt], der gerade dadurch, dass er nicht, falsch oder nur verstellt verstanden wird, als produktives Moment wirken kann. Unverständlichkeit wird nicht nur als Ergebnis einer fehlerhaften und dennoch produktiven Rezeption aufgefasst, sondern [kann] in den Status einer textgenerativen Qualität [...]

rücken (Schumacher 2000: 20f.). Dafür lassen sich aus der Erfahrungswelt der Kommunikation unendlich Fallbeispiele beibringen. Walter Benjamin schreibt etwa in einem der Erinnerungsstücke seiner *Berliner Kindheit um Neunzehnhundert* über die Steglitzer Straße, in der seine Tante Lehmann in einer Erkerwohnung lebte:

> Denn damals hieß sie mir noch nicht nach Steglitz. Der Vogel Stieglitz schenkte ihr den Namen. Und hauste nicht die Tante wie ein Vogel, der reden konnte, in ihrem Bauer? Stets wenn ich ihn betrat, war er erfüllt vom Zwitschern dieses kleinen schwarzen Vogels [...]. (Benjamin 2006: 31)

Heutzutage prominenter noch sind diejenigen „Verhörer", die das Erlebnis der Unverständlichkeit der Poesie selbst zum ‚Poesie-Erreger' (Bellmer 1976: 49) werden ließen, die der Kolumnist der Süddeutschen Zeitung, Axel Hacke, als Sammlung von Leserbriefen in seiner *Wumbaba-Trilogie* veröffentlichte (Hacke / Sowa 2010). Wenn Unverständlichkeit aber nur missglückte Verständlichkeit, sozusagen ein genetischer Geburtsfehler von Kommunikation und ein unaufhebbares Problem der Sagen-Meinen-Differenz ist, oder ein akustischer Unfall des Verhörens einzelner Sprachbenutzer, oder als Figur der *obscuritas* (vgl. Fuhrmann 1966) ein Mittel idealer Rhetorik und Poetik auf dem Weg zur nur noch überzeugenderen Verständlichkeit (vgl. Lausberg 1971: 51 et passim) – und auch wenn all dies produktive, überraschende und kreative Anschlusskommunikation erregt –, bleibt Unverständlichkeit doch unmittelbar abhängig von Verständlichkeit, dieser in einem Verstehensprozess zeitlich vor- und hierarchisch untergeordnet. Sie bliebe auf der Ebene der Rezeption angesiedelt relativ zum relativen Gegenbegriff der Verständlichkeit und quasi im nur fatalistischen Sinne – bei Aristoteles wie bei Luhmann – positiv besetzt.

Die Unwahrscheinlichkeit von Kommunikation, die Unfallgefahr für die Verständlichkeit dessen, was ein anderer gemeint hat, berührt speziell unter linguistischen Prämissen die Frage nach dem Textualitätsstatus des Geäußerten und seinen ihn stabilisierenden Kriterien, gar sei nach Derrida „[e]in Text [...] nur dann ein Text, wenn er dem ersten Blick, dem ersten, der daher kommt, das Gesetz seiner Zusammensetzung und die Regel seines Spiels verbirgt" (1995: 71).[1] Damit ist jedoch nicht ein rhetorischer Begriff von Unverständlichkeit im Sinne der *obscuritas* gemeint, der auf dem zweiten Blick sich als nur ungewöhnliche und fremdartige „Vollkommenheit des sprachlichen Ausdrucks" (Aristoteles 1980: 1404b) entpuppt.[2] „Nicht, daß das Gesetz und die Regel Unterschlupf fänden im Unzulänglichen eines Geheimnisses" (Derrida 1995: 71); die geheime Information ist ja nur für denjenigen von Interesse, der es nicht begreift und – umgekehrt – nicht begreifbar für denjenigen, in dessen Interesse sie ist. Wenn als Gegenbegriff zum *arcanum* oder *clandestinus* die Transparenz gilt,[3] dann ist das Geheimnis dasjenige, das die rhetorische Unverständlichkeit für die Blicke derjenigen

---

[1] Wie Schlegels Ironie sich in der ihrerseits ironischen Abhandlung „Über die Unverständlichkeit" selbst erfüllt, sieht Hans-Dieter Gondek, der Übersetzer von Derridas Disseminatio, speziell den Essay zu Philippe Sollers *Nombres* seinerseits „an den Grenzen der Verstehbarkeit operier[en]".

[2] Zur Entwicklungsgeschichte der Verständlichkeit von der antiken Rhetorik her vgl. Göttert (1991).

[3] Ich beziehe mich vornehmlich auf im engeren Sinne literarische Kommunikation, blende im Besonderen den religiösen Diskurs aus, der sich auf eine Ontologie bezieht, die sich nicht ohne weiteres auf diese Form der Strukturdialektik von Verständlichkeit und Unverständlichkeit reduzieren lässt.

verdunkelt beziehungsweise verstellt, für die es geschaffen ist.[4] Das *arcanum* trägt seine eigene Negation stets in sich, ist mit seinem Erscheinen bereits vom Untergang bedroht. Bezogen auf den literarischen Text ist sein Erfassen „die Ausführung des Endstadiums des Werks: die daraufhin zustande kommende Klarheit des Werks ist so Frucht der Arbeit des Publikums" (Lausberg 1971: 51), welches in diesem Akt von der Seite des Nicht-Verstehens auf die Seite des Verstehens wechselt und das *arcanum* in Transparenz transformiert. Wird die Unverständlichkeit nun nicht allein als ein Aspekt natürlicher Kommunikationsunwahrscheinlichkeit oder als rhetorisches Verfahren zur Verdeutlichung des *arcanum*, sondern als Element der poetischen Funktion der Sprache und als Moment literarischer Ästhetik an sich aufgefasst, würde Unverständlichkeit als eine „bestimmte und bestimmbare", von der Verständlichkeit unabhängige „Textqualität" und bereits auf der Ebene der Produktion als kontrolliertes intentionales Verfahren beschreibbar (Schumacher 2000: 26).

> Diese Perspektive ermöglicht eine Lesart der Unverständlichkeit des Anfangs, die sich nicht von einer Teleologie der Verständlichkeit und nicht von dem Wunsch nach Erfassung – und Präsenz – eines Ganzen leiten lässt, die Unverständlichkeit nicht auf Anfang und Anfänglichkeit beschränkt, aber auch keine einfache Aufwertung und Glorifizierung von Nicht-Verstehen und Unverständlichkeit betreibt. Es formuliert sich so vielmehr eine skeptische Haltung gegenüber der Wahrnehm- und Erfassbarkeit von Texten, gegenüber einem Verstehen, das Verständlichkeit mit der Präsenz von Sinn und Wahrheit identifiziert. (Schumacher 2000: 25)

Der wesentliche Unterschied zum Normalfall unwahrscheinlicher Kommunikation wie zum Idealfall rhetorischer *obscuritas* liegt darin, dass mit Verständlichkeit und Unverständlichkeit zwei Seinsweisen des sprachlichen Ausdrucks fassbar werden, „je nachdem, welche Seite der Differenz man akzentuieren will". Das so nach zwei Seiten hin offene Modell „hält auf diese Weise das Zeichen als Zeichen präsent und sichert seine Unauslesbarkeit" (Fohrmann 1994: 198), und es schließt Produktion wie Rezeption in gleichem Maße ein.

2. Literatur und Spiel

Nicht erst seit Friedrich Schlegel, sondern bereits für den Selbstkommentar der sokratischen Mäeutik, auf die er sich bezieht, gilt als Inbegriff der Unverständlichkeit die Ironie.[5] Sie kommt ohne Bezugspunkt außer ihrer selbst aus, sie verunsichert die Referentialität der Sprachlichkeit. Die spielerische Ironie – auch ohne gleich zur „Betonung der Autonomie des ästhetischen Bereichs" (Strohschneider-Kohrs 1977: 90) im Sinne der

---

4 Vgl. für Nachweise von Aristoteles bis Erasmus Göttert (1991: 1–6).

5 Ob die Unentschiedenheit von echter oder nur gespielter Verstellung in der Sokratischen Ironie tatsächlich, wie Schlegel in seinem 108. Lyceums-Fragment andeutet, als „stete Selbstparodie" und damit gleichbedeutend mit seinem eigenen Begriff der „schönen Selbstbespiegelung" (Athenäums-Fragment, Nr. 116) zu verstehen ist, kann hier nicht diskutiert werden.

Kunsttheorie um 1800 zugespitzt zu sein, die man ohnehin in Abgrenzung zu einem heutzutage durchaus auch für die vormoderne Literatur tauglichen ideologisch unbelasteten Autonomie-Begriff (vgl. dazu Braun 2007: 39ff.) vielleicht besser „Souveränität"[6] nennen mag – kann mehr als die rhetorische Definition behauptet, zunächst nur das Gegenteil von dem zu sagen, was man meint und Verständlichkeit in der bloßen Umkehrung herzustellen ist. Indem die spielerische Ironie die Ordnungssetzung von Position und Negation als nur sprachlich bloßstellt, macht sie diese unverfügbar; sie ist „Positionslosigkeit als Außerkraftsetzen jeglicher Position" (Frey 1990: 273). Diese Unantastbarkeit der Ironie, ihre Autonomie keinen Standpunkt haben zu müssen, um zu sein, hat die Ironie mit dem ‚Spiel' gemein. Das Spiel prozessiert seine eigene Sprachlichkeit und weist in diesem Prozess auf sie hin,[7] was bedeutet, „daß die Frage, ob dem Gesagten etwas außerhalb der Rede entspricht, offenbleibt" (Frey 1990: 272), nicht aber schon verneint wird, worin die spezifische „ontologische Ambivalenz" des Spiels besteht (Hohlfeldt 1997: 224). Das heißt gegenüber dem, was Nicht-Spiel ist, dass seine Regeln selbst im Modus des Spiels gesetzt werden, wodurch sich Spielregeln von anderem regelhaften Verhalten unterscheiden lassen. Das gilt auch, trotzdem sie analog zum Gesetz von den Spielenden ernst genommen werden müssen: „der Ernst des Spiels ist gespielt" (Frey 1990: 263).

Dass für die Vormoderne nicht mit einem Spielbegriff als Theorem einer Ästhetiktheorie gearbeitet werden kann, dessen Theoriegeschichte man erst bei Schiller und Goethe beginnen lässt, liegt auf der Hand. Zurecht setzte man sich dem Vorwurf unterlassener Historisierung des theoretischen Inventars aus, versuchte man Funktionen des Spiels auf die mittelalterliche Literatur zu applizieren, die sich einem geistesgeschichtlichen Erbe verdanken, welches an der theoretischen Manifestation einer (modernen) ‚Idealklassik' und Höhenkammliteratur verdient wurde. Gemeint ist insbesondere das Spiel als Paradigma der „Souveränität der Kunst" beziehungsweise des Künstlers, da er selbst „durch und durch Poesie und gleichsam ein lebendes und handelndes Kunstwerk" (Schlegel 1988: Nr. 67) sei. Vom Objekt her gedacht bedeute dies, „der Mensch soll mit der Schönheit nur spielen, und er soll nur mit der Schönheit spielen" (Schiller 1860: 57). Ähnlich problematisch ist es, wenn man das Spiel kategorial dem Ernst oder gar der Vernunft entgegengesetzt,[8] in ihm radikal den Sinnverlust alles Sprachlichen am Werke sieht (vgl. Derrida 1995; de Man 1988; de Man 1993) oder Spiel als Modell für „die universale Sprachlichkeit unserer Welterfahrung" (Gadamer 1986: 5) überhöht und bis hin zum „Ursprung der Kultur" (Huizinga 2004) entdifferenziert.

---

6 Zur Unterscheidung von Autonomie und Souveränität des Ästhetischen vgl. Menke (1991, bes. 9ff.).

7 Vgl. zum Spiel als „Modell für die universale Sprachlichkeit unserer Welterfahrung" als Gegenentwurf zum rein subjektivistischen Spielbegriff der Romantik, den man Schlegel, wohl zu Unrecht, zugeschrieben hat, Gadamer (1986: 5).

8 Wie am extremsten bei Fink (1957) zu sehen.

Die Selbstreflexivität ist das zentrale Moment der strukturellen Analogie zwischen Spiel und Literatur; letztere wurde keineswegs – wie oft vor allem in der radikal geführten Debatte um die Alterität des Mittelalters suggeriert[9] – erst aus dem Geist des „Genies" geboren. Selbstreflexivität, genauer die Selbstreflexion der Literatur im Konzept des Spiels, findet sich bereits bei Platon. Das Spiel gilt ihm als Metapher für die Sokratische Ironie im Moment der Verstellung und das Brettspiel als Modell des Sprach-Spiels, das reflexiv auf sich selbst Bezug nimmt (Platon 1982: 487bc). Der Mensch, selbst „kunstreiches Spielwerk" (Platon 1991: 803c), widmet sich dem Spiel wie der Bildung als dem „einzigen wahrhaft ernstem Gegenstand" (Platon 1991: 803e). Aristoteles wendet sich dem Spiel in Analogie zur Ethik der Glückseligkeit zu, welche autarke Tätigkeit „[a]n sich und nicht bloß als Mittel" (Aristoteles 1984: 1177b) zum Zweck zu sein habe. Wenn das Spiel auch selbst nicht Glückseligkeit bedeute, gilt für die Spielhandlung gleichwohl, dass „man nichts weiter sucht als die Tätigkeit selbst" (Aristoteles 1984: 1176b). Die ästhetische wie die ethische Marschrichtung der literarischen Spieltheorie sind demnach platonisch wie aristotelisch vorgeprägt, freilich ohne dass bereits vom Spiel als Grundlage einer systematischen Literaturtheorie zu sprechen wäre.[10] Obwohl es – wie wir sehen werden – an dem antiken Spielbegriff deutlich partizipiert hat, gilt dies immer auch noch für das Mittelalter: „Das Ästhetische bildet kein eigenes System, durchquert vielmehr theologische, philosophische und rhetorische Diskurse, in denen Fragen der Manifestation des Göttlichen im Irdischen – in der Welt, der Natur, der Sprache, der Kunst – verhandelt werden" (Kiening 2007: 174). Darum ist ein konzeptueller Spielbegriff für die Selbstbeschreibung des Literarischen zu unterscheiden von einem theoretischen, der in der Regel nur bis Schiller und Kant zurückverfolgt wird, mindestens aber immerhin bis Petrarca zurückreicht.[11] Es ist davon auszugehen – und das trifft im gleichen Maße die Konzeption von Textualität, Literarizität und Fiktionalität gleichwie von Medialität, Präsenz und Performativität[12] vormoderner Texte –, dass, nur weil sich eine Theorie im historischen Auftreten ihrer Praxis noch nicht ausgebildet hat, nicht auch vom Fehlen ihrer Praxis auszugehen ist. Eine „kontrollierte Inbezugsetzung" (Kiening 2007: 175) von moderner Literaturtheorie und vormoderner Literatur sollte demnach zulässig, ‚Spiel' als ein „Ausdruck des ‚Mittheoretischen', der ‚immanenten Poetik'" im Sinne einer komplexen „Metasprachlichkeit" (Kiening 2003: 113f.)[13] zu berücksichtigen sein. Dieser Ausdruck eignet sich deshalb für die notwendi-

9 Vgl. ohne auf die Unterschiede in den einzelnen Theorieentwürfen einzugehen, aus der Perspektive rechts der 1800-Epochengrenze Jacob Burckhard, Hans Robert Curtius, noch Hans Robert Jauß, links davon etwa Peter Czerwinski und Hans Ulrich Gumbrecht. Vgl. zur Alterität als Wissenschaftsprogramm mit einem Forschungsüberblick Kiening (2005).

10 Zum Spielbegriff bei Platon und Aristoteles vgl. Matuschek (1998).

11 Vgl. dazu die Unterschung zur historischen Semantik des literarischen Spielbegriffs von Matuschek (1998).

12 Vgl. hierzu u. a. Kiening (2007: 171) mit der dort zitierten Literatur und Kiening (2008).

13 Zur Metasprachlichkeit als Begriff für die Selbstreflexivität von vormoderner Literatur vgl. Braun (2007, bes. 32–34 et passim).

ge Historisierung und Differenzierung der Literatur in ihren historischen Kontexten, da er zum einen die Ästhetik als „Wahrnehmungen eines Tuns anstelle von Qualitäten eines Objekts" (Kiening 2007: 175) zu erfassen und damit als Beschreibungsinstrument auch außersprachlicher selbstreflexiver Handlungsmuster das mimetische Verhältnis von Literatur und Welt im Blick zu behalten vermag. Mimesis als Spiel verstanden, wie etwa Wolfgang Iser (1991) das tut,[14] bedeutet schließlich „die Tätigkeit dessen, der die Wirklichkeit nachahmt, der ‚so tut, als ob' […] kein Abbild von Wirklichem, sondern Konstruktion von Möglichem" (Matuschek 1998: 11).[15] Zum anderen operiert der Spielbegriff zugleich im Feld des Formalen, des Schöpferischen, des Fiktionalen und des Performativen sowohl auf der Seite der Produktion wie auf der Seite der Rezeption. Verfolgt man die Geschichte der literarischen Spieltheorie, sieht man, dass das Spiel – wie übrigens der noch immer ideologisch belastete Begriff der Autonomie, der mit ihm verbunden ist, auch – immer wieder zwischen der Seite des Objekts und der Seite des Subjekts hin und her wechselt. Diese Dynamik liegt im Spiel selbst, dessen Handlungsmuster von diesem Hin und Her und der strukturell offenen Frage wesentlich geprägt ist, wie das Verhältnis zwischen Regelhaftigkeit und Zufall zu bestimmen ist.[16] Wie nun diesem Hin und Her in mittelalterlichen literarischen Texten begegnet, wie vom Spiel als Handlungskonzept und der Unverständlichkeit als sein poetisches Element die poetologische Reflexion des literarischen Textes angestoßen und im Medium seiner Terminologie über das Verhältnis zwischen Literatur und Wahrheit, Autor, Publikum und Text sowie Fiktionalität und Welt nachgedacht wird, soll nun im folgenden an Wolframs von Eschenbach *Parzival* und Gottfrieds von Strassburg *Tristan* sowie Konrad von Würzburg und dem Düring demonstriert werden.

3. Würfelworte

Das Nachdenken über die Rolle des Spiels in Wolframs von Eschenbach *Parzival* ist nicht vom Dichter des Artusromans selbst, sondern durch ein Wort seines Kollegen Gottfried von Strassburg angeregt worden:

---

14 Im Grunde ist das auch die Grundlage für Adorno (1973), der das Spiel allerdings negativ vom Extrem des radikalen Subjektivismus und Symbol der Freiheit umschlagen lässt in radikalen Objektivismus und Gewalt.

15 Die Tätigkeit spielt bereits für den Aristotelischen Gebrauch des Spiel-Begriffs die entscheidende Rolle; vgl. Aristoteles (1984: 1176bf.).

16 Diese Dialektik steckt bereits in Heraklits berühmtem 52. Fragment: „Die Zeit (*aion*) ist ein Kind, das spielt, hin und her die Spielsteine setzt." Vgl. dazu Matuschek (1998: 5ff.).

Swer nû des hasen geselle sî
und ûf der wortheide
Hôchsprünge und wîtweide
mit bickelworten welle sîn
Und ûf das lôrschapelekîn
Wân âne volge welle hân,
der lâze uns bî deme wâne stân,
wir wellen an der kür ouch wesen (V. 4638–4643).

Der Kern von Gottfrieds Polemik gegenüber seinem Dichterkontrahenten Wolfram von Eschenbach sind die *bickelworte*, mit denen er im Kontrast zu Gottfrieds eigener Forderung nach *cristallînen wortelîn* (V. 4629) und einer *ebene*[*n*] *unde sleht*[*en*] *rede* (V. 4661) die Erzählweise des *Parzival*-Dichters verunglimpft. Diese vollführe gleichzeitig *hochsprünge und wîtweide*, während doch *dekeiner slahte stoubelîn* (V. 4919) auf der *reinen strâze* (V. 4917) der Dichtung zu finden sein sollte. *Bickelworte*, so herrscht inzwischen weitgehend Übereinstimmung, ist nach der etymologischen Herkunft des Begriffs mit ‚Würfelworte' zu übersetzen, wobei über die Bedeutung des Terminus Konsens erst noch herzustellen wäre.[17] Eberhard Nellmann hat in seinem *Parzival*-Kommentar den Gottfriedschen Neologismus als Antwort auf Wolframs Vorliebe für Begriffe und Formulierungen gelesen, die sich auf das Glücksspiel mit Würfeln beziehen. Diese kommen in Kampf- und Minneszenen vor, wie im Hinblick auf das Erzählen selbst.[18] Über den Status der Metasprachlichkeit solcher ‚Würfelworte', ist damit noch gar nichts ausgesagt. Gottfrieds Dorn im Auge sind ja im Grunde nicht lediglich Worte, die mit Würfeln zu tun haben, sondern viel globaler Wolframs unstete Redeweise, die wie ein Hase hin und her springt. Als einen der *vindaere wilder maere* und *maere wildenaere* die *liegent* und *triegent*, *golt von swachen sachen* machen und *mit dem stocke schate* (V. 4665–4673) spenden, beschimpft er ihn. Nicht die Würfel sind eigentlich Stein des Anstoßes, sondern im Grunde schon basaler: die Implikationen des Spiels als Erzählverfahren überhaupt.

Gottfrieds Vorwurf lautet demnach, Wolfram erzähle so als spiele er, er sei unernst, lüge, verfolge kein kohärentes Ziel, führe sozusagen als Spielleiter sein Publikum in die Irre und das mit voller Absicht sowie zu seinem eigenen Vergnügen. Gottfried, der Spielverderber, will sich nicht auf so ein Spiel, auf ein *ludic reading* (Nell 1988: 2), einlassen. Wolfram hat einen Namen für solche, denen seine *vliegenden bîspel gar ze snel* sind, denn *alsam ein schellec hase* können sie *vor in wenken* (1,15–20). Solch Spielverderber werden nicht geduldet, zur Hölle sollen sie fahren: *valsch gesellclîcher muot ist zem hellefiure guot, und ist hôher werdekeit ein hagel* (2,17–19). Den *tumben liuten* genügt die glänzende Ebenmäßigkeit der Oberfläche, die sich als Wahrheit ausgibt und doch wie *des blinden troum nur kurze fröude* spendet (1,21–25). Im Grunde

[17] Das Bedeutungspektrum und die Rekonstruktion der etymologischen Herkunft des Begriffs stellt zusammen mit der Literatur Nellmann (1994: 459).

[18] Zu einer Interpretation dieses Funktionsspektrums der Würfelspielterminologie im Hinblick auf narratologische Strukturen und eine Hermeneutik des Werkganzen vgl. Schnyder (2002).

verkehrt Wolfram den Gottfriedschen Vorwurf und schreit nun seinerseits „Au“, wenn ihn jemand dort rauft, *dâ nie kein hâr gewuohs* (1,26f.). Anstelle vieler Worte und nichts dahinter, wolle er sogar *triwe vinden* (2,1), wo andere nur Feuer in Brunnenschächten anzündeten (2,3). Schon indem Wolfram immer neue Sprachbilder hervorbringt, um seine gewissermaßen von den Regeln des Zufalls regierte Erzählweise dem gewitzten Hörer zu verdeutlichen, wehrt er sich gegen die Kontrahenten-Polemik gerade mit derjenigen Verrätselung, die schließlich ihr Kern ist. Er entblößt die Rede als Ironie, die jeglichen Standpunkt unterminiert, mit jeder neuen Prologzeile sieht man, wie er „die Verunsicherung weitertreibt, und dies bis zur Verwirrung“ (Haug 2001: 219).[19] „Das heißt: er *spielt* mit den Positionen, in dem genauen Sinne, daß er sie braucht (verwendet, aber auch darauf angewiesen ist), ohne sie ernst zu nehmen“ (Frey 1990: 274). Am Ende verbleibt die Erzählweise im sich so selbst bespiegelnden Spiel, in einer vom Autor generierten Spielwelt, in die das Publikum Augen zwinkernd eingeladen wird mit der Auflage, sich den ironischen, das heißt scheinbar beliebig auswechselbaren, Regeln zu unterwerfen und mitzuspielen.

> Ouch erkante ich nie sô wîsen man,
> ern möhte gerne künde hân,
> welher stiure disiu maere gernt
> und waz si guoter lêre wernt.
> Dar an si nimmer verzagent,
> beidiu si vliehent unde jagent,
> si entwîchent unde kêrent,
> si lasternt unde êrent (2,5–12).

So als ginge es nicht um das Ankommen, sondern um das ziellose Umhergehen, darum sich als Mitspieler beim Erzählen in den undeterminierten Spielraum zu begeben, in den „‚potential space‘, jene[n] Freiraum, der dem Künstler oder [Publikum] zur eigenen, kreativen Gestaltung übereignet wird“ (Hohlfeldt 1997: 224f.). Wolfram kommentiert: *Swer mit disen schanzen allen kan, an dem hât witze wol getân* (2,13f.). Wer also diese Würfelwürfe, diese Spielzüge, mitmachen kann, der ist prädestiniert, der *âventiure âne stiure* (V. 115,29f.) zu folgen und am literarischen Spiel teilzunehmen. Der *wîse man* soll „die Täuschung positivieren, das Unfaßbare gerade als Thema verstehen“ (Haug 2001: 225). Steuer- und vermeintlich ziellos sei die *aventiure* deshalb, weil nicht der Erzähler das Heft in der Hand halte, sondern sein Protagonist, der in der Welt umherirrt, und dabei mindestens einmal (in der Bluttropfenszene) halb den Verstand verliert. Man könnte fast glauben, Wolfram nehme hier den poststrukturalistischen Tod des Autors (Barthes 2000; Foucault 2003) vorweg, noch bevor er richtig geboren ist. Aber auch dies ist nur Metapher für sein poetologisches Spiel-Modell. Zuvor hatte der Erzähler nämlich seine unangefochtene Hoheit über diese ach so unbeherrschbare Kontingenz des Erzählten wie des Erzählens in der imaginierten Vervielfältigung des Erzählers

[19] Vgl. auch die dort zitierte Literatur zur Forschungssituation des Parzival-Prologs.

behauptet. Im Paradox der eigenen Klonung ist Vermögen und Unvermögen der regelhaften Kontingenzbewältigung gleichzeitig ausgesagt:

> nu lât mîn eines wesen drî,
> der ieslîcher sunder phlege
> daz mîner künste widerwege:
> dar zuo gehôrte wilder funt,
> op si iu gerne taeten kunt
> daz ich iu eine künden will
> si hete arbeite vil (4,1–8).

Das literarische Spiel solle vielmehr als ein kommunikativer Prozess aufgefasst werden, an dem Erzähler, Publikum und eben nicht zuletzt die handelnden Figuren im abgegrenzten Raum der Spielwelt aktiv teilhaben: *sol ich des iemen triegen, sô müezt ir mit mir liegen* (238,11f.). Ironisch ist bei Wolfram darum häufig vom Ziel und dessen Gerichtetheit die Rede: *Welher stiure disiu maere gernt* (2,7), *für diu wîp stôze ich disiu zil* (2,25). Nur wie man dieses Ziel erreicht, dafür gelten eben andere Regeln als ein nach logischen Kriterien zielgerichteter Ablauf, nämlich die Spielregeln, die nach praktisch-lebensweltlichem Ermessen alles andere als logisch zu sein haben, gar nichts Außersprachliches zu regeln trachten und die keineswegs auf konsensuellen Vereinbarungen eines sozialen und kulturellen (etwa auch literarhistorischen) Systems, auf wie auch immer geordnet fundierte Setzungen,[20] zu beruhen haben, sondern auf kontingenten Festlegungen eines Spielleiters beziehungsweise einer Spiel- und Diskursgemeinschaft. Sie sind beliebige Konventionen und in ihrer ironischen Selbstbezüglichkeit und „Positionslosigkeit“ (Frey 1990: 273) unangreifbar. Gehört man zu Wolframs „Athenäums-Gesellschaft“, hat man *witze*, spielt man nicht mit, fährt man zur Hölle, beziehungsweise wird zum Opfer der Unverständlichkeit im Glauben durch sie zur Verständlichkeit eines außerhalb Liegenden durchzudringen. Damit steht vermeintlich die ethische Substanz des Erzählten – im wahrsten Sinne – auf dem Spiel: Das Verstehen entzieht sich mit *liegen* und *triegen* einer Ethik und einem metaphysischen Wahrheitsanspruch, überhaupt einer wahrheitsfunktionalen Weltinterpretation. *Die aventiure vert* schließlich auch *âne der buoche stiure* (115,29f.). Ob damit nun die französische Vorlage gemeint ist, oder wie Michael Curschmann feststellt, „die neue volkssprachige Literatur in Buchform und ihre klerikal fundierte Schriftlichkeit“ (Curschmann 2004: 28), ist weder zu ermitteln, noch überhaupt eigentlich von Belang. Die *niuwe maere* (4,9) entlastet sich von der Verpflichtung im Abgleich mit etwas bereits Vorhandenem (und Approbiertem) bestehen zu müssen. Das *niuwe* will deshalb auch selbst alles andere als *buoch* sein, sondern besteht darauf, Spiel mit potentiell ungewissem Ausgang zu bleiben: *ê man si hete für ein buoch, ich waere ê nacket âne tuoch, sô ich in dem bade saeze* (116,1–3).

---

[20] Die ihrerseits Fiktionen innerhalb der Dialektik von Bewusstsein und Vergessen des Spielerischen sein können; vgl. Frey (1990: 266ff.).

So schließt Gottfrieds Wortschöpfung letztlich selbst Spielsprache und Sprachspiel kurz, um den Kurzschluss von Spielsprache und Sprachspiel bei Wolfram anzuprangern. Sie prozessiert das, was sie abweist: das hingewürfelte, zufällige Wort, welches die strengen poetischen Regeln aussetzt und statt dessen nicht-synthetisierbare Gegensätze zusammenbringt, Sinn gleichzeitig korrumpiert und vervielfältigt, die Verrätselung literarischer Rede potenziert. Es ist selbst Element des Spiels im Hin und Her der literarischen Sinnstiftung, die „in einer Endlosschleife Poesie immer wieder von Neuem ‚erregt'" (Ruf 2007: 321). Der Clash von Spielsprache und Sprachspiel im *bickelwort* auf den Begriff gebracht, ist das zentrale Moment spieltheoretischer Selbstreflexion im poetologischen Diskurs. Gottfrieds Wortspiel ist Paradigma einer literarischen „Räthselsprache" (Novalis 1960: 485), die sofort Kritik erregt, wo sie im Medium der Unverständlichkeit die Zugangsschranken des Verstehens unerreichbar hoch hängt und die *glôse in den swarzen buochen* (V. 4689f.) versteckt, wo in der „oszillierenden Bewegung [...] sie jede[r] Standpunkt verunsichert wird". Denn die Ironie kann „immer auch in das umschlagen ..., was nicht mehr differenziert verstanden werden kann – und doch das Verstehen affiziert und konstituiert" (Schumacher 2000: 228).[21] Kritik jedenfalls wird in der eigenen poetischen Inszenierung großzügig ausgeteilt. Aber die Rede von den *bickelworten* entpuppt sich schließlich als die Rede der *bickelworte*. Was genau davon als Kritik überhaupt noch ernst zu nehmen ist, bleibt deshalb mehr als fraglich. Oder von einer „Rhetorik des Spiels" her gesprochen:[22]

> Dieses Ernstnehmen der Sprachlichkeit ist ein widersprüchlicher Akt, denn es wird dabei das ernst genommen, was die Verunsicherung des Ernstes ist. [... S]o gibt es keine Verunsicherung des Spiels durch den Ernst. Wohl aber wird der Ernst durch das Spiel verunsichert" (Frey 1990: 269ff.).

Die einmal in Gang gesetzte und gewissermaßen schief gespiegelte Oszillation von Spiel und Ernst beziehungsweise Verständlichkeit und Unverständlichkeit lässt sich denn auch nicht mehr durch harte philologische Fakten aufhalten. Zu wissen, welcher Autor hier auf wen Bezug nimmt, hilft jedenfalls nicht weiter (vgl. Nellmann 1994: 464ff.). Beide Autoren sorgen im Rahmen des ästhetisch-poetologischen Diskurses für Hermetisierung, die außerdem jeweils der anderen zuspielt. Gemeinsam richten

---

[21] Die Ironie ist dabei nicht als subjektive Willkür eines Autors aufzufassen, wodurch sie zur Leitkategorie der Romantik und in der Zuspitzung des radikalen Subjektivismus zur Genieästhetik der Moderne überhaupt erst werden konnte. Vielmehr ist die Willkür des Autors wesentlich begrenzt, da „das Kunstwerk einer objektiven Gesetzlichkeit der Kunst" unterworfen ist. Sie ist „objektives Moment"; vgl. Benjamin (1974: 76ff.).

[22] Ich folge hier der Argumentation Freys, nach der „das Spiel außerhalb des Gegensatzes von Spiel und Ernst spielt und gespielt wird, daß es nicht durch diesen Gegensatz bestimmbar wird, sondern ihn vielmehr außer Kraft setzt" und die auf das Spiel „als Vernichtung des Ernst" hinausläuft (1990: 270). Daraus ergibt sich – wie bei Schlegel für das Verhältnis von Verständlichkeit und Unverständlichkeit – die Asymmetrie zwischen Ernst und Spiel und im Ergebnis die Autonomie des Spiels gegenüber dem Ernst, dem es mimetisch gegenübersteht, indem es seine Regeln (Setzungen) nachahmt und in Konventionen übersetzt.

sie eine hermeneutische Schleife ein, die um das „Grenzereignis der Unverständlichkeit“ (Gadamer 1977: 250) bedenklich nah kreist und deren Bahnen paradoxerweise vom Konfliktdiskurs um die Verständlichkeit literarischer Rede vorgegeben werden. Das ironische Spiel um das gewürfelte Wort ist die Denkfigur bei Gottfried und Wolfram, die zwischen Verständlichkeit und Unverständlichkeit operiert und vermittelt, und zwar in beide Richtungen. Im Medium der Unverständlichkeit über die Verständlichkeit des Mediums zu verhandeln – deutlicher kann die Selbstreflexivität poetischer Rede kaum aus- und hergestellt, kann der Spielcharakter ästhetischer Wortkunst kaum vorgeführt werden. Fast vermag man darin wiederzuerkennen, was Schlegel mit seiner Abhandlung über die Unverständlichkeit beweisen wollte: „daß man die reinste und gediegenste Unverständlichkeit gerade aus der […] Kunst erhält, die ganz eigentlich aufs Verständigen und Verständlichmachen ausgehn“ (Schlegel 1967: 363). Damit ist auch angezeigt, dass die Unverständlichkeit ja gerade als hermeneutischer Aussagewert von Texten anzusehen ist, wenn er auch auf sich selbst zurückführt. Das heißt, die Unverständlichkeit ist prinzipiell offen gegenüber dem Verstehen, sie bleibt „objektives Moment“ (Benjamin 1974: 83), zugänglich für jeden, „der es verstehn sollte“ (Novalis 1960: 485). Während Wolfram sein Publikum mit *witze* zu Verbündeten in der Wort-Lüge macht, ihm die Verantwortung für Verständlichkeit oder Unverständlichkeit des Gesagten überlässt und dadurch für die den Text jeweils Aktualisierenden immer schon voraussetzt und zu Eingeweihten erklärt, verspricht Gottfried dafür Sorge zu tragen, dass er die *strâze rûme unde reine* von aller *slahte stoubelîn*, das die Verständlichkeit stören könnte, auf dass sein Publikum *niuwan ûfe clê unde ûf liehten bluomen gê* (V. 4917–4922). „Wer es versteht ist von selbst, mit Recht, Eingeweihter“ (Novalis 1960: 485).

4. Wortgewürfel

Auf eine besondere Gemeinschaft Eingeweihter musste auch der sogenannte Dürinc angewiesen gewesen sein. Er ist einer der dem *Codex Manesse* nachgetragenen Autoren mit insgesamt sieben Liedern des späten 13. Jahrhunderts. Außer in einigen kurzen Artikeln der einschlägigen literaturgeschichtlichen Lexika und Karl von Kraus' Liedkommentare hat die Forschung ihm bisher wenig Aufmerksamkeit geschenkt.[23] An Konrad von Würzburg habe er sich geschult (Worstbrock 1980: 247f.), den man selbst als Epigonen bezeichnet (vgl. Essen 1938) und, trotz der hohen Wertschätzung seiner Epik, bezüglich seines lyrischen Œuvre Böses nachgesagt hat: auf der einen Seite Konventionionalität, Unpersönlichkeit, Inhaltsleere und Traditionalismus (vgl. Kokott 1989: 179ff.; Hoffmann 1989), auf der anderen Seite Formalismus, Manierismus, Diskursmischung und symbolische Überkodierung (vgl. Kuhn 1952: 145; de Boor 1991: 314ff.).

[23] Bildbeschreibung der Autorenminiatur und zur vermuteten Herkunft des Dichters bei von der Hagen (1838: 318f.).

Weit entfernt von wahrer Kunst, beherrsche er bestenfalls „Kunsthandwerk“ (de Boor 1962: 28). Dieses Urteil trifft vor allem Konrads Lieder 13, 26 und 30 (Konrad von Würzburg 1970), welche metrisch gnadenlos überkodierte Reimkunststücke darstellen. Ähnliches lässt sich nun auch für die Lieder des Düring konstatieren:

> Mit verschwenderischem Aufwand an Epitheta, Antonomasien, Periphrasen, Metaphern, seltenen Wörtern schaffen sie eine Herrschaft des sprachlichen Ornaments, mit der Vervielfältigung des Reims über alle seine Spielarten (anadiplosischer und äquivoker, Binnen-, Schlag- und Pausenreim) den Zierrat eigener Klangstrukturen. (Worstbrock 1980: 247f.)

Inhaltlich allerdings hat die Lyrik dieses vergessenen Manesse-Dichters mit Konrads „eigenem Genre“, den ‚allgemeinen Minneliedern‘ (Hübner 1994: 65), nichts zu tun.[24] Stattdessen stehen sie zum einen ganz klar in der Tradition der klassischen Kanzone, die um die subjektive Leiderfahrung im Paradox von Begehren und Entsagen im Kontext ethischer Vervollkommnung kreist. Zum anderen spielen sie mit ironischen Brechungen eben der gleichen Motive im Medium literarischer Selbstreflexion, ohne aber, wie für Konrad typisch, die subjektive Verstrickung des Sänger-Ich aufzugeben.

1 Ich hân selken trôst besunnen,
wunnen sunnen glîch ist sî gestalt,
diu mir tuot mîn leit verswinden.
binden swinden muot kan ir gewalt.
ja ’st ir güete mêr dan tûsent valt.
sî kan friunde trôst bewîsen,
grîsen wîsen machen fröiden balt.
2 Ich hân leides vil verwunden,
swunden wunden mir die Minne schôz,
dô si mich mit blanken armen
warmen, armen leides, zir beslôz.
ich wart hôher fröiden hûsgenôz,
dô mir gap diu gehiure
stiure hiure, des mîn wunne entsprôz.
3 Sus mac ich in fröiden ringen,
twingen, ringen sî lan hôhen pîn,
diu mir wont in mînem muote.
huote muote mich der frouwen mîn,
diu mit zühten wante ir mündelîn.
jâ kan ir vil zartlich lachen
machen lachen in ir ougen schrîn. (zit. n. Kraus 1978)

Neben Endreimen in den Versen zwei, vier, fünf und sieben jeder Strophe, von denen jeweils die Verse vier und fünf einen Paarreim bilden, sind zunächst die zahlreichen übergehenden Reime auffällig: (1) *besunnen – wunnen*, *verswinden – binden*, *bewîsen – grîsen*, (2) *verwunden – swunden*, *armen – warmen*, *gehiure – stiure*, (3) *ringen – twingen*, *muote – huote*, *lachen – machen*. Die Semantik der Reimwörter ist im Hori-

[24] Zum Zusammenhang zwischen metrischer Überkodierung und inhaltlicher Allgemeinheit vgl. Worstbrock (1994) und Stridde (2012).

zont des Minnesangdiskurses jeweils logisch verknüpft und bildet aufs Ganze gesehen gewissermaßen eine eigene textuelle Struktur aus: Sie reflektiert die für den Minnesang konstitutive ethische Anstrengung in der Dialektik von Abwesenheit und Anwesenheit, frei gewählter Hinwendung und Dienstverhältnis, Entsagung und Erfüllungsverlangen sowie vernunftgesteuerter Affektkontrolle und ekstatischem Liebesglück. Inwieweit diese durch Klangelemente produzierten Äquivalenzen im Syntagma bei einem hörenden Publikum überhaupt hatten wirken können, bleibt fraglich, da diese mittels der übergehenden Reime konstruierte Text-Kohäsion sogleich korrumpiert wird durch die sie übertönenden Wiederholungen, die im Schlagreim stehen: (1) *besunnen – sunnen*, *verswinden – swinden*, *bewîsen – wîsen*, (2) *verwunden – wunden*, *armen – armen*, *gehiure – hiure*, (3) *ringen – ringen*, *muote – muote*, *lachen – lachen*. Wieder rücken die Wortpaare das Minneparadox ins Zentrum und verstetigen es gewissermaßen sogar durch die Repetition. Es täuscht jedoch dieser zunächst kohärent wirkende Eindruck: Statt bloßer Wortwiederholungen handelt es sich um Polyseme und Homonyme, die zudem häufig sogar einen semantischen Kontrast bilden. Bei *verwunden – wunden* wird die Bedeutungsopposition immerhin noch morphologisch markiert, bei *muote* ist das dann schon nicht mehr der Fall: das eine Mal ist der *muot* des Ich der Ort dauerhafter Anwesenheit der Minnedame, das andere Mal soll dieser *muot* das Ich vor dem Verlangen nach der Dame behüten. Das Verb *lachen* und das Plural des Substantivs *lache* (Tränenlache) könnten kaum offensichtlicher an entgegengesetzten Wortfeldern partizipieren. Während die Polyseme und Homonyme das Minneparadox scheinbar wiederholen, stören sie zugleich eindeutig die Kohärenzbildung während der Rezeption, da sie die semantische Verknüpfung der übergehenden Reime durch logische Brüche oder gar äquivoke Oppositionen gleich wieder zurücknehmen. Das Verstehen gerät an solchen Sprachspiel-Hindernissen gewissermaßen ins Stottern. Auch wenn das Verstehen einem in der Tradition des Minnesangdiskurses geschulten Publikum noch gelungen sein mag, musste es sich dies vermutlich doch mit erheblichen Irritationen verdienen.

Im besonderen Maße gilt das auch für das erste im Codex Manesse überlieferte Lied des Düring. Ich gebe von Kraus' Text links nach dem Schriftbild der Handschrift wieder, rechts nach der Ausgabe mit den Versabsetzungen:

Spil minnin wundir volbrin-
gin man gît î wîvin, der drû-
win deil prîsin ir êre schône:
ich spê dâ hô sterke, dî mich
hân virladin. Schadin irgân
ich hî merke. sô lâ mê dich krône, hêre, dir[25]*,*
wîsin, heil nûwin. wer lîvin î rît an ringin
wol sundir sinnin vil? War quam giwin
der vil wîsin schar zi mâle di Vênus virschrît?
Si rît ê sus î: Parzifâle intrîsinden sin si
nam gar, Adam, Sampsône ir zîdin bouch
wirde sünde zir schoene. si seldin gein wîvin vir-
vîng, Irgîng lîvin ein meldin zir ge-
hoene. künde girde drouch Dâvîdin, Salmônin
[dâ sam.

Spil minnin wundir volbringin man gît
î wîvin, der drûwin deil prîsin ir êre
schône: ich spê dâ hô sterke,
dî mich hân virladin.
Schadin irgân ich hî merke.
sô lâ mê dich krône, hêre,
dir, wîsin, heil nûwin. wer lîvin î rît
an ringin wol sundir sinnin vil?
War quam giwin der vil wîsin schar zi mâle
di Vênus virschrît?
Si rît ê sus î: Parzifâle
intrîsinden sin si nam gar,
Adam, Sampsône ir zîdin
bouch wirde sünde zir schoene.
si seldin gein wîvin virvîng,
Irgîng lîvin ein meldin zir hoene.
künde girde drouch Dâvîdin,
Salmônin dâ sam.

„[B]eim ersten Lesen“ sei „manches“ „kaum verständlich“ (Kraus 1978: 58), so der Herausgeber, aber auch bei mehrmaligem muss man sich schon beträchtlich anstrengen, um der syntaktischen Konstruktion folgen zu können: Man sagt, dass das Minnespiel Wunder an den Frauen vollbringe, deren Treue zugleich ihre Ehre besonders schön lobt. Diese Stärke belastet das Ich in großem Maße. Trotzdem will es die erhabene Minnedame umso mehr krönen und ihr Heil immer wieder erneuern.[26] Wer hätte schließlich je den Liebenden große Anstrengung angeraten ohne viel nachzudenken?[27] Wo sei denn der Lohn derjenigen, die von Venus verwundet wurden? Immer schon hat sie solchen Rat erteilt, dass sie Parzival den Verstand raubte, Adams und Samsons Würde und Herrlichkeit von der Sünde gemindert wurden. Venus half kaum je in Sachen Frauen, wenn die Liebenden so schmachvoll verraten wurden. Die alte Begierde hat sowohl David als auch Salomo betrogen.[28] Auch wenn sich der Text auf diese Weise syntaktisch einigermaßen entschlüsseln lässt, bleibt er doch inhaltlich krude bis unlogisch, der Textzusammenhang erscheint an mehreren Stellen fragmentarisch und insgesamt unab-

---

[25] Nach C *mir.*

[26] Im Grunde ändert sich konzeptionell nicht allzu viel, ob hier der Handschrift (*mir wiſen heil núwen*) oder Kraus' Konjektur (*dir*) zu folgen ist. Die Versicherung des Sängers trotz aller Ablehnung die Ehre der Dame durch die anhaltende Dienstleistung zu vermehren schließt die ethische Selbstvervollkommnung des Sängers nach der Logik des Minnesangs mit ein.

[27] Ich bleibe hier bei Kraus' Lesart *an* statt *ân*, letzteres wäre grammatikalisch möglich, entsprechend zu übersetzen mit: „Wer hätte je den Lieben ohne Anstrengung und ohne viel Nachsinnen guten Rat erteilt.“ Unklar bliebe dann, worin der gute Rat bestehen solle. Gerade im Hinblick auf das Raten der Venus, das folgend behandelt wird und welches zu großer Mühsal bei den Liebenden geführt hat, scheinen mir hier Parallelen zum Rat des Ich, die Anstrengungen der Liebe in Kauf zu nehmen, überzeugend.

[28] Unerlässliche Hilfe bei der Übersetzung verdanke ich ebenso wie Diskussionsbereitschaft meinem Münchener Kollegen Holger Runow.

geschlossen. Die Zeilen eins bis sieben geben das Minneparadox des Hohen Sangs noch recht schlüssig wieder: Das Minnewunder besteht gerade in der tugendhaften Enthaltung der Dame, die sie in eine das Ich beherrschende Position versetzt, welches entsprechend den Dienst fortsetzt und damit stets Ehre und Heil der Minnedame vergrößert und erneuert. Es folgt die rhetorische Frage nach dem, der je ohne Nachdenken zu großen Anstrengungen geraten hätte. Das wird wohl so zu verstehen sein, dass sich der Sänger mit einschlägiger Erfahrung wie mit entsprechender Deutungskompetenz ausgestattet sieht, um dem Publikum zu raten sich auf das in dieser Weise paradoxe und anstrengende *minnen spil* einzulassen. Das Auftauchen von Venus in Vers zehn wirkt zwar etwas unvermittelt, die Wiederholung des Verbs *râten* schafft zunächst aber einen lexematischen Zusammenhang mit dem ersten Teil. Fraglich bleibt allerdings, ob dann die Liebenden nicht nur von Venus, sondern auch vom Sänger schlecht beraten sind. Eine ganz ähnliche Anklage an Frau Minne findet sich schon in Wolframs *Parzival*, von welchem sich der Düring eventuell ganz unmittelbar hat beeinflussen lassen: *frou minne, ir pflegt untriuwen mit alten siten niuwen. ir zucket manegem wîbe ir prîs* (291,19–21), *frou minne, iu solte werren daz ir den lîp der gir verwent, dar umbe sich diu sêle sent* (291,28f.), *Frou minne, ir tâtet ouch gewalt, dô Parzivâl der degen balt durch iuch von sînen witzen schiet, als im sîn triwe dô geriet* (293,5–8). Die Verbindung von biblischen und literarischen Figuren und im Zusammenhang mit dem Wirken der heidnischen Göttin Venus ist dagegen zwar ungewöhnlich, steht aber doch nicht ganz ohne Tradition da (Kraus 1978: II, 58f.; Kern 1998: 428f.).[29] Wolfram selbst vergleicht den Minneritter Parzival, der in der Bluttropfenszene von der Minne zu Conwiramurs ergriffen und verklärt beinah erschlagen wird, mit Salomon, den die *minne ouch betwanc* (289,17). Die gleiche Folge biblischer Gestalten, die der Minne zum Opfer gefallen sind und von Frauen *betrogen*, *geblendet*, *geschendet* und *gepfendet* wurden, findet sich in einem Spruch Frauenlobs, dessen Reihe dann nach weiteren biblischen und antiken Figuren mit Parzival endet. Die Quintessenz klingt bei Frauenlob ganz ähnlich, wie der Sänger beim Düring den Liebenden den Rat erteilt die Anstrengungen der Minne auf sich zu nehmen: *waz schadet, ob ein reinez wip mich brennet unde vrœret?* (V. 19) (Heinrich von Meißen 1843: Nr. 141).

Der nicht ganz leicht zu ermittelnde Sinn des Textes durch äußerst gesperrte Syntax, die, wie wir gleich sehen werden, den Sinnzusammenhang notwendigerweise unmittelbar beeinflussen muss, verdankt sich der „selbstgesetzt[en] Schwierigkeit der Form“ (Worstbrock 1980: 247f.), der überbordenden Reimkunst dieses Liedes (vgl. Bartsch 1867: 163f.; Liede 1992: 123; Dencker 2002: 29f.). Zunächst einmal kann man nur die umarmenden Reime *gît – rît*, *êre – hère*, *sterke – merke* und die übergehenden Reime in den Versen 4–5 *virladin – schadin*, 10–11 *virschrît – Si rît* und 15–16 *virvîng – Irgîng* hören. Die Verse 8, 12 und 18 enden auf den beinah verheißungsvoll klingenden Waisen *vil – gar – sam*. An der oben abgedruckten Wiedergabe des Überlieferungsbefundes

[29] Kern zieht weitere Parallelen zum Prosa-Lancelot (III, 478.13ff.) und Konrads von Würzburg Trojanerkrieg.

schwer erkennbar und keinesfalls hörbar ist außerdem die eigentliche Crux dieses Liedes: Die drei ungleich langen Abschnitte (1–8, 11–12, 13–18) jeweils gleichzeitig von vorn und hinten gelesen offenbart, dass das erste, zweite, dritte usw. Wort der ersten Hälfte auf das erste, zweite, dritte usw. Wort der zweiten Hälfte reimt. Die beiden Teile treffen sich entsprechend in den übergehenden Reimen. Schematisch lässt sich das wie folgt verdeutlichen:

1/8	Spil	vil	9/12	War	gar
	minnin	sinnin		quam	nam
	wundir	sundir		gi-	si
	vol-	wol		win	sin
	bringin	ringin		der	den
	man	an		vil wîsin	intrîsin-
1/7	gît	rît	9/11	schar zi mâle	Parzifâle
2/7	î	î	10/11	di	î
	wîvîn	lîvin		Vênus	ê sus
	der	wer		virschrît	si rît
	drûwin	nûwin			
	deil	heil	13/18	Adam	dâsam
	prîsin	wîsin		Sampsône	Salmônin
	ir	dir	13/17	in ir zîdin	Dâvîdin
2/6	êre	hêre	14/17	bouch	drouch
3/6	schône	krône		wirde	girde
	ich	dich		sünde	künde
	spê	mê	14/16	zir schoene	zir hoene
	dâ	lâ-	13/16	si seldin	meldin
	hô	sô		gein	ein
3/5	sterke	merke		wîvin	lîvin
4/5	di	hî		virvîng	irgîng
	mich	ich			
	hân	gân			
	vir-	ir-			
	ladin	Schadin			

„Die ungemeine Künstlichkeit dieses Reimspiels hat den Verfasser zu ungewöhnlichen Wortstellungen und anderen verzweifelten Mitteln greifen lassen“ (Kraus 1978: 58). Nach modernen Textkriterien gefragt,[30] muss man einräumen, dass bereits die Kohäsion unvollständig oder zumindest gestört ist. Dies mag bereits der fehlenden Intentionalität des Verfassers anzulasten sein, denn offenbar hat er zu viel Augenmerk auf strukturelle, das heißt in diesem Fall Reim und Metrik betreffende, Kohärenzstiftung gelegt, die syntaktische und semantisch-logische dabei aber für weniger zwingend erachtet und vernachlässigt. Eine solche Konzentration auf die formal-ästhetische Dimension, auf die Medialität der Sprache und Materialität des Textes, blendet kommunikatives Handeln zwischen Autor und Rezipient zunächst vielleicht nicht eben aus, stört es aber doch

---

[30] Ich gehe aus von Beaugrande / Dressler (1981: 3).

bewusst bzw. riskiert die Wahrscheinlichkeit seines Erfolgs[31] zugunsten einer „in sich selbst zentrierten" poetischen Sprachfunktion (Jakobson 1972: 110). „Indem sie das Augenmerk auf die Spürbarkeit der Zeichen richtet, vertieft diese Funktion die fundamentale Dichotomie der Zeichen und Objekte" (Jakobson 1972: 92f.). Eine Analyse mit den Methoden einer traditionellen Textlinguistik würde an dem Überlieferten scheitern müssen: zurück bliebe kaum mehr als eine „unabgeschlossene Entität" (Fix 2008: 25). Aus linguistischer Sicht mag das gelten, wenn nicht gerade die Problematisierung der Textkriterien als poetisches und mediales Ausdrucksmittel zu betrachten ist. Die sperrige Syntax und der teilweise unlogisch erscheinende Sinnzusammenhang erregen die Aufmerksamkeit des Rezipienten und regen ihn an, nach anderen Mitteln der Kohärenzstiftung zu fahnden. Formale Kriterien geraten dadurch stärker in den Vordergrund; ein Umstellen vom Hören auf das Lesen lenkt die Aufmerksamkeit auf sichtbare Strukturkohärenzen. Die Gefahr der Unverständlichkeit des Textes wird zum Spiel- und Poesie-Erreger. Im Unterschied zur *obscuritas* als dem Dichter mit „Ungewöhnliche[m] und Nicht-Banale[m]" (Aristoteles 1982: 1405a) anempfohlene Praxis zur Aufmerksamkeitserregung des Publikums, die auf dem Weg zum „Endstadium des Verstehens" in „Klarheit" transformiert werden muss (Lausberg 1971: 51), verdunkelt die Unverständlichkeit nicht das eine Richtige und Wahre, zu dem es durchzudringen gilt, sondern verweist als poetische Strategie auf eine von der Eindeutigkeit strukturell unabhängigen Vieldeutigkeit. Denn es ist keineswegs ausgemacht, dass das Erkennen des formalen Palindroms die einzig richtige Rekonstruktion reimtechnischer Verknüpfungen sein muss. Der strukturell offene Text, der mit den Formen spielt und seinerseits zum Spiel mit den Formen anregt, bietet vielfältige Varianten anhand verschiedener Kriterien an, die Worte neu zu würfeln und die Reimspielereien erneut hörbar zu machen. Den Text nach reimtechnischen Aspekten zu re-kreieren, kann zu ganz unterschiedlichen Ergebnissen führen. Naheliegend wäre etwa, nach einer metrischen Strukturvariante zu suchen, die Hörern und Lesern gleichermaßen vertraut ist, für die es entsprechende Vorbilder gibt.

Als Palindrom steht der Düring in seiner Zeit schließlich ganz allein, während allreimende Reimpaarverse in mehrerer Hinsicht im Ohr klingen:

[31] Ich nehme hier Luhmanns (1984: 218) Nomenklatur von Unwahrscheinlichkeiten wieder auf und verwende „Erfolg" in folgendem Sinne: „Selbst wenn eine Kommunikation von dem, den sie erreicht, verstanden wird, ist damit noch nicht gesichert, daß sie auch angenommen und befolgt wird. Im Gegenteil: ‚Jedes ausgesprochene Wort erregt Gegensinn'. Erfolg hat die Kommunikation nur, wenn Ego den selektiven Inhalt der Kommunikation (die Information) als Prämisse eigenen Handelns übernimmt. Annehmen kann bedeuten: handeln nach den entsprechenden Direktiven, aber auch Erleben, Denken, weitere Informationen verarbeiten unter der Voraussetzung, daß eine bestimmte Information zutrifft. Kommunikativer Erfolg ist: gelungene Kopplung von Selektionen."

1 *Spil minnin wundir volbringin man gît.*
8 *Vil sinnin sundir wol ringin an rît*
2 *î wîvin. der drûwin deil prîsin ir êre.*
7 *î lîvin wer nûwin heil, wîsin dir. hêre,*
3 *schône ich spê dâ hô sterke.*
6 *krône dich mê lâ hô merke,*
4 *dî mich hân virladin.*
5 *hî ich gân ir schadin.*
9 *War quam giwin der vil wîsin schar zi mâle?*
12 *gar nam si sin den intrîsin Parzifâle,*
10 *di Vênus virschrît?*
11 *î ê sus si rît.*
13 *Adam, Sampsône ir zîdin,*
18 *dâ sam Salmôn in Davîdin,*
14 *bouch wirde sünde zir schoene,*
17 *drouch girde künde gehoene.*
15 *si seldin gein wîvin virvîng,*
16 *zi meldin ein lîvin irgîng.*

Diese kann man nun auch viel besser hören, und sie erinnern an Konrad von Würzburg und dessen Tagelied *Swâ tac erschînen sol zwên liuten*.

Swâ	*tac*	*er-*	*schînen*	*sol*	*zwein*	*liuten,*	
die	*ver-*	*borgen*	*inne*	*liebe*	*stunde*	*müezen*	*tragen,*
dâ	*mac*	*ver-*	*swînen*	*wol*	*ein*	*triuten:*	
nie	*der*	*morgen*	*minne*	*diebe*	*kunde*	*büezen*	*clagen.*
er	*lêret*	*ougen*	*weinen*	*trîben;*			
sinnen	*wil*	*er*	*wünne*	*selten*	*borgen.*		
swer	*mêret*	*tougen*	*reinen*	*wîben*			
minnen	*spil,*	*der*	*künne*	*schelten*	*morgen.*		

Konrads Text ist, wenn auch gewiss konzeptionell schriftlich, als medial mündlicher Text[32] für ein hörendes Publikum in seiner strukturellen Dimension und Komplexität voll erfassbar. Alle Wörter, teilweise einzelne Silben sind Reimeinheiten, jeder Vers korrespondiert mit der übernächsten Zeile, so dass eine kreuzgereimte stollige Strophe nach dem Muster 4a 7b 4a 7b | 4c 5d 4c 5d entsteht. Der künstlerischen Virtuosität, mit der Konrad den Text metrisch und reimtechnisch bis an die Grenzen des formal und strukturell möglichen führt, steht ein geradezu unterkomplexer Sinnzusammenhang gegenüber. Inhaltlich überrascht hier nichts: Die Kanzonenstrophe bietet eine Reflexion auf die Tageliedsituation, entbehrt aber, wie für Konrad allgemein typisch, der subjektiven Verstrickung der ihrerseits aktiv im Verborgenen der Nacht Liebenden. Dort, wo zwei Menschen sich heimlich lieben und der Tag anbricht, muss die Zärtlichkeit unweigerlich enden, denn noch nie hat der Morgen den Liebenden die Trauer erspart. Statt Freude zu spenden, führt er zu Tränen. Jeder, der heimlich die Frauen beglückt, hat Grund, den Morgen zu schelten. „Die Ich-Rolle ist getilgt, genauer: ist zurückgenom-

[32] Die Kategorien verwende ich entsprechend Oesterreicher (1993) bzw. Koch / Oesterreicher (1994).

men auf die bloße Sängerrolle" (Worstbrock 1994: 201), die allgemeine Erfahrungen wiedergibt, die jeder machen kann, noch nicht einmal wird eigentlich kritisch reflektiert. Im Grunde agiert der Sänger nur „vor der Gesellschaft, ohne mit ihr zu sprechen" Worstbrock 1994: 194). „Das regierende Moment der Reduktion ist die gänzliche Entfernung eines von sich sprechenden Ich" (Worstbrock 1994: 201). Dieser totalen Objektivierung entspricht der für Konrad wesentlichen Kombination aus dem in der Tradition an Struktur-, Inhalts- und Motivelementen Vorgefundenen: der kanzonentypische stollige Aufbau, motivische Leitbegriffe, wie *tac*, *verborgen*, *liebe*, *triuten*, *morgen*, *minne*, *clagen*, *weinen*, *wünne*, *wîben*, *morgen*, die auch unabhängig syntaktischer Einbindung die Tageliedsituation schlagwortartig paraphrasieren (Ähnliches ließ sich beim Düring nachweisen), die Topoi des *minnediep* und *minnenspil*. Das kognitive Erfassen der überbordenden Reimkunst und der inhaltliche Nachvollzug der inhaltlich allgemeinen Aussage in der hörenden Rezeption befördern einander im rhythmischen Liedvortrag und sind außerdem funktionsäquivalent insofern, als dass Kohärenzstiftung sowohl auf der Ebene der Kombination von traditionellen Struktureinheiten, Motiven und Topoi als auch mit reimtechnischen Korrespondenzen stattfindet. Es werden „lexikalische und motivische Ketten" ebenso vernetzt, wie paarreimende semantische Einheiten, was doppelt für „Oberflächenkohäsion" sorgt (Hübner 1994: 79).

Umgekehrt ließe sich überlegen, ob nicht das Verstehen eines Lesers, der die korrespondierenden Morpheme einzig nach den formalen Korrespondenzen sortiert und gruppiert und diese ja nicht in jedem Fall zum Sinnzusammenhang beitragen, tendenziell verzögert wird. Die Verständlichkeit der reimtechnischen Strukturkomplexität und der inhaltlichen Aussage könnten bei der an formalen Kriterien entlang laufenden Lektüre, wie sie der Düring seinem Publikum abverlangt, einander behindern. Will heißen: Je stärker sich ein Leser auf die Materialität des Mediums und die formal-ästhetische Dimension des Textes konzentriert, umso weiter entfernt das Spiel mit den Formen von der „Sichtbarkeit" des Textsinns. Das gleiche Prinzip liegt beim Düring vor: Schließlich bewahrt die Rekonstruktion nach allreimenden Reimpaarversen einen Teil der überlieferten Sinneinheiten, treibt an manchen Stellen neuen Sinn hervor, ohne allerdings einen verständlichen Sinnzusammenhang zu produzieren. Es gibt also verschiedene Stufen, auf welchen der Sinn des Textes in den Hintergrund treten kann, bis er im formalen Palindrom vollkommen verschwindet und der Text in einzelne Worte und Silben zerfällt. Es ist nicht ausgemacht, dass der Autor das schwache Glied im Prozess der Literaturproduktion zu sein hat, der Düring, von seinem eigenen Formwillen überwältigt, „zu verzweifelten Mitteln" gegriffen hat und den Sinn des Textes sich sozusagen selbst überlassen musste. Dreht man das Argument um, führt der Autor mittels gnadenloser formaler Überkodierung das Verstehen spielerisch bis an seine Grenzen und das vor, wofür Konrad das allgemeine Minnelied „erfunden" hat, mit dem er die Aussage des Textes auf repetitive Allgemeinheiten mit Wiederholungen, altbekannten Traditionszitaten usw. beschränkt: die Gefahr der Überbewertung des Sinnzusammenhangs, für den metrische und reimtechnische Spielarten nur Zierat zu sein haben, ihn nicht aber stören dürfen. Tritt die poetische Funktion der Sprache zu sehr in den Vordergrund, stört sie die Verständlichkeit einer konventionellen, auf diskursiver Ebene angesiedelten Textbedeutung und generiert statt dessen einen in sich selbst zentrierten Sinn, der anstelle eines hermeneutischen Zugangs nach den gewohnten Mustern der Tradition zu einem spielerischen Wortgewürfel anleitet, dessen Ergebnis strukturell unabgeschlossen bleiben kann. Schließlich will

> [d]as beste Spiel [...] weniger auf etwas hinauslaufen, als sich an dem Gedanken seiner eigenen, unbekannten Fortsetzung wie an einer Verheißung erhitzen. Das beste Spielzeug wäre darum jenes, das nichts vom Sockel eines im Voraus bestimmten, immer gleichen Funktionierens weiß,

sondern umgekehrt unabgeschlossen „reich an Möglichkeiten und Zufällen" ist (Bellmer 1976: 49).

Das formale, das metrische und rhetorische, lyrische Substrat erschließt sich allerdings nur demjenigen, der in die notwendigen Medientechniken eingeübt ist, nicht nur lesekundig sowie vertraut mit der Gattungs-, Motiv- und Reimtradition ist, sondern grundsätzlich in der Lage von syntaktischen Sinneinheit abzusehen und Morpheme als eigenständige auf solche Weise Sinn produzierende formale Einheit zu begreifen. Das heißt, der Rezipient muss in der Lage sein, ein metasprachliches Verhältnis zum Text einzunehmen (vgl. Schüttpelz 1995), „das Wort als Wort, und nicht als bloße[n] Repräsentant[en] des genannten Objekts" (Jakobson 1993: 79) zu erfassen. Erforderlich ist eine linguistische Kompetenz, die über Hören oder Lesen des Überlieferten weit hinausgeht. Wer Kohärenz und Kohäsion auf Ebene der „visuellen Textstruktur" sucht, die das Schriftbild in der Handschrift zunächst anbietet, für den kann die so aufreizend Aufmerksamkeit heischende Ästhetik dieses kunstvollen Sprachspiels kaum in den Blick geraten. Es kommt zu massiven Sinnverwerfungen von einem Medium zum anderen. Das Sprachspiel des rückläufigen Reimschemas erweist sich auf eine Weise produktiv, das es eine erneute Poetisierung des Sprachmaterials in Gang setzen kann. Das in jeder Hinsicht materielle Hervortreten der formalen Darstellungform ist gleichzeitig verantwortlich für die Ver-Stellung des einen und Her-Stellung eines anderen Sinns. Dass ein solches Spiel mit den ästhetischen Ressourcen literarischer Sprache und den damit verbundenen Erwartungshaltungen nur bei einer mit entsprechenden medialen und literarischen Kompetenzen ausgestatteten „Diskursgemeinschaft" funktionieren kann, liegt auf der Hand. Dass dies Rüdiger und Johannes Manesse ganz besonders gefallen haben wird, ist leicht vorzustellen, haben doch die Zürcher nicht bloß die Vortragslyrik gesammelt, sondern speziell in visuell herausragender Repräsentationsform mit Autorenbildern, Initialen und in kalligraphisch hochwertigem Schreibstil archiviert.

5. Fazit

Wolframs poetologische Selbstreflexion der Erzählweise als gleichzeitig regelhaft und willkürlich ebenso wie Gottfrieds polemische Kritik, die Wolframs Spiel mit den Worten ausgerechnet mit einem Wortspiel kommentiert, nehmen eine Form der Unentscheidbarkeit an, die ihre Absichtserklärungen und Standortbestimmungen gegenüber dem Aussage- und Nutzwert von Literatur bestimmen. Das Handlungskonzept des Spiels und seine selbstreflexiven Eigenschaften tragen für sie und andere Autoren ein besonderes Potential für das Erzählen selbst und die Selbstbeschreibung literarischer Prozesse zwischen Autor, Text und Publikum. Wolfram entwickelt den poetologischen Diskurs, wie andere Autoren auch, immer wieder aus den Termini der Spielsprache, sogar das Regelwerk des Schachspiels selbst wird bei ihm zum narrativen Strukturmodell (vgl. Stridde 2010). Das spricht dafür, dass die ästhetische Praxis des Hochmittelalters über eine komplexe Metasprachlichkeit verfügt, die an den handlungstheoretischen Aspekten und der Sprachlichkeit des Spiels partizipiert, man einen konzeptuellen Begriff des Spiels zur ästhetischen Selbstbeschreibung fassbar machen kann. Die Möglichkeiten, Ansprüche aber auch Restriktionen von Literatur werden so formulierbar, wodurch sich zusehends ein Literatursystem institutionell einrichtet, dass gerade im spannungsreichen Aufeinandertreffen von „Konventionalität und Reflexion“ (Haug 1985: 3) seine Systemgrenzen verfestigt. Paradigmatisch für die Selbstvergewisserung des Systems, das sich in das Erzählen hinein spiegelt, sind Wolframs *wîse man* und Gottfrieds *edele herzen*, die quasi eine gemeinsame fingierte „Arkangemeinschaft“ bilden und die zugunsten hermetischer Abschließung gegenüber Uneingeweihten Unverständlichkeit im Modus der ironischen Vieldeutigkeit gezielt sucht und inszeniert. Ihre Sprache ist eine „Räthselsprache“ in *bickelworten*, welche aber doch jedem, *swer mit disen schanzen allen kan*, Verständlichkeit verspricht. Fingiert ist diese exklusive Gemeinschaft deshalb, da sie schließlich, selbst schon Element der literarischen Fiktion, ihre eigene Negation nicht mitliefern kann. Trotzdem das *arcanum* ein inszeniertes, ein gespieltes bleibt, nichts weiter als sich selbst verbirgt, geht es im Hinblick auf das literarische System um die Selbstidentifikation des außerliterarischen Publikums, dass am fiktionalen Spiel des Hin und Her von Aufbau und Abbau von Unverständlichkeit partizipiert. *Liegen* und *triegen* gehört entsprechend dazu.

Der Düring erzeugt Unverständlichkeit auf der Ebene des Spiels mit den materialen, phonetischen, grammatischen, semantischen und diskursiven Ressourcen der Sprache. Er erregt Aufmerksamkeit durch textuelle Korruption, lenkt sie so auf die Medialität des Textes, dass Möglichkeiten für die spielerische Re-Kreation von neuen Textkohärenzen sichtbar werden beziehungsweise der Verzicht auf herkömmliche Textkonstituenten eine eigene ästhetische Wirkung erzielen kann. So wird das Verhältnis des Kunstwerks zu seinem Gegenstand und zu sich selbst reflektiert, „das Produzierende mit dem Produkt“ (Schlegel 1988: Nr. 238) dargestellt. Dies zielt dann auch auf medientechnische Kompetenzen, deren Unterstellung die Möglichkeiten von Schriftlichkeit und Mündlichkeit für die ästhetische Funktion der Sprache prozessiert. Es entsteht ein Oszillieren zwischen „Materialität und Sinn, Offenheit und Geschlossenheit, Mittel und Zweck, Selbstbezug und Fremdbezug [...] in einem Hin und Her, dessen Pointe darin besteht, in keiner Synthese aufgehoben werden zu können“ (Lüthy 2005: 38). Eventuell wird die Grenze des Umschlagens von ästhetischer Vieldeutigkeit zu „bedeutungsloser Undeutbarkeit“ zum einen und von Kunst zu Kunsthandwerk, dem „banalste[n] Kling-Klang, [dem] selbstgestrickte[n] Laut- bzw. Druckmuster“ der „pure[n] Oberfläche“ (Blumenberg 1966: 151) zum anderen für die mittelalterliche Literatur vielleicht noch immer zu tief angesetzt. Dass Konrads von Würzburg Reimkunststücke ausgerechnet in der Postmoderne wieder zu ihrer verdienten Anerkennung gekommen sind, zeigt, dass nach oben hin Korrekturbedarf besteht. Das Spiel ist ja überhaupt d i e Metapher des Postmodernen, wo Realität zum Spiel der Realität und selbst ästhetisches Phänomen geworden ist.

> Das Reale und das Imaginäre sind zu einer gemeinsamen operationalen Totalität verschmolzen. Der unterschwellig wahrgenommene Trick, die Montage, das Szenario der medial konstruierten Wirklichkeit präsentiere sich als ein unentwirrbares Spiel, mit dem sich ein ästhetischer Genuss verbindet, der Genuss an der Lektüre und den Spielregeln. (Anz 2001)

Was für die Moderne den „ästhetischen Reiz“ ausmacht, wird allerdings für die mittelalterliche Literatur noch immer allzu schnell als bloß artifizielle Überreizung abgetan, wenn „deren Kunstmaßstab nur mehr die selbstgesetzte Schwierigkeit der Form“ (Worstbrock 1980: 247f.) widerspiegele.

Literaturverzeichnis

Adorno, Theodor (1973), Ästhetische Theorie. Herausgegeben von Gretel Adorno und Ralf Tiedemann, (Suhrkamp-Taschenbuch: Wissenschaft 2), Frankfurt am Main.

Anz, Thomas (2001), „Literaturtheorie als Spieltheorie. Aus Anlass neuerer Bücher zum Thema von Stefan Matuschek, Johannes Merkel und Ruth Sonderegger“, in: literaturkritik.de, online unter: http://www.literaturkritik.de/public/druckfassung_rez.php?rez_id=3654 [letzter Zugriff 17.08. 2010].

Aristoteles (1980), Rhetorik. Übers., mit einer Bibliogr., Erl. und einem Nachw. von Franz G. Sieveke, (Uni-Taschenbücher 159), München.

Aristoteles (1982), Poetik. Übersetzt und herausgegeben von Manfred Fuhrmann, (Universal-Bibliothek 7828), Stuttgart.

Aristoteteles (1984), Die Nikomachische Ethik. Übersetzt und herausgegeben von Olof Gigon, vollst. Ausg., 5. Aufl., 25.–30. Tsd., (dtv 2146: dtv-Klassik), München.

Barthes, Roland (2000), „Der Tod des Autors“, in: Fotis Jannidis (Hrsg.), Texte zur Theorie der Autorschaft, (Reclams Universal-Bibliothek 18058), Stuttgart, 185–197.

Bartsch, Karl (1867), „Der innere Reim in der höfischen Lyrik“, in: Germania 12, 129–194.

Beaugrande, Robert-Alain de / Dressler, Wolfgang Ulrich (1981), Einführung in die Textlinguistik, (Konzepte der Sprach- und Literaturwissenschaft 28), Tübingen.

Bellmer, Hans (1976), Die Puppe. Die Spiele der Puppe. Die Anatomie des Bildes, vollst., neu eingerichtete Ausg., Frankfurt am Main, Berlin, Wien.

Benjamin, Walter (1974), Gesammelte Schriften. Unter Mitw. von Theodor W. Adorno und Gershom Scholem. Herausgegeben von Rolf Tiedemann und Hermann Schweppenhäuser. Bd. 1.1: Der Begriff der Kunstkritik in der deutschen Romantik, Frankfurt am Main, 76–78.

Benjamin, Walter (2006), Berliner Kindheit um Neunzehnhundert. Mit einem Nachw. von Theodor W. Adorno, (Suhrkamp-Taschenbuch 3759), Frankfurt am Main.

Blumenberg, Hans (1966), „Sprachsituation und immanente Poetik", in: Wolfgang Iser (Hrsg.), Immanente Ästhetik, ästhetische Reflexion. Lyrik als Paradigma der Moderne. Kolloquium Köln 1964. Vorlagen und Verhandlungen, (Poetik und Hermeneutik 2), München, 145–154.

Braun, Manuel (2007), Spiel – Kunst – Autonomie. Minnesang jenseits der Pragma-Paradigmen, Habil. masch. München.

Brauneck, Manfred (1964), Die Lieder Konrads von Würzburg, München.

Curschmann, Michael (2004), „Der Erzähler auf dem Weg zur Literatur", in: Wolfgang Haubrichs / Eckart Conrad Lutz / Klaus Ridder (Hrsg.), Erzähltechnik und Erzählstrategien in der deutschen Literatur des Mittelalters. Saarbrücker Kolloquium 2002, (Wolfram-Studien 18), Berlin, 11–32.

de Boor, Helmut (1962), Die deutsche Literatur im späten Mittelalter. Zerfall und Neubeginn. 1250–1350, (Geschichte der deutschen Literatur von den Anfängen bis zum Beginn der Frühen Neuzeit III,1), München.

de Boor, Helmut (1991), Die höfische Literatur. Vorbereitung, Blüte, Ausklang; 1170–1250, 11. Aufl., bearb. von Ursula Hennig, (Geschichte der deutschen Literatur. Von den Anfängen bis zur Gegenwart 2), München.

de Man, Paul (1988), Allegorien des Lesens, (Edition Suhrkamp 1357 = N. F. 357), Frankfurt am Main.

de Man, Paul (1993), Die Ideologie des Ästhetischen, herausgegeben von Christoph Menke, aus dem Amerik. von Jürgen Blasius, dt. Erstausgabe, (Edition Suhrkamp 1682 = N. F. 682: Aesthetica), Frankfurt am Main.

Dencker, Klaus Peter (Hrsg.) (2002), Poetische Sprachspiele. Vom Mittelalter bis zur Gegenwart, (Universal-Bibliothek 18238), Stuttgart.

Derrida, Jacques (1995), Dissemination, herausgegeben von Peter Engelmann, dt. Erstausgabe, (Passagen Philosophie), Wien.

Essen, Erika (1938), Die Lyrik Konrads von Würzburg, Marburg.

Fink, Eugen (1957), Oase des Glücks. Gedanken zu einer Ontologie des Spiels, Freiburg, München.

Fix, Ulla (2008), „Text und Textlinguistik", in: Nina Janich (Hrsg.), Textlinguistik. 15 Einführungen, (Narr-Studienbücher), Tübingen, 15–34.

Fohrmann, Jürgen (1994), „Über die (Un-)Verständlichkeit", in: DVjs 68, 197–213.

Foucault, Michel (2003), „Was ist ein Autor?" in: Michel Foucault, Schriften zur Literatur. Herausgegeben von Daniel Defert und François Ewald, (Suhrkamp-Taschenbuch: Wissenschaft 1675), Frankfurt am Main, 7–31.

Frey, Hans-Jost (1990), Der unendliche Text, Frankfurt am Main.

Fuhrmann, Manfred (1966), „Obscuritas. Das Problem der Dunkelheit in der rhetorischen und literarästhetischen Theorie der Antike", in: Wolfgang Iser (Hrsg.), Immanente Ästhetik – Ästhetische Reflexion. Lyrik als Paradigma der Moderne, Kolloquium Köln 1964. Vorlagen u. Verhandlungen, (Poetik und Hermeneutik 2), München, 47–72.

Gadamer, Hans-Georg (1977), „Lyrik als Paradigma der Moderne", in: Hans-Georg Gadamer, Kleine Schriften IV. Variationen, Tübingen, 249–255.

Gadamer, Hans-Georg (1986), „Zwischen Phänomenologie und Dialektik. Versuch einer Selbstkritik", in: Hans-Georg Gadamer (Hrsg.), Gesammelte Werke. Bd. 2: Hermeneutik II, Tübingen, 3–23.

Göttert, Karl-Heinz (1991), „Ringen um Verständlichkeit. Ein historischer Streifzug", in: DVjs 65, 1–14.

Hacke, Axel / Sowa, Michael (2010), Die Wumbaba-Trilogie, limitierte Sonderausgabe, München.
Hagen, Friedrich Heinrich von der (1838), Minnesinger. Geschichte der Dichter und ihrer Werke. Abbildungen der Handschriften. 4. Theil: Deutsche Liederdichter des 12., 13. u. 14. Jh. aus allen bekannten Hss. und Drucken, Leipzig.
Haug, Walter (1985), Literaturtheorie im deutschen Mittelalter von den Anfängen bis zum Ende des 13. Jahrhunderts. Eine Einführung, (Germanistische Einführungen), Darmstadt.
Haug, Walter (2001), „Das literaturtheoretische Konzept Wolframs von Eschenbach. Eine neue Lektüre des ‚Parzival'-Prologs", in: Beiträge zur Geschichte der deutschen Sprache und Literatur 123, 211–229.
Heinrich von Meißen (1843), Heinrichs von Meißen des Frauenlobes Leiche, Sprüche, Streitgedichte und Lieder. Erläutert und herausgegeben von Ludwig Ettmüller, Quedlinburg, Leipzig.
Hoffmann, Werner (1989), „Minnesang in der Stadt", in: Mediaevistik 2, 185–202.
Hohlfeldt, Marion (1997), „Jeu de mots – jeu d'esprit. Sprachspiel und offene Rezeption im Werk von Marcel Duchamp und Bruce Nauman", in: Ekkehard Mai / Joachim Rees (Hrsg.), Kunstform Capriccio. Von der Groteske zur Spieltheorie der Moderne. Vorträge, gehalten anläßlich der Ausstellung Das Capriccio als Kunstprinzip. Zur Vorgeschichte der Moderne von Achimboldo und Callot bis Tiepolo und Goya. Köln, Zürich und Wien 1997/98, (Kunstwissenschaftliche Bibliothek 6), Köln, 223–240.
Hübner, Gerd (1994), „Versuch über Konrad von Würzburg als Minnelyriker", in: Stephan Füssel (Hrsg.), Artibus. Kulturwissenschaft und deutsche Philologie des Mittelalters und der Frühen Neuzeit, Festschrift für Dieter Wuttke zum 65. Geburtstag, Wiesbaden, 63–90.
Huizinga, Johan (2004), Homo ludens. Vom Ursprung der Kultur im Spiel. In engster Zusammenarbeit mit dem Verf. aus dem Niederländ. übertr. von H. Nachod. Mit einem Nachw. von Andreas Flitner, 19. Aufl., (Rororo 55435: Rowohlts Enzyklopädie), Reinbek bei Hamburg.
Iser, Wolfgang (1991), Das Fiktive und das Imaginäre. Perspektiven literarischer Anthroplogie, Frankfurt am Main.
Jakobson, Roman (1972), Poetik. Ausgewählte Aufsätze 1921–1971. Herausgegeben von Elmar Holenstein und Tarcisius Schelbert, Frankfurt am Main.
Jakobson, Roman (1993), „Was ist Poesie", in: Roman Jakobson, Poetik. Ausgewählte Aufsätze 1921–1971, herausgegeben von Elmar Holenstein und Tarcisius Schelbert, Frankfurt am Main, 79.
Kern, Manfred (1998), Edle Tropfen vom Helikon. Zur Anspielungsrezeption der antiken Mythologie in der deutschen höfischen Lyrik und Epik von 1180–1300, (Amsterdamer Publikationen zur deutschen Sprache und Literatur 135), Amsterdam, Atlanta/GA, 428f.
Kiening, Christian (2003), „Ansätze literarischer Theoriebildung", in: Christian Kiening (Hrsg.), Zwischen Körper und Schrift. Texte vor dem Zeitalter der Literatur, Frankfurt am Main, 113–129.
Kiening, Christian (2005), „Alterität und Methode. Begründungsmöglichkeiten fachlicher Identität", in: Mitteilungen des Deutschen Germanisten-Verbandes 52, 150–167.
Kiening, Christian (2007), „Ästhetik des Liebestods. Am Beispiel von Tristan und Herzmære, in: Manuel Braun / Christopher Young (Hrsg.), Das fremde Schöne. Dimensionen des Ästhetischen in der Literatur des Mittelalters. (Trends in Medieval Philology 12), Berlin, New York, 171–192.
Kiening, Christian (2008), „Die erhabene Schrift. Vom Mittelalter zur Moderne", in: Christian Kiening / Martina Stercken (Hrsg.), SchriftRäume. Dimensionen von Schrift zwischen Mittelalter und Moderne, (Medienwandel, Medienwechsel, Medienwissen 4), Zürich, 8–126.
Koch, Peter / Oesterreicher, Wulf (1996), „Funktionale Aspekte der Schriftkultur / Functional Aspects of Literacy", in: Hartmut Günther (Hrsg.), Schrift und Schriftlichkeit. Writing and Its Use. Ein interdisziplinäres Handbuch internationaler Forschung. An Interdisciplinary Handbook of International Research, Bd. 2, (HSK 10.2), Berlin, New York, 587–604.
Kokott, Hartmut (1989), Konrad von Würzburg, Ein Autor zwischen Auftrag und Autonomie, Stuttgart.

Konrad von Würzburg (1970), Kleinere Dichtungen, Bd. 3: Die Klage der Kunst, Leiche, Lieder und Sprüche, herausgegeben von Edward Schröder. Mit einem Nachwort von Ludwig Wolff, 4. Aufl., Dublin, Zürich.

Kraus, Karl von (1978), Deutsche Liederdichter des 13. Jahrhunderts, 2 Bde., 2. Aufl., durchgesehen von Gisela Kornrumpf, Tübingen.

Kuhn, Hugo (1952), Minnesangs Wende, (Hermaea N. F. 1), Tübingen.

Lausberg, Heinrich (1971), Elemente der literarischen Rhetorik. Eine Einf. f. Studierende d. klass., roman., engl. u. dt. Philologie, 4., durchges. Aufl., München.

Liede, Alfred (1992), Dichtung und Spiel. Studien zur Unsinnspoesie an den Grenzen der Sprache, 2 Bde., 2. Aufl., mit einem Nachtrag ‚Parodie', erg. Auswahlbibl., Namenregister und einem Vorwort neu herausgegeben von Walter Pape, Berlin, New York.

Luhmann, Niklas (1981), „Die Unwahrscheinlichkeit der Kommunikation", in: Niklas Luhmann (Hrsg.), Soziologische Aufklärung. Bd. 3: Soziales System, Gesellschaft, Organisation, Opladen, 25–34.

Luhmann, Niklas (1984), Soziale Systeme. Grundriß einer allgemeinen Theorie, Frankfurt am Main.

Lüthy, Michael (2005), „Der Einsatz der Autonomie. Spieldimensionen in der Kunst der Moderne", in: Nike Bätzner (Hrsg.), Faites vos Jeux! Kunst und Spiel seit Dada, Ostfildern-Ruit, 37–46.

Matuschek, Stefan (1998), Literarische Spieltheorie. Von Petrarca bis zu den Brüdern Schlegel, (Jenaer germanistische Forschungen, N.F. 2), Heidelberg, 25–32.

Menke, Christoph (1991), Die Souveränität der Kunst. Ästhetische Erfahrung nach Adorno und Derrida, (Suhrkamp-Taschenbuch Wissenschaft 958), Frankfurt am Main.

Nell, Victor (1988), Lost in a book. The psychology of reading for pleasure, New Haven, New York, London.

Nellmann, Eberhard (1994), „Dichtung ein Würfelspiel? Zu Parzival 2,13 und Tristan 4639". In: Zeitschrift für deutsches Altertum 123, 458–466.

Novalis (1960), „Glauben und Liebe oder Der König und die Königin", in: Novalis, Schriften. Die Werke Friedrich von Hadenbergs. Herausgegeben von Paul Kluckhohn und Richard Samuel. Bd. 2: Das philosophische Werk I, Stuttgart.

Oesterreicher, Wulf (1993), „Verschriftung und Verschriftlichung im Kontext medialer und konzeptioneller Schriftlichkeit", in: Ursula Schaefer (Hrsg.), Schriftlichkeit im frühen Mittelalter, (Script-Oralia 53), Tübingen, 267–292

Platon (1982), Politeia. Übers. u. hrsg. von Karl Vretska, durchges., verb. u. bibliogr. erg. Ausg., (Universal-Bibliothek 8205), Stuttgart.

Platon (1991), Sämtliche Werke in zehn Bänden. Griechisch und Deutsch. Nach der Übers. Friedrich Schleiermachers, erg. durch Übers. von Franz Susemihl u. a., herausgegeben von Karlheinz Hülser. Bd. IX: Nomoi, Frankfurt am Main et al.

Ruf, Oliver (2007), „‚Ein Spiel mit den schäbigen Überbleibseln'. Ludische Literatur – Theorie und Thesen (von Friedrich Schiller zur Avantgarde)", in: Thomas Anz / Heinrich Kaulen (Hrsg.), Literatur als Spiel. Evolutionsbiologische, ästhetische und pädagogische Konzepte, (Spectrum Literaturwissenschaft 22), Berlin, New York, 313–327.

Schiller, Friedrich (1860), Sämmtliche Werke in 12 Bänden. Bd. 12: Über die ästhetische Erziehung des Menschen in einer Reihe von Briefen, Stuttgart, Tübingen.

Schlegel, Friedrich (1967), „Über die Unverständlichkeit", in: Kritische Friedrich-Schlegel-Ausgabe. Bd. 2: Abt. 1, Kritische Neuausgabe, Charakteristiken und Kritiken, München et al., 363–373.

Schlegel, Friedrich von (1988), Kritische Schriften und Fragmente, Studienausgabe in sechs Bänden. Herausgegeben von Ernst Behler und Hans Eichner, Bd. 2, Paderborn et al.

Schlegel, Friedrich von (1988), Kritische Schriften und Fragmente (1798–1801), herausgegeben von Ernst Behler und Hans Eichner, Studienausgabe, Bd. 2, Paderborn et al.

Schnyder, Mireille (2002), „Glücksspiel und Vorsehung. Die Würfelspielmetaphorik im ‚Parzival' Wolframs von Eschenbach", in: Zeitschrift für deutsches Altertum 131, 308–325.

Schumacher, Eckhard (2000), Die Ironie der Unverständlichkeit. Johann Georg Hamann, Friedrich Schlegel, Jacques Derrida, Paul de Man, Orig.-Ausg., (Edition Suhrkamp 2172: Aesthetica), Frankfurt am Main.

Schüttpelz, Erhard (1995), „Objekt- und Metasprache", in: Jürgen Fohrmann / Harro Müller (Hrsg.), Literaturwissenschaft, (Uni-Taschenbücher 1874: Literaturwissenschaft), München, 179–216.

Stridde, Christine (2010), „Erzählen vom Spiel – Erzählen als Spiel. Spielszenen in der mittelalterlichen Erzählliteratur", in: Bernhard Jan / Michael Schilling (Hrsg.), Literatur und Spiel. Zur Poetologie literarischer Spielszenen, Stuttgart, 27–43.

Stridde, Christine (2012), „Innovativer Formalismus und Konkretheit des Symbolischen. Konrads von Würzburg poetologisches Programm", in: Manuel Braun (Hrsg.), Alles anders? Alterität in der Mediävistik – Probleme und Alternativen, Göttingen [im Druck].

Strohschneider-Kohrs, Ingrid (1977), Die romantische Ironie in Theorie und Gestaltung, 2., durchges. und erw. Aufl., Tübingen.

Worstbrock, Franz Josef (1980), „Der Düring", in: Verfasserlexikon 2, 247f.

Worstbrock, Franz Josef (1994), „Lied VI des Wilden Alexander. Überlieferung, Interpretation und Literarhistorie", in: Beiträge zur deutschen Sprache und Literatur 116, 183–204

BETTINA RABELHOFER

Zur Aerodynamik des Worts in E.T.A. Hoffmanns Kunstmärchen „Der Goldene Topf"

1. Einleitung

Es war einmal eine Zeit, da trugen die Zauberer fantastisch-geblümte Morgenmäntel und die Schlangen grüne Negligés[1].

So könnte ein Märchen beginnen und mit der vagen Fülle paradiesischer Üppigkeit locken, in der kein Menschenwunsch unerfüllt bliebe. Indes beginnen Märchen, und schon gar wenn sie „aus der neuen Zeit" (Hoffmann 1993: 229)[2] sind, manchmal auch mit der anschaulichen Konkretheit irdischer Tolpatschigkeit:

> Am Himmelfahrtstage Nachmittags um drei Uhr rannte ein junger Mensch in Dresden durchs schwarze Tor und geradezu in einen Korb mit Äpfeln und Kuchen hinein, die ein altes häßliches Weib feil bot, so daß alles, was der Quetschung glücklich entgangen, hinausgeschleudert wurde, und die Straßenjungen sich lustig in die Beute teilten, die ihnen der hastige Herr zugeworfen. (229)

Äpfeln, so könnte man meinen, haftet immer das Unglück an. Man denke nur an jene, die Schneewittchens böse Stiefmutter dem armen unbedarften Mädchen feilgeboten hat oder gar an jene, von denen berichtet wird, dass sie in noch vordenklicherer Zeit so verlockend vom Baum der Erkenntnis leuchtend ihr Unheil angerichtet haben.

Was Wunder also, wenn die besagte Ausgangssituation geradewegs in die Katastrophe führt und mit einem Fluch endet:

---

1 So spricht Oesterle (2006: 72) von Serpentina als einer Schlange im grünen Negligé: „Sie ist ein Tier und zugleich eine bildhübsche Frau im grünen Negligé […]".

2 Im Folgenden wird im Text selbst mit einfacher Seitenzahl zitiert.

„Ja renne – renne nur zu, Satanskind – ins Krystall bald dein Fall – ins Krystall! – Die gellende, krächzende Stimme des Weibes hatte etwas entsetzliches, so daß die Spaziergänger verwundert stillgestanden und das Lachen […] mit einem Mal verstummte“ (229). Der Student Anselmus, dem das alles widerfährt, – und wohl auch der Leser – versteht die Worte des Weibes nicht; ungeachtet dessen ergreift ihn ein „unwillkürliche[s] Grausen“ (229f.): „Auf ganz sonderbare Weise hatten die geheimnisvollen Worte der Alten dem lächerlichen Abenteuer eine gewisse tragische Wendung gegeben […]“ (230).

Die geheimnisvolle Macht der Worte muss zu jener Zeit wohl noch ungebrochen gewesen sein. Da hat das Fluchen und Wünschen auch wirklich noch geholfen.

In den innersten Räumen der Hoffmannschen Textwelt vermag das Wort noch handgreiflich zu werden. Es kann Berge versetzen, paralysieren oder Liebe entfachen, – freilich um den Preis der Einpassung ins gängige Kategoriensystem: Das philisterhafte Figurenensemble des Hoffmannschen Textkosmos weiß dem „Fabulose[n]“, das so „keck“ ins „gewöhnliche Leben“ eingetreten ist,[3] denn auch mit der Alltagslogik von ‚Wahnsinn‘, ‚Krankheit‘ und ‚Rausch‘ beizukommen, wenngleich es der realistischen Tünche der Fabel dann doch nicht gelingt, das Phantastische farblos zu halten. Der und die Lesende befinden sich in einer schillernden Welt, die neben Hofräten und Archivaren Feuersalamander und Zauberfürsten kennt, und wo es schon vorkommen kann, dass sich der reale Eine im phantastischen Anderen wiederfindet.

2. „Der Duft ist meine Sprache“

Ebenso wie der tollpatschige Anselmus mit seinem kindlichen Gemüt stolpert die Lesende über allerlei Merkwürdigkeiten in das textuelle Zauberreich der Poesie: War das Äpfelweib nur eine Vorbotin des Nachtschattig-Phantastischen, so findet sich Anselmus gegen Ende der „Ersten Vigilie“ vom Poetischen daselbst akustisch umschmeichelt unter dem Holunderbaum wieder:

> Hier wurde der Student Anselmus […] durch ein sonderbares Rieseln und Rascheln unterbrochen, das sich dicht neben ihm im Grase erhob, bald aber in die Zweige und Blätter des Holunderbaums hinauf glitt, der sich über seinem Haupt wölbte. Bald war es, als schüttle nur der Abendwind die Blätter, bald als kos'ten [sic] Vögelein in den Zweigen, die kleinen Fittige im mutwilligen Hin- und Herflattern rührend. – Da fing es an zu flüstern und zu lispeln, und es war, als ertönten die Blüten wie aufgehangene Krystallglöckchen. Anselmus horchte und horchte. Da wurde, er wußte selbst nicht wie, das Gelispel und Geflüster und Geklingel zu leisen halbverwehten Worten:
>
> Zwischen durch – zwischen ein – zwischen Zweigen, zwischen schwellenden Blüten, schwingen, schlängeln, schlingen wir uns – Schwesterlein – Schwesterlein, schwinge dich im Schimmer – schnell, schnell herauf – herab – Abendsonne schießt Strahlen, zischelt der

---

[3] Vgl. Hoffmann (1967, 445): Brief an Kunz vom 4.3.1814.

> Abendwind – raschelt der Tau – Blüten singen – rühren wir Zünglein, singen wir mit Blüten und Zweigen – Sterne bald glänzen – müssen herab – zwischen durch, zwischen ein schlängeln, schlingen, schwingen wir uns Schwesterlein. – (233)

Drei grüne Schlänglein züngeln onomatopoetisch die Saumlinie zwischen Sprache und erotisierter Natur entlang und sorgen, wie es Roman Jakobson in seinem berühmten Aufsatz von 1960[4] für die poetische Funktion der Sprache in theoretischer Diktion niederlegen wird, für die leibhaftige klangliche und rhythmische Wiederkehr in der Linearität ihrer Bewegungen. „Gelispel und Geflüster und Geklingel" wird zu „leisen halbverwehten Worten". Dort wo die Worte spürbar werden, richtet sich, so hat uns Jakobson gelehrt, die Aufmerksamkeit auf die Botschaft selbst.[5] Poesie wird zum Statthalter einer Natursprache, indem sie die Natur mimetisch nachzusprechen versucht.

Anselmus dekodiert die „Sinne-verwirrende[…] Rede" (234) im Jargon der Vernunft als optische und akustische Sinnestäuschung unter abendlichem Licht. Doch da nimmt die Sinnestäuschung auch schon die Gestalt einer Schlange an, die „ihr Köpfchen nach ihm herabstreckt[…]" (234)

> Da fuhr es ihm durch alle Glieder wie ein elektrischer Schlag, er erbebte im Innersten – er starrte herauf und ein Paar herrliche dunkelblaue Augen blickten ihn mit unaussprechlicher Sehnsucht an, so daß ein nie gekanntes Gefühl der höchsten Seligkeit und des tiefsten Schmerzes seine Brust zersprengen wollte. Und wie er voll heißen Verlangens immer die Augen anblickte, da ertönten stärker in lieblichen Akkorden die Krystallglocken und die funkelnden Smaragden fielen auf ihn herab und umspannen ihn in tausend Flämmchen um ihn herflackernd und spielend mit Goldfaden. (234)

Die Liebe zur grünen Schlange trifft Anselmus wie ein Blitzschlag vom Holunderbaum herab. Aus akustischer Halluzination (vgl. Kittler 1985: 85) wird Anschauung. Poesie besitzt einen Textkörper und der heißt „Serpentina".

Da rührt sich der Holunderbusch und spricht: „Du lagst in meinem Schatten, mein Duft umfloß dich, aber du verstandest mich nicht. Der Duft ist meine Sprache, wenn ihn die Liebe entzündet" (234).

Da streicht auch der Abendwind vorüber und spricht: „[I]ch umspielte deine Schläfe aber du verstandest mich nicht, der Hauch ist meine Sprache, wenn ihn die Liebe entzündet" (234). Schließlich brennt auch der Schein der Sonnenstrahlen „wie in Worten": „[I]ch umgoß dich mit glühendem Gold, aber du verstandest mich nicht; Glut ist meine Sprache, wenn sie die Liebe entzündet" (234).

Sinnlichkeit und Poesie bilden hier noch eine untrennbare Einheit, sodass der Holunderbusch als Baum der Erkenntnis sowohl Sinnlichkeit wie auch Poesie zu versprechen scheint: „Der Duft ist meine Sprache".

---

4 Jakobson (1979: 94): „Die poetische Funktion projiziert das Prinzip der Äquivalenz von der Achse der Selektion auf die Achse der Kombination."

5 Jakobson (1979: 92): „Die *Einstellung* auf die *Botschaft* als solche, die Ausrichtung auf die Botschaft um ihrer selbst willen, stellt die poetische Funktion der Sprache dar." und: Sie richtet das Augenmerk auf „die Spürbarkeit der Zeichen" (93).

3. … eine Zeit vor aller Sprache

Die Dynamik des Textes, das sei schon an dieser Stelle verraten, wird jedoch destruktiv oder konstruktiv – dies hängt vom Blickpunkt ab – das Band zwischen dem Wort und der Sexualität zerreißen: Wort und Sexualität werden einander Kehrseite. Der Textkörper „Serpentina“ verwandelt sich mehr und mehr in Text, nämlich in Laut- und Schriftgebilde, während das leibhaftige Fühlen und Berühren zur luftigen Metapher gerät. Serpentinas Körper wird anorektisch und magert zur ‚Schönschreiblinie‘ aus (vgl. Wirth 2009: 124ff.; Kittler 1985: 112; Oesterle 2006: 70ff.). Als ‚figura serpentinata‘ verliert sie an Volumen und wird, wie sie der Kunsttheoretiker Giovanni Paolo Lomazzo in seiner Abhandlung über Malerei beschreibt, „eine[…] züngelnde Flamme“, eine Figur, die „wie der Buchstabe ‚S‘“ aussieht (zit. n. Wirth 2009: 125).

Serpentina, jene verführerische Schlange der ekstatischen Holunderbuschszene, ist die Tochter des Archivarius Lindhorst, bei dem der Student Anselmus seine poetische Initiation erleben wird. Lindhorst ist geheimer Archivar, Hüter der Schrift, und er sucht einen Sekretär, dem diese Schrift anzuvertrauen ist. Anselmus' kindliches Gemüt und seine kalligraphische Vorbildung machen ihn zum vielversprechenden Adepten und lassen auf mehr als eine landläufige Schreiberkarriere hoffen. Eine solche ist auch angesichts der mythenschweren atmosphärischen Turbulenzen des Hoffmannschen Textes kaum vorstellbar. Die Genealogie Lindhorsts verweist auf eine Zeit vor aller Zeit und vielleicht auch vor aller Sprache. Kosmogonie und christlicher Weltschöpfungsmythos verschmelzen zum fulminanten Naturschauspiel:

> Der Geist schaute auf das Wasser, da bewegte es sich und brauste in schäumenden Wogen und stürzte sich donnernd in die Abgründe, die ihre schwarzen Rachen aufsperrten, es gierig zu verschlingen. Wie triumphierende Sieger hoben die Granitfelsen ihre zackigt gekrönten Häupter empor, das Tal schützend, bis es die Sonne in ihren mütterlichen Schoß nahm und mit ihren Strahlen wie mit glühenden Armen es umfassend pflegte und wärmte. (244f.)

In diesem Kosmos aus glühenden Armen und wärmenden Strahlen greift, wie kann es poetisch anders sein, die Liebesgeschichte des Jünglings Phosphorus mit der Feuerlilie platz und trägt die Sehnsucht in die Welt. Dieser aus lichtflammender Metaphorik geborenen Liebe hat Lindhorst letztendlich seine Existenz zu verdanken, war doch die Feuerlilie des Archivarius' „Ur – ur – ur– urgroßmutter“ (247). Hat die Vereinigung von Phosphorus und Feuerlilie auch Funken geschlagen und Leben gespendet, so wohnt ihr mit eschatologischem Grinsen auch die Verstörung inne:

> Die Sehnsucht die jetzt dein ganzes Wesen wohltätig erwärmt, wird in hundert Strahlen zerspaltet, dich quälen und martern, denn der Sinn wird die Sinne gebären und die höchste Wonne die der Funke entzündet den ich in dich hineinwerfe, ist der hoffnungslose Schmerz, in dem du untergehst um aufs neue fremdartig emporzukeimen. – Dieser Funke ist der Gedanke! (245f.)

Solch mythischer Urschleim verheißt auch für Narrative der „neuen Zeit“ nicht unbedingt spannungslose erzählerische Gelassenheit: Wenn auch „der Sinn […] die Sinne gebären (wird)", so verdrängt er letztendlich doch die Sinnlichkeit. Aus der Aisthesis des Verlangens spaltet sich der „Gedanke" ab; die „höchste Wonne" fällt in eins mit dem „hoffnungslose[n] Schmerz". Erst im „hoffnungslose[n] Schmerz" wird der Körper der Sehnsucht gewahr, die ihn jedoch wiederum hartnäckig an die in Trennung und Absenz unmöglich gewordene Berührung erinnert. Damit wird die im „Gedanke[n]" gespeicherte Sehnsucht auch wirklich zur Grenzerfahrung zwischen materiellem, berührbarem Körper und immateriellem, unberührbarem Sinn (vgl. Nancy 2007: 73).

4. Berührbare Klang- und Schriftkörper

Was der Text hier verhandelt, ist die zwischen der Unersättlichkeit des Körpers und der Unkörperlichkeit des Sinns eingeschriebene Verzweiflung. Abhilfe für diese Verzweiflung kann die Magie schaffen oder die Symbolik des Wortes, die die Kluft zwischen Absenz und Präsenz zu überbrücken vermag. Wenn das Denken nicht berührbar ist, so ist es mitunter der akustische Klangkörper – das Zischeln der Schlange Serpentina – oder die Schrift – das Schlängeln der Schlange –, in der die körperlose Sprache wieder als Körper erscheint. In der Sensualität seiner Form wird so das poetische Schreiben zum wahrhaft *berührenden* Schreiben. Sowohl Magie als auch Sprache verhelfen der Materialität wieder zu ihrem Recht:

> Denn die Gesten müssen vollzogen, die entsprechenden Objekte angefertigt, die Worte ausgesprochen werden – sogar dann, wenn sie geheim sind und nicht von allen gehört werden dürfen. In der Magie gibt es kein stilles Gebet. Man muss die Gesten wenigstens hinter dem Rücken verrichten und die Wortlaute immer zumindest murmeln. Aufgrund dieses Materialismus, der auf Verwirklichung zielt und dementsprechend eine reiche materielle Kultur an Praktiken, Fetischen, Kultobjekten und Zaubersprüchen hervorgebracht hat, steht die Magie der Kunst nahe […]. (Pfaller 2008: 119f.)

Freud hat auf den Ursprung der Kunst im Magischen hingewiesen:

> Nur auf einem Gebiete ist auch in unserer Kultur die „Allmacht der Gedanken" erhalten geblieben, auf dem der Kunst. In der Kunst allein kommt es noch vor, daß ein von Wünschen verzehrter Mensch etwas der Befriedigung Ähnliches macht und daß dieses Spielen – dank der künstlerischen Illusion – Affektwirkungen hervorruft, als wäre es etwas Reales. Mit Recht spricht man vom Zauber der Kunst und vergleicht den Künstler mit dem Zauberer. Aber dieser Vergleich ist vielleicht bedeutsamer, als er zu sein beansprucht. Die Kunst, die gewiß nicht als l'art pour l'art begonnen hat, stand ursprünglich im Dienste von Tendenzen, die heute zum großen Teil erloschen sind. Unter diesen lassen sich so mancherlei magische Absichten vermuten. (Freud 2000: 378)

In Hoffmanns Text ist die Logik dieser Konstellation literal gedacht, der Zusammenhang mit der Gegenwart Lindhorsts keineswegs metaphorisch, sondern genealogische Voraussetzungsfolge. Als „langer hagerer Mann" mit „großen feurigen Augen" und „gewaltige[r] Stimme" (253) erscheint er dem Anselmus, als dieser wieder einmal unter dem Holunderbusch sich nach dem grünen Schlänglein verzehrt. Anselmus erkennt ihn als den, der am Himmelfahrtstage in mitten der „herrlichen Krystalltöne[...]" seiner Geliebten „aus der Ferne gedonnert": „„Herr Archivarius schrien und riefen so erschrecklich übers Wasser her"" (254). Anselmus scheint es, „daß sich Holunderbusch, Mauer und Rasenboden und alle Gegenstände rings umher leise zu drehen anfingen" (255). Doch nicht genug damit – Lindhorst ist auch mit einem magischen Utensil ausgestattet: einem „in wunderbaren Funken und Flammen blitzenden" Smaragd (255):

> Der Student Anselmus schaute hin und o Wunder! der Stein warf wie aus einem brennenden Fokus Strahlen rings herum, und die Strahlen verspannen sich zum hellen leuchtenden Krystallspiegel, in dem in mancherlei Windungen bald einander fliehend, bald sich ineinander schlingend die drei goldgrünen Schlänglein tanzten und hüpften, und wenn die schlanken in tausend Funken blitzenden Leiber sich berührten, da erklangen herrliche Akkorde wie Krystallglocken, und die mittelste streckte wie voll Sehnsucht und Verlangen das Köpfchen zum Spiegel heraus [...]. (255f.)

Lindhorst funktioniert quasi als semiotische Umschaltfigur (vgl. Willer 2009: 80), die die Relais des Textes von Alltäglichkeit auf Magisch-Wunderbares umstellt. Sowie Lindhorst den Namen des Registrators Heerbrand, der dem philisterhaften Figurenensemble der Geschichte zuzurechnen ist, nennt,

> war es dem Studenten Anselmus erst wieder als stehe er wirklich mit beiden Füßen auf der Erde und er wäre wirklich der Student Anselmus und der vor ihm stehende Mann der Archivarius Lindhorst. Der gleichgültige Ton, in dem dieser sprach, hatte im grellen Kontrast mit den wunderbaren Erscheinungen, die er wie ein wahrhafter Nekromant hervorrief, etwas grauenhaftes, das durch den stechenden Blick der funkelnden Augen, die aus den knöchernen Höhlen des magern runzlichten Gesichts wie aus einem Gehäuse hervorstrahlten, noch erhöht wurde [...]. (256)

Von Vigilie zu Vigilie faltet sich der Text auf zu einem Panoptikum, dessen Umspringbilder dem Leser einmal die philisterhafte Welt in ihrer von Alltagspragmatik ausgetrockneten Realität, ein ander Mal den durch das Wunderbare angereicherten Mythenbezirk eines Zauberreichs vor Augen führen. In Lindhorsts Gewächshaus wird Anselmus denn auch von „dem Anblick, von den süßen Düften des Feengartens" so „berauscht", dass er „festgezaubert" stehen bleibt (270). Da schreitet ein „Feuerlilienbusch" auf ihn zu und Anselmus sieht, „daß es der Archivarius Lindhorst war, dessen blumigter in Rot und Gelb glänzender Schlafrock ihn nur getäuscht hatte" (270). Lindhorst geleitet seinen prospektiven Adepten immer weiter ins Innere seines Reiches, gleichsam ins Epizentrum der Schriftlichkeit und des Schreibens, in die blaue Bibliothek.

5. Unbegreifliche Schreibszenen

Ob Anselmus jedoch in diesem Heiligtum der Schrift die Manuskripte des Archivarius kopieren darf, wird sich erst weisen. Im Augenblick bemüht er sich gerade, Lindhorst von seinem Talent zu überzeugen. Er legt ihm seine Zeichnungen und Schreibarbeiten vor: eine „Handschrift in der elegantesten englischen Schreibmanier“ und weitere Blätter (272). Doch der Archivar weiß die stolze Präsentation des Studenten nur mit einem Kopfschütteln zu quittieren: „,Lieber H. Anselmus‘, sagte der Archivarius Lindhorst, ,Sie haben für die Kunst des Schönschreibens wirklich treffliche Anlagen, aber vor der Hand, sehe ich wohl, muß ich mehr auf Ihren Fleiß, auf Ihren guten Willen rechnen als auf Ihre Fertigkeit. Es mag auch wohl an den schlechten Materialien liegen, die Sie verwandt‘“ (272).

Mit der „sonst anerkannten Kunstfertigkeit“, der „chinesischen Tusche“ und den „exquisiten Rabenfedern“ (272f.) ist hier kein Staat zu machen. Schlimmer noch, – Anselmus kommt nun seine sonst vielgepriesene Handschrift „höchst miserabel“ (273) vor:

> Da war keine Ründe in den Zügen, kein Druck richtig, kein Verhältnis der großen und kleinen Buchstaben, ja! schülermäßige schnöde Hahnenfüße verdarben oft die sonst ziemlich geratene Zeile. Und dann, fuhr der Archivarius Lindhorst fort, ist Ihre Tusche auch nicht haltbar. Er tunkte den Finger in ein mit Wasser gefülltes Glas, und indem er nur leicht auf die Buchstaben tupfte, war alles ohne Spur verschwunden. (273)

Das Geschriebene scheint verhunzt durch die mindere materielle Qualität der Schreibutensilien. Dort wo indirekt die Frage nach dem Anteil des Materials am Gelingen des Schreibakts gestellt wird, kann auch der Schreiber nicht besser sein als sein Schreibgerät. Als muskulär-motorische Schnittstelle zwischen der Kunstfertigkeit des Kopisten und seinem Schreibmaterial verliert die Hand die Oberhoheit über das Schriftbild: „,Wie die Hahnenfüße in meine schöne englische Kursivschrift gekommen, mag Gott und der Archivarius Lindhorst wissen‘, sprach [Anselmus], ,aber daß sie nicht von *meiner* Hand sind, darauf will ich sterben‘“ (273).

Der Schriftzug scheint dem Beziehungsgefüge von Auktor und Werk auf magisch-mysteriöse Weise aufgekündigt zu haben. Die graphischen Züge garantieren keine identifikatorische Stiftung zwischen Individuum und ästhetischem Artefakt mehr. Selbst wenn der Schreibakt mit Hilfe der von Lindhorst herbeigeschafften Utensilien – „eine[r] flüssigen schwarze[n] Masse, die einen ganz eigentümlichen Geruch verbreitet[...]“, „sonderbar gefärbte[n] scharf zugespitzte[n] Federn“ und „ein[em] Blatt von besonderer Weiße und Glätte“ (273) – gelingt, so erscheint doch die unvermutete Könnerschaft Anselmus ,unbegreiflich‘:

> Mit jedem Worte, das nun wohlgelungen auf dem Pergamente stand, wuchs sein Mut und mit ihm seine Geschicklichkeit. In der Tat schrieb es sich mit den Federn auch ganz herrlich und die geheimnisvolle Tinte floß rabenschwarz und gefügig auf das blendend weiße Pergament.
> Als er nun so emsig und mit angestrengter Aufmerksamkeit arbeitete, wurde es ihm immer heimlicher in dem einsamen Zimmer, und er hatte sich schon ganz in das Geschäft, welches er glücklich zu vollenden hoffte, geschickt, als auf den Schlag drei Uhr ihn der Archivarius [...] zum wohlbereiteten Mittagsmahl rief. [...] Auf den Schlag vier Uhr stand [Anselmus] auf um an seine Arbeit zu gehen und diese Pünktlichkeit schien dem Archivarius Lindhorst wohl zu gefallen.

> War ihm schon vor dem Essen das Kopieren der arabischen Zeichen geglückt, so ging die Arbeit jetzt noch viel besser von Statten, ja er konnte selbst die Schnelle und Leichtigkeit nicht begreifen, womit er die krausen Züge der fremden Schrift nachzumalen vermochte. (273f.)

Freilich hat das propädeutische Einüben ins Kopieren des geheimnisvollen arabischen Manuskripts auch eine Muse: Serpentinas Stimme begleitet die Schreibszene mit ermutigendem Wohlklang: „Und so wie [Anselmus] voll innern Entzückens die Töne vernahm, wurden ihm immer verständlicher die unbekannten Zeichen – er durfte kaum mehr hineinblicken in das Original – ja es war, als stünden schon wie in blasser Schrift die Zeichen auf dem Pergament, und er dürfte sie nur mit geübter Hand schwarz überziehen" (274).

6. Sündenfall ins Körperliche

Der mysteriöse „Schrift-Bildungsroman *en miniature*"[6] bezieht seine Wirkmächtigkeit aus einer Art visuellem Karaoke, das Anselmus unter der stimmlichen Anleitung Serpentinas durch seine „Lehrzeit" (275) in Lindhorsts „Laboratorium" (269) begleitet. Am Ende der Lehrzeit soll Anselmus, so hat es der Archivar versprochen, dessen „Heiligstes" (275) – Serpentina – und den goldenen Topf als Mitgift erhalten.

Die Liebe des Anselmus zur goldenen Schlange ist überwältigend und so auch sein Verlangen. Er hat zu Lindhorsts großer Zufriedenheit kopiert, sein Zutrauen erworben, sodass er nun bis ins „azurblaue Zimmer" vordringen darf, um hier „das wichtigste" (285) zu tun:

> und das ist das Abschreiben oder vielmehr Nachmalen gewisser in besonderen Zeichen geschriebener Werke, die [...] nur an Ort und Stelle kopiert werden können. – Sie werden daher künftig hier arbeiten, aber ich muß Ihnen die größte Vorsicht und Aufmerksamkeit empfehlen; ein falscher Strich, oder was der Himmel verhüten möge, ein Tintenfleck auf das Original gespritzt stürzt Sie ins Unglück. (285f.)

Das Unglück lässt nicht lange auf sich warten. Nach einer abendlichen Punschgesellschaft, die Anselmus im Rausche seinen Kopiertermin bei Lindhorst hat vergessen lassen, und einem Kuss der irdischen Veronika, die sich dann doch wieder als Traumgestalt verabschiedet, fällt all das Wunderbare von Garten und Haus des Archivarius ab:

Anselmus „sah nichts als gewöhnliche Scherbenpflanzen, allerlei Geranien, Myrtenstöcke u. dergl. Statt der glänzenden bunten Vögel, [...] flatterten nur Sperlinge hin und her, die ein unverständliches unangenehmes Geschrei erhoben" (300). Der Rückfall in die kussfreudige Sinnlichkeit und schnöde Alltäglichkeit lassen auch das zu kopierende Manuskript wieder hermetisch werden:

> [...] [Anselmus] sah auf der Pergamentrolle so viele sonderbare krause Züge und Schnörkel durcheinander, die ohne dem Auge einen einzigen Ruhepunkt zu geben den Blick verwirrten,

[6] Kammer (2006: 143) in Bezug auf Goethes „Wilhelm Meister".

> daß es ihm beinahe unmöglich schien das Alles genau nachzumalen. Ja bei dem Überblick des Ganzen schien das Pergament nur ein bunt geaderter Marmor oder ein mit Moosen besprenkelter Stein. – Er wollte dem unerachtet das Mögliche versuchen und tunkte getrost die Feder ein, aber die Tinte wollte durchaus nicht fließen, er spritzte die Feder ungeduldig aus und – o Himmel! ein großer Klecks fiel auf das ausgebreitete Original. (301)

Die Katastrophe ist perfekt und mit ihr erfüllt sich auch der Fluch des Äpfelweibes: Anselmus schwinden die Gedanken und als er wieder zu sich selbst kommt, befindet er sich in einer „wohlverstopften Krystallflasche auf einem Repositorium im Bibliothekzimmer des Archivarius Lindhorst“ (302). Der allzu heißgelaufene Körper des Anselmus wird in einer „festen eiskalten“ (302) Kristallmasse konserviert und ruhiggestellt. Damit scheint der ‚[Sünden-]Fall ins Krystall‘ (vgl. 229) in nicht zu überbietender Konkretheit besiegelt. Esoterische Zauberpraktiken versetzt Hoffmann mit höchst exoterischer Ironie (vgl. Kremer 1994: 36).

Der Sündenfall ins Körperliche stoppt auf radikale Weise Anselmus’ sublime poetische Himmelfahrt. Wo das erotische Verlangen soviel anrichtet, kann auch die im Schriftzeichen sublimierte Sehnsucht mitunter zum gefährlichen Unternehmen werden. Die magische, sich nahezu selbsttätig schreibende Schrift verliert ihr mythisch-metaphysisches Signifikat und verwandelt sich zurück zur Naturikone. Der Traumzustand einer erotisch-hermeneutischen Halluzination als Vorbedingung der ecriture automatique wird durch den tatsächlichen Körperkontakt beendet.

Detlef Kremer hat in seinem Aufsatz über die „hermetischen Referenzen“ in Hoffmanns „Goldenem Topf“ auf die alchemistischen und kabbalistischen Züge des Textes eindrucksvoll aufmerksam gemacht (vgl. Kremer 1994: 36):[7]

Die poetische Metamorphose des Anselmus zielt auf ein magisches Ritual der Versprachlichung des Körpers ab. Wo Sprache und Körper in eins gesetzt werden, wuchert ein sprachliches Missgeschick oder ein verpatzter Buchstabe zur Lebensbedrohung aus. So gibt es auch zahlreiche Belegstellen in der kabbalistischen Tradition, die nicht nur vor den geistigen, sondern auch vor den körperlichen Gefahren im Umgang mit dem heiligen Text warnen:

> Wenn man die Buchstaben zusammensetzt, von denen jeder nach dem Buch Jezira einem bestimmten Gliede des Körpers zugeordnet ist, so muß man sich sehr, sehr vorsehen, keinen Konsonanten und Vokal von seinem Ort zu verändern, denn wenn er sich beim Lesen des Buchstabens, der über ein bestimmtes Glied regiert, irrt, so kann jenes Glied losgerissen werden und seinen Platz vertauschen oder seine Natur sofort ändern und eine andere Form erhalten, so daß der Mensch infolgedessen zum Krüppel werden könnte! (Scholem 1980: 150; zit. n. Kremer 1994: 51)

Mehr noch: „[W]enn du nur einen Buchstaben auslässt oder einen Buchstaben zu viel schreibst, zerstörst du die ganze Welt…“ (Scholem 1960: 58; vgl. auch Kremer 1994: 51). Zwischen Signifikant und Signifikat herrscht in der kabbalistischen Vorstellung absolute Äquivalenz.

---

7 Zum Folgenden vgl. auch Kremers Arbeit.

Hoffmanns Text setzt die Riten und Vorsichtsmaßnahmen des Schreibens jedoch nicht nur mit Bezug auf kabbalistische Weltschöpfungs- und Weltzerstörungsmythen ins Werk, sondern bedient sich auch alchemistischer Verfahren in Analogie zur poetischen Inauguration.

Der kristallin konservierte Student nimmt sich so als Destillationsrückstand im alchemistischen Experiment aus, während der abdestillierte Schwefelgehalt von den Alchemisten die ‚Seele' genannt wurde: „Die ‚trockene Destillation' oder Sublimation des Schwefels rückt in direkte Analogie zur Sublimation des Schrift-Körpers zu poetischem Geist" (Kremer 1994: 47).

Serpentina, jenes lockende blauäugige Schlänglein, verführt als Lineament der Schönschreibkunst zur Poesie und nicht zum Sex. Die Konfrontation mit den eigenen Triebwünschen lässt Hoffmanns Märchen im Desaster enden. Auf solch gefährliches, ödipales Verlangen lässt der Text sich erst gar nicht ein. Die erotisch-mystische Vereinigung mit einer sexualisierten Mutter Natur hat ein anderer Text Hoffmanns orgasmisch ins Bild gesetzt: In den „Bergwerken zu Falun" werden die Schachtwände „durchsichtig wie der reinste Krystall". Elis Fröbom schaut das „hohe Antlitz der mächtigen Königin": „Sie erfaßte ihn, zog ihn hinab, drückte ihn an ihre Brust, da durchzuckte ein glühender Strahl sein Inneres und sein Bewußtsein war nur das Gefühl als schwämme er in den Wogen eines blauen durchsichtig funkelnden Nebels" (Hoffmann 2001: 232).

Das Kristalline wird zur Chiffre materialisierter Triebhaftigkeit. Während dem in seiner Kristallflasche arretierten Anselmus am Ende doch noch seine poetische Himmelfahrt zuteil wird, verfällt der weniger glückliche Elis Fröbom dauerhaft dem Wahnsinn. Die radikal nicht-sublimierte Sexualität der romantischen Bergwerkstexte führt letztendlich in unterirdische Abgründe. Wo die Triangulierung durch die Sprache fehlt, lauert die Psychose.

7. Poesie in luftigen Höhen

Anselmus, der standhaft – wenngleich er sich durch erdgebundene Lüsternheit doch zeitweilig in seine missliche Situation gebracht hat – an der Liebe zur sublimen, transzendentalpoetischen Serpentina festhält, darf gen Himmel fahren, was in der poetischen Umschrift des Hoffmannschen Textes das in luftigen Höhen gelegene Reich Atlantis meint.

„[D]er Sinn wird die Sinne gebären" (245) hat es noch im kosmogonischen Mythos aus des Magiers Vorzeit geheißen; das Ende des Textes kehrt die Verhältnisse um: Die Sinnlichkeit wird durch die poetische Schrift ersetzt. Als Kehrseite der sublimierten Idylle bleibt Haut, zerstochen von Buchstäblichkeit. Solch poetischer Transfer, der die Sinnlichkeit des Körpers ausschließlich den Worten anvertraut, mag als Kontrafaktur der handfesten Sinnlichkeit des Volksmärchens gelesen werden. Hier wird die bestandene Lehr- und Prüfungszeit mit genitaler Sexualität belohnt: Der Prinz freit seine Prinzessin. Im protopsychoanalytischen Feld des Hofmannschen Kunstmärchens scheint diese Belohnung zumindest fraglich. „Der goldene Topf“ hat seine Handlung auf die Formel ‚Mangel – Mangel transzendentalpoetisch behoben‘ gebracht. Wo kein Mangel ist, da ist auch kein Begehren, wäre da nicht Hoffmanns Ironie, die als Figur der Ambivalenz dem Text den Modus der gleichzeitigen Gegenrede einschreibt (vgl. Scherer 2009: 493).

Der Text selbst zieht seinen Erzähler mit in sein Gewebe, lässt ihn, inspiriert durch einen aus Arrak gebrauten, heißen Punsch, am Schreibtisch des Archivarius Platz nehmen und an der Atlantisvision von Anselmus und Serpentina ‚schriftstellernd‘ teilhaben, was ihm jedoch die Diskrepanz von poetischem Atlantis und seiner armseligen Dachstübchenexistenz bald recht anschaulich vor Augen führt. Ob der Text letztendlich seinen eigenen metaphysischen ‚Gewissheiten‘ traut oder sie als poetische Versuchsanordnung der Alchemistenküche seiner Leser und Leserinnen überlässt, mögen diejenigen entscheiden, die schon einmal in Atlantis gewesen sind.

Literaturverzeichnis

Freud, Sigmund (2000), „Totem und Tabu. Einige Übereinstimmungen im Seelenleben der Wilden und der Neurotiker. (1912–13)“, in: Alexander Mitscherlich / Angela Richards / James Strachey (Hrsg.), Mitherausgeberin des Ergänzungsbandes Ilse Grubrich-Simitis, Sigmund Freud. Studienausgabe, Frankfurt am Main, 287–444.

Hoffmann, E.T.A. (1967), „An Kunz in Bamberg“, in: Friedrich Schnapp (Hrsg.), E.T.A. Hoffmanns Briefwechsel. Ges. und erl. von Hans Müller und Friedrich Schnapp. Bd. 1: Königsberg bis Leipzig 1794–1814, München, 445–447.

Hoffmann, E.T.A (1993), „Der Goldene Topf“, in: Hartmut Steinecke / Wulf Segebrecht (Hrsg.), E.T.A. Hoffmann. Sämtliche Werke in sechs Bänden. Bd. 2/I: E.T.A. Hoffmann. Phantasiestücke in Callot's Manier. Werke 1814, (Bibliothek Deutscher Klassiker 98), Frankfurt am Main, 229–321.

Hoffmann, E.T.A. (2001), „Die Bergwerke zu Falun“, in: Hartmut Steinecke / Wulf Segebrecht (Hrsg.), E.T.A. Hoffmann. Sämtliche Werke in sechs Bänden. Bd. 4: E.T.A. Hoffmann. Die Serapionsbrüder, Frankfurt am Main, 208–241.

Jakobson, Roman (1979), „Linguistik und Poetik“, in: Elmar Holenstein / Tarcisius Schelbert (Hrsg.), Roman Jakobson. Poetik. Ausgewählte Aufsätze 1921–1971, (Suhrkamp Taschenbuch Wissenschaft 262), Frankfurt am Main, 83–121.

Kammer, Stephan (2006), „Reflexionen der Hand. Zur Poetologie der Differenz von Schreiben und Schrift“, in: Davide Giuriato / Stephan Kammer (Hrsg.), Bilder der Handschrift. Die graphische Dimension der Literatur, (nexus 71), Frankfurt am Main, 131–161.

Kittler, Friedrich A. (1985), Aufschreibesysteme. 1800/1900, München.

Kremer, Detlef (1994), „Alchemie und Kabbala. Hermetische Referenzen im Goldenen Topf“, in: E.T.A. Hoffmann Jahrbuch, 2 / 1994, 36–56.

Nancy, Jean-Luc (2007), Corpus. 2. Aufl., (Transpositionen 6), Berlin.

Oesterle, Günter (2006), „Arabeske, Schrift und Poesie in E.T.A. Hoffmanns Kunstmärchen ‚Der goldene Topf'", in: Hartmut Steinecke (Hrsg.), E.T.A. Hoffmann. Neue Wege der Forschung, Darmstadt, 61–96.

Pfaller, Robert (2008), „Die Buchstäblichkeit der Leidenschaften. Über den Zauber der Kunst und die Komödie der Psychoanalyse", in: Brigitte Verlic / Adam Budak / Peter Pakesch (Hrsg.), Zeichen der Psyche. Psychoanalytische Perspektiven zur Kunst, Wien, 111–135.

Scherer, Stefan (2009), „Ironie / Humor", in: Detlef Kremer (Hrsg.), E.T.A. Hoffmann. Leben – Werk – Wirkung, Berlin, 493–496.

Scholem, Gershom (1960), Zur Kabbala und ihrer Symbolik, Zürich.

Scholem, Gershom (1980), Die jüdische Mystik in ihren Hauptströmungen, (Suhrkamp Taschenbuch Wissenschaft 330) Frankfurt am Main.

Willer, Stefan (2009), „Romantische Sprachphilosophie", in: Detlef Kremer (Hrsg.), E.T.A. Hoffmann. Leben – Werk – Wirkung, Berlin, 76–80.

Wirth, Uwe (2009), „Der goldene Topf", in: Detlef Kremer (Hrsg.), E.T.A. Hoffmann. Leben – Werk – Wirkung, Berlin, 114–130.

ANGELIKA JACOBS

Stimmungen als Geheimsprache? Religiöse (Selbst-)Kommunikation bei Sören Kierkegaard

Barbara Jacobs zum 80. Geburtstag

1. Geheimnis / Mitteilung: Mediale Aspekte eines Paradoxons

„Die sprache ist allen bekannt und ein geheimnis“ (Grimm 2004: I, XII). Mit dieser paradoxen Formel verweist Jacob Grimm (1785–1863) Mitte des 19. Jahrhunderts in der Vorrede zum *Deutschen Wörterbuch* auf eine Sprache in der Sprache, deren Entdeckung Teil seines lexikologischen Programms ist. Über die ältesten neuhochdeutschen Sprachformen will er zu den „verborgenen Anziehungskräften“ deutscher „Urbegriffe“ vorstoßen, die auf verschiedenen Entwicklungsstufen in unterschiedlicher Intensität auf die Sprachgemeinschaft einwirken (Grimm 2004: I, VI). Die latente Wirkung der Urbegriffe soll unabhängig vom Bildungsgrad der Sprecher sein, wird aber vor allem der Poesie zuerkannt und damit an das Konzept des „heilig öffentlichen Geheimnisses“ (Goethe) angeschlossen, das sich, obwohl offenkundig, nur dem Inspirierten erschließt. Was der Dichter seit jeher nutzt, will Grimm auf den Spuren der Sprachursprungsforscher geschichtlich ergründen: eine verschüttete, aber etymologisch rekonstruierbare Wirksamkeit höheren Ursprungs „innerhalb“ der Sprache, die über die konventionelle Kommunikationsfunktion der Wörter hinaus auf die ursprünglich sinnliche oder emotive Anschauung und deren lautliche Analogie zurückführt.[1] Demgegenüber leugnet sein Zeitgenosse Sören Kierkegaard (1813–1855) jede Kongruenz von sprachlicher Mitteilung und Geheimnis. Der Theologe schließt an Luther an, dessen Bibelübersetzung den Geheimnisbegriff als deutsches Äquivalent für *mysterium*, *secretum* oder *sacrament* nutzt und als „ein verborgen heimlich ding, das man nicht weisz“ definiert (Grimm

[1] Zum Konzept des Urbegriffs und dessen (prä)romantischen Wurzeln vgl. Bär (2010: 11ff.).

2004: V, 2360).[2] Für den Idealismuskritiker Kierkegaard besteht die Pointe des paradoxen Verhältnisses von Sprache und Geheimnis darin, dass das Geheimnis exklusives Attribut des religiösen Daseins ist. Es betrifft den Einzelnen, ist nicht direkt aussagbar und liegt damit „außerhalb" der allgemeinsprachlichen Kommunikation, die als *Mitteilung* bezeichnet wird. Das Geheimnis fungiert als Grenzbestimmung und Ausschlusskriterium: Es ist kein Gegenstand begrifflichen Wissens, sondern individueller religiöser Aneignung, die – wie das Lektüremodell von *Furcht und Zittern* zeigen wird – auf reflexiver und affektiver Ebene stattfindet und ins ethische Handeln mündet.

Warum das Göttliche als das ganz Andere und Fremde weder identifiziert noch mimetisch dargestellt oder allgemeinverständlich mitgeteilt werden kann, erläutern schon Hegels Ausführungen über das Erhabene in den Ästhetik-Vorlesungen. In der Geschichte des symbolischen Denkens wird die uneindeutige, aber bedeutungstragende Gestalt des Unbewusst-Symbolischen in den vorgriechischen Kulturen, in denen Natur und Geist in metamorphotischer Wechselwirkung miteinander stehen (vgl. Hegel 1986: XIII, 480), vom jüdischen Monotheismus mit seinem Bilderverbot abgelöst. Dieser erklärt die Negativität zur einzig möglichen Mimesis des Absoluten. An die Stelle der unbewussten Wechselwirkung von Geist und Natur tritt eine fundamentale Medialität. Jedes immanente Phänomen kann zum Ort werden, an dem das Göttliche erscheint, verliert dabei aber seine eigenständige Bedeutung; umgekehrt ist Gott nur indirekt und vielgestaltig in den Phänomenen fassbar:[3]

> Erst durch die Anschauung vom Wesen Gottes als des schlechthin Geistigen und Bildlosen, dem Weltlichen und Natürlichen *gegenüber*, ist das Geistige vollständig aus der Sinnlichkeit und Natürlichkeit herausgerungen und von dem Dasein im Endlichen losgemacht. Umgekehrt jedoch bleibt die absolute Substanz im *Verhältnis* zu der erscheinenden Welt, aus der sie in sich reflektiert ist. Dies Verhältnis erhält jetzt die [...] negative Seite, daß das [sic!] gesamte Weltbereich [...] als das nur in sich Negative, von Gott Erschaffene, seiner Macht Unterworfene und ihm Dienende gesetzt ist. [...] In der Erhabenheit [...] ist das äußere Dasein, in welchem die Substanz zur Anschauung gebracht wird, gegen die Substanz herabgesetzt [...], durch welche der für sich gestaltlose und durch nichts Weltliches und Endliches seinem positiven Wesen nach ausdrückbare *eine* Gott durch die Kunst kann veranschaulicht werden. Die Erhabenheit setzt die Bedeutung in einer Selbständigkeit voraus, der gegenüber das Äußerliche als nur unterworfen erscheinen muß, insofern das Innere nicht darin erscheint, sondern so darüber hinausgeht, daß eben nichts als dieses Hinaussein und Hinausgehen zur Darstellung kommt. (Hegel 1986: XIII, 479f.)

---

[2] Im Baseler Nachdruck der Lutherbibel (1523) wird „geheymnis" unter den Fremdwörtern aufgeführt und als „heymligkeit, sacrament" erklärt. Anders als der ältere und weitere Begriff des Heimlichen, der auch das Vertraute und Vertrauliche umfasst, betont der Geheimnisbegriff den Aspekt der kommunikativen Exklusivität und Restriktion. Grundlegend zum Geheimnisaspekt des Sakramentalen: Agamben (2009: 41ff.). Zur Verbindung von sakramentaler Wandlung und Literatur vgl. Neumann (1986: 94ff.).

[3] Das Unbewusst-Symbolische hat „in seinen Wechselbeziehungen eine breite Ausdehnung der Verwandlung des Geistigen in Naturgebilde und des Natürlichen in Anklänge des Geistes" (Hegel 1986: XIII, 479f.; Hervorhebungen sind, wenn nicht anders angegeben, die des Originals).

Das negative *Erscheinen* Gottes zieht die zeichenhafte Doppelung von göttlicher Botschaft und profanem Medium nach sich, die der Übersetzung in oder der Deutung durch die menschliche Sprache bedarf, aber nicht in ihr aufgeht (vgl. Koubowetz 2008: 81ff.).[4] Kierkegaard teilt die semiotische Distanz zum Bild und zur direkten sprachlichen Mitteilung, nicht jedoch die These von der Höherentwicklung von der Religion über die Kunst zum philosophischen Begriff. 1844 heißt es in der Examenspredigt:

> Des Glaubens Gegenstand aber kann von dem irdischen Auge nicht gesehen werden, mithin sich auch nicht zeigen in Bildern der Einbildungskraft. [...] denn wenn die Sicherheit und die Stille und die Lautlosigkeit, in denen das Bild entsteht, entschwinden, wenn der Kampf und Streit beginnt, so zeigt sich nichts, als was Angst und Entsetzen heraufbeschwören. (Kierkegaard Werke: Abt 7–9, 84)[5]

Das Wesen des christlichen Glaubens besteht in der ständigen Wandlung des Einzelnen durch innere Auseinandersetzung in einem Zustand der Unruhe. Diese Position ist der Linie Schellings zuzuordnen, der vom permanenten Kampf des menschlichen Partikularwillens gegen den Universalwillen des göttlichen Verstandes und die Liebe ausgeht, einem Kampf, der zugleich der Selbstoffenbarung Gottes im Werden seiner Schöpfung und der Wandlung des Menschen dient.[6]

2. Ironische Negativität: Die „indirekte Mitteilung" des Religiösen

Unter den multiplen Mitteilungsmodi des Heiligen – Einwohnen, Inkarnation, Erscheinung, Wunder; Inspiration, Ekstase, Ahnung, Stimmung – visiert Kierkegaard weder die direkte Einwirkung des Göttlichen noch deren unmittelbare Artikulation an. In den pseudonymen wie in den erbaulichen Schriften sind leib- und affektzentrierte Stimmungen das zentrale Medium, deren Spezifikum ihre Mittelbarkeit ist: Sie führen nicht in unmittelbare Seelenerhebung, Enthusiasmus oder Inspiration, sondern in die dunkle

---

4 Kierkegaard versteht diese Medialität als Prüfstein echter Aneignung: „Erst *dessen* Persönlichkeit ist gereift, der sich das Wahre aneignet, ganz gleich, ob nun Bileams Esel spricht oder ein Fratzenschneider mit seinem schallenden Gelächter oder ein Apostel und ein Engel." (Anz et al. 2008: II, 175; künftig zitiert als DSKE mit Bandzahl). Selbst im Mysterium wird einer frühen Aufzeichnung zufolge die Wahrheit nicht offenbart, sondern bleibt in ihm verborgen, um die Aktivität der Gläubigen herauszufordern (DSKE 2: 179f.).

5 Vgl. auch die empfangende, offene Haltung dem Wunder gegenüber, mit der das Christentum gegen griechische Weisheit und jüdische Prophetie abgegrenzt wird (Kierkegaard Werke: Abt 7–9, 88f.).

6 Von Interesse sind Schellings Berliner Vorlesungen zur Philosophie der Mythologie und Offenbarung, deren Beginn Kierkegaard 1841 verfolgt. Sie schreiben den Grundgedanken der Freiheitsschrift (1809) für die Geschichte des Alten Bundes fort. Bei aller Kritik an Schelling affirmiert Kierkegaard dessen These, dass Gottes Offenbarung sich im Modus des Sich-selbst-Vervielfältigens und -Ungleichseins ereignet; vgl. Jacobs (2012: 162ff., 228ff.).

Erfahrung innerer Verunsicherung, die nicht klar kommuniziert sondern unbewusst-symptomatisch angedeutet wird:

> Das [innerlich, A. J.] Verschlossene ist die unfreiwillige Offenbarung. [...] Die unbedeutendste Berührung, ein Blick im Vorübergehen usw. genügt, damit jene entsetzliche, oder im Verhältnis zum Inhalt der Verschlossenheit, jene komische Bauchrednerei anhebt. [...] Die Offenbarung kann sich in Worten kundtun, wobei der Unglückliche am Ende jedem sein verborgenes Geheimnis aufnötigt. Sie kann sich in Mienen, in Blicken kundtun [...]. (Kierkegaard 2005c: 141; künftig zitiert als BA)

Diese Stimmungen betreffen das religiöse Selbstverhältnis des Einzelnen. Er soll mit sich selbst in Kontakt treten, anstatt ein hohles Gewohnheitsverhältnis zu Gott zu pflegen, das die Aufmerksamkeit auf das Religiöse mithilfe einer Sprache zunichte macht, die durch poetische und philosophische Phantasmen kontaminiert und damit sinnentleert ist: „Die Menschen scheinen die Sprache nicht bekommen zu haben, um die Gedanken zu verbergen [...]; sondern um zu verbergen, dass sie *keine* Gedanken haben" (DSKE 2: 215). Kierkegaards „ästhetische Schriftstellerei" entwickelt ein Verfahren, das formal so modern ist wie sein Anliegen konservativ. Die „indirekte Mitteilung" zielt darauf ab, den Einzelnen in die Erfahrung des Religiösen hineinzutäuschen. Im Kern handelt es sich dabei um sokratischen Betrug mit „mimischen" Methoden:

> Man kann einen Menschen täuschen über das Wahre, und man kann, um an den alten Sokrates zu erinnern, einen Menschen Hineintäuschen in das Wahre. Ja, eigentlich vermag man einzig und allein auf diese Weise einen Menschen, der in einer Einbildung befangen ist, in das Wahre hineinzubringen, dadurch nämlich, daß man ihn täuscht. [...] / Das will sagen, hier muß vorerst ein Ätzmittel gebraucht werden; aber dies Ätzende ist das Negative, jedoch in Beziehung auf Mitteilen ist das Negative haargenau das Täuschen. [...] Es will sagen, dass man nicht unmittelbar mit dem beginnt das man mitteilen will, sondern damit beginnt die Einbildung des andern für bare Münze zu nehmen. (Kierkegaard Werke: Abt 33, 48)

Nun prägt das „Ätzmittel" ironischer Negativität, das Positionen nur aufnimmt, um sie durchzustreichen, auch diejenigen Werke Kierkegaards, die der Analyse interdisziplinärer Konzepte wie Ironie, Sünde, Angst oder Verzweiflung gewidmet sind. Auch sie verfolgen die Strategie, Konzepte unscharf zu definieren und damit zu entwissenschaftlichen. Oft werden zentrale Begriffe innerhalb ein- und desselben Textes abweichend voneinander gebraucht, bis sie sich am Ende in diesen Abweichungen gegenseitig zitieren (vgl. Mooney 1998: 284, 292). Auch über mehrere Abhandlungen hinweg kann in langen Ketten begrifflicher und metaphorischer Oppositionen argumentiert werden, die aufgrund zunehmender Inkongruenzen immer unzuverlässiger werden, bis die Semantik instabil wird. Hinzu kommt, dass Kierkegaard in erbaulicher Manier auf alltagssprachliche Termini zurückgreift, die er als philosophische Neologismen etabliert, ohne dass aus dem Kontext immer klar hervorginge, auf welcher Ebene sich die Argumentation bewegt. Dazu gehören *Wahrheit, Stimmung, Wiederholung, Wahl, Augenblick, Sprung, Ernst* und *Ärgernis.* Am Markantesten ist jedoch, dass das pseudonyme Werk mit einer Vielzahl von Herausgeber- und Autorschaften jongliert und diese (wie im Symposion *In vino veritas*) miteinander kommunizieren oder sich gegenseitig explizit wie implizit zitieren und kommentieren lässt. Der Ironiker „ist eben ein Proteus, der in einem fort den Betrug verändert" (Mooney 1998: 125; vgl. auch Schmidt 2006). All' dies sorgt für brüchige Argumentationsketten und schillernde Adressatenbezüge. Kierkegaard provoziert semantischen Schwindel, der den eigenen wie den konventionellen Sprachgebrauch unzuverlässig macht und die Nomenklaturen verstimmt.[7] Sein ironischer Stil geht darin über die kombinatorischen Polysemien der Romantiker hinaus, dass er sich als Kampfstrategie versteht und gezielt destruktiv wirkt. Er soll zum einen die Funktionstüchtigkeit des Kopenhagener Hegelianismus subvertieren, um religiöse Grundbegriffe aus ihren immanenten Diskursivierungen zu lösen und für erbauliche Zwecke zurückzuerobern (vgl. Bär 2010: 9).[8] Zum anderen soll er den einzelnen Leser durch Verunsicherung aufrütteln. Macht dieser sich notgedrungen auf die Suche nach verlässlichen Definitionen und Erläuterungen in weiteren Ausführungen, stößt er auf semantischer wie stilistischer Ebene weiterhin nur auf ein uneindeutiges, vielstimmiges Netzwerk von Verweisen, Zitaten und Echostrukturen.[9] Bis in die Konzeption von Gattungen hinein entwickelt Kierkegaards pseudonymes Werk eine ironische Wirkungsästhetik, die den Leser im Akt der Rezeption aus jeder Form von Selbstgewissheit herauskatapultiert und ihm demonstriert, dass die einzige Kongruenz der Darstellung in der Undarstellbarkeit ihres Gegenstandes liegt. Seine Texte produzieren mit „mimischen" Mitteln eine Grundstimmung der Unsicherheit und Abhängigkeit, die jede Form von diskursiver Autonomie konterkariert und damit ex negativo vorführt, was der Kern des religiösen Selbstverhältnisses ist. Nach Werner Stegmaier stellt Kierkegaard die Abhängigkeit des Denkens von Grundstimmungen so konsequent ins Zentrum seines Philosophierens, dass er den Paradigmenwechsel einleitet, der für die Philosophie des 20. Jahrhunderts wegweisend wird:[10]

> Kierkegaard öffnet sich dem Phänomen, daß das Denken Stimmungen ausgesetzt ist, aus denen heraus es seine Bestimmungen trifft, Stimmungen, über die es selbst nicht verfügt. [...] Es kann darum nichts mehr aus sich selbst begründen, es kann nur noch beobachten. Kierkegaard stellt das Philosophieren [...] vom Begründen auf das Beobachten um. (Stegmaier 1997: 328f.)

---

7 Dass Kierkegaard die sprach-, medien- und kulturgeschichtlichen Dimensionen der epochalen Sprachverwirrung reflektiert, zeigen die Vorlesungsentwürfe zur Dialektik der ethischen und ethisch-religiösen Mitteilung vom Sommer 1847: Kierkegaard (1963: 111ff.).

8 Zur spezifisch dänischen Idealismus- und Hegel-Rezeption vgl. Stewart (2003; 2007).

9 Literatur in Auswahl: Hügli (1973), McCarthy (1978), Nientied (2003), Feger (2007).

10 Sowohl Antihermeneuten als auch hermeneutisch orientierte Philosophen, Theologen und Literaturwissenschaftler haben auf die philosophiegeschichtlich bahnbrechende Seite des Kierkegaardschen Frontalangriffs auf das diskursive Wissen verwiesen.

3. Christliches Pathos: Stimmung als sprachkritisches Performativ

Eine Gelenkstelle in diesem Prozess stellt das Konzept der Existenzbewegung aus den *Philosophischen Brosamen* (1844) dar, wo das Pseudonym Johannes Climacus die Unbegreiflichkeit des Daseins postuliert: Als „das absolut Verschiedene, wofür man kein Kennzeichen hat" ist es weder durch das Denken in begrifflich-kausalen Zusammenhängen zu erschließen noch durch die unmittelbar sinnliche Wahrnehmung, die nur die Oberfläche der Phänomene erfasst (Kierkegaard 2005b: 57, 97; künftig zitiert als B und UN). Ursprung und Werden des Daseins bleiben verborgen. Es kann nur in den sprunghaften affektiven Bewegungen des Existierens beobachtet werden, die dem Denken zugrundeliegen und dessen Autonomie begrenzen:

> Das ist also das höchste Paradox des Denkens, etwas entdecken zu wollen, was es selbst nicht denken kann. Diese *Leidenschaft des Denkens* ist im Grunde überall im Denken zugegen, auch in dem des Einzelnen, insofern er ja denkend nicht bloß er selbst ist. Aber auf Grund der Gewohnheit entdeckt man es nicht. (B: 49)

Stattdessen wird auf die undenkbare Herkunft des Daseins verwiesen, der zwei Offenbarungsmodi zugeordnet sind: der „ewige Augenblick", in dem sich das Göttliche aus nichtigem Anlass manifestiert, und das Wunder, in dem sich das Unbegreifliche ereignet (B, 79). Beide werden als „christliches Pathos" bezeichnet, das als Korrektiv der starren Dogmatik fungiert und sich als Beredsamkeit von existenzieller Reichweite versteht. Diese Rhetorik hat „es ausschließlich mit Unwahrscheinlichkeit zu tun [...], damit zu zeigen, dass es unwahrscheinlich ist, damit man es glauben kann" (DSKE 2: 244f.). Sie grenzt sich von der aristotelischen Rhetorik, die dem Wahrscheinlichkeitskriterium verpflichtet ist, wie von der anamnetischen Rückerinnerung an das Wahre ab. Denken und Wissen sind der „absurden" Erfahrung eines Numinosen unterstellt, dessen Wirkungsmacht sich nicht im Bezug zum Vergangenen, sondern im Entwurf der Zukunft erweist und „leidenschaftlich" mitgeteilt wird. *Der Begriff Angst* (1844) profiliert diese christliche Redekunst gegenüber den Wissenschaften weiter. Hier postuliert das Pseudonym Vigilius Haufnienis (der „Wächter Kopenhagens"), dass das Systemdenken die Stimmungen, von denen es abhängt, in einer Bewegung der Angst unterdrückt. Nur um den Preis ihrer Verleugnung könne Hegels Philosophie objektive Wahrheit, bruchlose Synthesen und dialektische Höherentwicklungen simulieren (vgl. DSKE 2: 6ff.).[11] Für diese verborgenen Stimmungsoperationen dient das Theater als Metapher: Was auf der Bühne der Sprache als Illusion einer reibungslosen logischen Routine erscheint, ist faktisch ein Effekt komplexer Ausgleichsbewegungen der beteiligten Empfindungen

---

[11] Die Einleitung zum *Begriff Angst* nimmt Topoi der Hegel-Kritik Jacobis und Trendelenburgs auf und betreibt ein deutliches *misreading* Hegels, dessen Konzept der „lebendigen Begriffe" ausgeblendet bleibt. Dazu vgl. Stegmaier (1997: 328ff., 341ff.), Hühn (2003).

und Vermögen, welche die unsichtbaren „Bewegungsmeister" (die „abenteuerlichen Wichtelmännchen und Kobolde[n]" des Schnürbodens) vollziehen (BA: 9).[12]

> Daß auch die Wissenschaft, ebensosehr wie die Poesie und Kunst, Stimmung sowohl beim Produzierenden als auch beim Rezipierenden voraussetzt, daß ein Fehler in der Modulation ebenso störend ist wie ein Fehler in der Gedankenentwicklung, hat man in unserer Zeit völlig vergessen, in der man ja auch die Innerlichkeit und die Bestimmung der Aneignung völlig vergessen hat. (BA: 11)

Der Bezug zum Theater ist nicht zufällig. Hinter dem semantischen Modulationsmodell stehen die performativen („mimischen") Qualitäten des sokratischen Dialogs, die in der *Wiederholung* (1843) wie in der *Angst*-Schrift mit der Kategorie der Bewegung verbunden werden (BA. 144). Nicht die propositionalen Funktionen der Sprache, sondern die Existenzbewegungen, die ihr zugrundeliegen und von der Täuschungsfunktion der Ironie hervorgetrieben werden, führen zur Wahrheit: „Was Sokrates an den Sophisten [...] auszusetzen hatte, war [...] daß ihnen das Moment der Aneignung fehlte. Die Aneignung ist gerade das Geheimnis des Gespräches." (BA: 13). Als Äquivalent des maieutischen Gesprächs erscheint die Kunst der protestantischen Predigt, die im System der Wissenschaften keinen Ort hat. Am theologischen Konzept der Sünde wird gezeigt, dass unterschiedliche fachwissenschaftliche Zugriffe seinen praktischen Charakter auf ihre je eigene „mimische" Weise verfälschen: Die Metaphysik behandelt die Sünde distanziert-desinteressiert, die Psychologie mit akribisch beobachtender Empirie, die Ästhetik mit dem falschem Pathos der Immanenz; dementsprechend erscheint sie als Krankheit, Abnormität, Gift oder Disharmonie, nicht aber als Appell zum Handeln. Diesen Effekt erzeugt nur die Stimmung des Ernstes in einer guten Predigt (BA: 12). Um die Differenz zu verdeutlichen, hebt die folgende Relektüre des Sündenfall-Mythos den geheimnisvollen, performativen Charakter der Stimmungen hervor.[13] Unter ihnen hat die Angst eine besondere Erschließungsfunktion, auf der Heidegger sein Befindlichkeitskonzept aufbauen wird. Sie bringt den Einzelnen vor den Ernst seiner transzendenten Abhängigkeit („Schuld", „Sünde").[14] In dieser sprachkritischen Funktion sind

---

12 Vgl. eine Aufzeichnung von 1844 (DSKE 1: 232): „Falls Hegel seine ganze Logik geschrieben und im Vorwort gesagt hätte, dass es nur ein Gedankenexperiment sei, in dem er sich obendrein an vielen Stellen vor etwas gedrückt hätte, so wäre er wohl der größte Denker, der gelebt hat. So ist er komisch."

13 Kierkegaard illustriert die Ursprungslosigkeit der Stimmungen häufig durch den Vergleich mit der (damals unbekannten) Quelle des Niger: „Denn Stimmung ist wie der Nigerstrom in Afrika, niemand kennt seinen Ursprung, niemand kennt seinen Ausfluß, bekannt ist nur sein Lauf" (UN: 384, vgl. auch 604) sowie Kierkegaard (1998: 833). Die verborgene Quelle ist ein *deus absconditus*, der sich indirekt, im stimmungshaften Selbstverhältnis des Glaubenssubjekts offenbart und denjenigen weiterträgt, der sich abseits weltlicher Ziele und Routinen „vor Gott" den Anfechtungen des Daseins im Modus der Selbstprüfung und des Selbstopfers stellt.

14 Durch die Betonung seines undefinierbaren Ursprungs hebt sich Kierkegaards Sünde-Begriff von metaphysischen und moralphilosophischen Sünde-Diskursen ab. Er ist nicht auf die Schlüsselrolle

Stimmungen keine Symptome eines realitätsfernen Ästhetizismus mehr, sondern indirekte Appelle rätselhaften Ursprungs, Existenzbewegungen des Daseins, die mit den begrifflichen Synthesen des Geistes oder der Poetisierung des Weltverhältnisses durch die Einbildungskraft weder zu erfassen noch zu vermeiden oder zu kontrollieren sind.[15] Wie diese Funktion im Verfahren der „indirekten Mitteilung“ umgesetzt wird, das die Bereitschaft zur Auseinandersetzung mit dem Verborgenen in sich selbst fördern soll, wird anhand des Lektüreprozesses gezeigt, den der fiktive und der implizite Leser in *Furcht und Zittern* durchlaufen.

4. Furcht und Zittern – ein Lektüremodell

Furcht und Zittern (1843) präsentiert die populäre Geschichte der Opferung Isaaks in Gen 22,1–19, genauer ihre Relektüre, die zum Ausgangspunkt einer philosophischen Abhandlung über das Selbstverhältnis des Glaubenden wird. Der Text beginnt mit einem einleitenden Abschnitt, der den Titel *Stimmung* trägt. Wie in einer Predigt wird der auszulegende Text vorab rezitiert. Allerdings wird nur der erste Satz mit dem rätselhaften Befehl gegeben, in dem Gott von Abraham das Opfer seines Lieblingssohnes fordert. Alles Weitere wird ausgelassen, um den Imaginationen eines „einfachen Mannes“ Raum zu geben. Die vier Varianten der Geschichte, die nun folgen, stellen dessen Versuche dar, sich Abraham in der grausamen Situation des Opferungsbefehls zu vergegenwärtigen. Er bewundert ihn und beschwört vor seinem inneren Auge den Ritt zum Berg Morija, die Opferungsszene und die Rückkehr herauf:

> [S]eine Begeisterung wurde immer mächtiger, und doch vermochte er es immer weniger, die Geschichte zu verstehen. Zuletzt vergaß er alles andre über ihr; seine Seele hatte einen einzigen Wunsch: Abraham zu sehen, ein einziges Verlangen: Zeuge gewesen zu sein bei jener Begebenheit. (FZ: 7)

Aus der Begeisterung erwächst jedoch kein Mehrwert an Verstehen und Einfühlung. Stattdessen entstehen analog strukturierte Versionen der fernen Urszene, die naht- und kommentarlos aufeinander folgen wie ein musikalisches Thema mit Variationen. Die erste Szene der *Stimmung* schildert den Beginn des Opfers und Abrahams Täuschungsmanöver, das Isaaks Gottvertrauen auf Kosten des Vertrauens in Abraham erhalten soll – die Rettung selbst bleibt ausgeblendet. Die zweite stellt den rettenden Moment, in dem der Widder erscheint, ins Zentrum, zeigt jedoch, dass Abraham traumatisiert zu-

---

der Sexualität ausgerichtet, wie im biblischen Mythos, sondern auf die Abhängigkeit von Gott und die Bewegung des Sprungs in den Glauben; vgl. BA: 72f. sowie Ricœur (1992: 29ff.).

15 „Das Nichts der Angst ist hier also ein Complexus von Ahnungen, die sich in sich selbst reflektieren, dem Individuum immer näher kommen [...], ein Nichts, das mit der Unwissenheit der Unschuld eine lebendige Kommunikation unterhält. Diese Reflektiertheit ist [...] ein Prädisponieren, das [...], wenn das Individuum durch den qualitativen Sprung schuldig wurde, die Voraussetzung [...], in der das Individuum über sich selbst hinausgeht [...]“ (BA: 65).

rückbleibt. Die dritte Szene lässt wiederum das Opfer aus, um die anhaltende Traumatisierung Abrahams nach dem Ereignis zu zeigen: Entsetzt über sein eigenes Fehlverhalten, tritt er den Gang nach Morija wieder und wieder an, ohne zu verstehen. Die vierte Szene zeigt den stummen Glaubensverlust Isaaks, der die Verzweiflung des Vaters im Moment vor der Opferung bemerkt hat. Alle Darstellungen behalten den distanziert-lakonischen Stil des Bibeltextes bei und schwenken am Schluss scheinbar unmotiviert zum Thema der Entwöhnung des Kindes um. Die Analogie zwischen der Reise nach Morija und den Digressionen über die Entwöhnung von der Mutterbrust liegt im Übergang zu einer höheren Entwicklungsstufe, der durch das Opfer des Begehrten erfolgt und durch Täuschung initiiert wird: Abraham löst sich von der Bindung an Isaak und an die Gesetze des Ethischen zugunsten der absoluten Bindung an Gott; das durch List entwöhnte Kind tut den Schritt von der Abhängigkeit in die Eigenständigkeit.[16] Die vier imaginären Szenen umkreisen die Opferungsgeschichte, ohne ein Evidenzerlebnis zu generieren. Ihre Inkongruenz verhindert den naiven Identifikations- und Sinnbildungsprozess. Dafür entwickelt sich in und zwischen den Varianten der Isaak-Geschichte ein Deutungsspielraum, in dem das Grausame, Widersprüchliche und Rätselhafte des göttlichen Opferungsbefehls seine affektive Wirkung voll entfaltet. Zu diesem Zweck wird die Geschichte nicht von ihrem guten Ende her, sondern (nach bewährtem lutherischen Muster) vom dramatischen Effekt auf die Betroffenen her erzählt.[17] Kierkegaard notiert dazu, dass der Leser hier an den Rand des Wahnsinns geführt werden solle.[18] Dies gelingt, da jede Stimmung aus ihrer Perspektive die Unmöglichkeit verdeutlicht, mit dem Entsetzlichen umzugehen. Der Konflikt zwischen Ethik und Religiosität, zwischen Abrahams Liebe zur Familie und dem bedingungslosen Gehorsam gegenüber Gott ist unausweichlich und zerstört zwischenmenschliche Kommunikation, soziale Bindungen und Selbstgewissheit. Die Forderung des Sohnesopfers lässt alle Beteiligten verstummen und isoliert sie durch Missverstehen und Misstrauen voneinander. Dieser Schrecken und die Tatsache, dass sich die Urszene nicht direkt verlebendigen lässt, bringen den einfachen Mann in ein Verhältnis zu sich selbst. Im Dialog mit der Genesis kommt

---

[16] Kierkegaard überblendet die Ausnahmesituation Abrahams und die Alltagssituation der Entwöhnung des Kindes, um die Allgegenwart der Prüfungssituation zu betonen. Die Digressionen über die Entwöhnung zitieren Gen 21 mit der Geschichte der Rettung von Hagars Sohn Ismael. Gen 22 wird aus typologischen Gründen meist isoliert betrachtet, stellt jedoch den Höhepunkt einer ganzen Reihe von Prüfungsgeschichten dar.

[17] Die Bezüge zur lutherischen Auslegungstradition, die vielfältige dramatische Umsetzungen generiert, zeigt Steiger (2006: 153f., 188ff.). Schon Luther betont, dass das Sohnesopfer dem 5. Gebot und dem Versprechen widerspricht, aus Isaak die Stämme der Menschheit hervorgehen zu lassen, so dass nicht nur Abrahams Glaubensstärke, sondern auch Gottes Wahrhaftigkeit auf die Probe gestellt wird. Seine Auslegung propagiert den Widerstand gegen den *deus absconditus* im Festhalten an der Verheißung des *deus revelatus*.

[18] Die Reise nach Morija fungiert als kontinuierliches Reflexionsschema Kierkegaardschen Denkens, wie weitere Entwürfe der Szene noch in den Tagebüchern der 1850er Jahre zeigen (Papirer X 5, A 132); vgl. Beyrich (2001: 172ff.).

er zum Schluss, dass er nicht imstande sei, Abrahams Größe zu verstehen und nachzuerleben. Indem er das Unfassbare und Geheimnisvolle der Opferungssituation anerkennt, begibt er sich nach Kierkegaard jedoch in ein angemessenes Verhältnis zur Glaubenserfahrung Abrahams, die mit Bedacht als absolute Ausnahme gekennzeichnet ist. Abraham steht für die singuläre Erfahrung einer Berührung von immanenter und transzendenter Sphäre, die geheimnishaft bleibt. Sie kann weder direkt kommuniziert noch imitierend wiederholt werden. Nur unter der Bedingung, dass die Besonderheit dieser Ausnahme erhalten bleibt und der Einzelne das Gottesverhältnis für sich selbst realisiert, kann jeder Abraham sein (Deuser 2007).[19] Dementsprechend wird die Wiederentdeckung religiöser Erfahrung in einem komplexen Lektüremodell gefördert, das durch ironische Strukturen Spielraum zur individuellen Aneignung des Paradoxen schafft. Dies betrifft auch die Makrostruktur des Textes. Gemäß dem Untertitel der Abhandlung, die sich als „dialektische Lyrik" präsentiert, setzt die folgende *Lobrede auf Abraham* der proteischen Innerlichkeit der *Stimmung* eine Antithese entgegen und ruft auf denkbar lapidare Weise das bisher vermiedene Deutungsmuster auf:[20] „Wir wissen alle – es war nur eine Prüfung." (FZ: 20). Ohne diese Prüfung hätte Abraham weder die Größe seines Glaubens noch die Größe Gottes erfahren, sondern nur, „wie furchtbar es ist, hinaufzuziehen auf den Berg Morija" (FZ: 21). Die Spannung zwischen der unmittelbar-szenischen *Stimmung* und dem reflexiv-historischen Rückblick der *Lobrede* buchstabieren die *Problemata* aus. Sie erörtern den Verlust an Selbstgewissheit als Voraussetzung für die Entwicklung einer religiösen Identität, ohne zu einem klaren Ergebnis zu kommen. Gewiss ist hier nur eins: Abraham muss alle ethischen Kodices, alle familiären Bindungen und vor allem die Sicherheit der göttlichen Verheißung aufgeben, dass Isaak Stammvater der Menschheit sein werde. Er ist der Sprunghaftigkeit und Unbegreiflichkeit eines Gottes ausgeliefert, dessen Handeln mit den allgemeinen

---

[19] Derrida führt den Gottesbegriff über eine generalisierte Andersheit ein: In der absoluten Alterität des « *tout autre est tout autre* » entfallen nach Deuser die Kontingenz der Ausnahmesituation und die Besonderheit des religiösen Verhältnisses gegenüber der Ethik. Die Konzeption der *Gabe* zielt auf die allgemeine Lesbarkeit des Glaubensgeheimnisses sowie auf das Paradox, dass das Absolute der Pflicht und Verantwortung voraussetzt, Pflicht, Verantwortung und menschliches Gesetz in jeder Form aufzukündigen; vgl. Derrida (1994: 331ff., bes. 355f., 384ff., 441).

[20] Das Deutungsmuster der Prüfung ist im Alten Testament keineswegs durchgehend. Der frühe Teil geht weitgehend davon aus, dass das menschliche Ergehen ohne göttliches Eingreifen aus dem Tun resultiert und „kraft einer allem Bösen ebenso wie allem Guten eigenen Mächtigkeit bis zu einem guten oder zu einem bösen Ende abläuft" (Rad 1992: I, 278). Bei den großen Propheten herrscht das Deutungsmuster von Sünde und göttlicher Strafe vor: Auf den Abfall Israels folgt das Exil. In den spätesten Schriften wird die Frage gestellt, warum Gerechte leiden und es den Gottlosen gut geht, obwohl sie die Gebote missachten. Dies ist der Hintergrund der Hiob-Geschichte, die das Muster von Sünde und Strafe durchbricht, ohne eine neue Deutung zu bieten. Hiob erkennt, dass er Gottes Motive nicht nachvollziehen kann. Die Besonderheit seines Gottesverhältnisses liegt darin, dass es in einem Sprachgeschehen besteht. Der Dialog mit Gott setzt aufseiten Hiobs das Zuhören-Können und die Hingabe an dessen unergründliches Handeln voraus (für die Auskünfte zur Theologie des Alten Testaments danke ich Barbara Jacobs).

Kategorien des Denkens und Empfindens nicht zu erfassen ist. In Kierkegaards Lesart wird er durch diese Prüfung für immer gezeichnet und steht fortan der sozialen Ordnung, in die er zurückkehrt, innerlich fern.[21] So wie sich die Authentizität der sokratischen Ironie im Tod erweist, muss Abraham dem „Absterben" seiner Wünsche und Selbstgewissheiten zustimmen und das Liebste, was er hat, opfern.[22] Gottes Forderung zielt weniger auf den gehorsamen Vollzug des Sohnesopfers als auf das Selbstopfer Abrahams, der so in die Erfahrung des Glaubens hineingetäuscht wird. Die *Lobrede* bezeichnet seinen Kampf mit sich und Gott daher auch als „Urzeugnis göttlichen Wahnsinns" (Papirer X 4, A 458, zit. bei Deuser (2007: 14)). Gemeint ist das geheimnisvolle Angerufenwerden durch Gott, das den traumatisierenden „Anlass" zur Bewegung auf den Glauben hin schafft, die der Einzelne vollführen kann oder nicht. Das Beispiel Abrahams, der diese Bewegung trotz des widersprüchlichen Verhaltens seines Gottes rückhaltlos vollzieht, wirkt in die Weite der Geschichte. Seine Aneignung erfordert nicht schwärmerische Begeisterung, sondern kritische Selbstreflexion und aktives Handeln.[23]

Hier wird ein Aneignungsmodell entwickelt, das sich auch in *Entweder – Oder* und in der *Wiederholung* formiert (vgl. Jacobs 2011). Als lyrische Anrufung ohne unmittelbare Antwort präsentiert die *Stimmung* in *Furcht und Zittern* eine historisch reflektierte Oralität in der Schrift. Sie ist als „erhabene" Kontrafaktur von Rausch und Inspiration zu lesen, welche die antiken Muster des priesterlichen Enthusiasmus oder inspirierenden Musenanrufs anzitiert, ohne sie zu bedienen. Anstatt eine unmittelbare Verbindung zur Transzendenz zu fingieren, macht sie auf den mühevollen Prozess der inneren Auseinandersetzung mit Gott aufmerksam, der in der Erfahrung des tiefsten Schreckens besteht: Unvergesslich ist, „dass du [Abraham, A.J.] hundert Jahre brauchtest, um einen Sohn des Alters zu bekommen, wider Erwarten, daß du das Messer ziehen mußtest, ehe du Isaak behieltest, […] daß du in hundert und dreißig Jahren nicht weiter gekommen bist als zum Glauben" (FZ: 22), lautet das Fazit am Ende der *Lobrede*. In diesem Sinne ist der einfache Mann der Musteradressat des Kierkegaardschen Programms, das durch paradoxe Stimmungen zur affektiven *und* reflexiven Aneignung der ausgehöhlten christlichen Tradition verhelfen will, indem es „aus der Ferne der Doppel-Reflexion [...] die Urschrift der individuellen, humanen Existenz-Verhältnisse, das Alte, Bekannte und von den Vätern Überlieferte solo noch einmal wieder [lesen will], womöglich auf eine innerlichere Weise" (UN: 843f.). Dadurch, dass er zu keinem Bild findet, das ihm Abrahams Ausnahmesituation erschließen würde, stößt er auf das Geheimnis des Glaubens, das sich in vielstimmigen, echohaften Stimmungen mitteilt und der aktiven Reflexion bedarf. Erst die Unterbrechung seiner Begeisterung provoziert die eigentliche An-

21 Zum Sakramentcharakter des Gezeichnetseins vgl. Agamben (2009: 56ff.).

22 Zum Tod als integralem Bestandteil der Geheimnis-Kommunikation vgl. Rocca (2010: 59, 70f.).

23 Kierkegaard definiert religiöse Selbsterkenntnis schon früh als Erfahrung der eigenen Zerbrechlichkeit (DSKE 1: 224) und kritisiert die „sentimentale Sehnsucht danach, gleichzeitig mit Xsto gewesen zu sein" (DSKE 2:163).

eignung der religiösen Urszene und lässt ihn die „Doppelbewegung“ des Glaubens, für die das ferne Beispiel Abrahams steht, auf seine Weise nachvollziehen. So wie Abraham aus den Ordnungen, die seine Identität und seinen Lebenssinn verbürgen, heraustreten und sich selbst fremd werden muss, um Gott zu erfahren, muss sich der fiktive Leser mit allen Sinnen und Vermögen dem Verstörungspotenzial der Opferungsgeschichte aussetzen, um Abraham zu „verstehen“. Der implizite Leser wird durch die Kombination der vagen szenischen Stimmung mit der Gegenbewegung des erhabenen „Gedankenschauers“ (FZ: 7) aktiviert. Propagiert wird also nicht die Dominanz des Irrationalen, sondern die unhintergehbare Wechselwirkung von sprachferner leibseelischer Stimmung und diskursiver Reflexion. Kierkegaard spricht von der „innerlichen Stimmung echter Aneignung“, die „Unmittelbarkeit [erst] *nach* der Reflexion“ entstehen lasse (Deuser 2007: 16). Diese Äußerung erfolgt im Kontext einer Kritik am kirchlichen Ritual, welche die theologische Forschung als „reflexive Remythologisierung“ (Deuser (2007: 16f.) und „Entritualisierung“ (Lincoln 2009) bezeichnet.[24] Ihr ist das Lektüremodell von *Furcht und Zittern* zuzuordnen. Das neue Genre der „Stimmung“ überträgt Funktionen des kollektiven Rituals in die einsame Selbstkommunikation mittels Literatur. Vom Leser her gesehen handelt es sich um eine Ritualisierung des Textes, die durch symbolische Wiederholungsstrukturen auch im stillen Lektüreprozess die Kommunikation über das Nichtkommunizierbare ermöglicht (vgl. Lasch 2005: 75f.). Kierkegaard stellt die „innerliche Stimmung echter Aneignung“ in homiletischer Tradition durch einen ausgefeilten oralen Scheibgestus her, den er bis in die Interpunktion hinein entwickelt.[25] Vor allem aber schafft er ein Gegengewicht zur Hybris autonomer Selbstbewusstseinskonzeptionen, indem er den Leser desorientiert und seine Erwartungen durchbricht, um ihn vor das Bewusstsein seiner transzendenten Abhängigkeit zu bringen.

5. Paradoxalsemiotik: Geheimnis und Offenbarung in christologischer Sicht

Als Theologe ist Kierkegaard sich bewusst, dass das Aneignungsproblem eine Konsequenz der Schriftförmigkeit kultureller Gedächtnisse darstellt und zuerst den heiligen Text selbst betrifft. Im Gegensatz zu den Harmonisierungsversuchen der historischen Hermeneutik erklärt er den inhomogenen Charakter der Bibel ohne Umschweife zur indirekten Mitteilung Gottes:

---

24 Lincoln zeigt die Suspendierung des Rituals zugunsten der aktiven, tendenziell bilderlosen Aneignung durch Lektüre im Kontext der erbaulichen Reden.

25 Zu den relevanten Tagebuchaufzeichnungen vgl. Lincoln (2009: 154f.). Zur Medientheorie der Stimmungen als schriftförmiger Repräsentation oraler Kommunikationsformen vgl. Hiebler (2012: 163ff.).

> Ein neuer Beweis für die Göttlichkeit der Bibel.
> Bisher ist man damit folgendermaßen verfahren: Man hat gesagt: die heilige Schrift ist eine göttliche Offenbarung, inspiriert u. s. w. deshalb muß da eine vollständige Harmonie zwischen allen Nachrichten sein, bis hin zur kleinsten Unbedeutendheit, es muß das vollkommenste Griechisch sein u. s. w.
> Gott weiß doch genau, was es ist zu glauben, was das sagen will, den Glauben zu fordern, daß es heißt, die unmittelbare Mitteilung zu negieren und eine Doppelung zu setzen. Schau, das bestätigt sich. Genau deshalb, weil Gott will, daß die heilige Schrift ein Gegenstand für den Glauben werden soll, und zum Ärgernis für jede andere Betrachtung, genau deshalb ist dort mit Fleiß für diese Unübereinstimmungen gesorgt (die sich in der Ewigkeit leicht auflösen können in Übereinstimmungen), deshalb ist es ein schlechtes Griechisch u. s. w. [...]. (Papirer X 3 A 328 (1850), zit. bei Nientied 2003: 355)

Nach bewährtem ironischem Verfahren werden die Brüche und Widersprüche der biblischen Überlieferungen als Ausweis für ihren Offenbarungsstatus gelesen. Die Unvollkommenheit der Übersetzungen avanciert zur wirkungsästhetischen List Gottes (als undenkbarem transzendentalen Signifikat), das den Rezipienten durch den Wechsel der Erscheinungen (Signifikanten) zu aktiver Aneignung zwingt. In dogmatischer Hinsicht erfordert die Theorie des „Ärgernisses" (die Kierkegaards Verfahren der indirekten Mitteilung en passant mitlegitimiert) eine Ausarbeitung, die anschlussfähig für die Trinitäts- und Sakramentenlehre ist. In diese Richtung argumentiert schon die Predigt über das Geheimnis der Weisheit Gottes (1. Kor. 2, 6–9), welche die kommunikative Barriere zwischen Mensch und Gott betont (Kierkegard Werke: Abt. 7–9, 77).[26] Gottes Weisheit verkündigt, was kein Auge je gesehen, kein Ohr je gehört und kein Herz je empfunden hat. Es handelt sich um das Paradox einer Verkündigung, die zugleich verborgen ist und daher aufseiten des Empfängers in den Modus des Wunderbaren einrückt. Entsprechend geheimnisvoll ist der Kommunikationsweg: Gottes Weisheit kommt meist unbemerkt im menschlichen Herzen auf, dessen tiefste Bewegungen sich der Selbstbeobachtung entziehen (Kierkegaard Werke: Abt. 7–9, 88). Die erbauliche Rede soll ihren Hörer dazu motivieren, das eigenartig Ungewisse des christlichen Glaubens wahrzunehmen, das sich weder auf prophetische Zeichen verlässt wie die Juden noch auf eine Präexistenz wie die Griechen (Kierkegaard Werke: Abt. 7–9, 88), sondern auf die göttliche Mitteilung im deutungsunsicheren Modus innerer Stimmungen. Kierkegaards Predigt möchte ihn in die Lage versetzen, sich Rechenschaft über sein eigenes Verhältnis zur geheimnisvollen Weisheit Gottes abzulegen (Kierkegaard Werke: Abt. 7–9: 92), die intuitiv empfangen und geglaubt wird, Zweiflern dagegen Anlass zu Ärger und Spott ist.

---

[26] Vgl. ebda.: „Vater im Himmel! Wohl wissen wir, daß Du in einem Lichte wohnest, und daß Dein Wesen Klarheit ist; eben darum aber bist Du uns ja auch dunkel, selbst in Deiner Offenbarung, und gleich einem Geheimnis, das wir nicht aussagen können. Siehe, da ist es unser Trost, daß Du in das Verborgene siehest und von ferne verstehest. So prüfe Du denn selbst die Herzen, und je nachdem das Geheimnis ist, welches ein jedes Herze birgt, und je nachdem Du es verstehest, gib Du ihm auch offenbarlich, nach dem Maße, in dem er das Geheimnis bewahrt und Dich liebt" (77); kommentiert bei Rocca (2010: 69ff.).

So wie Bibel und Predigt nur als indirekte Mitteilung sprechen, wirkt auch das Erscheinen Christi „inkognito“, wie es die *Unwissenschaftliche Nachschrift* nennt.[27] Sein göttliches Wesen muss aus den disparaten Bruchstücken seiner Existenz ohne Zuhilfenahme historischer Beweise erschlossen und gedeutet werden. Die *Einübung im Christentum* (1850) formuliert eine paradoxe Christologie, die im Abschnitt *Der Gott-Mensch ist ein „Zeichen“* semiotisch ausbuchstabiert wird. Hier wird zwischen dem unmittelbar präsenten Signifikanten und der ihm zugeschriebenen Bedeutung unterschieden, die auch als „Reflexionsbestimmung“ bezeichnet wird (Kierkegaard 2005a: 147; künftig zitiert als EC, vgl. auch die Erläuterung der „Reflexionsbestimmung“ bei Kierkegaard Werke: Abt. 33, 37f., 46). Der maieutische Effekt, dass „der Empfänger selbst in Gang gesetzt wird“ (EC: 148), entsteht durch das paradoxe Verhältnis von unmittelbarer und zugeschriebener Bedeutung, welches das Denken einmal mehr an seine Grenzen führt:

> Ein Zeichen sein heißt, daß man außer dem, was man unmittelbar ist, zugleich etwas anderes ist; ein Zeichen des Widerspruches sein, heißt, etwas anderes sein, was im Gegensatz zu dem steht, was man unmittelbar ist. So verhält es sich mit dem Gott-Menschen. Unmittelbar ist er ein einzelner Mensch ganz wie andere Menschen, ein geringer, unansehnlicher Mensch; aber nun der Widerspruch, daß *er* Gott ist. (EC: 148)

Christus ist als Signifikant Mensch in aller Nichtigkeit, als verborgenes Signifikat jedoch göttliche Absolutheit (EC: 99f.). Das Paradox des ewigen Gottes, der *in der Zeit* existiert, stellt eine Grenzbestimmung dar, die weder begrifflich noch emotional zu bewältigen ist: Christus *ist* das geheimnisvolle Zeichen des Widerspruchs selbst. Daher ist auch seine Botschaft keine unmittelbar und allgemein verständliche Mitteilung an alle, sondern indirekte Kommunikation mit Einzelnen:

> Und das vermag nur das Zeichen des Widerspruchs; es zieht die Aufmerksamkeit auf sich und präsentiert dann einen Widerspruch. Irgend etwas macht, daß man sehen muß – und siehe, indem man sieht, schaut man gleichsam in einen Spiegel: man muß sich selber anschauen – oder anders ausgedrückt: er, der das Zeichen des Widerspruchs ist, schaut einem gerade ins Herz hinein, indem man in diesen Widerspruch hineinstarrt. Ein Widerspruch, der einem Menschen direkt gegenübergestellt wird, ist ein Spiegel – falls man den Menschen dazu kriegen kann, in ihn hineinzuschauen; indem er dann urteilt, muß es offenbar werden, was in ihm wohnt. Es ist ein Rätsel; aber indem der Mensch es löst, wird offenbar, was in ihm wohnt, durch die Art und Weise, in der er es löst. Der Widerspruch stellt den Menschen vor eine Wahl, und indem er wählt, und durch das, was er wählt, wird er selbst offenbar. (EC: 149f.)

Kierkegaard ist hier bemüht, die Worte und Wunder Jesu aus dem Status der Allgemeinverständlichkeit herauszudefinieren, indem er ihnen die Funktion des gottgegebenen Anlasses zuweist, der Aufmerksamkeit erregt und die singuläre Auseinanderset-

---

[27] Während die Magisterdissertation über den Ironiebegriff von 1841 die unmittelbare Transparenz der Göttlichkeit Christi gegen die Apersonalität des Sokrates ausspielt, ist Sokrates in der *Unwissenschaftlichen Nachschrift* ebenso Anlass, sich der Wahrheit zu erinnern, wie Jesus, dessen Opfer die Menschen an ihre Schuld und Abhängigkeit gemahnt und die Bedingung für ihr „Umgeschaffenwerden“ herstellt. Anamnesis und christliche Erinnerung müssen folglich immer wieder gegeneinander abgegrenzt werden; vgl. Jacobs (2012: 175, 233).

zung mit dem Geheimnis der Offenbarung (dem „Rat der Herzen") initiiert. Weder der Nachweis spektakulärer Wunder, der Christus zu einer historischen Größe unter vielen machen würde, noch der Beweis seiner historischen Existenz oder einer kohärenten Lehre können als Gewissheiten im Bezug auf den Glauben dienen. Das Christentum ist kein Gegenstand hermeneutisch gesicherten Wissens oder philosophischer Spekulation, sondern ungewisse Existenzmitteilung im Modus der Stimmungen nach dem oralen Schema von Anruf und Antwort (vgl. Lincoln 2007: 439ff.). „Anlass" und „Ärgernis" sind subjektivierte Formen göttlicher Vorsehung, auf deren indirekte Botschaft der Mensch als freies, schuldfähiges Wesen antworten kann oder nicht.[28] Erst der Prozess der Aneignung, den diese uneindeutigen Botschaften provozieren, bewirkt die Verwandlung der Person. Was sich dogmatisch als Sünde definiert, wird christologisch als paradoxes Zeichen bestimmt, das den Einzelnen auf seine transzendente Abhängigkeit verweist und ihn zum Handeln ruft. Der angestammte Ort dieser verwandelnden Wirkung ist das Abendmahl, bei dem der Gläubige durch die Gabe des Leibes Christi die Vergebung seiner Sünden als Akt göttlicher Liebe „empfängt". Kierkegaard plädiert für die Verinnerlichung des hohl gewordenen kirchlichen Rituals, gegen das er die rätselhafte Fähigkeit des menschlichen Herzens in Stellung bringt, „ex tempore" mit Gott zu kommunizieren (DSKE 2: 323f.).

6. Fazit: Ambivalenz und Appellcharakter der Stimmungen

Die Spezifik des Kierkegaardschen Aneignungsmodells erschließt sich von der sakramentalen Funktion her: Um den Bezug zu Gott zu ermöglichen, wird die zwischenmenschliche Kommunikation suspendiert, „weil die Aufgabe ethisch just die ist, daß jeder Mensch dahin kommt, im Verhältnis zu Gott allein zu stehen" Kierkegaard 1963: 125). Die Kommunikation des „Einzelnen" (als Empfänger) mit Gott als einzigem Sender (Kierkegaard 1963: 124, vgl. auch Kierkegaard 1970: 93f.) soll in reales Handeln münden und wird als „Einübung" und „Kunst-Unterweisung" bezeichnet, während die „Mitteilung" den kollektiven Wissenstransfer im Medium der Phantasie meint. Kierkegaards „indirekte Mitteilung" steht zwischen beiden Modi und verkreuzt sie miteinander: Sie täuscht den Empfänger ins Wahre hinein, indem sie die Sprache der Phantasie spricht, aber nur, um die damit verbundenen Autonomieansprüche ironisch zu brechen und die verborgenen religiösen Existenzbewegungen freizulegen, auf denen sie beruhen.[29] Als Kenner der Sokratik und Kritiker der Romantik ist Kierkegaard bewusst, wie

[28] Zur Subjektivierung des Vorsehungsgedankens in der fragmentarischen Theorie des Anlasses vgl. Schulz (1994: 203ff., 273f.).

[29] Zur relevanten Tradition der *theologia crucis* vgl. Steiger (2008: 418ff.).

schnell das „Ätzmittel“ der Ironie zur ästhetischen Manipulation pervertieren kann.[30] So ist auch das Basisnarrativ seiner pseudonymen Schriften, die sich anbahnende Liebesbeziehung, die durch unterschiedlich motivierte Formen von Betrug und Entsagung zum Scheitern gebracht wird, als *double bind* zwischen ethischer oder religiöser Unterweisung und rhetorischer Verführung gestaltet. Auch hier werden unterschiedliche Variationen geboten, die sich gegenseitig dementieren und kommentieren: Der „geistige Verführer“ Johannes aus *Entweder – Oder*, der sein erotisches Machtbedürfnis mithilfe ästhetischer Suggestionen skrupellos auslebt, ist ähnlich strukturiert wie der einsame, selbstquälerische Quidam in den *Stadien*, der seine innere Zerrissenheit zum Selbstopfer stilisiert und als Kennzeichen des Religiösen versteht. Beide betrügen nicht nur ihre Mädchen (die lediglich Projektionsflächen ihres Inneren sind), sondern vor allem sich selbst und unterscheiden sich zeitweise nur noch in ihrer Selbstdeutung voneinander. Die Modernität Kierkegaardscher Texte liegt darin, die subtilen Ambivalenzen und Übergänge zwischen ästhetischen, ethischen und religiösen Selbstkonzepten als Schillern und Gleiten spürbar zu machen, das aufseiten des Lesers jeden Versuch einer stabilen Identitäts- und Bedeutungskonstitution subvertiert. Den Innovationswert dieses Modells hat schon Gilles Deleuze gesehen. Ihm zufolge erfinden die Texte des Kopenhagener Theologen, welche „die Seele direkt treffen, die Bewegung der Seele selbst sein soll[en]“, die Philosophie als „ein unglaubliches Äquivalent zum Theater“ neu (Deleuze 1992: 24).[31] Dabei spielt die Deutungsoffenheit der Stimmungen, die den Rezipienten auf die Abgründigkeit seines Inneren aufmerksam macht, eine zentrale Rolle. Als Effekte einer Sprache und Bewusstsein subvertierenden Schreibstrategie fundieren sie eine Poetik der Unruhe, welche den „verwandelnden“ Akt der Aneignung fordert. Dieser Akt muss wie der Ritus, den er ersetzt, im Prozess der Lektüre immer wieder neu vollzogen werden. Er fordert Reflexion und Selbstbeobachtung und schließt aufgrund seines singulären Charakters den Austausch mit anderen aus. Damit wird Kierkegaards indirekte Mitteilung zur Kommunikation des transzendenten Geheimnisses in Form von Stimmungen, die nicht in immanenten Klartext aufzulösen sind. Als deutungsoffene innere Bewegung machen sie die angstbewehrte Grenze zwischen Den-

---

[30] Kierkegaard (1963: 114f.): „Zu sein, was man lehrt. Das Existenzielle. / Hat man das Recht, Menschen zu ‚gewinnen‘?“; „Über die indirekte Mitteilung, wieweit ein Mensch das Recht hat, sie zu gebrauchen, ob nicht etwas Dämonisches darin liegt.“

[31] Ergänzend (ebd.): „Sie [Kierkegaard und Nietzsche, A.J.] wollen die Metaphysik in Bewegung, in Gang setzen. Sie wollen sie zur Tat, zu unmittelbaren Taten antreiben. Es genügt ihnen folglich nicht, bloß eine neue Repräsentation der Bewegung vorzulegen; die Repräsentation ist bereits Vermittlung. Es handelt sich im Gegenteil darum, im Werk eine Bewegung zu erzeugen, die den Geist außerhalb jeglicher Repräsentation zu erregen vermag; es handelt sich darum, aus der Bewegung selbst – und ohne Zwischenschritt – ein Werk zu machen; die mittelbaren Repräsentationen durch direkte Zeichen zu ersetzen; Schwingungen, Rotationen, Drehungen, Gravitationen, Tänze oder Sprünge auszudenken, die den Geist direkt treffen. Dies ist die Idee eines Theatermanns, eines Regisseurs – seiner Zeit voraus. Gerade in diesem Sinne beginnt mit Kierkegaard und Nietzsche etwas völlig Neues.“

ken und Glauben greifbar und verweisen den Einzelnen über die diskursiven Ordnungen des Wissens und der öffentlichen Kommunikation hinweg auf den möglichen „Anruf" des Numinosen, dem er folgen kann oder nicht.

Literaturverzeichnis

Agamben, Giorgio (2009), Signatura rerum. Zur Methode, (Edition Suhrkamp 2585), Frankfurt am Main.

Bär, Jochen (2010), „Das romantische Modell. Jacob Grimms Konzeption der Sprachgeschichte" in: Dituria. Zeitschrift für germanistische Sprach- und Literaturwissenschaft 7, 7–24.

Beyrich, Tilman (2001), Ist Glauben wiederholbar? Derrida liest Kierkegaard, (Kierkegaard studies, Monograph series 6), Berlin, New York.

Deleuze, Gilles (1992), Differenz und Wiederholung, München.

Derrida, Jacques (1994), „Den Tod geben", in: Anselm Haverkamp (Hrsg.), Gewalt und Gerechtigkeit. Derrida – Benjamin, (Edition Suhrkamp 1707, N. F. 706), Frankfurt am Main, 331–445.

Deuser, Hermann (2007), „‚Und hier hast du übrigens einen Widder'. Genesis 22 in aufgeklärter Distanz und religionsphilosophischer Metakritik", in: Bernhard Greiner et al. (Hrsg.), Opfere deinen Sohn! Das Isaak-Opfer in Judentum, Christentum und Islam, Tübingen, 1–17.

DSKE = Anz, Heinrich / Cappelørn, Niels Jørgen / Deuser, Hermann / Schulz, Heiko (Hrsg.) (2005 / 2008), Deutsche Søren Kierkegaard Edition, Bd. 1 u. 2: Journale und Aufzeichnungen, Berlin, New York.

Feger, Hans (2007), Poetische Vernunft. Moral und Ästhetik im deutschen Idealismus, Stuttgart, Weimar.

Grimm, Jacob und Wilhelm (2004), Deutsches Wörterbuch. Elektronische Ausgabe der Erstbearbeitung. herausgegeben v. Kompetenzzentrum für elektronische Erschließungs- und Publikationsverfahren in den Geisteswissenschaften an der Universität Trier in Verbindung mit der Berlin-Brandenburgischen Akademie der Wissenschaften. Bearbeitet v. Hans-Werner Bartz, Frankfurt am Main.

Hegel, Georg Wilhelm Friedrich (1986), Werke [in 20 Bänden]. Auf d. Grundlage d. Werke von 1832–1845 neu ed. Ausg., Red. Eva Moldenhauer. Bde. 13–15: Vorlesungen über die Ästhetik, (Suhrkamp-Taschenbuch Wissenschaft 613–615), Frankfurt am Main.

Hiebler Heinz (2012), „‚Tuning in'. Stimmung als medienästhetisches und epistemologisches Konzept", in: Hans-Georg von Arburg / Sergej Rickenbacher (Hrsg.), Concordia discors. Ästhetiken der Stimmung zwischen Literaturen, Künsten und Wissenschaften, (Philologie und Kultur 5), Würzburg, 163–182.

Hügli, Anton (1973), Die Erkenntnis der Subjektivität und die Objektivität des Erkennens bei Soeren Kierkegaard, (Basler Beiträge zur Philosophie und ihrer Geschichte 7), Zürich.

Hühn, Lore (2003), „Sprung im Übergang. Kierkegaards Kritik an Hegel im Ausgang von der Spätphilosophie Schellings", in: Jochem Hennigfeld / Jon Stewart (Hrsg.), Kierkegaard und Schelling. Freiheit, Angst und Wirklichkeit, (Kierkegaard studies, Monograph series 8), Berlin, New York, 133–183.

Jacobs, Angelika (2012), Stimmungskunst von Novalis bis Hofmannsthal, Hamburg.

Jacobs, Angelika (2011), „Aneignung und Vision. Mediale Strategien der Desillusionierung und Mobilisierung bei Kierkegaard und im symbolistischen Theater", in: Études Germaniques 66/4, 851–873.

Kierkegaard Werke = Kierkegaard, Sören (1950-), Gesammelte Werke. Herausgegeben von Emanuel Hirsch und Hayo Gerdes, 42 Abt., Köln, Düsseldorf, Gütersloh.

Kierkegaard, Sören (1963), Gesammelte Werke (Anhang). Die Tagebücher. Ausgewählt, neugeordnet und übersetzt von Hayo Gerdes, Bd. 2, Düsseldorf, Köln.

Kierkegaard, Sören (1970), Gesammelte Werke (Anhang). Die Tagebücher. Ausgewählt, neugeordnet und übersetzt von Hayo Gerdes, Bd. 4, Düsseldorf, Köln.

Kierkegaard, Sören (1998), Entweder – Oder. Teil I und II, vollst. Ausg., 5. Aufl., (dtv 30134), München.

EC = Kierkegaard, Sören (2005a), Einübung im Christentum. Zwei kurze ethisch-religiöse Abhandlungen. Das Buch Adler. Unter Mitwirkung der Kopenhagener Kierkegaard-Gesellschaft herausgegeben und eingeleitet von Walter Rest, vollst. Ausgabe, (dtv 13385), München.

B / UN = Kierkegaard, Sören (2005b), Philosophische Brosamen und unwissenschaftliche Nachschrift. Unter Mitw. von Niels Thulstrup und der Kopenhagener Kierkegaard-Gesellschaft herausgegeben von Hermann Diem und Walter Rest, München.

BA = Kierkegaard, Sören (2005c), Der Begriff Angst, Sonderausg. aus der Reihe „Philosophische Bibliothek“ (Bd. 340), Hamburg.

Koubowetz, Vera (2008), „tremendum et fascinans. Überlegungen zur Transformation des Sakralen. Madonnendarstellungen der Moderne“, in: Leander Kaiser / Michael Ley (Hrsg.), Die ästhetische Gnosis der Moderne, (Passagen Kunst), Wien, 81–96.

Lasch, Alexander (2005), Beschreibungen des Lebens in der Zeit. Zur Kommunikation biographischer Texte in den pietistischen Gemeinschaften der Herrnhuter Brüdergemeine und der Dresdner Diakonissenschwesternschaft im 19. Jahrhundert, (Germanistik 31), Berlin, Münster.

Lincoln, Ulrich (2007), „Rede und Resonanz. Zur Bedeutung einer lebensweltlichen Rhetorik des Christlichen bei Sören Kierkegaard“, in: Neue Zeitschrift für Systematische Theologie 48/4, 424–444.

Lincoln, Ulrich (2009), „‚Das Nichts, das alles zur Erscheinung kommen lässt‘. Sören Kierkegaards Begriff des Anlasses und seine hermeneutische Relevanz für die Theologie“, in: Neue Zeitschrift für Systematische Theologie und Religionsphilosophie 51/2, 145–166.

McCarthy, Vincent A. (1978), The Phenomenology of Moods in Kierkegaard, The Hague, Boston.

Mooney, Edward F. (1998), „Repetition. Getting the world back“, in: Alastair Hannay / Gordon Daniel Marino (Hrsg.), The Cambridge Companion to Kierkegaard, (Cambridge companions series), Cambridge et al., 283–307.

Neumann, Gerhard (1986), „Heilsgeschichte und Literatur. Die Entstehung des Subjekt aus dem Geist der Eucharistie“, in: Walter Strolz (Hrsg.), Vom alten zum neuen Adam. Urzeitmythos und Heilsgeschichte, (Veröffentlichungen der Stiftung Oratio Dominica, Weltgespräch der Religionen, Schriftenreihe zur grossen Ökumene 13), Freiburg im Breisgau, Basel, Wien, 94–150.

Nientied, Mariele (2003), Kierkegaard und Wittgenstein. „Hineintäuschen in das Wahre“, (Kierkegaard studies, Monograph series 7), Berlin, New York.

Rad, Gerhard von (1992), Theologie des Alten Testaments, 2 Bde., 10. Aufl., (Kaiser-Taschenbücher 2), München.

Ricœur, Paul (1992), Lectures. 2: La contrée des philosophes, Paris.

Rocca, Ettore (2010), „Ästhetisches und religiöses Geheimnis. Kierkegaards heteronome Kunst“, in: Markus Kleinert (Hrsg.), Kunst und Religion. Ein kontroverses Verhältnis, Mainz, 57–77.

Schmidt, Jochen (2006), Vielstimmige Rede vom Unsagbaren. Dekonstruktion, Glaube und Kierkegaards pseudonyme Literatur, (Kierkegaard studies, Monograph series 14), Berlin, New York.

Schulz, Heiko (1994), Eschatologische Identität. Eine Untersuchung über das Verhältnis von Vorsehung, Schicksal und Zufall bei Sören Kierkegaard, (Theologische Bibliothek Töpelmann 63), Berlin, New York.

Stegmaier, Werner (Hrsg.) (1997), Hauptwerke der Philosophie. Von Kant bis Nietzsche, (Universal Bibliothek 8743, Interpretationen), Stuttgart.

Steiger, Johann Anselm (2006), „Zu Gott gegen Gott. Oder: Die Kunst, gegen Gott zu glauben. Isaaks Opferung (Gen 22) bei Luther, im Luthertum der Barockzeit, in der Epoche der Aufklärung und im 19. Jahrhundert", in: Johann Anselm Steiger / Ulrich Heinen (Hrsg.), Isaaks Opferung (Gen 22) in den Konfessionen und Medien der frühen Neuzeit, (Arbeiten zur Kirchengeschichte 101), Berlin, New York, 185–237.

Steiger, Johann Anselm (2008), „Das Lachen Gottes und des Menschen. Die Narretei Gottes, der Vernunft und des Glaubens in der Theologie Martin Luthers", in: Stefanie Arend et al. (Hrsg.), Anthropologie und Medialität des Komischen im 17. Jahrhundert (1580–1730), (Chloe 40), Amsterdam et al., 403–426.

Stewart, Jon Bartley (2003), Kierkegaard's Relation to Hegel reconsidered, Cambridge.

Stewart, Jon Bartley (2007), A History of Hegelianism in Golden Age Denmark, 3 Bde., (Danish golgen age studies 3), Kopenhagen.

KLAUS WEISS

Das freimaurerische Symbol des „Großen Baumeisters aller Welten“

1. Charakteristik und Geschichte der Freimaurerei

Will man den Stellenwert des Symbols des „Großen Baumeisters aller Welten“ im Ideen- und Wertehorizont der Freimaurerei festlegen, so muss zunächst der Freimaurerbund selbst charakterisiert werden. Auf eine Kurzformel gebracht, lässt sich die Freimaurerei beschreiben als eine initiatische aufklärerische Bruderschaft, die auf der Basis einer spezifischen Anthropologie die ethische Vervollkommnung ihrer Mitglieder anstrebt.

Eintritt in den Freimaurerbund erlangt ein Aufnahmewerber durch die Initiation (vgl. Reinalter 2002: 36ff.). Die freimaurerischen Initiationsriten sind Handlungsabfolgen von Schwellenerlebnissen, rituellen Umführungen und „schocktherapeutischen“ Szenen, die psychodramatische Charakterzüge aufweisen und durch die Praxis der symbolischen Sublimierung psychische Transformationspotenziale freisetzen, die den Prozess der individuellen Vervollkommnung anstoßen und mittragen sollen (vgl. Schindler 1982: 49ff.).

Neben diesem esoterischen „Gesicht“ hat die Freimaurerei auch ein aufklärerisches. Wiewohl ihre Entstehung in die Zeit vor der Aufklärung fällt, wurde sie von dieser wesentlich beeinflusst und mitgeprägt, erhielt die Freimaurerei ihre „moderne“ Ausprägung doch im 18. Jahrhundert (Gründung der Primary Grand Lodge in London 1717, Einführung der „Instruktionslogen“ durch Ignaz von Born in Wien, Entstehung einer humanitären, säkularen und gleichzeitig romantischen Freimaurerei in Deutschland unter dem Einfluss von Lessing, Herder und der deutschen Frühromantik). Es war die Nivellierung der tradierten Ständeordnung, was die Freimaurerei für die Trägerschicht der Aufklärung so anziehend machte. Da sich in der Loge, abgeschirmt von der Öffentlichkeit, die Mitglieder als Gleiche, als „Brüder“ gegenüberstanden, wurde die Freimaurerei zum Treffpunkt der sich als Mittelklasse konsolidierenden bürgerlich-adeligen Funktionseliten in Verwaltung, Gewerbe, Militär und Kirche, womit die Freimaurerei zu einem wesentlichen Motor der im Entstehen begriffenen bürgerlichen Öffentlichkeit wurde (vgl. Müller 2002: 49ff.). Aufklärung hat aber für die Freimaurerei keine ausschließlich historische Dimension. Die Freimaurer verstehen Aufklärung rezent als „Denkprinzip“, das sich als „[...] Selbstdenken gegen angemaßte Autorität und Vorurteile, als Richtdenken gegen Irrtümer, Irrationalismen und Aberglauben, gegen Verabsolutierungen und Ideologien und gegen Dogmen und absolute Wahrheiten“ wendet (Reinalter 2000: 49). Damit scheint der Freimaurerbund auch heute Aufklärungsbedarf und Aufklärungsnotwendigkeit zu orten, dem er aber, soweit es die von England (United Grand Lodge of England) abhängige „reguläre“ Freimaurerei betrifft,[1] „nur“ durch diesbezügliche Forderungen an seine Mitglieder gerecht wird, da jegliche politische Aktivität des Freimaurerbundes und des einzelnen Freimaurers als Freimaurer verpönt, ja untersagt ist, so dass die aufklärerische Position der Freimaurerei lediglich durch das selbstverantwortliche „private“ Wirken ihrer Mitglieder in der Öffentlichkeit wirksam wird. Lediglich der Grand Orient de France und die mit ihm verbundenen Freimaurerorganisationen, die im gesamten Spektrum der Freimaurerei eine deutliche Minderheitenposition einnehmen,[2] treten aus einem allgemein politischen Engagement, welches im Fall des Grand Orient de France traditionell eher links einzuordnen ist, für konkrete politische Ziele und Anliegen ein und propagieren diese auch öffentlich.[3]

Die Brüderlichkeit, die in der Aufklärungszeit auch eine öffentlichkeitswirksame Funktion hatte, ist auch heute ein wesentliches Charakteristikum des Bundes. Sie ist, nach Rainer Hubert (Reinalter 2002: 84), ein Postulat, eine Programmvorstellung, eine Zielvorgabe – und eine Realität. Der freimaurerische Bruderbegriff wurzelt in einer antiken Auffassung, die sich auf den Mitmenschen als solchen bezieht (nach ihrem Selbstverständnis bauen Freimauer am „Tempel der allgemeinen Menschenliebe“) und die ihre stärkste Ausprägung in der stoischen Philosophie fand (vgl. Bruch 1981: 95ff., Reinalter 2002: 84). Diese universalistische Sicht des Menschen, die die Menschenbruderschaft im Wesentlichen in der Gottesbruderschaft des Einzelnen begründet sah, spiegelte sich dann auch im Christentum, wo der Bruderbegriff aber noch mehr bestimmt wurde durch die gemeinsame Verbundenheit der Gemeindemitglieder mit Christus. Doch schon in alter Zeit lässt sich eine institutionelle Festlegung des Brüderlichkeitsideals ausmachen. So bezeichnen sich etwa in den antiken Mysterien die Mitglieder als

---

1 Zum Begriff *Regularität* bzw. *Irregularität* vgl. Reinalter (2002: 30ff.).

2 Zum Grand Orient de France vgl den Artikel „Frankreich“ in Lennhoff / Posner / Binder (2000: 293ff.). Dieter A. Binder bin ich für die umfassende Einführung in die hier behandelte Thematik zu großem Dank verpflichtet.

3 Vgl. dazu die Kritik von Jäger (2009), der den Bestrebungen des Grand Orient de France pauschal unterstellt, die umfassende Emanzipation anzustreben und eine vollkommen autonome Menschheit schaffen zu wollen, die dann erst recht der geheimen Leitung durch die Freimaurer bedürfe.

Brüder, ebenso die Angehörigen der römischen Collegia, der beruflichen Genossenschaften, aber auch, in späterer Zeit, die Angehörigen von christlichen Gemeinschaften (Klostergemeinschaften, chiliastische Reformbewegungen), aber auch die Mitglieder von Gebetsverbrüderungen, die in einem engen Konnex mit dem mittelalterlichen Zunftwesen standen. Ja selbst für die Gilden war die Bezeichnung *Bruderschaft* (confratria, confraternitas, fraternitas) üblich. Im Bruderbegriff der Zunft und in jenem der Gebetsverbrüderung findet sich die doppelte Wurzel des freimaurerischen Bruderbegriffs, der im Wesentlichen darin besteht, dass alle Mitglieder einer gleichen Sache dienen. Dabei ist das Gemeinsame so wichtig, dass die Unterschiede zwischen den einzelnen Mitgliedern unwesentlich werden. Freimaurer verstehen unter Brüderlichkeit eine Haltung, die zur tätigen Anteilnahme und Hilfe auffordert, ohne dass es dazu formeller Regeln oder Übereinkünfte bedarf (Reinalter 2002: 85). Diese Brüderlichkeit ist einerseits etwas sehr Konkretes und andererseits ein Ideal, dem sich das einzelne Mitglied nur sehr unvollkommen annähern kann, denn der Freimaurer hat auch die schon angesprochene Menschenbrüderlichkeit zu reflektieren. Sein Verhalten als Bruder gegenüber den Brüdern in der Loge soll nur das Modell sein für ein brüderliches Verhalten unter allen Menschen. Es war nicht zuletzt die Aufklärung, die stark das Verständnis der Gesellschaft als einer Gemeinschaft von Weltbürgern propagierte.

Die Brüderlichkeit ist auch ein zentraler Begriff der freimaurerischen Anthropologie, die dem Postulat der ethischen Vervollkommnung der Freimaurer zugrunde liegt. Für die Freimaurerei sind alle Menschenbilder, einschließlich des von ihr propagierten relativ, dass heißt, dass sie keinem Menschenbild eine absolute Wahrheit zuerkennt, was aber den einzelnen Freimaurer in keiner Weise daran hindert, sein persönliches Menschenbild als wahr ansehen zu können (vgl. Bernardo 1989, 1997: 35ff.). Die Freimaurerei ist kein umfassendes philosophisches System, ihre Anthropologie ist eine partielle, da sie sich lediglich auf die Moral, d. h. die ethische Vervollkommnung ihrer Mitglieder bezieht. Der italienische Wissenschaftsphilosoph Giuliano Di Bernardo spricht daher von einer laizistischen, nicht-exklusiven Anthropologie der Freimaurer, als deren wesentlichen Elemente er die Prinzipen Freiheit, Toleranz, Brüderlichkeit, Transzendenz und initiatisches Geheimnis sieht (vgl. Bernardo 1989: 46f.). Vier der fünf sind allgemein-menschliche Prinzipien, das initiatische Geheimnis ein genuin freimaurerisches, wobei sich von ihnen alle anderen Werte wie Gleichheit oder humanitäres Verhalten ableiten ließen.

Neben der Möglichkeit zwischen mehreren Alternativen frei wählen zu können, bedeutet Freiheit unter freimaurerischem Blickwinkel die Möglichkeit des einzelnen, sich nach objektiven Wertmaßstäben orientieren und sich diese zu eigen machen zu können. Dies ist eine wesentliche Voraussetzung für Moralität, die nur auf der Grundlage der Freiheit möglich ist. „Die Freimaurerei versteht die subjektive Identifizierung mit einer moralischen Ordnung als die höchste Verwirklichung des initiatischen Strebens nach innerer Vervollkommnung.“ (Bernardo 1989: 38)

In einem engen Zusammenhang mit dem Prinzip der Freiheit steht das der Toleranz. Aufgrund ihres Menschenbildes anerkennt die Freimaurerei, wie oben schon festgehalten, dass es andere Denk- und Handlungsweisen als die ihrige gibt, die wie die eigene ein Existenzrecht haben und zu respektieren sind, auch wenn man sie im Prinzip ablehnt. Kein Freimaurer kann für sich in Anspruch nehmen, die ausschließliche Wahrheit zu besitzen. Sie ist für ihn ein ideeles Ziel, nach dem er sich bei seiner initiatischen Selbstvervollkommnung ausrichtet, dem er sich schrittweise zu nähern versucht, ohne es je ganz zu erreichen.

Und damit ist schon der Begriff der Transzendenz angesprochen. „Wenn wir von Transzendenz sprechen, meinen wir den Hintergrund der Wirklichkeit, welcher transzendiert, das heißt die Grenzen unseres Erfahrungswissens überschreitet. In diesem Sinn ist Transzendenz das Gegenstück zur Immanenz [...]“ (Bernardo 1989: 42.) Die freimaurerische Anthropologie spricht der Transzendenz keine tatsächliche Existenz zu, weil sie jenseits der Grenzen unseres Erfahrungswissens liegt. Sie betrachtet sie viel mehr als eine regulative Idee, die dem Freimaurer „[...] die Welt im Sinne Kants so betrachten lässt, als ob ihre Existenz auf einem solchen transzendenten Urgrund beruhte“ (Bernardo 1989: 42). Transzendenz hat in der freimaurerischen Anthropologie eine zweifache Funktion. Sie soll zum einen dem menschlichen Dasein Sinn verleihen und die moralischen Wertmaßstäbe rechtfertigen und zum anderen den höchsten Zielpunkt vorstellen, dem der Freimaurer sich bei der Verwirklichung seiner Ideale schrittweise nähern soll. So lenkt mit den Worten Di Bernardos die Transzendenz „[...] die Immanenz, die Immanenz strebt zur Transzendenz, dies ist ein kontinuierlicher Prozess, bei welchem die Immanenz nie das Transzendente sich einverleibt, aber in sich ein Höchstmaß von Transzendenz Wirklichkeit werden lässt“ (Bernardo 1989: 46). Ihren stärksten Ausdruck findet die Transzendenz im freimaurerischen Lehrgebäude im Symbol des „Großen Baumeisters aller Welten“, das nach dem bisher Gesagten beispielsweise auch als „regulatives Prinzip“ gesehen werden kann und dessen differente Konnotationen in der Freimaurerei zentraler Gegenstand dieser Arbeit sind.

Zu diesen vier allgemein menschlichen Prinzipen tritt nun das initiatische Konzept der Freimaurerei, das initiatische Geheimnis hinzu. Der vollständige Gehalt der freimaurerischen Anthropologie kann somit nur durch die Initiation erworben werden, d. h. indem man Freimaurer wird. Wie in den antiken Mysterienbünden wird die freimaurerische Initiation ausschließlich über ein Ritual vermittelt, wobei die freimaurerischen Lehren in der Form von prägenden Erfahrungen internalisiert werden. Bei der Initiation wird jeder Aufnahmekandidat durch das Aufnahmeritual und die freimaurerische Symbolik mit dem freimaurerischen Menschenbild konfrontiert. Das ist die unter dem Prinzip „Freiheit“ angesprochene Konfrontation der einmaligen Persönlichkeit des Kandidaten mit den objektiven Wertmaßstäben der Freimaurer. In ständiger dialektischer Auseinandersetzung zwischen den objektiven Prinzipien, vermittelt durch die freimaurerischen Rituale und Symbole, und seinem je eigenen Wertmaßstäben hat der Freimaurer die Arbeit der Selbstvervollkommnung zu leisten oder, in der freimaurerischen Terminologie gesprochen, seinen „rauen Stein“ zu bearbeiten. Sein Ziel ist es, ein „besserer“ Mensch zu werden.

Di Bernardo entwickelte seinen freimaurerischen Wertekatalog durch die Heranziehung der „Alten Pflichten“, erstellt von James Anderson, aus dem Jahr 1723, die die Grundsätze und die Organisation der 1717 gegründeten Primary Grand Lodge enthielten und die bis heute als das Grundgesetz der Freimaurerei Geltung haben. Ferner aus den sogenannten „Landmarken“, die Di Bernardo als Dokumente definiert, die Grundsätze enthalten, die nur von bestimmten Großlogen vertreten werden (Bernardo 1989: 196),[4] sowie aus Großlogenerklärungen, in erster Linie aus denen der United Grand Lodge of England. Die hier angeführten Grundsätze sind verschiedentlich nicht deckungsgleich mit den von verschiedenen Großlogen propagierten. So gelten in der anglo-amerikanischen Freimaurerei „Brotherly Love, Relief, and Thruth“ als „principal point of Masonry“ (vgl. Macoy 2000: 629), während in den deutschsprachigen Großlogen als freimaurerische Grundwerte zumeist „Humanität, Toleranz und Brüderlichkeit“ genannt werden (vgl. Kischke 1996: 73; Kischke listet zu den angeführten noch die „Freiheit“ auf). Die Devise der laizistisch geprägten romanischen Freimaurerei lautet „Freiheit, Gleichheit, Brüderlichkeit“ (vgl. Plantagenet 1928: 46ff.) Diese Feststellung tut Di Bernardos Katalog keinen Abbruch, sie dokumentiert aber ein unterschiedliches Selbstverständnis der genannten „Freimaurereien“ und ihrer Bereitschaft der Einflussnahme auf die nichtfreimaurerische Öffentlichkeit.

Da die Interpretation des freimaurerischen Symbols des „Großen Baumeisters“ auch historische Bedingtheiten umfasst, ist hier auch ein Blick auf die Geschichte des Freimaurerbundes erforderlich.

Der schottische Historiker David Stevenson, auf den sich die kurze Skizzierung der Frühgeschichte der Freimaurerei stützt, vergleicht diese mit einem Sandwich, wobei England die beiden Brote beistellt, die spätmittelalterliche Geschichte der Freimaurerei und ihre Entwicklung im 18. Jahrhundert, Schottland aber das Fleisch, indem es im 17. Jahrhundert die moderne Freimaurerei und deren moralischen Werte in ihren wesentlichen Grundzügen schuf (vgl. Stevenson 1988: 233).[5]

Der Ausgangspunkt der Freimaurerei liegt in den spätmittelalterlichen Zunftorganisationen und den Gilden der englischen Steinmetzen. Die typische Zunftorganisation war die der städtischen Handwerkszunft. Sie kontrollierte die Ausbildung für das Handwerk, seine Zutrittsbedingungen, die Organisation und die Bedingungen der Arbeit sowie die Löhne. Dazu hatte sie soziale Funktionen: die Unterstützung von in Not geratenen Mitgliedern, die Ausrichtung angemessener Begräbnisse für verstorbene Zunftangehörige sowie die Unterstützung von Witwen und Waisen. Als dritter Aspekt der Gilde ist ihr Charakter als religiöse Gemeinschaft oder Bruderschaft zu nennen, die gemeinsam

[4] Im allgemeinen freimaurerischen Verständnis sind die „Landmarken“ das überlieferte Brauchtum, über deren Umfang und Geltung in der Freimaurerei starke Uneinigkeit herrscht.

[5] Für wesentliche Hinweise auf die Frühgeschichte der Freimaurerei bin ich Thomas Richert (Berlin) zu Dank verpflichtet.

religiöse Aktivitäten wie beispielsweise Messen und Prozessionen durchführten. Diese Strukturen hatten die Steinmetzen gemeinsam mit anderen Handwerkern, von denen sie sich aber durch zwei Besonderheiten abhoben. Zum einen war das Steinmetzhandwerk eines, das von seinen Angehörigen häufig das Wandern von Arbeitsplatz zu Arbeitsplatz erforderte. Die konventionelle städtische Zunftorganisation war damit nicht gut in Einklang zu bringen, so dass sie ergänzt wurde durch parallele, sich mit ihr überschneidende Organisationen, welche die speziellen Bedürfnisse der Steinmetzen, ihre Mobilität und ihre Konzentration bei der Ausführung eines großen Bauwerks berücksichtigte, und die Logen genannt wurden. Der Begriff *Loge* ist komplex. Er konnte auf ein Gebäude referieren, welches für unterschiedliche Zwecke genutzt wurde: zur Steinbearbeitung, als Werkzeuglager, als Schlafplatz. Er bedeutete aber auch eine soziale Gruppe von Steinmetzen und schließlich bezeichnete der Begriff eine Institution mit besonderen Bräuchen und Regeln. Wie bei den deutschen Steinmetzen des 16. Jh. und der französischen Compagnonnage dürfte es auch bei den englischen „masons" bestimmte Bräuche gegeben haben, denen sich ein Fremder, der beanspruchte, ein qualifiziertes Mitglied des Handwerks zu sein, zu unterwerfen hatte. Diese mochten in einem praktischen Test seiner handwerklichen Geschicklichkeit, in Fragen, bezogen auf sein Fachwissen, aber auch auf die Zunftlegende seines Handwerks sowie in vertraulichen Techniken des Erkennens (besonderer Händedruck, Erkennungswörter) bestehen. Das zweite unterscheidende Charakteristikum der Steinmetzen gegenüber den anderen spätmittelalterlichen Zunftorganisationen war ihre besonders bedeutungsvoll ausgeschmückte Zunftlegende, die in einer legendenhaften Geschichte des Handwerks bestand, und die in Handschriften betitelt „Die Alten Pflichten" oder „Die Alten Konstitutionen" überliefert sind. Die Zunftlegende der englischen Steinmetzen entstand in der spezifischen Situation, als 1425 in England ein Gesetz verabschiedet wurde, das Steinmetzen verbot, Versammlungen abzuhalten um höhere Löhne zu fordern. Infolge der um die Mitte des vorangegangenen Jahrhunderts wütenden Pest, gab es in England einen Mangel an gelernten Steinmetzen. Von Staatsseite wurde darauf mit Maßnahmen reagiert, die darauf abzielten, die Löhne niedrig zu halten. Der Lohndruck traf insbesondere die Bauhandwerker. Jüngere Steinmetzen entwickelten in dieser Situation eine Zunftlegende, in der sie behaupteten, dass ihnen alte Privilegien die Abhaltung von Versammlungen gestatteten (vgl. Prescott 2001: 8f.). Diese Handwerkslegende leitet die überlieferten Konstitutionshandschriften ein, deren älteste bekannte Fassung das Regius-Manuskript und das Cook-Manuskript, beide um 1400, sind (vgl. Knoop / Jones 1949: 62ff.). Im Wesentlichen geht es dabei darum, herauszustellen, dass die „masonry" das vornehmste Handwerk sei, weil sie von der Geometrie, der ersten und angesehendsten der sieben freien Künste herkomme. Auch sei sie das älteste Handwerk, weil sie sich von Lamechs Sohn Jabal herleite (nach biblischer Tradition sieben Generationen nach Adam). Nach der Sintflut sei die Kenntnis der Geometrie bzw. Maurerei von einem Enkel Noahs, Hermes Trismegistos, wiederentdeckt worden. Im Weiteren versucht die Legende das Alter und die Autorität der in den Konstitutionen enthaltenen „Alten Pflichten" zu untermauern, indem es diese auf Nimrod, Euklid, David, Salomo, Karl Martell, St. Alban und den a-historischen Prinzen Edwin, Sohn des Königs Athelstan, zurückführt. Dieser habe von seinem Vater eine Urkunde erlangt, nach der die Steinmetzen eine jährliche Versammlung abzuhalten hätten, und er habe dann alle dargelegten Kenntnisse in einem Buch niedergelegt, offensichtlich die Konstitutionshandschriften selbst, die bei allen Versammlungen zu lesen oder zu erzählen wären, insbesondere bei Eintritten in die Zunft. Da die Konstitutionshandschriften im Weiteren die Zugehörigkeit vieler bedeutender Persönlichkeiten wie Könige, Gelehrte und Geistliche zur Zunft herausstrichen, wurde durch das wiederholte Rezitieren der Zunftlegende das maurerische Selbstwertgefühl als Erbe einer großen Tradition wieder und wieder gestärkt. Es war vor allem die Gleichsetzung von Steinmetzhandwerk, Architektur und Geometrie, die nicht bloß eine Erfindung der Konstitutionshandschriften war, sondern die auch von spätmittelalterlichen Gelehrten akzeptiert war, und die die besondere Stellung der Steinmetzen innerhalb des spätmittelalterlichen Zunftwesens begründete. Demnach kann bei den spätmittelalterlichen englischen Steinmetzen nicht von Freimaurerei im modernen Sinn gesprochen werden, wenngleich die spätmittelalterliche Entwicklung, noch einmal sei es gesagt, zwei wesentliche Elemente für die Herausbildung der späteren Freimaurerei bereitstellte: die Institution der Loge und die Zunftlegende.

Abgestützt auf dieser institutionellen Struktur kam es, wie Stevenson stringent nachweist, vor dem Hintergrund der Spätrenaissance um 1600 in Schottland zur Schaffung der Freimaurerei wie wir sie heute kennen. Mit William Schaw (1550–1602), der 1583 von König Jakob VI. von Schottland zum königlichen Baumeister und allgemeinen Aufseher des Königreichs ernannt wurde, lässt sich auch ein Gründervater dieser modernen Freimaurerei festmachen. Durch zwei von ihm in den Jahren 1598 und 1599 erlassene Richtlinien, die sogenannten Schaw-Statuten, verband er das spätmittelalterliche Erbe mit Elementen der schottischen Spätrenaissance. Dazu gehörten im Wesentlichen die herausragende Rolle des Baumeisters und des Salomonischen Tempels, die Aufwertung handwerklicher Berufe (der Handwerker als Künstler), die Befassung mit den sieben freien Künsten, insbesondere mit der Kunst des Memorierens in der Rhetorik, hermetische Lehren, der Geist der Solidarität und die Verwendung universeller symbolischer Themen. Dazu kamen dem Freimaurer auferlegte praktische Vorschriften, die eine auf zwei Grade (Lehrling und Geselle) aufgebaute Logenorganisation schufen, mit Initiationszeremonien unterfüttert und mit Symbolen des Bauhandwerks (Symbolisierung von Baumaterialen und Bauwerkzeugen), die die Basis des modernen Freimaurerrituals legten. Durch den Einfluss von Sir Robert Moray (1608–1673), einem Generalquartiermeister der schottischen Armee, der 1641 in Newcastle in die Freimaurerei aufgenommen wurde, wurde die neue Organisation auch ethisch „aufgeladen“, da er sie mit den Werten der Brüderlichkeit und der Wohltätigkeit verband. Im Gefolge der Schaw-Statuten kam es zur Gründung von Logen neuen Typs, die nun auch nicht der Steinmetzzunft angehörende Männer anzog, sogenannte „gentlemen members“. In der Regel waren es Personen, die sich vor dem Hintergrund der Gedankenwelt der Renaissance für Hermetik und okkultes Wissen, aber auch für das vitruvische Konzept der Architektur sowie für die Bedeutung des Handwerks für den technologischen Fortschritt interessierten, die von einer Geheimnisse hütenden Organisation wie den Logen angezogen wurden. Nichtsdestotrotz blieb die schottische Freimaurerei dieser Zeit im Gegensatz zur englischen immer stark von der tatsächlichen Werkmaurerei geprägt. Selbst dort, wo Logen von der „Gentry" gegründet wurden, wurden immer auch „operative" Maurer rekrutiert, um den neuen Logen Legitimität zu geben. Als ein besonderes Charakteristikum dieser „Schaw-Logen" hebt Stevenson ihre Permanenz hervor. Von 25 bis 1710 gegründeten schottischen Logen existieren 20, also 80 Prozent, noch heute, während von den vor 1717 bekannten englischen Logen heute keine einzige mehr Bestand hat. Dies hat nach Stevenson seinen Grund darin, dass die englischen Logen des 17. Jh. sich fundamental von den schottischen unterschieden. Sie waren keine formellen permanenten Organisationen, sondern mehr gelegentliche Zusammenkünfte von initiierten Männern der Umgebung, die sich trafen, um andere zu initiieren. Die englischen Freimaurer dieser Zeit hatten auch nur einen Grad, was natürlich deutliche Unterschiede im Ritual mit sich brachte. Diese fluktuierenden Logen sind nicht zu verwechseln mit den städtischen Zunftorganisationen der Steinmetzen, wie sich das am Beispiel der Londoner Company of Masons exemplifizieren lässt. In ihr gab es eine Gruppe von initiierten Freimaurern, die sich zu gelegentlichen „acceptions" trafen und dabei auch nicht der Company of Masons Angehörige zu Freimaurern initiierten. Im England des 17. Jh. wurde die Bezeichnung „Loge" für Ad-hoc-Veranstaltungen initiierter Freimaurer benutzt, nicht aber als Bezeichnung für eine formell konstituierte Organisation gemäß dem schottischen Beispiel.

Um 1700 begann nun aber die zu Beginn dieses historischen Abschnitts erwähnte zweite englische Phase der frühen Freimaurerei durch die Übernahme der wesentlichen Charakteristika der schottischen Freimaurerei, die nun rasch und innovativ weiter entwickelt wurde, durch die Schaffung einer die lokalen Logen umfassenden Großloge (1717), den Ausbau des schottischen Zweigradsystems zu einem Dreigradsystem (Lehrling, Geselle, Meister) und eines anspruchsvolleren Rituals.

Von Großbritannien aus greift die Freimaurerei auf das europäische Festland über (Zur Entwicklung im 18. Jh vgl. Hammermayer 1979). Beginnend mit Frankreich schon vor 1730 verbreitete sich die Freimaurerei bis zur Jahrhundertmitte über ganz Europa, um dann in einen Verdichtungsprozess innerhalb der einzelnen Staaten und Territorien einzutreten. Um die gleiche Zeit begann auch ihre Ausbreitung in den britischen und französischen Überseegebieten, vor allem in den nordamerikanischen Neuenglandstaaten. Neben dieser räumlichen Ausbreitung kam es ab den 1840er Jahren zu einer inneren Differenzierung und Weiterentwicklung in Systemen und Ritualen, aber auch zu Spaltungen innerhalb der europäischen Maurerei. In England traten neben die 1717 gegründete Primary Grand Lodge die Antients (1751), zwei weiter Großlogen waren nur von kürzerer Dauer. Dazu kam eine immer stärkere Tendenz, die drei Grade des Lehrlings, Gesellen und Meisters ritterlich-aristokratisch zu überhöhen, was in der kontinentalen Freimaurerei zu einer Reihe sogenannter Hochgradsysteme führte, die verschiedene esoterische Strömungen adaptierten. Als wesentlich zu nennen wäre das Tempelritterhochgradsystem der Strikten Observanz, der ihm nahestehende Rektifizierte Schottische Ritus und die protestantische Hochgradfreimaurerei in Schweden. Daneben kam es auch zur Bildung von pseudo- und paramaurerischen Geheimgesellschaften wie der Gold- und Rosenkreuzer, der Asiatischen Brüder u. a. mit fließenden Übergängen zur regulären Freimaurerei. Am anderen Ende des geistes- und religionsgeschichtlichen sowie des ideologischen Spektrums positionierte sich der radikal rationalistische Geheimbund der Illuminaten. Dies hatte in der 2. Hälfte des 18. Jh. eine starke Zersplitterung und fortschreitende Zersetzungstendenzen innerhalb der Freimaurerei zur Folge, die im Zerfall der Strikten Observanz (1782) und im raschen Aufstieg und Verbot des Illuminatenordens (1785 / 1786) kulminierten. War schon in der ersten Jahrhunderthälfte die katholische Kirche als prinzipieller Gegner der Freimaurerei aufgetreten (erste Verurteilung 1738), so kam die Freimaurerei nun zwischen Hammer und Amboss. Zum einen wurde sie zur Zielscheibe einer aufklärerischen, tendenziell revolutionsfreundlichen Verschwörungstheorie, die sich vor allem gegen die Gold- und Rosenkreuzer, aber auch gegen die Tempelritter- und Hochgradfreimaurerei richtete, zum anderen setzte ihr die konservative konterrevolutionäre Konspirationslegende zu, die in ihr die Wurzel allen Übels sah. In den neunziger Jahren wurden dann die Freimaurer das Opfer ihrer Gegner von links und rechts: In Frankreich unterdrückte sie der revolutionär-jakobinische Konvent, in der Habsburger Monarchie, in Bayern und Russland die konterrevolutionären Monarchen. Um die Mitte der 90er Jahre des 18. Jh. war die europäische Freimaurerei damit auf dem Tiefpunkt, ihr Ende schien nicht ausgeschlossen. Innere Reformen und politischer Wandel ließen sie die Krise überwinden. Zum einen konnten die Freimaurer in Frankreich im späten Directoire und dann verstärkt im Konsulat Napoleons ihre Tätigkeit wieder aufnehmen, wenn auch an der langen Leine des Staates, zum anderen gelang hier auch die weitgehende Entmythologisierung der Hochgradsysteme durch die Etablierung des Alten und Angenommenen Schottischen Ritus 1804. Noch entscheidender waren aber die von Nord- und Mitteldeutschland ausgehenden Reformbestrebungen der Symbolischen Maurerei (Grade 1 bis 3), die auf eine Rückbesinnung auf die Wurzeln der Freimaurerei abzielten und eine neue säkulare aufklärerische und romantische Freimaurerei schufen. Diese Reformbestrebungen sind mit den Namen Friedrich Ludwig Schröder, Ignaz Aurelius Feßler, Friedrich Moßdorf, aber auch Herder, Fichte und Lessing verbunden. Zu Beginn des 19. Jh. konnte auch die englische Freimaurerei durch den Zusammenschluss von Moderns und Antients zur United Grand Lodge of England Einheit gewinnen. Die das 19. Jh. prägenden Grundtendenzen, wie politische Emanzipationsbestrebungen versus Restauration, Nationalismus, Liberalismus und mit ihm einhergehend Antiklerikalismus, wirkten auch auf die Freimaurerei (vgl. Reinalter 2000: 19ff.). Während in Griechenland und Italien die Freimaurer in die revolutionären nationalen Bewegungen eingebunden waren, kooperierten sie in Deutschland nur teilweise mit den fortschrittlichen national-liberalen Kräften zur nationalen Einigung. Im Spannungsfeld zwischen kirchlichem Antimodernismus und Antimasonismus und Liberalismus und Antiklerikalismus kam es in der romanischen Freimaurerei zu einer zunehmenden Politisierung der Loge (vgl. Binder 1988: 56ff.). Zunächst in Belgien, wo der dortige Großorient das Diskussionsverbot über Religion und Politik in den Logen 1854 aufhob und 1771 das Symbol des Großen Baumeisters aller Welten abschaffte. Ihm folgte der Grand Orient de France, da er das Symbol im Widerspruch zur Gewissensfreiheit und Toleranz sah, was zum bis heute bestehenden Bruch mit der United Grand Lodge of England und den von ihr anerkannten „regulären" Logen führte. Im 20. Jh. kam es unter den totalitären Regimen zu einem weitgehenden Verbot bzw. auch zur politischen Verfolgung der Freimaurer (vgl. Binder 1999: 310f.). Die kommunistischen Regimes mit Ausnahme von Kuba sahen in den Freimaurern bourgeoise Notablenversammlungen und kapitalistische Verschwörer, die einer klassenlosen Gesellschaft widersprächen. In den faschistischen Staaten bediente man sich der schon im 18. Jh. entwickelten rechten Verschwörungstheorie (Feinde von Thron und Altar) verbunden mit den Vorwürfen Drahtzieher des 1. Weltkriegs und der Revolution von 1917 / 1918 gewesen zu sein. Dazu kam die Diskreditierung als jüdische Verschwörungsorganisation und der Vorwurf des liberalen Internationalismus. Dies hatte mit Ausnahme des autoritär geführten Österreichs die Auflösung in allen faschistischen Staaten zur Folge. Die Rückkehr zur Demokratie nach 1945 in West- und Mitteleuropa und der demokratische Neubeginn in Osteuropa nach 1989 / 1990 führte europaweit zu einem Wiederentstehen der Freimaurerei in ihren jeweiligen nationalen Eigenarten.

2. Corpus und Materialgrundlage

Wie Braun festgestellt hat, erfolgt die Vermittlung der freimaurerischen Geistes- und Wertewelt in zwei Kontexten: Zum einen in der Loge während einer sogenannten Tempelarbeit, zum anderen während des Selbststudiums der Katechismen (vgl. Braun 2004: 109f.).

Die Tempelarbeit ist eine Form freimaurerischer Zusammenkunft im Versammlungsraum der Loge (Tempel), deren Ablauf durch Rituale vorgegeben ist (Hasselmann 2002: 17f.). Die Rituale sind symbolische Handlungen und Wechselreden, die den Baugedanken sowohl hinsichtlich der moralischen Veredelung der Mitglieder als auch hinsichtlich des symbolischen Tempelbaus der Menschheit zum Inhalt haben und in ihren Grundzügen neben Einflüssen aus der Alchemie und der hermetischen Philosophie auf das Brauchtum der alten Steinmetzbruderschaften zurückgehen. Fast jede freimaurerische Lehrart hat ihr eigenes Ritual, in dem sich der besondere Charakter der Lehrart spiegelt, auch wenn die Grundzüge aller freimaurerischen Rituale ziemlich einheitlich sind. Dieser Arbeit liegen ausschließlich Rituale der Johannis-Freimaurerei (Symbolische Maurerei, Grade des Lehrlings, Gesellen und des Meisters) zugrunde.

Freimaurerische Katechismen sind Lehrhefte oder Lehrbücher, die der Unterweisung eines neuaufgenommenen oder in einen höheren Grad vorgerückten Freimaurers dienen (vgl. Dosch 1999: 151). Ihre Lehrinhalte sind aus der Ritualistik und Symbolik abgeleitet, wobei die ursprünglichen Katechismen, wie die „Verräterschriften“ zeigen, wohl ausschließlich die zwischen dem Vorsitzenden (Meister vom Stuhl) und den Aufsehern gewechselten Reden und Gegenreden enthielten. Gemäß dieser Tradition werden die freimaurerischen Lehrinhalte auch heute häufig in Frage- und Antwortsequenzen dargeboten, die wiederum zu einem guten Teil mit den im Ritual gebotenen ident sind. Dies ist auch der Grund, warum die Katechismen in unserem Fall nicht zur Festlegung des Bedeutungsinhalts des Symbols des „Großen Baumeisters“ herangezogen werden können, weil dessen Bedeutung in diesen Wechselreden nicht erörtert wird.[6]

Wohl sind die sogenannten Konstitutionen, also die Verfassungen, Statuten oder Ordensregeln, die die rechtliche Grundlage der Arbeit der jeweiligen Großlogen bildeten und bilden, für den Gegenstand dieser Abhandlung relevant. Schon die spätmittelalterlichen Steinmetzen hatten Ordnungen, deren älteste unter den Namen Regius-Manuskript (um 1390) und Cook-Manuskript (um 1410) bekannt sind (vgl. Begemann 1909: 106ff.), die neben der oben erwähnten Zunftlegende auch Vorschriften in der Form von Zunftpflichten und Zunftrechten festlegten. Es war nicht zuletzt James Anderson, der Redaktor des 1723 erschienenen Konstitutionsbuchs der 1717 gegründeten Großloge von London (Moderns), der sich auf die alten „gotischen“ Konstitutionen als Grundlage seiner Arbeit berief. Diese Anderson'schen „Alten Pflichten“ gelten bis heute, bei allen zeitbedingten Einschränkungen, als eine „Magna Charta“ (vgl. Kelsch 1983: 73) der Freimaurerei, die allgemein gültige Aussagen über die Freimaurerei enthält, nach denen man auch in der Gegenwart einem Nichtfreimaurer freimaurerisches Denken und Handeln erklären und darstellen kann. Basierend auf die im Konstitutionsbuch enthaltenen „Alten Pflichten“ haben sich alle späteren Großlogen entsprechende Satzungen (Konstitutionen) als Grundlage ihrer Tätigkeit gegeben. Zudem muss zur Bedeutungserschließung des Weltenbaumeistersymbols auch auf andere freimaurerische Texte mit Rechtscharakter, wie etwa den „Basic Principles for Grand Lodge Recognition“ der United Grand Lodge of England von 1929 und 1989 oder die „7 Punkte von Luxemburg“ von 1954 zurückgegriffen werden.

[6] So findet sich in den „Erläuterungen der Katechismen der Johannis-Freimaurerei“ von Robert Fischer (1829–1905), die in 57 Auflagen erschienen und später von anderen bearbeitet wurden, im ersten Teil (Lehrlingskatechismus) keine Erläuterung zu diesem Symbol (Fischer 1916). Gleiches gilt für „Die große Werklehre der Freimaurer“ von Fritz Uhlmann (1931). Auch die „Lehrgespräche I“, der Katechismus der Lehrlinge nach dem Ritual der Großloge der Alten Freien und Angenommenen Maurer von Deutschland, treffen keine Aussagen zum Weltenbaumeistersymbol. In „Die ethischen Werte im Ritual I der Großloge A.F.u.A.M.v.D“ (1996 in Bonn herausgegeben) findet sich unter dem Stichwort „Der Große Baumeister aller Welten“ (23f.) der Eintrag: „Unter diesem Titel wird die Gottheit verehrt. In Ehrfurcht vor dem G.B.a.W. verrichten die Freimaurer ihre Arbeiten [...] Ihn erkennen und verehren sie als den Mittelpunkt, um den sich das Leben des Menschen im Kreis bewegt.“

3. Die Bezeichnungen für das Symbolisierende

In der Regel kommt das Symbol des Großen Baumeisters in den freimaurerischen Ritualen zweimal vor, nämlich bei der Eröffnung und bei der Schließung der Tempelarbeit, die durch den Meister vom Stuhl in „Ehrfurcht vor dem Großen Baumeister“ eröffnet und mit der gleichen Sentenz wieder geschlossen wird, womit das gesamte Logengeschehen in einen transzendenten Bezugsrahmen gestellt wird. Die sprachliche Bezeichnung für das Symbolisierende ist in den verschiedenen freimaurerischen Ritualen ähnlich, aber nicht einheitlich.

In verschiedenen deutschsprachigen Ritualen[7] lautet die Bezeichnung „Großer Baumeister aller Welten“. So in den Ritualen von Schröder, Feßler, Bluntschli, im Freiberger-Ritual und in jenem des Alten und Angenommenen Schottischen Ritus, aber auch in jenem des geschlechtlich gemischten Systems Le Droit Humain.

„Allmächtiger Baumeister aller Welten“ lautet sie in den Ritualen des Eklektischen Freimaurerbundes, der Großen-National-Mutterloge zu den drei Weltkugeln, des Rektifizierten Schottischen Ritus sowie in den meisten Schweizer Ritualen und im Marbach-Ritual. „Dreifach großer Baumeister der Welt“ ist wiederum die Bezeichnung des Weltenbaumeistersymbols bei der Großen Landesloge der Freimaurer von Deutschland (Freimaurerorden).

Richtet man den Blick auf das Mutterland der Freimaurerei auf Großbritannien, so wurden die Zusammenkünfte der spätmittelalterlichen Maurergilden mit der Anrufung der heiligen Dreifaltigkeit begonnen. In den 1760er Jahren eröffnete die jüngere englische Großloge, die sich selbst die Antients bezeichnete, ihre Tempelarbeiten „in the name of God and Holy St. John“, während die 1717 gegründete Großloge, die Moderns, dies nur „in the name of of Holy St. John“ tat. Ab 1802 gingen dann die Moderns zur Formel „in the name of the Grand Architect of the Universe“ über (Cartwright 1992: 136f.).[8]

Für die Zeit ab 1730 lassen sich folgende englische Bezeichnungen feststellen: „The Grand Architect and Contriver of the Universe (1730, Masonry Dissected), „Great Architect, Chief Architect, The Architect of Heaven and Earth“ (1769, A Candid Disquisition…), „Grand Architect of the Universe (1769, Thomas Duckerly) und „Almighty Author of the World“ (1772, William Preston).

---

[7] Die hier erwähnten freimaurerischen Rituale konnten zum Teil direkt eingesehen werden, so auf der Website www.stichtingargus.nl [letzter Zugriff: 27.12.2011], zum anderen Teil konnten die auf die Weltenbaumeistersymbolik bezogenen Bezeichnungen der freimaurerischen Literatur entnommen werden (vgl. etwa Feddersen 1996: 96f.; Körting 1971: 21f., 29ff.). Auch bin ich dem Direktor des Deutschen Freimaurermuseums in Bayreuth, Herrn Thad Peterson, für die diesbezüglichen Auskünfte zu herzlichem Dank verpflichtet.

[8] Allerdings wird in „Jachin and Boaz“ von 1762, einem Ritual der Antient-Tradition, die Loge auch nur “in the Name of Holy St. John“ eröffnet (vgl. R. S. 1762: 6).

Nach Coil's Masonic Encyclopedia (vgl. Körting 1971: 30) sind in der nordamerikanischen Freimaurerei folgende Bezeichnungen im Gebrauch: Supreme Being, Great Architect of the Universe, Supreme Ruler of the Universe, Almighty Father of the Universe, Supreme Grand Master – Ruler of heathen and Earth und Supreme Grand Master of the Universe. In der überwiegenden Mehrzahl der englischen und amerikanischen Rituale lautet die Bezeichnung heute also: „The Great Architect of the Universe“ oder „The Grand Architect of the Universe“ und „The Most High“. Ganz gleich lautet die Bezeichnung in den französischen Ritualen „ Grand Architecte de l'Universe“ und in den italienischen „Grande Architetto Dell Universo“.

Sieht man von den Bezeichnungen „Almighty Author of the World“, „The Most High“, „Almighty Father of the Universe“, “Supreme Being“ und “Supreme Ruler of the Universe“ ab, so scheinen alle Bezeichnungen für das Weltenbaumeistersymbol dem Bereich der Werkmaurerei zu entstammen. In Analogie zur planenden und ausführenden Rolle eines Bauunternehmers, Baumeisters, Steinmetzen oder Steinbildhauers im Bezug auf sein Bauwerk wird im Hinblick auf die Welt und das Universum vom „Großen“ oder „Allmächtigen Baumeister“ gesprochen. Die Attribute „groß“ und „allmächtig“ scheinen einen Bedeutungsunterschied im Hinblick auf das außersprachliche Bezugsobjekt anzudeuten. „Groß“ könnte dem hinter dem Symbol stehenden Bezugsobjekt eine relativere Position zusprechen als das Adjektiv „allmächtig“. Bei näherer Betrachtung ist diese Deutung aber zu verwerfen, da wohl einige der deutschen Reformrituale vom Ende des 18. und dem Beginn des 19. Jh. wie Schröder oder Feßler die Bezeichnung „Großer Baumeister“ verwenden, sie findet sich aber auch im Ritual des Alten u. Angenommenen Schottischen Ritus, das älter als die vorhin genannten ist. Wohl findet sich dafür der „Allmächtige Baumeister“ im Ritual des Rektifizierten Schottischen Ritus, aber auch in den Reformritualen des Eklektischen Freimaurerbundes oder im Marbach-Ritual. Die unterschiedliche Verwendung wird auf die jeweilige Übernahme aus englischen, französischen bzw. früheren deutschen Ritualen zu erklären sein, aber auch damit, was die Schöpfer der Reformrituale für den adäquaten Gebrauch hielten. Jedenfalls verwendete James Anderson in der Ausgabe seines Konstitutionsbuchs von 1723 nur den Begriff „Großer Baumeister“, während in der Ausgabe von 1738 der Begriff „Allmächtiger Baumeister“ erscheint (vgl. Körting 1971: 23). Die Bezeichnung „Dreifach großer Baumeister“ lässt an hermetische Ursprünge denken (Hermes Trismegistos), wird aber in der Alten Ordensregel interpretiert als „[...] großer Schöpfer und Regierer des Weltalls [...] (und als) liebender Vater, der nach seiner unerforschlichen Weisheit und Gnade die Geschicke seiner Kinder, der Menschen, lenkt [...]“ (Feddersen 1989: 742f.). Auch ist die Traditionslinie des Ordens rein christlich, von der schottischen Maurerei in Frankreich über die Schwedische Lehrart zur Großen Landesloge.

Die in verschiedenen amerikanischen Großlogen verwendete Bezeichnung „Supreme Grandmaster“ entstammt hingegen der modernen Freimaurerei, da es erst durch die 1717 geschaffene Großlogenstruktur einen Großmeister gab. In Analogie zum Mikrokosmos Großloge wurde die übergeordnete Instanz des Makrokosmos als „Höchster Großmeister“ bezeichnet.

Weitere Bezeichnungen wie „Almighty Father of the Universe“, „The Most High“, Supreme Ruler of the Universe“ oder „Ruler of Heaven and Earth“ entstammen dem sakralen Bereich.

Natürlich wurden auch die oben erwähnten Analogiebildungen zwischen dem Weltenbaumeistersymbol und der Werkmaurerei durch biblischen Sprachgebrauch beeinflusst. Denn in der Bibel wird die Bausymbolik als Metapher für das Wirken Gottes mehrfach angesprochen (z. B. Hebräer-Brief 11,10 oder Epheser-Brief 2, 19–21). Den Menschen des Mittelalters und der Frühen Neuzeit war so die Vorstellung eines Weltarchitekten durchaus geläufig. Zu denken ist dabei etwa an die Darstellung Gottes als Weltschöpfer in der aus dem 13. Jh. stammenden in der Wiener Nationalbibliothek liegenden Bible Moralisée, die Gott mit einem großen Bauhüttenzirkel Himmel, Erde, Sonne, Mond und alle Elemente erschaffen lässt. Auch in der mittelalterlichen Literatur war der Weltenschöpfer als Baumeister ein geläufiger Topos. „Gott als Architekt der Welt“, heißt es etwa bei Alanus von Lille um 1200. Ähnlich verfahren die Humanisten in den Schriften der Renaissance. Es war so nur folgerichtig, dass die in der Bauhüttentradition stehenden Freimaurer den Weltenbaumeister als höchstes Symbol für ihren transzendenten Hintergrund heranzogen.

4. Die Bedeutungskomponente des Weltenbaumeistersymbols

Wie schon angedeutet, lassen die Differenzen auf der Beschreibungsebene des Weltenbaumeistersymbols (z. B. Großer Baumeister, Allmächtiger Baumeister, Dreifach großer Baumeister) keine Rückschlüsse auf ähnliche Differenzen auf der Ebene des außersprachlichen Bezugsobjekts zu.

Da die freimaurerische Tempelarbeit „in Ehrfurcht vor dem Großen Baumeister“ eröffnet und geschlossen wird, so ist die transzendente Bedeutung innerhalb des initiatischen Bezugsrahmens der Freimaurerei offensichtlich.

Was hat es nun mit diesem außersprachlichen Bezugsobjekt auf sich? Ist mit dem Weltenbaumeister Gott gemeint, und wenn ja, welcher Gott bzw. welche Gottesvorstellung? Ist es der dreifaltige Gott des Christentums, der jüdische Jahwe oder vielleicht gar ein Gott der Philosophen? Da uns die inhaltlichen Aussagen der Rituale hier nicht weiter bringen, müssen die anderen oben erwähnten freimaurerischen Texte zur Festlegung der Bedeutung des Weltenbaumeistersymbols herangezogen werden.

Für die spätmittelalterliche Handwerkszunft war, wie schon erwähnt, der religiöse Aspekt ebenso bedeutend wie der wirtschaftliche. Die Zunft war die „christliche Stadt Gottes“ im Kleinformat. Die religiösen Feste waren Höhepunkte im Zunftleben. Die Teilnahme an den öffentlichen Prozessionen in den jeweiligen Zunfttrachten und mit

Fahnen, die öffentliche Anbetung und die Durchführung von Mysterienspielen waren wesentliche Anlässe der Repräsentation der Zunft.

Wie Stevenson nachweist, hat nun die Reformation in Schottland die religiösen Züge der Zünfte beseitigt bzw. im Fall der „masons" neutralisiert (vgl. Stevenson 1988: 120ff.). Dies hing damit zusammen, dass die Reformation nicht nur einen Wechsel der Konfession bedeutete, sondern einen Wechsel des gesamten Konzepts von dem, was Religion bedeutete. Vor der Reformation war Religion eine rituelle Art des Lebens, nun verschob sich der Schwerpunkt des religiösen Lebens vom Verhalten und den religiösen Handlungen zu einem individuellen Glauben und abstrakten Glaubenssätzen. Da erwünschte religiöse Praktiken nur der öffentliche Gottesdienst, private Gebete und familiäre gemeinsame Gebete waren und das reiche symbolische und rituelle religiöse Leben der Bruderschaft verfemt wurde, entwickelten die „masons" innerhalb von zwei Generationen Rituale, die offenkundig religiöse Elemente aus den Logenaktivitäten ausschlossen und so nicht mit den Intentionen der Schottischen Reformierten Kirche kollidierten. Da so die Religion für den Freimaurer als Freimaurer in der Zunftorganisation nicht mehr zugänglich war, blieben als wesentliche Charakteristika die christliche Moral und das Ideal der Bruderschaft. Dass diese Entwicklung von ausgebreiteten religionsneutralen Ritualen nur den „masons" gelang, obwohl alle anderen Zünfte die gleiche rituelle Verlusterfahrung gemacht hatten, erklärt Stevenson durch die oben schon angesprochene besondere Stellung der Steinmetzenzunft. Das Auftauchen der freimaurerischen Organisation und des freimaurerischen Rituals in Schottland im 17. Jh. wird so als Widerhall der Reformation verstanden. Das Faktum, dass sich im 17. Jh. so viele Nichtmaurer mit den Logen zu verbinden suchten, wird von Stevenson auch damit erklärt, dass diese Männer durch ihren Eintritt in die Loge ihr menschliches Sehnen nach dem Ritual, das von der Schottischen Reformierten Kirche ignoriert wurde, befriedigen konnten. „In the complex of forces and functions that created freemasonry, the lodge may be regarded as being, in one of ist aspects, a religion fraternity without religion" (Stevenson 1988: 124).

Monika Neugebauer-Wölk sieht damit in der Freimaurerei die erste organisierte Bewegung einer im Entstehen begriffenen esoterischen Religiosität im Zeitalter der Renaissance (vgl. Neugebauer-Wölk 2010: 104f.), belegt durch die neuplatonischen, hermetischen und memnotechnischen Einflüsse auf die schottische Maurerei des 17. Jh. Wesentliches Anliegen dieser esoterischen Religiosität sei die Suche nach der Urwahrheit aller Religionen. Es geht um das Geheimnis des göttlichen Schöpfungsplans und seine Ausführung. Alle organisierten Religionen werden als spätere Ableitungen der göttlichen Urwahrheit erkannt, womit sie als sekundäre und nicht als primäre Wahrheiten gesehen wurden. Es kann hier nicht entschieden werden, ob die von Stevenson gebotenen Charakteristika der schottischen Freimaurerei des 17. Jh. tatsächlich hinreichende Anhaltspunkte dafür liefern, um von einem organisierten esoterischen Christentum zu sprechen.

Mit der Übernahme des Modells einer „Religio duplex“ von Theodor Ludwig Lau (1670–1740) konstatiert der Ägyptologe und Kulturwissenschafter Jan Assmann für die Frühe Neuzeit weniger die Herausbildung einer esoterischen Religion als vielmehr die Entstehung der Vorstellung von einer doppelten Religion. Einerseits die allen Menschen gemeinsame Urreligion, die Religion der Natur und der Vernunft, andererseits die Religion der Offenbarung, die den Zwecken staatlicher Herrschaft dienstbar ist (vgl. Assmann 2010). Es ist ein Postulat der Aufklärung, dass sich jeder Mensch nicht nur seiner angestammten (Offenbarungs-) Religion zugehörig weiß, sondern auch einer universellen Menschheitsreligion. Dieses Modell einer Doppelstruktur der Religion liegt mit Sicherheit der Weltenbaumeistersymbolik der Freimaurer in der Aufklärungszeit zugrunde. Die Vorstellung war in England schon zu Ende des 17. Jh. durchaus geläufig. Denn wie Assmann zeigt, wurde die Vorstellung von der Doppelbödigkeit der Religion und die Vorstellung von einer doppelten Codierung des religiösen Sinns in der zweiten Hälfte des 17. Jh. in Cambridge von John Spencer (1630–1693) fußend auf Maimonides entwickelt und von seinem Zeitgenossen dem Cambridger Platonisten Ralph Cudworth weiterentwickelt. Cudworth ging es in seinem monumentalen Werk „True Intellectual System of the Universe“, das auch Newton stark beeindruckte, um nichts anderes als um den Nachweis, dass alle bekannten Religionen, auch die alten polytheistischen, an einen einzigen Gott glaubten, der durchweg als geistiges Wesen verstanden wurde, mithin darum, dass alle Religionen auf einen Monotheismus der Alleinheit hinauslaufen.

In den schottischen Freimaurerlogen scheinen die Logenzusammenkünfte im 17. Jh. mit einer Anrufung der heiligen Dreifaltigkeit begonnen zu haben, wie durch eine späte Handschrift, nämlich Dumfries Nr. 4 um 1710, nahegelegt wird:

> A Prayer of Admitance – The almighty father of holiness the wisedome of of the glorious Jesus through the grace of the holy ghost these being three persons in one gothead. Qm we imploce to be with us at the beginning & give us grace so to govern our selves hear in this moral life towards him that we may come to his kingdome that all shall never have end Amen. (Knoop / Jones / Hamer 1943: 46)

Die Anrufung ist natürlich ganz christlich geprägt, angerufen wird der dreifaltige Gott. Von einer symbolischen Verwendung ist hier keine Rede, wiewohl ein solches Verständnis des „Großen Baumeisters“ eine moderne Differenzierung ist[9] und auch heute noch bei verschiedenen Obödienzen die Bezeichnung „Großer Baumeister“ im Sinne einer Metapher für den christlichen Gott verwendet wird.

Je nach Verständnis der Bezeichnung hat sie eine integrierende oder eine ausschließende Komponente. Dies, weil die Deutung in einem engen Konnex mit der Frage steht, was ein Freimaurer ist, wer ein Freimaurer werden kann und welche Bedingungen eine Gruppe zu erfüllen hat, um als freimaurerisch anerkannt zu werden.

[9] Mellor sieht die Symbolisierung des Großen Baumeisters kritisch: „Es ist ein Argument der zeitgenössischen Freimaurerei – die gern Feuer und Wasser vereinen möchte –, dass die Formel vom A.B.a.W. nur ein Symbol sei.“ (1985: 151).

So taucht das Weltenbaumeistersymbol schon in der ersten Konstitution auf, die sich die junge 1717 in London gegründete Großloge gab. Sie wurde von ihrem zweiten Großmeister George Payne 1720 verfasst und unter dem Titel „General Regulations“ (Allgemeine Regeln) am 24. Juni 1721 von der Versammlung der Großloge anerkannt. Im Punkt 5 des zweiten Teils (Allgemeine Verordnungen) heißt es da:

> Wer wider die heiligen Lehrsätze vom allgemeinen (catholic) Glauben der Mitbrüder geredet oder geschrieben hat, soll auf immer von dem Orden ausgeschlossen sein, wofern er nicht in voller Versammlung seine Schmähreden abschwört und seine eigenen unbedachtsamen Arbeiten widerruft und widerlegt. (Feddersen 1989: 733)

Wie die Übung dieses „allgemeinen Glaubens“ ausschauen soll, erläutert der folgende Punkt 6:

> Einen (sic!) wahren Freimaurer liegt ob, den größten und heiligsten Baumeister der Welt mit reinem Eifer zu verehren und zu lieben, und die Ausübung seiner Schuldigkeiten gegen die Gottheit ist ein Trieb, bei dem ein nichtiger Gewinnst ebenso wenig die Ursache zur Änderung seiner Grundsätze und Lehren werden kann, als ein allgemeiner Aberglaube von Eigensinn unterstützt eine Ursache zur Standhaftigkeit in jedem Glaubensbekenntnisse, welches er von seiner frühen Jugend an bekannte und ausgeübt hat. (Feddersen 1989: 733)

Mit dem Modell der Religio duplex lassen sich die Voraussetzungen in religiöser Hinsicht gut deuten. Als Maurer weiß er sich dem „allgemeinen Glauben“ zugehörig, der in der Verehrung und Liebe des größten und heiligsten Baumeisters der Welt besteht, auch wenn er als private Person Anglikaner, Presbyterianer oder Katholik ist. Das Symbol des Großen Baumeisters kann hier natürlich religionswissenschaftlich als deistische Gottesbezeichnung gesehen werden. Sie macht den ihr anhängenden Freimaurer aber nicht a priori zum Deisten, dies wäre er nur, wenn sich seine religiösen Bedürfnisse und Beziehungen im Symbol erschöpften, was aber bei den wenigsten Mitgliedern der Fall gewesen sein dürfte. Mit ziemlicher Sicherheit wird man unter dem zitierten „allgemeinen Glauben“ nur den christlichen verstanden haben, aber unter den Christen dürfte keiner, so er in seiner Eigenschaft als Maurer die Doppelstruktur der Religion berücksichtigt, ausgeschlossen bleiben. Das Symbol der Großen Baumeisters ist damit eigentlich der konsequente Abschluss jener Entwicklung, die durch die Haltung der Schottischen Reformierten Kirche die Freimaurer als „religiöse Bruderschaft ohne Religion“ entstehen ließen.

Ganz auf dieser Linie liegt wohl die bedeutendste Verfassungsurkunde der Freimaurerei, das schon mehrmals erwähnte Konstitutionsbuch von Reverend James Anderson aus dem Jahr 1723, das wegen der in ihm enthaltenen sogenannten „Alten Pflichten“ häufig so bezeichnet wird. In der 1. Pflicht „Gott und die Religion betreffend“ heißt es da:

> Ein Maurer ist durch seine innere Haltung verpflichtet, das Moralgesetz zu befolgen; und wenn er die Kunst recht versteht, wird er niemals ein einfältiger Atheist sein, noch ein irreligiöser Freigeist. Aber obwohl in alten Zeiten die Maurer in jedem Lande verpflichtet waren, von der Religion dieses Landes oder Volkes zu sein, welches auch immer es sein mochte, so hält man es jetzt doch für sinnvoller, sie nur der Religion zu verpflichten, in der alle Menschen übereinstimmen, ihre besonderen Meinungen aber ihnen selbst zu überlassen, das heißt, gute und redliche Männer zu sein, Männer von Ehre und Rechtschaffenheit durch welche Glaubensbekenntnisse oder -anschauungen sie auch unterschieden sein mögen, wodurch die Maurerei der Mittelpunkt und zum Werkzeug wird, treue Freundschaft unter Menschen zu stiften, die sonst in steter Entfernung von einander hätten bleiben müssen. (Feddersen 1989: 13)

Die „Religion, in der alle übereinstimmen" ist die universale Menschheitsreligion in der Vorstellung von der doppelten Religion. Die Berücksichtigung dieser Ebene macht den Initianten erst zum Freimaurer, wiewohl er seinem je eigenem „Glaubensbekenntnis" oder seiner „Glaubensanschauung" anhängt, kann er auch mit den Augen konkurrierender Glaubensbekenntnisse schauen und verliert dabei nicht den verborgenen Gott als „Fluchtpunkt aller Religionen aus den Augen" (vgl. Assmann 2010: 23). So kann er tatsächlich, „wenn er die Kunst recht versteht", kein „einfältiger Atheist [...] noch ein irreligiöser Freigeist" sein. Die Freimaurerei wird so „der Mittelpunkt und zum Werkzeug [...], treue Freundschaft unter Menschen zu stiften, die sonst in steter Entfernung von einander hätten bleiben müssen". Der Artikel VI,2 der die strikte Ablehnung von religiösen und politischen Streitgesprächen in der Loge darlegt, bringt die oben skizzierte Ansicht auf den Punkt: „Daher dürfen keine Privathändel und Streitigkeiten über die Schwelle der Loge gebracht werden, am allerwenigsten Streitgespräche über Religion oder Nation oder Staatsverwaltung. *Denn wir gehören als Maurer bloß zu der oben angeführten allgemeinen Religion*" (Lennhoff / Posner / Binder 2000: 22).

Es sind nicht zuletzt diese Formulierungen, die die „Alten Pflichten" trotz ihrer Gebundenheit an die Zeit ihres Entstehens auch heute zum „Grundgesetz" der Freimaurerei machen. Wie im Zeitalter der Aufklärung können diese Forderungen auch heute die partikularen religiösen und weltanschaulichen Traditionen mit der Notwendigkeit einer kulturübergreifenden Menschheitsreligion in Beziehung setzen und so unter Wahrung religiöser, weltanschaulicher und kultureller Identität des einzelnen Maurers die Entstehung von Konflikten verhindern. Für Jan Assmann ist diese Idee der Religio duplex in dieser Hinsicht die „vielleicht alternativlose Perspektive im Zeitalter der Globalisierung" (vgl. Assmann 2010: 203ff.).

1738 wurde das Konstitutionenbuch in einer revidierten Fassung wiederum von James Anderson vorgelegt. Die 1. Pflicht „betreffend Gott und die Religion" lautete nunmehr:

> Ein Maurer ist durch seine innere Haltung verpflichtet das Moralgesetz als echter Noachide zu befolgen, und wenn er die Kunst recht versteht, so wird er niemals ein einfältiger Atheist sein, noch ein irreligiöser Freigeist, noch gegen sein Gewissen handeln. In alten Zeiten war es den christlichen Maurern auferlegt, sich den christlichen Gebräuchen jedes Landes zu fügen, in dem sie reisten und arbeiteten. Da es jetzt aber die Maurerei bei allen Völkern, sogar bei solchen mit anderen Religionen gibt, sind sie nunmehr lediglich angewiesen, sich an diejenige Religion zu

halten, in der alle Maurer übereinstimmen (also jedem Bruder die ihm eigenen besonderen Ansichten zu belassen). Das heißt: Sie sollen gute und aufrichtige Männer sein, Männer von Ehre und Anstand, durch welche Namen, Religionen und Überzeugungen sie sich auch unterscheiden mögen. Denn sie stimmen überein in den drei großen Forderungen Noahs, und das ist genug, um den Zusammenhalt der Loge zu sichern. So ist die Maurerei der Mittelpunkt ihrer Vereinigung und das geeignete Werkzeug, Menschen zusammenzuführen, die sonst in steter Entfernung voneinander hätten verharren müssen. (Feddersen 1989: 15f.)

Der korrespondierende Artikel VI lautet in der 1738er-Fassung:

Deshalb dürfen keine Streitereien und Reibereien über die Schwelle der Loge gebracht werden, noch viel weniger Streitigkeiten über Religion oder Völker oder Regierungen, weil wir als Maurer allein von der oben erwähnten allgemeinen Religion sind. Wir sind auch von allen Völkern, Zungen, Stämmen und Sprachen, und damit entschieden gegen alles Politisieren, weil es noch nie zum Besten der Loge geführt hat, noch es je tun wird. Diese Pflicht ist immer streng gefordert und befolgt worden, vor allem aber besonders seit der Reformation in Britannien oder der Abweichung und Abspaltung dieser Völker von der Gemeinschaft mit Rom. (Feddersen 1989: 15f.)

Der Text der 2. Auflage wurde verschiedentlich als weniger liberal als der der 1. gesehen, er ist es aber bei genauerem Hinsehen nicht. Wohl wird das Moralgesetz an das Alte Testament rückgebunden und die christlichen Ursprünge der Freimaurerei hervorgehoben, zugleich wird aber auch festgestellt, dass die Freimaurerei über den christlichen Bereich hinaus zu einer Weltvereinigung geworden ist und dass es nunmehr auch Freimaurer nichtchristlicher Religion gibt, die aber als Maurer „lediglich angewiesen sind, sich an diejenige Religion zu halten, in der alle Menschen übereinstimmen“ und ihnen sonst „die ihnen eigenen besonderen Ansichten zu belassen.“ Damit wird in dieser 2. Fassung auch expressis verbis ausgedrückt, was die „Alten Pflichten“ von 1723 schon implizit enthielten: Das Konzept dieser Freimaurerei ist religiös und es ist religionsübergreifend, nicht nur Angehörige der christlichen Konfessionen umfassend. Dass auch die Großloge zwischen den beiden Fassungen keinen inhaltlichen Bruch sah, zeigt die Tatsache, dass sie 1756 wieder zur ursprünglichen Fassung zurückkehrte.

Wenige Jahre zuvor hatte die Premier Grand Lodge Konkurrenz erhalten. In den 30er Jahren des 18. Jh. waren viele irische Arbeiter nach London gekommen und hatten dort seit ca. 1735 eigenständige Logen gegründet, die sich um 1751 zu einer selbständigen Großloge zusammenschlossen. Sie nannten sich selbst die „Antients“, weil sie zu Recht argumentierten, dass die Premier Grand Lodge, die sie als die „Moderns“ bezeichneten, die Rituale abgeändert habe. Im gleichen Jahr als die 3. Fassung der Anderson'schen Konstitution erschien, legte der charismatische Großsekretär der Antients Laurence Dermott ein zwar nicht autorisiertes, aber in der Praxis anerkanntes Konstitutionsbuch der Antients vor mit dem Titel „Ahiman Rezon“, das bis 1813 acht Auflagen erlebte. Zur Frage Freimaurerei und Religion traf es folgende Aussagen:

Ein Mann hat treu seinem Gelöbnis, fest zu glauben an die wahre Verehrung des ewigen Gottes, wie auch an die geheiligten Schriften, die die Würdenträgen und Väter der Kirche zusammengestellt und veröffentlicht haben zum Gebrauch guter Menschen, so dass keiner, so er die Kunst

> recht versteht, den irreligiösen Pfad des unseligen Freigeists betritt oder sich bewogen fühlt, den arroganten Bekennern von Atheismus und Deismus zu folgen. Auch soll er sich nicht beflecken mit den verderblichen Irrtümern blinden Aberglaubens, sondern aus freiem Willen das umarmen, was er für richtig hält, vorausgesetzt er stattet seinem Schöpfer stets angebrachte Verehrung ab. In der Welt stehe und bestehe er mit Ehre und Anstand, indem er das goldene Rezept zur Regel für sein Tun macht, das heißt: Tu jedermann das, was du wünscht, dass er dir tue. (Feddersen 1989: 124)

Dass Dermott die Anderson'sche Konstitution vorgelegen ist, ist seinem Text anzusehen. Inhaltlich setzt er aber andere Akzente. Hier wird der Freimaurer auf die Verehrung des „ewigen Gottes" verpflichtet, der durch die im gleichen Satz ausgedrückte Verpflichtung des Glaubens „an die geheiligten Schriften, die die Würdenträger und Väter der Kirche zusammengestellt und veröffentlicht haben" eindeutig christlich bestimmt wird.

Wie erwähnt eröffneten die Antients ihre Tempelarbeit „in the name of God and holy St. John" (W- O- V-n 1760: 15), in einem Gebet im Ritual wird Gott als „[...] great and universal Mason of the World" (W- O- V-n 1760: 17) bezeichnet. Gegenüber der „allgemeinen Religion" der Anderson'schen Konstitution haben wir hier den „ewigen Gott" der christlichen Offenbarung und damit ein den Zugang zur Freimaurerei einengenderes Kriterium als bei den Moderns.

Nach einer längeren Vorlaufphase schlossen sich die beiden konkurrierenden englischen Großlogen 1813 zur United Grandlodge of England zusammen, wobei das neue Ritual und die Lehre stärker in der Tradition der Antients standen, bezüglich der Aussagen über die Religion sich aber der liberalere Geist der Moderns durchsetzte. In den „Pflichten gegen Gott und die Religion" heißt es in der Konstitution der United Grand Lodge 1815:

> Der Maurer ist durch seinen Beruf verbunden, dem Sittengesetz zu gehorchen, und wenn er die Kunst recht versteht, so wird er weder ein stumpfsinniger Gottesleugner noch ein irreligiöser Freigeist sein. Der Maurer muss von allen Menschen am besten wissen, dass Gott nicht wie ein Mensch urteilt, den ein Mensch urteilt nach dem äußeren Schein, Gott aber sieht in das Herz. Ein Maurer ist daher besonders verpflichtet, niemals gegen die Gebote seines Gewissens zu handeln. Mag immerhin die Religion oder die Art der Gottesverehrung eines Menschen sein, welche sie wolle, sofern er nur an den glorreichen obersten Baumeister der Welten glaubt und die geheiligten Pflichten der Moral übt. Die Maurer verbinden sich mit den Tugendhaften eines jeden Landes durch das feste und liebliche Band brüderlicher Liebe. Es wird ihnen gelehrt, die Irrtümer der Menschen mit Mitleid zu betrachten und sich zu bemühen, durch die Reinheit ihres eigenen Wandels den höheren Wert der Glaubenslehre darzutun, zu welcher sie sich bekennen. (Feddersen 1989: 133f.)

Hier erscheint nun erstmals in den bisher behandelten Konstitutionen die Bezeichnung „Baumeister der Welten". Wenn wir diesen Text wieder nach dem Modell der Religio duplex deuten, so ist hier die allgemeine transzendente Instanz enger gefasst als im Anderson'schen Text. Der „Baumeister der Welten" steht wohl für einen personifizierten Gott, während der Anderson'sche Text eine noch unbestimmtere transzendente Instanz zulässt. Zum anderen ist aber der Gottesbegriff weiter gefasst als in Ahiman

Rezon, wo der personifizierte Gott noch christlich tingiert war. Der Maurer hat also als Maurer an den Baumeister der Welten zu glauben, dazu kommt die von Anderson übernommene Verpflichtung auf das Sittengesetz. Ausdrücklich wird festgehalten, dass sich die Maurer „mit den Tugendhaften jeden Glaubens“ verbinden können.

In der Konstitution der United Grandlodge of England von 1947 lautet diese Verpflichtung fast gleich: „Welche Religion oder Form der Verehrung ein Mann auch immer ausüben mag, der Bund bleibt ihm nicht verschlossen, vorausgesetzt er glaubt an den Architekten des Himmels und der Erde und übt die heiligen Pflichten der Moral aus“ (Feddersen 1989: 153).

Seit der Aufklärung verlangt die Freimaurerei somit von ihren Mitgliedern nicht den Glauben an einen synkretistischen Gott, wie ihr des öfteren von der katholischen Kirche unterstellt wurde, wohl aber eine religiöse Lebenshaltung (enger gefasst in einer positiven Religion, weiter gefasst in einer prinzipiellen Anerkennung einer göttlichen Instanz), die im Sinne der Religio duplex in ihrer einen Ausprägung als die allen Menschen gemeinsame „Urreligion“ den Wahrheitsanspruch der Offenbarungsreligionen ausklammert. Dieses Modell funktioniert solange, solange ein Mensch grundsätzlich religiös ist. Im anderen Fall wird das Modell brüchig.

Der Bedeutungsfestlegung des Weltenbaumeistersymbols in der englischen Freimaurerei bis in die Gegenwart zu folgen, war notwendig, da die United Grand Lodge of England aus Anciennitätsgründen für sich in Anspruch nimmt, jüngere Großlogen als freimaurerisch und somit als „regulär“ anzuerkennen. Sie hat zu diesem Zweck im 20. Jh. Richtlinien entwickelt, in denen die Frage nach der Deutung des Großen Baumeisters ganz oben steht. Darauf ist hier noch einmal zurückzukommen.

Inzwischen muss eingeflochten werden, dass es auch Freimaurereien bzw. Großlogen gibt, die hinsichtlich des Stellenwertes und des Bedeutungsumfangs des Symbols des Großen Baumeisters eine von der hier skizzierten abweichende Haltung einnehmen. Dabei handelt es sich zum einen um das Schwedische Freimaurersystem und um den Grand Orient de France.

Die sogenannte Schwedische Lehrart wurde kurz nach der Mitte des 18. Jh. in Schweden geschaffen. 1814 wurde sie in Norwegen und 1855 in Dänemark eingeführt. Auch die 1770 von Zinnendorff begründete Große Landesloge der Freimaurer von Deutschland (Freimaurerorden) ist an dieses System angelehnt. Das System ist betont christlich und umspannt über die drei Grade der Johannisfreimaurerei hinaus auch ein Hochgradsystem. Seine konstituierenden Elemente stammen aus der altenglischen Maurerei, den schottischen Hochgraden, der Strikten Observanz und einigen mystischen Lehren Swedenborgs (Naudon 1982: 154ff., 111ff.).

In den Konstitutionen dieser Großlogen erscheint das Weltenbaumeistersymbol mit der Bezeichnung „Dreifach großer Baumeister der ganzen Welt“ und zugleich seine Zuordnung zum Christentum. So etwa in der Ordensregel der Großen Landesloge der Freimaurer von Deutschland aus dem Jahre 1973. Unter Punkt 2 wird postuliert: „Der Freimaurer-Orden setzt den Glauben an Gott, den er unter dem Bilde des ‚Dreifach

Großen Baumeisters der ganzen Welt' verehrt, und an die göttliche Weltordnung voraus." Im darauffolgenden Punkt 3 erfolgt die Rückbindung an das Christentum:

> Die Lehrart der Großen Landesloge ist auf das Christentum gegründet. Unter Christentum ist aber nicht die Zusammenfassung bestimmter Glaubensartikel zu verstehen, sondern die alleinige Lehre Jesu Christi, wie sie in der Heiligen Schrift enthalten ist. (Feddersen 1989: 779)[10]

Die christliche Freimaurerei setzt bei ihren Mitgliedern ein Bekenntnis zu Jesus Christus ohne eine konfessionelle Festlegung und den Glauben an die Unsterblichkeit der Seele voraus.

Über die Festlegung auf einen persönlichen Gott hinaus erfährt hier das Weltenbaumeistersymbol noch eine ausschließlich christliche Deutung, die Angehörige anderer Religionen von der Freimaurerei ausschließt. Diese Position scheint in Zeiten fortschreitender Säkularisierung nicht mehr ganz so starr zu sein. Es scheint heute auch möglich zu sein, den christlichen Hintergrund symbolisch zu betrachten (vgl. Panne 2009: 129ff.) oder Jesus Christus als Vorbild zu sehen. Damit dürfte die christliche Maurerei sich in Kongruenz zur sogenannten humanitären Freimaurerei befinden, wo es zumindest in Zentraleuropa im 20. Jh., wie noch zu zeigen sein wird, zu einer immer stärkeren Symbolisierung der Weltenbaumeisterbezeichnung kommt. Hier ist noch anzumerken, dass die Schwedische Lehrart zur „regulären" Freimaurerei zählt.

Am anderen Ende des freimaurerischen Spektrums steht der Grand Orient de France und die mit ihm übereinstimmenden Obödienzen, die von der United Grand Lodge of England als „irregulär" betrachtet werden.

Der 1773 gegründete Grand Orient war nach den Wirren der Französischen Revolution und der Zeit im „goldenen Käfig" der napoleonischen Ära im Zeitalter der Restauration wieder zu neuem Leben erwacht und erfuhr nun eine stark rationalistische und laizistische Prägung und damit einhergehend auch eine starke Politisierung (vgl. Mellor 1985: 132ff.). Als dann 1871 der Großorient von Belgien die Anrufung des Großen Baumeisters abschaffte, folgte ihm der Grand Orient de France, indem er seine Mitgliedslogen von der Verpflichtung der Anrufung des Weltenbaumeisters entband und diese Forderung fakultativ stellte. Zugleich fixierte der Grand Orient sein Verständnis von Freimaurerei in seiner Konstitution folgendermaßen:

> Die Freimaurerei, eine vor allem philanthropische, philosophische und fortschrittliche Institution, hat zu ihrem Zweck das Suchen nach Wahrheit, das Studium allgemeiner Moralität, der Kunst und Wissenschaften und die Ausübung der Wohltätigkeit. Sie hat zu Grundsätzen die unbedingte Gewissensfreiheit und die menschliche Solidarität, sie schließt niemand um seines Glaubens Willen aus, sie hat als Wahlspruch: Freiheit, Gleichheit, Brüderlichkeit. (Binder 1988: 58)

Ausgehend von der absoluten Gewissensfreiheit sprach der Grand Orient sich gegen die Verbindlichkeit jeglicher metaphysischer Anschauungen für den Freimaurer aus und

[10] Ähnlich die Festlegungen der dänischen Fundamental-Constitution von 1972 (621) und die schwedische Fundamental-Constitution von 1800 (614f.).

verwies diese in die ausschließliche Eigenverantwortlichkeit seiner Mitglieder. Dieser Grundhaltung wurden die Rituale und Symbole des Grand Orient de France angepasst und das Weltenbaumeistersymbol aus den Ritualen eliminiert. Dies führte zum großen Bruch innerhalb der Weltfreimaurerei, da die United Grand Lodge of England ihre Beziehungen mit dem Grand Orient und den in weiterer Folge mit ihm sympathisierenden Großlogen abbrach.

In der Auseinandersetzung mit der Entwicklung im Grand Orient de France in der 2. Hälfte des 19. Jh. entwickelte die United Grand Lodge of England aus dem Prinzip der Anciennität und ihrem Selbstverständnis, die Begründerin der Freimaurerei zu sein, heraus, Richtlinien dafür, welche Voraussetzungen eine Organisation erfüllen müsse, um als Freimaurerloge oder Großloge gelten zu dürfen. Logen oder Großlogen, die diese Voraussetzungen nicht erfüllen, werden von der United Grand Lodge nicht als regulär anerkannt.

Zusammengefasst sind diese Richtlinien in den 1929 erlassenen „Basic Principles for Grand Lodge Recognition" (vgl. Lennhoff / Posner / Binder 2000: 31f.). Die verschiedene Vorschriften umfassenden Basic Principles sind für das hier behandelte Thema deswegen von Interesse, da unter den Voraussetzungen für die Aufnahme eines Mitglieds in eine Loge dessen „Glaube an den Großen Baumeister aller Welten und an seinen geoffenbarten Willen" schon im Punkt 1 des Regelwerks genannt wird.

Das Weltenbaumeistersymbol wird so als Metapher für einen persönlichen Gott aufgefasst, der sich zudem geoffenbart haben muss, so dass diese Forderungen die Übereinstimmung der Aufnahmewerber mit dem Gottesbild einer „Buchreligion" festlegen. Unterlegt man dieser Forderung das Verständnis einer Religio duplex, so wird die vom Freimaurer als Freimaurer geforderte Anerkennung eines religiösen Urgrundes durch die Offenbarungsforderung eingeschränkt.

Diesem ersten Dokument eines Kriterienkatalogs zur Bestimmung einer „regulären" freimaurerischen Vereinigung ließ die United Grand Lodge of England 1949 mit den „Aims and Relationships of the Craft" ein weiteres folgen. Dieses ging auf eine Diskussion zwischen den britischen Großlogen (England, Schottland, Irland) vom August 1938 zurück, mit der eine gemeinsame Grundlage geschaffen werden sollte, wie angesichts des drohenden Kriegs mit Brüdern aus Feindstaaten umgegangen werden sollte. Auf der Grundlage dieser Absprache begann nun die United Grand Lodge of England ab 1944 mit der beginnenden Befreiung Europas vom Nationalsozialismus die Frage der „Regularität" von wiederentstehenden Großlogen zu prüfen und nach ihren Vorgaben zwischen „irregulärer" und „regulärer" Freimaurerei zu unterscheiden. Damit konnte die United Grand Lodge den Wiederaufbau Europas zur Durchsetzung ihrer Regularitätsbestrebungen nutzen (vgl. Lennhoff / Posner / Binder 2000: 32f.).

Für die hier erörtete Frage ist von Belang, dass Punkt 3 der „Aims and Relationships of the Craft" festhielt, dass für einen Freimaurer unabdingbar sei „a belief in the Supreme Being", ein Glaube an ein höchstes Wesen. Und genau diese Formulierung übernahm die United Grand Lodge of England auch in die Neufassung der „Basic Principles for Grand Lodge Recognition“ im Jahr 1989 (vgl. Lennhoff / Posner / Binder 2000: 33f.). Damit ist vom Freimauer weiterhin eine religiöse Lebenshaltung gefordert, die aber auf der Grundlage der Religio duplex die von einem Freimaurer als solchen geforderte Anerkennung des gemeinsamen Religionshintergrunds nun weiter fasst, indem sie dessen Begrenzung durch einen geoffenbarten Willen fallen lässt. Auch lässt die Begriffsbildung „Supreme Being“ eine Aufweichung einer personifizierten Gottesvorstellung zu.

Binder merkt an, dass die United Grand Lodge of England diese Neufassung von 1989 wohl den von ihr anerkannten Großlogen zugehen ließ, sie aber nicht Eingang in das Masonic Yearbook der englischen Großloge fand. „Man könnte daraus schließen, dass der deistischen Formel in der United Grand Lodge of England keine Binnenwirkung zukam und sie lediglich einen Kompromiss mit der sich ändernden Grundhaltung vieler Großlogen darstellt.“ (Lennhoff / Posner / Binder 2000: 34) Dieser Befund ist sicher zutreffend, denn die Äußerungen der britischen Freimaurer anlässlich einer Besprechung über Regularitäts- und Anerkennungsfragen 1959 in London gegenüber dem deutschen und niederländischen Vertreter im Bezug auf die Position der Grand Loge de France (die nicht mit dem hier schon besprochenen Grand Orient de France verwechselt werden darf) sind eindeutig (vgl. Koner 1976: 130ff.; hier ist das Protokoll dieser Besprechung abgedruckt). Stein des Anstosses war die Deutung des Großen Baumeisters als „schöpferisches Prinzip“, das von den britischen Vertretern als „mechanistisches Wesen“, als „mechanische Angelegenheit“ gewertet wurde. Damit anerkenne die Grand Loge de France „die Existenz Gottes nicht“. Zudem wurde moniert, dass sie in ihrem Ritual keine Gebete habe und auch nicht den Segen des Großen Baumeisters erflehe. Eine diesbezügliche Äußerung des Großmeisters des Großostens der Niederlande, „dass niemand die Bedeutung eines Symbols diktieren kann“, wurde als nicht duldbar zurückgewiesen. Heute steht die United Grand Lodge of England nach ihrem offiziellen Selbstauskünften auf den in den „Basic Principles“ 1989 festgelegten Standpunkt: „The essential qualification for admission into and continuing membership is a belief in a Supreme Being“ (Schultze 2009: 105ff.)

Wie schon erkennbar wurde, verlief die Entwicklung hinsichtlich der Festlegung des Bedeutungsumfangs des Symbolisierten im Weltenbaumeistersymbol auf dem europäischen Kontinent etwas anders. Vor allem in der Vereinigten Großloge von Deutschland wird hier seit einer Reihe von Jahren ein intensiver Religionsdiskurs geführt.

Die gegenwärtige Festlegung des Deutungsumfangs des Weltenbaumeistersymbols der Vereinigten Großlogen von Deutschland ist folgende:

> Freimaurerei ist weder Nebenkirche noch Ersatzreligion: Als diesseits orientierte Freundschaftsbünde mit primär ethischer Zielsetzung sind Logen und Großlogen keine Religionsgemeinschaften und bieten folglich auch keinen Ersatz für Religion an. Die Freimaurerei entwickelt keine Theologie und kennt keine Dogmen und Sakramente. Allerdings verwenden die Freimaurer Symbole, die dem religiösen Bereich entlehnt sind, wie z. B. das Symbol „Großer Baumeister aller Welten“. Dieses Symbol verkörpert jedoch keinen eigenen freimaurerischen Gottesbegriff, den es nicht gibt. Es begründet – wie gelegentlich missverstanden wird – auch keine relativie-

rende religiöse Minimalanforderung an den Freimaurer. Es ist vielmehr Ausdruck der Überzeugung, dass moralisches Handeln die Anerkennung eines übergeordneten Prinzips voraussetzt, eines höheren Seins, das Verantwortung begründet und auf das die Ethik des Freimaurers letztlich rückbezogen ist. Als umfassendes Symbol für Lebenssinn und transzendenten Bezug des Menschen ist es vom einzelnen Freimaurer gemäß seiner eigenen weltanschaulich-religiösen Überzeugung ohne kritische Befragung und frei von Rechtfertigungszwängen zu deuten und zu leben. Der Freimaurer hat sich als Freimaurer moralisch und nicht religiös zu verpflichten. (Bangert 2009: 153)

Das Weltenbaumeistersymbol begründet also „keine relativierende religiöse Minimalanforderung an den Freimaurer“. Diese Feststellung steht eindeutig in Opposition zur Aussage der „Basic Principles“ von 1989, wo genau diese religiöse Mindestanforderung ganz in Übereinstimmung mit der Religio duplex festgehalten ist. Das Weltenbaumeistersymbol im Verständnis der Vereinigten Großloge von Deutschland wird rückbezogen auf „moralisches Handeln“, welches der „Anerkennung eines übergeordneten sinngebenden Prinzips“ bedarf. In einer weiteren Deutung ist das Symbol des Großen Baumeisters „ein umfassendes Symbol für Lebenssinn und transzendenten Bezug den Menschen“.

Der erste Deutungsansatz, der die moralische Lebenshaltung an ein übergeordnetes sinngebendes Prinzip rückbindet, ist in der Philosophie Immanuel Kants begründet, der in seiner „Kritik der Urteilskraft“ meint, dass wir „eine moralische Weltursache (einen Weltenurheber) annehmen müssen, „um uns, gemäß dem moralischen Gesetze, einen Endzweck vorzusetzen, und so weit als das letztere notwendig ist, so weit [...] ist auch das erstere notwendig anzunehmen: nämlich es sei ein Gott“ (Bangert 2009: 155). Kant geht es dabei nicht um die Frage, ob Gott tatsächlich existiere, diese Frage ist für ihn nicht zu klären, sondern allein darum, darzulegen, dass die Vorstellung von Gott eine moralische Notwendigkeit ist. Um unserem Leben einen Sinn und einen moralischen Zweck zu geben, muss davon ausgegangen werden, dass Gott die Welt auf ein Endziel hin erschaffen hat. Die Annahme der Existenz Gottes sei für die Sinnhaftigkeit unserer Existenz und als objektives Korrektiv unseres ethischen Handelns notwendig. Das höhere Prinzip leitet unser Handeln. Konsequent heißt es in der Grundsatzerklärung daher auch: „Der Freimaurer hat sich als Freimaurer moralisch und nicht religiös zu verpflichten.“ Auch die zweite Deutung des Weltenbaumeisters als „umfassendes Symbol für Lebenssinn und transzendenten Bezug des Menschen“ klingt in Kants moralischem Gottesplädoyer an.

Wesentlich für das in Rede stehende Thema sind auch die Aussagen wie der einzelne Freimaurer das Symbol des Großen Baumeisters „zu deuten und zu leben hat“, nämlich „gemäß seiner eigenen weltanschaulich-religiösen Überzeugung ohne kritische Befragung und frei von Rechtfertigungszwängen“. Daraus ergibt sich zweierlei: Der Freimaurer hat also als Minimalerfordernis das Symbol des Weltenbaumeisters anzuerkennen, seine Ausdeutung ist aber im weitesten Maß ihm anheim gestellt. So kann er als Symbolisiertes im Sinne der Religio duplex das Gottesbild einer universellen Menschheitsreligion annehmen, aber auch ein schöpferisches Prinzip, einen philosophischen

Weltgeist oder im Sinne Kants ein regulatives Prinzip. Damit ist der Weg einer konsequenten Symbolisierung des Großen Baumeisters beschritten. Zum zweiten kann damit die Religio duplex nicht mehr als ausschließliches Deutungsmodell der freimaurerischen Religionsvorstellungen herangezogen werden. Dieses Modell ist in dem Augenblick brüchig, wenn im Zeitalter fortschreitender Säkularisation eine prinzipielle religiöse Grundhaltung eines Aufnahmewerbers nicht mehr angenommen werden kann. Der Freimaurerei als einer initiatischen Gemeinschaft, deren Ritualistik und Symbolik transzendierenden Charakter haben, stellt sich daher die Entscheidung, religiös nicht gebundene Aufnahmewerber entweder abzuweisen oder das Modell der Religio duplex zu ergänzen. Das erfolgt durch eine konsequente Symbolisierung des Großen Baumeisters im Sinne eines regulativen Prinzips. Wird die Deutung des Weltenbaumeistersymbols so erweitert, dann steht die Freimaurerei für alle Männer mit moralischen und ethischen Bestrebungen offen, sofern sie prinzipiell eine transzendente Tingierung der immanenten Welt zulassen, womit krude Materialisten ausgeschlossen bleiben.

Diese Festlegungen über den Bedeutungsumfang des Weltenbaumeistersymbols scheinen nicht auf die Vereinigten Großlogen von Deutschland beschränkt zu sein, sondern dürften einem breiteren kontinentalen Konsens entsprechen, von der bereits besprochenen christlichen Freimaurerei einmal abgesehen. Dies mag zum einen seine Ursache im Einfluss der stark rational dominierten Freimaurerei Frankreichs auf verschiedene europäische Länder im 19. und beginnenden 20. Jh. gehabt haben, zum anderen aber auch in der Bildung einer säkularen aufklärerischen „humanitären" Freimaurerei in Deutschland unter dem Einfluss der Spätwerke Lessings in der Zeit zwischen 1782 und 1802 (vgl. Snoek 2010: 66f.) und des wesentlich von Herder propagierten Humanitätsgedankens. Ihren rituellen Niederschlag fand diese Freimaurerei in den bereits erwähnten Reformritualen, insbesondere im Schröderritual, das im 19. und 20. Jh. nicht nur von den meisten deutschen Großlogen, sondern auch von jenen Ungarns, Österreichs, Jugoslawiens sowie teilweise auch von denen der Schweiz, der Tschechoslowakei, Rumäniens und Spaniens übernommen wurde (vgl. Uhlmann 1931: 112ff.).

Die Position der Großloge der Alten Freien und Angenommenen Maurer von Österreich hinsichtlich der Deutung des Großen Baumeisters scheint sich im Wesentlichen mit den Grundsätzen der Vereinigten Großlogen von Deutschland zu decken. Im vom österreichischen Großmeister Michael Kraus 2007 herausgegebenen Buch „Die Freimaurer" heißt es mit Berufung auf die „Alten Pflichten", dass sie den Freimaurer „nur zu der Religion verpflichten, in der alle Menschen übereinstimmen". Und diese allen gemeinsame Religion „heißt, gute und redliche Männer zu sein, Männer von Ehre und Rechtschaffenheit, durch welche Glaubensbekenntnisse und -anschauungen sie auch unterschieden sein mögen". Als Conclusio dieser Zitate aus den „Alten Pflichten" wird dann festgehalten: „Dem einzelnen Freimaurer bleibt unbenommen, unter der Metapher des ‚Großen Baumeisters' die dem All innewohnende schöpferische Energie, ein höchstes Wesen, das die Welt lenkt, oder auch einen persönlichen Gott zu verstehen" (vgl. Kraus 2007: 83f.).

Die Logenlandschaft der Schweiz war seit jeher von unterschiedlichen Einflüssen (englische, französische, deutsche, italienische) geprägt. Die Schweizer Großloge Alpina statuierte ihre Regularität nach dem 2. Weltkrieg mit den „5 Punkten von Winterthur“ im Jahr 1949, wo es im Punkt 1 heißt: „Die Schweizer Großloge Alpina anerkennt den Allmächtigen Baumeister aller Welten und eröffnet ihre Arbeit in Ehrfurcht vor demselben“ (Forschungsgruppe Alpina 1999: 59). Diese nüchterne Anerkennung des Symbols eröffnet für den Freimaurer einen weiten Deutungshorizont. Da die Winterthurer Punkte nur eine Selbstverpflichtung waren, bemühte sich die Alpina um deren Anerkennung auch durch andere Großlogen, was 1954 zu den „7 Punkten von Luxemburg“ führte, worunter ein Kriterienkatalog für die Anerkennung der Regularität von Großlogen zu verstehen ist, der von den mitteleuropäischen Großlogen Alpina (Schweiz), dem Großosten der Niederlande, der Großloge von Luxemburg, der Großloge von Österreich und den Vereinigten Großlogen von Deutschland festgelegt wurde. Der entscheidende Punkt dieser mitteleuropäischen „Basic Principles“ war der, dass die „Arbeiten obligatorisch zu Ehren des Allmächtigen Baumeisters aller Welten“ stattzufinden haben (vgl. Forschungsgruppe Alpina 1999: 59). Diese Festlegung entspricht mit ihren Konsequenzen jener der Vereinigten Großlogen von Deutschland. Damit ermöglichte man es auch der Grand Loge de France sich dieser Luxemburger Konvention anzuschließen unter der Bedingung, ihre Verbindungen zum Grand Orient de France abzubrechen, wodurch zehn Prozent ihrer Logen zu letzterem übertraten (vgl. Koner 1976: 136). Diese mitteleuropäische Initative eines liberaleren Regularitätskatalogs war angesichts der Haltung der United Grandlodge of England, die den Wiederaufbau der Freimaurerei nach 1945 zur Durchsetzung ihrer Regularitätsvorstellungen nutzte, zum Scheitern verurteilt. Die United Grand Lodge of England sah die Grand Loge de France weiterhin als „irregulär“ an, womit die anderen Vertragspartner von Luxemburg genötigt waren, ihre Beziehungen zur Grand Loge abzubrechen. Die mitteleuropäische Interpretation des Weltenbaumeistersymbols dürfte aber durch die Rekonstruktion der Freimaurerei in den ehemaligen mitteleuropäischen und südosteuropäischen kommunistischen Staaten nach 1989 / 1990 eine Verbreiterung erfahren haben, da diese Rekonstruktion wesentlich von Deutschland und Österreich getragen wurde.

5. Fazit

Resümierend lässt sich sagen, dass das Symbol des Großen Baumeisters in den Ritualen der Johannisfreimaurerei weltweit ähnlich bezeichnet wird (Großer Baumeister, Allmächtiger Baumeister) und keine differenzierten Rückschlüsse auf die Bedeutungskomponente des Symbols zulässt. Diese lässt sich erst durch die Heranziehung der freimaurerischen Konstitutionen und ähnlicher rechtlicher Texte (Basic Principles for Grand Lodge Recognition 1929 / 1989, Aims and Relationships of the Craft 1949, 7 Punkte von Luxemburg 1954) festlegen.

Wie Stevenson festgestellt hat, hat die Reformation die Freimaurerei geprägt als eine „religiöse Bruderschaft ohne Religion", die von ihren Mitgliedern eine religiöse Lebenshaltung fordert, die sie dezidiert mit deren moralischer und ethischer Grundhaltung verknüpft. Das wesentliche integrierende, die Konfessionen und Religionen übergreifende Symbol der Bruderschaft ist gemäß ihrer Bausymbolik der „Große Baumeister aller Welten", das im Sinne der Religio duplex jedem Freimaurer seine ihm eigenen Glaubensanschauungen belässt bei gleichzeitiger Anerkennung eines universellen Hintergrundes aller Religionen. Wie dargelegt wurde, wurde das jeweilige Verständnis dieses gemeinsamen Bezugspunktes durch Festlegungen auf konstitutioneller Ebene weiter oder enger gefasst. Die Bandbreite reicht hier von der prinzipiellen Anerkennung einer göttlichen Instanz, über personifizierte, manchmal an eine Offenbarung gebundene Gottesvorstellungen bis hin zu einem dezidiert christlichem Gottesbild. Die Enge oder Weite dieser Vorstellungen bestimmt das Integrationspotenzial des Freimaurerbundes. Die Funktionsfähigkeit der von der Freimaurerei geübten Religio duplex ist gebunden an eine grundsätzliche Religiosität des Freimaurers. Da diese durch die fortschreitende Säkularisation im 19. und 20 Jh. nicht mehr grundsätzlich vorausgesetzt werden kann, bringt dies den Freimaurerbund in ein Dilemma, auf das mit unterschiedlichen Lösungsansätzen reagiert wird. Da sind zum einen zwei konservative Positionen, die der christlichen und der englischen Maurerei. Die eine hält grundsätzlich am Bekenntnis zum Christentum, die andere am Glauben an ein „Supreme Being" für ihre Aufnahmewerber fest. Dann lässt sich eine mittlere Position konstatieren, die von verschiedenen kontinentalen Großlogen eingenommen wird und die darin besteht, durch eine konsequente Symbolisierung das Weltenbaumeistersymbol als regulatives Prinzip zu sehen unter der Voraussetzung seiner grundsätzlichen Anerkennung. Die radikale dritte Position vertreten der Grand Orient und die mit ihm verbundenen Großlogen. Sie besteht in der Ablehnung jeglicher Verbindlichkeit metaphysischer Anschauungen als Mitgliedschaftserfordernis. Diese Lösungsansätze müssen vor dem Hintergrund der Tatsache gesehen werden, dass der Freimaurerbund, wie in der Einleitung dargelegt wurde, eine initiatische Gemeinschaft mit transzendierender Ritualistik und Symbolik ist. Wird nun auf alle transzendierende Bezüge verzichtet, so scheint dies Auswirkungen auf den grundsätzlichen Charakter der Organisation zu haben, wie dies Alec Mellor am Beispiel des Grand Orient de France dargelegt hat. Er sieht dort die Transzendenz durch die Doktrine der „Republik" ersetzt. „Die ‚Republik' im freimaurerischen Sinn war nicht das republikanische Regime, sondern ein Idealstaat, dessen Seele die Freimaurerei wäre und welchem die Republik als rechtliche Staatsform zustreben soll" (Mellor 1985: 151), womit sich, so Mellor, die Freimaurerei in die politische (Politik als freimaurerisches Feld) und philosophische (radikaler Rationalismus, Laizismus) Sackgasse begebe. Ohne diese Feststellungen werten zu wollen, kann grundsätzlich festgestellt werden, dass damit die Charakteristik der Organisation eine andere ist.

Literaturverzeichnis

Assmann, Jan (2010), Religio duplex. Ägyptische Mysterien und europäische Aufklärung, Berlin.

Bangert, Kurt (2009), „Der Große Baumeister aller Welten – Symbol, Denknotwendigkeit oder Wirklichkeit“, in: Quatuor Coronati. Jahrbuch f. Freimaurerforschung 46, 153–167.

Begemann, Wilhelm (1909), Vorgeschichte und Anfänge der Freimaurerei in England. Bd.1: Die alten englischen Werklogen und ihre Sprösslinge, Berlin.

Bernardo, Giuliano Di (1989), Die Freimaurer und ihr Menschenbild. Über die Philosophie der Freimaurerei, Wien.

Bernardo, Giuliano Di (1997), Die neue Utopie der Freimaurerei, Wien.

Binder, Dieter A. (1988), Die diskrete Gesellschaft. Geschichte und Symbolik der Freimaurerei, Graz, Wien, Köln.

Binder, Dieter A. (1999), „Geschichte der Freimaurerei“, in: Wulf Köpke / Bernd Schmelz (Hrsg.), Das gemeinsame Haus Europa. Handbuch zur europäischen Kulturgeschichte, München, 308–312.

Braun, Christian (2004), Zur Sprache der Freimaurerei. Eine textsortenspezifische und lexikalisch-semantische Untersuchung, (Berliner Sprachwissenschaftliche Studien 5), Berlin.

Bruch, Richard (1981), „Das Ideal der Brüderlichkeit in der abendländischen Geistesgeschichte“, in: Johannes Marböck (Hrsg.), Brüderlichkeit. Aspekte der Brüderlichkeit in der Theologie, (Grazer theologische Studien 5), Graz, 95–114.

Cartwright, Ernest H. (1992), Masonic Ritual. A Commentary on the freemason Ritual, Addelstone.

Dosch, Reinhold (1999), Deutsches Freimaurerlexikon, Bonn.

Feddersen, Klaus C. F (1989), Constitutionen, Statuten und Ordensregeln der Freimaurer in England, Frankreich, Deutschland und Skandinavien, Husum.

Feddersen, Klaus C.F. (1996), „Über das Höchste Wesen“, in: Frederik-Schriften der frm. Forschungsvereinigung der Großen Landesloge von Deutschland, (Quellenkundl. Arbeit 15), Hamburg.

Fischer, Paul (1916), Erläuterung des Lehrlings-Katechismus, 47. Aufl., Leipzig.

Forschungsgruppe Alpina (Hrsg.) (1999), Handbuch des Freimaurers, Lausanne.

Hammermayer, Ludwig (1979), „Zur Geschichte der europäischen Freimaurerei und der Geheimgesellschaften“, in: Eva H. Balács / Ludwig Hammermayer / Hans Wagner / Jerzy Wojtowicz (Hrsg.), Beförderung der Aufklärung in Mittel- und Osteuropa, (Studien zur Geschichte der Kulturbeziehungen in Mittel- und Osteuropa 5), 9–16.

Hasselmann, Kristiane (2002), Identität – Verwandlung – Darstellung. Das Freimaurerritual als Cultural Performance, Innsbruck et al.

Jäger, Lorenz (2009), Hinter dem Großen Orient. Freimaurer und Revolutionsbewegung, Wien, Leipzig.

Kelsch, Wolfgang (1983), „Gedanken über den ‚einfältigen Atheisten (Stupid Atheist)‘“, in: Quatuor Coronati. Jahrbuch f. Freimaurerforschung 20, 73–78.

Kischke, Horst (1996), Die Freimaurer. Fiktion, Realität und Perspektiven, Wien

Knoop, Douglas / Jones, G. P. (1949), The Genesis of Freemasonry. An Account of the Rise and Development of Freemasonry in its Operative, Accepted and Early Speculative Phases, Manchester.

Knoop, Douglas / Jones, G. P. / Hamer, Douglas (1943), The Early Masonic Catechism, Manchester.

Koner, Raoul (1976), Ein Freimaurerleben, Bielefeld.

Körting, Walter (1971), ABaW – Ein freimaurerisches Symbol, Hamburg.

Kraus, Michael (Hrsg.) (2007), Die Freimaurer, Salzburg.

Lennhoff, Eugen / Posner, Oskar / Binder, Dieter A.(2000), Internationales Freimaurerlexikon, München.
Macoy, Robert (2000), A Dictionary of Freemasonry. A History, Encyclopaedia and Dictionary all in one Volume with 300 Engravings, New York.
Mellor, Alec (1985), Logen – Rituale – Hochgrade. Handbuch der Freimaurerei, o. O.
Müller, Winfried (2002), Die Aufklärung, (Enzyklopädie deutscher Geschichte 61), München.
Naudon, Paul (1982), Geschichte der Freimaurerei, Frankfurt am Main, Berlin, Wien.
Neugebauer-Wölk, Monika (2010), „Esoterische Religiosität und ihre Bedeutung für die Freimaurerei", in: Quatuor Coronati. Jahrbuch f. Freimaurerforschung 74, 97–109.
Panne, Eberhard (2009), „Der Freimaurerorden – Symbolik auf christlicher Tradition", in: Quatuor Coronati. Jahrbuch f. Freimaurerforschung 46, 129–137.
Plantagenet, Edouard (1928), Die französische Freimaurerei. Ihr Geist, ihre Tätigkeit, ihre Tendenzen, Basel.
Prescott, Andrew (2011), A History of British Freemasonry 1425–2000, (CRFF Working Paper Series 1), Sheffield.
R. S. (1762), Jachin and Boaz. An Authentic key to the door of freemasonry, 1762.
Reinalter, Helmut (2000), Die Freimaurer, (Beck'sche Reihe 2133), München.
Reinalter, Helmut (Hrsg.) (2002), Handbuch der freimaurerischen Grundbegriffe, (Quellen und Darstellungen zur europäischen Freimaurerei 1),Innsbruck et al.
Schindler, Norbert (1982), „Freimaurerkulturen im 18. Jh. Zur sozialen Funktion des Geheimnisses in der entstehenden bürgerlichen Gesellschaft", in: Robert M. Berdahl et al. (Hrsg.), Klassen und Kulturen. Sozialanthropologische Perspektiven in der Geschichtsschreibung, Frankfurt am Main, 49–52.
Schultze, Bruno (2009), „Der Glauben an ein Höchstes Wesen im Sinne der Verfassung der (Vereinigten) Großlogen von England", in: Quatuor Coronati. Jahrbuch f. Freimaurerforschung 46, 105–116.
Snoek, Jan A. M. (2010), „Der religiöse Charakter der frühen Freimaurerei", in: Quatuor Coronati. Jahrbuch f. Freimaurerforschung 47, 61–70.
Stevenson, David (1988), The Origins of Freemasonry. Scotland's century. 1590–1710, Cambridge.
Uhlmann, Fritz (1931), Die große Werklehre der Freimaurerei, Stuttgart.
W- O- V-n (1760), The three distinct Knocks, London.

FSC
www.fsc.org
MIX
Papier | Fördert gute Waldnutzung
FSC® C083411

Kolibri 360 GmbH
Ferdinand-Jühlke-Straße 7
99095 Erfurt, Deutschland
produktsicherheit@kolibri360.de